普通话吟诵教程

上

徐健顺 著

首都师范大学教材出版资助项目

广西师范大学出版社
· 桂林 ·

图书在版编目(CIP)数据

普通话吟诵教程/徐健顺著. —桂林：广西师范大学出版社，2018.5(2022.5 重印)
(亲近母语)
ISBN 978-7-5598-0303-0

Ⅰ. ①普… Ⅱ. ①徐… Ⅲ. ①国学-通俗读物
Ⅳ. ①Z126-49

中国版本图书馆 CIP 数据核字(2017)第 231931 号

普通话吟诵教程
PUTONGHUA YINSONG JIAOCHENG

出 品 人：刘广汉
责任编辑：刘美文
助理编辑：卢 义
封面设计：璞茜设计

广西师范大学出版社出版发行
(广西桂林市五里店路 9 号　　邮政编码:541004
网址:http://www.bbtpress.com)
出版人:黄轩庄
全国新华书店经销
销售热线：021-65200318　021-31260822-898
山东韵杰文化科技有限公司印刷
(山东省淄博市桓台县桓台大道西首　邮政编码：256401)
开本：720mm×1 000mm　1/16
印张：33.5　字数：537 千字
2018 年 5 月第 1 版　2022 年 5 月第 3 次印刷
定价：108.00 元

目。录。

（文中“参见”内容请扫附录页二维码获取）

代　序

父亲的五谷囤

赵敏俐

昨天我又梦见了父亲
他正在用干草编着五谷囤
他双膝盘坐，神情专注
娴熟的大手
编着一个坚定的信心
那是馈赠死者最宝贵的礼物
让他们在那边不再挨饿受贫

那是我故乡的一个古老风俗
父亲已经是唯一的传人
几十年在村里他逢丧必去
乡亲们都说他是一个好人

那一年父亲突然去世
悲痛笼罩了整个乡村
葬礼举行得肃穆隆重
可独独缺了那个五谷囤

那是令我们
万分羞愧的一幕
遗像前
不敢面对父亲的眼神
我们自诩文明进步
却亲手斩断了文化之根

从此编五谷囤的父亲
常入梦境
梦醒时
我总是热泪沾襟

绪论　吟诵——中华传统读书法

被迫改名的“读”

我们现在读古诗文的节奏，基本上是一字一拍。朗诵虽然讲究感情、轻重、节奏，但五言诗上二下三，七言诗上四下三，除了中间有一个停顿，还是一字一拍。

这种一字一拍的读法，在历史上是什么时候出现的呢？是自古以来就是这样，还是后来发明的呢？

正确答案是：1920 年。地点在上海新世界大舞台。现代朗诵首先诞生于话剧的舞台上，然后被慢慢地推广，后来又被用于古诗文，最终形成了以一字一拍为基本节奏的读法。

那么古人是怎么读的呢？

一百年以前，没有一个中国人会现代的朗诵，也就是没有一个中国人会像现在那样去读古诗文。自古以来，所有的汉诗文都是吟诵的。

这个话是不是说得有点儿绝对啊？难道就没有不吟诵的汉诗文吗？

没有。为什么？因为这句话其实是个循环定义，且容我慢慢道来。

我们先来看一篇鲁迅的文章《从百草园到三味书屋》。这篇文章大家都很熟。在这篇文章里，鲁迅先生写到了他的老师寿镜吾先生是怎么读书的，他说：

> 先生自己也念书。后来，我们的声音便低下去，静下去了，只有他还大声朗读着：——“铁如意，指挥倜傥，一座皆惊呢～～；金叵罗，颠倒淋漓噫，千杯未醉嗬～～……”我疑心这是极好的文章，因为读到这里，他总是

微笑起来，而且将头仰起，摇着，向后面拗过去，拗过去。

所以我们好多人就一直以为寿镜吾先生是朗读的，但却没有发现，这段文字其实是很难朗读的——

铁如意，指挥倜傥，一座皆惊呢～～

这个“呢”字是怎么回事呢？原文没有这个字，这是鲁迅加上去的。这个字怎么读呢？这个“呢”是什么词性？疑问词吗？语气词吗？都很奇怪啊，读着很别扭。为什么呢？因为它在鲁迅那里并不读作 ne，而是“惊”的韵尾。古人读书，有格律的诗文，要平长仄短，二、四、六偶位的平声字要拖长。“惊”字的韵母是 ing，是后鼻音韵母。拖长的时候，声母是拖不长的，韵头也是拖不长的，能拖长的只有韵腹和韵尾，所以古人把韵腹、韵尾和声调加起来叫作“韵”。一吟起来，“惊～～”，拖长的就是“ng”这个后鼻音，所以鲁迅就记为“呢”。同样的道理，“金叵罗，颠倒淋漓噫”的“噫”是什么？是“漓”的韵尾。我可以用著名的“唐调”模拟一下，大概是这样：

5 5 616 0 5 5 616 6 — 222 2 2 3 2321 1 — —

铁 如 意 指 挥 倜 傥 一 座 皆 惊

2 20 23 0 2 2 2 23 2321 1 —

金 叵 罗 颠 倒 淋 漓

5 53 2 2 2321 1 — — 616 1 — — 5 — — —

千 杯 未 醉

吟诵有腔音，但这个简谱只能记录调，具体的旋律请听录音。[参见：徐健顺吟（清）刘翰《李克用置酒三垂冈赋》（节选），唐文治先生吟诵调]

而且，鲁迅说“读到这里，他总是微笑起来，而且将头仰起，摇着，向后面拗过去，拗过去”，这是个什么姿态啊？这就是“摇头晃脑”，现代的朗读、朗诵是没有这个姿态的。而且，鲁迅先生还特别加了曲线符号表示它是有旋律的。所以，毫无疑问，寿镜吾先生是吟诵的！

现在问题就来了：既然寿老先生是吟诵的，为什么鲁迅却说是“朗读”？

“朗”是什么意思？就是前面说的“大声”。那么“读”是什么意思呢？就是吟诵！

因为我们现在所说的“吟诵”是个新词。以前不叫“吟诵”，而是叫作“读”！我们采录老先生的时候，经常碰到这种情况：跟他们说吟诵——“先生，给我们吟诵一下这首诗吧”，他会说：“我不会吟诵。”他不知道我们所说的“吟诵”是他小时候概念里的哪种情况。你得说“读”：“先生，给我们读一下这首诗吧。”“好，我给你们读一下。‘李白乘舟……’”他就吟诵起来了。

现在的“吟诵”就是古代的“读”。我们传统的“读”经常是有旋律的，像唱歌一样。

我知道这个事实大家一时很难接受，因为我们习惯了“读”和“唱”是不同的概念。其实我们现在的“读”的概念是来自西方的“read”。有一段录像，证明的确是这么回事。这个录像是关于叶嘉莹先生的，她是国际著名的古典文化学者、加拿大皇家文学院院士，现在是南开大学中国古典文化研究所所长，已经90多岁了。她是北京人。有一次，我请她吟诵一首杜甫的诗，她在吟诵之前说了一大段话，我们看一下，她一直都在说“读”：

> 我是出生在北京的北方人，在我的语言之中，没有入声的字，所以对于古诗里面很多入声的字，我们北方的话有的时候是读成平声。不过我小的时候，我家里是教给我说诗词有平仄的，入声要读成仄声，所以我尽量把入声的字读成仄声，虽然不是正确的，像广东、福建那么正确的入声。今天我要读诵的，是很简单的一首五言古诗，杜甫的《赠卫八处士》。杜甫《赠卫八处士》所叙述的是他跟他的老朋友多年不见后的一次重逢。好，现在我就把这首诗读一下。

叶先生说“现在我就把这首诗读一下”，她前面说“今天我要读诵的”，又说“我尽量把入声的字读成仄声”，她都是说“读”。我们听一下她是怎么读的。

［参见：叶嘉莹吟（唐）杜甫《赠卫八处士》］

她的这种读法，今天我们叫作“唱”。然而，在老先生那里，这就叫“读”。这就是古人所谓的“读书”。

所以鲁迅把他的老师寿镜吾先生的读书方式叫作“朗读”。“朗”就是大声的意思，“读”就是吟诵的意思。

古人读书，除了“朗读”，还有哪几种方式呢？

古人读书的方式有很多种。以方法而论，有“歌”“唱”“诵”“读”“吟”“咏”“哦”

“叹”“哼”“呻”“讽”“念”“背”等多种方式。

“歌”和“唱”都是有旋律的方式，一般来说，小声为“歌”，大声为“唱”。中原地区、西南地区都把读书叫“唱书”，把吟诵调叫“唱书歌子”。

“诵”和“读”都是没有旋律的方式，这里的“读”是狭义的，只是在跟其他方式对举时候的“读”。一般来说，“诵”是有节奏的，“读”是相对随意的。

“吟”和“咏”都是拖长的方式，至于有没有旋律则不一定，但一定是拖长的。小声为“吟”，大声为“咏”。

一般来说，“哦”和“叹”都是加叹词的方式，比如“清明啊～～时节雨纷哪纷～～”。小声为“哦”，大声为“叹”。

“哼”和“呻”都是指读给自己听的方式。一般来说，小声为“哼”，大声为“呻”。

“讽”“背”和“念”都是指跟书的关系。眼前看着书读的方式为“念”；眼前没有书读的方式，古称为“讽”，后来称为“背”。

读书的状态也有很多种，比如朗与默、急与缓、高与低、恬与苦、细与漫、生与熟、粗与密、清与微等。所以有朗歌、朗唱、朗诵、朗读、朗吟、朗咏、朗哦、朗叹……也有默歌、默唱、默诵、默读、默吟、默咏、默哦、默叹……有急歌、急唱、急诵、急读、急吟、急咏、急哦、急叹……也有缓歌、缓唱、缓诵、缓读、缓吟、缓咏、缓哦、缓叹……有高歌、高唱、高诵、高读、高吟、高咏、高哦、高叹……也有低歌、低唱、低诵、低读、低吟、低咏、低哦、低叹……这就是我们古人丰富多彩的读书方式。

而所有的这些读书方式统称为“读”，这就是广义的“读”。所以当古人单说“读”的时候，比如说“风声、雨声、读书声”，这个“读书声”是怎么读的呢？它是唱着读的，诵着读的，吟着读的，还是哼着读的？不知道，反正就是在读。但有的时候，古人就会指出具体的读书方式，比如朱熹说“学者读书，须要敛身正坐，缓视微吟”，这就指出了具体的方式是“微吟”，而“学者读书”一句，恰恰说明了“读”是所有读书方式的统称。我们今天把这个统称的“读”的概念，改名叫“吟诵”。说“所有的汉诗文都是吟诵的”，其实就是说所有的汉诗文都是“读”的。这句话本来近乎废话，但是到了今天，有了现代的朗读、朗诵，这句话就变得有意义了。

我们看几个关于“读”是读书方式统称的例子。朱熹的读《诗经》之法：

读《诗》正在于吟咏讽诵，观其委曲折旋之意，如吾自作此诗，自然足以感发善心。《朱子语类·论读诗》

说“读《诗》”之法，所以“读”是统称。要怎么读呢？有吟有咏有讽有诵，所以它们是具体的“读”的方式。沈德潜《说诗晬语》：

诗以声为用者也，其微妙在抑扬抗坠之间。读者静气按节，密咏恬吟，觉前人声中难写、响外别传之妙，一齐俱出。

“读者”，即读书的方式统称为“读”，后面才说到具体的方式“密咏恬吟”。再看一个现代的例子。语言学家吕叔湘先生在《中小学语文教学问题》中说：

讲到读书，中国的传统是讲读的，特别是古文，有一定的念法、一定的腔调。

你看，吕先生也统称“读”，然后才说到念、说到腔调，所以“读”是古代所有读书方式的统称。古人把上学叫“读书”，把文人叫“读书人”，不叫“吟诗人”“看书人”，也不叫别的名字。

所以以后大家在古书上看到“读”这个字，请把它翻译成“吟诵”！比如“读书百遍，其义自见”。您有没有发现我们读了万遍，其义也不现呢？因为古人的“读”是吟诵的！吟诵是有读法规矩的，在读法里是有含意的，读对了，就把含意读出来了。“吟诵百遍，其义自见！”

既然几千年来都叫“读”，那又为什么要改名呢？

因为现代的“朗读”“朗诵”来了，在概念上出现了混淆。

现代的“朗读”“朗诵”从哪里来的？从话剧里来的。1920 年，西方话剧由日本传入中国。在上海新世界大舞台，我们的留日学生搬演了萧伯纳的《华伦夫人的职业》，现代“朗诵”诞生了。

现代的“朗读”“朗诵”跟传统的“吟诵”到底有什么不同？首先语言基础不同。话剧的语言方式，源于欧洲的读书方式“read”。欧洲语言基本属于印欧语系，是重音语言（如英语）或者节奏语言（如法语），它们的语言有重音、有节奏，但没有声调；它们的音乐也是有轻重、有节奏的，强、弱、次强、次弱等。日语也属于节奏语言，跟欧洲的语言在这一点上很接近。而汉语是旋律型声调语言，其语言有声调，但是没有重音和节奏，正好相反。

萧伯纳的那出戏可能很多人不知道，我们举个熟悉的例子。比如莎士比亚的《哈姆雷特》，其中有句很有名的台词："To be or not to be，that is a question." 这句话在舞台上该怎么说呢？英语是重音语言，词有重读音节，句有重读单词。下面黑体的是应该重读的部分："To **be** or **not** to be，**that** is a **ques**tion." 这里有明显的节奏。翻译成汉语，就是："生存，还是毁灭，这是一个问题。" 按照中国戏曲的习惯，这句话在舞台上只有两种读法。一种叫念白，要拖长腔，拐几拐，有很明显的腔音，它是吟诵的"诵"的夸张。一种是直接唱，它是吟诵的"吟"的夸张。按照这两种传统的读法，原来莎剧的味道就全没了，那可不行。于是，我们的留日学生经过研究思考，最后发明了一种新的读法，就是效仿英语和日语的读法，用轻重音方式来读汉语，变成了"生存，还是毁灭，这是个问题"——现代朗诵就诞生了！

有人会问：难道古人就没有这么读的吗？没有。古人即使是没有旋律的诵读，也要遵守读法规矩，比如入短韵长、平长仄短等，而且汉诗文主要读法是拖长，不是轻重，不是节奏，不是停顿。

所谓现代朗诵、朗读，是受到了欧洲重音节奏语言的读法的影响，抛弃了汉语传统读法的规矩的一种新读法，所以朗诵最重视轻重、节奏，而很少重视腔调。现代朗诵、朗读百年来积累了很多的经验、理论，开始时用于白话诗文，是基本上可以的；但后来被用于古诗文，那是不对的，因为古诗文有固有的读法规矩。这些规矩是与汉语、汉诗、汉文的固有特点有关，是自然如此的，是自古如此的，是与含意紧密相连的。读法错就会理解错。现代朗读、朗诵（包括现代唱歌）与吟诵的核心区别，不在于唱不唱（吟诵也可以不唱而诵读），也不在于表演还是自娱（吟诵也可以表演），而是在于守不守传统的读法规矩。

话剧是表演艺术，需要让最后一排的人也听到听懂，而且没有麦克风，所以动作夸张，表情丰富，嗓门儿也得大，这叫作"朗诵""朗读"。您想一想，为什么一定要"朗"呢？难道不大声不行吗？欧洲人读诗歌，很多时候声音很小的。我们这边之所以叫"朗读""朗诵"，是因为从话剧过来的缘故。也是因为这个缘故，我们的朗诵现在还有话剧腔的痕迹。

因为话剧把这两个表示大声读书的词抢去了，"读"这个概念就乱了套。如果话剧式的叫"朗读"，那么鲁迅说的"朗读"又算什么呢？再比如，黄仲苏先生出版过一本学术专著，叫《朗诵法》，还是钱基博先生（钱锺书的父亲）作的序。你看书名，它到底是说传统的大声吟诵呢，还是说现在的西方式朗诵？那朱自清先生的《论朗读》，到底又是在说什么呢？所以概念乱了套。一部分学者就开始放弃“读”这个传统说法，改用一些新的概念来指称汉诗文的传统读法。我所知道的在现代学术史上最早提出“吟诵”一词，作为汉诗文传统读法统称的，是叶圣陶和朱自清，他们于1940年合写的《精读指导举隅》《略读指导举隅》，其中明确使用了“吟诵”一词，并定义为语文课堂教学的第四个环节。近百年间，其他学者们还使用了不同的词：吟、吟唱、吟咏、唱读、读书腔、吟诗调、吟哦、读诵、诵念等，来代替传统的“读”。这些词大都是古已有之，但在古代只是指某一种读书状态，此时开始被一些学者用于读书声音的统称了。

2008年，我们召开第一次吟诵学术研讨会时，会议用的概念叫“吟诗调”，而与会学者们用的名词也不统一。到2009年，我们召开第一届“中华吟诵周”学术研讨会，在这次会上大多数学者同意用“吟诵”这个词。我的导师赵敏俐教授也觉得“吟诵”这个词比较妥当，于是就定了下来。

后来我们给国家语言文字工作委员会（以下简称“国家语委”）打报告，建议把汉诗文的传统读法叫作“吟诵”。国家语委把这个报告转到教育部，又转到中宣部，最后批复下来的时候是四个字，叫“中华吟诵”。“中华吟诵”简称“吟诵”。后来就有了“中国语文现代化学会吟诵分会”，这是隶属于国家语委的学会。现在各地都建立了很多吟诵学会了。但是直到今天，还有一些学者不用“吟诵”这个词。比如屠岸先生用“吟哦”，华锋先生用“吟咏”，张卫东先生用“诵念”，等等，指的都是汉诗文的传统读法。

为什么我们决定用“吟诵”这个词来代替“读”呢？“吟诵”这个词有什么优势呢？在我们看来，“吟诵”可以分为“吟”和“诵”，或“吟咏”与“诵读”。我们可以用“吟咏”来指称有旋律的读法，用“读诵”来指称没有旋律的读法，这样研究起来、推广起来比较方便，吟咏又可以分为纯人声的“清吟”和有伴奏的“乐吟”。

古代有没有“吟诵”这个词呢？也有的，但是不太常见。“吟诵”在古代文献中出现，指的并不是“吟”和“诵”这两种方式的相加，而是读书方式的统称，可以与“读”相当，比如：

> 江东雅好篇什，陈主尤爱雕虫，道衡每有所作，南人无不吟诵焉。（《隋书》卷五十七）

国藩困南昌，遣将分屯要地，羽檄交驰，不废吟诵。（《清史稿》卷四百五）

同样，“念”这个词有时也指读书方式的统称，在某些地区不说“读书”而说“念书”。但总的来说，“读”作为读书方式统称的情况是最多的。所以，我们用“吟诵”这个词来代替“读”这个统称是完全可以的。

请大家记住，我们今天是被迫把汉诗文的传统读法叫“吟诵”的。其实我们应该叫它“读”！“中华经典诵读”就应该是“中华经典吟诵”，“读经”就应该是“吟诵经典”。

古代基本教学法

我们是怎么知道上面这些事情的？因为我们采访了一些老先生。

这十多年以来，我和我的同事们、学生们一直在做一件事，就是寻找和采录读过私塾的老先生。

我们今天的教育叫“education”，这是1912年中华民国第一任教育总长蔡元培先生正式全面从西方引进的教育方式。我们的学校叫“school”，我们的老师叫“teacher”。韩愈说：“师者，所以传道授业解惑也。”但我们现在的老师不传道，只授业解惑，所以不是传统意义上的“老师”，而只是西方的teacher。我们的学生也不是传统意义上的“学生”，而只是student。student来上学，归根到底只是为了找份好工作，而古代的学生，是近要修身齐家，远要治国平天下的。找份工作的叫“学徒”，不叫“学生”。

所以今天我们的教育体制是源自西方的，它和我们传统的教育体系有非常大的差别。而在今天的中国大地上，还有最后一批受过传统教育的老先生尚在人间。他们的年纪都很大了，一般来说都是90多岁、100多岁。他们人数也很少，我估计也就是几千人，散落在全国各地。这十多年来我们一直在寻访这些老先生，只要知道谁是读过私塾旧学的，就去拜访他，问他以前是怎么读书的，怎么上课的，怎么考试的，怎么做作业的。从教室桌椅板凳的摆放，问到修身养性的方法。就这样，我们对中国传统的教育慢慢地有所了解，尤其是具体的教学方法。

与此同时，我们也在整理古代的教育文献，但更重要的是我们采录了这些老先生。因为文化就像一座冰山，文献上记载的只是露出水面的一角，更多的常识性的、环境性的、基础性的信息没有记下来。就像我们今天记录一次讲座，会在纸面上写下很多事情，但不会记录下这间教室里有电，因为这是常识。常识往往是不用记录的，因为大家都知道。但是时代改变以后，很多常识就因为文献上没有记载而不再为人所知。即使是落于纸面，如果你没有见到了解它的人，往往也是不知道它在说什么。比如说“读”，纸面上说“关羽夜读《春秋》”。当你只看到这几个字的时候，会以为是我们今天的朗读，其实我们现在知道不是这么回事儿。你得亲眼见到传统的“读”才知道。所以，见活人很重要。

通过这些寻访和研究，我觉得我们古代的教育是一个非常庞大而且完备的系统。很多人都觉得我们古代的教育是落后的，我觉得要先去了解，了解以后再去说这样的话。古代教育有很多很多的地方是值得我们学习的。我们今天的教育有多么复杂、多么深入，古代的教育就有多么复杂、多么深入。而更重要的是，古代的教育是一个很庞大的系统。系统是什么意思呢？就是今天我们做传统文化教育的时候，如果只是做了一个角落，比如说让孩子读经，那么这个事情就比较不好办，因为古代教育是一整个系统，各部分之间是互相配合的。如果这个孩子在读经，那么就会有几种别的方式方法在与他配合，构成一个整体。如果这个孩子在做礼教，在学行礼，同样会有几个东西在配合，形成一个系统。而且这个系统有层次、有顺序，这一点是我们今天做传统文化教育时往往比较忽略的。所以我们提倡大家要关注和了解古代教育，而且是了解传统文化教育这个完整的体系。

古代教育这个庞大的系统，首先是教育的理念，其次是教育的体制，然后是教学的组织，再后是教具、教材这些基本的教学资源，还有教学方法，这是一个非常完整的庞大的系统。吟诵在里面处于什么位置呢？

吟诵是整个传统文化教育系统的最底层，是基石，是基本的读书法，也就是最基本的学习方法和教学方法。有了吟诵，上面的东西就可以升华出来；没有吟诵，上面的东西就容易变味儿。所以我们现在复兴传统文化教育，是从吟诵开始做的。它是一个抓手、一个入口，从这个地方进去，你可以见到中国传统文化教育这个庞大的系统。

因为“读”这件事是古代教育最底层、最基础的事情，所以古人把上学叫“读书”，到今天还是这样：

“这孩子读书了吗？”

“读了。”

“读几年级了？”

“读小学六年级。”

“哦，那明年就要读初中了。”

你看，我们都说“读”啊，从来没说“哎，这孩子看书看到几年级了？做题做到几年级了？考试考到几年级了？”，都叫“读”。“上学”就叫“读书”，因为古代的儿童在学校里的大部分时间都在“吟诵”。“吟诵”即“读书”，对于学习中华文化太重要了、太基础了。文人叫“读书人”，是因为外人看文人，最基本的形态是干吗？是在那儿吟诵，这是最常见到的一个形态。“读”这件事对于中国文化的学习和传承来说，真的是最基础、最根本的一件事情。

那为什么我们今天的学校不那么重视“读”了？因为他们已经改成了“read”，即所谓的“阅读”。古代的“读”比今天的“阅读”有大得多的价值。

我们来看一下古代学校的情况。

先看一幅画，据考是宋元时期的《圣迹二十四图》，这是描绘孔子一生的二十四幅图，其中的一幅叫作《孔子授学图》，画的是孔子周游列国后回到鲁国，开门授徒、讲课的场景：

《孔子授学图》

可以看到，在孔子的课堂上，至少是在宋人想象的孔子的课堂上，大部分学生都没有认真听讲，而是各忙各的。孔子的身边倒是有两排人，可是没有一个人的眼睛是看着孔子的。——孔子只给一个学生上课，就是他对面的那个学生。两边的学生是排队等候上课的，所以他们看天看地，就是没看孔子。

今天我们会想，那是孔子上课啊，千载难逢啊。有的地方雕了孔子授学的群雕，只见孔子高高坐在上面，下面围着一群学生，个个眼睛放光，热切地望着孔子。——那是亚里士多德在授课，不是孔子。孔子授课是什么样？就这样，一对一的。想一想《论语》，想一想《孝经》，就明白了。有讨论课，有概论课，大家是可以在一起的，但是真正到了授课传道的时候，是一对一的。我们亲自采录的上千位读过私塾的老先生，也都说授课的时候是一对一的。

一对一的教学效率如何，我想这个不必说，看看一些课外培训机构是怎么宣传的就知道了。——所以中国古代的教学效率天下第一。

但这还不是效率的问题。一对一教学是中国传统的教育观念，牵涉到中华文化的世界观，是非常重要的事情。在古代，如果老师同时对几名学生讲课，那属于严重教学事故，属于违背教育观念的大事。

为什么呢？因为我们的世界观是“道”，是以人为本，而“道”是变化的，在每个人那里都有不同的表现。所以每个学生都是不一样的，不可以统一地教他们。

现在当我说到一对一教学的时候，很多老师都跟我说：做不到。现在每个班有几十个学生，一起上课还讲不完呢，怎么可能一对一？

可是古人是怎么做到的？而且是所有的老师都能做到？

您知道吗，民国时期搞教育改革，全盘西化，老师从坐着讲改为站着讲，从一对一改为一对众，出现了统一教材和统一考试，当时有很多老师辞职。为什么？因为教不了。很多传统教育的老师，面对一群学生，不会教。今天则是很多老师一对一不会教。

可能有的老师会奇怪，面对一群学生上课有什么不会教的呢？让我们回想一下上课的场景：

老师开门进教室——上课！

学生站起来——老师好！

老师——同学们好！请坐！今天，我们讲第五课……

打住！就在这里，请老师们扪心自问——你为什么要上第五课？什么原因？什么理由？

唯一的理由就是：昨天上完了第四课！

可是，有的学生第三课都没学会，有的学生可能第九课都掌握了，你却在这里上第五课，你能说说到底是给谁上的吗？给具体哪位学生？到底是哪位学生需要上第五课？

我们古代的教育可不是这样。我们的传统文化认为，世界没有永恒不变四海皆准的固定规律，只有“道”。“道”只是大致的方向，它是变化的，变的方式是“一阴一阳”。这些宝贵的思想对于人类来说太重要了，它一直给人类提供着与西方不同的思维和世界观。这些世界观和价值观如果不能让学生最后理解，就不是中华文化的教育。

西方人认为世界是有规律的，所以教育也是有规律的，所以统一教学、统一教材、统一考试、统一毕业。而中国人认为世界是整体的、变化的，所以人也都是不一样的，所以我们是一对一教学，每个学生的教学目标、教学内容、教学进度和教学方法都不一样。这个班有多少学生就有多少课程表，每个人都不一样。

在《论语》里，大家问孔子什么是“仁”。孔子给每个人的回答都是不一样的。为什么？因为他是针对提问者的情况回答的。他知道对什么人、什么事应该怎样不同地回答，所以他才是明白整个“仁”的人，是得道之人。你想问个“仁”的统一定义，孔子只会针对你的情况回答你该做的。你知道了整个的定义，对你有什么用呢？有害无益。

所以一对一教学不仅仅是教学效率问题，更重要的是教学目标问题。我们总说古代教育是“因材施教”的，这个说法虽然好，但是不透彻。其实古代的“因材施教”是有体制保障的，这个体制就是一对一教学。

让我们看看古代课堂的真实场景吧。

清末学馆课堂

这是清末学馆的照片。我们可以清楚地看到，老师是一对一教学的：旁边站着排队的是下一个上课的学生，其他的学生各忙各的。一切都跟《孔子授学图》是一样的。

不过，这张照片里有一个奇怪的地方，您看出来了吗？

就是老师坐的位置。老师是坐在学生们的后方，在教室的角落里。在《孔子授学图》里，孔子也是坐在教室的后面的角落里。

今天我们的老师上课的时候，是要站在讲台上的。

可是古代的老师授课，是在教室后面的角落里，甚至是在另外一间屋子里。回想一下孙悟空是怎么学的七十二变？慧能是怎么传的木棉袈裟？这是为什么呢？

一对一授课，也可以在教室的前面啊。在教室的前面和后面，到底有什么区别呢？

亲身去感受一下就会明白了：区别在于私密性！

在教室的前面授课，即使是一对一的，也是在众目睽睽之下。在后面，或者另外的地方，就是私密的。

中国古代的个别教育，包含两个条件：一对一和私密性。

古代的老师授课，都是私密或者半私密的，授课的内容是其他学生很难听到的。有条件的学校，老师是在旁边的一间屋子里授课的。

为什么要保持私密性？因为老师首先要传道。传道就是把自己身上的道传下去，就是把自己的人生态度传给学生。这件事情需要在老师和学生之间建立起一个心灵的沟通，老师和学生要互相了解、互相信任、互相喜欢。如果老师和学生不能够互相信任、互相了解，道是传不下去的。你只能教给他知识和技术，但教不了人生态度。我们古代的教育是成人教育，今天我们的教育叫作成才教育，并不是一个方向。古代教育的目标是要把这个孩子培养成一个好人，所以重视他的心灵、他的精神状态、他的人生态度，首要的是这个问题，所以上课是私密的。老师和学生之间是非常熟悉、非常了解的，老师甚至比父母还要了解孩子，所以有“一日为师终身为父”的说法。那不是等级压迫的意思，而是基于老师对孩子的了解和非常深厚的感情基础。

站在老师前面的这个孩子在干吗？在背书。在古代，背书的时候是要转过身去的。我们的汉语词可不是乱来的。背书是古代课堂教学的一个环节，属于

“复讲”的一个环节。所以这是在上课。看到这个背书的孩子的状态了吗？这孩子也就是六七岁、七八岁的样子，你看他的神态，这个精气神儿！怎么背书会这么有精气神儿啊？这就叫吟诵。你再看后面的老师的神情，显然，孩子是跟他学的。

我们看这张照片，是不是觉得没有声音，不知道究竟是怎么样的。有一段视频是1950年拍摄的一部电影，叫《武训传》，孙瑜导演、赵丹主演的。武训是光绪年间山东省聊城市冠县人，是个乞丐。他把乞讨来的钱拿去给穷孩子们办义学，这是当时在山东发生的真事。1948年，那时候山东还是有很多私塾的，孙瑜、赵丹他们也是私塾出身的，所以影片所反映的当时私塾的教学场景，还是相对比较真实的。我们看一下那个时候的私塾是怎么上课的。[参见：电影《武训传》片段]

这个场景就是私塾上课的场景，我们可以看到孩子们围坐在桌子边儿，一个边儿一个孩子。这是个穷孩子的学校，没有钱，所以一个孩子一个桌子边儿。好一点儿的学校，就是一个孩子一张桌子。古代一般没有同桌的你。因为每个孩子的课程不一样，进度不一样，不可以一起学习。你看，这个桌子上，一个孩子在写字，一个孩子在背书，不是同一门课。

老师坐在教室的角落里。上课的时候，老师坐着，学生站着。上课的方式是一对一的。所有这些，都与《论语》里的场景、《孔子授学图》、清朝学馆的照片一致。我们的教育一直就是这样。我们采录的老先生们也都是这样说的。

但是图画和照片是没有声音的。电影给我们记录了上课的声音。——上课是吟诵的！吟诵是有旋律的！

还有一个细节不知道大家注意没有，孩子吟诵时是摇晃的。具体是怎么摇晃的呢？我看到现在很多经典诵读活动，都让孩子们穿上汉服，手拿线装书，摇头晃脑，都是转着圈儿摇的。那是不对的，转两圈就晕。我采录了那么多老先生，没见过那么摇的。那是为了丑化吟诵而发明的动作，不要学。真正的吟诵时的摇晃动作看到了吗？在孩子初学的时候，是横着摇的。

古代的时候，这个摇晃是有规定的。刚上学的时候有一个规矩，单脚要离地。为什么要这么晃呢？因为小孩子太小，不告诉他单脚离地的话，他站在那儿就不知道两个脚怎么放。所以一开始先让他这么晃起来，让他放松，然后才会有节奏，然后按照节奏去自然地晃，然后再开始所谓的“摇头晃脑”。看看电影里的这位老师，他是怎么晃的？是自由的，像打太极拳那样，该怎么晃就怎么晃。那是源于汉诗文本身的一种韵律。

在现代汉语中，“摇头晃脑”是一个贬义词。要是造个句——“张三摇头晃脑地说”，那张三一定不是好人！可是为什么呢？凭什么“摇头晃脑”就是贬义词呢？如果我们知道了古人读书经常是有旋律的，那么你见过唱歌时身体不动的人吗？身体一动不动怎么运气发声？怎么表达感情？现在的人唱歌都怎么动的？那个叫“广场舞”，动得可厉害了。只不过现在的歌曲多是西方音乐（music），是有轻重有节奏的，所以动起来都是那样的。我们的汉语是旋律型声调语言，我们说起话来是有腔音的，所以我们唱歌是腔音的唱法，我们的身体动起来像打太极拳一样，这有什么不对吗？多么高雅，多么美丽！怎么能是贬义词呢？

这种吟诵着读书的场景在今天我们是很难见到了，但是在海外还有。我们来看一个纪录片，这是我们自己制作的纪录片，拍摄的是韩国的吟诵。韩国的儒学没有断，他们一直有学馆书堂传承下来。我们看看今天的韩国，他们的书院里的学生是怎么读书的。［参见：纪录片《韩国吟诵采录纪行》片段——怀仁书堂］

> 我们即将拜访的这个书堂叫怀仁书堂，它就属于李珥（号栗谷）的学派，它的创建者是金熙镇（瑞岩）先生。
>
> 我们到达时已是深夜，平常这时学生们都已入睡，但这一天他们都在等候我们的到来。怀仁书堂共有24名学生，除了一名6岁的儿童以外，基本上都是中学生这个年龄段。他们像国内的一些私塾学生一样，不去上体制学校，而是全日制在书堂学习儒家经典。他们将来会从事文化工作或者做儒学教师。
>
> 主人，也是老师，叫作训长。怀仁书堂的训长是李相奎先生。他是瑞岩先生的学生，自20岁起跟随其学习儒学，后来主持这个书堂。客厅的墙上，悬挂着瑞岩先生题写的横幅“我生为道”，小字写道：“它无所为，惟此一事而已。”可见瑞岩先生的胸襟抱负。
>
> 学生们在奉上水果点心之后，回去睡觉了。闵庚三教授和李相奎先生一

直聊到深夜。我也加入了谈话，当询问到吟诵的价值时，李相奎先生说读书一定要吟诵，自古也都是吟诵。只有吟诵才能深入理解，并且记得牢。龚昊则整理白天的采录成果，拷贝到移动硬盘，并给设备都充好电。这天晚上，我们俩和闵教授并排席地而睡。

清晨五点半，我们就被阵阵读书声唤醒了。这是我们第一次听到韩国学生们的吟诵声。吟诵着读书，这才是古人所谓的琅琅读书声。循着声音找去，可以看到学生们已经整齐地盘腿坐在教室里，各自吟诵着不同的儒家经典。这一刻，我们好像穿越回了中国古代。

书堂坐落在青山脚下，农田环绕，书堂自己也种蔬菜瓜果。耕读一向是儒士的基本生活方式。

采录开始了。首先是采录李相奎训长。

李训长给我们吟诵了朱熹的《小学》，这个调子是他从老师那里学来的。当我们最后请求吟诵几首诗时，李训长露出了为难的表情。他说："我们不教诗词的吟诵。"在我们的一再请求下，他才勉强答应了吟诵一首，但叮嘱我们不要让学生们看见。

随后，几位学生轮流接受我们的采录。先是最小的学生。他吟诵的内容是《童蒙先读》，也就是古代朝鲜人编的《千字文》，是古代朝鲜儿童学习汉文的基本课本之一。6岁的他吟诵起来声音清亮，这是老师平常对学习的要求之一。

几个大孩子的吟诵也都非常好听。他们吟诵的内容，也就是他们平常学习的内容。

怀仁书堂的采录，让我们实实在在感受到了儒学在韩国的传承，并不得不承认，在中国大陆儒学已经断传，我们现在是在兴亡继绝。

这是如今韩国学习中国传统文化的那些孩子们读书的样子。还是吟诵的，还是横着晃的，用韩国古代汉语普通话读书。

今天我们做传统文化的教育，基本上用的还是西方的教育方法，或者是没有方法，中国传统的教育方法被简单地否定了。我想每一位做中国文化教育的老师都应该了解中国古代的教育，不管你是教什么的，都应该知道几千年来我们的祖先是怎么教这门课的：如果你是教书法的，要知道古人是怎么教书法的；如果你是教民歌的，要知道古人是怎么教民歌的；如果你是教诗词的，要知道古人是怎么教诗词的。如果你不知道，我觉得要补上这一课。下面就让我们走进已经跟我们很陌生的中国传统教育，来了解吟诵——中华传统读书法。

吟诵历来有规矩

吟诵最重要的是什么呢？是规矩。

我们举一首诗为例，李白的《静夜思》。这首诗是我们今天学习古诗文的起点，一般的孩子学古诗文，不是先学《静夜思》就是《登鹳雀楼》。因为我们觉得这些诗是最简单的，所以我出来讲，一般也讲这几首诗，看它们到底简单不简单。

《静夜思》这首诗今天只有两种读法：

第一种读法，一字一拍地读："床、前、明、月、光，疑、是、地、上、霜。举、头、望、明、月，低、头、思、故、乡。"这个叫读字，按照字典音读了二十个字，没有读诗。你读的跟诗有关系吗？我把诗的文字打乱，还是一样读啊，语调没有任何变化。所以这不是读诗，这是在读字典。

第二种读法，叫朗诵。朗诵就有很多的技巧在里面了，也特别强调要有感情，但关键是感情和技巧往往放错了地方。比如在节奏上，朗诵对于五言诗的处理，永远是在第二个字的后面停一停；对于七言诗，永远是在第四个字的后面停一停。读起来就是："床前——明月光，疑是——地上霜。举头——望明月，低头——思故乡。"这个问题我们要探讨一下，为什么永远在第二个字停呢？读四句还行，读四百句呢？古人读书一读一上午啊，那不睡着了嘛，节奏这么单一，读诗是这么回事儿吗？

我们来听一听古人是怎么读的。现在给大家放一段录像。这段录像是中央电视台的一个节目，所以有一点表演的成分，但是其实就是吟诵，就是老师读一遍学生读一遍，如此而已，没有任何乐器伴奏。这位老先生叫戴学忱，她是天津人，书香世家，她们家代代相传，《静夜思》就是这样读的，她从小就听惯了。这些学生是清华大学附属小学吟诵团的学生，这个学校是有吟诵课的。我们看一下这段录像。[**参见：戴学忱和清华附小学生吟（唐）李白《静夜思》**]

我们听完了，是不是感到古人的读法跟我们今天太不一样了？我们一点点地说。

首先我们听到原来它是唱的，汉诗文原来是可以唱的！所以我们的诗叫诗歌。说到这里，有的老师就会问：难道全都是唱的吗？就不能不唱吗？可以的，所有唱的歌都可以不唱。比如说，我们现在喜欢唱的流行歌："你是我的小呀小苹果……"好，它的歌词是什么？"你是我的小呀小苹果。"所有的歌我都可以朗读出它的歌词来，所以所有的唱都可以不唱。但是，不唱的要想唱就很难了。比如，我们把"不唱的要想唱就很难了"这句话唱出来试试。

我们的汉诗文原本是可以唱的，就是任何人想在任何时候唱任何一首诗、一篇文章，立刻就可以唱，没有问题，每个人都可以唱。可以唱也就可以不唱，所以唱的叫吟咏，不唱的叫诵读。但是今天，关键的问题是，我们把这些汉诗文教成了不能唱的！要想唱，得找作曲家，得找歌星，歌星不开口，大家都不会唱，这就是区别。

世界上有声调的语言可不只是汉语，还有很多。全世界的语言多种多样，其中有一大类语言是有声调的，叫作声调语言，主要集中在热带和亚热带，汉语是整个声调语言分布中最北部的一支；而整个的欧洲、阿拉伯、印度、北非这一大片是印欧语系，它们是没有声调的语言。

汉语这种声调语言在世界上不是孤立的，不是只有汉语才有声调。汉语属于汉藏语系，汉藏语系里头的语言基本上都是有声调的。

世界上所有有声调语言的民族，它们的诗歌和文章都是天然可唱的，而且多数本来就是唱的，不只是汉语如此。我在中央民族大学二十年，是在少数民族语言文学系，我们系有几十种少数民族语，我以前也做过少数民族音乐的采录工作，这个事情在我们学院属于常识。比如去苗寨找一位苗族老太太："大娘，给我们读一首你们苗族的诗吧。"她就唱起来了。如果说："大娘，给我们讲一个你们山寨的故事吧。"结果怎样？还是唱的！基本都是唱的。声调语言就是这样。在我们中国，苗族、瑶族、侗族、壮族、傣族、布依族、德昂族、哈尼族等都是这样，诗歌是天然可唱的。

而我们汉族大概是世界上所有声调语言的民族中，唯一一个不会唱了的民族！真正奇怪的是我们！

一百年前究竟发生了什么事，让五十六个民族中只有汉族不会唱了呢？中央民族大学中少数民族占了一半，所以在学校里经常见了面第一句话不是问你姓什么，而是问你是什么民族："哎，你哪个族的？""我维吾尔族的。""啊，你们维吾尔族能歌善舞啊。"——"你哪个族的？""我朝鲜族的。""哦，你们朝鲜族能歌善舞啊。"——"你哪个族的？""我侗族的。""哎哟，你们侗族能歌善舞啊。"——"你哪个族的？""我汉族的。"没下文了，因为大家感觉汉族不会唱也不会跳了啊。

你觉得这个合逻辑吗？怎么可能呢？五十五个民族能歌善舞，汉族反而什么都不会。事实是，一百年前汉族也是能歌善舞的。那时候文人张口就吟诗，自己的词自己的曲；农民张口就唱山歌，自己的词自己的曲。自从我们学会了music……

什么叫能歌善舞？比如说《我是歌手》决出了总冠军，他是全国最好的歌星。你觉得这位冠军就是能歌善舞吗？你会用这个词去形容他吗？不会的。什么叫能歌啊？能歌就是即兴唱，自己编词，叫作能歌。比如说张老师来了，马上唱起来："哎，张老师来了，坐下喝杯水，今天天气热，你想喝杯茶吗？"说刘老师来了："刘老师来了，坐下喝杯水，今天天气热，坐下歇会儿吧。"这儿没水，这儿是酒："刘老师来了，这儿喝杯酒。"这才叫唱歌。能歌就是自己作词、自己作曲、自己唱，立刻唱。现在歌手上来，一开口"我给大家唱一首歌，张三作词，李四作曲，王五伴奏，赵六指挥……"那还唱个什么劲儿呢？那就不是你的歌了。这个就不能叫"能歌"了。

我们汉语是旋律型声调语言。声调语言分三类，有音高型、旋律型和音长型。汉语是旋律型，就是说我们的声调是有升有降的。旋律型声调语言在所有的语言中最接近音乐，天然具有旋律性，所以我们汉族自古就是见字就唱，汉族所有的音乐戏曲曲艺的形式都是从此生发出来的。

各地是不是都在传承地方戏曲？哪都有地方戏曲的剧团，很多人在学习，但是戏曲还是毫无希望地衰落下去。为什么自从我们开始保护这些民族音乐以后，这些民族音乐反而就走向了绝境呢？因为它没有了人民群众的基础。以前为什么广东有粤剧，因为广东人人会用广东话唱歌。文人会用广东的文话唱歌，就是吟诗，农民会用白话唱歌，张嘴就能唱，在这个基础上才会有粤剧，才会有花鼓戏，才会有各种各样的戏曲曲艺。现在这个基础没有了，就成立一个剧团去学现成的调儿，怎么能传承下去呢？

中国现代音乐学著名学者杨荫浏先生说过这样的话：

> 由语言而吟诵，由吟诵而歌唱，其间有着一贯的关系。

他的意思就是说，所有的中国音乐其实都是从吟诵而来的，而吟诵又是从语言里来的。汉语语言的特点决定了音乐的特点，所以我们汉语的诗词文赋原来都是可以唱的，而且大部分在创作的时候，在作者的心里和口里就是有旋律的。即使开初是没有旋律的，如果想唱也是随时可以唱的，也是人人都可以唱的，这才是我们汉诗文的声音的真相。

所以在历史上，中国没有作曲家，没有今天西方音乐概念里的创造旋律的人，西方的作曲家却灿若星辰。你可以想想，中国古代有作曲家吗?《高山流水》谁作的? 伯牙是弹奏者，但曲是谁作的呢?《霓裳羽衣曲》是谁作的? 也不是李隆基啊，李隆基只是编曲;《二泉映月》谁作的? 我们现在书上都写的是阿炳作曲，不是的，阿炳是跟他爹学的，他自己改了点儿。他爹跟谁学的? 跟他爹的老师学的。老师跟谁学的? 跟老师的老师学的。代代传承，每传到一个人的手里就会改变一点儿。那最初是谁作的? 不知道。因为这不重要。人人都是可以即兴歌唱的，人人都是作曲家。创作个旋律，没什么了不起的。

所以我们没有作曲家，只有度曲家。周邦彦、姜夔，都是度曲家。度曲是什么? 就是音乐旋律的结构基本上是明确的，然后调整一下，叫忖度忖度，所以叫度曲，不是创造旋律。

西方的乐曲需要创造旋律，我们不需要。因为西方的语言是重音语言、节奏语言，它们有重音、有节奏，但是没有声调。比如说“早上好”，英语叫“Good morning”，它有重音是吧，[gud'mɔːniŋ]，绝对不能说成 [gudmɔː'niŋ]；“下午好”，“Good afternoon”，说话都是有轻重嘛。所以他们的音乐也有轻重，因为语言就是这样的。但是它语言的旋律在哪里呢? 没有。“Good morning”怎么唱? 121，Good morning；131，Good morning；141，Good morning；151，Good morning；161，Good morning；163，Good morning。怎么唱都可以，所以应该怎么唱，这没法选择。所以在欧洲就需要有一批特别有乐感的人去琢磨这个旋律，他们叫作曲家。在中国不需要，“早上好”，拖长一点，就像唱歌了。“早上好”，351635，立刻就能唱出来了，所以说我们不需要作曲家，就是这个道理。

刚才我们讲了吟诵的一个特点，就是它基本上是唱的，或者是随时可以唱的。下面说吟诵的第二个特点：吟诵是每个地方每个人的旋律都不一样的，甚至一个人唱两遍都是不一样的。每个地方都有每个地方的特色，每个人也有每个人的性格，全都是不一样的。它丰富多彩，是中国传统音乐一个巨大的宝库。但是今天，却快消失了。

我们仍然以《静夜思》为例，刚才我们听到的是天津的唱法，戴学忱先生是这么读《静夜思》的。现在给大家来展示一下不同地方的老先生不同的旋律。叶嘉莹先生是北京人，她也是书香世家，从小听惯了家里的人吟诗，我们听听叶先生是怎么样来读《静夜思》的。[参见：叶嘉莹吟（唐）李白《静夜思》]

我们听到的和刚才戴先生的旋律很不一样。我们再换个地方，林东海先生，他是福建泉州人，说闽南语的，我们听一下闽南语是怎么读的。[参见：林东海吟（唐）李白《静夜思》]

也不一样，有福建风味儿。再然后，王更生先生，这位先生已经去世了，他是台湾师范大学的一位老教授，河南人。我们听一下河南的读法。[参见：王更生吟（唐）李白《静夜思》]

每个地方都不一样，每个地方都很好听。这就是以前我们中国的吟诗，是中国的文人音乐。你们想不想知道你们的家乡是怎么样读这首诗的？如果想的话，就请你们回去寻访读过私塾的老先生。这件事不是我们这个团队能做得了的，这是全国人都应该做的事情。在身边寻找读过私塾旧学的老先生，找到之后赶紧录下来，然后跟我们联系。我们现在有国家项目，做系统的抢救性采录工作。

吟诵符号

刚才我们说了吟诵的两个特点。第一，它基本是唱的，或者是可以唱的；第二，每个地方唱的旋律是不一样的。

现在说第三，虽然每个地方每个人的旋律都不一样，但是却遵守共同的规矩。我们采录的这些老先生，来自天南海北，包括韩国、越南、马来西亚，只要是这些在汉文化圈里读过旧学的老先生，他们读汉诗文的时候，都是遵循一定的规矩的。而且在这么广大的范围里，这些规矩基本是一致的，与文献的记载也是一致的。

这些规矩就是区分吟诵和今天的现代朗诵、现代朗读还有现代歌曲之间的一个重要的分界线。吟诵是守规矩的，它守的是传统的读法的规矩，而现代的朗诵、朗读、唱歌目前都是不怎么守这些规矩的。当然我们希望以后它们能守这个规矩，那样是最好的了。

需要强调的是，这些规矩不是谁定的，它是由汉语的特点自然形成的，而更重要的是，这些规矩是有含意的，它直接影响到对诗文的理解和传承，所以这件事是非常重要的。

规矩代代有传承。吟诵最重要的就是读法和规矩。这些规矩是在古代的学校里、在文人之间代代相传，并流传到今天的。通过什么来传承？通过课本，古代学馆的教材。

现在很多学校在做经典诵读，用的教材大致有两类：一类是语文课本式的，简体横排，上有拼音，下有标点符号；一类是仿古式的，繁体竖排，大字，也有标点符号。有些教材是介于两者之间。我现在特别想说明的是后一类，即仿古式的教材，其实古代是没有这样的教材的。当然也没有前一类的教材。仿古式教材，经常宣传繁体、大字、竖排的好处，说古人就是这样的教材，其实他们看到的是古代成人的书，不是儿童的教材。古代儿童的教材并不是那个样子的。古代儿童的教材是非常有讲究，有规矩的。我们应该去了解一下古代的儿童教材，不要凭空想象或者道听途说。

古代的儿童教材和今天的仿古式教材的最大区别，在于符号。今天的教材用的是西式标点符号，古代的教材自有一套符号，包含六种不同的功能，其中最重要的是与吟诵即读法有关的符号。

吟诵的规矩就体现在读法符号上。为了说明这个问题，我们先来看看今天我们正在使用和推广的吟诵符号，也就是古诗文的读法符号：

登鹳雀楼

王之涣

!	!	_	—	|
白	日	依	山	尽
_	—	!	|	——
黄	河	入	海	流
!	—	_	|	!
欲	穷	千	里	目
|	|	!	—	——
更	上	一	层	楼

这是今天我们向全国推广的一套读法符号，一共 10 个，它们可以标记出所有的诗词文赋、经典蒙学的读法，包括每个字的长短高低、轻重缓急。这是其中的近体诗符号，《登鹳雀楼》属于近体诗。

这套符号的好处就是一目了然，一看就知道哪个字读长，哪个字读短，哪个字读高，哪个字读低，哪个字读轻，哪个字读重，都是有规矩的。比如说“依”和“山”两个字，哪个字要读得长呢？“山”要读得长。“山”和“尽”两个字，哪个字要读得高呢？“尽”要读得高。“白”和“日”两个字呢，要读得又高又短，它们是入声字。所以“白日依山尽”这句的读法可不是一字一拍地读，也不是现代朗诵的上二下三地读，古代的读法是：

白！日！依—山——尽

这么读，意思就不同了。

“白日”的读法是：白！日！这么短促，这么浊重，而不是朗诵朗读的“白—日—”。叫“张—老—师—”和叫“张！老！师！”是一个意思吗？读法是影响含意的啊。你要把诗歌当人话听啊。这就是王之涣在面对面地跟你说话。王之涣如果是说：“哎，张老师你来看，白—日—。”那就是说白日，亮闪闪的太阳，但他不是这么说的，他说的是：“张老师你来看，白！日！”你不觉得他在说别的意思吗？有什么感觉？对，有惊叹之感，惊讶于白日的灿烂。

“依—山—”，“山”字拖得那么长，有什么感觉？能感到山是连绵不断的。

日落是怎么落的？是垂直落的吗？不是，日落从来都是斜着落的，它要划过好几个山头。所以“白！日！依—山—尽”这五个字这么一读，像动画片一样，非常生动，这才是唐诗。

这句话是什么意思呢？现在的课本都是说这句话的意思就是亮闪闪的太阳靠着山落下去了。这就当它是大白话，而且还是字典上的大白话来理解了，不是生活中的话。生活中的话是有抑扬顿挫的，是有读法的，读法是影响含意的。如果王之涣说：“张老师你来看，白日依山尽啊。”意思就是亮闪闪的太阳靠着山落下去了，但是他说的是：“张老师你来看，白！日！依—山—尽！”口气差距这么大，那你肯定要想一想他到底是什么意思吧。

第二句，“黄河”怎么读？读高还是读低？应该读低。黄河是在地上，不能读高，读高了那是银河。“黄河”读得低而长，有什么感觉？感觉黄河在下面（不要忘了王之涣在高高的楼上）很宽很长。然后呢，“入海”两个字又高又短，尤其是“入”特别短而重，和“黄河”的又低又长就形成了一个对比，突出了黄河流到海里流得太快了，怎么突然一下子就到海里去了呢？

我们今天是怎么读这句话的呢？我们是按照普通话的标准音，把“黄河”和“流”读高，把“入海”读低，结果就成了：

黄河　　流
　　入海

完全没有考虑到言语句调和句子重音，所以这只是在读字，不是在读诗。古代的读法是近体诗的二四六字和韵字要平低仄高，即读成：

　　　入海
黄河—　　流—

这样一来，意思就有很大的差异了。这句话按照现在的读法，意思就是黄河流到海里面去了，基本就是一句废话；而古代的读法是强调“入海”，是说那么大的黄河，怎么突然就到海里去了？他是在说黄河流得太快了！所以他用了“入”这个入声字。

以前有人还写过文章，说这首诗作得不好，有两个字用错了。第一个是“白”，怎么能“白”日依山尽呢，应该是“红”日依山尽。我们没有见过“白”日靠在山上，看到的都是“红”日靠在山上。这就是因为他不知道吟诵，不知道在古人那里，读诗有读诗的规矩。在这首诗里，“山”必须读为长音，因为这是在描述日落的过程，而不是日落的画面。首先是“白日”，这是两个入声字，读起来又高又短又重，感觉非常灿烂非常壮观，令人惊叹，然后它才顺山而落，最终突然隐没，这就令人悲慨了。如果是“红日”，那就已经靠在山上了，立刻就得落了，那“山”字就不能拖长了。

那篇文章质疑的第二个字是“入”，怎么能说“入”海流呢？鹳雀楼在山西，在那里是看不到黄河入海口的，所以不应该说“入海流”，应该说黄河“奔”海流，黄河“向”海流，黄河“朝”海流，黄河“往”海流，总之就是不应该“入”海流。但是王之涣偏偏就是说“入”海流，为什么呢？因为“入”是入声字，它读得短，就是为了跟“河”的长音形成对比，来说明黄河流得太快了。所以，读法影响含意。

再比如说最后一句，“更上一层楼”。我们现在经常祝人上楼，都是这么说的：

同学，我祝你明年更上一层楼！

但是你注意到没有？当你这么说的时候，“楼”字绝不会拖长。如果你把“楼”字说成低而长：

同学，我祝你明年更上一层

楼——

那同学一定会以为你是别有用心了。然而，《登鹳雀楼》这首诗就是这样读的。它的“楼”字的读法，就是要又低又长。所以“更上一层楼”不会是激励的意思。

我还可以提供旁证，就是“登楼”这个意象，在古代诗词中都有“忧愁”的意思。这个叫意象系统，我在后面会详细说。

所以《登鹳雀楼》这首诗，不是像我们一般理解的那样，是一首奋发图强的诗。它的主题是人生苦短，是汉诗的一个重要主题，其中包含了中华民族的独特生命观，还有文人儒士济世安民的情怀和执着追求。它的力量来自这些，而不是简单的喊口号。

读错就会理解错。每个字的读法，它的长短高低、轻重缓急；每句话的读法，它的抑扬顿挫、婉转起伏，都与含意密切相关。

那么是谁规定要这么读？为什么要这么读？是不是一定要这么读？这些符号是从哪儿来的？

这些读法的规矩不是谁规定的，而是自然形成的，因为它符合汉语和汉诗文的固有特点。比如说汉诗的一个特点是拖长，《尚书》所谓“歌永言”，《礼记》所谓“长言之”，都是如此。拖长的时候，不是所有的字都拖得长的，比如入声字有塞音尾，天然就拖不长；仄声有升降，也拖不长；近体诗都是平声韵尾，平声可以无限拖长，因此形成了“入短韵长”的规矩，如此等等。

这些规矩都是在那种文体形成的时候同时形成的。任何文体都是伴随着读法的，不存在没有读法规矩的文体。

我说的这些有证据吗？吟诵规矩有文献上的证据吗？

有的，这就是历代学馆课本，尤其是课本上的圈点符号。

我要来说一说吟诵符号的历史。前文看到的吟诵符号是从哪里来的？1935年，夏丏尊和叶圣陶合写了一本书叫《文心》。叶圣陶先生是什么人？是我们语文课的“三老”之一，是语文课的主要缔造者之一。《文心》这本书讲的是语文教学法，开明出版社已经再版，大家可以在网上买到，我建议大家买来读一读。书中说到古诗文应该怎么读的时候，是有一套符号的。这套符号就标记了平长仄短、入短韵长等读法规矩。比如“木”“别”都是入声字，就读短；“岩”“无”

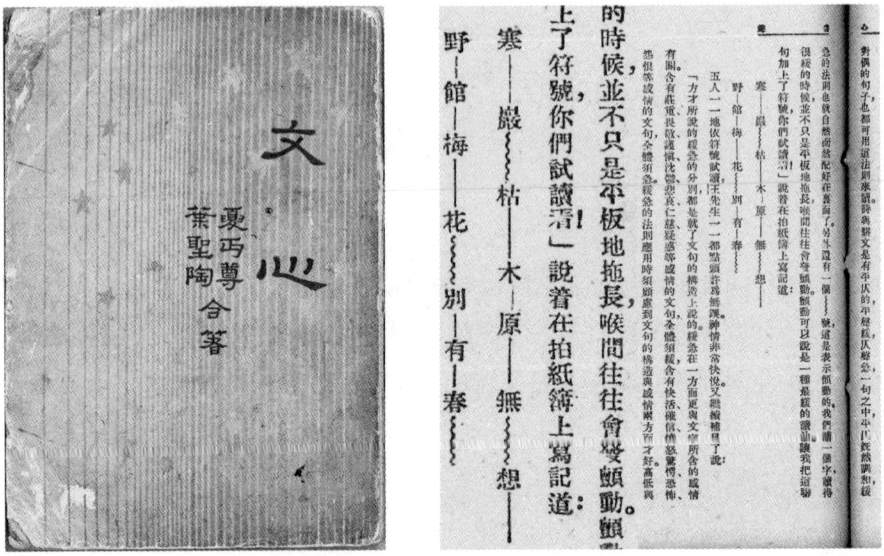

1935 年夏丏尊、叶圣陶合著《文心》的读法符号

等字是偶位平声字，就读长，韵字也读长，等等。我们现在只是把这套符号由竖排变成横排而已，而且考虑了现在的键盘的情况，所以变成了这个样子。

那么这个符号是叶圣陶先生发明的吗？也不是，再往前看，明代的王阳明先生——就是大儒王守仁先生，他有“九声四气歌法”传下来。什么叫“九声四气”？就是诗中的字，有九种读法，叫“九声”；诗的结构有四种，叫“四气”。“九声四气歌法”就是王阳明先生教学生读诗的规矩。

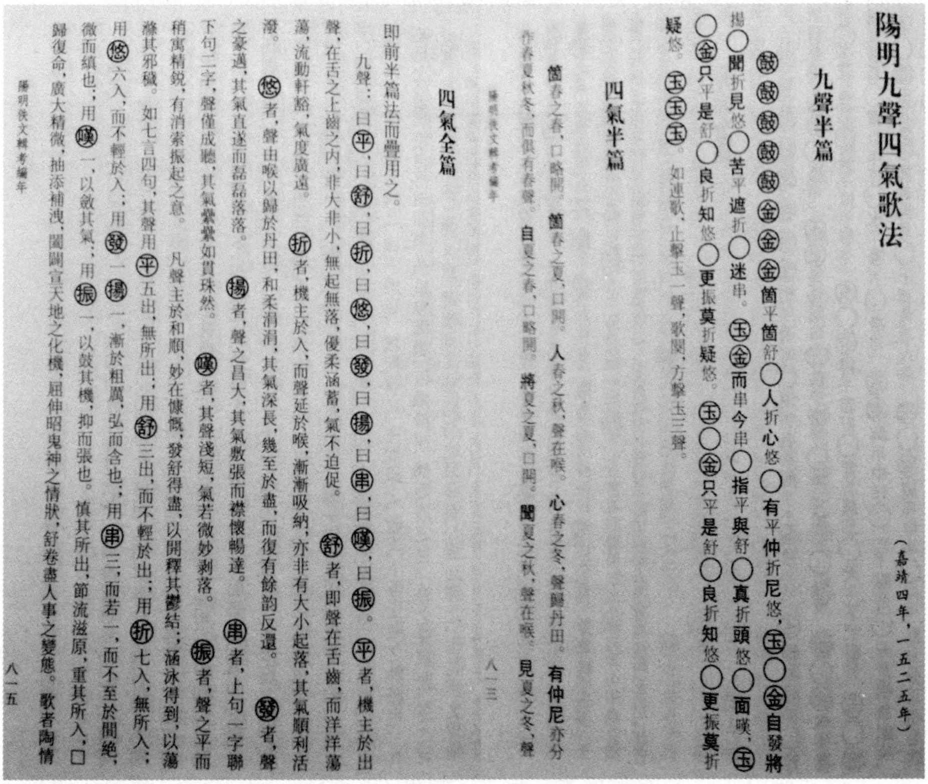
陽明九聲四氣歌法

（嘉靖四年，一五二五年）

九聲半篇

(鼓)(鼓)(鼓)(鼓)(鼓)(金)(金)(金)箇平箇舒○人折心悠○有平仲折尼悠，(玉)○(金)自發將揚○闕折見悠○苦平遮折○迷串。(玉)(金)而串今串○指平與舒○真折頭悠○面嘆，(玉)○(金)只平是舒○良折知悠○更振莫折疑悠。(玉)○(金)只平是舒○良折知悠○更振莫折疑悠。(玉)(玉)(玉)。如連歌，止擊玉一聲，歌闋，方擊玉三聲。

四氣半篇

箇春之春，口略開。箇春之夏，口開。人春之秋，聲在喉。心春之冬，聲歸丹田。有仲尼亦分作春夏秋冬，而俱有春聲。自夏之春，口略開。將夏之夏，口開。闕夏之秋，聲在喉。見夏之冬，聲

陽明佚文輯考編年　八一三

四氣全篇

即前半篇法而疊用之。

九聲：曰(平)，曰(舒)，曰(折)，曰(悠)，曰(發)，曰(揚)，曰(串)，曰(嘆)，曰(振)。(平)者，機主於出聲，在舌之上齒之內，非大非小，無起無落，優柔涵蓄，氣不迫促。(舒)者，即聲在舌齒，而洋洋蕩蕩，流動軒豁，氣度廣遠。(折)者，機主於入，而聲延於喉，漸漸吸納，亦非有大小起落，其氣順利活潑。(悠)者，聲由喉以歸於丹田，和柔涓涓，其氣深長，幾至於盡，而復有餘韻反還。(發)者，聲之豪邁，其氣直遂而磊磊落落。(揚)者，聲之昌大，其氣敷張而襟懷暢達。(串)者，上句一字聯下句二字，聲僅成聽，其氣纍纍如貫珠然。(嘆)者，其聲淺短，氣若微妙剩落。(振)者，聲之平而稍寓精鋭，有消索振起之意。凡聲主於和順，妙在慷慨，發舒得盡，以開釋其鬱結；涵泳得到，以蕩滌其邪穢。如七言四句，其聲用(平)五出，無所出；用(舒)三出，而不輕於出；用(折)七入，無所入；用(悠)六入，而不輕於入；用(發)一(揚)一，漸於粗厲，弘而含也；用(串)三，而若一，而不至於間絶，微而縝也；用(嘆)一，以斂其氣；用(振)一，以鼓其機，抑而張也。慎其所出，節流滋原，重其所入，□歸復命，廣大精微，抽添補洩，闔闢宣天地之化機，屈伸昭鬼神之情狀，舒卷盡人事之變態。歌者陶情

陽明佚文輯考編年　八一五

（明）王阳明先生“九声四气歌法”符号

这是一套文字谱，首先用文字说明“九声四气”是怎么回事，每一种读法要怎么去读，然后王阳明先生以自己的诗为例子，把每个字都用这套符号标记出来。图中是一首他的名作，第一句，“个个人心有仲尼”。第一个“个”怎么读？谱子上说要平读。第二个“个”呢？要舒读。“人”字要折读，“心”字要悠读，“有”字要平读，“仲”字要折读，“尼”字要悠读。每一个字都告诉你怎么读，不可以乱读的。

我们把“九声四气歌法”文字谱跟叶圣陶先生的那个符号谱做过统计比较，结果几乎是完全一样的，只是符号不同而已。那么这种读法是王阳明先生发明的吗？不是。

再往前看，南宋谢枋得有《文章轨范》。《文章轨范》是什么书？它是元明清三朝最通行的学馆课本之一。大家可以上网查一下，这本书和“三百千弟”（《三字经》《百家姓》《千字文》《弟子规》统称“三百千弟”）都是齐名的，只是“三百千弟”是蒙馆的课本，《文章轨范》是学馆的课本。《文章轨范》的第一页，就是符号表，说明书上出现的各种各样的符号都是什么意思。

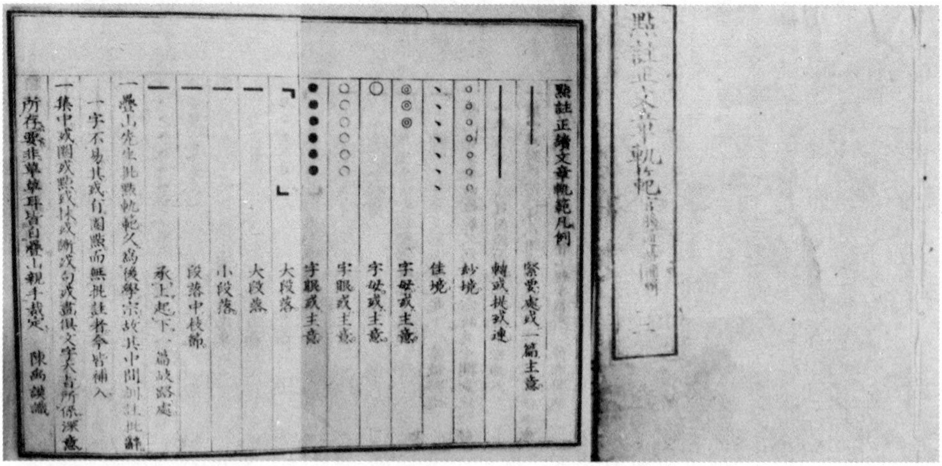
點註正續文章軌範凡例
緊要處或一篇主意
轉或挑或連
妙境
佳境
字母或主意
字母或主意
字眼或主意
字眼或主意
大段落
大段落
小段落
段落中枝節
承上起下、篇歧路處
一疊山先生批點軌範久為後學宗故其中間訓註批評
一字不易其或有圈點而無批註者今皆補入
一集中或圈或點或抹或撇或句或畫俱文字大旨所係深意
所存要非草草耳皆自疊山親手裁定　陳尚謙識

（南宋）谢枋得《文章轨范》的符号表

下页第一幅图是《文章轨范》中的《师说》。我们可以看到有什么符号呢？有点、圈、勾、十字符号，还有一个文字符号写着“破”。这跟王阳明一样用文字为符号。“破”是什么意思？就是说读到“师者”这个地方，一定要停顿一下，再往下读“所以传道授业解惑也……”；如果不停顿，一口气读“师者所以传道授业解惑也……”就读错了。这就是读法符号。

“嗟乎师道之不传也久矣”，旁边加了一条竖线，这是什么意思呢？这叫“提起”。“提起”就是文意到这里突然高扬起来了，我们读的时候也应该是这样，读到这一句必须提高音量，大声感叹，然后再低下去。必须得这么读。这就是读法符号。

这些年我们搜集了很多这种老课本，包括从宋元明清一直到民国以来的学馆课本，而且都是实物。我们发现历代的学馆课本基本上都是有读法符号的。

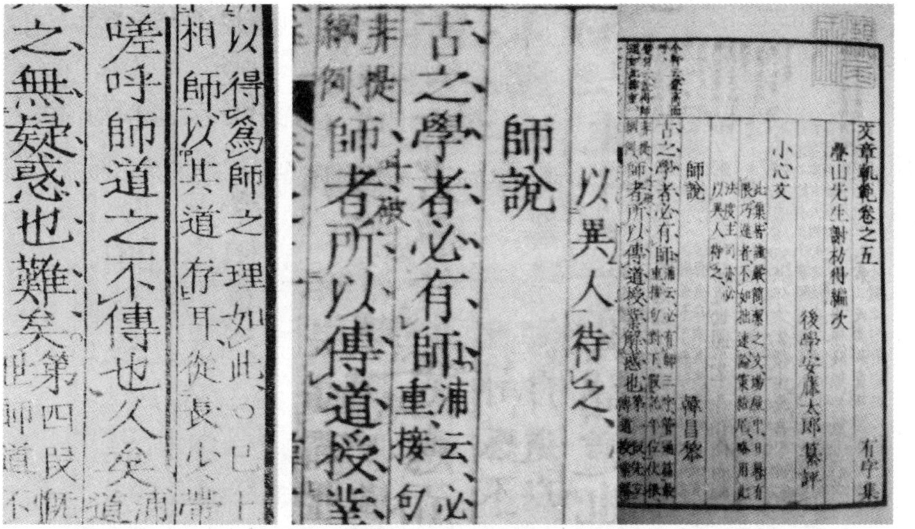

（南宋）谢枋得《文章轨范》的读法符号

学馆是蒙馆之后的阶段，一般是针对六七岁以上的孩子，开始写字、读经、学古诗文，这个阶段的孩子，他们手里的教材都是有密密麻麻的符号的。

比如说下图这本，是很有名的一种学馆课本：《古文笔法百篇》。《古文笔法百篇》这本书一开始就是凡例。凡例里说明了各种符号的意思，如人名用什么符号，地名用什么符号，如果是中间有断用什么符号，等等。

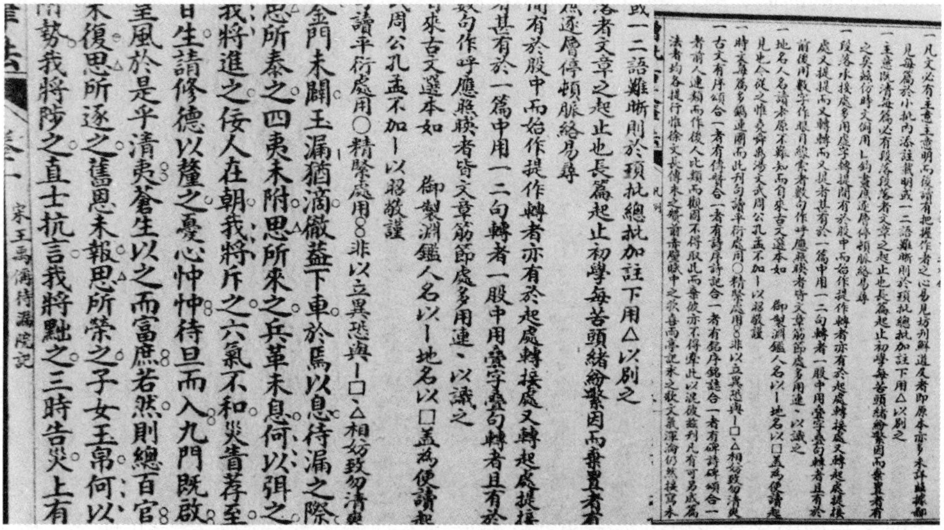

（清）李云程 编《古文笔法百篇》的符号及凡例说明

这是正文，可以看到里面有各种各样的符号，有圆圈，有两个圆圈，有点，有三角号，这就是符号系统。

另外一本跟《古文观止》齐名的书，叫《古文释义》，也是学馆的课本。下图是该书凡例中对符号系统的说明，即什么样的情况用什么符号，圈、点、单圈等，单圈就是说明正文开始。

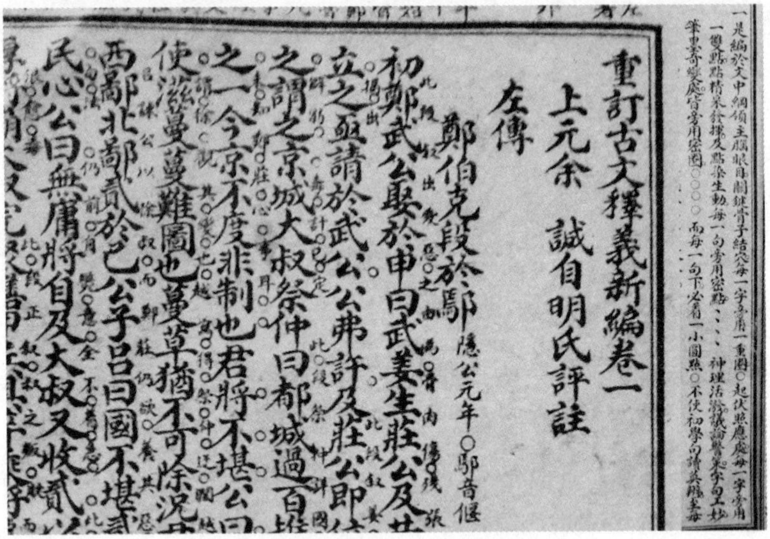
重訂古文釋義新編卷一
上元余　誠自明氏評註
左傳
鄭伯克段於鄢　隱公元年　○鄢音偃
初鄭武公娶於申曰武姜生莊公及共
立之亟請於武公公弗許及莊公即
之謂之京城大叔祭仲曰都城過百雉
之一今京不度非制也君將不堪公曰
使滋蔓蔓難圖也蔓草猶不可除況
西鄙北鄙貳於己公子呂曰國不堪貳
民心公曰無庸將自及大叔又收貳

（清）余诚 编《古文释义》的符号及凡例说明

古代的时候，有人甚至提出过学馆的课本中符号太多，以至于眼花缭乱，应该想办法整理的问题。能提出这样的问题就说明古代的课本的确是标满符号的。

下面一幅图是光绪年间的《千家诗》。《千家诗》基本上是蒙学的后半段和学馆的前半段时期所用的课本。

这本《千家诗》用的符号，有横和竖。所以我们现在也用横和竖来表示平声字和仄声字，这是古已有之的。“眠”字的地方，老师用朱笔又画了一笔，这是什么呢？

古代的学校，是一对一教学的，每个学生的课程、进度、教法都不一样。教材也是个性化的。虽然书本都是从书坊里买来的，但是授课时，老师通常要根据每个学生的情况给学生的课本再加标记符号的。这样一来，这本书就变成了这个孩子的独特教材，不是校本教材，也不是班本教材，而是人本教材。这体现了我们中华文化以人为本的特征。像这个课本，在“眠”字这儿加了一横，

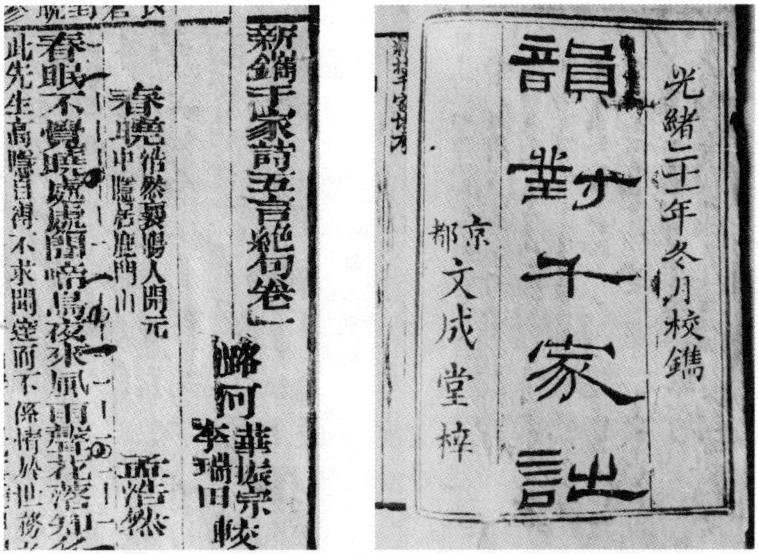

（清）光绪年木刻《千家诗》的读法符号

但“春”字却没有加，“啼”字那儿加了一横，但“闻”字那儿就没有加，这就叫“平长仄短”，偶位字要平声读长、仄声读短，这是吟诵读法的规矩之一。圈就是韵字，所以圈叫句号，因为它是最后一个字，表示要拖长的意思，不是结束的意思。所以这个孩子当时正在学“平长仄短”，这就是给他的独特教材，是人本教材。

而且，加注符号除了用朱笔之外，圈点还可以使用一种专门的工具。这种工具细长、圆柱形，一头大一头小，使用时像印戳一样，可以盖出“。”“.”两种常用符号，一般是骨制、木制，也有更好的。濮存昕的父亲，刚刚去世的苏民先生就珍藏着一根他们家祖传的圈点工具，是象牙制的。

古代学馆先生所用圈点课本的工具

在小学课本上标记符号系统，到了民国初期、北洋政府执政时期还是这样的。下图是当时教育部审定的教科书《新国文》。那个时候语文分两门：一门叫国语，一门叫国文。国语就是现在的白话文，国文就是古诗文。这《新国文》的课本里都有符号，老师还要用红笔再去画符号，使它成为人本教材。传统的教学法还没有改变。

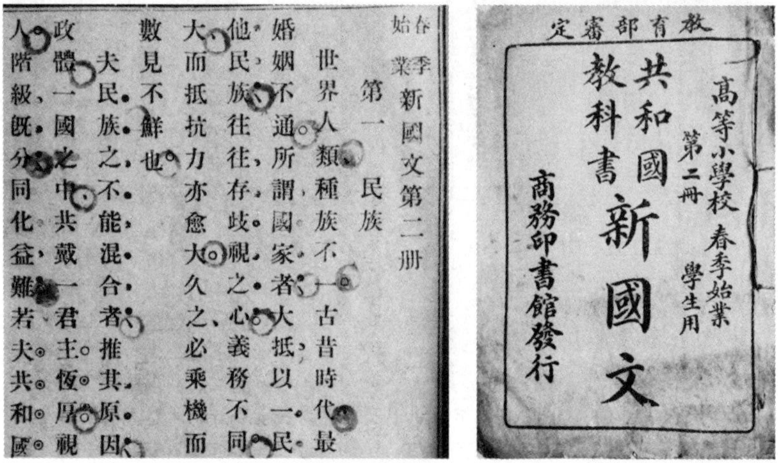

民国初期国文课本的符号

下图是中华民国教育总长蔡元培先生亲自审定的《新文库》，也都是有符号的。蔡元培先生让学生读古诗文也是要用符号的。

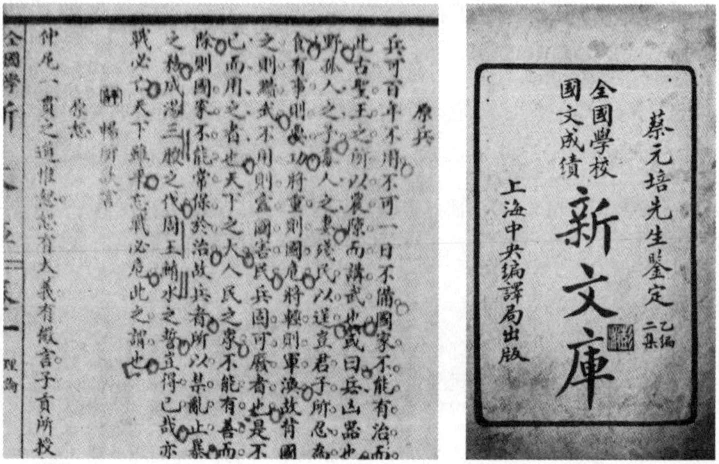

蔡元培先生审定学生作文选的符号

下图是韩国学馆课本的读法符号系统，叫作“悬吐”。“悬吐”就是韩国人为了读中文的书而在上面标记的符号，以利于阅读。这些符号包括句读的符号，用来标记字的语法成分的符号，还有长短的符号。在韩国，特别重视诗文的长短。这些符号都标记在这里。

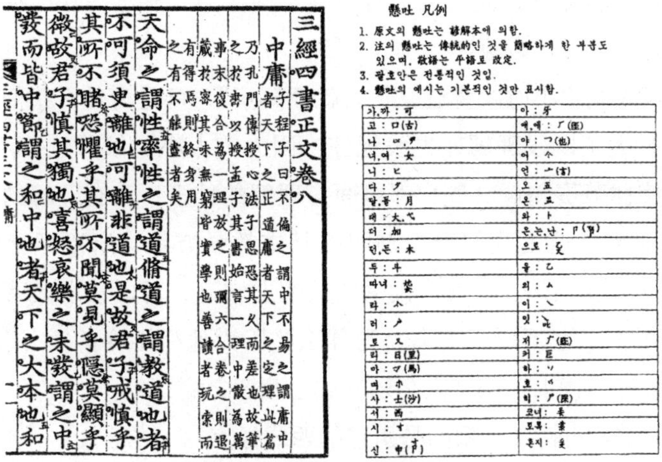

韩国古代学馆课本的悬吐符号及凡例

我们整理比对了几方面的材料，包括中国、日本和韩国的古代文献，包括历代学馆的课本，包括从赵元任、叶圣陶、朱自清、杨荫浏一直到今天的叶嘉莹、陈少松、张本义、华锋这些学者的研究成果，包括我们亲自采录和搜集到的上千位老先生吟诵的录音录像。结果发现他们所遵守的汉诗文的读法是基本一致的，所以我们才有这样一个结论：

汉诗文有固有的读法，不可以乱读。这些读法是自古以来代代传承的，并且与含意密切相关。

现在，我们知道古代的课本都是什么样子了。为什么我说繁体大字竖排的仿古式读本，并不是古代的传统？因为古代的学馆课本都是有符号的。

汉诗文固有的标点符号系统，包括六大类：读音符号、读法符号、句读符号、专有名词符号、文气符号和评点符号。这么多的种类，经常是混在一起出现在学馆的课本当中，所以古代学馆的课本有点大花脸。这些符号代代相传，主要是用于初学者，就是用于儿童。《三字经》说：

> 凡训蒙，须讲究，详训诂，明句读。为学者，必有初，小学终，至四书。

古人学习是有次第的，先开蒙，学礼教，然后学读书。学读书就是先要学会识字，学会读书的方法，在今天就叫“吟诵”。课本上六大类的符号中，读音、读法、句读、文气四种符号都是标记的读书方法，即吟诵的方法。这些读法里饱含着理解，饱含着含意，而且还是有节奏有旋律的，非常美妙动听，易于儿童接受，易学易记，轻松有趣。

现在有些人说“小时候背过，长大就理解了”，可是为什么我们的孩子小时候背过了，长大了既没理解，也没记住？因为古人小时候背过的不是那些字，而是完整的旋律节奏句调文气！那里面有理解的种子！没有理解的种子，长大了理解从何而来？这是我们祖先发明的基本教学方法，所以把上学叫作“读书”，把文人叫“读书人”。古人读书的效率非常高，可以读书破万卷，现在的学生既读不了古书也不爱读古书，为什么？因为他们不会“读书”，没有掌握“读书”的方法。“读书”从文人之乐变成了儿童之痛！

今天我们学习古诗文，用的是引进的西式标点。

我们都知道古代的线装书基本上没有标点符号。为什么呢？难道我们的祖先有四大发明，却连个标点符号都发明不出来？不是的，因为古人不需要！古代的儿童从小就学吟诵，学习读书的方法，他们的小学课本上密密麻麻的都是读法符号。这个作用有点像今天的汉语拼音，一二年级的学生课本上是都有拼音的，到了五六年级以后慢慢就消失了，为什么呢？学会了。中学课本上没有拼音了，不表示那些汉字就没有读音，那么古代的线装书没有标点符号，也不表示古诗文就没有读法呀。古代的成人已经掌握这些读法了，当他面对一堆汉字的时候，他知道哪个字读长，哪个字读短，哪个字读高，哪个字读低，哪个字拖长，哪个字停顿……读得兴趣盎然，读得若有所思……能够自学，能够大量读古书……所以他们读的是光板书，经常是书上一个符号都没有，有的时候能有个句读符号，有的时候加个专有名词符号就不错啦。所以有人说古代汉文没有标点符号，这是不对的。说古代的标点符号不发达，也不对，不是不发达，恰恰相反，是太发达了。你看看那些学馆课本上密密麻麻的读法符号！大家都学会了、掌握了就不需要了，都发达到不需要的地步了，你说是发达还是不发达？

西方的标点符号是否真的能够标记汉语古诗文？真的不好说。比如说“白日依山尽”加逗号，“黄河入海流”加句号；而“林暗草惊风”也是加逗号，“将军夜引弓”也是加句号。可是，“林暗草惊风”的“风”和“将军夜引弓”

的“弓”是押韵的，两个字都是读长音；“白日依山尽”的“尽”和“黄河入海流”的“流”是不押韵的，“尽”是短音。可现在两个字后面都是逗号，这是什么意思呢？到底是要停顿还是要拖长，谁停顿谁拖长啊？

而且西式标点怎么来标记一个字的长短高低、轻重缓急？何况还有抑扬顿挫、文气流转？没法标。所以孩子从小接触古诗文的时候就不知道该怎么读，因为他没有一套工具，没有一套符号系统。所以要从吟诵开始做，希望孩子从小学会吟诵，也像古人那样，经过一段时间符号的辅助后可以把符号扔掉，见到汉字就可以读，见到汉字就可以唱，不需要标点符号。这才是真正的传统。

吟诵的基本读法规矩有哪些？有这样一些：依字行腔、依义行调、入短韵长，这三个是适用于所有的汉诗文的；还有模进对称、平长仄短、平低仄高。平长仄短和平低仄高是适用于近体诗文的，对称也是适用于近体诗文的，而模进是适用于古体诗文的，所以这是一个古体和近体的读法的问题。虚字重长是古文的读法，文读语音和腔音唱法是所有的汉诗文的吟诵都要遵守的读音和发声规矩。除此以外，每一种文体都还有自己的读法规矩，所以汉诗文才有不同的文体，有四言诗，有楚辞体，有五古、七古，有五律、七律，有词有曲，都是不一样的。

有了这些读法规矩，古诗文就不再仅仅是文字了，而是古人留下来的声音，至少是一种声音的形式。然后再添加上你自己的声音和理解，就可以让它复活，这才是古诗文真正的传承。

依字行腔

现在我们来介绍吟诵的第一个规矩——依字行腔。

什么叫依字行腔？就是按照字的读音去吟诵，不管是有旋律的吟咏，还是没有旋律的读诵，都要从字音出发，不能倒字。

我们还是以《静夜思》为例。这首诗的第一个字“床”读“chuáng”，二声，所以它的声调是向上的。我们再听一下戴学忱先生对第一个字是怎么唱的。

［参见：戴学忱和清华附小学生吟（唐）李白《静夜思》］

她唱的也是一个向上的音程，跟读音很像，只不过稍微调整了一下，调到了音阶上，放在“do re mi fa so la xi do”上就可以了，这就叫依字行腔。一个字怎么念就怎么唱，就叫依字行腔。

对这种方法的表述最早记录在我们现存最古老的一本书——《尚书》里。《尚书·帝典》当中记载，当时天下的共主舜帝命他的大臣夔为天下制定典范的音乐。其中舜帝说到制定音乐的一些基本的规矩，即：

诗言志，歌永言，声依永，律和声。

“诗言志”是说，诗就是把心里头的想法说出来，“志”就是心里的想法。“歌永言”，“永”是长长的意思，所以有个词叫“永远”。这句话是说，“歌”就是把说出来的话拖长。“声”是音乐的意思，“声依永”是说音乐要依照拖长了的歌去做，怎么做呢？“律和声”就是把音乐放在音律上以使它和谐。音律就是宫商角徵羽，do re mi so la。所以这句话完整的意思是：你心里怎么想的，就把它说出来，说出来以后把它拖长，拖长了再放在 do re mi so la 上去就行了，这就叫唱歌，就叫作诗，就叫诗歌。几千年前的舜帝就是这样说的，一直到今天我们还是在用这个方法，因为声调语言都是这样子的。

这里面需要指出一点，就是上古汉语的声调是音高型的，他们是按照声调的音高来唱歌，四声对五音，所以“律和声”就是按照声调的音高很容易把字放在音律上，而且唱出来跟说话一样，因此是“和”的。而隋唐以后，由于《切韵》混乱了四声调值，汉语发生了很大的变化，变成旋律型声调了，因此唱歌要按照声调的走向而不是调值去唱，这就是我们今天的依字行腔。关于“四声对五音”，后面会专门讲。

怎么念就怎么唱。声母、韵母、声调全都要到位，这是语文课，不是音乐课，更不是 music。声母和韵母发音要到位，这叫咬字准确，即字正。腔圆后面会说到。先说字正。声母、韵母、声调发音到位叫作字正。

我们现在有个美声唱法，用美声唱法唱汉语歌，其实就是声母、韵母不到位。我们汉语怎么说话就怎么唱歌，要把声调表达出来。二声的字是向上扬的，所以唱二声，旋律音程要向上，其他的声调也是同理。

所以，“床”唱起来就是“chuáng”，35 调，向上扬。第二个字“前”，第三个字“明”，都是二声的字，都向上扬着唱。第四个字“月”变成降调了，向下唱就行了。第五个字“光”，一声，平着唱。

戴先生是怎么唱的？她的第一句跟我们刚才唱的差不多：前三个字上扬，

第四个字下降，第五个字平拖。差别在于完整的吟诵不只是有依字行腔的规矩，它还有别的规矩，还要做许多调整。戴先生唱的后面还有一个尾腔，但基本上我们能听出依字行腔这个规矩。后面就可以接着唱下去了，每一个字都要按照它的声母、韵母、声调去唱。

现在给大家做一个小测试，看看大家是不是明白了。现在我们来听一首歌，听一听这首歌唱的是什么。[参见：朱畅思、朱思凝《广州诗儿班唱名歌》]

这是首什么歌啊？名字歌，我们以前叫“唱名”。这是广州市天河区龙口西小学一年级杨杰老师的班，他们自己叫“诗儿”班。这是9月1日开学，杨杰老师在第一堂课所做的第一件事情——点名。点名是怎么点的呢？就是这么唱着歌点的。我们的名字都是可以唱的。很多人问，吟诵怎么进入课堂？就是这么进入，通过唱名字，一下子就进去了。这些孩子一下子就沉浸到了学习的氛围里。什么是学习？学习就是唱歌啊，所以叫“书声琅琅”。琅琅，很多人以为就是大声的意思。不对，这个字不是朗诵的“朗”，而是斜玉旁的“琅”，“琅琅”的意思是说孩子们读书的时候，那个腔调、那个旋律像两块美玉相碰发出来的美妙的声音。唱得好听才叫“书声琅琅”。

这首《唱名歌》现在是他们班的班歌。现在很多学校有校歌，班级有班歌，但是很多都是在喊口号。诗儿班的班歌就没有一句口号，只是所有的小朋友一起拍着手，把所有小朋友的名字呼唤一遍。我觉得非常好，就像现代的《百家姓》。《百家姓》的含意，就是“我们是一家人”。现在很多讲《百家姓》的人都讲到相反的方向去了。古代的教育，一开始就要教华夷之辨，让孩子们明白所有的中国人是一家人。《唱名歌》也有这个作用。这就是中华文化的精神，这就是国学教育。

当一个班的孩子坐在一起的时候，看看大家到底是什么关系。是竞争关系吗？有第一、第二、第三、最末，是这样的关系吗？我们是为了竞争才走到一起的吗？不是的，我们是兄弟姐妹的关系，我们是为了共享人生的这一段美妙时光才相聚在一个班级的。这样的《唱名歌》就是非常好的乐教的起点。

现在请大家再听一遍这首歌，把前四个名字听出来。虽然我们汉语有同音字，但是至少要把音听出来。

第一个，朱立俊，是“俊”，65，向下的音程，所以应该是四声；第二个，陈弘毅；第三个，区恩铭；第四个，陈家宇。

吟诵尤其是对于低年段的孩子，可以从唱自己的名字开始，你们会唱自己的名字了吗？

依义行调

第二个规矩叫依义行调。

什么叫依义行调呢？“床前明月光”，刚才我们唱的实际上是个平调，是55555。现在我们把每个字的声调唱出来了，所以就成了：

$\underline{3\ 5}$	$\underline{3\ 5}$	$\underline{3\ 5}$	$\underline{5\ 3}$	5	—
床	前	明	月	光	

每个字的唱法叫作“腔”，字和字的关系叫作“调”。旋律实际上是“调”和“腔”的结合，叫作“曲”。这是我们传统的汉语歌曲的唱法。所以汉语歌曲是不可以用五线谱和简谱记录的，因为五线谱和简谱是西方的，分不出“腔”和“调”，对于分析和学习汉语歌曲是非常不利的。我们要用自己的记谱法。

“床前明月光”可以唱在不同的音高上，也就是可以有不同的音高的调。刚才我们唱的是5，实际上可以唱1234567$\dot{1}$，都可以。这样就形成了很多个不同高度的平调的“床前明月光”。

$\dot{1}$	/	/	/	\	—
7	/	/	/	\	—
6	/	/	/	\	—
5	/	/	/	\	—
	床	前	明	月	光
4	/	/	/	\	—
3	/	/	/	\	—
2	/	/	/	\	—
1	/	/	/	\	—

实际上在吟诵的时候，这五个字是有起伏的，要根据含意去调节，这就叫依义，然后根据含意去决定你的调。根据你对诗意的理解，你觉得这五个字哪个字应该读得最高？假如说是“明”，那么读起来就是“床前明月光”，唱时就不能再平着唱，而是到了“明”这个字要选用上面的某个调，比如：

3 5 3 5 6 i 5 3 5 —
床 前 明 月 光

i /
5 / / \ —
床 前 明 月 光

如果是“月”字读高，就是：

3 5 3 5 3 5 i 6 5 —
床 前 明 月 光

唱起来跟读起来还是一样的，怎样读就怎样唱，只是在音阶上稍微调一下。

你有没有发现，这个图包含了这句诗的所有的调？除非你倒字，“床”唱成了“窗”之类的，否则，只要依字行腔，所有的调都在这里了。剩下的只不过是拖长点儿、加重点儿、颤抖、气声、上下八度等，但是，调，或者说西方音乐所谓的主旋律，就都在这里了。每个字你都可以选择任何一个高度组合起来，就成了调。有很多很多调，可以不重复地唱下去。其中很多很多都非常好听，还需要作曲家吗？

这就叫依义而行调，你认为应该怎么读，就应该怎么样去唱出来，字和字之间高低起伏的旋律关系就叫作调。但是不管你的调怎么变，每一个字永远要把它的声母、韵母、声调唱出来，二声永远向上，四声永远向下，一声永远是平着唱，这就叫依字行腔、依义行调。其实这样就可以唱歌了，就不需要作曲家了，就这么简单。

吟诵还有一些规矩，比如《静夜思》是古体诗，古体诗要遵守入短韵长的规矩。我们把这种符号叫作吟诵符号，比如“!”表示入声字，“—”表示平声韵字，等等。下面这种谱就叫“格律谱”：

静夜思

[唐]李白

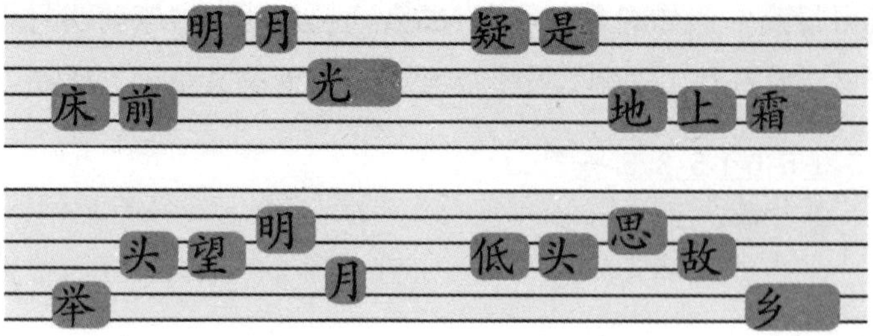

初学者可以直接把字按照高低长短排列起来，这样比较直观，很容易理解依义行调。

静夜思

[唐]李白

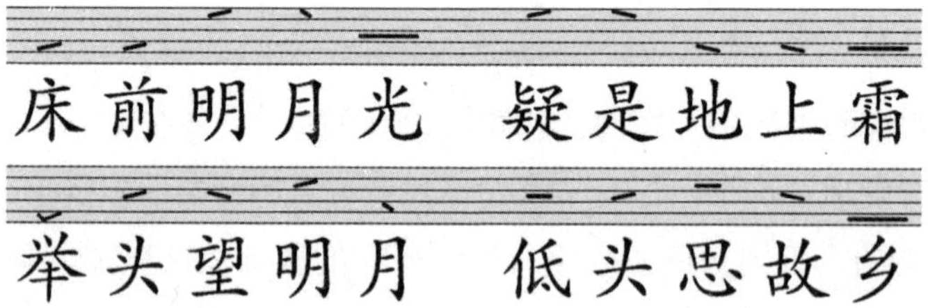

吟诵谱则是一种六线谱，把每个字的声调写在上面，可以拖长缩短，抬高压低，排列相互的关系，吟诵调的框架就出来了，就可以看着吟诵了，或者由电脑唱出来。我们在“语文吟诵”教学系统中可以提供这种智能的吟诵谱。

可以看到，吟诵里面是包含着理解的，所以它是基本教学法。有人说“小时候背过，长大就会理解”，其实不一定。小时候如果只背过了那些字，长大了很难理解。古人是小时候背过了一套读法，一套旋律和节奏，里面包含着理解。虽然他当时不一定理解，但是给他的心里种下了理解的种子。当他长大了再读的时候，这些旋律和节奏就重新展现出来，他就能理解了。没有理解的种子，死记硬背，是现代人的想当然。

吟诵还有一种谱子，是声乐的唱法谱，就是在吟诵谱的基础上，把字音的唱法也标记出来。

汉语是单音节语言，发音的方式是连绵的，我们叫“橄榄音”。“橄榄音”

就是韵腹的音量最大，前后都减弱。前面快后面慢的叫“前橄榄音”，前面慢后面快的叫“后橄榄音”，均匀变化的叫“中橄榄音”。吟诵时，跟很多民歌、戏曲的唱法是近似的，是以橄榄型的腔音为主的唱法。把这种唱法叠加在吟诵谱上，就成了唱法谱。

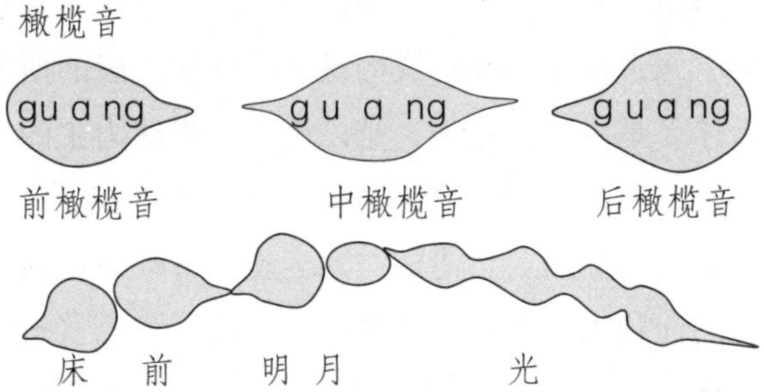

吟诵的教育价值

了解了吟诵的基本形态以后，我们可以来说一说吟诵的教育价值。很多老师知道了吟诵之后，马上就会意识到吟诵对学习的重要性。

第一，吟诵可以激发学生的学习兴趣。因为小孩子更喜欢唱歌，唱着歌儿学习，很快乐。很多老师最初就是因为这个来学习吟诵的。古诗文教学一直是语文教学的瓶颈，现在随着中高考政策向传统文化的倾斜，老师们必须找到办法，让学生们喜欢上古诗文。吟诵，无疑是救世良方。

第二，加强记忆。因为唱的总是比念的记得牢，所以古人能够把那么多的经典诗文记在肚子里。古人到底背了多少古诗文呢？关于这个问题，我只举个例证。我们都知道古代科举考试主要考八股文。八股文，是从十三经里随便找一个词或者一句话作为题目，大家写五百字左右的文章，主体是四副散体对联，所以叫八股文。如果让你做古代的老师，现在知道应该怎么办了吧。首先得让学生全文背过十三经，不然连题目出自哪里都不知道，就没法作八股文了。十三经的正文有六十四万字，还要背注释，因为那是标准答案。十三经都背完了，那也只是背了经。古人要学经史子集、诗词文赋、琴棋书画、天文地理……你可以想想，用今天死记硬背的方法，怎么可能做到呢？古人为什么能做到？因为他是吟诵着读书的。

第三，健身养生。吟诵也有助于心理和智力治疗。对于自闭症、多动症、孤独症、脑瘫、智力低下和语言障碍等，吟诵都是有作用的。西医的音乐治疗已经很成系统，理论和方法都比较成熟了。国际音乐治疗大会在中国召开，与会者大部分都在说自己的民族音乐对于各种疾病的治疗作用，但中国医生说的是外国音乐的治疗作用。好像很少有人关注中国民族音乐的治疗作用。当然现在也没多少真正的中国音乐了。我想说的是，吟诵和一般的西方音乐治疗有所不同，西方音乐治疗还是以听为主的，是以模仿和表达为主的，吟诵却是由内向外，是自己唱自己的歌，是与人交流的一种个性化方式。这使得吟诵具有其他音乐治疗所不能替代的作用。台湾的辛意云教授曾现身说法，以自己的童年经历说明了吟诵、朗诵和唱歌的作用，他的母亲就是靠这些把他从一个语言能力极差、学习成绩垫底的学生，培养成了一位著名学者（详见中国语文现代化学会吟诵分会的通讯）。开展吟诵教学的老师们也提供了一些案例，只是目前还没有人去研究。

吟诵对人的生理方面也有一定的养生和治疗作用。文献中记载着不少吟诵治病的故事，我们在采录中也发现了有老先生用吟诵给人治病。佛教一直有六字真言和声音修炼的传统，道教和气功也都有类似的内容。现代医学和声学也在关注人声对脏器和身体其他方面的影响。日本的“诗吟”其主要群体是中老年人，就是因为日本人相信吟诵的健身养生作用。我一直希望有“吟诵养生法”总结出来，只是这非我所长，只能祈望更多的人去关注研究了。

吟诵不只是声音的事情，还是身体的活动，是一种自然的舞蹈。吟诵对于预防颈椎、腰椎等疾病以及近视显然能起点作用。现在小学生近视眼的比例常在三分之一以上。而古代文献中对老花眼的记载很多，对近视眼的记载却很少，这是为什么呢？古代的照明很差，而文人看书的时间又很长，照理应该有大批的近视眼啊，可是没有。这当然应该与很多因素有关，但是最重要的，应该是看书的习惯。古人看书的状态和今人不同。因为吟诵的缘故，古人看书是摇头晃脑的，也就是眼睛的焦距和角度需要经常调整。现在的学生看书，光线和姿势都很好，可是很少活动，眼睛就僵直了，一旦眼睛和书近一些，就容易引发近视眼了。而古人看书距离不固定，头总是在摇着，因此不会总是停留在近距离上。现在流行的近视眼治疗仪就是根据这个原理，让眼睛的晶状体保持弹性。所以，看书的时候适当地动起来，可能是刹住现在小学生大面积近视眼的一个有效方法。

第四，开启创作。因为汉诗文本来就是吟诵着创作、吟诵着传承的，所以以吟诵的方式学习，就是以汉诗文固有的方式学习。如此一来，今天古诗文学习的很多难题就迎刃而解了。比如古诗文的语感问题、语法问题，尤其是音韵和格律的问题，都变得有趣而简单。最重要的是创作问题。以前哪个识字的人不会对联作诗啊？文人天天作诗，风花雪月，那是何等样的生活！现在我们天天打麻将打游戏，语言、艺术能力高度退化，生活极为无趣，还沾沾自喜于网词网文，这又是何等样的生活！

会吟诵就很容易学会创作，不管作诗的水平如何，至少可以作诗。汉诗不同于 poem，它首先是一种自我教化，一种自我修养，做得好不好其实没有那么重要。如果我们的学生都可以作诗，甚至都可以作出有文气的古文，那他们又会成为何等样的人！而他们的白话文水平，还需要担心吗？这真的不是天方夜谭，而是很多吟诵老师们已经做出来的事实。我们也已经开发了这样的诗词吟诵课程资源，可以在普通的学校里，由现职老师经过短期培训上岗授课，让学生逐步学会吟诵，学会创作，创作童谣、歌曲、白话诗，也创作对联、古诗、古文。

语文课可以变得很美好。

吟诵以上这些价值，大家都能够想得到，所以我就不多说了。我来重点说几个其他的功能。

第五，正心诚意。《大学》就特别强调正心诚意。因为要学习，正心诚意是最重要的，我们今天叫真诚。依字行腔、依义行调，它的背后就是一种真诚，就是有什么话就说出来，然后自然可以唱出来。今天因为我们抛弃了传统，所以不再会唱歌了。音乐课教育小孩子按照固定的曲调、固定的词来唱歌，就不再是唱自己的心声。

吟诵首先能够让孩子们唱自己的歌，能够学会这样的一种表达方式，能够自然地表达自己的情感。非常坦率地表达，这就是古人的高风亮节，此谓正心诚意。

我们现在做音乐创作的人，唱歌的歌手，他们都不重视依字行腔，所以经常倒字。什么叫倒字呢？就是不按照字音去唱，旋律的方向经常跟字音声调不同，比如把一声的字错唱成三声，二声的字错唱成四声。二声要向上扬，他偏偏往下唱，这就叫倒字，把字给唱倒了。字唱倒了别人就不知道你唱的是什么字。

还有我们音乐课教孩子唱歌，“让我们荡起双桨”，小孩子一唱，什么样的都有，老师马上说不能这样唱，这是咪不是哆，还要拖三拍呢知道吗，重新唱，按照谱子唱，按照录音唱。从此小孩子就不会唱歌了。这不行，《孝经》里有句话，“移风易俗，莫善于乐”。改变社会风气最直接最快捷的方式就是音乐，可是现在，中国的音乐，大街小巷的这些音乐都是作秀，那社会风气就可想而知了。

我们改变社会风气还是要从音乐开始，让这些孩子们重新学会唱歌，重新学会唱自己的歌，自己作词，自己作曲，自己唱，立刻唱，通过唱歌来表达自己的情感。现在我们中国人表达情感会用什么方式？除了嚷嚷和唠叨，还有什么？以前古人会唱歌，会写字，会画画，会弹琴，会唱曲，会跳舞，有很多种表达情感的方式，而我们现在就只会嚷嚷和唠叨。生活怎么能是这样的呢？所以让孩子们吟诵，很重要的一个功能就是正心诚意，让他能够敢于表达自己的情感，用歌声表达自己，互相交流，这是我们中国古人的生活方式。这样慢慢形成坦荡荡的君子品格，光明正大的社会风气。

第六，正音识字。这跟我们幼儿园和小学低段有关系。

我们今天的孩子是怎么识字的？比如说“床前明月光”的第一个字“床”，今天小学一年级的孩子是怎么认识这个字的？老师是怎么教的？是先读拼音chuáng，二声床，再重复chuáng床，床床床，chuáng床，教它的读音。“床”字怎么写？“广”字头加一个“木”，这么教。这还算不错的，还有的按笔画教，点横撇横竖撇捺就是“床”。然后给学生发一个田格本，一个字写一百遍。这种教学方法有个名称，叫作“死记硬背”。

我教吟诵，经常有人跟我说，吟诵很好啊，弘扬传统文化很好，但是千万记住不要复古，不要像古人那样就知道死记硬背。我听后真是哭笑不得，死记硬背不就是最近这几十年你们新发明的吗？古人哪里有死记硬背！死记硬背能背那么多东西吗？前面说过，古代的一个秀才，哪怕是个童生要去考秀才，都要背几百万字，靠死记硬背能行吗？各位老师都知道，现在的学生能背多少古诗文？有一万字吗？靠死记硬背，连一万字都背不了。古人背了那么多内容，怎么可能是靠死记硬背呢？不是那样的。

我们采录这么多老先生，有这样的一个经验，就是古代的学馆，入学有个基本条件，就是识字量要能够达到自由阅读的水平，也就是两三千字。换句话说，古代的儿童如果识字量不到两三千字的话，小学是不收的。在那个《武训传》的录像里，上课是怎么上的？老师：“张三上来。”张三就上来了，“今天我们读《论语》开篇：子曰……”就读下去了。如果不识字，怎么跟得上？所以在古代，自由阅读的基础识字量的积累，是在蒙馆阶段完成的，相当于现在的幼儿园和小学低段。

蒙学的基本教材，我们现在比较熟悉的，像《三字经》《百家姓》《千字文》，三本书加起来，不一样的字有一千五百个。而蒙学不仅仅是读“三百千”，“三百千”只是第一个阶段，后边还会读中国历史的、意象系统的、典故的等蒙学教材，像《龙文鞭影》《幼学琼林》，还会有《声律启蒙》《笠翁对韵》这样诗词类的开蒙教材，等到蒙学毕业，大概识字量就达到两三千字以上。

今天我们的教育制度，儿童的识字量，到小学六年级，大概是两千到两千五百字吧，也就是说我们小学六年级的识字量大概相当于古代的小学二年级左右的识字量。我们的孩子到了初中才能够达到自由阅读的水平，才可以读他想读的书，在那之前只能读儿童文学。可是古代的孩子大概在六七岁的时候就可以读他想读的书，而且他还会查字典，这样他就可以自由读书了，能读书才可以去上学馆。

那么古代的教育是怎么在这么低的年龄段，用这么短的时间教会孩子那么多字的呢？答案是：吟诵。

这个问题还要先做一个解释。西方的教育理论是反对儿童早识字的，这套理论，最早来自皮亚杰的发生认识论。他经过很多的临床实验，发现儿童的神经和整个的思维能力是一个逐渐形成的过程，每一个阶段都有每一个阶段的特点，不可以脱离阶段的特点去进行教育。这是非常有价值的一个结论。由此出发，西方人认为儿童感性比较发达，理性不发达，而识字主要是靠理性的，所以儿童不应该早识字，否则就是摧残儿童。我是很赞赏皮亚杰的，因为他进行了大量的实验。我也很支持西方教育的这个观点，他们经过了大量的论证，是非常正确的。但是呢，当我们把这个理论引进中国的时候，不要忘了一件事：西方是拼音文字，而我们是象形文字。

什么是拼音文字？比如说桌子，英语是desk，小孩一两岁的时候他就知道桌子是desk，到了6岁上学学字母，a、b、c、d、e、f、g，然后desk怎么写？就是d、e、s、k这样拼出来，用字母拼出读音所以叫拼音。美国有自然拼读法，就是这种教学方法，这是一种用理性的思维指导产生出来的识字方法。但是汉字不是拼音文字，而是象形文字。“桌”这个字，是一幅画，你没有办法把它拆开，它是音形义一体的一个东西。所以，在中国，识字恰恰是感性的。如果西方的儿童在 6 岁之前不应该开始系统地识字，那么中国的儿童恰恰应该在 6 岁之前完成基本系统识字，这是同一个理论。这才叫科学，生搬硬套就不是科学了。

我给大家看一下这方面的证据。下图是香港中文大学在 2003 年完成的一项研究报告，研究用时三年半，有三十八位教授参加，一百多个学校参与，而且这个报告是由教育界和脑神经科学界联合做的一个课题。他们被分成几个小组，主要是由脑神经科学的教授进行专业研究。

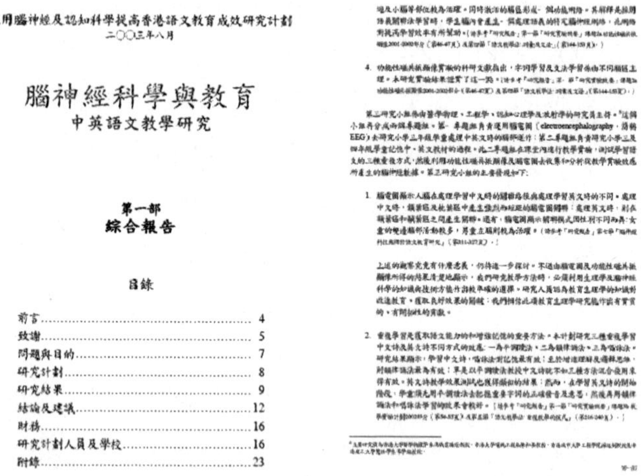
應用腦神經及認知科學提高香港語文教育成效研究計劃
二〇〇三年八月

腦神經科學與教育
中英語文教學研究

第一部
綜合報告

目錄

頂及小腦等部位較為活躍。同時激活的腦區形成一個功能網絡。其解釋是採用語義關聯法學習時，學生腦內會產生一個處理語義的特定腦神經網絡，此網絡對提高學習效率有所幫助。

4. 功能性磁共振腦像實驗的科研文獻指出，字詞學習及文法學習係由不同腦區主理。本研究實驗結果證實了這一點。

第三研究小組係由醫學物理、工程學、認知心理學及放射學的研究員主持。這個小組再分成兩個專題組。第一專題組負責運用腦電圖（electroencephalography，簡稱EEG）去研究小學三年級學童處理中英文時的腦部運作；第二專題組負責研究小學三及四年級學童記憶中、英文教材的過程。此二專題組在課堂內進行教學實驗，測試學習語文的三種重複方式，然後利用功能性磁共振顯像及腦電圖去收集和分析從教學實驗效應所產生的腦神經數據。第三研究小組的主要發現如下：

1. 腦電圖顯示人腦在處理學習中文時的關聯路徑與處理學習英文時的不同。處理中文時，額葉區及枕葉區中產生強烈而短距的腦電圖關聯；處理英文時，則在額葉區和顳葉區之間產生關聯。還有，腦電圖顯示關聯模式因性別不同而異：女童的雙邊腦部活動較多，男童左腦則較為活躍。

上述的觀察究竟有什麼意義，仍待進一步探討。不過由腦電圖及功能性磁共振顯像所得的結果清楚地顯示，我們研究教學方法時，必須利用生理學及腦神經科學的知識與技術方能作出較準確的選擇。研究人員認為教育生理學的知識對改進教育，獲取良好效果的關鍵；我們相信此項教育生理學研究能作出有實質的、有開創性的貢獻。

2. 重複學習是獲取語文能力的和增強記憶的重要方法。本計劃研究三種重複學習中文詩及英文詩不同方式的效應：一為平調讀法，二為韻律誦法，三為唱詠法。研究結果顯示，學習中文詩，唱詠法對記憶最有效；至於增進理解及邏輯思維，則韻律誦法最為有效；單是以平調讀法教授中文詩就不如三種方法混合使用來得有效。英文詩教學效果測試也獲得類似的結果；然而，在學習英文詩的開始階段，學童須先用平調讀法去記熟重要字詞的正確發音及意思，然後再用韻律誦法和唱詠法學習的效果會較好。

香港中文大学《脑神经科学与教育》研究报告

这个报告的最后结论是：

脑电图显示，人脑在处理学习中文时的关联路径与处理学习英文时不同。处理中文时，额叶区和枕叶区中产生强烈而短距的脑电图关联；处理英文时，则在额叶区和颞叶区之间产生关联。

脑电图显示关联模式因性别不同而异，女童的双边脑部活动较多，男童左脑则较为活跃。

这就是说，学习中文和学习英文是分别用左右脑的，一个多用感性，一个多用理性。

这项研究还比较了吟诵教学法和传统教学法。那时我们还没有定下“吟诵”这个词，他们研究的对象还包括吟唱，所以他们用的是“唱咏法”和“韵律诵法”这两个词。

> 研究结果显示，学习中文时，唱咏法对记忆最有效。至于增进理解及逻辑思维，则韵律诵法最为有效。
>
> 将韵律诵法及唱咏法做适当的配合做文言文教学，足以增加学童的学习兴趣、欣赏能力及语文技巧。这说明传统习用的背诵法若运用得宜，仍是一种很有效的教学方法。
>
> 功能性磁共振显像实验可解释为什么唱咏法对中文诗有效，但对英文诗则无特别效果。脑电图实验结果可透过测量儿童学习中文时所出现不同程度的脑部唤起作用去解释为什么中文诗较能为学童所吸收。

这样的一个结论如果不在教育界大力宣传的话，三年多的实验成果就会被埋没。我们一定要让老师们明确知道学中文和学英文是不一样的，不可以用同样的教学方法。教中文要明确地提倡用传统的吟诵教学法。还有，中国的儿童一定要早识字。

古人是怎样正音识字的？

古人的识字是分三个阶段进行的。

第一个阶段是上蒙学以前，就是三四岁之前，这一段的教育主要是由母亲来做。主要做的是什么呢？就是把蒙学的教材先背过。许多老先生跟我们说，到了蒙学馆上学之后，拿起《三字经》来，老师一教，原来自己都能背的，原来妈妈早就教他全文都背过了。然后他才一个一个地把那个音和字一一对应起来。所以识字最初是指读的，形成字的概念。第一阶段母亲的作用很重要。首先是母亲基本上把蒙学里要学的东西先让孩子背过，背《三字经》和背《两只老虎》对三四岁的孩子来说是没有什么区别的，都是童谣，一起背。

第二个阶段就是蒙学馆，进行第一次的识字，目标两三千字，就是我们说的自由阅读所需要的基本识字量。但是不写字。第一次的识字主要是靠重复，重复就是让孩子不断地见到字，有兴趣反复来看这个字，就成功了。你有什么本事就使什么本事。所以识字其实是有很多方式的，在今天可以用绘本、童谣、字卡，用什么都行，只要能让孩子有兴趣，不断地看到字。在古代，吟诵是最经济的一种方式。因为小孩喜欢唱歌，他不断地唱这首歌，反复唱这首歌，就识字了。

“床”字怎么认识的呢？把它拖长，唱出来。吟诵《静夜思》，唱出“床——前——”，拖得又长又清晰，声母、韵母、声调都很清楚，就认识这两个字了。所以识字就是唱一首歌。《千字文》吟诵：“天地玄黄，宇宙洪荒，日月盈仄，晨宿列张。”最后一个字读什么？读“张——”。《百家姓》整个都唱下来也就三五分钟，《千字文》唱下来也一样。一个课间足够唱一遍《千字文》了。古人就是这么识字的，所以他的识字量就比较大，而且很快乐。这就是第二个阶段。

第三个阶段是上学馆之后，就是第一次读经的时候。这个阶段是用字理识字，就是古代的小学用音韵、文字、训诂的方法来进行识字量的拓展。这个阶段才开始写字，写字和字理是相关的。这一阶段的识字学习大概能拓展到八千字到一万字，达到这个识字量才能大量读古书。识字量没有八千字以上是没有办法读古书的。我后面会给大家介绍这种识字法是怎样进行的，我们叫“教千字，识万字”。

因此吟诵可以帮助儿童迅速大量地识字，快乐识字。这是吟诵的第六个功能，正音识字。

我们已经提到了吟诵的六个教育价值：激发兴趣、加强记忆、健身养生、开启创作、正心诚意和正音识字。但这些都还不是吟诵最重要的教育价值。最重要的我要放在最后说，而且是重点阐述，那就是深化理解和养成气象。

深化理解

深化理解这个价值为什么重要？因为吟诵的前六个教育价值都不是今天必须要实现的。老师们会觉得吟诵挺好，但不吟诵也可以。比如吟诵的确可以激发学习兴趣，但也可以用别的办法激发兴趣。吟诵的确可以加强记忆，但也可以用别的办法加强记忆。这样一来，吟诵最终还是会被抛弃。

深化理解这一条就不同了，它意味着，如果不吟诵，就会理解错。老师们要教正确的东西，就只能吟诵。

为了说明这个问题，我举例为证，在这里介绍一个吟诵的规矩，叫作“入短韵长”。

什么叫“入短韵长”？就是所有的入声字都要读短，而韵字要读长。韵字是什么？就是押韵的字。汉诗基本都是押尾韵的，句子的最后一个字押韵，叫韵字。韵字是要读长音的。《礼记》里面有这样一句话：“故歌之为言也，长言之也。”什么是歌？歌就是把话拖长了，这就是我们汉族人的习惯。汉族人所谓的唱歌、作诗，都是要把正常的口语拖长，长言之，其中尾字拖得最长，因此叫作韵字。“韵”是什么意思？长长的，所以叫韵味。押韵就是拖长韵字的韵腹、韵尾和声调，但不包括韵头。

为什么诗歌要押韵？我们现在经常认为诗歌押韵是为了琅琅上口，这么说当然也是对的，但是还不够深入。押韵不仅仅是为了好听，而且是有含意的。您可能不会吟诵，但是一定会唱歌。想一想，我们所有的汉语民歌都是要拖韵字的。

举个例子，民歌的代表《茉莉花》，歌词第一句六个字：“好一朵茉莉花”。我们今天朗诵，就是一字一拍。朗诵时“花”字占整句话的多长呢？六分之一。一字一拍，一共六个字，占六分之一。但是，这首歌是怎么唱的呢？

好一朵茉莉花——
V V VVVVVV

“花”字实际上占了整句的二分之一，这么长的时间都让你听“花”字的韵尾“a”。唱一句歌，一半的时间让你听一个声音，这个声音难道是没有意义的吗？

我们现在来做一个实验。如果说“花”的韵尾拖得那么长是没有什么意义的，那我们就可以尝试把“花”字换掉，换一个差不多意思的字，但要换成是不同韵的字。比如说我们可以倒着唱，唱“好一朵花茉莉”。“好一朵花茉莉”和“好一朵茉莉花”有什么区别？在字面上没有什么大的区别，但是押的韵变了。原来押的韵是开口的a，现在押的韵是闭口的i。我们可以唱一唱试试，一定要自己唱，听别人唱是不管用的，亲自开口唱才知道感觉上的差异。感觉一样吗？很明显能感到唱“好一朵茉莉花”的心情很开朗，然而唱“好一朵花茉莉”情绪上给人的感觉就低沉多了。难道这些声音是没有意义的吗？

想一想汉字中哪些字的韵母是a，声调又是平声的？这个韵是古代的麻韵，看看麻韵有哪些字。

首先是麻。“麻”字是什么意思？就是把麻类的植物收集起来放到屋里去，再把表皮扒下来，用以织布。麻类植物都是根部紧束、向上散开的。

花，是什么样？花是打开的。

抓，是伸展的样子。

华夏的华，其实就是花，美丽的意思。夏，就是大，所以大的韵母也是开口的a。

霞，无论是早霞还是晚霞，都是张开的一大片。

沙，无论是沙滩还是沙漠，都是一大片。

叉，是张开的。

巴，是张开身体抓住的动作。

笳，胡笳是张开的形状。

爬，也是个张开的动作。

牙，是后槽牙。门牙叫“齿”，所以说“唇亡齿寒”。当你说“牙”的时候，要开口很大才能让人看到你的牙。

乌鸦的鸦，因为乌鸦的叫声是“a”。还有小娃娃的“娃”，都是因为他的声音是“a”，所以在这个韵里。

青蛙的蛙，青蛙的形状是张开的。

夸，古代是大的意思。

划，这个动作也是打开的。

因此，麻韵的字基本上都有“打开”的含意，因为“a”这个音是汉语元音中开口度最大的音。

再看茉莉的“莉”，今天是去声八霁韵。看看有哪些字：

计，眉头一皱，计上心来，计谋是细密的。还有艺术的艺，记东西的记，关闭的闭以及“细致”两个字都是这个韵；还有真谛的谛，一剂药的剂，表示小官的吏以及利、意、刺、器等都有细、尖的意思。现在我们知道，i 的去声是细的意思。

所以能够看出，a韵母和 i 韵母的含意是不一样的。a韵母的诗举一个例子：

> 一去二三里，烟村四五家，亭台六七座，八九十枝花。

这是一种开朗的感觉。i 韵的诗，也举一个例子：

> 红豆生南国，春来发几枝，愿君多采撷，此物最相思。

完全不一样的情调。这首诗的格调低回细腻。所以押韵是用诗歌近一半的时间让你去反复体会、回旋于一个声音。声音是有意义的。押韵决定了一首诗的基本格调，所以说韵各有性格，押韵有含意。

回到《静夜思》这首诗。这首诗押的是古代的阳韵ang。阳韵是一个什么样的韵呢？首先它拥有汉语当中开口度最大的元音a，然后接一个后鼻音。后鼻音的特点是不改变口型，开始是什么口型，延续还是什么口型，只是把发音部位向上提了。所以ang 这个音，一直是开着口的，相当于是a的延续，所以ang 韵是汉语所有的韵母中开口度最大、延伸时间较长的一个韵。那么它的意思就应该是——开阔向上。我们看看这个韵有哪些字，是不是都有这个意思。

这个韵里有杨树的杨（杨树是很高大的树）、飞扬的扬，还有香、阳光的光、昌大的昌、堂（殿堂）、王（古代地位最高的人），还有长、江、泱（泱泱大国）、皇、湘、望、郎、唐、狂，坚强的强、健康的康、冈、苍、匡、荒等，看到这些字就很容易知道ang 韵是什么意思了，就是开阔、有力量、向上。

下面数一数《静夜思》这首诗用了多少个ang 韵的字？六个，分别是床、光、上、霜、望、乡。整首诗一共才二十个字，却用了六个ang 韵的字。不觉得诗人是在强调ang 这个声音吗？

这六个字里，四个是平声字，其中包括押韵的光、霜、乡，另外还有第一个字床，以及望字。“望”在古代是平去两读的，所以戴学忱先生吟诵这首诗的时候把“望”读为平声。这样六个字中五个是平声，就只剩下一个“上”是去声，而“上”最早的时候是三声，后来变为四声了。所以总的来说，古代的时候读这首诗，大概有百分之七十左右的时间都在发ang 这个音，这首诗以ang 音开始，以ang 音结束，押的是ang 韵，每句都有ang 韵的字。所以这首诗首先给人的感觉是——开阔感。

吟诵要入短韵长，入声字要读短，入声字后边会详细讲。《静夜思》这首诗里入声字只有月亮的“月”字；韵字要读长，光、霜、乡三个字要读长，这是这首诗的读法。

第一句：床前明月光。韵字“光”要读多长？想想“好一朵茉莉花”等民歌就明白。五言诗的韵字长度应该是整句的二分之一，是前面四个字加起来的长度总和；七言诗韵字的长度最少会占到整句话的四分之一。我们再来读一下“床前明月光”，读法是：

床前——明—月光———

这样读意思就发生了改变。吟诵是你要把诗当作是诗人在面对面对你说的话，不要当它是古怪的非生活化的事物。比如说在学校里，别人都叫你老师，见面会说："刘老师好！"对方是什么意思？就是打个招呼，你则回答："你好。"假如有一天一个学生叫你，他把"刘老师好"的"好"字拖得跟前面三个字加起来一样长，"刘老师好———"，你还觉得他是在跟你打招呼吗？这个时候你是不是会犯嘀咕，要琢磨一下："他是有什么别的意思吗？"所以"床前明月光"和"床前——明—月光————"不是同一个意思。如果他是说："刘老师，你来看，床前明月光。"那么他的意思就是床前有一片明月的光华。但他没有这么说，他说的是"刘老师，你来看，床前——明—月光————"，他还会是刚才的意思吗？

今天的语文教学教的常常是文字表面的意思，诗还要用白话翻译。"床前明月光"——床前的那片明月的光，"疑是地上霜"——好像是地上的霜，"举头望明月"——抬起头来看明月，"低头思故乡"——低下头思念故乡。如果四句话是这样的意思，那李白又何必作诗呢？诗有言外之意。如果这样翻译诗，诗就没意思了。杜甫的《绝句》："两个黄鹂鸣翠柳"，难道就只是在说两个小黄鹂鸟在翠柳上叫吗？这样的一句白话何必作成诗呢？又要押韵又要对仗，太麻烦了。所以在学生眼里，诗人就是吃饱了撑的没事儿干的人。前段时间网上有很多人画"杜甫很忙"，这不能怪学生，这要怪老师，没有把杜甫诗真正的魅力讲出来，学生不知道。在学生眼里，李白、杜甫就是无所事事、无病呻吟的人，自然不会尊重他们。这一切都是因为我们没有正确地去读这些诗，只把它当成是大白话，是平常的五个字放在那里。

今天我们朗诵诗歌是不拖长韵字的，我们可以朗诵一下，感受一下。朗诵完了我有一个问题，即你的直观感觉：床前的地方有多大？有没有教室这么大？没有吧。我们再按照吟诵的读法来正确地读："床前——明—月光————"这一次的直观感觉：床前的地方有多大？是不是马上感到差别了，有一种很开阔的感觉。所以读法对于我们理解含意是有影响的。阳韵的诗都有开阔感。比如"蒹葭苍苍，白露为霜，所谓伊人，在水一方"是什么意思？是说主人公离那个姑娘太远了。苏轼《江城子》的"十年生死两茫茫"是什么意思？是感慨我们之间离得太远了。这是直观能够感受到的第一件事：开阔。

《静夜思》中描述的这么开阔的一个空间里有什么呢？有“疑是地上霜”的月光。还有什么？还有李白。在这么开阔的一个空间里，只有月光和李白，所以李白很孤独。这句诗其实是说自己很孤独。我们现在经常说这首诗是写思乡之情的，这是当然的，“低头思故乡”说得很清楚。可是思乡和思乡也是不一样的，李白是一种什么样的思乡？广大的天地间，只有月光和“我”，世界越大我就越孤独，离故乡就越遥远。其实读诗的人都能感觉到的，只是等到写文章的时候就不这么说了，往往不知道怎么说出来。

我问一个问题。李白作这首诗的时候，他是一个人呢，还是身边有别人？我讲课时问这个问题，大家都说是一个人，但是要找一个证据证明他是一个人就没有了。有人就说因为有“静”字，所以是一个人，但难道很多人就不能静吗？有人说“霜”能感觉得到冷，所以是一个人，这也不合逻辑。实际上这首诗里没有任何一个地方明确说明他是一个人。这首诗到底是作于哪一年，原本是千古之谜，但是安旗先生做了考证，认为这首诗作于李白新婚的时候，就是李白在湖北安陆时期，新婚第二年的时候。所以也许他当时真不是一个人。我问这个问题，正确答案应该是：不知道。但是往往我一问，大家就脱口而出：他是一个人！为什么能脱口而出他是一个人呢？那是因为感受到了他的孤独。其实我们都是知道他是孤独的。这种孤独从哪里来？当然字面的含意里有，但是，也是从ang 这个声音里来的。

世界上的孤独大体有两种吧。一种叫爱别离。为什么孤独？和自己心爱的人分开了就会孤独。还有一种叫怨憎会：一个人处在一群不能理解他的人中间，也是一种孤独。孤独是文学中的一个母题，在西方文学中也是源远流长。在西方文学史上，最早感受到孤独的人是亚当。《圣经》中的亚当，上帝创造了他，他的第一个感受就是孤独，所以孤独也是西方文学的一个母题。从《圣经》开始，到但丁，到莎士比亚，一直到当代，到卡夫卡，到《百年孤独》，主题都是孤独。西方的孤独一般是哪一种孤独？是爱别离还是怨憎会？当然两种都会有，但西方文学更多的孤独是怨憎会，就是隔阂、不理解，他人不理解自己的一种孤独。萨特说过：“他人就是地狱。”说的就是孤独。马尔克斯的《百年孤独》中说道，为什么那个家族那么孤独？因为骄傲，骄傲就是别人不理解他，他也不理解别人。

而中国的孤独则比较多的是爱别离。这里李白是哪种？是爱别离还是怨憎会？他是爱别离。因为他心爱的故乡离他太远了。既然如此，为什么不回家呢？这样痛苦和孤独，那他为什么不回去呢？李白还有一首诗：“蜀国曾闻子规鸟，宣城又见杜鹃花，一叫一回肠一断，三春三月忆三巴。”这种思乡的痛苦是那么强烈，那么深情，那他为什么不回去？因为什么？不是因为战火，他大部分活动的时间都是在“安史之乱”之前，李白也不像是没有回家的盘缠的人，他也不是官员，回家不用请假。可是他 24 岁离开四川，一生再也没有回去过。他一直很想念家乡，可是为什么不回去？这是这首诗的大背景，必须要搞清楚。

古人离开家乡是件很重要的事情。中国是农业文明古国，安土重迁，一般的人一辈子也不会离开家乡。古代经常会离开家乡的只有几种人：一种是军人，我们读到了太多的这种边塞的情愁；还有商人，商人要出去做买卖，需要流动；还有就是文人。这三种人经常会离开家乡。

军人为什么离开家乡？要去打仗、服役。

商人为什么离开家乡？“商人重利轻别离”，为利。

文人为什么离开家乡？现在很多人都觉得文人是为了做官，为了考科举，或者按今天的说法叫实现自我价值。我常说不要拿今天的情况去想古代，当代社会发达的程度，包括交通的发达程度、政治经济的发达程度都不是古代能比得了的。古代文人为什么要去做官？难道是为了做贪官？虽然也有贪官，但那是少数。大多数的文人为什么要做这件事？因为他进入学馆的第一天就向孔子行过礼，他打开《论语》的时候，他已经接受了一个使命，就是做儒士。

儒士是中国古代社会的脊梁，是支撑社会的力量。他们的目标是要治国平天下，这是他们的职责和使命所在。文人是为了义，为了行道于天下，所以才离开家乡的。离开家乡后，他们的生活是怎样的？有这么几个事实：

第一，诀别父母。大多数的文人从离开家乡的那一刻起，不管是去做官，还是读书，还是考试，还是做幕僚，总之从那一刻起，就别离了家里的亲人。从那一刻开始，很多人一辈子再也见不到他们的父母，只有在听到父母的死讯之后才回家，守丧三年。

第二，抛妻弃子。今天的官员，妻子孩子大部分都在身边的。古代不太可能，因为官是流官，必须在家乡以外的地方为官，还要经常调来调去，家眷常常跟不上调动的速度，所以大多数的官吏要把家眷安置在老家，身边是没有家眷的，自己过漂泊的日子。

第三，怀才不遇。古代的文人，有多少能做大官？有多少能做上官？大多数人还是沉沦下僚，志不得伸。更不用说官场险恶，小人当道，所以怀才不遇是自然的事情。

第四，客死他乡。古代的退休年龄是 70 岁，要想退休还得先申请，不一定批准。贺知章就是 85 岁才得到批准的。要想衣锦还乡，希望不大。大多数人会死在任上。

绝大多数儒士的人生就是如此，这是他们的命运。尽管如此，但还是有很多人来做儒士。这些人难道不知道这个命运吗？他们身边有很多这样的人，这不是一句“书中自有颜如玉，书中自有黄金屋”就能欺骗得了的。而且这些人，基本上都是富二代，如果不做儒士，可以回家安安稳稳做个少爷。可是他们十年寒窗，一生坎坷，这是为什么？他们不是为了挣钱，不是为了实现自我，而是为了那个使命：济世安民。

李白就是这样的一个人。李白是儒士的代表，是儒士人格的象征，可不是醉汉的象征。现在，李白的形象是什么样？一出场肯定是手里拿着酒杯，走路摇摇晃晃。那是李白吗？

真实的李白是什么样？李白一辈子没有真正做过官，他只是一个努力要做官的人。努力要做官的人可不是一个努力去挣钱的人。安旗先生说这首诗作于李白在湖北安陆时期新婚的第二年。就在那段时期，他作过一篇文章叫《代寿山答孟少府移文书》，李白在那篇文章里说了自己的理想，就是他对自己人生的设计。他说要“一举卿相”，他要一下子就当上宰相。这就是李白，非常的自信。然后使“寰区大定，海县清一”，就是把整个唐朝治理得井井有条，人民安居乐业。然后呢？然后就功成身退，“与陶朱、留侯，浮五湖、戏沧州”去也。这就是他的理想——济世安民。

他一辈子都为了实现这个理想而奋斗。他 24 岁离开四川，一直到死都没回去，不是不思乡，是因为理想还没有实现，这里有一种执着的追求。“安史之乱”爆发之后，李白被永王李璘请去做幕僚，他很高兴，以为是去讨伐安禄山，结果朝廷认为李璘是造反，李白就成了从犯，被当作叛党一并抓起来，差点判了死刑。后来好不容易改判为流放，走到巫山的时候遇到天下大赦，被释放了，

“朝辞白帝彩云间，千里江陵一日还”，多么高兴啊，赶紧回去，回到了江陵。这个时候他已经差不多60岁了，还只是一个特赦的流放犯。皇帝不喜欢他，认为他是叛党。社会怎么看他？杜甫有诗说“世人皆欲杀”，都误解他，恨不得杀他。而他已经60岁了，你说他还能怎么办？杜甫那首诗的最后就说：“匡山读书处，头白好归来！”杜甫也觉得他该回家了，他已经尽力了。但是，就在这个时候，李光弼在淮南招兵。李光弼是唐代名将，“安史之乱”主要是靠李光弼从东南方向，郭子仪在西北方向夹击，最后给平定的。但是中间有曲折，李光弼这次征兵是在相州兵败，退守淮南以后，队伍都打散了，才举义旗招兵买马，招募勇士。李白听说后，虽在千里之外，仍以花甲之年、嫌犯之身，日夜兼程去投李光弼，要上战场做一名战士！可惜半路病倒，未能到达。后来就死在了当涂。这才是李白。他是一名儒士！

所以我们要知道古代儒士的精神，才知道怎么读这样的一首诗。古人读到这首诗都明白，因为他们每个人都是在这样一个环境中，这种忠孝不能两全是所有儒士的一个共同的矛盾，难以解决，所以才有大量的这种羁旅情愁的诗。比如“独在异乡为异客，每逢佳节倍思亲”，倍思亲也不能回去，不是为了那份俸禄，而是为了那个承诺、那份使命。

知道了ang韵的那种开阔，才知道反衬的孤独。这种和故乡远离，永远不能相见的痛苦，背后有那么强大的力量，那是对理想的执着，这才是中华文化的精神。如果这种精神老师们不能够讲出来，不能够传下去，那么学这首诗其实没有多大的意义。只说思乡，有多少意义？现在我为了生计离开家乡也思乡，为了追名逐利离开家乡也思乡，思乡虽然好，但不够高尚，不够有力量，不是中华文化精神之所在。

所以说吟诵是打开理解的一扇门，吟诵是可以深化理解的。如果你不去正确地读诗，不能感受到那种声音，你就不能感受到那种心情，从而不能够去探究诗背后的那种精神、那种心态。

以上还只是讲了韵字之长，还没有说入声之短。在这首诗里，“月”字的短音也是有意义的。“举头望明月”，你把“月”字读高的同时顿挫一下，有没有感觉到哽咽？

所以说，不吟诵，不知诗；不读书，不知诗。

这是说吟诵有助于深化理解，这个教育价值决定了学习传统文化必须吟诵。

养成气象

现在说吟诵的最后一个教育价值，也是终极教育价值，那就是：养成气象。

为了说明这个问题，我们先去看看古代的科举考试。科举考试从北宋开始，主要是考八股文。除了八股文以外，还会考一点儿策论，考一点儿诗赋，但是这些都是次要的，主要的还是八股文。八股文是什么？前面说过，八股文是从“十三经”里随便抽一句话或者一个词作为题目，要求作一篇五百字左右的文章，就是八股文。也就是说，古代的考试主要考经。

但现在有个问题，为什么古代的人相信一个掌握“十三经”的人，就可以做官呢？古代的官制分六部，有管农业的，有管水利的，有管外交的，有管财政的，管什么的都有，可是考试只考经，那怎么能够保证这个人真的适合这个岗位呢？要是把一个不会算算术的派去搞税收，那还不乱了套？古人怎么不担心这事呢？

我们今天的公务员考试考什么呢？什么都考，最后还要考你的专业。古代没这个，如果是今天的公务员考试用古代的规矩，那就应该只考马列选读。你会不会觉得我们古代选拔官吏的方式太奇怪了、太落后了，但是我们的官吏系统从来没有出过大问题，没有听说过哪朝哪代，因为官吏不会治国，管水利的不懂水利，管农业的不懂农业，因而全国就乱了套。贪官倒是有，贪官一般来说专业水平还是不错的，不然连怎么贪都不知道。中国古代文官选拔制度的有效性和文官的能力，是举世公认的世界上最好的，这是史学界的共识。这是为什么呢？要回答这个问题，我们得亲自来作一篇八股文，看看是怎么回事。

我给大家找了一篇八股文。韩菼，康熙十五年（1676 年）状元。这是他的一篇八股文，题目来自《论语》：“子谓颜渊曰：用之则行，舍之则藏，惟我与尔有是夫。”孔子对颜渊说：用我，我就去了，不用我就回来了，天下能做得到这一点的，也就是我和你两个人啊，别的人都做不到。像我们在座的，连我在内都做不到。我们这些人经常都是相反的。人家是用之则行，舍之则藏；我们是用之则藏，舍之则行。是吧？比如投简历：“校长，我适合到你们学校来。”校长说：“我觉得你不合适啊。”“校长，我真的合适，你好好看看我的简历，我得过什么奖，上过什么课……”这就叫舍之则行，人家不要你你还非得往里钻。

等到人家真用你了，校长说："我觉得你不错，挺适合我们学校，要不你来我们学校吧。"这时你却把脸一拉："哦，要用我了，多少钱？有房子吗？没房子我就不去了。"这就叫用之则藏，你反而倒回去了。

这题目也可以作为现在的高考作文题，也许某一天会出现。大家都是教育专家，大家想一想：这么一个题目，这作文得怎么写？现在一般作文的基本思路大概也就这样：

第一段，先翻译一下这句话是什么意思。

第二段，来说一下"用之则行，舍之则藏"为什么是对的。为什么一个人应该是"用之则行，舍之则藏"呢？为什么就不应该是"用之则藏，舍之则行"呢？

第三段，说一下孔子是怎么做的。

第四段，说一下颜渊是怎么做的。

第五段，说一下其他的历史人物是怎么做的，有人做到了，有人没做到，做到了会怎么样，没做到又怎么样。

第六段，说说自己怎么样，所以要好好学习。

第七段，下结论。

这就是基本思路，我想问问大家，你们有没有别的思路？

你们的思路，跟我的思路一样，拿去考古代的科举考试，铁定落榜。因为八股文根本就不是这样写的。我们看看韩菼是怎么写的。

子谓颜渊曰用之则行舍之则藏惟我与尔有是夫

韩　菼

圣人行藏之宜，俟能者而始微示之也。

盖圣人之行藏，正不易规，自颜子几之，而始可与之言矣。

故特谓之曰：毕生阅历，只一二途以听人分取焉，而求可以不穷于其际者，往往而鲜也。迨于有可以自信之矣。而或独得而无与共，独处而无与言。此意其托之寤歌自适也耶，而吾今幸有以语尔也。

回乎，人有积生平之得力，终不自明，而必俟其人发之人有积一心之静观，初无所试，而不知他人已识之者，神相告也，故学问诚深，有一候焉，不容终秘矣。

回乎，尝试与尔仰参天时，俯察人事，而中度吾身，用耶舍耶，行耶藏耶？

汲于行者蹶，需于行者滞，有如不必于行，而用之则行者乎？此其人非复功名中人也。

一于藏者缓，果于藏者殆，有如不必于藏，而舍之则藏者乎，此其人非复泉石中人也。

则尝试拟而求之，意必诗书之内有其人焉。爰是流连以志之，然吾学之谓何。而此诣竟遥遥终古，则长自负矣。窃念自穷理观化以来，屡以身涉用舍之交，而充然有余以自处者，此际亦差堪慰耳。

则又尝身为试之，今者辙环之际有微擅焉，乃日周旋而忽之，然与人同学之谓何，而此意竟寂寂人间，亦用自叹矣。而独是晤对忘言之顷，曾不与我质行藏之疑，而渊然此中之相发者，此际亦足共慰耳。

而吾因念夫我也，念夫我之与尔也。

惟我与尔揽事物之归，而确有以自主，故一任乎人事之迁，而只自行其性分之素。此时我得其为我，尔亦得其为尔也，用舍何与焉？我两人长抱此至足者共千古已矣。

惟我与尔参神明之变，而顺应无方，故虽积乎道德之厚，而总不争乎气数之先，此时我不执其为我，尔亦不执其为尔也，行藏又何事焉？我两人长留此不可知者予造物已矣。

有是夫，惟我与尔也夫，而斯时之回，亦怡然得默然解也。

八股文的格式，是两句破题、三句承题，然后就是起讲，然后是八个股（段落），然后总结。起讲一般都有个“曰”字。谁“曰”？仔细看看这篇文章，是孔子！从这个字开始，一直到结束，都是模拟孔子说话。所以八股文的宗旨叫“代圣贤立言”。圣贤已经不在，你要代替他出来说话。所以题目的话是谁说的，你就要代替谁说话。

这种形式，现在叫作“拟写”。但是拟写和八股文还是不同。拟写不要求口气，八股文要求口气要像。你代替孔子说话，说出来的话却不像是孔子的样子，那怎么行？

八股文的批卷，也是流水作业。其中，书法有分，背诵有分，义理有分，辞藻有分，但是，决定名次的，是最后一关，叫作“磨勘”。“勘”就是考证，像这篇，孔子说话不能说出春秋以后的事；“磨”就是琢磨，即体会你的文章像不像孔子的口气。若文章写得很好，道理讲得也很好，就是不像孔子说话的样子，比如像孟子的样子，像子路的样子，那也不行。口气猥琐、庸俗、草率、狂妄，这都不行。所以八股文不仅考背诵，考义理，还要考你心中的孔子的样子。这就是“气象”。

文天祥考殿试，主考官是王应麟，就是《三字经》的作者。当时王应麟不认识文天祥，他觉得文天祥文章的气象好，就想举为状元。其他的考官有认识文天祥的，说那是个年轻的富二代，纨绔子弟。王应麟说，气象好啊，不会是那样的。于是他就跟皇帝说，一定要点这个人做状元，因为他的文章“忠肝如铁石”。最后，文天祥果然成了状元。

古代考试还要面试。一直都有面试的。面试考什么？不再考八股文了，一般也就是问些简单的问题，主要是看气象。比如长相忠厚，比如语态安详，比如动作得体、步履平稳等，总之就是一个人的气质态度。所以在明清笔记中，记载了不少因为长的不中正、说话不自然等而遭淘汰的事情。也许您觉得这有点牵强，但是这反映了古代考试对于气象的追求。

一个人如果心中有一个孔子在，知道孔子是什么样的人，怎样说话，怎样做事，那么他在生活中碰到任何事情，都可以想想如果是孔子在这里，他会怎么说，他会怎么做，于是，一切就没有问题了。所以科举考试明明是选拔官吏，却不考政治经济学，也不考法律、农工、行政管理，因为孔子要做官，他会不学这些吗？心中有孔子，就自然会去照孔子的样子做，会自觉学习专业知识。没有照样去做的，一定是因为心中的孔子还不完善。这就是“知行合一”。

那他要是天生就是算术不好，怎么学也没有用，如果派他去管税收怎么办？很简单，他可以反映实情、提出申请，甚至辞职。想一想，孔子会怎么做？也就是这样做。古代很多文人真是这样做的，觉得自己不是那块料，就不去做这个官。杜甫在长安求官十年，几乎潦倒饿死，终于得到了一个官，是河西尉，就是河西地区的武装部长。他居然不接受，为什么？因为他干不了。他这么做，不是十年努力付之东流吗？但这才是正确的选择。这就叫心中有孔子。所以，古代科举考试只考经，最终考的是气象，就是品性、态度，只要气象好，就基本可以保证专业能力。这是多么高明的一种选拔人才的方法！

由此就可以知道古人是怎样读书的，那就是：读谁就要自己变成谁。读李白就要自己变成李白，读孟子就要自己变成孟子。怎样才能变成？体会口气。怎样才能体会？重视虚字。朱熹在《读〈论语〉〈孟子〉法》中说：

> 程子曰：学者须将《论语》中诸弟子问处便作自己问，圣人答处便作今日耳闻，自然有得。虽孔孟复生，不过以此教人。若能于《语》《孟》中深求玩味，将来涵养成甚生气质！

现在大家都把这段话当成多思考的意思，其实不然。看书和“今日耳闻”有什么不同？“今日耳闻”是当面聆听，能感受到动作、表情、气味。学《论语》《孟子》，不只是要明白里面的道理，更要体味圣人的语气、神态、表情，进而体悟圣人的精神、境界、气象，要化身为圣人，所以是要“玩味”的，所以其目的是“涵养气质”。读书的目的是育人，不是背诵，也不是理解，而是体会圣人。

若是数学分析一般的“思考”，如何能是“玩味”？又如何成“气质”？程朱都反复强调“玩味”，这个词在朱熹的《读书法》中也反复出现，这个词明显不是“深思”“熟思”的意思。上面这段话说得很清楚，读书要入境，就要化身为作者。这段话说得其实还不彻底，因为这是程朱一派，若是王安石、王守仁，还要说“圣人答处便作自己答”！王安石当初发明“制艺”（即八股文），就是这个意思。他自己亲自示范写作了很多篇，篇篇独出己意。若不能体会圣人口气，不能领悟圣人境界，如何能做到？

为什么读书一定要体会口气？如前所言，“子曰：书不尽言，言不尽意”，即使是圣人，他说的话就能充分传达出他的意吗？况且还要再经过文字的转写。而中国文化的最高范畴“道”，那是没有办法彻底说清的，它是随时随地随人随事而变化的，“道可道，非常道，名可名，非常名”。所以传道，文字、语言固然重要，而其中深微精细之处，则只能靠心领神会。这种“体悟”，往往要靠神情语气的传达，或者神情语气最可通达。“道”之高下，往往不在表面文字，而正在这精微处。

现在很多人不重视吟诵，也不重视像吟诵一样的其他文化形式，如音乐、绘画、舞蹈、雕塑、曲艺、茶道、花道、香道、汉服、汉礼等，以为这些都是娱乐而已，只要掌握了义理，这些都是可有可无的东西。这样的想法是有原因但是不确切的。

儒士称为“文人”，传统称为“文化”，是因为儒家一向重视“文”。“文”的对应是“质”，可是并没有“质化”这东西，因为“质”化不了人。中华文化的传承，需要读经学大道理，但是仅仅讲道理是不够的。教育的成功在于改变学生的人生态度和生活习惯，而这需要外在形式的熏陶，所以儒家一向重视文艺。吟诵属于读书的形式，这个形式之所以重要，不仅仅在于它与学习兴趣有关，与含意理解有关，最重要的，是它与人生态度的熏陶培养有关。

学习古诗文的目的是什么？现在很多人的想法是：背过。其实这只是第一层。又有人说：理解！也对，这是第二层。其实还有第三层：气象。古人读书，最终要养成气象。因此，学习古诗文是必须吟诵的。不吟诵，只看字，是不能体会到圣贤的气象的。吟诵所包含的内容的理解和形式的熏陶，全都指向气象。这是读书的最高境界。

先吟后写

这句话的意思是说，吟诵不仅仅是古人的读书方式，而且也是古人的创作方式。汉诗文是吟诵着创作出来的。

先看鲁迅的一首诗。鲁迅先生在《为了忘却的记念》里有一首七律诗：

惯于长夜过春时，挈妇将雏鬓有丝。
梦里依稀慈母泪，城头变幻大王旗。
忍看朋辈成新鬼，怒向刀丛觅小诗。
吟罢低眉无写处，月光如水照缁衣。

第三联说“忍看朋辈成新鬼，怒向刀丛觅小诗”，什么意思？就是他因为很愤怒，所以要作诗。鲁迅是怎么作诗的呢？“吟罢低眉无写处，月光如水照缁衣。”就是背着手在院子里吟，等到把诗完全创作完成了，然后才去找支笔找张纸把它记录下来，叫作“写”。这叫“先吟后写”，这是中国文人的传统。

《红楼梦》中有一段，宝玉说：“今日持螯赏桂，亦不可无诗，我已吟成，谁还敢作呢？”在这里，“吟”就是“作”，“作”就是“吟”，诗是怎么作出来的呢？“吟”出来的。“说着，便忙洗了手提笔写出”，创作完成了才“写”，“写”是抄录的意思。我统计了一下，整个《红楼梦》里有八处涉及“先吟后写”，却没有一处说“写诗”。

再往前看，唐诗，李白说“吟诗作赋北窗里”，这是互文，“吟”就是“作”，“作”就是“吟”。杜甫说“新诗改罢自长吟”，韩愈说“口不绝吟于六艺之文”，都是这样的。唐诗是吟出来的。

再往前，古籍当中凡是描述到创作的时候，基本上都是说声音的创作。从《尚书》到《毛诗大序》，再到《文心雕龙》，都是这样：

> 诗言志，歌永言，声依永，律和声。八音克谐，无相夺伦，神人以和。——《尚书·帝典》
>
> 故歌之为言也，长言之也。说之故言之；言之不足，故长言之；长言之不足，故嗟叹之；嗟叹之不足，故不知手之舞之，足之蹈之也。——《礼记·乐记》
>
> 诗者，志之所之也，在心为志，发言为诗。情动于中而行于言，言之不足，故嗟叹之，嗟叹之不足故永歌之，永歌之不足，不知手之舞之，足之蹈之也。——《毛诗大序》
>
> 故寂然凝虑，思接千载；悄焉动容，视通万里；吟咏之间，吐纳珠玉之声；眉睫之前，卷舒风云之色；其思理之致乎！——《文心雕龙》

所以有个结论：汉诗文基本上是先吟后写的！

文人创作的时候心里是有声音的，心里配合着声音把它创作出来，然后才写下来。所以不能说李白“写”了一首什么什么诗，这就太小瞧李白了，李白不是抄书匠，得说李白“作”了一首什么诗，“作”就是“吟诵”，他心里的声音是吟诵的声音。所以汉诗文基本上是口头作品。

口头作品经常被认为是低级的作品，所以就不受重视，其实不是这样的，中国的文化特别重视口传，叫口传心授。口传是非常重要的，人传人是非常重要的。口头的创作是汉诗文最主要的一种创作方式。

这种创作方式决定了声音的重要性。既然是口头的创作，声音就很重要，作者就会选择，不管他是有意还是无意，他都会选择一些合适的声音去表达。就像现在心情很好就唱“茉莉花”，而不是“花茉莉”，因为老是想张开口才觉得舒服。当你觉得很压抑很痛苦的时候就老是想闭着口，那个时候让你创作一首诗你就不太会选择开口的声音，是一样的道理。所以声音的含意很重要。

读错就会理解错

下面说一下古诗文的读法和含意的关系。

一首诗、一篇文章是怎么读的，跟含意是有密切关系的。读法不同，含意就不同。先不说古诗文，先举一句很平常的口语：

我想喝水

这四个字大家都认识。这四个字组成了一句话，印在书上（注意古代线装书是没有标点符号的）。今天我们认为我们都知道这句话的意思，我们平常就是这样看着书上印的字教学的。这句话是什么意思？口渴了想喝水。但是这句话真的是这个意思吗？就不可能有别的意思吗？

这句话可以重读其中的某个字，比如“我想喝水”，意思是“不是他想喝水，而是我口渴了”，含意显然与“我口渴了，所以想喝水”是有差异的。还可以读成“我想喝水”“我想喝水”“我想喝水”，意思都是有差异的。这就五种意思了。这句话还可以加问号，就是十种意思了。还可以加感叹号、省略号、顿号、曲线号、破折号……还有很多什么标点符号也表达不出来的意思。比如小孩子抱着妈妈说：

我想喝水我想喝水我想喝水我想喝水……

她是想喝水吗？她是在撒娇。又比如：

——今天天气真好，咱们出去走走？

——我想喝水！

——我请你吃饭？

——我想喝水！

——你今天穿的衣服真好看。

——我想喝水！

她是想喝水吗？她是在说她讨厌你！表演系的学生经常练这个，用这一句话可以表达撒娇、生气、走神、痛苦等很多意思。这些含意的区别，不取决于“读音”，因为读音永远是一样的，而是取决于“读法”。读法不同，含意就有差异，有的时候差异小，有的时候差异还可能很大。

所以这四个字其实可以表达很多种含意。我们以为知道的那个“渴了”的含意，其实是多种含意中的一种。

好了，下面请看《登鹳雀楼》：

白日依山尽
黄河入海流
欲穷千里目
更上一层楼

大家还认为自己知道“白日依山尽”是什么意思吗？

现在我们的语文课，就是自以为很明确地知道，实际上只是字面上理解，“白日依山尽”不就是亮闪闪的太阳靠着山落下去了嘛！其实那只是其中一种可能的意思。这句话实际上是什么意思，取决于它的读法。读法不同，意思就不同。

我们现在只按照字面意思教学，是因为我们天然地以为古人只给我们留下了文字，还是没有标点符号的文字，没有留下读法。

而实际上，我们的汉诗文是有固定的读法的。前面已经说过，这些读法是代代相传的，口传心授的，同时在学馆课本上辅以圈点符号。这些读法就是吟诵的规矩。

当吟诵符号出现的时候，它的含意才能基本上明确下来。而往往这种含意跟今天的理解是不太一样的。前面已经做了一些阐述。所以现在就要思考，汉诗文的含意到底是怎么回事？下面来说一下汉诗文含意的层次。

汉诗文含意的层次

汉诗文的含意可以分为四个层次，这四个层次分别是：

字义——字面的含意
音义——读法的含意
意象——经典的含意
道义——文化的含意

意象是来自经典的含意，道义是儒家的文化精神。

下面一个一个来介绍。

一、字义

什么是字义呢？字义就是字面的含意，也就是现在我们语文、文学这些课程主要讲的内容，还经常翻译成白话的，就是这些诗文字面的含意。其中自然也有训诂，也有对引申义的探讨，但总体来说就是字典上的含意的组合。

二、音义

语言的读音在它最初诞生的时候是有含意的，这一点我们后边会说到。尤其是汉语的读音，我们有大量的证据证明它是有含意、有体系的。

但是读音形成以后，它成为语言的一个部分，进入到我们日常的生活语言的时候，语音就没有含意了。我们平时说话的时候就不会考虑语音的问题，不会想“我要跟张老师说话，第一个字我应该是用 b 声母的字呢还是 p 声母的字”，不会有人考虑这个问题。说话就是说话，都是张嘴就说。

所以在日常生活语言中，读音基本上是没有含意的。西方现代语言学之父索绪尔的任意性原则，认为语音和语义是没有关系的，这点在日常生活语言中也不是没有道理的。可是，我们刚才通过“我想喝水”这个句子已经知道，在口语中虽然读音是没有意义的，但是读法还是会影响其含意。诗和文里面也有这些口语读法问题，比如逻辑重音、句调和语气等。

而且汉诗文并不是口语，它有一套独特的“读法”。这些读法会让句子的某些音呈现出与口语不同的“陌生化”，从而引起听者的关注。关注这个音，就会体会这个声音的含意，因而，读音在当初诞生时的那个含意又重新凸显出来了。华夏民族相隔几千年几万年的对声音的感觉，还是相通的。当然，这里有古今音变的问题。但是汉语的雅言，是以传承为主，变化为辅的。

话说得有点儿绕，我们就以“床前明月光”为例。“床前明月光”如果是口语，这五个字的所有声母、韵母、声调就全都是没有含意的，但是我们一旦拖长去念“光”，它就跟口语不同了，你就会关注到这个声音，就会关注到ang 韵。ang 韵所带有的那种情绪、那种性格，它在汉字诞生之初所具有的那个含意就显露出来了，那就是——开阔向上，于是你就体会到了开阔的含意。这就是音义。

我们再以《登鹳雀楼》为例。《登鹳雀楼》最后一句“更上一层楼”，其中“楼”字是韵字，按照入短韵长的读法，它应该拖长去读。拖长以后就成了“更上一层——楼———”，感觉跟我们平常所说“更上一层楼！”的那种祝你奋发图强、锦上添花的意思，是不是就不太对了？原因是什么呢？就是我们说这句话的时候，它有和口语不一样的读法，拖长了“楼”字，因而我们关注到“楼”字，关注到“楼”所拖长的 iou 这个声音，它本身所附带的那种情绪色彩，它在汉字诞生之初所拥有的那种声音的含意就显露出来了。

“更上一层楼！”这是我们现在的读法，我们祝福一个人的时候的说法。但是，这里有一个必须遵守的规矩，就是“楼”字不能拖长，一定是“祝你更上一层楼！”。然而在诗里，它的读法却是拖长“楼”字的。

我们再举一个例子，仍然是 iou 韵母的例子，就是开运动会的时候，我们都会喊“加油”，怎么喊呢？喊“加油”只有两种喊法：第一种喊法两个字都短，“加油！加油！加油！加油！”第二种呢，拖长前面那个字“加——油！加——油！加——油！”但是你注意到没有，这不符合汉语的习惯啊。我们汉语的习惯，如果是两个字，在呼喊的时候，会拖长哪个字？对，后面那个字。我隔着马路见到老师了，“老师——，等等——，是我——”，都是拖后面那个字。没有人说“老——师！”没有这么说的。那“加油”为什么就是“加——油！”呢？因为我们的直觉认为，不能拖长“油”字。大家可以试试一拖长“油”字，就变成“加油——加油——”，是不是感觉好像不太对头？“油”和“楼”同属一个韵，以前叫尤韵，就是平声的 ou 韵。尤韵有哪些字？有下面这些字：

尤邮优尤流旒留骝榴刘由油游猷悠攸牛修羞秋周州洲舟酬雠柔俦畴筹稠丘邱抽瘳遒收鸠搜驺愁休囚求裘仇浮谋牟眸侔矛侯喉猴讴鸥楼陬偷头投钩沟幽纠啾楸蚯踌绸惆勾娄琉疣犹邹兜呦咻貅球蜉蝣犄帱阄瘤硫浏湫泗酋瓯啁飕鍪篌抠篝诌骰偻沤蝼髅搂欧彪掊虬揉蹂抔瓯缪

你看，当我们把这些字集中到一起的时候，尤韵的含意就凸显出来了。其实这件事是一个很客观的科学研究工作，虽然很复杂，但绝不是一个主观臆测的东西，而是很直接很客观地摆在这儿。所有尤韵的字的共同特点就是它们都拥有 ou 韵母。如果它们的含意互相之间没有交集，所有这些字没有共同的含意，那么就说明 ou 这个声音是没有意义的。但如果所有的字都有共同的含意的话，那么就说明 ou 这个声音是有意义的。

很简单，这就是证实和证伪，你看，摆出来就可以了。

我们看看这些字有没有共同的含意，或者说这些字在含意上有没有一个共同点？这就是科学精神，科学就是在一大堆纷繁复杂的事物当中抽取出规律来。观察，假设，然后去论证。大家看看有没有？

有的。这些字除了拟声字之外，都有个共同的含意，也就是尤韵的含意，那就是——舒缓。我们看看是不是。

尤，好像。像一个东西，是很仔细的事情。优，我们今天说“优秀”，没有觉得舒缓吧，因为那是今天的引申义。古代的“优”是什么意思？就是优伶，好像是另一个人的人，我们今天叫演员。模仿也是需要仔细的。“忧”“愁”两个字都在这儿，“忧愁”也是舒缓的。还有“流”，“流”就是不停。留，停留，是舒缓的。油，就是黏糊糊的。游，游泳是慢的。悠，慢悠悠。牛，牛走得慢。舟，小船走得慢。球，圆润的玉，圆润就有舒缓的意思。浮，过去念 fou，是缓慢的。谋，谋划是仔细的。偷，也是慢的，快的叫抢。投，也是慢的，快的是射。丘，向上的舒缓的叫丘，尖尖的叫峰；向下的舒缓的叫沟，尖尖的叫壑。粥，也是黏糊糊的。其他的，如幽、柔、囚、周、绸，等等，都有舒缓的含意。尤韵的字基本上都有舒缓的含意。为什么呢？这与这个音本身有关。ou 是一个双元音，很多时候前面还有一个 i，这个多元音的结构本身就是长的。iou 即使是开口最大的地方也不大，开口最小的两边也没有闭死，都是在中间的音，所以就有中庸的感觉了。合起来，就是舒缓、悠长的含意了。所以，运动会不可以喊“加油——”，那么喊的话，到底是想让人家跑快还是跑慢呢？

这就是声音的含意，读法的含意。“更上一层楼——”有舒缓之感，因此我们可以肯定它不是奋发图强的意思。

我再来给一个佐证：自古诗词，登楼必愁。

比如辛弃疾说“少年不识愁滋味，爱上层楼，爱上层楼，为赋新词强说愁”。辛弃疾什么时候想发愁，什么时候就上楼了。李白说“长空万里送秋雁，对此可以酣高楼”，后面说“抽刀断水水更流，举杯消愁愁更愁”。杜甫说“花近高楼伤客心，万方多难此登临”，这首诗就叫《登楼》；晏殊说“昨夜西风凋碧树，独上高楼，望断天涯路”；李煜说“独自莫凭栏，无限江山，别时容易见时难”；范仲淹说“月明楼高休独倚”，还有“柳外楼高空断魂”“谁家相思明月楼”，都是这样的。

有没有高高兴兴上楼的？也有。王昌龄有一首诗，说“闺中少妇不识愁”。以前女孩子结婚早，都已经是少妇了，还是天真烂漫的样子，不知道发愁。接着就“春日凝妆上翠楼”，春天来了，把自己打扮得漂漂亮亮的，高高兴兴就上了楼了。上楼以后呢？“忽见陌头杨柳色，悔教夫婿觅封侯”。一上楼就发愁，没有办法。你能找到一个上楼不发愁的吗？

为什么呢？不是因为上楼就发愁，在生活中上楼与发愁无关，不然就没有楼这种建筑了。可是在诗词文赋里，上楼就发愁。为什么？因为三国的时候，有个人叫王粲，他作了一篇《登楼赋》。这篇《登楼赋》作得非常好，古代文人可能都背过，但是却凄凄惨惨。从那以后，“登楼”就不是好事了。只要一说“登楼”，大家都会想起《登楼赋》来，所以登楼就不是好事了。因此，在诗词文赋里，“登楼”基本上都是发愁的意思。所以古人是不会祝人上楼的，更不要说“祝你更上一层楼”了。

古人要激励一个人，不是说“登楼”，而是说“登山”。李白说“登高壮观天地间，大江茫茫去不还。黄云万里动风色，白波九道流雪山”，杜甫说“会当凌绝顶，一览众山小”。

为什么登山是励志？

因为《孟子》有云：“孔子登东山而小鲁，登泰山而小天下。”所以说，登山就是励志的意思，登楼就是发愁的意思，两者不能混淆了。

那事情就变得越来越复杂了。这一首《登鹳雀楼》，现在被认为是最简单的诗，所以往往从这里开始学习古诗词，但是经过我这么一解释，它好像变得越来越复杂了。这里不仅有声音的含意——“山”是连绵的，“河”是长长的，“入海”是快速的，“登楼”是舒缓的，而且还有词汇的深层含意。我们把这一层含意，叫意象。

三、意象

什么叫意象？就是有意的象。诗词文赋中出现的词，不一定是字典上的字义，包括本义和引申义，它还可能是由典籍文化所赋予的另外一个含意，而且在汉诗文中，这种情况还是非常普遍的。

汉诗文的主要作者是文人儒士。和尚是不作诗的，和尚作的也不叫诗，叫偈子。有人会说和尚作出来的还是七律，那也只是合乎七律的偈子。不是说合格律了就叫诗，押了韵了就叫诗。诗是有自己独特的思想和功能上的规定性的，叫“诗教”。“诗”的首要功能是教化，不是抒情，也不是叙事。而且这“教化”的内容，是儒家的精神。没有儒家精神的不能叫作“诗”，只能叫“歌”“辞”“曲”，或者叫“顺口溜”。合了格律就叫合格律的顺口溜，仍然不是传统意义上的“诗”。

所以诗词文赋这些都是属于儒士的文化，它们的主要作者也是儒士。那么，诗词文赋就是文人儒士的行话。

什么叫行话？就是圈内人都懂、圈外人都不懂的话。它是有一套密码的。我们现在有句最著名的行话，就是“天王盖地虎”。这是什么意思？是“天王盖住地虎”的意思吗？当然不是。他是说“你好大的胆子”，你看看《林海雪原》里座山雕说这句话的时候是什么意思？完全不是这意思嘛。这就叫行话。

如果“天王盖地虎”不是“天王盖着地虎”的意思，那么“白日依山尽”为什么就是“太阳落山了”的意思呢？

所以，一定要了解汉诗文的意象系统。

任何群体都是有行话的。我们老师有老师的行话，比如说“导入”“课件”。学生有学生的行话，工人有工人的行话，农民有农民的行话。儒士就没有儒士的行话吗？

行话是怎么形成的？它要么是一种规定，要么就是自发形成的。汉诗文的意象是自发形成的，不是谁规定的。自发形成的，一定是圈内的人都有一个共同的经历。这些经历使得他们对于一些词汇、一些意象有共同的理解，而圈外的人没有这种共同的经历，就不能理解，因而就形成了行话。

所有的文人儒士的诗文，从先秦到清朝，从东北到海南，穿越时空，都互相读得懂，因为他们有过共同的生命经历，那就是——读书。什么是“读”？就是吟诵。什么是“书”？就是经史子集。他们读共同的书，所以可以用经史子集名篇名句的词汇和意象构成一个行话系统，能够互相交流，所以唐朝人作的诗，清朝人读得懂；广东人作的诗，山东人读得懂。我们把这个叫作“意象”。

意象，不是我们通常说的典故，它比典故的范围要大得多，它是一个系统。意象系统来自经史子集，尤其是脍炙人口的那些名篇，那些儒士共同熟背于心的名篇。

我也可以举一个旁证。在古代中国，作诗作得最好的人，是杜甫，被称为“诗圣”。“圣”是什么意思？就是最厉害的，没有比他更厉害的。李白叫“诗仙”。是谁把杜甫称为“诗圣”的？是宋朝时的江西诗派。在江西诗派以前，李白和杜甫到底谁作的诗更好，是争论不休的。所以韩愈还有一首诗说“李杜文章在，光焰万丈长”。就是说你们不要争了，李杜都很好，并列第一。但是江西诗派却把杜甫推为第一，称其为“诗圣”；李白第二，称为“诗仙”。那么为什么杜甫是第一呢？

江西诗派主要列举了三个理由：第一点是集大成，意思是说杜甫各种诗体的诗都作得好，李白却有一种诗体作得不如杜甫，就是七律；第二点是每饭必思君，意思就是说杜甫是忠心耿耿，李白有的时候还想着做神仙呢。

但我们不管这两点，我们主要看第三点。第三点是无一字无来处。就是说杜甫作的诗，每一个字都是有来历的。这是什么意思？他作的诗用的字儿跟李白作诗的字儿就不一样了吗？不都是汉字吗？

不是这个意思。江西诗派说的是意象，意思是说杜甫作的诗每一个字都来自经史子集，所以叫“无一字无来处”。这个说法实际上是有点夸张了，杜甫的诗也不都是来自经史子集的，而且李白在这方面可能做得还要更好。但是这至少说明了一件事，那就是我们古代的诗人们，他们努力的方向是什么？是无一字无来处。作诗要用经史子集的意象去作，不用意象作出来的诗叫打油诗。

我们来看看《登鹳雀楼》里的意象。先看第一个意象：白日。

“白日”是什么？我们今天说“白日”是亮闪闪的太阳，那叫科学，那叫生活，不是诗。“白日”，在古代意象系统中有几个不同的含意。这里的含意是“伟大灿烂的生命”。这个含意最早来自《尚书·帝典》。舜作过一首《卿云歌》，其开篇云：

卿云烂兮，纠缦缦兮。日月光华，旦复旦兮。

意思是“华夏民族，就像太阳和月亮那样，永远光辉灿烂”。这就是“日”，象征着伟大的生命的来源。《卿云歌》非常有名，它曾经是中华民国的国歌，它也是复旦大学校名的来源，它还是我们现存的所有汉诗中的第一首，是我们源远流长的汉诗到今天最古老的一首。现在很多人都说是《弹歌》，“断竹、续竹、飞土、逐肉”，或者说是《候人歌》。可是从记载上来说应该是《卿云歌》。这就是我们华夏诗歌的开端，多么大气磅礴。这首歌在古代没有哪一个文人不会背。这就形成了“白日”的意象。再往后，《诗经·小雅·天保》在祝福君主健康长寿的时候，有“如月之恒，如日之升”之说。这就是说生命像那月亮逐渐走向满月，像那太阳正在升起，沿用了“白日”为伟大生命的意象。这些诗句都是古代的文人背得滚瓜烂熟的，所以“白日”就拥有了一个意象，即“伟大灿烂的生命”。

下一个字是“依”。“依”是什么意思？我们今天说是“靠”，亮闪闪的太阳靠着山落下去了。那为什么不用“靠”字？为什么不说“白日靠山尽”“白日顺山尽”“白日沿山尽”“白日连山尽”，为什么说“依山尽”？

“依”字，不仅仅有“靠”的意思，还有恋恋不舍之意。《诗经·小雅·采薇》有“昔我往矣，杨柳依依”。这一篇本来就是《诗经》的名篇，而这一句又是名篇中的名句。所以“依”是恋恋不舍的意思。那个太阳它愿意落山吗？不愿意。一个“依”字就说出来了，它不想落山，但终于还是落下去了。

下一个字是“山”。“山”是什么意思？山是屏障、边界的意思。因为我们华夏民族是农业民族，我们不是在平坝就是田野上耕作的，山是在远处的，在天边的，所以往往是在视野的尽头。《说文解字》说“有石而高”，《尚书》说“高山大川”。

“尽”是什么意思？“尽”的意思就是结束。《左传》说“去恶莫如尽”，《中庸》说“天地之道，可一言而尽也”。“尽”都是结束。如果想说亮闪闪的太阳靠着山落下去了，那为什么不说“白日依山落”“白日依山没”？这里为什么用了“尽”呢？

我要问大家一个问题：这个太阳，它落下山以后，明天还会升起吗？凡是说会升起的，你这是科学；说不会升起的，那就是唐诗。这里是说太阳不会升起了。为什么？“尽”了。

所以“白日依山尽”这句，现在看是什么意思？——伟大而灿烂的生命不想结束，但终于还是结束了。

我们看下一句，“黄河入海流”是什么意思？黄河是“Yellow River”吗？在地理学里当然是。但在这里，“黄河”的意思是最大的河。在中国，黄河就是最大的河。河字本来就是指黄河嘛。那“河”又是什么意思呢？你要注意到在这一句话的后面还有一个“流”字，这就构成了一个意象，叫“流水”。“流水”的含意是生命流逝，它来自《论语》：“子在川上曰：‘逝者如斯夫，不舍昼夜。’”从此在诗词中，“流水”就是生命流逝的意思。回想一下自己所知道的诗词文赋中所有的“流水”，比如李白的“君不见黄河之水天上来，奔流到海不复回”，下一句是什么？是“君不见高堂明镜悲白发，朝如青丝暮成雪”，就是在说生命流逝。李煜说“问君能有几多愁？恰似一江春水向东流”，什么愁？前面说了，“雕栏玉砌应犹在”，不是亡国之愁，“只是朱颜改”，我忧愁的就是青春没了。苏轼说“门前流水尚能西，休将白发唱黄鸡”，还是这个意思。流水，就是生命流逝。

“海”是什么意思？海是 sea 吗？不是 sea。在西方，大海就是门户，是道路。伊阿宋要出海去寻找金羊毛，大海就是那条路。在中国人的概念中，海是什么？我们叫中国、中华，意思是在中间。周边呢？是四夷。四夷的周边呢？叫四海。四海的外边呢？没有了。大海是世界的尽头，所以叫“百川东到海，何时复西归”。

所以“黄河入海流”的意思就是——最大的生命啊，一下子就走到了它的尽头，永远不回来了。

如果你读过经史子集，你就会这样来理解这两句诗。这就是意象系统的价值。

肯定有人怀疑，说这是过度解释，是牵强附会，这明明就是很简单的写景嘛！怎么你一说，就成了掉书袋啦，就变了样子了。

不是的，不是在故弄玄虚，也不是掉书袋、卖弄学问，而是事实如此。

我们现在就来做一个实验，马上证明这件事情，它是真实存在的。我们来做一个心理测试。我现在说一个人的名字，这个人的名字，你们要仔细听好。

这个人姓李，木子李，他的名字叫：李泽东。

好，三秒钟过去了，你们想到了什么？

想到了毛泽东主席。

李泽东跟毛主席可没有一点关系。那你为什么想起了毛主席？因为我们太熟悉毛主席了。你能不能控制你自己刚才不要想起毛主席？控制得了吗？不可能。

那么一个熟读《论语》的人，当他听到“流水”这个意象，他能控制自己不想起孔子的那句话吗？

于是行话就形成了。这就叫意象。

它不是谁规定的，而是天然如此的。

这件事情很可怕。这件事情说明了如果我们不去读经史子集，我们是不能读得懂任何一首唐诗的。为什么我们今天还能教学生唐诗，因为我们有教学参考书，有学者们写的唐诗论著。这些参考书和论著的基础，是前人的注释。那些古代的前人，他们是学过经史子集的。要是拿一本从来没有人注释过的古人诗集，我们实际上是看不懂的。

《登鹳雀楼》这首诗，现在都以为是最简单的诗，我才讲了两句，就已经大为不同。后边还有两句。我刚才已经讲过“登楼”这个意象。登楼来自王粲的《登楼赋》,《登楼赋》属于文集。“千里”来自经和史，“千里目”来自西晋诗人孙楚之诗。这首诗里边的意象，经史子集的内容都有。

所以说，不读书，不知诗；不吟诵，不知诗。只是吟诵，还是不知诗，还要读书。

我们今天的教育顺序跟古代是相反的：小学一上来就教唐诗，后来到了中学勉强学一点古文。诗和文都属于经史子集中的集。小学不读经也不读史。不读经，怎么能明白史在说什么？不读经史，怎么能明白诗文在说什么？现在大家开始做经典诵读了，总算读几点经读几点史读几点子，但是文字、音韵、训诂、吟诵还是不讲。但是在古代，《三字经》说“小学终，至四书”，先要学小学，才能具备读书学习的能力，然后才能去学经，然后再学史，然后再学子，然后方可系统地进入诗词文赋的学习。

我们今天完全颠倒了，这样的语文课，不可能学好古诗文。

我自从知道了这件事之后就很伤心。在那之前，我教了很多年的中国古代文学。从那以后，这十年来我就再没教过中国古代文学，因为教不了。所以就读书，学国学，开始补充自己，到现在也没补好。现在我们一块儿补。

我们再来看《登鹳雀楼》这首诗，这首诗到底是什么意思？我们说了头两句，意思是伟大的生命一下子就走到了尽头。

第三句，“欲穷千里目”，一头一尾两个入声字，高高地竖在那儿。这一句特别有劲儿，“欲！穷——千里目！”这是什么意思？就是不甘心哪，伟大的生命这么容易流逝，那我王之涣呢？所以我不甘心，黄河流到千里之外去了，太阳落到千里之外去了，我不甘心，我还要看到它，我还要把它抓回来。这就像每天早晨我们起床一照镜子，又多了一条皱纹，就是“白日依山尽，黄河入海流”。然后想“从今天开始，我要天天做面膜！”这就叫“欲穷千里目”。不甘心哪，用两个决绝的入声字表达决心。

关键是最后一句“更上一！层——楼————”，看这“楼”字，又低又长，这是怎么回事呢？前面我们已经说了，用“尤”韵就说明了情绪的舒缓悠长，绝不会是慷慨激昂，而且“登楼”的意象也说明了这点。那么这句话是什么意思呢？

答案在题目里。这首诗的题目是《登鹳雀楼》。它最早出现在盛唐的史料中，题目是《登楼》，作者也不是王之涣。后来更多的史料出来，对于作者是谁颇有争议，但对于地点在哪里却是高度一致，即鹳雀楼。鹳雀楼是山西唐代名楼，它有个重要的特点，就是建在城墙之上，非常高大，但是只有三层。那么王之涣作诗时是在第几层？第二层。“更上一层楼”，说明上过一层了，现在他在第二层。那么他还有几层楼能上？只有一层楼了。

你不觉得这话说得很古怪吗？“欲穷千里目，更上一层楼”，要我作诗，欲穷千里目，我要更上……怎么也得上十层楼啊。上一层楼什么意思？我们这里能看到千里之外，但是二楼是看不见的，走，我们上三楼看去。开什么玩笑！欲穷千里目，怎么能上一层楼呢？但是诗里就是上一层楼，为什么？因为只有一层楼可上了。“一”是入声字，在这里有强调的感觉。青春终究是抓不住的，“青山遮不住，毕竟东流去”。

所以这首诗的主题是汉诗最大的主题之一——人生苦短。它的结构是起、承、转、合。第三句好像有希望，第四句又回去了。这是典型的汉诗结构。我们把它读成了一首 poem，按照西方进行曲的结构来理解它，一句比一句递进，最后是口号式的高潮。想一想，哪个理解更接近事实？

字义、音义、意象的含意都明白了，才能真正明白这首诗的精神内涵，就是大道的含意，即道义，从而传承中华文化精神。

这首诗里的道义是什么？我们来做主题分析。

人生苦短是我们汉诗一个非常大的母题，很多的诗都是感慨人生苦短的。这个母题的作品数量特别丰富，为什么呢？因为它和古代儒士的精神，还有儒士的生活有密切的关系。

儒士是世界上比较独特的一群人，他们的人生观和世界上大多数人都不一样。这种人生观可以说是继承了华夏文化的精粹，而又影响到了整个中华民族。这是一种什么样的人生观呢？它就是：人生只有一次。

世界上大多数人都认为人生是有始无终的，或者甚至是无始无终的。基督教认为人死了以后就会上天堂，上天堂就是还继续活着；或者下地狱，下地狱也还是活着。佛教认为人生是轮回的，下辈子也许变成一头猪，猪还是活着。萨满教和各种巫术认为人死了会变鬼，变鬼也是活着啊。总之就是还活着，还有感觉，还有感情，还有追求。

儒士不同，儒士的人生观是人生只有一次，基本是死了就是死了，没有下一次了。孔子说："未知生，焉知死？"又说："子不语怪力乱神。"孔子是敬鬼神而远之的，不谈死后的事情，不说所有说不清楚的事情。这样一来，儒家就慢慢形成一个观念，即人生是只有一次的。

所以儒士大概是世界上最有勇气的一群人，因为他们敢于直面只有几十年的人生，所以他们也是最珍惜人生的人。儒士珍惜人生的每一分每一秒，进而珍惜万事万物的分分秒秒，所以才能理解《春晓》说"春眠不觉晓，处处闻啼鸟。夜来风雨声，花落知多少"。为什么花一落，就伤心？一片叶子落，也伤心？因为人生苦短。

儒士是最珍惜生命的，儒士是不会浪费他生命中的每一秒的，这才是真的儒士。所以，自古以来，儒士非殉道不自杀。寻常的人生风浪，是打不倒儒士的，因为人生太宝贵了。

人生苦短，不是一个颓废的人生观，恰恰相反，它是非常积极的人生观。儒士最珍爱生命，他把自己对生命的珍爱从自身扩展到全世界、全宇宙。所以他才做了那么多风花雪月的事。整个宇宙间的一草一木、一风一云都跟他有关系。万物一体，同生共荣，共同感受到生命的可爱和生命的珍贵。他还要过符合大道的人生，不向任何恶俗势力低头，不为私欲和动物性浪费自己的生命，因此又有"及时行乐"这个附带主题。这就是《登鹳雀楼》所表达的东西，这也是我们学这首诗所要传承的文化精神。

师承文化，是为诗教。我们为什么要教授一首诗？就是为了让孩子们继承我们中国的文化精神、中国人的世界观、中国人的人生观。如果我们不是这样认为的，就像我们现在这样，把《登鹳雀楼》当成了一首 poem，一首西方的诗：太阳落山了，黄河到海里去啦，景色多么壮阔，我的人生要再上一层楼，那我们传承的就不是中华文化了。

所以我们一直提倡一个观点：国学教育不仅仅是教国学，教国学也不一定就是国学教育。国学教育，是用中华文化精神做教育。不是说教了古诗词就叫国学教育了。同样，也不是说教了《论语》就叫国学教育了。那可不一定，教《论语》也可以是西方教育，只要你的教学理念、教学方法是西方的，这事儿就很不好说。而教数学、教物理、教英语，只要是用中华文化精神去教，那也是国学教育。这一首诗，不在于背过没有，而在于怎么理解它，怎么把它融进自己的生命，影响自己的人生观、世界观。这样才是诗教。

我们举的例子还是大家现在普遍认为最简单的一首诗，是我们学习汉诗的起点。如果连《登鹳雀楼》和《静夜思》这样的诗我们的理解都是有问题的，那么其他的诗文又是什么样呢？

现在我们可以去听一下老先生们的吟诵是不是这样的。我们对这首诗已经很熟了，哪个字长哪个字短都很熟悉，我们去听一下老先生们的吟诵。他们在天南海北，互相也不认识，他们吟诵的时候旋律都是不一样的，但是每个字相互的长短高低关系基本是一样的。

第一个是山东淄博的田家铸先生。[参见：田家铸吟（唐）王之涣《登鹳雀楼》]

田先生“白日”读得短，“山”读得长；“白日”读得高，“山”读得低，“尽”又读得高；“黄河”读得很低很长，等等，都是完全符合吟诵规矩的。唯一不对的就是那个“楼”字，没有拖长。为什么没拖长？气力不济了，90 多岁了，你再让他读一遍他就会拖长。

再看一位，福州的赵玉林先生。[参见：赵玉林吟（唐）王之涣《登鹳雀楼》]

完全是对的，高低长短都和我们的符号一样，“楼”字也拖得很长。

下一位，上海的陆襄先生。[参见：陆襄吟（唐）王之涣《登鹳雀楼》]

他读得很低沉、很忧伤，也完全符合读法的规矩。

我们再看一个，泉州的林东海先生，这是闽南语的文读系统。[参见：林东海吟（唐）王之涣《登鹳雀楼》]

入声字很明显，闽南语就是这样的。

所有的老先生都遵守读法的规矩，按照规矩读就能读出感觉。现在我们一起把诗读一遍，高低长短搞清楚，高低要看符号的上沿。

登鹳雀楼

王之涣

! ! _ — |
白 日 依 山 尽
_ — ! | —
黄 河 入 海 流
! — _ | !
欲 穷 千 里 目
| | ! — —
更 上 一 层 楼

我们按照吟诵的规矩读，就能很明显地读出诗意，符合以上我们的分析。古人留下的不仅仅是文字，他们还留下了声音。

古人前辈如是说

前人是怎么说吟诵的？

李白说：“吟诵有所得，众神卫我形。”——这是说他读道经，读得高兴的时候，好像众神都来了一样。

杜甫说：“读书破万卷，下笔如有神。”——意思是说读书超过一万卷，诗写得就非常棒了。我们现在的中学生，参加完高考，算一算读过多少书，也过万卷了，为什么下笔就没神呢？因为他们没有像古人那样“读”书，不是吟诵的，不知文气，所以作诗作文也没有气，只知道逻辑关系和罗列例子。

程颐说：“《论》《孟》只剩读着，便自意足。学者须是玩味。若以语言解着，意便不足。”——这是在朱熹的《读〈论语〉〈孟子〉法》当中引他的前辈程颐先生的话。《论语》《孟子》要怎么去读，怎么去学习呢？很简单，“只剩读着”，就是只靠吟诵，“便自意足”，就完全可以了。“学者须是玩味”，学习的人要反复地吟诵琢磨。“若以语言解着”，就像我们今天语文课那样讲解，“意便不足”，就反而找不到它的本意。

朱熹说：“学者读书，须要敛身正坐，缓视微吟，虚心涵泳，切己体察。读得通贯后，义理自出。”“学者”就是学生。学生读书要怎么读？“须要敛身正坐，缓视微吟”，就是说要吟诵。“虚心涵泳”，就是反复地吟诵。“切己体察”，把自己的情绪、心情和古人紧密相通，把自己放进诗文里去。“读得通贯后，义理自出”，读得到位了，自然理解也就到位了。

我们今天怎么考查学生是否理解了《登鹳雀楼》呢？我们现在的办法就是做卷子，出几道问题，如王之涣是什么人，艺术结构是什么，用了什么修辞方法等。做完卷子，你就知道他会不会了。

古人不是这样考查的。考查学生是否理解，只要学生读一读。一读，老师就知道哪里理解了，哪里还没有理解。读得通贯，读得到位，读准确了，肯定就是理解了。没理解是怎么读都不到位的。所以叫“义理自出”。不仅读诗如此，读文章如此，读经典也是如此。比如说读《论语》。“子曰”，就是孔子说话了。孔子怎么说话呢？像我们现在这样平平读过去，那么孔子就是像机器人一样说话，那就是肯定没理解，即使学生把义理说得天花乱坠，但读起来一点儿也不像孔子的样子，那就还是没有理解。这就是古人的读书法、学习法、教学法。

王阳明先生在《社学教条》里说：“古之教者，教以人伦。”——古代的教育就是教孩子做好人。“后世记诵词章之习起，而先王之教亡。”——自从我们开始苦苦背诵经典，就没有教育了。“今教童子，惟当以孝弟忠信礼义廉耻为专务。”——教孩子要教什么？就是教他做好人。怎么教？“其栽培涵养之方，则宜诱之歌诗以发其志意，导之习礼以肃其威仪，讽之读书以开其知觉，今人往往以歌诗、习礼为不切时务，此皆末俗庸鄙之见，乌足以知古人立教之意哉！”这里说教小孩子就教三样：歌诗、习礼、读书。歌诗和读书都是吟诵，习礼是学礼教。这样就可以了。

沈德潜说：“诗以声为用者也，其微妙在抑扬抗坠之间。读者静气按节，密咏恬吟，觉前人声中难写、响外别传之妙，一齐俱出。”——诗是声音的艺术。诗一定要吟诵，才能够把诗里面的味道、那些神妙之处体会出来。

桐城派是古代古文的一个正统流派，来看看桐城派的读书法。刘大櫆说：“神气者，文之最精处也；音节者，文之稍粗处也；字句者，文之最粗处也。然余谓论文而至于字句，则文之能事尽矣。”——就是说文最重要的是气，解释一篇文章，说的都是字句的意思，基本就是不懂这篇文章。

姚鼐说：“诗、文，各要从声音证入，不知声音，终为门外汉耳。”——把文字都搞清楚了，字句的意思都搞清楚了，仍然是门外汉。门外汉，就是你终于站到门口了，但还没进来。

曾国藩说："君子有三乐。读书声出金石，飘飘意远，一乐也。"——这是他在日记里说的，说他自己的人生有三大快乐，第一大快乐是什么？吟诵。这就是曾国藩一生最大的快乐，不是建功立业，不是行军打仗，而是读书。我们现在的孩子，有几个人在总结他人生的快乐的时候，会把读书放在头一位？古人叫"读书之乐"。很多的诗都在说"读书之乐"。读书太快乐了，快乐到什么程度？曾国藩打仗那么紧张的时候，每天晚上开完军事会议还要读书。读书就是吟诵，他嗓门大，一吟诵整个军帐都睡不着，他读完了大家才能睡。这就是曾国藩人生最大的乐趣。

现在很多人最大的乐趣就是打麻将、发朋友圈，而古人的"读书之乐"，比打麻将、发朋友圈还要快乐，那是一种什么样的快乐？我们今天都说阅读，不知吟诵。所谓阅读其实是看书。看到书里的内容很好，会觉得很快乐。可是古人所谓"读书之乐"并不是这么回事，是读书本身很快乐。只要是书，拿起来一读，感觉"读书声出金石"，音乐"飘飘意远"。曾国藩读书的时候，他就感觉自己像一个大乐团的指挥，一旦开始读，音乐就起来了。这种感觉太快乐啦，这叫"读书之乐"。

我们的孩子必须要到这种程度才可能去读大部头的古书。今天你摁着他的头读"四书"，有几个人能够背得过？这在古代怎么可能考秀才呢？那秀才之上还有好多考试呢。所以古人不是硬读书的，而是读书本身就是一种快乐，是天然地爱读书，那种快乐只有通过吟诵才能做到。

我们再看看现代的教育家们怎么看待吟诵。

叶圣陶先生是 1949 年以后中国最重要的教育家之一，语文课的主要缔造者之一。叶圣陶先生说："唯有不忽略讨究，也不忽略吟诵，那才全而不偏。吟诵的时候，对于讨究所得，不仅理智地了解，而且亲切地体会，不知不觉之间，内容与礼法化而为读者自己的东西了，这是最可贵的一种境界。学习语文学科，必须达到这种境界才会终生受用不尽。"叶圣陶先生一直都主张语文一定要吟诵的。他在《精读指导举隅》中，确立了语文课的课堂教学环节步骤，其中第四步骤便是"吟诵"。

我们看语文课相关的另外几位大学者的说法。

朱自清先生说："学校已废了吟多年，是教学上一个大损失，作者主张学校里恢复从前泛读的办法，吟、读、说并用。小学的国语教学应该废诵重读，兼学吟和说；大中学也应该重读，恢复吟，兼学说。”朱自清先生是一直非常强烈地要求吟诵回归课堂的。

赵元任先生说：“令人遗憾的是，吟诵诗和散文已很快变成一种无望的艺术。立即到野外去，在那些快要消亡的传统灭绝之前进行采集和录音工作，这也是一件重要的事情。”赵元任先生这一番话就是发出呼吁要抢救吟诵，那个时候吟诵已经开始出现濒危的迹象。

“语文三老”中另外的二老——吕叔湘先生和张志公先生怎样说？

吕叔湘先生说：“讲到读书，中国的传统是讲读的，特别是古文，有一定的念法，一定的腔调，那念的人一面念的时候一面他的思想感情就在活动了，他就把作品里的妙处一面哼出来，一面哼进去，不懂的人觉得可笑，事实上读是很有滋味的。”吕叔湘先生也是会吟诵的，且深知其中的滋味。

张志公先生说：“一篇文章，读出声音来，读出抑扬顿挫来，读出语调神情来，比单用眼睛看，所得的印象深刻得多，对于文章的思想感情领会得要透彻得多，从中受到的感染要强得多。”

他们都是非常重视吟诵的。现在我们经过考证，证明 1949 年后第一版语文教材里是有吟诵的，其古诗文的教学法使用的是《开明文言读本》的“导言”内容，而其中是有明确的吟诵方法的。《开明文言读本》的作者是叶圣陶、朱自清、吕叔湘。主持把吟诵方法放进语文教材的是叶圣陶先生。1953 年，吟诵才退出了语文教材。相关论述大家可以参看我写的《中华传统读书法——吟诵概论》中的“语文与吟诵的渊源”一章。

南怀瑾先生说：“我认为古代的读书方法比现代好，高声吟哦朗诵起来把自己的感情放进去，可以与书中人打成一片，不像现代人读书那样低着头默不作声地死啃，把知识向脑子里硬塞硬填，强迫脑子死记，这是多么痛苦。告诉同学们，你们研究国学诗文都要朗诵，千万注意！”——他说的“朗诵”是什么？就是吟诵。那时候没有定下“吟诵”这个词，所以他说不清。讲座时底下学生就说：“我们会朗诵，南老您放心。”所以南老说：“朗诵有什么好处？你不要管自己的声音好不好听，又不是唱歌，歌是给人家听的。”——他说的“朗诵”有旋律！“所以古人叫‘读书’，在书房里读书吟诗叫‘无病呻吟’。你一次‘读书’等于你们现在‘看书’一百次，千万注意！”南老演讲的时候经常提到吟诵，强调一定要吟诵，认为吟诵的效果百倍于阅读的效果，但是当时下面的人恐怕没有听懂。

叶嘉莹先生说：“中国古典诗歌之生命，原是伴随着吟诵之传统而成长起来的，古典诗歌中的兴发感动之特质，也是与吟诵之传统密切结合在一起的。真正想要重振中国吟诵之传统，私意以为最好的方法就是付诸实践。也就是从童幼年开始就以吟唱的方式诱导孩子们养成吟诵的爱好和习惯。”叶嘉莹先生已经90多岁了，到现在她还在力行此事，她这些年来的主要精力都在宣传和推广吟诵上，是我们非常崇敬的前辈。

像以上诸位先生一样重视吟诵的前辈还有很多。我们最近编辑了《中华吟诵古代文献资料汇编》和《中华吟诵现代文献资料汇编》，由中华书局出版，大家可以看看，曾经有那么多的著名学者呼吁、研究和推广吟诵。我们不能让他们的努力付诸东流，更不能遗忘了吟诵和这些呼吁吟诵的声音。

吟诵当代化

给大家看一下吟诵符号的当代化，就是我们现在使用的这套吟诵符号，这套吟诵符号一共有十个，其实不多。古代的符号系统很庞杂，而且多种不同的符号都混在了一起。我们现在把一些其他的符号拿出去，把读法符号从竖排变横排，但竖排排版我们也有一套符号系统。现行主要用横排的系统，然后再进行简化，尤其是还要照顾到现在的电子文档的输入习惯，尽量能够直接使用键盘输入，不需要复杂操作，还能够一目了然。所以目前我们有十个符号，可以标记全部诗词文赋、经典蒙学的字音和读法的长短高低、轻重缓急。

一起看一下《诗经》的符号系统，就是古体诗的符号系统。

诗经　周南　关雎

—	—	¦	—
关关雎鸠	在河之洲	窈窕淑女	君子好逑
	—	¦	—
参差荇菜	左右流之	窈窕淑女	寤寐求之
¦¦	¦		¦
求之不得	寤寐思服	悠哉悠哉	辗转反侧
	✓	¦	¦✓
参差荇菜	左右采之	窈窕淑女	琴瑟友之
	\	¦	\
参差荇菜	左右芼之	窈窕淑女	钟鼓乐之

近体诗的符号系统后面都会一一地讲到，这儿看一下就可以了。

清　明

杜　牧

_　—　_　!　|　—　——
清　明　时　节　雨　纷　纷
|　|　_　—　!　|　——
路　上　行　人　欲　断　魂
|　|　|　—　_　|　|
借　问　酒　家　何　处　有
!　—　_　|　|　—　——
牧　童　遥　指　杏　花　村

词的符号系统如下：

水调歌头

苏　轼

丙辰中秋　欢饮达旦　大醉　作此篇　兼怀子由

_ ! | _ |　| | | — ——　! _ _ | _ !　_ ! | — ——
明月几时有　把酒问青天　不知天上宫阙　今夕是何年
| ! _ — _ |　| | _ — ! |　_ | ! — ——　| | |
我欲乘风归去　又恐琼楼玉宇　高处不胜寒　起舞弄
— |　_ | | — ——
清影　何似在人间
| — !　_ | |　| — ——　! — | |　_ | _ | ! — ——
转朱阁　低绮户　照无眠　不应有恨　何事长向别时圆
_ | _ — _ !　! | _ — _ !　| | | — ——　| | _ —
人有悲欢离合　月有阴晴圆缺　此事古难全　但愿人长
|　_ | | — ——
久　千里共婵娟

古文也有自己的符号系统，一共只有三个符号：入声、长音符号（用曲线表示）、重音符号（用点表示）。古文的读音，从字的读法上来说有四种音，分别是平读、重读、长读和短读，然后把它们组合起来，才会形成一篇古文的腔调，才能真正读起来。读一篇文章，像打一套拳一样，这才是读古文哪。古文的符号系统如下：

论语　学而

	!	!	～		!	～	!	!	!	～
子	曰	学	而	时	习	之	不	亦	说	乎
	·		·	·		!	!	!	～	
有	朋	自	远	方	来	不	亦	乐	乎	
	!	·	～	!	·	!	!	·	·	～
人	不	知	而	不	愠	不	亦	君	子	乎

下面说一下吟诵教育的当代化，就是我们正在开展的吟诵教育的基本情况。

2009年，我们在此前研究的基础上，得到了中央文明办和国家语委的支持，于是吟诵的抢救和研究工作就从学术领域中跳出来，开始走向全国性的推广。2009年底，我们成立了由国家语委主管的中国语文现代化学会吟诵分会，主要任务就是抢救和传承传统吟诵，推广普通话吟诵。

抢救和传承传统吟诵这件事的重要性前文已讲过了，现在说一下推广普通话吟诵的必要性。

用普通话吟诵就是吟诵的传统。

《论语》中有一章："子所雅言，诗、书、执礼，皆雅言也。"孔子是鲁国人，他平常说鲁国话。但是在三种情况下，他不说鲁国话，而说雅言，即首都的话。这三种情况分别是：读《诗经》的时候，读《尚书》的时候，还有执礼做主持人的时候。前两种就是读书，我们今天叫吟诵。所以吟诵有一个传统，就是雅言文读。

什么是雅言文读？就是全国的读书人会使用基本一致的语音去读书，而不是用方言。所以广东人是从来不用广东白话读书的，北京人从来不用北京土话读书的。那广东人用什么话读书？用文话读书。北京人用北京的文读系统读书。广东人和北京人见了面，北京人说北京土话，广东人说白话，他们互相听得懂吗？听不懂。但是北京的文人和广东的文人见了面，北京的文人说北京的雅言文读，广东的文人说广东的雅言文读，他们听得懂吗？听得懂。

我们从来没听说过，在古代官场上，两个官儿见了面，因为不是一个地儿的，两人互相说话听不懂。天下的读书人说话互相都是听得懂的。这件事关乎民族统一，是儒家非常重要的一个精神概念。所以读书是一定要用雅言文读的，这是我们的传统。在普通话出现以后，读书是应该用普通话的，但是要注意，应该是普通话的文读系统。

什么叫普通话吟诵？普通话吟诵和传统的方言吟诵，在读法规矩上没有任何区别。普通话吟诵恰恰是继承了传统的吟诵。唯一的区别就是普通话吟诵基本采用的是普通话的语音。普通话吟诵就是当代的吟诵应该有的样子。传统方言文读吟诵是以前时代的吟诵应该有的样子。

但是普通话吟诵不是用普通话的白读语音，而是用普通话的文读语音。中国的任何方言都是分文读和白读的。普通话也应该文白异读。今天国家语委所执行的这一套普通话测试标准是普通话的白读标准，那么另外还应该有一套专门面对古诗文的普通话文读的读音标准。现在有一些学者正在研讨这件事情。我们寄希望于未来，但不管怎么说，我们要知道这件事。我们用普通话吟诵是用文读语音。

文读语音和普通话的白读语音——就是现在我们普通话测试这一套语音有多大的区别？其实没有多大的区别。比如说入声字。我们已经知道入声字对于吟诵有多重要，所以吟诵是一定要读出入声字的。但是用普通话吟诵时怎么去读？我们的主张就是按照普通话去读，声母、韵母、声调都要按普通话读，只是读得短一点而已。

比如说李白的“白”，你不用读成 bò，还是读二声 bái，只是读得很短就行了。这样不伤害普通话的语音，又能恢复入声字基本声音的含意。所以，我们主张使用普通话的文读语音。

目前全国已经有数十家省市级吟诵学会。省级的，像河南省吟诵学会、四川省吟诵学会、湖南省吟诵学会、北京市吟诵教育研究会等，非常活跃，做了很多工作。珠海、温州、大连、江门、宁波、濮阳等城市，都有市级吟诵学会。县级以下，到学校吟诵社团，那就太多了。

在首都师范大学（以下简称“首师大”）中华吟诵教育研究中心经过初级培

训并考试合格的中小学教师已经有一万余名。这些老师出去之后，又在全国各地做二级培训。全国各地的吟诵学会，他们也在做培训，所以整个加起来，学习过吟诵的老师大概能有几万人的样子。而关注吟诵，通过网络去学习、自学的老师就更多了。

此外，有数十个城市的政府部门开展了吟诵的推广活动。

北京市教育委员会和语言文字工作委员会（以下简称“北京市教委”和“语委”）2015 年下发通知，北京所有 16 个区县开始对中小学教师开展吟诵培训，也是由首师大来做。这几年我们一直在做，要一轮一轮地做下去。

山东省莱芜市几个政府部门联合下发红头文件，要求学校开设吟诵课，并提出目标：即使是最偏僻的一所山区小学，也能开启吟诵课。莱芜全市的语文老师都经过培训了。

贵阳市、濮阳市、泰州市、青岛市、天津市河西区、成都市、西安市、石家庄市、克拉玛依市等很多市政府部门和教育部门都举办过吟诵培训和推广活动。

首师大和南开大学有一个国家社科基金重大项目，叫“中华吟诵的抢救整理与研究”，这是所有科研课题中的顶级课题。其中就有“吟诵教育”子课题。另外，北京市教委在 2016 年 7 月中旬举办了第三届“中华吟诵周”，这是海内外吟诵界的一次大聚会，有 1500 人参加，海内外做吟诵的老师都来一起交流经验，分享心得，展演节目。

学习吟诵有门径。

首先，要记得网站，“中华吟诵网”。不用记网址，网上一搜就行。上面有免费提供的学习资料，现在有 100 多个 G。另外，提供全套网络课程。不只是我讲，叶嘉莹先生也讲，很多人都讲。而且还有很多中小学老师在上面分享经验，所以大家可以上网去自学吟诵。

其次，我们正在逐步推出吟诵的各种教学资源模块，包括：语文吟诵、经典吟诵、蒙学吟诵、古琴吟诵、歌谣吟诵、诗词吟诵、文赋吟诵、国际汉语吟诵等，每个都包括教材、教案、教参、教具、教学系统、教师培训、网络课程等资源，敬请关注。

另外，也欢迎大家参加吟诵面授学习班。如果想了解我们的培训信息，可以关注微信公众号“吟诵教学”。

吟诵教学公众号

下面介绍一下吟诵的教材。

全国各地现在也已经纷纷出版各种各样的吟诵教材。我在这里推荐四个系列。

第一个系列是由教育部教材局支持首都师范大学中华吟诵教育研究中心组织研发的“语文吟诵”教学系统，包括统编语文教材所有古诗文的吟诵录音、鉴赏解析、教学设计、课件、资料等电子教学资源。

第二个系列是由广西师范大学出版社出版的《我爱吟诵》，主要针对中小学必背诗词，是由亲近母语研究院来组织编写的。这套书已经是第三版了，销量很好，很多学校都在用。《我爱吟诵》的内部有诗、有符号、有声韵分析、有多种吟诵录音。

第三个系列是中华书局出版的“中华经典吟诵”系列，全都是儒家经典和蒙学的全文吟诵，有多种吟诵录音录像，而且有吟诵符号，有声韵分析，有注释，有故事，繁体的、简体的都有大字排版，包括《三字经》《百家姓》《千字文》《弟子规》《论语》《大学》《中庸》。

第四个系列是青岛出版社的“经典吟诵”图书，是经典诵读课程用书。

除以上几种之外，还有《声律启蒙》《龙文鞭影》《朱子家训》《增广贤文》《孝经》《系辞》等。每部作品提供一种典范的吟诵录音。

另外，我们推出的“传统文化教育整体模式”中的吟诵模块，也是有教材的。这是直接教学生学会吟诵的教材。分为初级、中级、高级三个层次。另外还提供教学资源库，包括教法、教案、PPT、微课、教学资料、吟诵录音等。

我相信，今后会涌现更多的吟诵教材、吟诵资源。希望大家都来做吟诵和国学教育的志愿者。

第一讲　白话诗歌吟诵

怎样学吟诵

下面我们来学习吟诵。我们教的是普通话吟诵。什么是吟诵？我们再简单地回顾一下。

吟诵就是古代的读书法，是汉诗文的传统读法，中华传统读书法，古代教育最基本的学习和教学方法。吟诵的关键是代代相传的读书法的规矩，也就是吟诵的方法。

古人是怎么学习吟诵的？

古人学习吟诵的方法很简单，就是跟着老师学，一首一首地学，主要是读——也就是吟诵，老师会辅以少量的讲解。这样慢慢地学，学上几年就学会了，各种各样的文体也都会了，而且是吟诵的方法和老师的吟诵调一起学会的，作为一个整体接收下来并传承下去。这些从老师那里学来的吟诵的方法，加上自己的理解；从老师那里学到的吟诵调，加上自己的乐感、自己的语感、自己的特点，这样就形成了自己的吟诵，这就是古人的学习方式。

这种学习方式需要多长时间？一般把所有的文体都学完，需要五到十年的时间。一般只会一种吟诵调，也就是从老师那里学来的，再加上自己特点的吟诵调。对于吟诵的理论只知一些要点，并不通晓其所以然。古人一生先后拜几位老师，也就会了几种不同的吟诵调，再融会贯通。

今天的人，我们怎么来学习吟诵？

如果你有机会像古人一样学习吟诵，也就是说，有机会拜这些老先生为师，可以跟他们学习几年，那真是三生有幸，因为这样的老先生真的是不多了。我在《吟诵与教育》里面列出了我所知道的吟诵得好，又有精力教学生的老先生，全国大概只有三十名，他们散在各地。能够生活在他们的身边，就已经是非常不容易的了，而且是双方还要有缘，就是说你适合学这个，他也愿意教你，这个机会真的是太难得了。最好是你们俩还是同乡，因为传统吟诵是方言文读系统的，需要懂那个地方的方言文读。而且学习不是现在这种上课的方式，而是跟随式的，也就是说，要先学老先生的做人，才能学好老先生的学问、吟诵。如果只是去学吟诵调，那没有必要，跟录音学也一样。我们学的是老先生对诗文的理解，而要学好这个，就得从人生观开始，从做人开始，从国学学问开始，所以需要几年的时间，而且得是跟随式的学习，否则不能算是老先生的传承人。现在随着学习吟诵的人越来越多，有一些老先生已经在收弟子。如果有那样的机会的话，我觉得还是要抓住，这也是最后的机会。

而对我们今天的绝大多数人来说，已经不可能再有这样的方式来学习吟诵了。我们不得不用新的方式来开始学习，而且学的是普通话的吟诵。普通话的吟诵和传统吟诵只有语音上的一点差异，规矩都是传统的。普通话吟诵也是丰富多彩的。在这之后，在越来越多的人掌握了吟诵方法，学会了普通话吟诵以后，再有人去系统地学习传统吟诵。即使老先生已经不在，但是我们的吟诵资料库还在，我们有大量的老先生们的吟诵录音录像和采访记录，那么在将来吟诵仍然会百花齐放，吟诵的复兴只能通过这条道路来完成。

所以我们现在是这么来安排普通话吟诵的学习的。在初级培训阶段教这样几件事：第一，学会唱歌，唱自己的歌——就是度曲；第二，掌握音韵格律的常识；第三，学习基本的吟诵方法；第四，学会使用别人的吟诵调；第五，学习怎样进行吟诵教学，就是在中小学、幼儿园怎么样把吟诵的方法应用下去。

中级培训学这样几件事：第一，学会腔音唱法，就是中国传统的唱歌方式；第二，学习各体吟诵的规矩，因为古诗文分为各种各样的文体，其实它们的吟诵规矩还是不太一样的；第三，继续深入地学习音韵、文字和训诂；第四，学习国学，因为我们已经知道，如果我们不懂中华文化精神，或者更严格地说，如果我们本人就不是一个有中华文化的人的话，那也不可能吟诵得好的；第五，学习诗词创作；第六，学习古琴吟诵。古琴对于吟诵水平的提升是非常重要的，我们可以在一周左右从零基础教到自弹自唱，然后你就可以自学下去。这是中级班的学习内容。

高级培训，目前我们还没有开设，以后会开设。当学习吟诵的老师们越来越多，需求越来越高的时候，我们会开设高级班。

好，下面就是我们吟诵初级学习的第一个部分——学会唱自己的歌。

汉语度曲法

汉语音乐的旋律，它从哪里来？《尚书》说：

> 诗言志，歌永言，声依永，律和声。

诗歌就是把心里的话说出来，拖长之后放到音律上就行了。

《毛诗大序》有这样的话：

> 在心为志，发言为诗。情动于中而形于言。言之不足故嗟叹之，嗟叹之不足故永歌之，永歌之不足，不知手之舞之，足之蹈之。

在心里头是你的想法，说出来就是“诗”了。怎么就成“诗”了呢？“情动于中而形于言”，首先是心里有感情，然后说出话来，“言”就是说出的话。这就是我们中国的诗歌、音乐和舞蹈的生成机制。它是从哪里出来的呢？首先是从感情里出来的，是自己有感情，然后把它说出来。说出来以后把它拖长，放到音律上，就成了歌。所以如果自己没有感情，唱出来的那个东西不能叫作诗歌。我们的诗歌是有定义的，不是只要有旋律唱出来的就叫诗歌。在中国的传统中，什么叫唱歌？唱歌是从自己的感情出发，自己作词，自己作曲，自己唱，立刻唱，是即兴的，唱给自己听，要么就是唱给特定的人听。我是唱给你听的，不是唱给一大群我也不知道是什么人听的。如此，才有感情的真实，有真情实感的才可能是诗歌。

这样看来，我们中国人不会唱歌已经一百年了，我们会 sing song，但是不会唱歌。

在今天，音乐和其他的很多艺术一样，已经成为一门专业技能，已经成为一个职业。除了学音乐的人以外，我们人民大众其实是没有唱歌的能力的。我们现在要唱一首歌，首先得有人作词，有人作曲，有人伴奏，有人定调，有人指挥，还得有人先唱一遍，然后我们再跟着他唱。这还唱个什么劲？歌星不张口，全民都沉默。这不叫唱歌，唱歌不应该是这样的。唱歌是唱自己的感情。不是不可以唱别人的歌，而是唱别人的歌，是以唱自己的歌为基础的。我可以随时唱自己的歌，我又觉得你的歌好，我才唱一下你的歌。唱的时候，也是把自己的感情放进去的，所以可以改词改曲，不是非得按谱唱，不按谱就好像侵犯了作者似的。这可不叫唱歌。

在中国古代，吟诵是音乐之根，吟诵的度曲法和唱法，也是所有汉语歌曲的共同基础。所以让我们从吟诵开始，重新学会唱歌，也就是唱自己的歌。

汉语是旋律型声调语言，它天然有声调，声调有升降，因而天然地具有旋律性，而且不同的声调有不同的含意，所以在中国人的心里，旋律是天然与汉语的声调有关的。当你唱一个向下的降调的时候，其实是在唱一个去声，去声的意思是坚决、明确。当你唱一个升调的时候，其实是在唱一个上声，上声的意思是细小、亲密。因为中国人平常听人说话的时候，就是这样上上下下、抑扬顿挫地听的，所以当他听歌的时候，他的心理上自然会和语言结合起来。

所以其实汉语很难说旋律是具有独立意义的，但是在西方是这样的。因为西方的语言是重音语言和节奏语言，有重音或者节奏，但是没有声调，所以西方的语言和旋律之间是离得比较远的，他们的旋律是有相对独立的含意的。我们今天的音乐学界基本接受的是西方的音乐观点，认为旋律是有独立的意义的，所以我们的作曲家都是凭着灵感，拍脑袋去想那个旋律的。把旋律和心里的情感去对应，把旋律创造出来，然后再填上词，所以就经常倒字。

我们传统音乐旋律的生成，是心里有感情，把它说出来，说出来的话是拖长的，然后往音律上一调整，旋律就出来了，不需要专门创造旋律。所以在汉族的历史上，没有今天这个意义上的作曲家，也就是没有创造旋律的人；只有度曲家，有点类似西方的编曲家，但不是创造旋律的作曲家。因为人人都可以创造旋律，会说话就会唱歌，会走路就会跳舞，一切都是很自然的。只要你有感情，就可以把它说出来，然后把它唱出来，然后把它跳出来，这就是中国人的音乐，中国人的舞蹈，不是我们今天看到的民族舞或者汉唐舞，那些都是表演性的舞蹈。表演的艺术永远是二流的，生活的艺术永远是一流的。

生活的艺术和表演的艺术有什么区别？生活的艺术是那个正在进行艺术的人，那个唱歌的人，那个跳舞的人，他心里真的是这样的，那是他自己的感情。表演艺术是努力去模仿，所以叫表演。所以最好的表演艺术也只能达到二流，永远比不上生活艺术，因为真实是最重要的。

现在我们来说汉族音乐的旋律产生机制。很简单，只有两条：一条叫依字行腔，一条叫依义行调。

什么叫腔？什么叫调？我们举个例子。比如有这样一条下行旋律线：

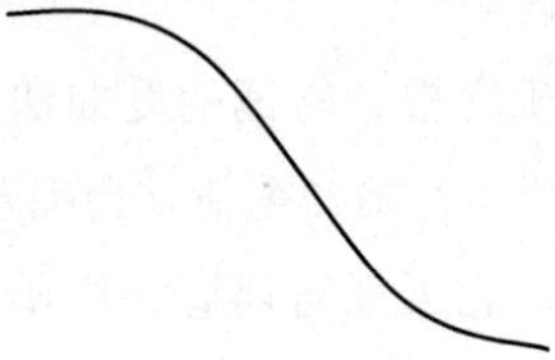

现在要用这个旋律唱普通话的四个字，声调分别是一声、二声、三声、四声，那么唱出来就是这样的：

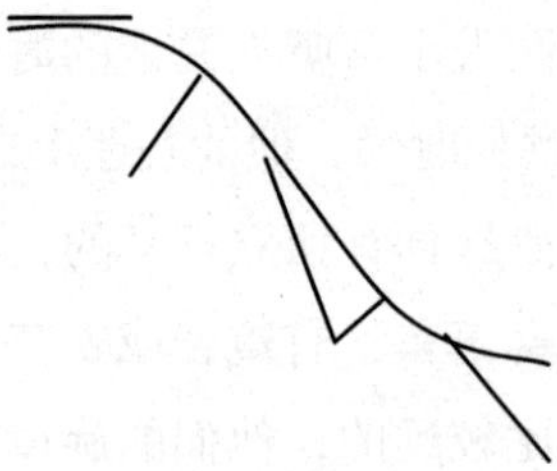

原来的那条旋律就是“调”；每个字根据它的声调所唱的音程就是“腔”；“调”加“腔”，就是“曲”，即实际唱出来的旋律是：

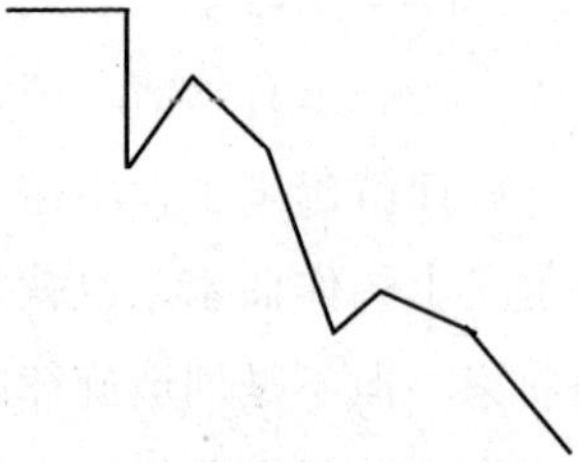

如果唱四声、三声、二声、一声，就是这样：

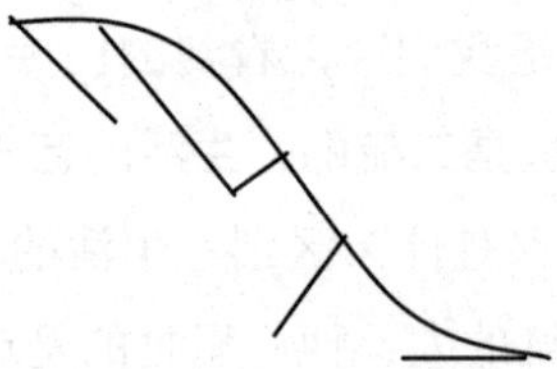

实际唱出来的“曲”是：

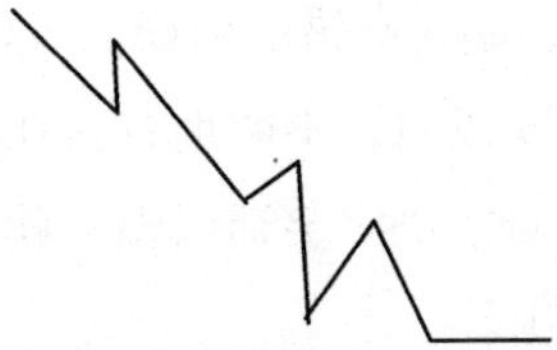

曲是腔和调的合成，就像两个波的叠加，这就是中国的音乐概念。所以我们总是说腔调，说南腔北调、没腔没调、荒腔走调，是吧？“腔”和“调”，这是我们汉语音乐的两个基本概念。

这样就会明白，五线谱和简谱是不能够记录中国音乐的。为什么呢？五线谱和简谱记的是“曲”，它分不开“腔”和“调”。用五线谱一记，永远搞不清为什么这段唱词这样唱，下段唱词却那样唱。所以用五线谱学习中国民歌、戏曲、曲艺，就只会套调，换个新词儿就不会唱了，究竟是因为词变了，还是因为情绪变了？用这种方式无法传承中国音乐。所以我们要有中国式的记谱法，自古以来我们中国的音乐就不是那么记的，但是到今天我们中国的音乐学界就是用五线谱和简谱来记的。我给中国音乐学界最权威的学术期刊投稿，结果发现它有一条规定，“本期刊不接受不用五线谱记谱的论文”。我就不知道这是为什么？这还叫“中国音乐”的研究期刊？

什么叫依字行腔呢？就是字的乐音要按照字的声、韵、调来进行，字正腔圆，不倒字。“倒字”是传统戏曲界的说法，就是你的旋律和字的声母、韵母和声调，有哪一个地方是矛盾的，就叫倒字。

什么叫依义行调？依义行调就是字和字之间的关系，乃至旋律都是由表达的含意来决定的。

依字行腔说的是字的唱法，要按照字音去唱。依义行调说的是字和字的关系，要按照含意去安排。

诗言志，歌永言，声依永，律和声。你把说出来的话拖长一点儿，调整一下，放在音律上就可以了。但你的话是怎么说的呢？你的话不是抑扬顿挫的吗？你不是有语法重音吗？所以旋律是根据含意来进行的，这就叫依义行调。

我们平常说话的时候，除了不在乐音上以外，实际上一直都是依字行腔、依义行调的，对不对？说话的时候都是有抑扬顿挫的，对吧？每个人都知道该怎么说话，所以会说话就会唱歌，它是很简单的事情。

下面是网上的一个帖子，叫《听错的歌词》。这个帖子已经有十几年了。我一直关注这个帖子。从它出现以后，不断地有人在后面追加，因为不断地有新的流行歌曲出来，不断地有新的倒字笑话出现，就不断地往上添，到今天这个帖子仍然存在。我下面选了几个：

> 《济公》里唱：“哪里有不平哪有我。”太对了，地上哪里不平，当然会有“窝”了！
>
> 《龙的传人》那句“永永远远地擦亮眼”，当初无论如何也听不懂，总听成“永永远远地差两年”，老是纳闷儿，为什么一定要差两年呢？
>
> “……我们的祖国是花园，花园的花朵真鲜艳，和暖的阳光照耀着我们，每个人脸上都笑开颜……”后两句小时候听成“河南的阳光照耀着我们，美国人脸上笑开颜”，郁闷了好些年……
>
> 还记得《故乡的云》吗——“……鬼来吧，鬼来……（归来吧，归来）”，乍一听，真吓了一跳。
>
> 《爱的主打歌》第一次听，恍惚听里面唱道：“原来原来你是我的主打歌（猪大哥）……”以为“猪大哥”是“神马”最新的爱称。
>
> 唱《爱你一万年》，我怎么听都是“爱你一碗面”啊，还以为给拉面馆做广告呢。更离奇的是后面：“爱你经得起考验（研）！”怪不得，原来是有学历要求……

为什么会听错歌词呢？《龙的传人》里“永永远远地擦亮眼”，为什么会听成是“差两年”呢？因为“眼”是三声，“年”是二声，他唱的是“永永远远地擦亮 yán”，yán 是二声。如果是 yǎn，应该是先下降之后再上升。他唱的是直接上升，唱得不清楚就成了“年”。

“和暖”为什么会听成“河南”呢？“暖”是三声，“南”是二声，他唱成和 nuán，不是 nuǎn，听成二声，就很容易听成“河南”了。“每个人”，“个”是四声，而“国”是二声。他唱的是每gé人，是二声。他这么唱，就容易听成了“美国人”。

“归来吧”，“归”是一声，他一唱，“guǐ来吧”，是三声，就听成“鬼”了。晚上不能唱这个。

“爱的主打歌”，“主”“打”都是三声，现在大家唱歌都平着唱，唱得呜噜呜噜的，听着都像一声的字。

“爱你一万年”：“万”是四声，声调向下；“年”是二声，声调向上。他两个字都唱得相反。“考验”，“验”是四声，他唱成了二声上扬的音程，所以就成“考研”了。

问题都首先出在声调上。我们汉语是旋律型声调语言，声调有辨义的作用。声调唱错，就成了另外一个字。声母和韵母的问题也有。这些问题，在戏曲界就叫作“倒字”，是属于不可原谅的错误。

如果我们仔细去听现在的流行歌曲，基本都是这样的。如果不出字幕，那很多人是听不懂的。所以卡拉 OK 里都是出字幕的。从来没听说过刘三姐唱歌还需要有字幕的，是吧？

唱歌，怎么能不把词唱清楚呢？那到底是为什么要唱歌呢？所以我们现在唱歌多是为了作秀，唱歌的人并不在乎歌词，不在乎唱的是什么感情。这样的话，音乐还有什么意义呢？

在以前，唱歌都是清清楚楚的，唱给对方听。这样的歌，是即兴唱出来的，旋律照样好听。这种旋律产生的机制，就是依字行腔、依义行调。

好，我们现在来做依字行腔的练习。我们教的是普通话的吟诵。按照普通话的发音，声母和韵母咬字要准确。声调：一声，平着唱；二声，往上唱；三声，拐着唱；四声，向下唱。这个字怎么念就怎么唱。初学的时候，我建议大家举起右手，比划声调，这样提醒自己不会唱错。

现在我们开始。第一个字，春天的“春”怎么唱？

春——

就是这样，只要平着唱就行。每个人都是本来就会的。而且“春”可以唱在不同的高度上，对不对？我来唱一套音阶，你们来唱“春”，好吧？

1——，春——，
2——，春——，
3——，春——，
4——，春——，
5——，春——，
6——，春——，
7——，春——，

$\dot{1}$——，春——。

没有问题，是吧？以后见到书上有“春”这个字，可以唱了吧？永远都能唱，而且可以唱在不同的高度上。

“春天”怎么唱？

春——天——

就这样平着唱就行，我们也来唱唱音阶。

1——，春—天—，

2——，春—天—，

3——，春—天—，

4——，春—天—，

5——，春—天—，

6——，春—天—，

7——，春—天—，

$\dot{1}$——，春—天—。

没有问题吧？完全可以唱，是吧？在歌曲里也是这样唱：

$\underline{3\ 3}\ \underline{3\ 1}\ \underset{\cdot}{5}\ \underset{\cdot}{5}\ 0\ \underline{3\ 3}\ \underline{3\ 1}\ 3\ 0\ \underline{5\ 5}\ \underline{3\ 1}\ \underline{\underset{\cdot}{5}\ \underset{\cdot}{5}\ \underset{\cdot}{5}\ \underset{\cdot}{5}\ \underset{\cdot}{6}\ \underset{\cdot}{7}}\ \underline{1\ 3}\ 2\ 0$

春天在哪里呀　春天在哪里　春天就在小朋友的眼　睛　里

“春天”，唱 33，也是这样唱的。

“春阳”怎么唱？

春—阳↗

“阳”要往上唱。你觉得该怎么唱就怎么唱，这取决于你的语感和乐感，反正要往上唱，只要往上，就算对的。我们也来唱唱音阶，也可以的。

1——，春—阳↗，

2——，春—阳↗，

3——，春—阳↗，

4——，春—阳↗，

5——，春—阳↗，

6——，春—阳↗，

7——，春—阳↗，

$\dot{1}$——，春—阳↗。

“春水”怎么唱？

春—水V

反正那个“水”要下去再上来，至于下多深上多高那是你的事，我们可以唱：

1　$\underline{\underset{\cdot}{3}\ \underset{\cdot}{5}}$
春　水

1　$\underline{\underset{\cdot}{3}\ \underset{\cdot}{6}}$
春　水

1　$\underline{\underset{\cdot}{5}\ 1}$
春　水

1　$\underline{\underset{\cdot}{5}\ 3}$
春　水

都可以的。“春水”我们也可以唱音阶的。

1——，春—水V，

2——，春—水V，

3——，春—水V，

4——，春—水V，

5——，春—水V，

6——，春—水V，

7——，春—水V，

$\dot{1}$——，春—水V。

“春树”怎么唱呢？

春—树↘

“树”是四声，要往下唱。$1\underset{\cdot}{6}$、$1\underset{\cdot}{5}$、$\underset{\cdot}{6}\underset{\cdot}{3}$、$\underset{\cdot}{5}\underset{\cdot}{2}$，反正是往下唱就对了。

1——，春—树↘，
2——，春—树↘，
3——，春—树↘，
4——，春—树↘，
5——，春—树↘，
6——，春—树↘，
7——，春—树↘，
$\dot{1}$——，春—树↘。

就这样，我们不用唱得整齐，每个人的嗓音不一样，这个没关系，但是要往下唱，而且尽量把这个声音放在音阶上。

“黑板擦”怎么唱？

黑—板∨擦——

好，“麦克风”怎么唱？

麦↘克↘风——

对，尽量放在音阶上唱，拖长它，不要着急，拖长了就会有唱歌的感觉，就会自然地把字放在音阶上唱。

“矿泉水”怎么唱？

矿↘泉↗水∨

很好呀。“小学语文”是？

小∨学↗语∨文↗

很好。“我要学吟诵”是？

我∨要↘学↗吟↗诵↘

很好。这不就唱起来了，是吧？而且我没教你们，是你们自己唱的。这种能力是每个说汉语的人都有的本能，只是当年被音乐老师和语文老师压抑下去了，现在只需要重新唤醒。

来，我们唱两章《论语》：

> 子曰：君子食无求饱，居无求安，敏于事而慎于言，就有道而正焉，可谓好学也已。
>
> 子曰：士志于道，而耻恶衣恶食者，未足与议也。

很好，你看你们不是唱起来了？现在你们可以唱语文书，从第一页唱到最后一页，没有问题吧？

我们唱一首诗试试，李白的《静夜思》：

床↗前↗明↗月↘光——
疑↗是↘地↘上↘霜——
举∨头↗望↘明↗月↘
低—头↗思—故↘乡——

我们就这么依字行腔地唱，也会觉得这首诗唱起来很舒服，是不是？所以它就叫作诗歌。诗歌首先是美丽的声音，以前叫“脍炙人口”，可没说脍炙人眼、脍炙人脑。道理说得再好、文字再美丽也不行，不能叫好诗。好诗首先得是脍炙人口，就是这首诗按照它的声音一唱，怎么样？好听！

不是所有的汉字组合起来都好听，很多汉字组合起来不好听。比如我在某个学校的校园里看到一条标语：“促进素质教育，建设书香校园”，你唱唱试试。前面八个字都是去声，憋死了。这就是现代人写出来的句子。古人写不出这样的句子来，太难听了。古人作诗作文章，首先要讲究美丽好听，然后道理才能传之久远，所以叫“文”嘛。“文”是什么意思？美丽的形式的意思。什么是大诗人？我们越往后学越会明白，大诗人首先是声音的大师。

每一个字要按照它的声母、韵母和声调去唱，怎么说就怎么唱，怎么读就怎么唱，这就是依字行腔。

下面我们来讲依义行调。

什么叫依义行调？就是你要来安排这些字和字之间的关系，哪个高哪个低，哪个长哪个短，哪个轻哪个重。

“床前明月光”这五个字我们是怎么唱的呢？

<u>3 5</u> <u>3 5</u> <u>3 5</u> <u>5 3</u> 5 — —
床　前　明　月　光

实际上我们唱的调是：5 5 5 5 5 — —，是个平调。因为我们唱出了每个字的声调，所以整个的旋律就成了这样。这种唱法就像是读字典一样，一个字一个字都是标准音。但这不是诗，诗是抑扬顿挫的，有高低长短，有轻重缓急的，不是平调。诗的调是根据什么决定的呢？是根据这句话的含意决定的，也就是由我们对这句诗的理解决定的。这就是依义行调。

“床前明月光”也可以唱在不同的高度上。我们来唱音阶：

$\dot{1}$	/	/	/	\	—
7	/	/	/	\	—
6	/	/	/	\	—
5	/	/	/	\	—
	床	前	明	月	光
4	/	/	/	\	—
3	/	/	/	\	—
2	/	/	/	\	—
1	/	/	/	\	—

每一次唱的时候，其实我们唱的是一个平调，只是唱出了每个字的腔。我们给这种平调起个外号叫“矿泉水调”，说它好像矿泉水一样，好像里面啥东西都没有，其实里面营养很丰富，可以有很多变化。“矿泉水调”也就是普通话平调。平调也有不同的高度呀，现在你要决定哪一个字高，哪一个字低，哪一个字长，哪一个字短，就是把它当人话去说。

“床前明月光”，按照你的理解，应该怎么说？比如哪一个字应该读得最高？比如说“明”字应该读得高，那读起来就是：

床前明月光

那么唱起来，就不能唱成平调，而是“明”字应该选比较高一些的音，也就是在音阶唱法时，我们在高音阶上唱“明”字的音，比如：

$\underline{3\ 5}\ \underline{3\ 5}\ \underline{6\ \dot{1}}\ \underline{5\ 3}\ 5$ — —

床　前　明　月　光

```
i         /
5   /   /        \   —
    床  前  明  月  光
```

到底选哪个？要看你读的情况。怎么读就怎么唱，只是稍微调一下，调到音阶上。同样，如果你觉得“月”字应该读高，那么唱的时候，“月”字要选高一些的音，比如：

```
35 35 35 i6 5 — —
床  前  明  月 光
```

如果你觉得“光”字应该读高，那么可以是：

```
35 35 35 53 i — —
床  前  明  月 光
```

其实，在上面这个图里，包含了这句诗所有的主旋律，剩下的不过是拖长、缩短、颤抖、气声、上八度、下八度等，主旋律基本就是这些了。除非你倒字，只要不倒字，主旋律都在这里了。在这图里选择，你就可以自由地歌唱。我们不需要作曲家。

如果我们把整首诗列出来，每一句都会形成这样一个声调的谱子。这个谱子才是中国式的，腔与调都分开记，而且能够看得很清楚。这个谱子用的是每个字的声调，但是有高低位置，这样就标记出了高低。也可以标记长短，长音就画长，短音就画短，重音就画粗一些。

吟诵对于古体诗的读法规矩，是入短韵长。这首诗只有“月”是入声字，要读得短一些。“光”“霜”“乡”是韵字，要读得长一些。把这些吟诵的规矩结合进去，就成了下面这个样子：

```
          /   \                  /   \
/   /            ——                    \   \   ——
床  前  明  月  光        疑  是  地  上  霜

            /
    /   \       \                  —
V                          —   /       \   ——
举  头  望  明  月        低  头  思  故  乡
```

这就是吟诵的谱子，一目了然。每一个字的声调都看得很清楚，这就是它的腔。字和字的关系，连出来的这条线，就是旋律，就是调，都很清楚。它把听觉转化为视觉，用于教学非常方便，给学生们也能讲得清楚。它不仅是吟咏的谱子，也是读诵的谱子。读诵也是这样的。

这就是人话，有抑扬顿挫的人话。诗歌本就是作者面对面说给我们的话。小孩从 1 岁开始就听得懂人话，他知道高低长短、抑扬顿挫是什么意思，听得懂口气，是吧？妈妈一叫他："宝宝，来吃饭。"他知道，这是好话。"宝宝！来吃饭！"他也知道妈妈生气了。何况小学生对于"床前明月光"和"床前明月光"，这其中的差异，孩子听不懂吗？他听得懂。但你要让他把这个具体差异写出来，他还真写不出来。甭说他写不出来，你我也写不出来，是吧？这是诗呀，它是一个完整的感性的东西，不是卷子上能写出来的东西。让孩子说是说不出来，但是他不理解吗？平常说的那些口语，他每句都能理解，是不是？

教一首诗，是作为一个整体教下去，让他吸收，化在他的生命里，这样就可以了。需要讲解的地方，需要点化的地方，是要辅助去讲解的，但不是全都讲解。我们现在的语文课就上成了数学课，全都是讲，彻底拆开，讲完之后啥都没有。这没意思，它不能够跟心灵相通。古人教学不是这样的。诗首先作为一个感性整体，让孩子把它拿下来融进去，然后在个别的一些需要理解去辅助的地方，再加以讲解。

有人说，小时候背过，长大就会理解。对，古人的确是这样做的，也是这样说的。但是，古人的背，不是只背过了字。他们是把整首诗文，变成了一首歌曲，整个地背下来的。这里面有抑扬顿挫，有文气起伏，有老师的理解。当时学生未必理解，但是长大了，他总是这样唱这首诗，他就理解了。这叫小时候背过，长大理解。那是因为小时候老师用吟诵给他埋下了理解的种子。像我们今天这样，平读背字，长大了怎么理解？

所以，总的来说就是要把诗人当人，把诗歌当人话，当面对面的声音来听，这样你就能够理解这些诗，明白它的抑扬顿挫、它的情感。

具体的编曲之法，用依字行腔的方法去依义行调，还有一些技巧，可以关注一下。其实不知道这些技巧也没有关系，只要凭心去唱，表达真实的情感，凭耳朵去感觉是否倒字，就可以了。技巧只是用来搞研究的。

这些技巧，我总结为：单、连、顺、断、拖、开。

我们唱的第一个有升降调的词是“春阳”，“春阳”是怎么唱的？

1 6 1
春 阳

吟诵的原理是依字行腔不倒字，也就是说，一个字的音程要和它的声调方向一致，“春”是一声，所以要平着唱；“阳”是二声，所以要往上唱，但是符合这个原理，不一定非得要唱成 1 6 1，还有很多个“春阳”呢，比如：

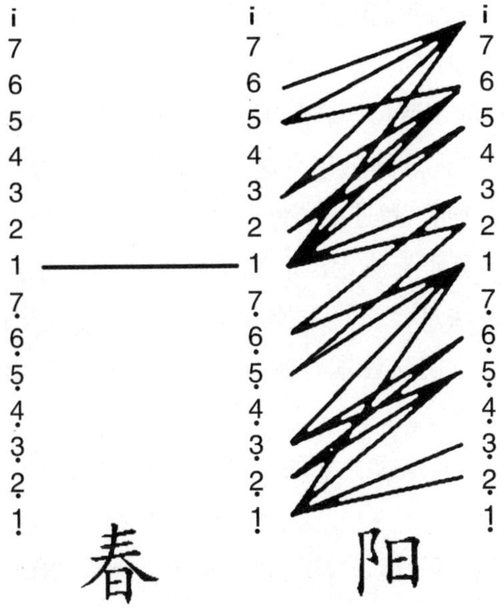

我这里画的只是“春”唱成 1 的时候的情况。只要是向上的音程，都可以唱“阳”。我也没有画出所有的“阳”，只是画了一些常见的唱法。如果“春”唱成别的音高，还有照样的一大批唱法。但是，这里面，实际上还是有问题的。

比如当“阳”的起点比“春”低的时候，你有没有觉得有点像是在唱“仰”？尤其是在“阳”的起点低过 6 以后。只要是耳朵听成了别的字，就是倒字了。可是，我遵守了规则啊，我的“阳”是往上的，我的“春”是平的，为什么它就倒字了呢？因为前边的“春”音结束的时候，往下走到“阳”音开始的时候，这个过程干扰了这个字的感觉。所以说，对于人的耳朵来说，一个字的声调不仅仅是由这个字自己的音程决定的，它还取决于前面的那个音到它的这个音的过程。虽然这个过程是无声的，但是人的感觉是连贯的，这个感觉参与了对声调的判断。对声调的判断是由前字结束音到本字开始音的音程，加上本字音程，两者相加的感觉决定的。

当这个过程比较浅的时候，后面的音程本身在感觉上的分量比较重，这时耳朵就告诉你，它是一个阳平二声的字；但当前面的这个过程下得很深的时候，掩饰不住了，耳朵的感觉就成了两者相加，两个的感觉一样强，它就成了三声，就听成了“仰”。如果再往下，结果会怎样？下沉的过程会压过“阳”本身的音程的感觉，你会听成像是“样”。

所以不倒字这一点，我们刚才讲的是保证这个字本身的音程和它的声调相一致，现在我们还要添上第二条：前面那个字的结束音到本字的开始音的这个音程，也要尽量和它的声调相一致，或者，至少虽然不一致但是很浅，浅到不影响对本字声调的感觉。这样一来，这个事就比较麻烦了。麻烦了就得有解决办法，这个解决办法就叫：单连顺、断拖开。

一件事，由两样东西来决定，取决于两者之间的分量比较，这个就不太好处理。最简单的办法是什么？去掉其中的一个，让它消失，那么我就只把握住一个就可以了。我们先让本音音程消失。本音音程消失是什么意思？就是这个字的本音没有音程，即它只有一个单音，一字一音，我把这种情况就叫“单”。单音的时候，这个字的声调就是只靠与前字结束音的关系来表达了。

比如我们用单音来唱的话，“床”没法单音，因为“床”前面没字，它自己必须是个滑音，才能表达出是个二声的字。比如说我们刚才那个唱法是：

$\underline{\underset{\cdot}{6}\ 1}$
床

“床”的结束音就是 1，那么，“前”应该唱什么？必须选比 1 高的音，比如说选 3，可以的。如果是比 1 还要低的音，因为它只有一个音，它自己的音程为零，前音到它的这个音程是个下降的音程，两者相加，它的声调就成了四声了。那就不是“前”，而是“欠”了。

如果“前”唱 3，那么“明”应该唱什么？“明”就得比 3 还要高，因为它也是二声的，比如说 5 是可以的。那“月”呢？它是四声，是降调，所以要比 5 低，比如说又回到 3。那“光”呢？一声，只能是平的，可以是 3。这个旋律就出来了：

6 1　3　5　3　3
床　　前 明 月 光

除了“床”，一个字只有一个音，没有滑音，不倒字，这就是“单”的方法。我们古代的乐曲很多都是一字一音的，就是遵循这个原理。

这种方法不仅是创作方法，也是判断方法。当你拿到一首歌，碰到单音的情况，就可以用这个方法判断它是否倒字。

第二个办法“连”，就是我们让双方之中的另一方消失。刚才我们是把“前”字的本音音程去掉了，变成了单音，现在我们把“床”的结束音到“前”的开始音的这个音程去掉，让前音和本音之间没有音程。这是什么意思？就是本字的开始音和前字的结束音要是同一个乐音，也就是连起来了。

所以如果“床”是6 1，那么“前”是什么呢？“前”就得从1开始，向上走，比如13。“明”呢？从3开始向上走，比如35。“月”呢？就得从5开始，向下走，比如53。最后，“光”就平着唱3。一个一个全连在一起，这种方式就叫“连”：

6 1　1 3　3 5　5 3　3
床　　前　　明　　月　　光

“连”是中国作曲法的核心，是最重要的一个方式。中国人唱歌怎么唱？连着唱。你去分析一下我们的民歌、我们的戏曲，最主要的方式是连着唱。为什么呢？因为中国人喜欢“连”，不喜欢“断”。

名字叫“连”的人有很多吧，你见过一个名字叫“断”的吗？没有。怎么能“断”呢？钱文忠先生的老师是季羡林。钱文忠给自己的儿子起名叫“亭”，因为古人的“号”当中经常有这个字。顾炎武被人叫顾亭林，因为他住的地方旁边有个“亭林湖”。这个“亭”字，很文雅。但是当钱先生带着儿子去见季老先生的时候，季老就说：“怎么停了？不能停啊。得改名。”你看，这就是我们的民族心理，不能停的，要生生不息。所以我们最讨厌“断”了。中国人总是尽量把所有的东西连在一起。比如衣服。我现在穿的衣服是中国衣服还是外国衣服？外国衣服。外国衣服的特点是什么？断的，左胳膊跟右胳膊没关系，这俩腿没关系，腿跟胳膊没关系，胳膊是胳膊，腿是腿，清清楚楚。我们古代的衣服叫汉服。汉服的特点是什么？基本上都是连着的，从这个袖子开始一串就串到那边去了，就串到腿上去了，这就是我们的衣服。

我们炒菜，爆锅放葱花，放点什么肉，放点菜，放点汤，出来一个一锅炖。外国人做菜，一层面包，一层肉，一层酱，一层菜，清清楚楚的，它是断的。

你看我们打拳怎么打，动作都要连在一起的。你看外国人打拳怎么打？全断的，要组合起来的，是组合拳。

外国人唱歌很多都有架子鼓，现在弄得我们的流行音乐也大都有架子鼓了，哪首歌没架子鼓啊？没架子鼓就不会唱歌了。都是断的。以前我们唱歌是连的。比如说《茉莉花》，“好一朵茉莉花”，只有“莉”是断的，其余都是连在一起唱的。到下一句之间，现在很多人唱的也是断的，“花”结束于5，下一句“好”开始于i，这样就断了。以前是“花”加挑音，“好”有头腔由下向上滑到i，这样就连起来了。一唱起来，那种温柔婉转、气韵连绵，才是中国人的样子。男的就叫君子，女的就叫淑女，通过唱歌也可以体会到的。

你只要会连，就会作曲了，没有问题。我们现在连了一句“床前明月光”，依此类推，连任何句子都可以。比如《游子吟》：

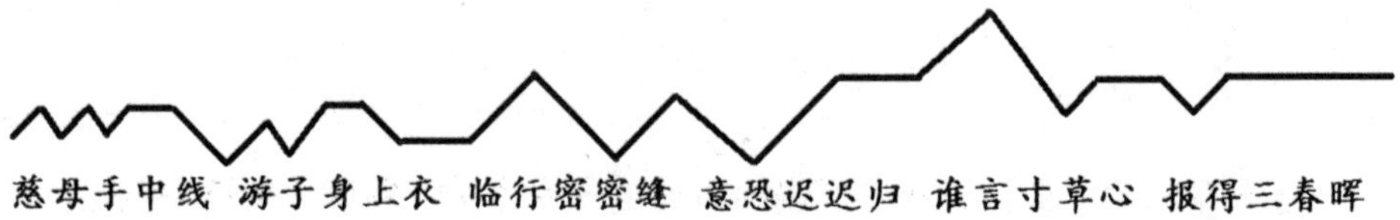

最后的三连平唱出来的感觉非常古朴。不过，这还不是依义行调，现在我们只是在讲度曲的技巧。

连起来唱一定好听，中国的语言就是这样的，但其实也可以不实际连，而是感觉是连的就行。这是什么意思呢？就是让前音到本音的这个音程，和本音的音程方向一致，本音的开始音可以与前音结束音不同，但是只是顺着本音的声调方向更进一步而已。比如说“床”还是61，“前”可以不是从1开始，而是顺着“前”这个声调上升的方向，从更高的音开始，比如从3开始，唱成35。“明”也不从5开始，而是可以从6开始，唱成6i。“月”不是从i开始，而是顺着它四声声调的下降方向，可以从6开始，唱成65。“光”呢，还是5。这个方法我管它叫“顺”。

6̣ 1　3 5　6 1̇　6 5　5

床　前　明　月　光

这样，旋律会更跳跃、更开放。

单、连、顺，这三个是正方向的度曲法。中国的文化从来有正方向就有反方向，有阴就有阳。中国的东西没有百分之百的。我们说旋律是以连为主的，但不是说都要连，也可以断，谁说我们不能断？汉服是一体的，但我们也有单独的裙子，也有单独的上衣。我们打拳，太极拳都是这样连续地画圈，但是也可以突然打这么一拳。唱歌也是，我们连着唱，但是也可以断，但要断得有理由、有意义。关键是连着唱的人让他断很容易，习惯断着唱歌的人让他连起来很难。就像老虎走路是连着走的，让它蹦，没问题；老是蹦着走的像青蛙，你让它连着走试试，就不容易。所以中国人学唱外国歌，很容易，我们现在不就唱外国歌，我们的流行歌曲不全都是外国歌的方式吗？反过来让老外唱中国歌，你听过哪个老外唱中国民歌唱得好？

“断”这种方式，我们的民歌戏曲里经常有，但是断要断得有道理，如果没有道理，就连着。连是基本的状态。比如豫剧《花木兰》里“刘大哥讲话理太偏”的“理”字就是突然拔上去的，这就属于“断”了。这是为了特别强调“理”字而故意“断”的。所以只要有必要，就可以“断”。

很多老师刚开始吟诵的时候，唱起来也是一个字一个字蹦的，那是五连断。为什么会唱出一个五连断呢？因为朗诵的影响太深，朗诵就是“床前明月光”一个一个字蹦。断是可以的，但断是偶然使用的，一般情况下不能连续使用。

断是做什么用的呢？首先用于强调。这就是音乐上说的“大跳”。向上的大跳经常表示强调，向下的大跳经常表示感慨。比如“前”字，它本来是应该往上走，我把旋律向上大跳，就是强调它：

6̣ 1　5 1̇

床　前

向下大跳，就是感慨：

6̣ 1　3̣ 5̣

床　前

向下的大跳，不是会倒字吗？但是“断”不会，因为“断”就是断了，中间要有停顿的感觉，通常会换气或者微顿一下，这样，前音的结束音如何，就不会对本字的声调判断产生影响了，因为停下来了，前音的感觉也就消失了。

断在演唱的时候，必须让人家知道你断了，因为你是故意断的。怎么才能让他知道你断了呢？就是让他感觉到你停了一下，或者你喘了口气。这样，你这个断才有效果。

下一个方法是“拖”。“拖”是什么意思呢？所有的字拖长都是平声字，唱一个“我——”，到后来就是“窝”了。

所以反过来，如果是平声的字，普通话就得是一声的字，不怕断。什么意思？它可以放在任何地方，只要拖长就可以，只要一拖，别人都会听出来它是一声的，这个就叫“拖”。

这个技巧很明显是用在哪儿的？用在韵尾的。所以我在前面范读的时候说，碰到平声的韵尾要压下去唱，古代是平低仄高。但为什么不怕倒字？压下去不容易听成四声吗？不怕，因为它是韵字，要拖长，一拖长就仍然会听成平声。

还有最后一个方法叫“开”。“开”是什么呢？刚才我们唱的“床前明月光”，每个字的音程绝对值是差不多的，但实际上在这个诗中它有重点的字，可以选择更大的音程。比如我觉得“前”字重要，怎么办？可以把“前”的音程打开，不是唱 $\underline{13}$，而是唱 $\underline{15}$、$\underline{16}$、$\underline{1\dot{1}}$、$\underline{5\dot{1}}$ 等。就这样，拖长或者是把它的高度打开，做一个大跳的音程，也可以拖很长，高挑上去。强调哪个字就把哪个字抻开，这个就叫“开”。

合起来，单、连、顺、断、拖、开，六个方式，用到一起，就是度曲了。西方叫作曲，当然我们也可以叫作曲，但我们的作曲跟他们的作曲不一样，他们的作曲要靠灵感，受刺激去创造，我们的作曲就是一个自然地说话的过程，只要灌注感情就行了。因此古人更多说“度曲”，就是忖度忖度，基本旋律框架已经定了，只是要微调，相当于编曲。

我们现在唱“床前明月光”，单、连、顺、断、拖、开全都用上，以连为主，就可以随便唱，不停地唱，不用记住原来唱过什么。我们以前去采风，民歌传人说他们举行仪式的时候，可以唱三天三夜不带重样的，现在就可以理解了。只要你忘掉旋律，只要你把你的注意力放到词上，自然就是这样了，永远也不会重复。怎么可能重复呢？你说话会重复吗？同样的话说两遍也不可能一样。今天说跟明天说一样吗？不一样。这就是中国式作曲法。

用上这些方法，就可以编出无数的曲，就可以画出吟诵谱。上面这个《静夜思》的吟诵谱，只是我个人的理解，不一定对。现在我给大家三分钟的时间，每个人在纸上，像我这样，把《静夜思》写出来，画一套你自己理解的《静夜思》的吟诵谱，然后还要把它唱出来。你怎么读的就怎么画，怎么唱的就怎么画，怎么理解的就怎么画。

这些字的高低起伏连在一起就是调。这个形状像连绵不断的山一样。近了看，仔细看，就能看清楚山上每块石头，它的形状是不一样的，那就是腔。这就是调和腔，连起来就是曲。

一首《静夜思》可以唱多少种调？成千上万。所以我们就能理解，为什么古代的吟诵，每个地方、每个人都是不一样的，甚至一个人唱两遍都不一样。这就是我们的音乐。中国的音乐是一个多么大的宝库，但是去其中拿一个一个的旋律，这是比较笨的办法，聪明的办法是掌握它的方法，它就长在你自己身上，是不是？

这是依义行调。依义行调的难点是什么呢？就是那个“义”。

我们刚才说这首《静夜思》有成千上万种旋律可以去唱它，但是这些旋律都是对的吗？都是好的吗？实际上对的旋律很少，正确的旋律很少，好的旋律就更少。怎么才能找到那个正确和好的旋律呢？

我们现在学会把自己的理解唱出来，怎么理解的就怎么去读，怎么读就怎么唱。但是我们怎么来保证我们的理解是对的呢？这个事情就是怎么去把握这个作品的“义”的问题。

但是我们对古诗文的含意的把握，其实面临两座大山。这两座大山就是我们的知识储备。一个是音韵和格律的知识，一个是传统文化的知识，尤其是儒家的文化精神。这两样是我们今天的老师们比较欠缺的，而如果这两样知识不完备的话，对于古诗文的含意的理解一定是有问题的，所以我们要特别学习这两方面的知识，补充自己，提升自己。

但是我们现在要学的是依义行调，这个事情怎么办呢？我们有一个简单的办法，那就是先绕过这两座山，先来唱白话诗歌。

从摇篮曲开始

白话诗歌有两个特点：第一，没有古代的音韵格律；第二，也没有多少儒家文化在里头。尽管我们并不赞成这样，但是白话诗歌的确是没有学习过音韵格律和儒家文化的人也可以看得懂的。这两套知识是非常博大精深的，还真不是一天两天能学会的。我们从白话诗歌吟诵开始，可以顺利地先绕过这两座大山，先学会唱歌，回头再来学习那些知识。

另外，白话诗歌的吟诵也是非常有价值的。价值在哪里？就是让我们恢复唱歌的能力。汉语音乐的基本唱法——依字行腔、依义行调，是以前所有汉族音乐歌曲共同的旋律产生机制，无论是书面语的古诗文，还是口语的民歌、戏曲、曲艺，都是这样出来的，作曲法是相通的。

我们今天做吟诵，也不应该把吟诵仅仅局限在古诗文，而要让它落实到生活中，落实到孩子们的生命里，和现在的生活、自己的情感紧密地结合，也就是要让这些孩子重新学会唱歌，唱白话诗歌，唱儿歌童谣，唱自己的歌。这是非常重要的一件事情。让这些孩子学会唱自己的歌，不仅仅是一个技术问题，不是让他学会了一门技艺，而是让他学会表达自己的情感，敢于打开自己的情感，和外界交流，不仅是要正确地交流，而且还要高雅地交流，这样才是中国人。

学会这样一种方式，叫正心诚意，这是非常重要的一件事情。我们现在的小孩不会唱歌，只能跟着那些歌星学，这是不行的。“移风易俗，莫善于乐”，我们要从“乐”开始改变这个社会的风气，所以吟诵白话诗歌是非常重要的。不仅让孩子们学会唱自己的歌，而且学会用吟诵这样的方式去创作白话诗歌，以声音作诗，而不是以文字写诗，让我们的汉语诗歌回到传统的轨道上。我相信，这样的话，未来白话诗歌的成就将远远超过此前一百年。现在，不仅白话歌曲的创作进入了低谷，白话诗歌的创作也进入了低谷。听歌的没有写歌的多，读诗的没有写诗的多，为什么？因为没有传统文化，不遵循汉语固有的规律，所以感人不深，行之不远。白话诗歌吟诵，要最终回归到创作上，为白话诗歌的发展做出贡献。我们即将推出这样的教学资源。

另外要说一下，什么叫作吟诵白话诗歌？就是按照吟诵的方法去唱白话诗歌，就是依字行腔、依义行调。现在那些唱歌，包括所谓吟唱，都不叫吟诵，虽然它们也有旋律，但是没有依字行腔、没有依义行调，就不能叫吟诵。

下面我们讲吟诵白话诗歌——从摇篮曲开始。

为什么从摇篮曲开始？因为我们中国人以前都是从摇篮曲开始接触音乐的。

谁还记得母亲唱的摇篮曲？不记得了。因为我们的母亲一般都没唱过，我们的母亲会记得她的母亲唱的摇篮曲吗？我们的姥姥会记住她们的母亲唱的摇篮曲吗？在以前，几乎所有的中国人都是在母亲的摇篮曲中长大的，这是我们乐教的起点。现在没有了。现在的孕妇都买一个唱机，贴在肚皮上给胎儿听莫扎特。莫扎特的乐曲和妈妈的歌声，这差哪儿去了？莫扎特的乐曲之所以能给胎儿听，不过是因为比较欢快，可是怎么能比得上母亲的声音？

什么是摇篮曲？摇篮曲是父母呼唤着孩子的名字，即兴编的歌，就是唱给这个孩子听的，这才叫摇篮曲，不是像现在我们听到的那种摇篮曲，固定的词固定的曲，唱给谁都行的。每个父母给孩子唱的歌是不一样的，甚至每次都是不一样的，是在此情此景、此时此刻唱给这个孩子听的歌。在此基础上，才有那些著名的摇篮曲。那不是作曲家一首一首作出来的，是大家都唱摇篮曲，自然就有一些好的流行起来。世界各地的摇篮曲都是这样的。我们希望每位中国父母能重新学会编唱摇篮曲，我们现在已经有一些老师立志于做这样的事情，开始联系一些妇产医院、妇联，从准妈妈们着手，教她们唱摇篮曲，从妇产医院的护士、护工开始，让她们学会唱摇篮曲。这是非常好的事情。唱摇篮曲是一种方法，是一种能力，它不是调子，不是固定的歌。你只要学会这个方法，怎么唱都是可以的。

这是今天最有名的一首摇篮曲，是东北的，我们听两句：

月儿明　风儿静
树叶儿遮窗棂啊
蛐蛐儿叫铮铮
好比那琴弦儿声啊
琴声儿轻　　调儿动听啊
摇篮轻摆动啊
娘的宝宝　闭上眼睛
睡呀那个睡在梦中啊

这就是我们现在的摇篮曲呀。它最大的问题在哪呢？就是这孩子没法睡觉，声音太大了吧，一声比一声响亮。为什么呢？因为它只想好听，就为了好听了，不是哄孩子的，不像母亲唱的歌。真正的摇篮曲不是这样的。

下面是我在我女儿小时候给她唱的一些摇篮曲。摇篮曲都是即兴编随便哼的，小时候唱过好多好多。现在为了讲课才去回忆，才想起一些，大部分早就忘掉了。我女儿的小名叫小鱼［参见：徐健顺吟《小鱼好》］：

小鱼好　小鱼妙
小鱼乖宝宝
小鱼好　小鱼妙
小鱼睡觉觉

这是哄她睡觉的，很简单是吧？随口哼一下就会出来。也有稍微长一点的［参见：徐健顺吟《困了》］：

困了　困了　小鱼困了
这一次我真的吃饱了
困了　困了　小鱼困了
这一次我真的是玩累了
睡觉了　睡觉了　不要来打扰
睡觉了　睡觉了　大家再见了
睡觉了　睡觉了　被子盖盖好
睡觉了　睡觉了　睡醒就长大了

还有逗她玩的［参见：徐健顺吟《小鱼在哪里》］：

小鱼在哪里　　小鱼在哪里
小鱼在哪里　　小鱼在哪里
小鱼在哪里　　小鱼在哪里
小鱼在哪里呀在哪里

小鱼在这里　　小鱼在这里
小鱼在这里　　小鱼在这里
小鱼在这里　　小鱼在这里
小鱼在这里呀在这里

其实见到什么就唱什么，即兴唱的。只要你会依字行腔、依义行调，这个就很简单，比如你的孩子叫小柱：

小柱呀，睡觉吧，天黑了，风停了。

比如叫小娟：

小娟娟，睡觉觉，天黑黑，风悄悄。

我们以前的母亲跟孩子都是唱着歌对话的，这就是乐教的起点。音乐，妈妈的声音，满含着这个世界对他的爱，迎接着他的到来。所以我们现在希望从摇篮曲开始，希望还没有结婚还没有生孩子的妈妈们，未来的妈妈们，学会即兴编唱摇篮曲，给自己的孩子从小唱摇篮曲，让他们在爸爸妈妈的摇篮曲中长大。

儿歌唱起来

什么叫儿歌？儿歌是儿童自己编的歌。我们今天的儿歌很多都是成人写的，那是儿童文学，不是儿歌。

儿歌是唱的。我们今天的儿歌基本都不是唱的，而是朗诵的。那就不叫儿歌了，那叫童谣。童谣是没有旋律的，是诵的，儿歌是唱的。

我希望所有的妈妈们，所有的爸爸们，还有幼儿园的老师们，要能够唱儿歌，因为儿歌都是能唱的。要鼓励孩子们自己编童谣，自己编儿歌，随意地、即兴地唱歌。我们的孩子是天然地具有这个能力的。

以前教育部下过一个文件，要求小学低年段禁止唱读。为什么下这么一个文件？因为全国的小朋友刚开始读书的时候，都是唱读的。禁止唱读，从此以后就不会唱歌。我们唱歌的能力都是从娘胎里带出来的，然后在幼儿园、小学阶段被老师给压下去的，都是这样的。

所以教孩子唱歌这件事其实很简单。只要你做到一件事，就是不要强求他唱得跟你一样。他高高兴兴唱歌你就让他唱嘛，然后你只要引导他、指点他，引导他往正确的方向走，纠正他不正确的地方就可以了，但不要去强求每个孩子都唱一样的歌。

现在我们的音乐老师教唱歌的时候，“让我们荡起双桨”，孩子们一唱，没有一个跟老师唱得一样的，老师就非得让孩子们跟她一样：“这个字唱咪，不唱嗦，唱两拍，不是一拍，来跟我打着拍子，看着谱子唱……”孩子从此就不会唱歌了。唱歌是孩子自己的事，为什么要跟着你唱呢？为什么要唱得跟谱子一样呢？到底是他唱歌还是作曲家唱歌呢？所以唱歌，首先要保持唱歌的真诚、唱歌的方法，其次才是参考别人的歌的事情。否则不是学唱歌，而是学习忘掉唱歌。

你也千万不要说哪个孩子唱歌好，哪个孩子唱歌不好。“哎哟，你看，小娟唱得多好听，你看你哑着嗓子。”怎么能那样说呢？哑嗓子有哑嗓子的美感呀，是吧。你也不能说：“你看你看你，唱歌都不在调上。”怎么叫不在调上呢？所有唱歌不在调上的人，在他心里头觉得全都在调上。唱歌首先是唱给自己听的，对不对？你这样重视在不在调上，说明你是把每个孩子都当演员，都以为他是唱给别人听的，所以要求唱在调上，唱得好听。凭什么呀？人家唱的是自己的情感呀，唱给自己听呀，对不对？

就算不是唱给自己听的，也是唱给特定的对方听的，不是泛泛的所谓“听众”。唱给对方听的时候，对方会挑他唱得好听不好听吗？哪会这样呢？你们早晨起来，离开家来上课的时候，母亲嘱咐道：“出门小心点呀，过红绿灯的时候看看左右的汽车呀。”你会不会回过头来说：“妈妈，你这个腔调真不好听。”会吗？面对面交流的时候，接受的都是情感呀，哪有什么好听不好听呀？只有感动不感动。好听不好听，那都是演员的事，在以前那是艺人的事。我们普通人没有这事情，我们只有感动不感动，是吧？孩子只要真诚地表达了他自己的情感，就应该受到表扬和鼓励。所以教孩子们唱歌其实很简单，孩子们唱歌的能力其实比我们强，因为我们已经很久很久不唱歌了。他们还有这个天然的能力。

儿歌和童谣都是有均匀节律的，因为 6 岁以前的孩子很难接受没有均匀节律的东西，他的手眼协调能力、他的神经还没有发育到那个程度。

儿歌是可歌可诵的，还可以是半唱半诵的。我们来试着唱一首儿歌。

这首诗很有名，它是柯岩的一首儿童诗，很短。我们来试着唱一下这首诗：

天黑了　天黑了

钓鱼的回家吧

你的妈妈在等你

鱼儿的妈妈在等它

拿到一首诗要唱，首先要怎么办？要正确地诵读。你读得不对，肯定也唱得不好。你唱得再好听，也不能感动人，因为唱得不对呀。首先要读得对。

怎么才能读得对呢？就要依义行调，你要分析、要感受这首诗的含意，它到底在说什么，然后你才知道怎么安排这个调，也就是字和字之间的关系，句子和句子之间的关系。对于调来说，最重要的是高低关系，其次是长短关系，再次是轻重关系。我在这里给大家说一下基本的方法。

首先是关于句调的知识。句调整体大概分三种，一种是整体向上的，一种是整体向下的，一种是整体平的。

整体向上的句调一般表示疑问或者强调。

整体向下的句调一般表示判断、祈使或者感慨。

整体平的句调一般表示陈述。

其次是依义行调的分析步骤。一般来说，是从大到小，从高低到长短，从高到低，从长到短。

从大到小，就是先分析段段关系，再分析句句关系，再分析字字关系。

什么关系呢？首先就是高低关系，哪段高哪段低？哪句高哪句低？哪个字高哪个字低？然后是长短关系，哪段长哪段短？哪句长哪句短？哪个字长哪个字短？然后是轻重关系，哪段轻哪段重？哪句轻哪句重？哪个字轻哪个字重？等等。

这中间有个说明。长短关系，对于字来说是长短，对于段段关系、句句关系就是快慢。哪段长哪段短，也就是哪段快哪段慢？哪句长哪句短，也就是哪句快哪句慢。判断快慢的原则如下：

诗，古体快近体慢，高兴快忧愁慢。

文，排比快散体慢，古体快近体慢，高兴快忧愁慢。

从高到低、从长到短、从快到慢等等，这个方法就是说，判断关系的时候先定阳再定阴。比如说哪句高哪句低，先考虑哪句高，再考虑哪句低，这样基本的旋律框架就出来了。

最后，是综合运用，即按照以上的顺序有时不一定行的通，也许某个关系暂时无法判断，那就先进行后面的，返回来也许就清晰了。

我们运用以上方法，对这首诗做个分析。首先是段段关系，这首诗分四行，就是行行关系，关系中首先是高低关系，首先是确定哪行最高。你们觉得哪一行应该读得最高?

第三行？很好。

哪一行最低？最后一行。好的，大框架就出来了。

哪行快哪行慢？还是第三行最快，第四行最慢。

然后是对每一行的分析。

头一行，“天黑了，天黑了”，两个“天黑了”。这两个“天黑了”怎么安排？是前面这个高还是后面这个高？前面高，读起来就是“天黑了天黑了”，后面高，读起来就是“天黑了天黑了”，同样高，读起来就是“天黑了天黑了”。有三种方式，你得做个选择，这就叫依义行调。应该是哪个呢？

大家有不同的意见，这反映了大家不同的理解。对这句诗的读法不同，实际上就是理解不同。利用这个现象进行教学，就是吟诵教学法，也就是传统的“读书”学习法。

所以关键的问题是：这句话是在疑问、强调还是判断、祈使、感慨，还是仅仅在陈述事实?

我们现在也许搞不清楚。那就先放下，可以先看下面的部分，回头再来分析。

第二行也是这样，“钓鱼的回家吧”，这句话是在疑问、强调，还是判断、祈使、感慨，还是仅仅在陈述事实?

第三行，“你的妈妈在等你”这里面有五个语法单位，分别是“你”“妈妈”“在”“等”“你”。应该强调哪个字？可以分别读读感觉一下，哪一个字应该读得高一点？应该是“等”。为什么是“等”呢？因为这句话的语法重点在这个地方，在“等”这个字，而不是“你的”妈妈在等你，那他的妈妈呢？你的“妈妈”在等你，那你的爸爸呢？有歧义，是吧？应该是你的妈妈在“等”你。这是一个表示强调的句子，句调整体上升。

第四行，“鱼儿的妈妈在等它”，同样是五个语法单位：鱼儿、妈妈、在、等、它，应该是哪一个最重要?

这首诗到底是什么意思呢？它最终希望我们读完这四句以后，我们的思绪到什么地方去？为什么要放过鱼儿？是因为鱼儿的妈妈在等它？真的吗？如果没有在等它就无所谓了是吗？不是。为什么？因为鱼儿也有妈妈。

对，这是同情心。这是一首儿童说给成人的诗，是以儿童的口气劝那个钓鱼的叔叔回去。为什么回去呢？因为鱼儿也是有妈妈的，如果你的妈妈在等你，在担心你的话，那么鱼儿的妈妈不是也在担心它吗？所以它的意思是要把鱼儿看成是人，要把对人的这种博爱放射到万事万物上，这是中国的传统文化精神，叫万物一体、同生共荣。《千字文》说到周朝的建立实在太好了，怎么好呢？“鸣凤在竹，白驹食场”，鸟儿在林子里自由地歌唱，马儿在草地上自由地吃草。就是这个王朝建立以后，不仅仅是所有的人民都得到了恩惠，得到了安宁和自由，连动物也得到了安宁和自由。再往下说，“化被草木”，连所有的植物都受到了恩惠；“赖及万方”，连所有的无机物，连高山、大河都受到了恩惠，河水可以自由地流淌。这就叫万物一体、同生共荣。

这首诗就是这样一个意思，你要把鱼当成是人，所以这句话的重点在哪里？在“鱼儿”。你的妈妈在等你，你当然是有妈妈，可是你知道吗？鱼儿也有妈妈。如果鱼也有妈妈，那它的妈妈也是在等它。所以它不是在强调“等”，而是在强调鱼儿也有妈妈，它像你一样，所以你要用自己的心来体会鱼儿的心，这是一首博爱的诗。

这句明白了，再翻过头去看，就应该明白“天黑了天黑了”，这两个“天黑了”，应该是哪个高呀？前面的高。为什么是前面的高呢？因为这是感慨呀。不要钓鱼了，是因为天黑了吗？难道天亮着就可以肆无忌惮地钓鱼吗？不是。天黑了只是一个借口，表达了一种感慨。

第二句，“钓鱼的回家吧”，也是感慨呀。如果倒过来，“钓鱼的回家吧”，那是强调，就像看门的老头说：走，赶紧走，关门了。着急呀。这首诗在这里不是强调，而是感慨。

现在我们就基本知道了这首诗的读法。

天黑了　天黑了
钓鱼的回家吧
你的妈妈在等你
鱼儿的妈妈在等它

当我们能正确地读以后，就可以正确地歌唱。

我们现在都会用矿泉水调、用普通话平调来唱这首诗。然后把该读高的字唱高一些，语气唱出来。然后就是反复吟咏、反复修改，这个过程古代就叫作“涵咏”。这也就是学习的过程、理解的过程、思考的过程，直到你觉得满意为止，直到你觉得完全唱出了作者的感觉为止。[参见：徐健顺吟柯岩《钓鱼》]

来，我们换一首。这是语文课本上的一首诗，是张秋生的，叫《我来了》：

春天用第一个小嫩芽
说　我来了
夏天用第一个小花蕾
说　我来了
秋天用第一张飘落的叶
说　我来了
冬天用第一朵洁白的雪花
说　我来了

“春天用第一个小嫩芽”，这里有四个语法单位：“春天”“用”“第一个”“小嫩芽”，哪一个是要被强调的？

我已经听到三个答案了：“春天”“第一个”和“小嫩芽”。到底是哪个呢？

这首诗说什么？说的是四季的特点吗？那它是科学诗，还不如去学科学呢。那这首诗到底表达的是什么？

是对自然的热爱。热爱自然的哪一点呢？是热爱四季的不同吗？

这首诗叫《我来了》，它到底在欣赏四季的什么？欣赏的就是“我来了”嘛，欣赏的就是四季的转变。这首诗里面有没有特别喜欢哪个季节？没有。它喜欢的是什么？是季节的变化。“春天用第一个小嫩芽”，第一个小嫩芽是在什么季节出现的呀？是在冬天呀。在冬天，全都是皑皑白雪的时候，出现一个小嫩芽，这个时候说明什么？春天要来了。所以这首诗要表达的是儿童对于变化的喜悦。所以，“春天”“用”“第一个”“小嫩芽”四个语法单位，哪一个是最重要的？

是“第一个”！整首诗都在强调“第一个”，是不是？它强调的是变化。所以这句话的读法是：

春天用第一个小嫩芽

下面是“说　我来了”，要怎么说啊？是优雅？还是活泼？

对呀，这是儿童诗，是惊喜于这种季节的变化，所以是：

春天用第一个小嫩芽
说　我来了！
夏天用第一个小花蕾
说　我来了！
秋天用第一张飘落的叶
说　我来了！
冬天用第一朵洁白的雪花
说　我来了！

读得很好，这才像童谣的样子。现在就可以唱了，能正确地读就可以正确地唱了，而且是见字就唱，马上就可以唱了。[参见：徐健顺吟张秋生《我来了》]

下面也是一首很有名的童谣：

谁的耳朵长
谁的耳朵短
谁的耳朵遮着脸

驴的耳朵长
马的耳朵短
大象的耳朵遮着脸

这首诗应该哪句高呀？还是应该平着唱？当然是“长”的要高了，对不对？

然后呢？“遮着脸”应该高还是低呀？肯定是高呀，因为这好奇怪好奇怪，比耳朵长还奇怪，所以就上去了。

第二段，最后一句“遮着脸”还是往上唱吗？不是了，为什么？因为这次强调的是“大象”，这是个判断句，所以句调是向下的。下面，像小朋友那样拍着手，即兴唱一遍：

谁的耳朵长
谁的耳朵短
谁的耳朵遮着脸

驴的耳朵长
马的耳朵短
大象的耳朵遮着脸

很好玩是吧？很好玩，我们每个人唱得都不一样。所以当你在幼儿园教学的时候，其实你们班的每个小朋友唱得都是不一样的，千万不要让他们唱得一样，唱得一样就不会唱歌了。你只需要调节就行，是吧？如果这个小朋友一唱，“谁的耳朵长，谁的耳朵短——”，这个不对，唱得不对，因为“长”没有拖长，“短”反而拖长了。这个要让他改。至于他的旋律、他的调，你管那些干吗呀？那是人家自己唱歌，由他自己定。这就叫教唱歌，不是教旋律，教的是含意，教的是理解，教的是文气。[**参见：徐健顺吟《谁的耳朵长》**]

现在流行的很多儿歌，都是可以唱的，而且是可以即兴随口唱的。下面这几首都来自“亲近母语”的《日有所诵》。[**参见：吴铮吟常福生《春天来了吗》；吴铮吟彭俐《摇篮》**]

下面这首诗也是语文课本上的，是叶圣陶先生的一首诗——《风》：

谁也没有看见过风，
不用说你和我了。
但是树叶颤动的时候，
我们知道风在那儿了。
谁也没有看见过风，
不用说你和我了。
但是林木点头的时候，
我们知道风正走过了。
谁也没有看见过风，
不用说你和我了。
但是河水起皱纹的时候，
我们知道风来游戏了。

这首诗有三段，是递进的关系。我们看第一段。“谁也没有看见过风”，有四个语法单位，哪一个最重要？

是“风”！这是这首诗的主题。另外还有“谁”，这是语法重音。你要看第二句说的是“不用说你和我了”，所以第一句重要的还有“谁”，“谁”也没有看见过“风”。

第二句，“不用说你和我了”，重读的是“你”和“我”。

第三句，“但是树叶颤动的时候”，哪个字最重要？“颤动”。

第四句，“我们知道风在那儿了”，重读的是“风”。

这样，就可以唱了吧？

谁也没有看见过风，
不用说你和我了。
但是树叶颤动的时候，
我们知道风在那儿了。

我给你们听一段录音，这段录音是几年以前在我们的一个培训班上，我也是像刚才一样，讲到这首诗，说谁来即兴地唱一下，然后有一个小学生就举手了。后来我才知道她来自兰州，名字叫冶海璐，是跟着她的老师过来学习的。她第一个举手，即兴就唱，唱得非常好。我后来请北京景山学校的朱畅思老师给她配了一下伴奏，大家来听一下。[参见：冶海璐吟叶圣陶《风》]

多好听啊，所以要相信我们的孩子，他们唱歌的能力比我们强。我们已经忘掉了，他们还没有丢失这个能力。在唱歌这个问题上，不要有任何顾虑呀，不要说“我一定要唱得好，然后再带着孩子唱”，你又把自己当歌星了是吧，不是这么回事。你是要打开孩子的能力，让孩子自己唱歌，超过你，比我们唱得好听，这不是很好的事情吗？

儿歌也是可以即兴编的，要鼓励孩子们自己即兴编。首先老师要会即兴编唱儿歌，爸爸妈妈们要学会即兴编唱儿歌。这不难，只要会依字行腔、依义行调，就很简单。

下面是我在家里给小儿子即兴唱过的儿歌，都是逗他时随便唱出来的。他的小名叫唐唐。

唐唐是个小糖球

唐唐是个小糖球
唐唐是个小糖球
唐唐是个小糖球小糖球

这是逗他玩的。[参见：徐健顺吟《唐唐是个小糖球》]下面这首是有一天下雨了，抱他出去找小猫小狗[参见：徐健顺吟《下雨了》]：

下雨了　下雨了
猫猫躲到哪儿去了
下雨了　下雨了
唐唐出来看你了
下雨了　下雨了
狗狗躲到哪儿去了
下雨了　下雨了
唐唐出来看你了

现在，我的孩子们已经会自己编一些儿歌了。这本来是很容易的事情。编好当然不容易，但能编并不难。重要的是，我们应该把这作为培养孩子的一项必要的能力。自古以来，我们中华民族就是有这项能力的。

现在有些老师已经在这样做了，而且做得很好。比如成都泡桐树小学的马凡美老师、赖彩舲老师等一批老师，都在实践儿歌编唱。赖彩舲老师还开发了歌谣课程。大家可以看看她班上的小学生是怎样自编自唱儿歌的，那才是真正的儿歌。

学会听歌

唱歌这件事，唱起来不难，难在编曲，难在依义行调。怎样提高自己依义行调的水平呢？其实，在你们的身边就有老师，随时可以请教。这个老师，就是优秀的歌曲。你要学会听歌。

实际上，不会听歌就很难会唱歌，因为听歌是学习唱歌的必要过程。一切都要从模仿开始。要知道人家是怎么编曲的，就要学会听歌。我们现在听歌就是外行看热闹。这歌怎么样？好听！怎么好听？旋律好听！再往下问，就说不出了。其实是没听懂，没听懂那首歌在唱什么。

我现在教大家怎样内行看门道，像一个内行一样去听歌，听那些优秀的歌曲，去吸收营养，去学习别人是怎么编曲唱歌的。

百年以来，有很多久唱不衰的优秀现代歌曲，这些歌曲基本上都是依字行腔、依义行调的，为什么？如果不是这样的话，老百姓记不住，不能“脍炙人口”，它就会自然消失。流行歌曲，也就流行一时，过去就过去了，怎么都想不起来。但是好的歌曲那是传之久远的，传之久远一定是旋律和歌词紧密地结合，和人心紧密地结合的。

我们要了解优秀现代歌曲的作曲方法。那些好的作词家、作曲家，他们是怎么创作的？学会这个，其实并不难，也就是依字行腔、依义行调。学会听歌，去听别人是怎么唱的，为什么他这个字就唱上去了，这个字就下去了，到底什么意思，这样去听，就听得懂这首歌到底在唱什么。这就是学习依义行调的途径。

这些歌曲当中也会有个别的字不是依字行腔，这是由很多原因造成的。有的原因是那个时候没有普通话。那个时候的话就是这么唱的，它没有倒字。有的是有方言的成分，人家按照那个方言就不是倒字，按照我们今天的普通话就成了倒字。碰到这种情况，就要理解。当然也有个别不注意的地方真的倒字了，我们就要调一下，给它调回来。我把这叫“重唱经典歌曲”。我们现在发起这样的运动，重唱这些歌，而且是像一个内行一样地去唱，像一个内行一样地去听。

下面举一些大家耳熟能详的歌曲为例。

第一首：《一条大河》。这首歌就叫《一条大河》，后来发表的时候被改名为《我的祖国》。它是乔羽作词，刘炽作曲。乔羽和刘炽这两位老先生都是读过私塾的，乔羽先生现在还在世，他是山东人，还在电视上吟诵。他知道依字行腔、依义行调。其实那个时候的人作词作曲，基本上都是遵守吟诵规矩的。赵元任说，那时候搞学堂乐歌，引进西方音乐，用吟诵方法作曲，但不知怎么，年轻人只学了西方音乐，都没有用吟诵方法作曲。大家去听听学堂乐歌，那些歌是不是依字行腔、依义行调的？只不过那时候没有普通话，他们用的是方言文读系统。李叔同用的是北京文读系统，平低仄高。聂耳用的是西南官话。依字行腔、依义行调，原是我们民族歌曲的优秀传统。

我们来听听这首歌，大家先回忆一下。[参见：郭兰英唱《一条大河》]

一条大河波浪宽
风吹稻花香两岸
我家就在岸上住
听惯了艄公的号子
看惯了船上的白帆

好，我们先看这一段。第一句，“一条大河波浪宽”，是怎么唱的？

我们把它的吟诵谱画出来。画出来之后事情就很清楚了。你看这七个字中最重要的是哪个字？

一 条 大 河 波 浪 宽

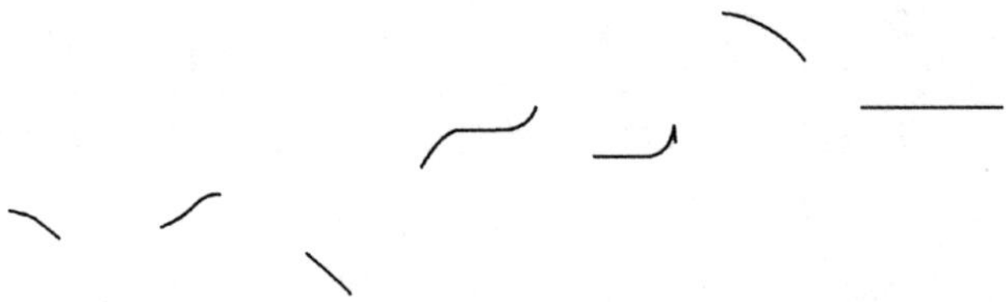

我们看到，所有的字都是依字行腔的，只是有的字有一点尾腔。有两个字是拖长的，分别是“河”和“宽”。这其实就是我们传统的平长仄短所形成的结构，第四个字和第七个字是长的。“河”拖长，有什么感觉？这个河很长很宽，是吧？“宽”拖长有什么感觉？就是很宽嘛，是吗？如果这两个字不拖长，感觉就会差很多。拖长是有道理的。

但是这两个字都不是这一句的最高音。高音才是强调所在。最高音是哪个？是“浪”。把这句的旋律抽走，剩下的就是诵读。按照那个唱法把这句话读一下，它的读法是：

一条大河——波浪宽——

听懂了吗？你要像听人话一样，面对面听她说话一样。那个卫生员不是坐在那里吗？她是面对面唱给那些战士听的。是面对面地聆听呀，要听到她的口气呀，说的是“一条大河波浪宽”，她可不是说“波浪宽”！她强调的是“浪”。“浪”怎么样？很高很大，因为她唱得很高。为什么“浪”很大呢？因为河宽吗？河宽就浪大吗？不是。我们见过很多大河风平浪静。为什么浪大？是因为风大啊，所以第二句怎么说？“风吹稻花香两岸”，就说到风了。

风 吹 稻 花 香 两 岸

这一句当中强调的是哪个字？是“吹”和“香”。这河很宽，浪很大呀。为什么浪很大？风大啊。风大怎么样？风大就香嘛，就把香味吹过来了。吹到哪去了？吹到岸上去了，所以下一句说：

我 家 就 在 岸 上 住

“岸上”这两个挑的音，是尾腔，尾腔向上经常是表示陶醉、撒娇、俏皮、喜悦等。在这里表达的是对家乡的深情。字本身的正腔还是依字行腔的。

这一句强调的是什么？强调的是“家”和“岸”。浪很大是因为风很大，风很大就很香，香到哪去了？香到岸上去了，而我家就在岸上住。其实这首歌前三句只说了一件事，是什么？我家很香！就说这么一件事，绕一个好大的圈去说。这就是我们中国传统的唱歌方式：起兴。说“我爱你”要先说“关关雎鸠，在河之洲”；歌唱毛主席要先唱“东方红，太阳升”。我们传统的唱歌方式就是这么唱。三句只说了一个意思：我们家很香。你听懂了吗？

再看第四句，“听惯了艄公的号子”。第四句怎么唱的呢？

听 惯 了 艄 公 的 号 子

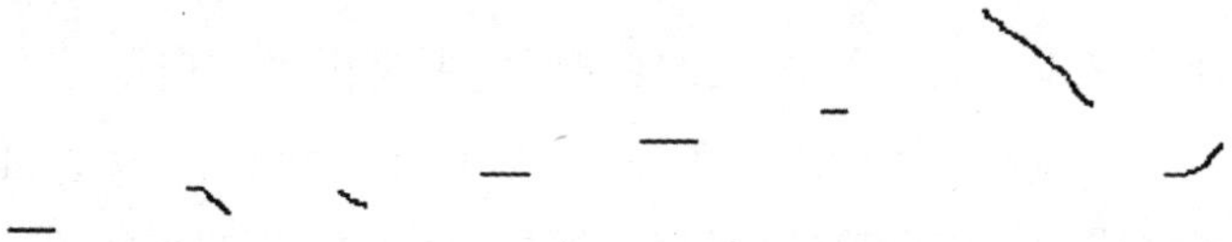

强调的是哪个字？“号”。为什么强调“号”？你要知道“号子”是什么。号子是纤夫逆水而上，拉着船时，为了使劲整齐划一而喊的劳动号子。所以号子都是非常嘹亮的。她把“号”字唱得很高，你就知道她听到的号子是什么样的了。所以她们家听到的是有力量的声音。

最后一句，“看惯了船上的白帆”。

看 惯 了 船 上 的 白　帆

强调的是什么？很明显，强调的是“白”。把旋律抽走，这句话说的是：

看惯了船上的白——帆

朗诵就应该是这样的。为什么要强调“白”？大家可能以为是纯洁、朴素、美丽的意思。因为我们现在经常能见到白帆，是吧？但是我们是不是忘了一件事？按照我们中国的传统，船帆是什么颜色的？是黄色的。因为船帆是麻布做的。新的麻布是黄色的，旧了就会变成灰色。在古代，船上是不挂白帆的。《四库全书》里就没有出现过“白帆”这个词。白色是什么意思？素色。孔子说“绘事后素”。素色，即没有颜色的意思，所以服丧的时候，孝服是白色的，表示我们没有色彩，只有悲伤。

为什么我们现在觉得白帆很自然呢？因为西方是这样的。我们已经西化而不觉了。在西方的意象当中，古希腊的月亮神是白色的，白色象征着纯洁，所以结婚时新娘要穿白纱，为什么呢？表示是纯洁的新娘。但在中国，这太不吉利了，所以我们是穿红色的，表示欢乐，是吧？西方表示不吉利的是黑色，所以葬礼用黑色。我们现在结婚时，一般开黑车去接穿白婚纱的新娘，不知道这到底怎么讲。所以西方的船是挂白帆的，现在的帆板运动也是挂白帆的，非常美。我们的脑子已经西化了，不知道在女卫生员的那条大河上，是没有白色的船帆的。

那她为什么又说“看惯了船上的白帆”？那是因为“白”这个字，不只是“白色”这么一个义项。除了白颜色以外，“白”还有别的义项，还记得吗？我们刚刚学过那首诗，叫“白日依山尽”，那是白色的太阳吗？不是。那是亮闪闪的太阳。“白”还有“耀眼”的意思。什么叫“白”帆？耀眼的帆。这个帆为什么会耀眼呢？对，因为阳光照在水面上产生了反射的光线。所以这句话的意思是什么？我的家里阳光灿烂。

所以这一段歌一共说了三件事：我们家，闻起来很香，听起来很有力量，看起来阳光灿烂！这是女卫生员坐在战士们的对面，面对面地说给他们听的。战士们听懂了，所以他们唱和，这是我们传统的唱和方式呀。“这是美丽的祖国，是我生长的地方，在这片辽阔的土地上，到处都有明媚的风光！”这就是我们传统的唱歌。

要会听歌，就像听她说话一样地听她唱歌，要听到她的语气，听到她的情绪和心情，听到她在强调什么，听到她的言外之意，这才叫听歌。

唱歌是自己作词、自己作曲、自己唱，唱给特定的人听。听歌，是听那特定的人专门唱给你的话。所以要像听人说话一样地听，听明白她在说什么。

现在我们听懂了，是吧？我们重新听一遍，完整地听一遍，这次大家要像一个内行一样去听歌，去关注哪个词唱上去了，哪个词唱下去了，哪个词拖长了，去体会这句话是什么意思呀？就像听人说话一样地听。

一条大河波浪宽
风吹稻花香两岸
我家就在岸上住
听惯了艄公的号子
看惯了船上的白帆
这是美丽的祖国
是我生长的地方
在这片辽阔的土地上
到处都有明媚的风光
姑娘好像花儿一样
小伙儿心胸多宽广
为了开辟新天地
唤醒了沉睡的高山
让那河流改变了模样
这是英雄的祖国
是我生长的地方

在这片古老的土地上
到处都有青春的力量
好山好水好地方
条条大路都宽敞
朋友来了有好酒
若是那豺狼来了
迎接它的有猎枪
这是强大的祖国
是我生长的地方
在这片温暖的土地上
到处都有和平的阳光

好，这次听歌感觉就不一样了。当你这样像听人说话一样听的时候，你就能和唱歌的人一起感情激荡，起伏婉转，仿佛就是你在歌唱，一起体会一起感动，你就会深深地感受到这首歌的力量。这样才是听歌的人。

同时我们还可以明白一件事：什么叫作词？古人叫填词。每句的旋律框架是基本固定了，要把词填上去的时候，你要斟酌，哪一个词要放在哪，话要怎么说才恰好是旋律表达出来的意思。

比如第一段的第一句是“一条大河波浪宽”，最高音是“浪”，这就是它的旋律框架。到了第二段，我们现在很多人都是套调，旋律不变，把词套上去就行了，结果造成大片倒字，而且表达的意思也不对。这首歌第二段的第一句是“姑娘好像花一样”。这句话的重音在哪里？不是“花”，而是“一”。如果只看字面，会误以为“花”是重音，所以一定要听声音，不能只看字面。这句的旋律没有变，所以最高音是“一”，因此所表达的意思不是姑娘像什么，而是说姑娘和花相比怎样？完全一样。看下一句“小伙子心胸多宽广”重音在哪？在“多”字。所以这是对应的，强调“一样”和“多”。还是那个问题：听话要听音儿，听歌要听唱法，听诗也要听读法。如果我就是想表达姑娘像一朵花的意思，那应该怎么办？那就把歌词改为“姑娘好像鲜花一样”，这样“花”就到了旋律的最高音。这就叫“倚声填词”，按照旋律来安排字词，以期正好表达出想表达的意思。宋词的填词就是这样的。

我们再看一首，由乔羽作词，谷建芬作曲，歌名叫《思念》。谷建芬是当代最优秀的作曲家之一，那她是怎么作曲的？很简单，就是依字行腔、依义行调。

你从哪里来　我的朋友

这两句，哪句高呀？如果是前句高，这叫感慨；如果倒过来，后句高，这叫疑问。到底是疑问还是感慨？当然是感慨，这首歌不是真的要问你从哪里来，不然后面就要回答是哪里，而是想说我不知道你从哪里来，你总是突然而来的意思。所以是前一句高，后一句低。那么“你从哪里来”五个字，哪个字应该最高？“哪里”，这是语法重音。“我的朋友”哪个字高？“我”，如果是“朋友”，句调就又翘上去了。刚才说了，这是感慨，句调向下。所以这句唱出来是：

你从哪里来

　　　　　我的朋友

谷建芬老师作的曲就是这样的，比起普通话平调来，只是稍微调了一点。依字行腔、依义行调，人人都可以是谷建芬，谷老师知道之后也会非常高兴，是吧？

下一句也是这样，你首先要决定两句话哪句要高，然后还要决定一句里头哪个字要高，还有长短，还有轻重。总而言之，就是你把它当人话听，把它当人话讲，就可以了。就当是自己面对面地跟一个人说话，别让对方不理解你的意思就行了，把这个意思说明白，然后就可以唱了。唱的时候是只有谷建芬老师这样一个旋律吗？不是，有多少人就有多少旋律，但是这个旋律的基本结构是差不多一致的。因为这是长短高低、轻重缓急的问题，这个就是吟诵。

好像一只蝴蝶　飞进我的窗口

还是感慨，所以还是前句高。“好像一只蝴蝶”，哪个字高？“蝴蝶”。为什么不说“‘好像’一只蝴蝶”？因为不是强调像不像。为什么不说“好像‘一只’蝴蝶”？因为你一个人不可能是两只。为什么强调“蝴蝶”？因为蝴蝶的特点是：第一，很美，就是这个朋友对我来说，是特别好的。第二，蝴蝶是抓不到的。见过小猫扑蝴蝶吗？小猫那么灵活都扑不到蝴蝶，所以蝴蝶是抓不到的呀，太飘忽了。就像这个朋友，突然而来，又突然而去。“飞进我的窗口”应该强调哪个字？“飞”，就是突然而来的意思。如果强调“我的”，那么就要问为什么不是别人的？如果是强调“窗口”，就要问为什么不走门？就都说岔了。所以这一句是：

好像一只蝴蝶

飞进我的窗口

谷建芬老师的曲也的确是这样的。

不知能做几日停留

强调的是“几日”，因为她想问的是能停留几日。

我们已经分别得太久太久

哪个字要强调？“分别”。如果强调“太久太久”，句调向上，就表示强调，强调真的是太久了，好像是一种埋怨或者质问；而向下走表示感慨，所以应该是：

我们已经分别得太久太久

现在我们完整听一下这首歌，像内行一样地听歌，举一反三，大家要以这样的态度去听整首歌，就能听懂歌里在说什么了。[参见：毛阿敏唱《思念》]

你从哪里来　我的朋友
好像一只蝴蝶
飞进我的窗口
不知能做几日停留
我们已经分别得太久太久

你从哪里来　我的朋友
你好像一只蝴蝶飞进我的窗口
为何你一去便无消息
只把思念积压在我心头

你从哪里来　我的朋友
你好像一只蝴蝶飞进我的窗口，

难道你又要匆匆离去
又把聚会当成一次分手
又把聚会当成一次分手

这次我们听的时候意思就明白了，是吧？依字行腔、依义行调，所以这个歌就会传之长久。但这个歌也有一个不足之处，你们听出来了吗？是那个时代的痕迹，就是这首歌的结尾。结尾怎么唱的？重复的时候高上去了。这首歌本来都是感慨，到最后怎么突然变成了强调？这很奇怪，是吧？为什么呢？是受了西方音乐的影响。

西方的艺术，不光是音乐，包括小说、舞蹈、戏剧，其他都一样，都是一波一波一波，最后到高潮结束。你看好莱坞大片最后一分钟还在打呢，打完了，一接吻、一拉字幕就走了。就这样，高潮在最后。中国人做事情从来不是这么做的，无论是小说、诗歌、绘画、舞蹈还是音乐，我们的高潮大概都在百分之七八十的位置。你看看《三国演义》《西游记》，每一回最重要最精彩的部分在哪？就在百分之七八十这个位置上。甚至于整本书的高潮都在这个位置。你把整个《水浒传》拉开，最精彩的部分在哪？《三国演义》拉开，最精彩的部分在哪？都在这个位置。然后呢，再下去。中国的东西一般是低收结束，西方一般都是高收结束，所以我们现在的流行歌曲，经常就是高扬结束，好像已经习惯了。朗诵也是这样。这不是我们的传统，我们的传统是低收结束。这首歌呢，本来也应该是低收结束，最后那一嗓子实在多余，这是那个时代学习西方的痕迹。

学会听歌，就像在身边多了一位随时指导的导师。经典歌曲可以教你怎样编曲。只要关注这些歌曲是怎样安排旋律的，怎样依字行腔、依义行调的，多学习多琢磨，你的度曲水平自然会逐步提高。

重唱经典歌曲

百年经典歌曲，当然也包括近年的优秀歌曲，只不过近年实在是优秀歌曲太少了。这些经典歌曲，有一些歌是在普通话定型之前的，那些歌，用今天的普通话唱就会有些倒字，要把它纠正过来。也有个别的歌曲不是方言的问题，其本身就是有个别的字是倒字的，但是整首歌基本上是依字行腔、依义行调的，这些歌我们也要重新唱，纠正过来。这些经过纠正的经典歌曲就会更符合汉语的韵律，也就更经典、更传之久远了。这是一件非常有意义的事情，因此我们最近一直在倡导这件事：重唱经典歌曲。

比如《我们的田野》这首歌［参见：儿童合唱《我们的田野》］：

我们的田野　美丽的田野
碧绿的河水　流过无边的稻田
无边的稻田　好像起伏的海面
平静的湖中　开满了荷花
金色的鲤鱼　长得多么肥大
湖边的芦苇中　藏着成群的野鸭
风吹着森林　雷一样的轰响
伐木的工人　请出一棵棵大树
去建造楼房　去建造矿山和工厂
森林的背后　有浅蓝色的群山
在那些山里　有野鹿和山羊
人们在勘测　那里埋藏着多少宝藏
高高的天空　雄鹰在飞翔
好像在守卫　辽阔美丽的土地
一会儿在草原　一会儿又向森林飞去

我们现在重新唱这首歌，用今天的普通话，要依字行腔地去唱，就是要把每个字、曾经的倒字给它正过来。只有这样唱才能感受到汉语歌曲的魅力。可以举起右手来比划声调，这样更清楚。

我们的田野

你看，她原来唱的是“我们的田 yē”，不是 yē，应该是 yě，我们的田 yě，这么唱是吧？

我们的田野 yě　美丽的田野 yě
碧绿的河水　流过无边的稻田 tián

“田”，原来唱成了“天”，应该是二声嘛，要唱一个向上的音程或者倚音。

无边的稻田

“稻”，唱成了 dǎo，dǎo 田就不对了，是吧？无边的 dào 田，所以要把原来的 $\underset{\cdot}{6}1$ 这个上升音程改为 $1\underset{\cdot}{6}$ 的下降音程。

好像起伏的海面

“面”，不能唱 miān，而要唱 miàn。要用一个腔音去唱，唱出下降的趋势来。

宁静的湖中　　开满了荷花
金色的鲤鱼　　长得多么肥大

“大”，不能是 dā，而是 dà，所以要把 2 改为 32 的下降音程。

湖边的芦苇中

“苇”，这里要唱完整的三声 wěi，$\underset{\cdot}{6}1$。

藏着成群的野鸭
风吹着森林

“林”，不能是 līn，而是 lín，35。

雷一样的轰响

“轰”，hǒng响就不对了，应该是 hōng响，13 改为 3。

伐木的工人　　请出一棵棵大树
去建造楼房

“房”，不是 fāng，而是 fáng，5 改为 35。

去建造矿山和工厂

这里的“工”字，有个明显的向上挑的尾腔，这是可以存在的，但是尾腔的声音不能太大，声音大就成了正音了，就成了 gǒng，就成了倒字。应该是 gōng，后面是一个尾腔，表示陶醉。

森林的背后

“后”，是四声 hòu，5 可以改为 65。

有浅蓝色的群山

“浅”“色”这两个字，声调都和旋律方向有差异，又不方便用简单的升降音程，那就要用腔音稍微拐一下，表示声调的方向。

在那些山里　　有野鹿和山羊
人们在勘测　　那里埋藏着多少宝藏
高高的天空　　雄鹰在飞翔

“雄”，二声，不能唱 65 这样的下降音程，得唱 56。雄鹰在飞 fěi 翔也不对，应该是 fēi 翔，13 改为 3。

好像在守卫

“卫”，不是 wēi，而是 wèi，3 要改为 53。

辽阔美丽的土地
一会儿在草原　　一会儿又向森林飞去

“飞”，后面也是一个尾腔，不要唱错了。“去”是四声，得唱一个下降音程。

是不是所有的字都要用音程或者倚音唱出它的声调方向来？不是的。人对字的声调的听感，取决于前字到本字的音程和本字的音程两者的组合。所以一个音也可以表示声调升降，但拖长的话，前字到本字的音程的感觉就会消失，就只能用本字的音程了。

这样唱歌和现在那种直着嗓子唱歌有什么区别呀？就是感觉柔软起来，整个身体都像打太极拳一样动着，所以古人读书要摇头晃脑。为什么？因为汉语是旋律型声调语言，是用腔音的，不是英语或者意大利语那样的重音语言。我们唱起歌来就是这样，很柔软，很流畅，总是连在一起唱的感觉，连绵不断，这才是温柔敦厚的中国人的感觉。

唱现代歌也是这样，你能唱出这种温润、这种流畅，这是中国的精神。这种东西，它不是理性上的概念，它是在生活里的，是一种习惯，是一种方式，这种东西到了孩子们的心里，到了他们的生命里，变为他们的气质、姿态，教育才能起作用，所以孔子重“六艺”，重视熏陶，重视习惯的养成。古代的贵族说话也是婉转温柔的。

王洛宾的《在那遥远的地方》，这首歌应该怎么唱？

这歌有个特点，就是每句话的最后一个字，不管是押韵的还是不押韵的，都是鼻音结尾：

方、娘、房、望、脸、阳、晴、亮、产、羊、脸、裳、羊、旁、鞭、上

全部都是 n 或者 ng 的韵尾。鼻音是什么感觉呀？抒情的感觉。为什么呢？因为人哭的时候，鼻子被堵住，说什么字都是带鼻音的。所以反过来，当你听到鼻音的时候，尤其是对方又拖长，让你专门听那个鼻音的时候，就能感受到抒情。所以唱的时候，一定要把每一句都归于鼻音韵尾，摇曳回味。

在那遥远的地方

这个“地”，现在很多人都唱成“在那遥远的 dǐ方”，那就成了另外一个字了。是 dì，所以向下的音程 53 是它的正腔。那么后面向上挑的 35 是什么？这是尾腔。向上一挑的尾腔表示陶醉。以前的中国人唱歌，都是用腔音唱歌。腔音就是音高、音强、音质都以变化为常态的音，而且这个变化是有情感意义的。平拖一般表示延展，向上表示强调，向下表示感慨。以前的中国人听歌，特别重视听尾腔，欣赏尾腔，所以戏曲唱起来都那么慢那么拖，今天的年轻人受不了，欣赏不了，因为他们学了西方音乐，只会欣赏旋律，不会欣赏尾腔了，不知道演员在表达什么，无法沉浸进去了。尾腔的特征，是一定要音量小，比正腔小，逐渐变小，这样才是尾腔的感觉。尾腔不影响对字音声调的判断，所以这里只要把 35 唱小声，就不是倒字，反而表达出了很陶醉的感觉。“在那遥远的地方”，当说到“地”这个字的时候，他陶醉了。

我们来唱一下这首歌，依字行腔地唱，用腔音唱，用心去唱，要明白它在说什么，对吧？

在那遥远的地方
有位好姑娘

“娘”是二声，所以要唱成 niáng。

人们走过她的帐房

“房”，一定要归韵于 n，最后拖的是鼻音 n，而不是áng。

都要回头留恋地张望

她那粉红的笑脸

"脸"也是要鼻音结束的。

好像红太阳
她那活泼动人的眼睛
好像晚上明媚的月亮

"亮"是四声 liàng，要把下降音程唱出来。

我愿抛弃了财产

现在都把"财"唱成 cǎi，是我愿抛弃那彩色的产业，黑白的你不抛弃，是吗？三声的"彩"和二声的"财"，唱的时候有什么区别？二声是直接向上扬的，三声会在开始先平拖一下或者下降一下。"了"唱 4，"财"如果唱 35，就是先下降再上升了，就会被听成三声 cǎi。如果要唱二声 cái，就直接上扬，比如唱成 56 就可以了。调没有变，只是腔做了调整，听起来非常坚决。

跟她去放羊

现在唱的 35，就成了 gěn 她，应该是 gēn 她，所以是 55。

每天看着那粉红的笑脸
和那美丽金边的衣裳
我愿做一只小羊
跟在她身旁
我愿她拿着细细的皮鞭
不断轻轻打在我身上

"打"是几声呀？三声，是温柔的三声呀，所以不能唱成一声，那太狠了。当你唱这个"打"字的时候，要把三声的婉转唱出来，你就知道那个字是多么温柔，它是饱含感情的。[参见：徐健顺唱《在那遥远的地方》]

这就是以前的唱歌，是用声音的变化去表达他的感情，不是仅仅靠歌词。

《兰花草》，最早是胡适的一首诗，后来成为很有名的台湾校园歌曲。但是那是用台湾的语调唱法，很多字用普通话来听都是倒字的。我重新依字行腔唱了一下，有的地方改了腔，有的地方改了调。

在我们的传统中，唱歌是可以改词改曲的。现在唱歌，张三作词，李四作曲，王五伴奏，赵六指挥，还得有人给我们唱一遍示范，我们就得按照这个唱，它有知识产权，我们不能不这么唱。这是合理的吗？是我唱歌又不是他唱歌，凭什么要按照他的词、他的曲去唱？如果我唱别人的词、别人的曲，只能因为一个理由，就是他的词好，他的曲好，我认同他的感受，是不是？我们古代的诗歌为什么能代代相传？不是因为这是李白作的诗，所以我们就背，一个字动不得。不是这样的。我们之所以读李白的诗，只是因为他作得好，不好的就被遗忘了。这就是中国人，中国的文化是以人为本的。我们学了李白的《静夜思》，一共二十个字。你可知道这二十个字当中只有十八个字是李白作的。李白的原作是：

床前看月光，疑是地上霜。举头望山月，低头思故乡。

“看”和“山”这两个字，后来都被改成了“明”。为什么？更好听呀。这就是我们中国人呀，李白的诗都给改了，是吧？不只是李白的，你去买任何一个人的诗集，只要买那个详注的本子，就会看到注释里面有大量的“一作”“又作”等。什么叫“一作”“又作”？就是原作被后人给改了。

这样就理解了什么叫“经典”。“经典”就是一个字也改不了，太棒了。不是因为某个权威说“这个东西重要”，它就成经典了，而是大家都觉得，这篇文章或这首诗，一个字都动不得，太棒了，真是我的心声呀，于我心有戚戚焉。这样才唱起来。我们今天也应该这样，唱歌，只唱好歌。唱别人作的词、别人作的曲，我只唱好的，而且唱得不舒服我还要改，把歌唱成自己的歌。我们来听一下重唱的《兰花草》，做个示范。

我从山中来
带来兰花草

这句原来的“来”唱的是 lāi，但“来”应该是二声 lái，所以不能唱 3，而是得唱 23。

种在花园中
盼着花开早

这一句，原来的歌词是“种在小园中”，但唱成了“萧园中”。如果把“小”

的三声唱出来，又破坏它的主旋律，怎么办呢？我就改了词，改成了一个一声的词，又基本不改变意思，这样就成了“种在花园中”。

一日看三回
看得花时过
兰花却依然
苞也无一个

这一句“兰花却依然”，还是原来的词，但调不是原来的调。原来的调是“lǎn 花却依然”。台湾话、广东话，二声三声经常不太好分，容易唱成这样，我们就得改过来，“lán 花却依然”，这也不伤害主旋律。如果伤害主旋律就改词。

转眼秋天到
移兰入暖房
朝朝频顾惜
夜夜不能忘
盼着花开早
能将夙愿偿
满庭花簇簇
添得许多香

原来唱的是“添得许 duǒ香”，所以就给它改过来了，由 75 改为 57，“添得许 duō香”，依字行腔，可以唱得很好。[参见：徐健顺唱《兰花草》]

希望这些经典歌曲在依字行腔重唱之后，能够以传统的姿态，永远流传下去。

白话诗歌吟诵

有了以上的准备，会唱摇篮曲，会唱儿歌，会听歌，通过听别人的歌不断去学习，从此以后，每一次听歌的机会都是在学习，这样就会提高得很快。不只是在课堂上课，生活中也是在上课。这样就可以进行下一步了，我们来吟诵白话诗歌。

凡是从汉语的特点出发，遵循汉语韵律创作的诗歌，都是可以歌唱的，无论是古诗文，还是白话诗歌。古代也有很多白话诗歌，都是可以唱的。但是现当代有些白话诗歌，是通过破坏汉语的语法和韵律来创作的。破坏汉语的语法和韵律就是他的创作方法，这样的诗是没有办法唱的。

首师大中国诗歌研究中心搞过一个很大的诗歌活动，海外很多国家的诗人都来了，我们国内的著名诗人也都来了。主办方知道我会唱诗，就让我唱这些国内著名诗人的诗，给了我一摞诗集。我从头翻到尾，只找到一首诗能唱，就是欧阳江河的《一夜肖邦》。为什么？因为那些诗是破坏韵律的，没法唱。我们要唱那些合乎韵律的诗歌。目的是什么？目的不仅仅是为了学习这些诗歌，更重要的是希望我们的下一代能够回到我们传统的路上，用汉语、用声音、用汉语固有的韵律去创作白话诗歌，口头的创作，才能脍炙人口。我相信到那个时候，我们白话诗歌的水平一定能超过此前一百年的水平，那个才叫中国的诗歌。所以希望这些孩子从小能够吟诵这些合乎韵律的白话诗歌。

一百年的现代白话诗歌史，从韵律角度可以分为两派：一派是遵循汉语韵律的，一派是破坏汉语韵律的。早期的诗歌，如胡适的、郭沫若的、冰心的，都是合乎韵律的。新月派是特别讲究韵律的，所以他们的诗最好唱。戴望舒、卞之琳等人的现代派诗歌，基本上也是可以的，但是从李金发开始就出现了破坏汉语韵律的手法。这个手法是从西方来的，而西方是从古代中国学去的，因为条件所限，没有学成，反而另成一路。这事说来话长，我们在意象系统里再说。郭小川、艾青那些诗也都可唱。朦胧诗也可以唱。到了第三代诗人，如韩东、孟浪、海子、翟永明、西川等，破坏汉语韵律的手法就成了主要的手法，诗基本上都不能唱了。当然我并不是说这样就不好，其实我还是很欣赏其中的某些诗的，但是这不应该成为汉诗的主流。从汪国真开始的朗诵诗，适合朗诵，轻重音感觉明显，但是声调、腔音的感觉较弱，大部分也不适合歌唱。所以总的来说，现在白话诗歌是走到了一个基本不能唱的地步，我还是希望回到传统。

我们现在创作了一大批这样的白话诗歌的吟诵，现在已经录了三四百首。我现在拿出一小部分给大家听一下。

例如《再别康桥》。徐志摩是新月派诗人，新月派还有冰心、闻一多等人，这些诗人强调作诗的时候要按照汉语的韵律来作，所以他们的诗基本都可以见字就唱。怎么唱呢？依字行腔、依义行调，自然就可以唱出来。而一旦这样唱出来，诗歌的内在韵律、情感起伏以及复杂的深层内涵就都体会出来了。下面我们来尝试一下。

轻轻的我走了

这句话怎么说呀？是“轻轻地”高，还是“我走了”高？还是平着说？你们可以试一下。三种处理方式，意思不一样。“轻轻地我走了”，强调的是“轻轻的”；“轻轻的我走了”，强调的是“我走了”。应该强调哪个？是“轻轻的”，因为这段乃至整首诗，说的都是自己的离开，是那样的无奈，那样的无声无息。

正如我轻轻的来

这话怎么说？语调是上去了还是下去了？应该是上去了，强调的是“来”。

我轻轻的招手
作别西天的云彩

前一句强调“招手”，“轻轻的”是没有影响的意思，不是招手不用力，所以要强调“招手”，强调自己告别的心情。“作别西天的云彩”，要强调“西天”，因为这是中国诗，还记得意象吗？徐志摩也是传统教育出身，“西天”这个意象，是夕阳黄昏的意思，出自《诗经·君子于役》，意思是该回家的时候。

夕阳西下
断肠人在天涯

晚上是什么时候？

日之夕矣
羊牛下来
君子于役
如之何勿思

晚上是该回家的时候呀，所以是“作别西天的云彩”。

这样就可以唱了吧，很简单。后面的句子依此类推。依字行腔、依义行调，你就能感受到里面情绪的流转。这就是新月派的诗。徐志摩的诗，为什么很多人现在还可以背得出？因为它琅琅上口，它有内在的韵律。我给你们听一下我

吟诵的《再别康桥》。[参见：徐健顺唱徐志摩《再别康桥》]

再别康桥

徐志摩

轻轻的我走了　正如我轻轻的来
我轻轻的招手　作别西天的云彩

那河畔的金柳　是夕阳中的新娘
波光里的艳影　在我的心头荡漾

软泥上的青荇　油油的在水底招摇
在康河的柔波里　我甘心做一条水草

那榆荫下的一潭　不是清泉　是天上虹
揉碎在浮藻间　沉淀着彩虹似的梦

寻梦　撑一支长篙　向青草更青处漫溯
满载一船星辉　在星辉斑斓里放歌

但我不能放歌　悄悄是别离的笙箫
夏虫也为我沉默　沉默是今晚的康桥

悄悄的我走了　正如我悄悄的来
我挥一挥衣袖　不带走一片云彩

这就叫吟诗，徐志摩也是吟诗的。

给大家听一首有伴奏的，如戴望舒的《雨巷》。这是我的学生王伊吟诵的，自己弹着古筝，自己来唱，吟诵就应该是这样。每一句的高低长短，都以准确表达诗意为目的来安排，好诗自然有好调。[参见：王伊自弹自唱戴望舒《雨巷》]

雨　巷

戴望舒

撑着油纸伞　独自
彷徨在悠长　悠长
又寂寥的雨巷
我希望逢着

一个丁香一样的
结着愁怨的姑娘
她是有
丁香一样的颜色
丁香一样的芬芳
丁香一样的忧愁
在雨中哀怨
哀怨又彷徨
她彷徨在这寂寥的雨巷
撑着油纸伞
像我一样
像我一样地
默默地彳亍着
冷漠　凄清　又惆怅
她默默地走近
走近　又投出
太息一般的眼光
她飘过
像梦一般的
像梦一般的凄婉迷茫
像梦中飘过
一枝丁香的
我身旁飘过这女郎
她静默地远了　远了
到了颓圮的篱墙
走尽这雨巷
在雨的哀曲里
消了她的颜色
散了她的芬芳
消散了　甚至她的

太息般的眼光
丁香般的惆怅
撑着油纸伞　独自
彷徨在悠长　悠长
又寂寥的雨巷
我希望飘过
一个丁香一样的
结着愁怨的姑娘

感情应该这样来体会。

《花环》，这是何其芳的一首诗。

开落在幽谷里的花最香

这句应该是哪个词最重要？是“幽谷”，还有“最”。

无人记忆的朝露最有光

这一句是“朝露”和“最”。把这些词放在最高音上，把韵字和需要延展抒情的字拖长，就做到了基本的依义行调。这是我吟诵的《花环》。［参见：徐健顺唱何其芳《花环》］

花环——放在一个小坟上

何其芳

开在幽谷里的花最香
无人记忆的朝露最有光
我说你是幸福的　小玲玲
没有照过影子的小溪最清亮

你梦过绿藤缘进你窗里
金色的小花坠落到你发上
你为檐雨说出的故事感动
你爱寂寞，寂寞的星光

你有珍珠似的少女的泪

常流着没有名字的悲伤
你有美丽得使你忧愁的日子
你有更美丽的夭亡

这是一首悼亡诗。最后，“美丽”是需要强调的，“夭亡”是感伤抒情，是需要延展的。

何其芳的另一首诗《欢乐》，第一段是：

告诉我
欢乐是什么颜色

是哪一句应该高呢？第一句。因为如果是第二句高，真就成了疑问句，然而这是诗，它表达的意思并不是要问颜色，而是对欢乐的歌唱，所以“告诉我”，这句话突出了自己对于欢乐的心爱，所以要重读第一句。

也因此，“告诉我”三个字，应该重读前面的“告诉”。“欢乐是什么颜色”，应该重读“颜色”，因为后面还有“声音”、触觉和视觉，所以“颜色”是要强调的。

依此类推，可以这样来唱《欢乐》[参见：徐健顺唱何其芳《欢乐》]：

告诉我，
欢乐是什么颜色？
像白鸽的羽翅？鹦鹉的红嘴？
欢乐是什么声音？像一声芦笛？
还是从簌簌的松声到潺潺的流水？

是不是可握住的，如温情的手？
可看见的，如亮着爱怜的眼光？
会不会使心灵微微地颤抖，
而且静静地流泪，如同悲伤？

欢乐是怎样来的？从什么地方？
萤火虫一样飞在朦胧的树阴？
香气一样散自蔷薇的花瓣上？
它来时脚上响不响着铃声？

对于欢乐我的心是盲人的目，
但它是不是可爱的，如我的忧郁？

王统照的《小诗》，我们尝试用月琴伴奏，依字行腔，依义行调，可以把这首诗的意境表达得很贴切。为了旋律的完整，删改了两个字，这也是古人唱歌的传统啊。唱歌是自己的事，唱别人的词是因为自己喜欢，所以在基本尊重原作的基础上，词也可以调，曲也可以调。[**参见：吴铮吟王统照《小诗》，白秋童月琴伴奏**）

小　诗

王统照

多年的秋灯之前，
一夕的温软之语，
如今随着飞尘散去，
不知当时的余音，
流落在谁的心里？

当代的诗歌也有可以唱的。如北岛的诗《走吧》，我们来分析一下。

依义行调的分析，最好是从大到小、从全面到局部的过程。我们先分析一下，在这首诗的五段之中，哪一段是最高音？对，应该是第四段，这就是中国诗，它一定是在百分之七八十的地方达到最高潮，然后低收结束。

然后去分析每一句。

落叶吹进山谷
歌声却没有归宿

这是第一段，一共两句，应该哪句高？如果是前一句高，那就是肯定或者感慨的意思；如果是后一句高，那就是强调或者疑问的意思。还是句调的问题。这一段说的是，时间已经这么晚了，到时候了，怎么还没有走？所以强调的是时间，不是没有走的现状，因此应该是前一句高。

冰上的月光
已从河面上溢出

哪句高？第二句高。这句强调的是结果，不是主语，所以是第二句高。

眼睛望着同一片天空
心敲击着暮色的鼓

哪句高？前面那句高，“眼睛望着”，这是目标，是希望；“暮色的鼓”，这是感慨。所以前一句高。

我们没有失去记忆
我们去寻找生命的湖

哪句高？后面一句高，这是决心，是誓言。

路啊路
飘满了红罂粟

哪句高？前一句高，这是感慨，所以后面低下来。

整首诗的高低起伏，是非常有规律的，从第一段开始，高低、低高、高低、低高、高低，这个韵律与格律诗的道理是一样的。有了这些内在起伏的韵律，这个歌才好唱，这个诗才是合乎汉语韵律的诗。

每一句的节奏也差不多是这样。比如第一句“落叶吹进山谷”，是哪个词高呢？应该是“山谷”，强调的是吹落的地点，以显示时间已经到了。“歌声却没有归宿”，是哪个词高呢？应该是“歌声”，强调的是主体。如果强调的是“归宿”，那么“歌声”就应该是一件很正常的事情，然而在这里，“歌声”是与“落叶”形成对比的美好事物的象征，并不是很自然出现的事情，所以要强调“歌声”。这样，第二句句调向下降，也就出现了前句高后句低的效果。其他句子的判断依此类推。大家听一下，这是我吟诵的《走吧》。[参见：徐健顺吟北岛《走吧》]

走吧

北岛

走吧
落叶吹进山谷
歌声却没有归宿

走吧
冰上的月光
已从河面上溢出

走吧
眼睛望着同一片天空
心敲击着暮色的鼓

走吧
我们没有失去记忆
我们去寻找生命的湖

走吧
路啊路
飘满了红罂粟

这首诗，每个字和每个字之间这种声调的起伏非常精美，韵律和它的内容非常完美地结合。这才是典范的白话诗歌。

我们再来看一首，这是席慕蓉的一首诗:《出塞曲》，吟诵者是陈琴老师。陈琴老师是小学语文老师，虽然是特级教师，但也是语文老师。陈琴老师没有学过音乐专业，普通话也不是特别标准，平常也不怎么唱歌，但是吟诵得特别好。为什么吟诵得好？因为她是语文老师，她对整首诗的含意把握得好。

请为我唱一首出塞曲

这句哪个词重要？“出塞曲”，这是主题。

用那遗忘了的古老言语

是“遗忘”重要还是“古老”重要？“用那**遗忘**了的古老言语”，还是“用那遗忘了的**古老**言语”？应该是“古老”，强调的是我们共同的文化，而不是已经断绝的文化。

请用美丽的颤音轻轻呼唤

哪个词最重要？“颤音”是吧？

我心中的大好河山

重点是“大好河山”。

那只有长城外才有的景象

重点是“长城外”。

谁说出塞曲的调子太悲凉

重点是“太悲凉”。

如果你不爱听　那是因为　歌中没有你的渴望

重点是“不爱听”“因为”“没有”。

而我们总是要一唱再唱

这里旋律要上扬，重点是“再唱”。

像那草原千里闪着金光

重点是“千里”“金光”。

像那风沙呼啸过大漠

重点是“大漠”。

像那黄河岸　阴山旁

重点是“黄河”“阴山”。

英雄骑马壮

重点是“壮”。

骑马荣归故乡

重点是“故乡”，而“故乡”又是结尾，要拖长以表达情感的延展，所以“乡”字又压低延长。

这就是语文老师，她能抓到每句话的重点。她朗读得好，所以就唱得好。我们来听一下陈琴老师的吟诵。那天她还有点疲倦，但仍然能听到她的感情的

起伏变化。她的旋律和这首诗紧密地结合在一起，非常好。[参见：陈琴吟席慕蓉《出塞曲》]

出塞曲

席慕蓉

请为我唱一首出塞曲　用那遗忘了的古老言语
请用美丽的颤音轻轻呼唤　我心中的大好河山
那只有长城外才有的景象
谁说出塞曲的调子太悲凉
如果你不爱听　那是因为　歌中没有你的渴望
而我们总是要一唱再唱　像那草原千里闪着金光
像那风沙呼啸过大漠　像那黄河岸　阴山旁
英雄骑马壮　骑马荣归故乡

“骑马荣归故乡”，多好的事，她唱的是一个低调，再重复，仍然是低收结束，为什么？因为整首诗表达的是一种感慨，不是英雄的骄傲。陈琴老师把握得太好了，这就是非常优秀的吟诵。

我们还要再看一下当陈琴老师把这个吟诵教给孩子们以后，她的那帮二年级的小学生们是怎么唱的。[参见：陈琴的学生们吟席慕蓉《出塞曲》]

当我们看到孩子们那种狂热、那种全情投入，我们才明白了什么叫学习，什么叫读书之乐。孩子们唱起来，是一个什么样的状态，完全地打开，特别地喜欢，这个才叫读书，才叫学习。

唱自己的歌

最后，我们要鼓励学生们唱自己的歌。

什么是唱自己的歌呢？就是自己作词，自己作曲，自己伴奏，自己唱，即兴唱，唱给特定的人。我们现在倡导，重新学会唱歌，让孩子们学会唱自己的歌，让我们汉族也能歌善舞，让中国音乐重生，就是回到我们传统的轨道上，来创造中国的新音乐。

我们作过一些这样的歌，基本上都是我们这个团队自己作词、自己作曲、自己唱的歌。我们这些人里没有音乐专业的，很多人不识谱，也没有表演经验，就是我们普通的同事和学生。这么做，是想给大家做个示范，我们普通人也是可以自己做音乐的。

这首歌是《登珠峰》，是2008年给中国登山队攀登珠穆朗玛峰传递奥运火炬作的一首歌。它的调改编自青海的民歌调，词是我新作的，依字行腔，依义行调。大家体会一下，是不是这样？如果你会依字行腔、依义行调，就能自己作出歌词自己唱出来。[参见：徐健顺唱《登珠峰》]

啊　黎明的月亮
把那冰封的山顶照亮
我转身抬头一望
就看到天边美丽的海洋

茫茫的白雪无垠
连绵的群山静默无语
呼啸而过的狂野天风
把我的心吹回你的身旁

你看，藏族风格的调子，也可以填上汉语的词，但是，还是要依字行腔、依义行调。

下面这首歌叫《飞越彩虹》，是一首儿童合唱歌曲，但是我手里没有正式录音，只有小样。这首歌是亢竹青老师的曲，曾经得过文化部建国六十年作曲金奖，我作的词，后来我们把它赠送给了一个基金会，他们在做少数民族音乐的传承工作，在建设少儿艺术团，所以这就成了他们的主题歌。我只有当时亢老师的录音小样，大家听一下。

在那遥远的天边

是“遥远”重要还是“天边”重要啊？当然是“天边”重要。天边多遥远啊，遥远的不一定在天边。这句的旋律是后面向上扬的，句子后面是强调的，因此就把要强调的字放在后面，这就是古人所谓的“倚声填词”。

有座美丽的高山

也是旋律后扬，所以把重点放在最后的词上。

一眼甘甜的清泉

这句的旋律中间高，所以要造一句把重点放中间的句子。

蜿蜒流过我家门前

这句还是旋律后扬，把重要的词放在后面。

我曾站在高山之巅

强调的是最后一个字。

去遥望那蓝天

“遥望”是高音表示强调，“蓝天”是广阔的，所以拖长。

在群山白云之间

强调“群山白云”，延展“之间”。

有一条彩虹闪现

强调“彩虹”，延展“闪现”。下面都是依此类推。这首歌唱的也是民族音乐的传承问题。小样和最后的定稿有一些差异，其实我们每次唱都是可以不一样的。[**参见：亢竹青唱《飞越彩虹》**]

在那遥远的天边　有座美丽的高山
一眼甘甜的清泉　蜿蜒流过我家门前
我曾站在高山之巅　遥望那蓝天
在白云青霭之间　有一条彩虹闪现
妈妈　妈妈　我多想飞过那条彩虹
妈妈　妈妈　我多想飞到大海边
妈妈　妈妈　我想把传奇讲给你听

在那遥远的天边　有我难舍的家园
古老的村庄依然　有些故事千年流传
在我七彩的梦里面　常看到妈妈笑脸

在飞扬的歌声之间　我抱着彩虹入眠
妈妈　妈妈　我多想回到你的身边
妈妈　妈妈　你唱的歌儿萦绕心间
妈妈　妈妈　那些歌永留人间
我要唱歌到永远

我就是给大家展示一下我们作过的各种各样的歌曲。其实只要会吟诵，唱歌和作流行歌曲就是件比较简单的事，比较难的还是古诗文的吟诵。

下面这首歌是摇滚。摇滚只是一种音乐形式，用汉语唱歌，仍然要依字行腔、依义行调，而只要依字行腔、依义行调，就会唱出好歌。这首歌是我和我的同事、学生一起作的，又一起唱的，没有专业人士，我们都是业余的，只有编曲录音的老师是专业人士，可是我们照旧可以作出像样的摇滚。词是我作的，大家要用依字行腔、依义行调的眼光去考察、体会，就能理解为什么这么作。

［参见：中央电视台体育频道工作团队和中央民族大学学生们唱《快乐志愿》］

来一起快乐无比　做志愿
让我们一起来把　梦实现
我们来自五湖　　四海边
我们挥汗如雨　　每个地点
大家见面把头　　点一点
从此做好朋友　　到永远
没有什么阻隔　　心之间
这是我们的世界

这一刻好像回到遥远的伊甸园（桃花源）
这地方每颗心灵都在彼此温暖
一起分享每一天　一起体会苦和甜
一起做个大事件给全世界看
（十六种语言说　你好）

也许奇迹没有出现
但希望已注定不远

不再害怕孤独艰难
我们看到彼此笑脸
来一起快乐无比　做志愿
我们一起来把　　梦实现
我们来自五湖　　四海边
我们挥汗如雨　　每个地点
不管世界如何　　再变幻
我们永远都要　　做志愿
这是遥远的梦　　在呼唤
这是你我的心　　在高处自由飞翔

这首歌有两个版本：一个是面对全国的，用的是各个少数民族的问候语，说的是“桃花源”；一个是面对世界的，用的是各个国家的问候语，说的是“伊甸园”。

用这种方式其实可以随意唱歌的。我们以前作过很多歌，全都是这种业余的，但我们自己觉得很好很快乐。我们还作过曲艺，作过儿歌，作过 rap 说唱，还作过英语歌曲。

所谓说唱，就是吟诵的诵啊，这种形式以前就是我们蒙学的东西，就是小孩学的。但现在我们中国这些唱 rap 的、嘻哈的、说唱的这些组合，大概分两类：一类是用快板书的节奏，另外一类就是以破坏汉语的韵律节奏为手段的。我觉得其实我们还有第三条路，就是如果掌握汉语的韵律，其实汉语的节奏可以变化万端的，不是只有这两条路的，而且我们也不希望破坏汉语的固有韵律。我们以前作过好多说唱，没有重复的节奏。下面是《乒乒乓乓天下无双》，这是中国乒乓球队参加世锦赛的队歌，已经做了十届。前四届是我的词，下面是第一届的。这里不但用了很多不同的节奏，而且用了方言。我们没有破坏汉语的韵律，但是照旧好听，照旧为球迷喜爱，所以一届一届地做下去。［参见：中国乒乓球队唱《乒乒乓乓天下无双》第一届）

乒乒乓乒乓　乒乒乒乓乓
乒乓乒乓乒　乓乒乓乒乓　乒乒乓
乓乓乒乒乓　乒乓乓乒乓

乒乒乒乒乓　乒乓天下无双
我啪的一板正手直线　打你个措手不及（刘国正）
我滑步侧身斜拉弧圈　打得你没脾气（王皓）
我迎头一轮暴冲　三大板　啪啪啪（陈玘）
我上劈下切左抽右攻你能把我怎么办（刘国正）
直拍横打横拍快拨　这都不算稀奇（郭跃）
正胶反胶生胶长胶　这也不是秘密（王楠）
你想知道流行时尚　超级尖端秘密武器（张怡宁）
不告诉你　就是不告诉你（牛剑锋）
想知道就来看看　高手比赛（王皓）
况且还有男的帅呆　女的清纯可爱（陈玘）
我们聚齐　就在一年一度的世乒赛（邱贻可）
你偷着乐吧　这次在咱们上海（王皓）
我们上海高雅时尚漂亮　哪里也比不上（王励勤）
我们上海男的女的　个个全是新好榜样（王励勤）
外滩金茂人民广场　有吃有喝有玩（王励勤）
不要告诉我　你不想来这里看乒乓（王励勤）
乒乒乓乒乓　乒乒乒乓乓
乒乓乒乓乒　乓乒乓乒乓　乒乒乓
乓乓乒乒乓　乒乓乓乒乓
乒乒乒乒乓　乒乓天下无双
大球小球二十一十一　规则变化快（郝帅）
其实我们有实力　根本不怕你改（邱贻可）
要想独步天下就得　什么也不怕（王皓）
对对对　这次怎么也得
让老外认栽　说得好
这次见到老瓦　我贼想和他唠唠嗑（孔令辉）
抓紧时间交流心得咱也打到三十多（孔令辉）
老有人提柳承敏　说我们俩在较劲（王皓）
其实我的目标就是冠军　管他爱谁谁（王皓）

说到冠军谁不想　不能老是无冕之王（马琳）
父老乡亲全看着　不能再叫他们失望（马琳）
格林卡塞弗　施拉格萨姆索诺夫
其实挺欢迎你们赢的　但是只能说对不起了啊
乒乓球虽小　就是打的一个颠儿
女孩子虽多　可要占她一个尖儿（牛剑锋）
潮流变化越快　越要领它一步先儿（王楠）
就是俏一点儿　疯一点儿　最后压她一丁点儿（张怡宁）
乒乓球台总是上演　小鬼当家（王楠）
可是关键时刻还得　大姐出马（郭跃）
这句话说到我心坎上了　希望小妹妹们抓住这次机会快点冒尖儿（王楠）
不管什么兵团　都欢迎来我们家开打（郝帅）
李佳薇　帖雅娜　还有那个瓷娃娃（郝帅）
我是福原爱　我爱世乒赛（福原爱）
我不是瓷娃娃　其实我也很能打（福原爱）
有人想做黑马（郭跃）
有人想大满贯（张怡宁）
有人拿了大满贯　还想超越极限（孔令辉）
有人想夺冠（马琳）
有人要向自己的命运挑战（邱贻可）
所有人都想世乒赛　第三次来中国我们包揽
五一长假你想怎么度过　怎么享受（王皓）
如果扎堆儿旅游　不如扎堆儿看球给我加油（张怡宁）
劳动节快乐　我劳动你快乐（郝帅）
你快乐我就快乐　你眉头开了我就笑了（王楠）
乒乓乓乒乓　乓乓乒乒乓
乒乒乒乒乓　乒乓天下无双
乒乓乓乒乓　乓乓乒乒乓
乓乓乒乒乓　乒乓变幻无方
乒乓乓乒乓　乓乓乒乒乓

乒乒乒乒乓　乒乓黑马无当
第四十八届　世界乒乓球锦标赛
在上海　等着你　等着你　等着你
等着你　等着你　等着你

给大家看这些，就是想告诉大家这么一个道理：如果你会吟诵，你会中国式的唱歌法，你会中国式的作曲法，其实创作流行歌曲不是难事。音乐，不是一种职业，它应该是我们每个人的生活。生活的艺术，只有感动，没有什么好和不好。所以，我们做这个事，也是要重新来唤起大家，学会唱歌，唱自己的歌，从吟诵开始。

现在一些音乐学界的专家和音乐艺术家已经行动起来，他们已经在反思和探讨这件事情，准备建设新的中国音乐的学校，培养新的中国音乐的人才，不再只学唱歌学拉琴，而是从读书开始，从习礼开始，首先培养传统文化的人，才会有中国音乐。这项行动叫“华夏乐府”，是中国音乐学院的谢嘉幸教授首先发起的。我们已经从北京的中小学开始，逐渐向全国、向大学和社会辐射出去，组织建立“乐府社”，把有音乐才能的学生组织起来，学习传统文化，学习传统音乐，再以传统的方式创作汉语的新音乐。用中华文化精神，用自己的心，唱自己的生活，创造属于年轻人、属于老百姓自己的流行歌曲。希望越来越多的人加入“乐府社”行动！

第二讲　汉字的音与义

汉语语音有意义

上面是第一讲，现在我们回过头来，要翻越两座大山：一座就是音韵格律，另外一座就是国学。国学这座大山不是我们吟诵学习能够解决的事情，但我们可以大致解决音韵格律的问题。音韵格律的基本常识要掌握，然后方可吟诵古诗文。而音韵格律的问题，要从根上讲起。

我推广吟诵的时候，经常会碰到有人问这样两个问题，我认为也是吟诵的理论上最应该重视的两个问题，那就是：

1. 为什么要吟诵？

这个问题意味着：为什么一定要吟诵？可不可以不吟诵？难道必须要吟诵吗？我总是回答：是的，一定要吟诵。古诗文必须吟诵。

为什么呢？为什么就不能不吟诵呢？为什么就不可以用现代朗诵或者唱，甚至就是平读的方式去读古诗文呢？

这件事，如果回答吟诵是传统，吟诵好听，吟诵有味道，等等，都是不能彻底解决这个问题的。传统可以被超越，流行歌曲更好听，朗诵也有独特的味道，所以这样回答并不能够说服人。只有说到“读错就会理解错”的时候，吟诵才能成为必然。但是要解释“读错就会理解错”的问题，仅仅从读法上解释还是不行的，因为读法会影响含意这一点，必须要有明确的分析。一旦分析下去，就会涉及为什么会影响含意的问题。这样一来，就必须从读音的层面上去解决问题了。读音有意义，读法才能有意义。所以第二讲，我们专门来讲一下

“汉字的音与义”。我认为汉字的音义关系，是吟诵的两大理论基础之一，它可以解决“为什么一定要吟诵”的问题。

2. 为什么一定要这样吟诵？

这个问题意味着，为什么我们要相信采录到的老先生？那不过是清末民初的吟诵。唐朝也是这样吟诵的吗？先秦也是这样吟诵的吗？为什么一定要按照我们说的吟诵的方法去吟诵呢？

这个问题的答案就是“四声对五音”。“四声对五音”揭示了上古音乐旋律的产生机制，也说明了中古直至当代的旋律产生机制，这样才能回答“为什么要这样吟诵”的问题。这个事情且见下文。我们在这里先解决汉语的音义关系问题。

汉语的语音有意义吗？这个问题，在很多学者那里，是一个外行问题，是一个无需讨论的问题。语音当然和语义是没有对应关系的，有的话也只是偶然，只是表象。语音都是随意定的。早就有语言学家用随意制订的一套语音，照旧可以表达交流的。语音和语义是任意性关系，这是西方现代语言学的一个基本原理。所以这个问题就不该问。

然而，科学的进步往往就是从问了不该问的问题开始的。

我们不管别的语言，只说汉语。汉语的语音是没有意义的吗？一个字读什么音，是随意的吗？

比如说“汉”字，它为什么读“hàn”呢？这个问题可以拆成三个小问题：它的声母为什么是 h？它的韵母为什么是an？它的声调为什么是四声？这件事情，我们的语文课是从来不讲的。我们的语文课从来不讲一个字为什么读这个音，也很少讲这个字为什么这么写。“汉”为什么读 hàn，难道是随便定的吗？

我们现在就是这样说的，音义关系是任意的，是约定俗成的。可是约定是随便约的吗？既然是约定，就应该是有原因、有道理的。现在我们不假思索地信任西方语言学，生搬硬套于汉语身上，就无法真正了解我们的母语。

现在的语文课关于汉字的语音，是一种什么样的概念？说汉字绝大多数都是形声字。那又是怎样解释形声字的呢？说形声字是由两个部分组成的，一个部分叫形旁，一个部分叫声旁。形旁表义，声旁表音。

形旁表义，声旁表音，我没见过古人这样说过。许慎说的是“以事为名，取譬相成”，不是音义分开的意思。形旁表义，声旁表音，就会得出一个结论，即汉字落后论。为什么呢？因为世界上的文字，基本上开始的时候都是象形文字，后来演变成了拼音文字。而汉字呢，有象形，有象形的变体指事和会意，后来就大多数是形声字，而形声字是一半表义一半表音，这说明什么？说明人家都跑到终点了，我们还在从象形文字到拼音文字的半路上，还有一半象形文字的尾巴没有去掉呢！这样就得出了“汉字落后了”的理论，并且产生了汉字要罗马字母化的主张。这种主张虽然在历史上只存在过很短的一段时间，但是它的影响其实一直到今天。只要你说形声字是形旁表义、声旁表音的，其实你秉持的就是这种理论。

那么实际情况是怎么回事？以前季羡林先生提过这个问题，说为什么世界上所有的文字都是从象形文字开始的，最后它们都变成拼音文字了，而只有我们汉字没有变呢？这到底是什么原因？

各种文字从象形改到拼音的年代，往往都在几千年前，要想找到这个原因是很困难的，因为文献难寻。但是很幸运的是，我找到了一个文献，而且是与我们汉字有关的一个文献，这就是朝鲜世宗国王颁布的《训民正音诏》。

朝鲜这个民族，几千年来用的都是汉字。虽然他们的语言不是汉语而是朝鲜语，但是他们用的文字是汉字，几乎所有的朝鲜古代文献都是用汉字写成的。朝鲜古代贵族是精通汉语汉字汉诗汉文的。他们也有科举考试。他们的朝鲜语和汉字之间，有一套读音转换系统，叫吏读。这套系统，一直用了两千多年。

1444 年，朝鲜世宗国王在位时，决定要创建朝鲜文字。请谁创制呢？他找了几位当时朝鲜的大汉学家，就是郑麟趾等人，请他们创制朝鲜文字，而且是用汉字的部件创制朝鲜文字，结果创制出来的，却是纯粹的拼音文字。

你们有会朝鲜文的吗？看过韩剧吧？朝鲜文字，比如“ㅁ”这个符号，在朝鲜文中就是 m 这个音；“ㅏ”这个符号，在朝鲜文中就是ɑ这个音。那么“마”是什么？就是 ma。再比如说“ㄱ”这个符号，在朝鲜文中就是 g 这个音。所以“막”这个符号就是 mag 的读音。从中可以看出来，朝鲜文是纯粹的拼音文字。

一个用了两千多年象形文字的民族，请三位大汉学家创制文字，根据阴阳五行的理论，使用汉字的部件，为什么创制出来的反而是拼音文字呢？这是一个特别典型的例子，能够回答季羡林先生的那个问题。问题的答案就在《训民正音诏》里，世宗国王说出了原因。他说：

> 国之语音，异乎中国，与文字不相流通，故愚民有所欲言而终不得伸其情者多矣。予为此悯然，新制二十八字，欲使人人易习，便于日用耳。

“国之语音，异乎中国”，我们朝鲜语跟汉语不是一种语言啊，“与文字不相流通”啊。我们说着朝鲜语却写着汉字，这个太不方便了；“故愚民有所欲言而终不得伸其情者多矣”，所以老百姓没法用汉字畅所欲言；“予为此悯然”，我为此非常的悲悯；“新制二十八字”，所以我特别新做了二十八个字，就是朝鲜文的二十八个字母。这二十八个字母就叫“训民正音”，“欲使人人易习，便于日用耳”，为的是每个人都容易学习而且便于使用。

“人人易习，便于日用”，这八个字说出了所有的象形文字后来变成拼音文字的主要原因，就是：拼音文字好学好用。

怎么叫好学好用呢？比如说英语就是拼音文字，英语把“桌子”叫 desk。一个英国的儿童，大概 2 岁左右就知道桌子叫 desk，等到六七岁的时候上学，学字母，一共就二十六个字母，一会就记住了。然后 desk 怎么拼呢？就是 d-e-s-k，很简单，这就叫“自然拼读法”，然后再说一点特殊情况记一下就完了。因此，拼音文字学起来很方便，只要你会说话，很容易就可以写字。

在中国，我们的小孩很小也会说“桌子”，到了上学的时候，看到“桌”这个字，好像完全没有规律，不能拼读，只能死记硬背。所以说拼音文字简单，易学易用。

那我们就要问了：既然是这样，我们的祖先为什么不改用拼音文字呢？是我们的祖先笨吗？愚昧落后？这不可能。事实是，我们的祖先与其他民族的祖先走了一条相反的路。世界上的文字都是从象形文字开始的，象形文字是音形义一体的文字，有音有形又有义，是三者形成一个整体的一种文字。后来大多数的文字都变成了拼音文字，目的是什么呢？就是简化，易学易用。但是我们的汉字恰恰相反，汉字是从象形走向了指事，就是象形的上面再加象形；从指事到会意，还是象形的上面再象形；然后从会意走到了形声，还是象形再加象形，总之是越来越复杂的象形。我们不但没有简化象形文字，反而使它更加复杂化，这样形成了汉字。直到今天，汉字依然是音形义一体的象形文字。所以这不是因为我们的祖先笨，而是有意为之的结果。

为什么要这样做？

我们先从传达信息的角度来说。象形文字是音形义一体的，拼音文字呢？拼音文字当然也有它的音、它的形、它的义，但是，它们互相是基本没有关系的，所以它的音和形只是用来表达义的，本身是没有意义的。所以，一个英国的孩子，当他看到 desk 的时候，实际上只得到了“桌子”这样一个“义”的信息。而中国的孩子，当他看到“桌”这个字的时候，如果他是明白汉字的，是学过音韵文字训诂的，他会得到三方面的信息：一是“桌子”这个含意；二是“桌”这个形状。“桌”的金文是，就是一幅画，画的是一个平面，上面放着东西，下面是几条腿。“桌”这个字源自“卓”，就是凸起的意思。因为上古的时候，人们用的是“几”，是很矮的。后来用“桌”了，“桌”比“几”要高很多，所以从“卓”字化来，有高的意思。第三，“桌”的音也是信息，它的上古音构拟大概是［tok］，读音大概像 daog，入声，d 有顶起之感，ao 有张开之感，入声的短促有决绝之感，总的感觉就是坚决地顶起来又张开。这是桌子的姿态之感。这样，他获得的信息就比英国孩子要多很多，因为这是一维和三维的差距。

汉字所承载的文化信息，要比一般的拼音文字多很多，这也是汉文化一直源远流长的原因之一。而现在，我们的语文课往往按照拼音文字的方式或者没有方式来教汉字，汉字所承载的文化信息大为削弱，当然学生们会觉得枯燥无味了。

这是说汉字坚持象形文字好的一面，但是不好的一面呢？就是象形文字难学难用的这个方面呢？以前有人说汉字之所以难学难用，是统治者故意为之，好让老百姓得不到知识，以便于愚民。这个说法与中华文化精神的一贯传统相悖，恐怕是站不住脚的。那么，以难学难用换文化含量，这种做法值得吗？

问题就在这里：汉字真的难学难用吗？

当我们以拼音文字的方式教汉字，它当然是难学难用的。但如果以汉字本身的方式教汉字呢？

实际上，我们的祖先很聪明，他们在造字之初，就已经想好了一套模式，使得汉字有体系有规律，因此也就可以达到易学易用的目的。汉字的造字比之其他民族文字，要更接近生活，所以甲骨文几千年后出世，也能够迅速为人所识。汉字造字本就是为了普及知识，后世也有一整套的教儿童识字的办法，完全不妨碍“人人易习，便于日用”这八个字。只是今天我们不再遵循汉字的固有系统教学的时候，它被拆散了，才变得难学难认。

汉字是音形义一体，研究汉字的音的这门学问叫音韵学，研究形的这门学问叫文字学，研究义的这门学问叫训诂学，它们合起来是传统“小学”的主体，这也是今天的小学、中学、大学这些词语最早的来源。“大学之道在明明德”，大学是成人的学问。小学就是小孩的学问，其中最主要的就是读书识字。

《三字经》说“凡训蒙，须讲究”，给儿童开蒙是非常讲究的。“详训诂，明句读”，从哪里开始啊？从训诂开始，从句读开始。句读是什么？就是读法问题，代表读书的方法，也就是今天所谓的“吟诵”。“为学者，必有初”，上学是有个起点的，从哪里开始？“小学终，至四书”，先学“小学”，再去学“四书”。学完“四书”呢，去读“五经”；读完了经去读史，读完史去读子，读完子去学文，就是诗词文赋。这是古代学习的顺序。这不是说小的时候就不能学首诗，而是强调系统地学习学问的顺序。

这个顺序，是从蒙学开始的，然后是小学，然后是经史子文。古人认为不懂小学是很难去读经的。比如说今天我们的学生读“子曰”两个字，他得到了什么信息呢？就是“孔子说”，就是字面的意思，没有别的了。也就是只得到了音形义中的“义”。古人读书，如果他有小学的训练，那么他还知道“曰”是入声字，要读短，有郑重其事的感觉。“曰”字左上角不能合口，原有神谕之意。他还会知道“子”是爵位名称，这些爵位都是亲属称谓，是变成一家之意。“子”在其中的地位不高，因此又作为普通人的尊称。他所获得的信息就要多很多，也就准确很多，更不要说读法所获得的快乐了。

先读经后读史。没有读经很难去读史，因为经是讲道理，史是举例子。你连道理都不知道就去看例子，看不懂啊。现在我们的历史教育，很多是庸俗教育，把中国历史说成是一套阴谋诡计史，以小人之心度君子之腹，这就是不读经的后果：不知道史书为什么这么写，不明白中华历史的根本。同样，以西方史观来教中国历史，也是不读经的结果。现在我们缺乏中华文化体系的历史教育。

经和史都不明白，不能去读子。子是对某一个方面的道理的深入探究，大道理都没明白就去探究小道理，是不行的。经史子都不读，就去读诗词文赋，那就更乱了。这就好比在西学系统中，让小学一年级的学生直接去高一的课堂学习。诗词文赋，是文人的行话，所谓“无一字无来处”，其意象系统都是来自经史子集，尤其是其中的名篇。没有系统地学习过经史子，就很难读得懂，更不用说对诗教精神的理解了。所以古人上学的顺序是从蒙学而小学而大学的。相当于今天的小学低中段，要做文字音韵训诂常识的系统传授。

我们来看陈独秀先生说过的一段话。陈独秀先生，我们都知道他是一个什么样的人。一百年前，1915 年 9 月，他在上海创办了《新青年》，创刊号上提出了“德先生”和“赛先生”的口号，也就是民主与科学，揭开了五四新文化运动的大幕。后来他到北大，参与白话诗文运动。后来又参与创建共产党。离开共产党以后又被捕，被释放之后，在他人生的最后阶段，他在干什么？他一直在四川的一个小镇隐居，编一本小学老师用的字典。奇怪吧？他在当初新文化运动时使劲要推翻打倒的那些东西，到了他人生的最后阶段，他自己在那里做。这本书叫《小学识字教本》。“小学”指的是传统的小学，就是文字音韵训诂这些。在序言的开篇他说道：

> 昔之塾师课童，授读而不释义，盲诵如习符咒，学童苦之。

意思是以前的私塾先生，教孩子学习就是教他吟诵，很少去解释句子的意思是什么，孩子读起来就跟念天书学咒语一样，很痛苦。

> 今之学校，诵书释义矣，而识字仍如习符咒，且盲记漫无统纪之符咒至二三千字，其戕贼学童之脑力为何如耶！

那个时候是 19 世纪 40 年代了，西学已经普及，上课跟现在差不多，老师都是满黑板地讲解，但是识字这件事，还是跟学鬼画符一样，而且没有体系，没有道理，这不是残害儿童吗？这就是我们新文化运动的结果吗？

从陈独秀说这个话到今天，又过去七十多年了。我们的小学生识字仍然靠死记硬背。这到底是怎么回事？

这源于对于西学的盲目信任和对汉字传统学问的无感。为什么作为一个中国人，对我们自己文字的系统那么没有知识？恐怕是因为我们生搬硬套西方现代语言学，我们太相信西方人了。陈独秀先生因此编了《小学识字教本》，那是一本给小学语文教师用的字典，按照传统的声训方式把常见字组织成体系，这样教起来就很方便了。这也就是我们现在所要推广的同源字教学系统。

“西方现代语言学之父”是瑞士教授索绪尔。索绪尔在他的《普通语言学教程》里面有这样一段话：

> 语言符号连结的不是事物和名称，而是概念和音响形象。 用所指和能指分别代替概念和音响形象。 能指和所指的联系是任意的，或者，因为我们所说的符号是能指和所指相连结所产生的整体，我们可以更简单地说，语言符号是任意的。

这就是西方现代语言学著名的任意性原则。为什么叫原则？因为它在整个的现代西方语言学当中是非常重要的出发点，这一条如果被突破，整个的西方语言学体系都会有大变。它是西方语言学的第一条原则。它的意思是说：语音和语义的关系是任意性的，也就是没有关系。

我们今天有个词叫“约定俗成”。你去问一下老师，一个字为什么读这个音呢？老师就会回答说，那是约定俗成的！就是说，没有道理的！但是，“约定俗成”怎么能随便来呢？我们约好下午五点钟在校门口见面，我们俩是随便约的吗？没有理由的吗？约定俗成也得有个道理啊，对不对？

由于西方语言学主流否认语音和语义的关系，所以汉语的音义关系也常被漠视。任意性原则仅仅是一种科学方法。我理解的任意性原则，仅仅是索绪尔教授为了研究语言所采取的一种方法而已。他把那些不确定的没有办法研究的东西排除出去，先研究可以研究的东西。其实这只是一种科学方法，不是真理，也不是事实。这种共时性语言学研究在近百年来取得了辉煌的成果，一直影响到哲学，影响到计算机，影响到我们今天的手机的应用，所以任意性原则也名满天下。然而，这不能改变它仅仅是一种研究方法的本质。

近三十年以来，西方语言学界已经有越来越多的学者对任意性原则提出质疑。我所接触的一些欧洲的学者，他们中的很多人已经不再相信任意性原则，我已经见到过很多篇论文，有西班牙语的，有英语的，有德语的，去探讨他们语言中的语音和语义之间的关系。德国人斯坦纳创建的华德福教育体系有音语舞课，是必修课程，已经有一百多年历史了，就是用动作舞蹈来表达语音和语义的关系。大家如果有兴趣，去中国知网或者 SSCI 搜索“任意性原则”或者“语音与语义的关系”，就可以发现一大串这方面的论著。

但是欧洲的语言，还有世界其他地方的语言，语音和语义的关系都比较模糊，不是那么完整，不是那么清晰，这是因为他们留下的上古文献比较少，中间的文明的变动比较剧烈，因此他们很难搞清他们的上古音。这也是索绪尔索性放弃历史语言学的语源研究，转而进入共时研究的主要原因。而我们是七大文明古国之中唯一一个延续下来的文明，所以我们的语音材料，还有其他方面的证据要充分得多。汉语的音义关系是相对清晰的。这一点对当代语言学也是有重大意义的。在我们中国几千年的汉语研究中，在我们自己的学问系统中，汉语的音和义的关系，是一种传统和一种常识，它是一直都存在的。现在就让我们来回顾一下古代的音义之学，即声训，现在叫作“汉语语源学”。

从声训到汉语语源学

什么是声训？声训是传统的训诂学的主体，周大璞先生说：

> 声训就是因声求义，即通过声音去寻求语义。

所以汉语的语音和语义之间怎么可能没有关系？关于声训的重要性，清朝的王引之说：

> 夫训诂之要，在声音，不在文字。

黄侃说：

> 详考吾国文字，多以声音相训，其不以声音相训者，百分之中不及五六。故凡以声音相训者，为真正之训诂，反是，即非真正之训诂。

训诂学是研究汉字语义的演变的，其中主要就是使用声训的方法。

我们先看一下先秦典籍中的线索。

《周易·说卦》：

> 乾，健也。坤，顺也。震，动也。巽，入也。坎，陷也。离，丽也。艮，止也。兑，说也。

我们今天是怎么解释这些话的呢？一般都是翻译为：乾，就是健的意思。坤，就是顺的意思。等等。可是为什么古人解字一定要用同音字或者音近的字呢？为什么不说“乾，强也。坤，柔也”呢？先秦典籍中这样的同音字释义比比皆是。比如：

政者，正也。

——《论语·为政》

庠者，养也；校者，教也；序者，射也。

——《孟子·滕文公上》

仁者人也，亲亲为大。义者宜也，尊贤为大。

——《礼记·中庸》

庸者，用也。用也者，通也。

——《庄子·齐物论》

对照我们今天的词典，就可以很明显地发现这个问题。今天我们的释义都是说一大堆话，不会用同样的声音去解释。古人为什么要用同音字解字呢？《论语》说“政者，正也”，我们今天是怎么理解这句话的？各个版本的解释都是说：政治啊，就是要公正啊。但如果是这个意思，孔子为什么不说“政者，公也；政者，直也”，而说“政者，正也”呢？

所以我们经常要做好准备，以看科幻片的心态学习传统文化。因为我们对古代的生活太不熟悉了，对古人的整体性思维太陌生，我们都是从小受西方文化教育，陷于分析性思维里很难出来，也就很难想象古人的世界、古人的心态、古人的思维。必须以看穿越虫洞、并行世界之类的科幻片的心态去做好迎接古代世界的准备。

象形文字是音形义一体的，一出现就是三个维度的含意。“政者，正也”，一方面从义的维度告诉我们，政治就是要公正；一方面从形的维度告诉我们，政治的样子就像是正；一方面从音的维度告诉我们，政治的感觉就像是 zhèng。这才是这句话的本意。

《说文解字》的序有这样一段话：

仓颉之初作书，盖依类象形，故谓之文。其后形声相益，即谓之字。文者，物象之本（此六字据段玉裁注补）；字者，言孳乳而寖多也。

就是说仓颉刚刚发明文字的时候，都是象形文字，像花纹一样，所以叫文。后来文生了孩子，就是字。字就是形和声互相辅助。字就是从文里生出来的，也就是说形声字是更复杂的象形字。《说文解字》里也有一些声训的例子，比如说：

天，颠也。日，实也。月，阙也。山，宣也。门，闻也。户，护也。木，冒也。尾，微也。

“尾，微也。”如果尾就是微小的意思，那还可以说：尾，小也；尾，贱也；尾，很多字都可以，为什么非要说微呢？为什么要用同音字呢？因为它还想告诉你那个声音 wēi，口型是越来越闭的，口腔给我们的感觉就是逐渐减小的。我们的汉字是音形义一体的，是不能拆的。清朝王念孙说：

《说文》之为书，以文字而兼声音训诂者也。凡许氏“形声、读若”，皆与古音相准。或为古之正音，或为古之合音，方以类聚，物以群分，循而考之，各有条理。不得其远近分合之故，则或执今音以疑古音，或执古之正音以疑古之合音，而声音之学晦矣。

王念孙说《说文解字》是声音之学。关于这一点，黄侃说得更彻底：

《说文》列字九千，以声训者十据七八，而义训不过二三。

他说《说文解字》当中，绝大多数都是声训，就是很多今天我们认为是义训的，他认为是声训。很明显，黄侃先生是以是否声训为价值的主要判断标准的。关于这个判断，说实在的，我也不太明白。在我看来，《说文解字》的单字解释是有声训成分的，但是整体的体系不是语音系统，而是字形系统。

汉字是以语音为核心构建的体系，在今天看来应该是比较清晰的，但是这其中的道理，在汉朝是没有清晰地传下来的。《尔雅》是词义系统，主要是释义，其中虽然也有声训，但是很少。汉朝有三部大字典：扬雄的《方言》主要记各地差异之语音，但没有做声训；班固的《汉书·艺文志》提出了“六书”之说；然后就是《说文解字》，是字形系统，兼及声训。许慎修改了班固的“六书”说，实际上是提出了自己关于汉字的理论。这都说明汉字字理没有传下来，大家都在研究探索。汉末还出了一本大字典，就是刘熙的《释名》。《释名》跟《尔雅》一样，也是释义的，但却是严格的声训系统，这也是第一部把声训全面展示出来的字典，虽然没有理论总结，但是至少在材料上是很充分的。比如：

峡水曰涧。涧，间也，言在两山之间也。

山中丛木曰林。林，森也，森森然也。

鼓，郭也，张皮以冒之，其中空也。

贪，探也，探取入他分也。

矢，指也，言其有所指向迅疾也。

斧，甫也。甫，始也。凡将制器始用斧伐木已，乃制之也。

发，拔也，拔擢而出也。

《释名》的释义比《说文解字》多了一个部分，如“涧，间也，言在两山之间也”。它完全可以说“涧，言在两山之间也”，意思也是完整的，但多了一个“间也”，这就是声训。这是什么意思？不是说“涧”就是在中间，那就与后面的那句话重复了。它是说涧就是 jiān，当然汉朝不读 jiān，大概是读 gàn。它想告诉你，“涧”是什么意思，就是 gàn 的感觉。

在汉朝之后，历朝历代的汉字字典主要都是语音体系。魏晋时期，字典仍以语音为核心：

吕忱弟静，别仿故左校令李登《声类》之法，作《韵集》五卷，宫、商、角、徵、羽各为一篇。(《魏书·江氏传》)

魏时有李登者，撰《声类》十卷，凡一万一千五百二十字，以五声命名，不立诸部。(唐·封演《闻见记》)

可惜这些字书都不存。

此后，南朝之《玉篇》，隋朝之《切韵》，唐朝之《唐韵》，宋朝之《广韵》《礼部韵略》，元朝之《中原音韵》，无不遵循语音核心的体系。即如少数的形训、义训系统的字典，也是有声训内容的。语音核心，是中国古代字典的主要传统。

今天《说文解字》之学大盛，当然在古代也很有名，那是现存第一部对汉字做全面解释的字典，后世的汉字研究都不能绕开它。但是，在古代，其他字典的地位也很显赫，但在今天就不行了。比如新华书店里，有关《说文解字》的书一大堆，《释名》几乎看不到。很多人都在研究《说文解字》，我也看到很多学校在教《说文解字》，中小学教师解释字理，主要也用《说文解字》。为什么今天《说文解字》大红而《释名》《平水韵》这些却受到冷落？这不能不引发我们的思考。是否因为《说文解字》暗中比较契合西方现代语言学的理论，尤其是任意性原则？一谈到声训，大家就认为是伪科学，是古人的臆想。今天，我们是否应该重新审视这个问题？事实是，语音核心体系才是古代汉字学的正统。我总觉得，秦汉之际，儒家损失惨重，文字之学终究没有传承完整。汉儒废墟重建，难免多所臆测。《说文解字》最大的问题就是没有坚持先秦的汉字音形义一体的传统。陈独秀先生在《小学识字教本》的《自叙》中说：

> 或以为文字训诂之学，老师宿儒皓首治之犹难尽通，将何以教童蒙耶？
>
> 余曰不然。中国文字训诂之难通，乃误于汉儒未见古文，不知形义，妄为六书之谬说。许慎又易班固象形、象事、象意、象声之说为指事、象形、形声、会意，中国文字训诂之学益入歧途。
>
> 盖以古之制字者，仰观象于天，俯观法于地，视鸟兽之文与地之宜，近取诸身，远取诸物，此皆视而可见、察而可识者也。本非艰深难喻；今之教者依此口讲而手绘之，习者如睹画图，虽下愚可晓，如拨云雾而见青天也。

汉朝字理之说不传，只能大家自己总结摸索，而另一方面，汉字的音形义一直在发展变化，越流变就越难研究。因此，声训之传统虽然传承下来了，但是汉字的理论却迟到北宋才有进展。

北宋王圣美提出了右文说，这是第一次明确提出了汉字的字理，是以语音为核心的字串理论。非常可惜的是，王圣美的书没有流传下来，但是在别的书中，有人记录了他的这一套理论，比如《梦溪笔谈》：

> 王圣美治字学，演其义以为右文。古之字书，皆从左文。凡字，其类在左，其义在右。如木类，其左皆从木。所谓右文者，如"戋"，小也，水之小者曰浅，金之小者曰钱，歹而小者曰残，贝之小者曰贱，如此之类，皆以"戋"为义也。

王圣美提出汉字的核心不在左边那个偏旁。之所以叫"偏"旁，就是偏在一旁，核心是右边的那个声音，所以叫右文说。这个理论其实是非常重要的，但是它还不完善，表现在它无法解释所有的汉字，也达不到解释绝大多数汉字的程度。《鹤林玉露》里有这样的记载：

世传东坡问荆公："何以谓之波？"曰："波者，水之皮。"坡曰："然则滑者水之骨也？"

苏轼的反驳一语中的，可知"右文说"还不完善。不完善的很大原因，就是不太了解汉字的上古音形义。"滑"这个字，声符是"骨"，的确很难理解为会意，但实际上，"滑"的本义是骨关节腔中的润滑液，后来才引申为滑溜。所以"骨"之"水"之说是有道理的。可惜王安石和苏轼两人都不了解这一点，所以就说不通了。可见，关于汉字体系的讨论，必须遵守一个原则，就是音形义都要回到上古才能讨论。以后世之音形义进行讨论，一定会出问题，而且一定讨论不出结果。

这样一来，汉字之学就必须首先解决上古音形义问题，而这是一门很艰难的学问。上古之人都已不在，文献记载又语焉不详，想弄清楚上古的情况是很困难的。这方面的第一次大进展，已经到了清朝。顾炎武先生首先提出了他构拟的上古音韵系统。随后，小学学者辈出，上古汉语才初显轮廓。他们提出了音近义通和声义同源的理论，比如王念孙说：

训诂之旨，本于声音，故有声同字异、声近义同。虽或类聚群分，实亦同条共贯。譬如振裘必提其领，举网必挈其纲。

段玉裁说得更彻底：

声与义同源。不知此，则声与义隔。凡某声皆有某义。

这句话非常重要。什么叫作"凡某声皆有某义"？就是一样声音的字一定是有同样的意义。这是什么意思呢？比如说所有的 b 声母的字，是不是拥有同样的一个声音？那就是 b，所以它们一定会有共同的含意。这个论断一直受到许多学者的讨论以及质疑。

到了民国时期，章太炎先生在日本写了一本书叫《文始》，把汉字的语音核心体系大致呈现了出来。他是一个字一个字地梳理其创字之理和演变之路，并且以语音构成体系。然后就是黄侃先生，再往后就是王力先生，他们是一脉传承的关系。王力先生在他的晚年出版了一本书叫《同源字典》，就是把同源字，也就是声符核心的字串，一个一个地整理出来。这本书非常重要。王力先生说：

文字是代表有声语言的，同音的字就有同义的可能。不但同声符的字可以同源，甚至义符、声符都不同，只要音近或音同，也还可能是同义的。

这句话的意思，就是说不要管文字，只听声音。只要语音相近，语义必相关。声符不一样不要紧，只要音是一样的，就可能是同义的。这个结论很接近段玉裁说的“凡某声皆有某义”。

到了现在，有一门学问叫汉语语源学。“语源学”不是我们中国人最早提出来的，在西方语言学里，就有语源学这一门类，但是汉语语源学是我们自己创造的。现在著名的汉语语源学学者有北师大的王宁教授、中南大学的任继昉教授、复旦大学的殷寄明教授等，他们提出了语源义、词源义等概念。汉语语源学现在正在蓬勃发展，正在创立学科的时期，就是接近形成一门比较完备的学科的一个状态。

王力先生说：

同源字，常常是以某一概念为中心，而以语音的细微差别，表示相近或相关的几个概念。

同源字，就是字串，字串首先是用同样的声音表示同样的意思，然后对不同的字做不同的微调，比如说声母韵母都一样，但声调变一下，这就表示一个细微的差别；也许是韵母和声调都一样，就是声母调了一下，它就表示一个另外的细微差别。总而言之，它是围绕着一个概念核心，以声音去表示含意的差别，就是同源字的字串。

同源字的字根，就是声符，它的语义就是词源义，或者叫语源义。以下是王宁教授一篇论文中的片段：

词源意义指的是同源词在滋生过程中由词根（或称语根）带给同族词或由源词直接带给派生词的构词理据。对具体一组同源词的相同意义，即理据称“核义素”，从强调词源意义的角度则称“源义素”。如：

稍＝禾类＋叶末端渐小处

艄＝船类＋尾端渐小处

霄＝云霞类＋最高视觉之渐小处

鞘＝鞭类＋顶端而细小处

梢＝树木类＋末端渐小处

经过结构分析，从中概括抽取这组同源词的共同的核义素：尖端渐小。[1]

这一串字，经过结构分析，从中可以概括抽取出这组同源词共同的核义素，即“尖端渐小”，那就是“肖”字。如果把它恢复象形，就能看出来，它是渐小的样子。这个叫什么呢？王宁教授叫它“核义素”。现在语源学的名词还不统一，但大概意思我们要明白。

我们现在说一个词，有本义，有引申义，比如说“稍”，本义是禾类的末端渐小处，引申义为一点点，所以叫“稍微”。汉语语源学告诉我们，在这上面，还有一个语源义，它在本义的里面，所以王宁教授叫它“核义素”。对于“稍”来说，就是“肖”所代表的“末端渐小处”，“末端渐小处”碰到了“禾”而形成了本义，后来在应用中才有了引申义，是这样的一个三层的语义关系。这门学问就叫作汉语语源学，如果大家有兴趣可以去关注一下任继昉教授的《汉语语源学概论》，非常有意思。

汉字音形义一体的体系

汉字是先有独体字后有合体字的，这一点在学术界基本上是没有什么争议。独体字多是语源义，而合体字多是由语源义或其引申义、组合义为声符滋生而成的同源字串。

汉字有多少个？古今字差不多有十万个，常用的有一万多个。我们现在编字典怎么编？《新华字典》《现代汉语词典》都是按照英语二十六个字母顺序编的。我就不知道除了我们汉族，世界上还有没有别的民族是这么编字典的。按照另一种不相干的语言的顺序编字典。所以在字典里，汉字看不出任何规律，全部被拆掉了。

实际上汉字是一个什么样的结构？首先是同源字串，常见字的字串差不多有一千个左右。比如说“肖”这个字串有稍、艄、梢等，它的字根“肖”是一个声符。再比如我们刚才说的“皮”，也是一个字根，字串有波、坡、破、披等。首先是这些汉字整理成这样的字串。这些字根，有的是独体字，有的是合体字。有些独体字不是声符字根，这些独体字就构成一个层次。在这个层次的

① 王宁：《汉语词源意义的探求与阐释》，《中国》1995年第2期。

上面，是音节。在音节的上面，是声母、韵母和声调。

声韵调	a o e i u ü b p m f d t 平 上 去 入							
上古音节	bāi	sāo	bōu	gōng		gēm	liú	gòn
独体字	皮	肖	勹	公	廾	又禾	巟	雚
声符字根	皮	肖	包	公	共	兼	巟	雚
同源字串	波	稍	抱	松	供	蒹	流	灌
	坡	捎	饱	颂	恭	镰	硫	鹳
	披	梢	胞	讼	拱	廉	疏	歡
	陂	霄	苞	淞	洪	谦	蔬	獾

关于同源字串，语源学大致是弄清楚了，尽管还有一些个别的争议。音节和字根的关系，一个音节有哪些字根，语源学也大致弄清楚了。但是对于语源义和语音的关系的研究还没有彻底完成，就是ɑ有什么含意，i有什么含意，后鼻音有什么含意，等等，这些问题还有争议。

但是我想，关于汉语语音有含意系统这件事，是不能否认的。在上古音构拟的基础上，可以做统计。统计的结果也不是百分之百准确的，但是准确率之高以及语音含意之间有明显的关系，是非常显明的。自然科学也能做到这个程度。如果我们要找到百分之百准确的证明，那么永远也不会有那一天了，因为构拟永远是推测。如果汉字体系到了这么明显还不拿出去应用于教育，而继续在教育中延续着对汉语汉字的无序认知，那才是不科学，才是对教育的不负责任。

下面我就说一下我对汉字体系的认识，这些认识主要来自汉语语源学学者及其前辈们的研究，只是在音义关系上有一点我的个人看法。

汉语和汉字是一个非常精美的、完备的系统。其音义关系有两类。郭绍虞先生说：

> 语言之起，本于拟声与感声，拟声是摹写外界客观的声音，感声是表达内情主观的声音。汉语感声词既是以表达声情为主，汉语的拟声词尤其长于摹状声貌。

汉语语音的创造方式，第一类是拟声，比如说猫，为什么叫它“猫”？因为它“喵喵喵”地叫。第二类是内心里知道含意，用声音去表达那种感觉。不了解汉字的造字过程，不能从音形义一体的角度去读取汉字信息，就会造成信息丢失。比如说，“兔”这个字，甲骨文为“”，篆书为“”，很多人见了以为这个字的意思就是“兔”这种动物的外形，《说文解字》也说：“兽名。象踞，后其尾形。”但是这样的看法忽略了语音的含意，实际上上古之人看到这个字，他们除了知道了这种动物的形状特征之外，还会得到另外一个信息，就是这种动物速度很快，难以捉摸，因为这个字的上古读音，声母是“透母”th，有冲出、打通之意，吐、突、秃、跳、踢、通、唾、推等都是这个声母。韵母是鱼部 ɑ，有打开、扩展之意，吐、巴、花、牙、布、铺、瓜等都是这个韵母。如果上古也是去声，有坚决、明确之意，合起来，就是迅速冲出去，方向不定，跑得很远的感觉。“吐”与“兔”是同音，可以感觉一下。只看字形，丢失了很多信息。

这是不是个人的臆测？只要把上古所有 t 声母的字和 ɑ 韵母的字都拿来做个语义统计就行，可以证实，也可以证伪。关于上古音的音义关系的证明，是需要一个字一个字去考察的。我们正在做这个整理，今后想逐个音地论证音义关系。这是个庞大的论证量，虽然一眼看去，基本上是对的，但关键是如何排除那些有疑问的。这也许不是我们能完成的工作，但是值得去研究论证。也希望有更多的学者参与进来，把汉语音义关系最终能明确清晰完整地说明出来。

郭先生所说的感声，学术界也有人叫作象似，即通过口腔发音过程模拟语义的感觉。严学宭先生说：

> 汉字是一个整体，形、音、义三要素相互联系、制约、协调，处在合乎规律不可分割的关系之中。造字是有义以有音，有音以有形；识字是审形以知音，审音以知义。

创造汉语的时候，首先是有个含意，然后寻找合乎这个含意的声音；创造汉字的时候，又寻找线条形状，把它画出来就成了象形字。而识字的时候，要倒回去寻找。

刘师培先生说：

> 字义起于字音，杨泉《物理论》述臤字，已着其端……近儒钱溉亭氏欲析《说文》系以声。嗣焦氏说《易》，陈氏、姚氏、朱氏治《说文》，均师其

例……古无文字，先有语言，造字之次，独体先而合体后，即《说文序》所谓其后形声相益也。

——《字义起于字音说》

人声之精者为言，既为斯意，即象斯意制斯音，而人意所宣之音即为字音之所本……推之食字之音象啜羹之声，吐字之音象吐哺之声；咳字之音验以喉，呕字之音验以口，兮字之音验以鼻；斥驱之音象挥物使退之声，止至之音象招物使止之声；奚字之音象有所否之声，思字之音象敛齿度物之声，均其证也。

——《原字音篇》

根据考古学对于人类喉结下降年代的研究，语言大约形成于二万年前或更早。汉语最初是以语音为核心构建起来的语言系统，以音表义，以音别义，最后形成音节的含意。先民以拟声和象似的方法，以声音表达含意，方可互相交流，并在语音含意共识的基础上形成语言。为什么不同民族的语言对于同一个事物会有不同的语音指称？那是因为大家关注了事物的不同侧面。但不管是关注哪个侧面，世界各民族语言对于什么语音表达什么含意是有共通之处的。在这个时候，声母、韵母、声调都是有含意的，因此音节也是有含意的。

其后造文，时间当在六七千年前，这就是象形文字的字根。需要特别说明的是，象形文字给语音加上了图形，但是这个图形与语音的共识性含意几乎没有关系，它是从另一个角度来描述事物的！这点非常重要。它使得汉字的音和形在表达语义方面，形成了如圆葱一样的层层叠加的关系，而不是相交或相融的关系。因此，同一个语音可以叠加不同的图形，因此就表达不同的含意，但是这些相同语音的象形文字，其语义也有相同的部分，即语音的含意。实际上就是图形丰富了语义，同时以音形表义，以音形别义。此即伏羲画八卦传说所蕴含的历史。

再其后造字，字即文之子，以声符为字根，配以不同形符，继续以圆葱方式叠加、丰富语义，同时，同音以同义，变音以变义，同源字串之间用音的微调表达义的差异，于是汉字系统形成了。

汉字的出现，极大地丰富了汉语。汉语在没有汉字的时候，一定是简陋的系统，因为汉语是单音节语言，而单音节的数量太少了。同音字的含意区别，仅仅依靠语音之外的东西，如手势、表情、语境等来表达，是比较困难的，所以汉语的词汇不可能有丰富的发展。看看至今也没有文字的那些民族的词汇量，就是一个证明。而汉字，凭借层层叠加的象形符号，几乎可以令语义无限分化，从而产生了大量新词。华夏文化因此获得了高速、高质量发展传承的利器。此即仓颉造字传说所蕴含的历史。

汉语的每一个层次，其声音都是有含意的、有系统的、有理由的。这说明汉字，包括字形、字音和字义，一定经过了系统的整理，也许不止一次。这样才会出现如此整齐的系统。

世界上的语言都历经了漫长的演变历史。大部分语言的历史没有文献记录，所以无法探究其上古音。汉语不仅有大量的文献记录，而且语音系统没有经过大的变动。虽然很多学者都说汉语古今音差异很大，但那是在汉语内部而言。相对于世界上其他语言来说，汉语是变化小的，因为我们的文化没有大的变化，我们是唯一继承下来的上古文明。因此汉语的上古语料和间接证据很多，可以为我们呈现出上古汉语的大致面貌。由此我们才发现，在华夏文明确立之初，汉语就呈现出了像数学一样严整而美丽的结构，蕴含着深厚的文化知识和精神，而且其主体风格一直延续到今天。我们对汉语应该感到由衷的骄傲，对我们的祖先心怀由衷的感激!

汉语汉字形成了如此精美庞大的系统，如数学之严谨，如艺术之巧妙，实属世所罕见。而这个系统历经历史沧桑，仍然基本传承了下来，更是难能可贵。今天我们有什么理由不去传承它？应该让所有的华人都知道我们的文化之伟大。

以语音为核心，可以突破当下汉字教学的困境，把汉字恢复为一个有理有趣有文化的体系，对于儿童建立正确的语感、字感、诗感，对于重建汉语汉字的字典和教学系统，直至对于全民族恢复文化自信心都是必由之径。

现在，学术主流往往否定汉语语音与语义的关系，因为这个关系很复杂。其实，最复杂的事情已经颇有成果，那就是汉字汉音的古今流变问题。在此基础之上，剩下的最主要的工作就是统计。如果同语素、同声母、同韵母、同声调的字在一起，语义有交叉点，就是语音有意义，否则就是没有意义。这就是科学的证实性与证伪性，完全符合学术规范。这一点并不是做不到，而且已经取得了大量的证实性结果。所以我想，现在简单地以索绪尔的观点漠视汉字语音的意义是没有意义的，真正要做的，是让越来越多的学者加入进来，一起探究总结汉字语音的意义，把这项研究蓬勃开展起来。汉字语音意义理论的建立，对于世界语言学的进展都是有重大意义的。

我不是音韵学者，只是一门外汉，但现在的国学教育需要把这些教给孩子们。因此我甘冒天下之大不韪，做出一套粗糙的《汉语音义表》，以供教师们尝试使用，以供学者们批评修正。[**参见附录一：《汉语音义表》**]

这套表的制作过程，是首先按照声韵调把字归类排列好，然后对每一类字的上古形、义进行考察，主要是考察前辈学者对这个字的形、义的研究成果，尤其是对义的推断，然后总结出这类字的上古字义的共同点，并证以这类字的共同发音方式，看是否有明显的关联，可以从发音过程上做出解释。最后，所有的音义关系出来以后，再观察是否形成一个整体，有无相互矛盾的地方。从目前的情况看，基本上能找到同类字的同义，并且与发音过程有明显关联，而这些音义关系还是能形成一个体系的，比如，开口度和字义的开合洪细有关，送气和力量远近有关，发音部位和高下过程有关，舌态即轻触、挤压、平展、高低和性质状态有关，等等。所以我才对汉语音义关系的存在比较有信心。

我所使用的工具书和前辈学者著作主要有《古文字诂林》(李圃)、《汉语音义字典》(齐冲天、齐小乎)、《古代汉语》(王力)、《汉字古音手册》(郭锡良)、《新音韵学》(周祖庠)、《常用字解》(白川静)、《上古音系》(郑张尚芳)、《细说汉字》(左民安) 等。

《汉语音义表》可查常见汉字的音义关系。方法是从声调音义表、上古声元音义表、上古韵部音义表中分别查找此字的声、韵、调的含意，按照发音过程组合起来而探知其音义关系。

然后再通过同源字串，结合字形，即可弄清汉字系统。我们集合前辈学者的成果，已经编写了古籍常用汉字的音形义演变分析的教学资料。[**参见附录二：汉语音形义字典样张**)

总的来说，初民以音表义，由声、韵、调的组合感知音节的含意，而创造出最初的汉语。其后有“文”(《说文》：“仓颉之初作书也，盖依类象形，故谓之文”)，即象形符号，它在音节义的基础上再加一层含意，既丰富了含意，又缩小了外延。一个音节可以有不同的“文”，表达不同的含意。这些不同的“文”的含意之间有交集，就是音节义。这就是独体字。大部分的独体字都成为后来的声符或形符。声符还有一些来自独体字的合成，即用指事、会意之法合成的字。声符即同源字根，其含意（即音节义加象形符号义）即语源义。其后有“字”(《说文》：“其后形声相益，即谓之字”)，即“文”的“孳乳”，也就是给同源字根配上形符，再加一层含意，就形成了形声字的本义，既丰富了含意，又缩小了外延。一个声符可以配有不同的形符，表达不同的含意。这些不同的同源字的含意之间有交集，就是语源义。本义经过演变，而有引申义。这就是形声字系统。汉语在有了汉字以后，一定是增加了很多新词，才有可能表达更丰富、更细致、更有文化积淀的含意，中华文化的创建和发展，一定和汉字的发明和体系化有着密切的关系。为什么有伏羲画卦、仓颉造字等传说，我想汉语汉字一定经过了多次人工整理。汉语汉字就是如此精致的一个体系，只是后来又经变异，但传承为主，变化为辅，到今天汉语汉字的这个体系依然是存在的。其他民族语言也许最初也有类似的体系，但今天之所以晦暗难明，是因为其文明中断，很难追寻上古语源情况之故，并非是语音和语义天然没有关系。

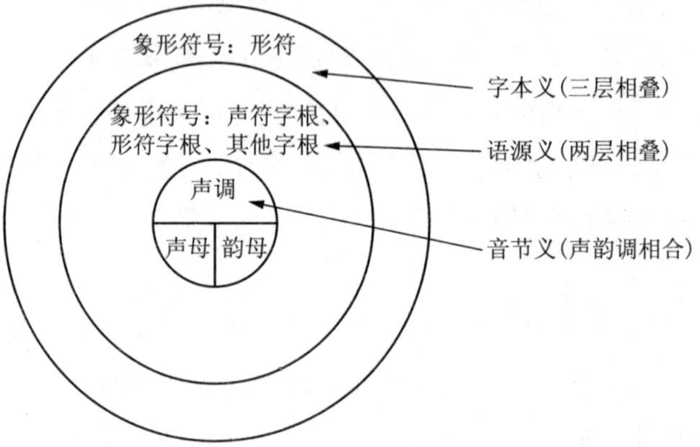

汉语音形义关系结构图

汉语汉字的音形义关系结构如上图所示，内圈第一层为声韵调组合的音节义，其含意为从声母的含意出发到韵母的含意的过程，声调是其情绪含意，这就是初民未有文字时的汉语的音义关系。后来创造象形文字，即加上中间一层的象形符号，这些符号就是字根，其中包括声符字根、形符字根和其他字根，这些象形符号的含意叠加在音节义上，即形成了字根字的字义，即语源义。再其后，加上外层的象形符号，即形符，再叠加上一层形符义，合为形声字的字本义。形符可以加不止一层。这些本义其后还可以再演变为引申义。

从里圈到外圈的关系是层层叠加的关系，不是简单的相加或交集关系，也就是外圈的含意叠加在内圈的含意上，外圈的含意是对内圈含意的一种限定、修饰，一方面把内圈含意的范围缩小了，另一方面把整个字义的内涵丰富了，即：

汉字字义＝以声调义为情绪的——从声母义出发——到韵母义的过程的——声符义的——形符义。

或者：

汉字字义＝形符义的——声符义的——以声调义为情绪的——从声母义出发——到韵母义的过程。

举“吟”字为例。

“吟”字的字根是“今”。“今”的上古声调为平声，声母为见母［K］，韵母为侵部［iəm］。查《汉语音义表》，平声的情绪含意是平常。见母［K］是由舌根堵塞住再打开，首先感到压力，然后接发细音，把压力推到舌头和上腭处，因此多表示挤压、细薄、推举之意。韵母侵部是阳声韵，是小开口元音收于闭口 m 音，有压抑感，因此多有包含、闭合、深入之意。音节义是以声调义为情绪，从声母义开始到韵母义的过程，即：

平常的——推挤之后——消失的过程。

可改写为：

推挤出去之后又消失。

象形符号声符“今”的含意是盖子打开一条缝。这个符号的含意叠加在了音节义之上，形成了语源义：

盖子推挤打开一条缝之后又消失的过程。白川静先生认为与祭祀有关，后即引申为开始的意思。

凡“今”的同源字都有此义，如“衿”为上衣领口，即上衣开缝处；“妗”为女子笑貌，即抿嘴而笑或启齿而笑；“矜”为矛柄，即矛的开始处，等等。

“吟”字是在字根的基础上，加上了象形符号形符“口”。其声母改为牙音疑母［ŋ］，前文已分析过。因此其音义微调为：

平常的——顶出之后——又消失的过程。

字本义即为：

口的盖子（嘴唇）打开一条缝之后顶出去又消失的过程。

此即“吟”的本义。其后“吟”字有低吟、吟唱等意，为引申义。

古音构拟各家颇有差异，然从语音系统整体来说，各家还是大同小异。音近则义近，《汉语音义表》总结的是音义关系，同一个字各家构拟古音只要接近，音义关系也就接近。王力先生的系统最为简洁，因此采用，但其他各家构音也可同理推出。各家的差异，大部分对于汉语音义关系系统的存在并不构成矛盾。比如“汉”字，李方桂先生拟为［han］，王力先生拟为［xan］，郑张尚芳先生拟为［hnaan］，三家只是在声母的送气程度和舌位上有差异，而［h］、［x］、［hn］三者很接近，音义也就接近。按照本表，［x］多表示呼喊、打开、推举之意，［h］多表示强力、冲出、围绕之意，两者接近。［hn］本表中没有，郑张先生说是带冠音的清 n，本表总结［n］多表示挤压、亲昵、浓重，前加冠音送气，也就是挤出、喷涌、伸展之意，与前两音的含意接近。“汉”本是汉水之名，语音的声母表示冲出，韵母是元部，表示伸展、沉积、下收，声调是去声，表示坚决、明确，合起来就是冲出去坚决地伸展开，与汉水之观感完全一致。三家虽然互有差异，但都能说明汉语语音的精美的音义系统。

上古音构拟的重要材料之一是上古诗歌，尤其是《诗经》的押韵。然而须知为什么汉语诗歌要押尾韵。世界上很多语言的诗歌不押韵，或不押尾韵。押韵是出于歌唱和诵读的需要。首先歌唱需要辨音，不能倒字，才能达到让对方听歌的目的。歌唱又在乐理上需要乐句旋律回到主音，因此声调语言的诗歌几乎都押调。汉藏语系很多语言的诗歌都押调，但有些不押韵。汉语诗歌的韵是包含声调与韵母的，所以首先也是押调的。重视汉诗押韵的押调因素非常重要，由此就会关注到上古汉语声调的音高型特征，尽管它也有旋律型和音长型特征。换韵如换声调，即是换主音换宫调，情绪大变；换韵如不换声调只换韵母，则是延续主音、宫调，情绪微调。再由此而到“四声对五音”说的考察，或可因此通融语言、音乐、诗歌，而解开上古汉诗韵律和旋律之谜，并推知后世语音、格律、音乐演变之理。再由此而知汉诗文的读法之重要，不可乱读之规矩，而复兴“吟诵”，重振“小学”，国学教育或可由小学而大学，温故循正而重建。

识字教学

最后，说一下识字。

现在的识字教学，基本上靠死记硬背。有些老师已经开始引入文字学教学，这是很好的事情。但是大部分的文字学教学，都是单个字从甲骨文讲到楷书的字形，并无音义，也互相没有联系。有联系的主要靠偏旁，而偏旁毕竟不是核心，终究难以说清这么多字为什么是这个音、这个形。

古代教育的识字教育，大致分三个阶段。第一个阶段是开蒙以前，主要是母亲教孩子背诵（是有旋律、有节奏地吟诵）儿歌，其中有蒙学教材。第二个阶段是蒙学时期，以指读建立音节与字的一体化观念，然后以吟诵等方式吸引儿童反复认读，用两三年的时间达到识字两三千字以上的目标，即可以自由阅读的目标。第三个阶段是学馆时期，古代只有确定做专业儒士的孩子才会上学（馆），其他的孩子是在其他的场合继续受教育，而不是在学馆。这个阶段的识字与写字相结合，与文字音韵训诂相结合，以汉字的内在规律为依托，成串地识字，用数年时间达到识字量六千字至上万字，然后方能大量阅读古籍，方可成为儒士。以上所说声训与语源学的知识，正好可以用在第三阶段大量拓展识字。

以声训识字，按照汉字本身的规律性来识字，识字就变得有理而有节。与书法结合，与吟诵结合，识字就变得丰富而感性。按照这种方法识字，就没有什么难字，也不会写错读错，既有趣快乐，又充满文化信息，关键还是正确的文化信息。如此，何乐而不为呢？

现在，我们正在开展这种识字教学的探讨和实践推广。幼儿 3 岁以前，在早教阶段以家庭教育为主开始背诵。幼儿园到小学低段，完成三千字基本识字量。小学中高段，开设“汉字”课，把语源学的识字法与吟诵、书法、篆刻、国画、装裱等相结合，从篆字开始练笔感，一直到自己作诗、自己作画、自己刻章、自己题诗、自己装裱，最终形成关于汉字的完整的理念、知识和技能系统。这些内容和次第，本来就是一体的。这应该才是中文的汉字教育课程。

我们称之为“教千字、识万字”，老师只要把字理教明白就行，一千字足够了，学生可以利用资料，自学扩展到万字以上，而且学习过程很有趣。这个教学在语文课或者书法课内进行都可以，每周一节，初中可以达到识写万字的目标。我们提供全套的教学资源，包括教材、教法、教案、课件、培训、软件、网络、实验学校、教研活动等。［参见附录四：汉字课程简介及样课）

下面再附上一个识字课件。这是广东省中山市博爱小学的杨立波老师在掌握了这种教学法之后，自己制作的课件。原课件是有动画的，这里只能观其大概了。在实际授课中，孩子们是一边猜一边学习的，课堂非常生动活泼。

"兼"字串：

禾
结穗的庄稼

又
右手

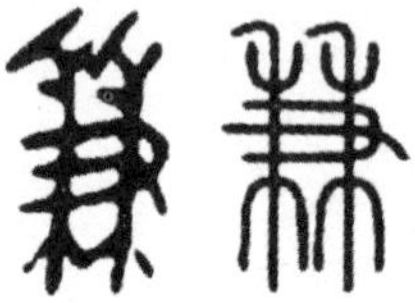

兼 jiān（上古音 keem）
一手抓二禾：收束、一起。

蒹

生长在水边，外形如禾，成束生长的芦苇。

廉 lián
收敛稻谷入仓——收敛个人行为
不收钱物　廉洁。

镰 lián

歉 qiàn
欠，《说文》：张口气悟也。
人张大嘴（叹气、打呵欠、吃饭等）
歉，《说文》食不满也。从欠，兼声。
一边收割稻谷一边叹气——收成少、不足。

言：

A. 舌上有一指示性符号、有内容的话语。
B.《说文》：直言曰言，论难曰语。从口产声。
人被割舌不能言语。

謙 谦 qiān
《说文》：谦，敬也。
虚心，说自己不足（歉）谦虚。

嫌 xián
《说文》：一曰疑也。
因收成不好，不足而埋怨、嫌弃。

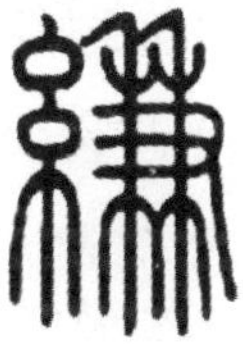

缣 jiān
双丝并列织就的细绢

鹣 jiān
鹣鲽情深

鹣鹣：传说中比翼鸟，只有一只翅膀和一个眼睛，
必须并列，同时飞行。
鲽：比目鱼，两个眼睛并列在身体一侧。

兼 { 蒹 鹣 缣 / 廉 镰 / 歉 谦 嫌 }

比之让学生猜，更进一步的教学方法可以是让学生自己造。只有他们自己去尝试着造字了，才能切身感受到汉字体系之所以是这样的原因，理解才更深入。

声调的含意

对于吟诵来说，汉字体系中最重要的就是音义关系。下面我们分声调、声母、韵母、韵几个方面来说明这个关系。这些关系搞明白了，就会很容易理解吟诵，也就是读法与诗文含意的关系了。

先说声调。

古代汉语大概在历史上是分为三个阶段的，分别是上古汉语、中古汉语和近古汉语。上古汉语和中古汉语的分界线，是汉朝到隋朝，也就是说汉语的变化，从汉朝开始就已经出现了，到隋朝完成；中古汉语到近古汉语这一段，是辽、金、元，汉语的变化从辽就开始出现，到元朝完成。

中华民族，它不是西方民族学意义上的民族，它其实是一大群有着共同文化理想的人。不管这些人是什么样的语言、什么样的血缘、什么样的习俗，只要他相信中华文化精神，他就是中国人。我们中国人就是这样形成的。汉语，也就是这样子演变的。

为什么我们要做国学教育？当然因为我们是中国人，但是更重要的，是因为中华文化好。在历史上凡是接触到中国文化的民族，只要它真的接触过一段时间，就会受到中国影响。这些民族，有的比我们强大，有的比我们弱小，有的比我们富裕，有的比我们贫穷，有的比我们人多，有的比我们人少，不管什么样的，反正最后都有这种影响，这就是中国的历史。

汉语为什么会变化？主要的原因就是民族融合。南北朝和辽金元是民族融合最剧烈的时期，因此汉语就发生了大的变化。

上古汉语有哪些作品？有《诗经》《楚辞》和散文。近古汉语有什么？有戏曲和小说。戏曲和小说是俗文学。而雅文学，如诗词文赋，一直到今天，还是在用中古汉语系统在创作。所以吟诵呢，需要了解的主要是上古汉语和中古汉语，因为戏曲和小说是不需要我们吟诵的。

现在我们来说一下汉语语音的含意。先说汉语的声调及其含意。

中古音是四声八调系统。

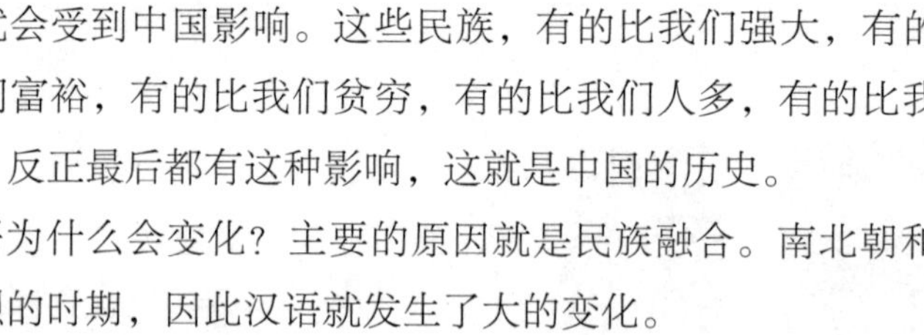

中古汉语语音的声调是四声八调系统。四声就是平、上、去、入，各分阴阳，这样就成了八调。我们今天说“声调”，在古代“声”和“调”是两件事，

“声”是调型问题，“调”是调值问题。

什么是调分阴阳？学术界有不同的看法，主流看法认为：阴，就是说这个字的声母是清声；阳，就是这个字的声母是浊声。

什么是清声？什么是浊声？大概说起来就是，清声的发音部位比较靠上，浊声的发音部位比较靠下。把手放在锁骨这里，发一个声母辅音，感觉到震动的就是浊音，感受不到震动的就是清音。现在普通话里没有浊音了，但是很多地方方言还有，尤其在南方。

平声的声调就有两种：一种高一点，这个字的声母是清声母，就叫阴平；一种低一些，它的声母是浊声母，就叫阳平。

同样，上声也分为阴上、阳上，去声也分为阴去、阳去，入声也分为阴入、阳入。这就是四声八调系统。

什么是平仄呢？平声就叫平，上、去、入合起来叫仄。为什么这么分呢？为什么一三分，不二二分呢？这事以后再做解释。先这么记着。

入派三声是中古声调至今最大的变化。中古音的入声这个声调，在普通话里没有了。为什么没有了呢？因为北方民族不善于说这个声调。入声这个声调在粤语等很多方言里还有，是种很短促的音，后面带一个塞音尾，好像说到一半突然被堵住了一样。北方那些豪放的马上民族说不来这声儿，就把这声儿说成了平、上、去声，这就叫入派三声。

另外，全浊的阳上变成了去声，比如“上”这个字，现在是读四声，向下的，原来是三声，向上的。

还有，北方民族基本上是阿尔泰语系。阿尔泰语系的浊声很多，所以他们见到汉语的这个浊音字，好像就特有感觉，一有感觉就可能说过头了，所以很多阳上的字就变成了去声，而阳平这个声调曾经是古音中最低层的，是声音最低的一个声调，结果被北方民族读成了一个向上翘的声音。这样一来，调型都变了，原来是平的，现在改成往上的，这样就产生了一个新的声调，就是今天普通话的第二声。而阴去、阳去后来合并，这样就形成了近古音。近古音和普通话就很接近了，在声调方面是一致的。所以，普通话一声，就是原来的阴平，二声就是原来的阳平，三声就是原来的上声，四声就是原来的去声，另外浊上变去，入派三声。

通过普通话的四声反推中古音的平仄，有一个口诀：

一二声平三四仄，入声归仄很奇特。

就是说普通话一声和二声就是原来的平声，三声和四声就是原来的仄声，入声得单独挑出来，它们也是仄声。

这说的是中古音，那么上古音呢？关于上古音，因为它的记载比较少，争议就比较大。上古音的阴阳大概是不太清楚的，但是四声应该是存在的。看《诗经》的押韵，基本上是四声分押的。学术界有“古无上声”“古无去声”“上古汉语无声调”等多种说法，但我还是赞同王力先生的“四声一贯论”。

上古音和中古音有变化吗？有的。比如说上古音的很多入声字，到了中古音就变成了去声，但是变化不是那么大。

为什么有些字是平声，有些字是上声，有些字是去声，有些字是入声呢？

声调和它的字义是有关系的。

我们先看调型。平声就是平的；上声是往上走的，在往上走之前，它会有一个短暂的准备期，这个准备期也许是平的，也许是向下降的，都有可能，但必须要有这个准备，然后往上走。去声总的趋势是往下走。入声，方向不一定，怎么走都有可能，可能高升高降，也可能低升低降，但入声共同的特征是短促。

它们的含意是什么？平声的含意是平常。汉字差不多有一半都是平声字，平声字就是情绪色彩比较淡薄，属于中性字。上声的情绪色彩是细小、亲密。去声的情绪是坚决、明确。入声的情绪是痛苦、决绝，或者是快速、轻灵。

所以平、上、去、入四个声调的排列，其实是情绪色彩的排列，一个比一个激烈。所以古人一发现四声，就说平、上、去、入。

声调的意义：

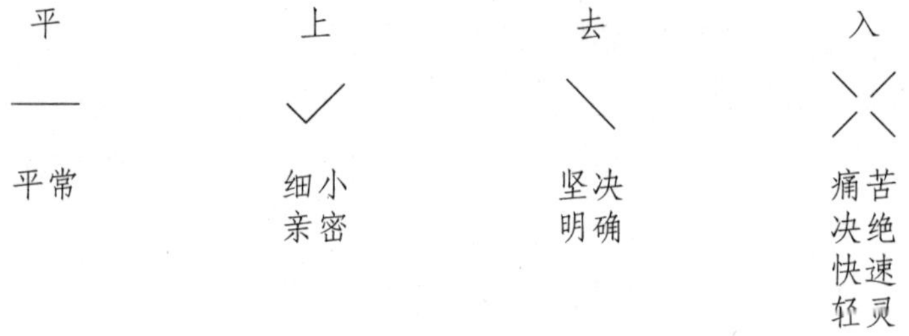

下面一个一个说说声调的含意。平声就不说了，因为它是中性的，把另外那三个说明白了，剩下的就是平声。

先说上声，上声的情绪是细小亲密，这是郑张尚芳先生提出的。

我们先从动物说起。当两个雄性的动物要打架，打架之前先要吼叫，是怎么吼叫的？是往上吼叫，还是往下吼叫？这个你们关注过吗？下次看到两只狗打架，要好好观察啊。

往上叫还是往下叫？往下。为什么是往下？往下是雄性的声音，低沉的声音。

如果吼叫时，其中一只狗突然发出向上的声音，这是什么意思啊？就是投降了，别打了，认输了。为什么往上就是投降？因为往上就是模仿幼仔，小狗的声音是尖尖的、高高的。模仿幼仔，就是说“我很软弱，我很小，别跟我一般见识”，就是这个意思。

人类也是这样。古代的时候打仗，不管是东方还是西方，进攻都是击鼓。鼓是什么声音啊？低沉的声音、雄性的声音，听到这个声音会让人热血沸腾，“咚咚咚咚咚……”撤退就敲锣，敲锣就是“铛铛铛铛铛……”是小孩的声音，所以就是“跑吧”！

我们再看看汉字，这也是郑张尚芳先生总结的。

上声的情绪是细小亲密，最亲密的人是谁？是亲戚。所以首先说称谓。

现在有一个新词，叫“美眉”是吧，“美眉”这词从哪来的？从台湾来的。台湾说什么语？闽南语。在闽南语里，“美眉”是什么？就是“妹妹”。闽南语把“妹妹”说成两个上声字，准确的记录应该是“美美”。

所以“哥哥”叫什么啊？叫“葛葛”，所以张国荣，大家都叫他“葛葛”，没有人叫他“哥哥”的，是吧？

所以“爸爸”叫什么？叫“粑粑”；“妈妈”叫什么？“马马”；“舅舅”叫“九九”，“叔叔”叫“蜀蜀”，弟弟叫“底底”，等等。

在南方有些地方，如湖南、江西、福建等，都有这种现象。甭管是什么字，这个字单独读的时候，有可能是平、上、去、入的任何声调，但只要是重叠在一起，表示一个亲戚的称呼的时候，就全读成三声。彭泽润先生称之为“词调”现象。为什么？因为三声表达细小亲密。

跟我们最亲密的就是自己的身体了吧，所以关于我们身体部位的字在上古音里很多都是三声的。我们从最上面开始数：“顶”，就是最高处；整个的头叫“首”。然后往下数：脑、眼、睑、耳、口、齿、脸、颌、颏、嘴、吻、颈、指、肘、乳、手、肘、掌、拇、指、爪、肚、卵、股、腿、趾等，有一些字以前还是读三声的现在不读了。整个的身体叫“体”。

自己管自己叫什么？第一人称，古代叫“吾”，现在叫“我”。“吾”以前也是上声。

称对方叫什么？第二人称，叫“汝”，称晚辈叫“尔”，今天我们叫“你”。

称第三方叫“他”，今天我们还是叫“他”。

为什么第一人称和第二人称都是上声呢？“吾与汝”，三个上声字啊，这是什么感情？第三人称“他”，平声，开口音，平平地出去了，“他——”，很远很远啊。

比较一下英语就明白了。英语第一人称叫“I”，大张着嘴巴。第二人称叫“you”，是闭口音。第三人称叫“he”“she”，还是闭口音。很明显自己是一帮，“you”“he”是一帮。这就是文化。西方的世界观，首先是个体独立，然后谈我们俩的关系，这叫契约。在中国，讲究的是集体，所以很明显“吾”与“汝”是一帮的，还都是闭口音；“他”是一帮的，是开口音。我们是集体文化。语言里就有文化。

上声表示细小亲密，所以在反义词组中出现三声的字，往往是在后面，表示比较弱小的一方，比如说大小、多少、长短、男女、高矮、深浅、繁简、松紧、增减、甘苦、生死、真假、正反等。

在诗文当中，出现上声韵和上声字，通常表达婉转温柔的情绪。比如《春晓》：“春眠不觉晓”，这个“晓”是韵字，应该拖多长呢？按照吟诵的习惯，一般要拖整句的一半那么长，就是前面四个字加起来多长，这个“晓”字就拖多长，一读起来，“春眠不觉晓～～～～”，这样一来，上声温柔婉转的感觉就出来了，你就可以感知到作者对于这个春天的早晨是一种怎样的感情。如果没有这个韵的拖长，就只是几个字义的组合而已，只是表达了春天的早晨睡过头了的事实，却没有任何感情，丢失了太多的言外之意。

“处处闻啼鸟～～～～”，他对这些鸟儿是什么感情啊？喜欢啊，可是现在还有的人说，《春晓》是诗人在早晨起来，被鸟叫声吵醒了。怎么是吵醒的呢？难道还要提着枪去打鸟儿？那是喜爱的感情啊。只有把韵字拖长，上声的感觉出来了，让读者关注到了，这句诗的意思才能出来。“夜来风雨声”，你看，多无情啊，没有了上声韵了，变得那么没有感情。“花落知多少～～～～”，他对那些花怎样？是那么的珍爱可惜，是吧？上声韵为这首诗奠定了基本的情感基调。当然，要真切了解这首诗，既需要了解意象系统，比如“春”喻青春，

“鸟”喻生命，“风雨”喻险恶，“花”喻青春，还需要了解儒家思想，比如只有一次的人生苦短思想等。但是，声韵是一个门，由此进入才能看到诗歌的全貌。刘大櫆说“神气不可见，于音节见之”。

陆游《钗头凤》：“红酥手～～～～，黄縢酒～～～～，满城春色宫墙柳～～～～”，上声韵拖长之后，那种温柔婉转，醉人心脾，这就是陆游在回忆新婚的场景。然后换入声韵：“东风恶！欢情薄！一怀愁绪，几年离索！错！错！错！”入声的顿挫带出的哽咽之感，令人心碎，这就是在回忆离婚后的场景，对比多么明显。所以说韵很重要，声调也很重要，整个的声韵都很重要。我们这还只是从声调上分析了一下，还没有说声母和韵母。韵，还有格律，还有文气。整个都明白了，才是明白了声韵，于是可以言诗矣。

一直以来有这么一个说法，叫“上声高呼猛烈强”，这是明朝传下来的一个口诀，说“平声平道莫低昂，上声高呼猛烈强，去声分明哀远道，入声短促急收藏”。这个口诀，三句都是对的，就“上声高呼猛烈强”这句有些问题。上声的起源是细小亲密之意，不是高呼猛烈之感。但是这个“高呼猛烈”的说法是怎么出来的呢？它其实是上声的一个变异现象。

上声的基本趋势是向上，但是它在开始的时候一定要在下面准备一下，或平拖或下降，然后再上升。为什么要准备一下？因为它要告诉的是，“那不是我真实的声音，那是我捏着嗓子跟你说话”，所以是模拟幼儿的感觉，因此才有细小亲密的意思。我们跟小孩说话都是这样的，都是捏着嗓子往上提，就是这个道理。如果没有底下的这个准备，直接向上，那感觉就好像你本来就是这么高的声音，就失去了模拟的含意了。

但是，后来北方民族学汉语的时候，他们比较豪放，说不来这么温柔的声调。结果他们把开始下面的准备给省略了。普通话说“我”，就是一个标准的上声，214，很婉转。古人说“吾”，也是这样，很温柔，就好像是对小孩说话一样。但是后来，我们北方，如山东、河南、陕西等地，都把这个开头给弄没了。字典上注音“俺”是三声，说出来应该是214调，但实际上没有人那么说，大家说出来都是35调、45调、55调，直接向上，说成了“安”是吧？陕西人说“哦”，这就成了“高呼猛烈”。说话就整个变味了，变得很冲、很直。

这个趋势，从唐朝就开始了。从唐诗开始，上声韵的诗，就有两种情绪类型：一种是温柔婉转，一种是高呼猛烈。比如杜甫，他是河南人，他上声韵的诗，像诗集里第一首《登兖州城楼》就是温柔婉转，但是《望岳》则是高呼猛烈：

岱宗夫如何
齐鲁青未了

这个韵字“了”如果按照上声去拖长，就完全不对了。这句的意思是齐鲁大地一望无际，上声的婉转完全表达不出这种壮丽的感觉。那要怎么读？记得把上声前面的低降部分去掉，直接往上读，就像山东话、河南话那样读成 45 调、55 调，读成 liáo！

造化钟神秀
阴阳割昏晓

“晓”读成 xiáo！

荡胸生层云
决眦入归鸟

“鸟”读成 niáo！

会当凌绝顶
一览众山小

“小”读成 xiáo！这是杜甫在自比孔子，孔子登泰山而小天下，这是何等的胸襟！所以不能用婉转温柔的上声，而要用高呼猛烈的上声变种。[参见：徐健顺 吟（唐）杜甫《望岳》]

下面说去声。

去声的含意是坚决、明确，下降的声调表示肯定、祈使、判断等。

去声韵也是这个作用，经常是表达坚决明确的情绪。比如贾岛的《示剑》（《剑客》）：

十年磨一剑
霜刃未曾试

两个去声的韵字，拖长之后，下降的感觉很明显，多么的坚决。

今日把示君

最后一个字改平声了，这是什么意思？在《春晓》里面，“夜来风雨声”，这个“声”字也是平声字，夹在三个温柔的上声韵字当中，这个平声就显得刚硬、无情，但是在《示剑》里，“君”字是夹在三个非常坚决的去声韵中，这个平声就显得温柔了，所以贾岛对这个“君”是有感情的。

谁有不平事

又回到坚决明确的去声韵了，作者对于这件事还是很坚决的。

下面说入声。这个声调，在以前，它的韵尾有一个辅音，主要是 b、d、g 这几个，它们都是塞音。发音的时候，不是像英语那样把最后的辅音发出来，而是只发出一个趋势，好像刚要发音被堵住了一样。所以整个的入声字的感觉，就好像发了一半音突然停住。现在南方地区的很多方言还有入声这个声调。因为突然停住，所以自然要紧喉，就是喉头肌肉一紧，这样才能顿住。短促、紧喉、塞尾是入声的特征。

我主张今天的普通话吟诵，遇到入声字的时候要读短，读短自然会紧喉，自然会自己加上一个塞尾，只是加的塞尾经常是喉塞音，即［h］，不是原来的塞音尾，但是，入声的基本特征：短促、紧喉、塞尾的感觉都可以恢复，只是没有那么到位而已。入声的基本感觉出来了，入声的声韵含意就基本可以体会出来了。这对于说普通话的人来说，是很容易做到的事情。如果要把具体是哪个塞音尾都恢复，那推行起来的难度太大了，而获得的价值并不大，因此，我主张普通话吟诵的入声字，只要读短就可以了。这个主张也不是我的发明，早在 20 世纪 40 年代，叶圣陶、吕叔湘他们就是这样主张的。

入声声调的短促、紧喉、塞尾，给人的感觉会很压抑，因此表达的是最强烈的感情色彩，即决绝。

入声可以发誓，但是发的是毒誓、狠誓。如果是一般的发誓，适合用去声，《关雎》就是这样。但狠命发誓时，古人就用入声，比如《上邪》：

上　邪

我欲与君相知
长命无绝衰
山无陵　江水为竭
冬雷震震　夏雨雪

天地合

乃敢与君绝

前三句是呼喊，呼唤上苍，所以用的是开口音韵。随后是发誓，用的是入声韵。这个誓言一看就能感觉到，作者是遇到很大的压力了，不然不会发这么极端的誓言。入声韵很好地表达出了这个感觉。

《登鹳雀楼》里的“欲穷千里目”，《击壤歌》的前四句，柳宗元的《江雪》，杜甫的《茅屋为秋风所破歌》的结尾，《诗经·采薇》的第四、五章等，都是入声韵，都是决绝的意思，可以引申为发誓，也可以引申为壮烈，请大家仔细体会。

入声字的读法有两种：短读和顿挫。比如《木兰辞》第一句：

唧唧复唧唧，木兰当户织。

其中，前六个字都是入声字，最后一个“织”也是入声字。第一段是入声韵。怎么读呢？

所谓“短读”，就是读短，读音长度是别的平读的字的一半以下，比如正常平读是一个字一拍的话，入声字就是半拍，读出来就是：

就是“唧唧复唧唧”每字半拍，“木”半拍，“兰当户”三个字各一拍，“织”半拍，两句句尾各空半拍。

所谓顿挫，就是入声字读半拍的后面，跟着空半拍，也就是短读之后并不直接接下一个字，而是顿挫一下，再接后面的字，读出来就是：

当然，具体读的时候，并没有半拍一拍这样的拍子，这只是个大概。每个入声字的读法都既可以是短读也可以是顿挫，并不是一句之中的入声字都得是一样的读法。

短读给人的感觉，基本是快速、轻灵；顿挫给人的感觉，最常见的是痛苦，或者是压抑、沉重。

具体读诗文的时候，应该是短读还是顿挫呢？这个就看句子的含意了，看要表达什么样的情绪。

前人常说，李白的诗风是豪放飘逸，杜甫的诗风是沉郁顿挫。为什么呢？其实我的学生龙婷统计过李诗和杜诗的入声字，结果李白用入声字的比例比杜甫还高，为什么李诗给人的感觉里没有“顿挫”呢？

那是因为，李诗的入声字多是短读，杜诗的入声字多是顿挫。

什么时候短读？情绪高时短读。什么时候情绪高？比如速度快的时候。李白古体诗多而好，相比而言，杜甫近体诗多而好，而吟诵的总体情况是近体诗读得慢而古体诗读得快，对此赵元任先生早有论断。另外，杜诗多沉郁，而李诗多豪放，所以李诗的入声字多短读，而杜诗的入声字多顿挫着读。因此给人的印象，李诗的入声字并不突出，而杜诗的入声字就很突出了，以至于杜诗的风格里都公认“顿挫”一说。

入声字还有其他一些读法，比如顿了拖，如水磨腔，昆曲里就是这样，这是唱的变体。还有拖了顿、读去声和入派三声的情况，这些我们都认为是不妥当的，不能反映出入声字在古诗文里的声韵含意，因此不主张那样读。

入声字表达痛苦、压抑、沉重的感觉是非常常见的，比如岳飞的《满江红》：

怒发冲冠
凭栏处
潇潇雨歇

这个词牌是入声韵。现在很多人在朗诵的时候，按普通话去读，一上来，“怒发冲冠！”好大的气势！“凭栏处”，差一些了，“潇潇雨歇——”整个就歇了，这股气儿到这儿就下来了，因为把“歇”读成了平声。实际上“歇”在这里是入声，要读得高、短、重，“潇潇雨歇！”这感觉才对。就是“雨下了很久，可算是晴了！”下一句是：

抬望眼
仰天长啸
壮怀激烈

“激”和“烈”都是入声字，连续两个入声字，多么地“激烈”！读起来要高、短、重，与“壮怀”的低沉拖长正好形成对比。这个感觉才对。

再比如苏轼的《念奴娇》：

大江东去

“大江东去”是什么意思？前面说过的，就是生命流逝。现在很多人都觉得这首词是豪放词，应该特别壮观，所以朗诵的时候都是交响乐伴奏，一副“百万雄师过大江”的样子，那就不对了。这首诗首先是痛苦压抑，这个词牌也是入声韵。“大江东去”，就是game over了，什么都没了。“去”字去声，多么坚决。大江这么大的生命都东去了，我小小的苏轼还有什么可说的呢？

浪淘尽
千古风流人物

“物”是入声字，顿挫读，非常压抑。连风流人物都没有了，何况是我？

下阕说：

遥想公瑾当年
小乔初嫁了

“了”字上声，多温柔啊。下一句：

雄姿英发

怎么读？我们现在按普通话念就是“雄姿英发”，四连平，读起来好傻啊。现在还把这个词认为是褒义词，经常用来夸人：“你今天真是雄姿英发！”当然，这么四连平念也可以去夸人，反正听不出什么不对的感觉。但是，它本来的音是个入声，读起来应该是“雄姿英发！”感觉怎样？最后一个字读得高、短，那是一种怎样的感觉？有这么夸人的吗？“哎呀，你真是个帅哥！”你把“哥”字读短读高试试；“你真是个美女！”你把“女”字读高读短试试，你没听出点味道吗？所以孔子说“巧言令色，鲜矣仁”哪，“巧言令色”的“色”字就是入声，读起来就是这个感觉。

什么感觉啊？就是讽刺、吃醋，羡慕嫉妒恨啊。“遥想公瑾当年”，想想周瑜当年，“小乔初嫁了”，当世第一大美人归你了；“雄姿英发”，你还这么帅！“羽扇纶巾”，穿得也好；“谈笑间”，风度也好；“樯橹灰飞烟灭”，功业也这么大，好事儿都叫你占了！所以吃醋啊，“多情应笑我，早生华发”，我这人就是瞎操心，嫉妒周瑜干吗啊，所以老得这么快。这样理解这词才能明白苏轼的这种婉转曲折，才能体会苏轼那种怀才不遇、人生苦短的感觉，才能体会儒士的心态和使命以及背后的中华文化精神。

入声读得短，所以也可以用来表示快速。比如李白的《早发白帝城》：

朝辞白帝彩云间
千里江陵一日还

我们今天读就是“千里江陵一日还”，一字一拍，只了解了字面的意思。实际上，“一”和“日”都是入声字，读起来应该是“千里江陵——一日还——”，“一日”加起来的时长还不如一个“千”字，这才感受到快。这用的就是短读的方法。

以上就是上、去、入声调的含意。平声字就是中性字，是没有明显的情绪色彩的。

声母的含意

现在来说声母的意义。

中古音的声母，说起来就比较复杂了。我觉得我们初级培训，不用记那么多，记住一些常识就行。先记住五个字，叫“唇、牙、舌、齿、喉”，这就是古人对于声母的分类。

中国的语言学和西方的语言学有一点不一样。西方语言学比较客观，它给语音分类的时候，一般是看气流在什么地方摩擦，它的声音是在哪儿发出来的，它就叫什么音。我们中国呢，比较主观，我们主要是感受一下，在发这个音的时候，哪块肌肉最用力，就是哪儿最使劲，我们就说这是哪儿的音。比如说g、k、ng这几个声母，西方语言学说是舌根音，因为是气流在舌根这个地方摩擦而出声的；我们古代的音韵学说是牙音，因为发这几个音时，感觉是后槽牙那里最用力。所以其实我们中国的音韵学更好学。

所以记住这五个字，“唇、牙、舌、齿、喉”。可以感受一下说这五个字时，自己哪里最用力。当然，说每一个字时，其实整个脸部肌肉都在运动，但是总有一个地方是最用力的，就感受这个。

我们一起来说这五个字。第一个字“唇”，哪里最用力啊？就是嘴唇最用力。

第二个字“舌”，哪里最用力啊？就是舌头最用力。

第三个字和第四个字要一起说，就是“牙、齿”。“齿”是哪里啊？就是门牙，门牙这个地方叫齿，后槽牙叫牙，所以有“唇亡而齿寒”“笑不露齿”。如果说成“笑不露牙”，那是鳄鱼。当你说完“牙”的时候哪里最用力啊？腮帮子最用力，就是“牙”。说“齿”的时候呢？门牙最用力。

最后一个字，“喉”，哪里最用力啊？就是喉头最用力。

所有的汉字，都可以跟“唇、牙、舌、齿、喉”这五个字比，哪儿最用力就是哪儿的音。当然你说的是普通话，不是中古音，可能你不知道中古音怎么读，但是基本道理你要明白。

下面是古音四十二声母图，图里的“帮、滂、並、明”等字，是古代音韵学对声母的命名名称，中括号里是国际音标。这个图可能有点专业了，备大家查找使用吧。

七音	故名	新名	全清	次清	全浊	次浊	清	浊
唇音	重唇	双唇	帮［p］	滂［p‘］	並［b］	明［m］		
	轻唇	唇齿	非［pf］	敷［pf‘］	奉［bv］	微［mɱ］		
舌音	舌头	舌尖中	端［t］	透［t‘］	定［d］	泥［n］		
	舌上	舌面前	知［ȶ］	徹［ȶ‘］	澄［ȡ］	娘［ȵ］		
齿音	齿头	舌尖前	精［ts］	清［ts‘］	从［dz］		心［s］	邪［z］
	正齿	舌叶	庄［ʧ］	初［ʧ‘］	崇［ʤ］		山［ʃ］	俟［ʒ］
	正齿	舌面前	章［ʨ］	昌［ʨ‘］	船［ʥ］		书［ɕ］	禅［ʑ］
牙音	牙	舌根	见［k］	溪［k‘］	群［g］	疑［ŋ］		
喉音	喉	零声母	影［ø］					
	喉	舌根音	晓［x］		匣［h］			
	喉	半元音				喻［j］		
半舌	半舌	舌尖中				来［l］		
半齿	半齿	舌面音				日［ȵʑ］		

唇、舌、齿、牙、喉，这个顺序的发音部位是依次后移的，发音的用力程度是依次递加的，所以这五种声母的含意在用力、强调方面是依次递加的。

唇音多是动作，有开始或结束之意。b、p 主要是开启的动作，m 主要是闭合的含意。f 是中古分化出来的，在唇音之后有介音 i/u，所以是比较轻柔地开始之意。舌音多有明确肯定之意。快速触及上颚的音如 d、t，有打击、碰触的含意。挤压上颚的音如 n，有挤压、亲密、顶起的含意。牙音是用力的意思，因为主要动用了后槽牙，那是咀嚼的工具，而且多是舌根堵塞再冲气发音，所以多是挤压、推举、向上的含意。相比而言，齿音更有聚焦、尖细、推送的含意，因为齿是用来咬合而不是嚼碎的，而舌尖的推送感也非常突出。喉音 h 的发音是从底部打开冲出送气，所以多有呼喊、打开、冲出之意。

我把唇、牙、舌、齿、喉部位的主要辅音叫作“根音”，其他的音可以看作是它衍生变化出来的。变化的方式与含意有密切的关系。根音通过口腔的形状和感觉表示某种状态；其擦音则表示这种状态出去了；其送气音则有送出很远、扩散出去的含意；其浊音则有深沉、有力、低位的含意；其反音，即反向发声的音（比如 m 就是 b 的反向发音）则是状态反向的含意（b 意开始、开启，m 意结束、闭合）；其半音则是突破这个状态的含意，因为只剩下一半的状态在了；其团音则表示这个状态的收缩状态；其尖音则表示这个状态的精细状态；其轻音（即后接小开口介音，如后来演化成的唇齿音）则表示这个状态的轻柔状态。声母音义关系的体系可见下表

上古汉语声母音义体系表

	方法	根音	擦音	送气音	浊音	反音	半音	团音	尖音	轻音
部位	含意	状态	出去	送达	有力，低沉	反向	突破	收缩	精细	轻柔
唇音	拼音	b		p	b 浊	m				
	字母	帮		滂	並	明				
	音标	［p］		［p‘］	［b］	［m］				
	含意	开始 / 打开		散出去	有力地开始 / 打开（向上）	结束 / 闭合				

续表

	方法	根音	擦音	送气音	浊音	反音	半音	团音	尖音	轻音
部位	含意	状态	出去	送达	有力，低沉	反向	突破	收缩	精细	轻柔
舌头音	拼音	d		t	d 浊	n	l			
	字母	端		透	定	泥	来			
	音标	[t]		[t‘]	[d]	[n]	[l]			
	含意	打击		打出去	沉重打击	挤压 / 亲密	强力			
齿头音（正齿音的尖音）	拼音	z		c	z 浊					
	字母	精		清	从					
	音标	[ts]		[ts‘]	[dz]					
	含意	精细地推送		精细地推送出去	有力地精细地推送					
	拼音		s		s 浊					
	字母		心		邪					
	音标		[s]		[z]					
	含意		推送扩散		伸长推送					
正齿音	拼音	zh 不卷舌		ch 不卷舌	zh 不卷舌浊					
	字母	庄		初	崇					
	音标	[ʧ]		[ʧ‘]	[ʤ]					
	含意	推送		推送出去	有力地推送					
	拼音		sh 不卷舌		sh 不卷舌浊					
	字母		山		俟					
	音标		[ʃ]		[ʒ]					
	含意		推送很远		有力地推送很远					
舌面音（正齿音的团音）	拼音	zh 不卷古团		ch 不卷舌团	zh 不卷舌浊团	n 团	l 团			
	字母	章		昌	船	日	余			
	音标	[ȶ]		[ȶ]	[ȡ]	[ȵ]	[j]			

续表

	方法	根音	擦音	送气音	浊音	反音	半音	团音	尖音	轻音
部位	含意	状态	出去	送达	有力，低沉	反向	突破	收缩	精细	轻柔
舌面音（正齿音的团音）	含意	移向		移向很远	有力移向、向上移动	弱小	准备，趋势			
	拼音		x（sh 不卷舌团）		x 浊（sh 不卷舌浊团）					
	字母		书		禅					
	音标		[ɕ]		[ʑ]					
	含意		移向尽头		沉淀稳定					
牙音	拼音	g		k	g 浊	ng				
	字母	见		溪	群	疑				
	音标	[k]		[k']	[g]	[ŋ]				
	含意	顶起		顶出去了	有力地顶	高高地				
喉音	拼音	h		h 浊		紧喉/零声母				
	字母	晓		匣		影				
	音标	[x]		[ɣ]		[Ø]				
	含意	冲出		有力冲出、向上冲出		矮小				

在口语中，无论是声母、韵母还是声调都是没有意义的。平常我们说话的时候，是不会考虑声音的意义的，不会正要说句话，“哎，我用哪个声母的字儿好？”没有这么考虑的，而是该怎么说就怎么说。

但是到了诗文里就不同了。诗文和口语不同，正因为它不同，我们会关注那个不同的地方，那么那个不同的地方，它的语音含意就凸显出来。

声母的发音时间很短，它要想在诗词当中跟日常生活语言的感觉不太一样，就很难，所以即使在诗词文赋里，声母一般也是没有意义的。

但是，有的时候声母还是会有意义的。什么时候呢？就是当它重复出现的时候。声母在这么短的时间，要想给人留下深刻的印象很难，主要的方式也就是重复了。它一旦重复出现，这个声母的感觉就会加强。这里的重复出现不是我们今天汉语拼音的这个声母重复出现，而是说，只要发音部位重复出现，就会引起关注，就是“唇、牙、舌、齿、喉”这些部位重复出现的时候，你就会有那么一点点感觉。

我们举一些例子。比如说：

此生当独宿　到死誓相寻

这是唐朝诗人韩偓一首悼亡诗里的两句，他夫人去世了。“此生当独宿”，这辈子，我就一个人睡了；“到死誓相寻”，死了以后我一定要去找你。这是誓言啊。

“到死誓相寻”这五个字，它的声母分别是一个舌音“d”和四个齿音，这就叫咬牙切齿。什么叫发誓啊？我们中国人怎么发誓的？你把它的声母稍微加重一点，就读出这个感觉来了。

叶嘉莹先生有一次说，“到”为什么不改为“至”？“至”才是文言，本来应该用“至”，但是“至”也是齿音，五个齿音，太可怕了。温柔敦厚，诗之教也。所以用四个齿音，已经到头了。

黄沙百战穿金甲　不破楼兰终不还

“不”和“破”都是什么音啊？唇音。两个唇音在一起，你就会注意到这个声音。但是“不”和“破”我们用今天汉语拼音说的话是两个不同的声母，但是没有关系，发音部位是一样的。所以稍微读重一点，这个坚决的感觉就出来了。

李清照《声声慢》

寻寻觅觅　冷冷清清　凄凄惨惨戚戚
乍暖还寒时候　最难将息
三杯两盏淡酒　怎敌他　晚来风急
雁过也　正伤心　却是旧时相识
满地黄花堆积
憔悴损　如今有谁堪摘
守着窗儿　独自怎生得黑
梧桐更兼细雨　到黄昏　点点滴滴
这次第　怎一个愁字了得

头一句“觅觅”，什么音啊？是唇音。“冷冷清清，凄凄惨惨戚戚”，都是齿音，你没觉得说完这句腮帮子酸吗？这就是咬牙切齿。后面还有一大堆齿音。这说明什么呢？说明这首词里蕴涵的愤恨。

一般人只看文字，头一句就好惨啊，简直是悲苦无比了。然而，这是李清照啊，李清照是什么人？看看《夏日绝句》就知道了。所以你要吟诵，要会读，读出音韵来，才知道这首词背后的力量。

后面还有这种声母集中出现的地方，比如“点点滴滴”，“滴滴”还是入声字呢，这是什么音？舌音。舌音有明确坚定的感觉。读一下，“到黄昏，点点滴滴”，什么意思啊？就是雨从梧桐叶上滴落下来，每一滴，她都听得清清楚楚，是明确的意思，所以有多么的寂寞啊，很清楚的。这就是李清照。古代的诗人是用声音作诗的。

大家可以看一下王伊自己抚琴吟诵的《声声慢》。[参见：王伊操琴吟诵（宋）李清照《声声慢》]

这首吟诵的调子来自台湾成功大学的李勉教授，他在抗日战争时期发现了一批古谱，其中主要是词乐。他打谱之后传唱下来，其中很多词牌的调子有相通之处，与江浙民歌调子也相通，应为江浙一带的词乐系统。但是音长音高等很多因素也是个人所推测，恐难复原。我根据这些调子改了一下，用于《声声慢》，已经属于普通话吟诵了。听这首吟诵，大家可以听声母的感觉，还可以听入声字的顿了拖的读法，这种读法往往用于词曲的吟诵。《声声慢》，一声比一声慢，可这个词牌却是入声韵，只有顿了拖，才会出来那种哽咽之感。另外还可以听听人琴相和的感觉，不过新作的古琴吟诵，在人琴相和方面，比之古谱要宽松，使用了少量的伴奏音。古谱是比较严格地一字一音一琴声的，不过实际弹奏时是否严格，也是不得而知了。

韵母的含意

现在说韵母的意义。

韵母，也有很多的变化，古今之间有很多字的韵母发生了变化。但是我想，对大家来说，初学的话，不必太仔细，主要是分辨开口音和闭口音。

什么是开口音？什么是闭口音？以韵腹而论。韵腹就是标汉语拼音调号的那个音，就是这个音节里开口度最大的那个音。那个音如果是“a、o、e”，我们叫开口音；如果是“i、u、ü”，我们叫闭口音。

古人是分得很细的，六个音都要分开的，我们这儿初学，就不要那么细，先分两类就行了。“a、o、e”就是开口，“i、u、ü”是闭口。“a、o、e、i、u、ü”这六个音的排列实际上就是开口度越来越小。

开口音感觉比较开朗，闭口音感觉比较细腻。比如说话老是“啊吖、啊呀、啊呀啊……”就是很开朗嘛，“咦唔咦呜呜咦……”就很细腻压抑嘛。

但是所有的入声字都是闭口音，为什么呢？因为入声字有塞音韵尾，它很短促，听到它中间那个元音的感觉，不如它很短促的那个韵尾的感觉给人的印象更强烈，所以所有的入声字都应该被认为是闭口音。

这里面还有一点小小的分辨。就是在诗文当中，开闭口音的情况还要看是长音还是短音。如果是长音，那就要看韵尾。我们举个例子你就明白了，比如《枫桥夜泊》里的“月落乌啼霜满天”。“满”和“天”这两个字，它们的韵腹都是“a”，所以从字本身来说，这两个字都是开口音的字，但是，“天”在这里是韵字，它是长音。拖长韵字的时候拖的是什么音啊？其实拖的是韵尾，所以这个字大多数的时间发的是闭口的“n”音，所以在这里，要认为“天”是闭口音，而“满”是开口音。

对开闭口音的分析有什么用？很多的诗里面，开闭口音的存在实际上是这首诗整体的情绪性的感觉。

我们举个例子，比如朱熹的《观书有感》，我们一齐把这首诗背一下：

半亩方塘一鉴开　天光云影共徘徊
问渠那得清如许　为有源头活水来

背的时候关注一下自己是开着口还是闭着口的？这个当中有什么规律？有感受吗？这首诗有什么规律啊？第一句、第二句、第四句基本上都是开口音，而第三句基本上都是闭口音。这样就形成了四句之间的开、开、闭、开，起承转合的关系，是吧？

为什么第三句是闭口啊？这是问句啊。头一句“啊啊啊啊啊”这么好，第二句“啊呀啊呀”这么好，第三句闭口“呜呜呜呜呜”为什么，第四句“啊啊啊”原来是为这个呀。

这个开闭口音说明了我们读的时候，就是吟诵的时候，强调了读音的到位有多重要。现在有些人读开口音，他也不张开嘴，从来不“啊”，他觉得失态、害羞。他不说“啊”，而说“呃”，所以他永远不会体会到开口音和闭口音，体会不到言外之意。所以读音要到位，要字正腔圆。

韵母与含意的关系，具体说起来，古人有四呼、等韵、洪细之分，因为那是从口语的字音上来说的，所以也考虑了韵头的因素。在诗歌中，其实更重要的是韵，是韵腹和韵尾，韵头的时长很短，基本不会凸显含意，所以我在这里做了一些角度的调整，大家简单地关注韵腹和韵尾就行。

具体来说，a有开放之意，o 有圆通之意，e 有延伸之意，i 有扁小之意，u 有舒缓之意，ü有细长之意。它们的组合则是某种变化过程之意。

鼻音韵尾 ng 发音部位比较高，有时候有高位之意。所以ang 有开阔向上之意，ong 有通透正大之意，eng 有延伸深入之意，ing 有细长上升之意。n 发音部位比较低，有低位或平位之意，所以ang 是伸展向上，an 就是伸展下收或平收之意。又因为 n 是闭口音，因为人哭泣的时候，鼻子会堵住，说什么字都带 n 韵尾，所以反过来 n 韵尾也有抒情之意。“清明时节雨纷纷——”“月落乌啼霜满天——”，只要拖长韵尾，就能感受到抒情的韵味。

古韵母的韵尾还有 p、t、k、m 等，现在的普通话都没有了。这些韵尾也各有含意。m 表示结束和闭合，和声母 m 的含意一样。p、t、k 都是发音趋势，而非英语那样实际发出来，这在今天我国的南方方言和日语、朝鲜语中都还有保留。所以 p、t、k 都是堵塞住而不冲破，因此都有聚合的意思。三个音各属于唇音、舌音、牙音，因此又各有其特色，与前面的元音结合在一起，表达独特的含意。汉语韵母的音义关系体系可见下页表：

关于韵母的具体声音含意，请参考本书附录一《汉语音义表》之《上古韵部音义表》。

韵的含意

下面说韵。刚才说的是韵母，现在说的是韵。韵和韵母不是一回事儿。

什么叫韵？韵一般是指韵腹、韵尾和声调的组合。

我们以“天”为例。“天”，它的韵母是什么？“ian”，但不包括一声的声调，这就是韵母。所以“天”和“电”是不是押韵？如果我们今天作一首诗，“今天是下雨天，到处都是雷电”，你觉得它押韵吗？押韵对吧？但古人不这么认为。古人说什么叫韵？韵不包括韵头，但包括韵腹、韵尾和声调。所以“天”是平

上古汉语韵母音义体系表

韵腹	项目	ɑ [a] 开放	[e] 细小	e [ə] 延续	u [u] 舒缓	[o]	o [ɔ] 圆通	i [i] 细小	n [n] 下收	ng [ŋ] 上扬	m [m] 闭合	b [p] 有力	d [t] 非常有力	g [k] 特别有力
ɑ [a] 开放	拼音	ɑ						ɑi	ɑn	ɑng	ɑm	ɑb	ɑd	ɑg
	韵部	鱼						歌	元	阳	谈	盍	月	铎
	音标	[a]						[ai]	[an]	[aŋ]	[am]	[ap]	[at]	[ak]
	含意	开放						展开 变薄	开放 下收	开放 上扬	开后 闭合	挤压	清除	巨大
[e] 细小	拼音		i 略开					ei 略窄	in 略开	ing 略开			it 略开	ik 略开
	韵部		支					脂	真	耕			质	锡
	音示		[e]					[ei]	[en]	[eŋ]			[et]	[ek]
	含意		细小					更细小	细小 亲近	深远			细密	细小裂开
e [ə] 延续	拼音			e				ei	en	eng	em	eb	ed	eg
	韵部			之				微	文	蒸	侵	缉	物	职
	音标			[ə]				[əi]	[ən]	[əŋ]	[əm]	[əp]	[ət]	[ək]
	含意			延续				减弱	深入 向下	坚持 向上	包含	聚焦 一点	聚集	汇聚

续表

韵腹	项目	ɑ［a］开放	［e］细小	e［ə］延续	u［u］舒缓	［o］	o［ɔ］圆通	i［i］细小	n［n］下收	ng［ŋ］上扬	m［m］闭合	b［p］有力	d［t］非常有力	g［k］特别有力
u［u］舒缓	拼音				u					ung				ug
	韵部				幽					冬				觉
	音标				［u］					［uŋ］				［uk］
	含意				舒缓					深远浓重				关闭
［o］小于［ɔ］	拼音					o 略小								og
	韵部					宵								药
	音标					［o］								［ok］
	含意					弯曲								跳跃
o［ɔ］圆通	拼音						o			ong				og
	韵部						侯			东				屋
	音标						［ɔ］			［ɔŋ］				［ɔk］
	含意						圆通			正大通透				聚合有力

声的，“电”是去声的，这怎么能押韵呢？这不是一个韵啊。韵是包括声调的，但一般不包括韵头。这就叫韵。

“韵”这个概念完全是因为诗歌的缘故，也完全是因为吟诵的缘故而出现的。因为汉诗的特点就是拖长，即《礼记》所谓“长言之”。拖长的时候，声母无法拖长，韵头也无法拖长，最终拖长的，就是韵腹、韵尾，而声调是伴随整个音节的，所以声调也被拖长了。这样，就出现了“韵”的概念：韵腹、韵尾和声调的组合。

韵，对于诗歌无比重要，因为它占了诗歌时长的四分之一到二分之一，决定了诗歌的基本情调。韵，对于汉语也无比重要，因为它的含意来自汉语诞生之初，揭示了汉语语音的奥秘，所以我们有“音韵学”，而西方的只能叫“语言学”“语音学”，日本韩国的也不是“音韵学”，因为他们的诗歌也没有“韵”。

由于“韵”的概念是出于作诗的需要，有时韵头对韵的感觉也有影响。对于某些韵来说，不同的韵头，韵的感觉会有比较大的差异，因此，部分韵头也参与了韵的分类。比如“鱼”韵，上古韵、广韵、平水韵都是一样的，发音是［io］，如果只是［o］，就是圆形通透的感觉了，但是前面的韵头介音i就带来了一种变化感，这种变化是由小到大的，所以有伸展出去的感觉，舒、余、书、车、鱼、疏、虚等字都是这个韵。另外像“尤”韵，发音是［əu］，但一般前面都有个i，这个i韵头加长了韵的时长，而且是齐齿音，使得整个韵的开口度更小，所以“尤”韵是舒缓的感觉，悠、忧、幽、柔、愁、留、牛、流等字都是这个韵。只是［əu］是达不到这个效果的。

古代的韵是什么样子的？我们来学习“平水韵”。

平水韵是什么？它就是一本书，或者叫韵书。［请参考附录三：《平水韵字表》］它有一百零六部韵。怎么这么多啊？

其实不多，原先在《广韵》还有两百零六部呢，后来好不容易合并成了一百零六部。

为什么这么多韵部？有两个原因。第一个原因，古代的这个“韵”的概念，它是分声调的，所以一个韵母就分成平、上、去、入四个韵了，当然就多了。

第二个原因，语言中的实际语音是比较复杂的。古人的耳朵比较灵，因为古人比较注重用声音表达，古人的耳朵能够分辨的声音比我们现在要细。我们现在越来越粗了，无所谓了，我们就分不出那么多的音了。古人是可以分开那些音的，所以有一百零六部韵。

那么，什么是平水韵呢？这还要从中古音的形成开始说。

汉语中古音的形成就是因为秦汉以后有很多的外族融入了中华民族。这些人，他们都学着说汉语，但说出来的话个个都不一样，就逐渐形成了方言。西汉末扬雄为此编了一本《方言》，东汉还出了两本大字典：《说文解字》和《释名》。这事儿还没来得及整治好呢，就天下大乱了，然后就是三国、魏晋、南北朝，这一下子就好几百年过去了。北方的人、南方的人互相都见不了面。直到隋朝，天下统一，南方的人和北方的人才终于见面了，见面一说话，嗬，这汉语差距太大了。

隋朝时，有一天有九位非常优秀的语言学家见了面。这件事好像是天意，因为这九个人一生中凑在一起的时间只有这一天，而且不是为了音韵学。他们谈论音韵学的时间只有一个晚上。但就是这一个晚上，决定了后面一千五百年直到今天的汉诗的用韵。

这天晚上，他们酒足饭饱后，就坐下来说："这几百年我们的汉语乱了套了，怎么说的都有。现在终于天下一统，怎么也应该规范一下。"

这九位语言学家有来自南方的，有来自北方的，有来自东部的，有来自西部的，他们就坐下来，开始讨论汉语读音的标准，也讨论了很多具体的汉字，最后，由陆法言把讨论的结论记录了下来，就这样明确了汉语的语音系统。多年以后，陆法言根据那晚讨论的原则，编写了一本字典，因为记录语音的方式是反切，所以这本书就叫《切韵》。

《切韵》一出，此前的字典基本上都消失了。为什么？这是新的普通话，新的雅言系统，汉语中古音雅言就此正式形成。

但是很可惜，《切韵》这本书没有流传下来。到了唐朝，科举考试就是用《切韵》系统。唐朝的政府为应考的举子们专门编了一本字典，叫《唐韵》。《唐韵》就是《切韵》系统。《唐韵》这本书也没流传下来。后来到了北宋，有人觉得《唐韵》的字太少，就往里加字，叫《增广唐韵》，简称《广韵》。《广韵》这本书又太广、太复杂了，因此宋朝负责科举考试的礼部给举子们编了一本简化字典叫《礼部韵略》。《礼部韵略》这本书也没流传下来。后来到了金朝和南宋时期，南北方各有一个人编了一本《新刊礼部韵略》，而且都是山西临汾平水人，体系也很接近，因此被俗称为"平水韵"。平水韵广为流传。到了清朝康熙年间，政府重加整理，就成了我们今天看到的《平水韵》。

所以《平水韵》跟平水县、平水话没有什么太大关系，它是唐宋时期的雅言文读系统。更重要的是，自隋唐开始，直到今天，作古诗词都是用的这个系统，也就是从《切韵》到《平水韵》的韵部系统。

现在我们来看《平水韵》。

上平。什么叫上平呢?《平水韵》一共是五卷本，是将“平、上、去、入”分开的，但平声字太多，就分了两本，这样就是五本，因此就分“上平、下平”。

这里顺带说个问题，即为什么平声字要分两本呢？那是因为以前的线装书，它只能这么厚，一指左右。为什么线装书只能这么厚？是我们的装订技术不行吗？没那回事儿，我们中国的印刷术非常厉害。那是因为古人读书，是卷起来握在手里，而手的握度是有限的，所以我们的书叫“书卷”，人有“书卷之气”，就是这样。

上平，“一东”。什么叫“一东”呢?“一”，就是排在第一个的韵；“东”，就是这个韵的第一个字，所以这个韵就用“东”来命名，它就叫“一东韵”或者“东韵”。

平声这个声调有三十个韵，这就是三十平声韵，分别是一东、二冬、三江、四支、五微、六鱼、七虞、八齐、九佳、十灰、十一真、十二文、十三元、十四寒、十五删；上平声十五韵，下平声也有十五个韵，加起来是三十个韵。

上声，有二十九个韵，基本上是一一对应的。所以平声的第一个叫“一东”，上声的第一个就叫“一董”。只有平声的“灰”韵没有对应的上声韵，所以上声是二十九韵。

去声，也有三十个韵，且一一对应，所以去声的第一个韵叫“一送”。这跟我们今天的四个声调“妈麻马骂”是一个道理。

入声，有十七个韵。入声怎么这么少呢？其实也不少，入声也是一一对应的，只不过入声太短，有些相邻的韵就分不太清，后来就这么合并了，所以入声就只有十七个韵。

这样加起来是一百零六个韵，所以叫一百零六平水韵。

平水韵和广韵的区别，从作诗的角度看，就是广韵更趋近生活语言的实际语音情况，而平水韵更照顾作诗押韵的需求。所以广韵有二百零六韵，而平水韵就合并成了一百零六韵。在实际作诗的时候，这些韵还可以进一步通押。

通押的情况，历朝历代各家各派也不完全一样，总的来说就是临近的韵听不太出区别的就可以通押了。比如入声通押之后最少可以合并成五个韵。不过，尽管有通押的情况在，但作诗不通押，只用一个韵的字，还是最正统的。如此一来，有的韵部字多，作诗押韵好作，就被称为“宽韵”；有的韵部字特别少，作诗押韵很难，就被称为“窄韵”或“险韵”。李清照有词云：“险韵诗成，扶头酒醒”，就是说她用字少的韵作的诗作成了，喝的烈酒也醒了，真是女子豪杰本色。

所以，平水韵可以理解为专门给作诗用的韵部系统。

现在我们来看一下，平水韵和我们今天的普通话有什么区别。

“一东”和“二冬”，这是两个韵。东方的“东”和冬天的“冬”，在今天的普通话里读音是完全一样的。今天绝大多数地区的方言都分不开这个“一东”和“二冬”，只有极少数地区还分得开。那么“一东”和“二冬”有什么区别呢？比起今天我们普通话的这个“dong”，“一东”的开口度要再大一点，“二冬”则要小一点。

好，我们再看“一东”有哪些字。有“东同童僮铜桐峒筒瞳中衷忠虫冲终忡崇嵩戎绒弓躬宫融雄熊”，等等，在今天的普通话里都是“ong”韵母是吧，但是再往后看，你就会看到，“风”也在里面。“风”在今天的普通话里就不是“ong”韵母，而是“eng”韵母，但是在中古音它就是东韵上古是二冬的。“风”的声母“f”在上古也没有，本来是“b”，所以“风”本来是读“bōng”，它是拟声字。

因此，三十个平声韵，跟今天的普通话相比，大部分是一样的，那个时候押韵的字今天也押韵，但是有少量不是这样的，有少数的字出现了变化，即本来是完全一样的韵，后来出现了一些差异。虽然一般来说差异不是特别大，但是的确是有些差异。有一些原来是不押韵的字，今天读起来是一个韵；有一些原来是押韵的字，今天读起来已经不押韵了。但这是少数的情况。

现在来看不同的韵的含意。

当这些同一个韵的字凑在一起的时候，韵的含意就显示出来了，非常简单。你想知道“一东”这个韵有什么含意吗？你就看所有的这些字有没有字义上的一个共同点，如果有，那东韵就是这个含意；如果没有，那就没有意义。这很简单，这就是科学的证实和证伪。

当然，这里面有一个上古音问题，就是有一些字在上古时不是这个韵的，你还要再做一番分析。这个过程很复杂，但是道路很明确。一个韵有没有含意是完全可以证明的。我们在前面汉字一讲已经说明了汉语语音的含意系统。

平水韵是中古音，不管上古音如何，隋唐以后的人是发着中古音吟诗的，他们体会着的是中古音带来的感觉。这些感觉与上古音系统是有差异的。所以在做唐诗宋词的声韵分析时，要更多考虑中古音的感觉，古人也留下了很多这方面的材料。不过，虽然如此，毕竟上古音的系统在中古大部分还是传下来了，所以用上古字义在大部分情况下还是可以统计出中古音的含意。或者反过来说，中古韵部的字在大部分情况下还是可以看出有共同的含意特点，而且这个特点与其中古音带来的感觉一般是一致的。

我们看一看中古音的韵部都有什么含意。

一东，它有哪些字？它有东方的东，这个字对我们是很重要的，它是日出的方向；有天下大同的同；有铜，那是青铜器的时代，铜意味着什么？梧桐的桐，那是做古琴的木头；筒，圆圆的，很通透是吧；儿童的童和老翁的翁都在这儿；中国的中在这儿；衷心的衷在这儿；最终的终在这儿；戎在这儿；崇高的崇在这儿；嵩山的嵩，“五岳”之一，在这儿；天下为公的公在这儿；融在这儿；雄在这儿；熊在这儿，这是我们最早的图腾之一；穷也在这儿；风在这儿；洪水在这儿；最能代表中国的红颜色在这儿；聪在这儿；“通则不痛，痛则不通”的通在这儿；还有宫殿的宫、彩虹的虹……

看看二冬。冬在这儿，我们是农业民族，冬天意味着什么？农在这儿；祖宗的宗在这儿；敲的那个钟在这儿；龙，我们的图腾在这儿；松树在这儿；冲在这儿；中庸的庸在这儿；浓、重、峰都在这儿；匈、凶、胸，在这儿……

明白了吗？大概应该有个感觉，一东、二冬基本上集中了我们中华文化的基本概念，之所以第一个要排“ong”这个音，是因为这个声音会发得很远。而且当你发这个音的时候，你的人是很正的。我们叫“中国”，以后要是有人问中国到底是个什么样的国家，你就发一个声音告诉他，那就是“ong——”，圆融通透、正大光明。

二冬比一东要开口度小一点，所以也更细腻一点，所以浓、重、钟、容、庸、凶等字都在这里。

我们看一下古人是怎么说的。

况周颐《蕙风词话》：

> 作咏物咏事词，须先选韵。选韵未审，虽有绝佳之意，恰合之典，欲用而不能。用其不必用、不甚合者以就韵，乃至涉尖新，近牵强，损风格，其弊与强和人韵者同。

况周颐说“作咏物咏事词，须先选韵”，不同的韵是不一样的，用韵如用兵，不能乱用，不是逮哪个字就是哪个字的，那是不行的。

周济《宋四家词选目录序论》：

> 东真韵宽平，支先韵细腻，鱼歌韵缠绵，萧尤韵感慨。各具声情，莫草草乱用。

周济说韵的情绪感觉是不一样的。

清朝汪烜的《诗韵析》，给每个韵的情绪含意都做了四字评语，而且最后一个字一定是这个韵里的字，这样有利于记忆。比如“一东”韵，他的评语是“大雅春融”，我在《汉语音义表》里说的是“圆形、通透、大气”，两者之间的差距就显出来了。看古人多么文雅，我就太直白。“二冬”，汪烜说是“风韵纤浓”，我说的是“深远、浓重、庄严”，表达差远了。不过我们的判断大致是一样的。

每个韵都不一样，我们往下看。

三江这个韵，非常开阔。四支韵，就是“i”这个韵，非常细腻。“支”，支流和干流，支是细小的感觉。枝、移、垂、吹、皮、丝、思、痴、离，都是很细很薄的。

微韵，嘴形是变化的，一直是小开口，最后回到“i”这样一个细细的音，所以微韵基本上是滑动、飘荡的感觉。

六鱼，这个韵以前的音是iao，是从小开口开始，变大而拖长，所以感觉是伸展出去了。

七虞，“u”，是一个延续的感觉。

八齐、九佳，大概说起来，八齐是ei，九佳是ai，都有延续的感觉。但是八齐的起点要小一些，所以有减弱细小的感觉；而九佳就是展开下收的感觉。

灰韵就是“uai”，比九佳更长更圆一些，也是展开之后再下去，伸展的感觉更强，是个很开阔而压抑的韵。

真韵是“en”，中等开口接前鼻音，有深入、接近的感觉。

文韵是［ən］，本来开口度就不大，又接鼻音，闭口，所以是细长而哼吟的感觉，因此有回味、体会之意，常表示一些复杂、美丽的事物。

元韵、寒韵、删韵，下平声第一的先韵，都是开口音接鼻音，都有点像an，但一个比一个大，都是展开然后下收的意思，只是展开的程度不同。先韵是最开阔的。所以有“天”字，天是什么样的？辽阔而下收的。

萧韵、肴韵、豪韵，都有点像“ao”，“ao”这个音是从大开口到中等圆形，这三个韵的开口度一个比一个大，分别有弯曲、包裹、跳跃的含意。

歌韵，原来是［a］，伸展的含意。麻韵，原来是［a］，发音比歌韵更靠前，因此是比较单纯的开放的含意。

阳韵就是“ang”，开阔向上。

庚韵、青韵、蒸韵，都有点像“eng”，一个比一个开口度小，其中庚韵最接近阳韵，但是其中的字今天基本上都是eng或者ing韵母，如横、惊、兵、鸣、行、征等，原来都是比较大气硬朗的含意。青韵是向上的深入，比如亭、星、瓶、翎等。蒸韵是细长的上升，如蝇、绳、蒸、腾、兴、升、鹰等。

尤韵“ou”，这个韵前常有介音i，是舒缓的意思。

侵韵、覃韵、盐韵和咸韵，这四个韵有个共同的特点，就是m韵尾。现在普通话里没有m韵尾，这些字都读成n韵尾了，an、en、in，但原来是m韵尾。m表示闭合，这四个韵的开口度依次增加，都有包含的意思，但是是从深入包含的深藏，到包容、包裹，一直到张大口又闭合的关闭、封锁的含意。

三十个平声韵，各有性格。什么叫性格？不是情绪，是性格，就是说，不同的韵，不是喜怒哀乐不同，而是性格不同。比如急性子和慢性子，都可以有喜怒哀乐。尤，是慢性子，慢性子也可以有喜怒哀乐，比如高兴的：“空山新雨后，天气晚来秋”；也可以不高兴：“弃我去者，昨日之日不可留”，都可以的，但不管是哪样都是舒缓的，这就是性格。［参见：《汉语音义表》］

现在说一说什么是押韵。押是什么意思？赌博的时候把所有的东西都放在一个格里就叫押。押韵就是把这首诗每一句的最后一个字都放在一个韵里，就叫押韵。

比如一东韵，李清照的《夏日绝句》：“生当作人杰，死亦为鬼雄”，最后一个字是“雄”，是一东韵的字。这个字一出，下面押韵的字，就是这首诗每句最后的这个字，都得是一东韵的字，所以是“至今思项羽，不肯过江东”，“东”

也是一东韵的。这就叫押韵。

李商隐的《无题》："昨夜星辰昨夜风"，风是一东韵的，这诗是头一句就押韵了的，后面的韵字就都得是一东韵的。"画楼西畔桂堂东"，东是一东韵的。"身无彩凤双飞翼，心有灵犀一点通"，通也是一东韵的。"隔座送钩春酒暖，分曹射覆蜡灯红。嗟余听鼓应官去，走马兰台类转蓬。"红、蓬都是一东韵的。这就叫押韵。

说到这儿，就会有现代诗人觉得古诗太死板了，为什么作诗一定要押韵呢？现代诗就很多不押韵的。是的，那是现代诗学习了西方，因为西方的诗歌很多是不押韵的。西方语言不是声调语言。现代诗人这样想，在很大程度上是因为只认为押韵是为了好听，所谓朗朗上口，不知道押韵是一种情绪的表达，是整首诗情感基调的体现。没有了韵，就失去了这一表达方式，实际上也就失去了用声音表达意义的一种重要手段。所以现代诗基本上是文字的诗，不是声音的诗。你想，从西方学来的，怎么可能学声音，学到的就是文字的排列方式。

古诗还可以换韵。换韵就是换情绪。你押完了几句觉得情绪变了，就可以换韵了，就是押另外一个韵去了。所以读古诗，分段通常是一个很容易的事情，一看换韵就知道。有时表面文字与换韵有差异，这时还是要听换韵的，因为诗是声音的艺术。比如《木兰辞》有两句，一句"旦辞爷娘去，暮宿黄河边，不闻爷娘唤女声，但闻黄河流水鸣溅溅"，这句与前文是押的同一个韵，即大开口的先韵，心情是刚强的；下一句"旦辞黄河去，暮至黑山头，不闻爷娘唤女声，但闻燕山胡骑鸣啾啾"，这句换了尤韵，舒缓的意思，表明心情变了，因为黄河就像边界，一过了黄河，就感觉出了国，心情立刻变得忧伤了。这两句文字看起来很像，其实是两段，因为情绪变了。

声律启蒙

说到这里，我们想到一个事，就是古代凡是上学的人，文人，哪个不会作诗啊？不会作诗都没脸出去见人了是吧？所以古代上学的儿童，他是要背过《平水韵》的。不背的话，怎么知道哪个字跟哪个字押韵呢？它跟方言土语，跟当时的口语语音不完全一样，所以古人是要背《平水韵》的。

大概什么时候背？大概相当于现在的小学低年段，七八岁的时候。怎么背？我们现在的背法就是：一东有“东同童僮铜桐峒筒瞳中衷忠”，死记硬背。古人不是这么背的。

古人怎么背的呢？有这方面专门的教材，流传到今天最有名的两本，一本叫《声律启蒙》，一本叫《笠翁对韵》。在古代其实还有很多。

我们看一下《声律启蒙》，大概就能明白了。

一东，下面有三段。第一段：

> 云对雨，雪对风，晚照对晴空。来鸿对去燕，宿鸟对鸣虫。三尺剑，六钧弓，岭北对江东。人间清暑殿，天上广寒宫。夹岸晓烟杨柳绿，满园春雨杏花红。两鬓风霜，途次早行之客；一蓑烟雨，溪边晚钓之翁。

像这样每一个韵都是三段，三十个平声韵就是九十段。它的特点是什么？

第一，每句话的最后一个字都是这个韵的，比如说一东韵，有哪些字呢？常见的字就是每句结尾的字，有“风、空、虫、弓、东、宫、红、翁”等。古代的孩子就是这么背《平水韵》的。

第二，《声律启蒙》还不仅仅是教你背韵书，它还教你对仗。什么是对仗？我们都知道对偶是吧？对偶就是字数要一样，语法结构要一样，词性要一样，内容要相关，这就叫对偶。

比如说“绿草”对什么啊？对红花。还可以对什么？还可以对很多，不只是对红花，还可以对“黄瓜”“白雪”，还有什么？青蛙、蓝天、黄莺、白露……哪些是对偶？哪些是对仗？

如果以“绿草”论，对仗是：红花、黄瓜、青蛙、蓝天、黄莺；白雪和白露是对偶。有什么区别？对仗首先是对偶，在此基础之上，它还有附加条件，就是第二个字、第四个字、第六个字这些偶位的字和最后一个字的平仄要相反。

还记得平仄吗？“一二声平三四仄，入声归仄很奇特”，一声二声是原来的平声，三声四声是原来的仄声，入声字挑出来也是仄声。

绿草，草字就是第二个字，同时也是最后一个字，它是平声还是仄声啊？仄声。所以对的时候，第二个字就要对成平声，所以对红花、黄瓜、青蛙、蓝天、黄莺，花、瓜、蛙、天、莺都是平声的字。雪，现在是三声，以前是入声；露，是四声，这两个都是仄声，所以是对偶，但不能算对仗。对仗得是仄对平，平对仄。

《声律启蒙》还教儿童怎么对仗，教一个字的对仗；两个字的对仗；三个字的对仗；四个字的对仗，两鬓风霜对一蓑烟雨；五个字的对仗，人间清暑殿对天上广寒宫；六个字的对仗，途次早行之客对溪边晚钓之翁；七个字的对仗，夹岸晓烟杨柳绿对满园春雨杏花红。四个字和六个字的对仗干吗用啊？作骈文，骈文俗称“四六”，它基本都是四个字六个字的句子，而古代的应用文几乎都是骈文的格式，需要掌握四字六字的对仗。

一二声平三四仄，永远要记得形成平仄对立的语感。以普通话来说，凡是读成平或向上的，就是平声，下沉的就是仄声。

云是平声，就对雨，是仄声；雪是仄声，就对风，是平声；晚照的照是仄声，所以晴空的空就是平声；来鸿的鸿是平声，去燕的燕就是仄声；宿鸟的鸟是仄声，鸣虫的虫就是平声；三尺剑，要看第二个字和最后一个字，尺、剑都是仄声，所以六钧弓，钧、弓就都是平声；人间清暑殿，看第二个字、第四个字和最后一个字，间、暑、殿是平、仄、仄，就对仄、平、平，这就叫对仗。这是教给儿童的第二件事——对仗。

第三，《声律启蒙》还教给儿童第三件事，叫意象系统。还记得意象吗？汉诗文的含意的结构第三层叫意象，它是汉诗文的基本元素，来自经史子集的行话。古人从小就要明白这些意象是什么意思。

所以《声律启蒙》不是背完就完了，还要配合讲故事，讲各个意象是什么意思。云对雨，其实这都可以讲故事的，云可以讲故事，雨也可以讲故事。云是什么？是天空中的云吗？那是自然科学，不是诗。在汉诗里，云有自己的象征意义，比如浮云是游子，乌云是困难，彩云是吉祥，白云是悠游，等等。

晚照对晴空，什么叫晚照？什么是晴空？这是意象系统，可以讲很多故事。来鸿对去燕，来鸿可以讲什么故事啊？鸿雁，来宾，去燕，游子。宿鸟对鸣虫，这都可以讲故事。三尺剑，六钧弓，可以讲一大套故事。从小就告诉孩子这个词是什么意思，使其逐渐积累意象系统，以后才能作诗，“无一字无来处”，不然只能作顺口溜了。

古代的儿童就是这样学的，九十段声律启蒙背下来，这就是作诗的基本功，从这儿开始的。

配合着《声律启蒙》，就开始作对联。对对子是儿童特别喜欢的一件事，那是语言的游戏。对一个字、两个字、三个字、四个字、五个字，一首诗就出来了，就开始作诗。诗词的训练就这么开始的。

古人学习，是一定要落实在自己生活里的，学诗文，一定是落实到创作上的。光读有什么用啊，古人是一定要创作的。读“四书五经”就要作八股文；读了《诗经》、唐诗就要作诗；看了前人的字帖就要写字。所以这是一整套的教学系统。

《声律启蒙》怎么读？这是近体诗的读法，它有平仄格律的，所以要入短韵长、平长仄短、平低仄高。

我们做了两版不同的录音，《声律启蒙》《笠翁对韵》都有。一版是幼儿版，一版是少儿版。幼儿，我不主张读入声字，因为幼儿的语感还在形成，而且入声字也不难，晚点掌握也没有问题。所以幼儿版我们都把格律位置上读入声的字换成读平声的字了。当然是极个别的字。少儿版可以读入声字，所以用的是古人原版。

大家可以听一下，我们在中华书局出版的“中华经典吟诵”系列图书里的第二批，就有这两本书的幼儿版录音，有很多种，有成人的有儿童的，有各种乐器伴奏的。其中成都泡桐树小学马凡美老师的班，是用钢琴伴奏的录音，非常好听。而且我们还提供纯伴奏和领读版。[参见：成都泡桐树小学西区马凡美老师班吟（清）车万育《声律启蒙·一东》]

青岛出版社的“经典吟诵”系列教材里，有这两本书的少儿版录音，是原文的，保留了入声字，大家也可以听一下。这些录音都可以直接用于教学。

辨认入声字

下面还有一个问题，就是辨认入声字。我们现在知道，入声字有特别的含意，对于吟诵非常重要，所以我们要认出那些入声字来。

我们先看看入声字有哪些。[参见附录六：《入声字的变化》]

入声字在今天的普通话里，有一些读一声，有一些读二声，有一些读三声，有一些读四声，也就是分别读成了平、上、去声，这叫入派三声。

入声字不太多，但是也都需要辨认。怎么辨认入声字？有不同的方法。在附录里有一篇朱立侠博士后整理的文章，叫《入声字辨别法大全》，大家可以参考。[参见附录七：《入声字辨别法大全》]

辨认入声字，严格的方法只有查字典，只有查字典才是百分之百正确的。为什么是这样？因为我们今天所说的入声字，是切韵系统的。我们还记得切韵系统是怎么出来的吧？那是九个人讨论出来的原则，所以它是一个均衡过的、带有人工痕迹的语音系统。实际上，没有任何一个地方的方言和这个切韵系统百分之百地吻合。这个很难说，包括你用语言学的方法做推导，也不是百分之百地吻合。而且即使是吻合，也只是切韵系统，还不是上古韵。所以这里边还是有很多差异的。所以最好的方式还是查字典。

我推荐大家两条方式去查。第一个，工具书，我建议每一位老师都要拥有一本《辞源》。这个书的好处是什么？第一，注音很详细，平上去入都能注得很清楚。另外，这其实是一本意象辞典。我们说过意象系统，知道这个意象系统对于学习古诗文有多重要。那么现在有没有专门来介绍意象系统的辞典？其实《辞源》就是。《辞源》就是告诉你每一个意象，就是每一个词，它是什么意思，或者有几种意思，每一种意思第一次出现在文献里是在什么地方，那不就是它的源头吗？这就是通过经史子集而形成的意象系统。这本书非常重要。只是它在意象的数量上还不够多，阐释上还不太详细，但是已经很好了。

这是一个比较简单的方式。但实际上关于语音，在学术界是有很多的学术争议的。如果你想了解不同的专家对这个字音的不同判断和分析，那么有一个网站，叫“东方语言学网”，在这个网站上有“资料下载”这一项。进入“资料下载”，里面有各家各派对于一个字的上古音和中古音的构拟。有的时候大家意见比较一致，有的时候差异就很大了。对于做学术研究的人来说，这个网站就比较重要；但是对于普通老师来说，它有个难点，即标的全部都是国际音标。你要懂得国际音标，要不然不知道这些到底是什么音。这是给学术界的人士看的。

不严格的简易的方法大体说来有三种：推导法、方言法、口诀法。这三种方法，都是用来给大家平时教学的时候，临时对付一下用的，准确率大概都是百分之九十、九十五，不是百分之百。

第一种，是通过语音学和音韵学的知识去判断，在《入声字辨别法大全》里都写了，大家可以去看，但这需要你具备比较完整的音韵学和语言学知识。这种方法对大多数老师来说，可能不太合适。

方言法比较适合南方的老师。具体说起来，就是如果你的家乡话、你的母语，它的地理位置是在淮河到秦岭这条线的南部，淮河北岸和秦岭北麓也行，或者是北方的山西，大概适用方言法。除此以外的地区，比较适合用口诀法。

在秦岭—淮河以南，或者是北方的山西地区的老师，可以用方言对入声字做一个初步的判断。很简单，先用家乡话来读入声字表。只要是认得的字，就读一下。读的目的是什么？读的目的有两层。第一层，用家乡话读的时候，感觉这些字是不是读得短？如果比一般的字读得要短，后面肯定是有一个塞音尾。塞音尾就是一个堵住的音，这声音好像是发一半就被堵住了。那么，你的家乡话就是还保留着入声字，像福建、广东等地区就是这样。以后，凡读古诗文，先用家乡话读一遍，凡读短音的，基本上都是入声字。

第二层，如果你用家乡话读这些字，它不短，跟其他的字差不多长，那么，你就去寻找所有这些字共同的声调。这时你会发现，所有这些入声字基本上都是一个声调，或者两个声调，最多是三个声调。一般是两个声调，这就是阴入和阳入。以后，凡读古诗文，先用家乡话读一遍，凡读这两个声调的，基本上都是入声字。

所以，用方言读入声字，首先是短不短，如果短，这事就解决了；如果不短，所有的这些字，要么就是一个声调，要么就是两个声调，把这个声调找到就可以了。

我们南方的老师，入声字这个问题就解决了。北方的老师呢？怎么办？

这确实是个问题。我也是北方的，怎么办呢？这个问题对于我们就麻烦一些，但也不是很麻烦，关键就是口诀法，要背口诀。然后通过滚雪球的方式，去把它拓展，这可能是最快的方式。

先说口诀。口诀有很多种。我们在《入声字辨别法大全》里面列了很多。我比较推荐三言的口诀，又叫“168 口诀”，一共是 168 个字。常见的入声字本来就不多，大概就是两三百个的样子。168 个实际上已经解决了大部分的入声字。然后，再用其他的方式推导一些，就差不多了。不过，这些字中有个别几个是上古的入声字，到了中古就变去声了，如暮、怕、代、货、弑等。这个三言的“168 口诀”是：

六伯黑，不白皙，忒龌龊，没出息。
贷谷麦，织竹席，毒剥削，逐什一。
啬吃喝，食苜蓿，恶服饰，益积蓄。

欲窃物，掘穴窟，昨日暮，跖入屋。
猝突兀，魄觳觫，怕失色，匿帛幕。
急雀跃，脚蹶跌，逸角落，鼻憋厥。
忽觉察，戟割截，血沥漉，卒殁绝。
七叔俶，击羯狄，越朔漠，伐弑逆。
啜冽雪，啮菽粒，历代北，踏石砾。
执节钺，发矢镝，克貊国，若霹雳。
馘魅杰，裂畜腹，抉敌目，酷杀戮。
力搏毕，贼殪毙，得匹駃，值百镒。
复失域，立业绩，获爵禄，锡玉璧。
疾杂学，悦墨翟，执木铎，习八佾。

“六伯黑”，六伯长得黑。“不白皙”，黑嘛，当然不白皙了。“特龌龊，没出息”，骂人没出息，其实挺厉害的，三个入声字。“贷谷麦，织竹席，毒剥削，逐什一”，就是放高利贷，百分之十的利息。“啬吃喝”，自己还不舍得吃喝。“食苜蓿”，“苜蓿”是喂马的草料。“恶服饰”，穿得也破破烂烂的。“益积蓄”，使劲攒东西。六伯是泼留希金。“欲窃物”，还要去偷东西。“掘穴窟，昨日暮，跖入屋”，“跖”是古代大盗，半夜做贼去了。“猝突兀”，碰到人了。“魄觳觫”，吓得哆嗦。“怕失色，匿帛幕”，躲到帘子后面去了。“急雀跃，脚蹶跌，逸角落，鼻憋厥。忽觉察，戟割截，血沥漉，卒殁绝”，逃跑，死了，把六伯给说死了。“七叔俶”，七叔好。“击羯狄，越朔漠，伐弑逆”，七叔是一员大将。“啜冽雪，啮菽粒，历代北，踏石砾”，在北方苦寒之地。“执节钺，发矢镝，克貊国，若霹雳”，七叔是神射手。“馘魅杰，裂畜腹，抉敌目，酷杀戮”，打仗杀敌。“力搏毕，贼殪毙，得匹駃，值百镒”，“駃”可以理解为骡子，最后杀敌夺得贵重的战马。“复失域，立业绩，获爵禄，锡玉璧”，建功立业，得到嘉奖。“疾杂学，悦墨翟，执木铎，习八佾”，最后做了一名“儒士”。

这六伯和七叔怎么差这么远呢？因为入声字的情绪色彩是非常强烈的，入声字一编口诀，很容易就跑两头去了。这一共是168个入声字，给小孩子背是非常方便的。讲了两个人的故事，很好玩，很好背。南方的老师就不要背这个了。这个对于南方人来说就是绕口令。南方的很多绕口令，其实就是一堆入声字，读起来很困难的。

“168 口诀”背完以后，要通过滚雪球的方式再拓展一下。怎么拓展呢？有两个方法。第一个方法，我们说过汉字的系统是以声符为核心的，可以举一反三。比如说“六伯黑”，“伯”是入声字，它的声符是“白”，所以“白”就是入声字，所有以“白”为声符的基本也是入声字，比如泊、柏、拍。用这个方式推导出来的字，大概上古音是差不多的。但是到了中古音就不一定了。上古的某些入声字，到了中古音变成去声字了。所以在中古音当中，也许有的字就已经不是入声字了，但是它的上古音还是。

第二个方法，就是通过入声韵的诗词去记忆。比如说，“绝”是入声字，那么柳宗元的《江雪》：“千山鸟飞绝，万径人踪灭”，所以“灭”也就是入声字；“孤舟蓑笠翁，独钓寒江雪”，所以“雪”也是入声字。既然“雪”是入声字，那么“靖康耻，犹未雪。臣子恨，何时灭。驾长车踏破贺兰山阙”，所以“阙”也是入声字。就是这样逐渐积累，通过入声韵的诗词，像滚雪球一样，慢慢就熟悉了。入声字又不考试。在我们编的书当中，入声字都是标注出来的。所以对学生来说，他只要开始吟诵，接触到这些入声字，经过一两年的时间，应该说基本上常见的入声字是没有问题了。所以这个不用担心。

第三讲　格律与吟诵

押韵的意义

下面我们来讲“格律与吟诵”。这一讲的目的，是学会诗词格律，学会近体诗的吟诵。

先从押韵开始说。

我们前面说过，吟诵有一个规矩，叫“入短韵长”，适用于所有的汉诗文。入声字要读短，韵字要读长。

押韵是什么？押韵在音乐上是长主音。音乐的旋律，一般来说，都是从主音开始，到主音结束的，或者至少会在主音结束。听到一个长的主音，听众会感觉旋律又回到了起点或者基准线，所以会有一个乐句结束的感觉。短的主音来不及反应，所以起不到这个作用。

主音一般不是一个，在西方是一对，叫作主音和下属音，或者叫主音和支持音。它就是胡琴的里外弦，比如 15 是一对，$\underset{\cdot}{5}2$ 是一对，$\underset{\cdot}{6}3$ 是一对。中国传统音乐至少也是这样。还有学者认为是由三个音构成一个主音框架。

比如常见的一种《茉莉花》的旋律：

好一朵茉莉花（5），好一朵茉莉花（5），满园花开香也香不过它（1），我有心摘一朵但又怕来年不发芽（$\underset{\cdot}{5}$）。

每句结束都是 1 或 5，这是一对主音，1 是宫音，这个调式在中国叫宫调，西方叫大调。其中“我有心摘一朵”的结束音也是 5，但是因为太短，所以就不是主音。长主音都在乐句之尾，或者说，乐句是以长主音为标志来划分的，这是人的自然感觉。

押韵的地方基本上都是长主音的地方，就是乐句结束的地方，比如《茉莉花》中的“花、花、它、芽”。所以押韵首先是给人结束感，是句子节奏的一个特征。

世界上大部分民族的诗歌不押韵。英语诗歌押韵的只有一半左右。法语的更少。印欧语系的诗歌一般押重音和节奏。蒙古语诗歌有押声母的。日语和朝鲜语的诗歌押音节数目。我国苗语等汉藏语系的语言，其诗歌押声调。即使是押韵的诗歌，也不一定押尾韵。满语诗歌押腰韵。所以汉语诗歌的押尾韵是少数现象。

押尾韵，会在长主音的基础上，继续加强结束感，所以汉语诗歌的节奏，句子的独立性比较强。英语诗歌以及我国的苗语诗歌等，都是旋律比较悠长，纠缠连绵；而汉语诗歌的节奏、旋律以乐句为单位比较独立，所以很短的句子就可以表达独立而丰富的含意。

另外，押韵也是押调。自古以来，汉诗的押韵就是把声调因素考虑在内的，即使在没有发现四声的先秦，《诗经》的押韵也基本上是同调才相押。这是汉藏语系声调语言的特点，所以现在很多人作诗只押韵母，那就已经不是传统的押韵了。

从语言的角度来说，押韵就是把一个韵的声音拖长放大，让你体会这个声音的含意及其内在的情绪。韵的长度相当于句子的四分之一到二分之一，这难道只是为了好听吗？押韵拖韵，和日常生活语言不同，所以读者就会关注到这个不同，从而体会韵的含意。

汉诗是非常重视押韵的。古体诗经常换韵。换韵往往就表示情绪的转换。换韵的地方往往就是段落划分的地方。所以如果你会吟诵，对于古体诗分几个部分几个段落，这件事情其实不用讲，韵一变自然就变了。

近体诗是不换韵的。但是用什么韵，用开口韵还是闭口韵，用鼻韵还是一个开音节的韵，等等，这些问题还是非常重要的。因为韵是有含意的。下面我们举个例子。

我们以《诗经》的第一篇《关雎》为例。这是一首古体诗。我们来分析一下它的用韵。

诗经　周南　关雎

关关雎鸠	在河之洲	窈窕淑女	君子好逑
参差荇菜	左右流之	窈窕淑女	寤寐求之
求之不得	寤寐思服	悠哉悠哉	辗转反侧
参差荇菜	左右采之	窈窕淑女	琴瑟友之
参差荇菜	左右芼之	窈窕淑女	钟鼓乐之

如果你不吟诵，不知道它的韵，就是看表面的这些文字，这首诗其实很多地方还是模糊不明的。用韵其实就是它的声音的一个部分。我们看看这个部分，它对这首诗的含意到底参与了多少。

《关雎》一共是五句，以前叫五章。我们分析下用韵。

头一章："关关雎鸠，在河之洲。窈窕淑女，君子好逑。"押韵的字是哪些啊？鸠、洲、逑。押的是什么韵？首先是看它的声调。它是平声韵。押的什么韵呢？"ou"，以前叫幽部或尤韵。

我们看第二章："参差荇菜，左右流之。窈窕淑女，寤寐求之。"押韵的字是"流"和"逑"。为什么不是"之"啊？因为我们汉诗是押尾韵的，押最后一个字。那应该是"之"押韵啊。不是。"之"在这里是语气词或者无意义。汉语的民歌、戏曲、曲艺，很多唱段都有语气词，但是没有用语气词押韵的。这可能是乐官整理的时候，为了整齐而加上去的。这在《诗经》中很常见，经常是第三个字押韵。加在后面的这个字，其实也是押韵的，但是真正的韵是"流"和"求"。"流"和"求"是什么韵呢？还是幽部、平声的尤韵。

我们看第三章："求之不得，寤寐思服。悠哉悠哉，辗转反侧。"哪些字是押韵的字啊？得、服、侧。这是入声韵。哪个声音呢？音韵学一般认为，这个韵，上古音应该是职部［ək］，相当于汉语拼音的"eg"，只是 g 不发音，只是个趋势。

第四章："参差荇菜，左右采之。窈窕淑女，琴瑟友之。"押韵的字是"采"

和“友”。这俩字今天的韵差得太远了，但是在古代是押韵的。它们是上声韵，押的是e韵。

最后一章：“参差荇菜，左右芼之。窈窕淑女，钟鼓乐之。”押韵的字是“芼”和“乐”，是去声，宵部，ɑo韵。

五章换了四个韵，平上去入全用到了。这诗是不是很有意思？现在我们就来看一看，为什么要这么押韵？

为什么第一章用ou韵呢？现在很多人以为，因为“关关雎鸠”嘛，所以就押ou韵了。这事好像是很随意的事情，其实不是这样的。古人作诗是很讲究的。他要不愿意用ou韵的话，他就不用“雎鸠”这个说法了，就会换一个词。他是故意用的这个韵。韵在四言诗里占了诗句长度差不多一半的时间。第一章、第二章用了差不多一半的时间让你听ou，为什么？难道是没有意义的吗？听什么声音都一样吗？

它的第一章和第二章说的是什么内容啊？就是一见钟情。这个君子见到这个淑女，就喜欢上了她，决定追求她。这是一见钟情啊。一见钟情为什么用ou韵呢？是因为刚刚喜欢上的那种初恋的感觉。喜欢为什么是ou呢？我们现在说你要是喜欢上一个人，让你用一个声音形容你的心情，你会用ou吗？电影里出现一见钟情的时候，是怎么配乐的？现在我们说，什么叫一见钟情啊？一见钟情就是感觉“你就是那冬天里的一把火！”那叫一见钟情。可是，《关雎》用的是舒缓的平声的ou，为什么？

主人公是谁啊？君子。什么叫君子？国君之子。最早是这个意思，后来引申为有德之人。他是贵族啊，他喜欢上了这位姑娘。这位姑娘是他见过的第一位姑娘吗？不是的，贵族从小就见过很多姑娘。他为什么喜欢这个姑娘？因为这个姑娘很特别，与他此前见过的所有姑娘都是不一样的。怎么不一样啊？i–o–u——。他见到这个姑娘的时候，他的心情就是这个声音i–o–u——。他想念这个姑娘的时候，他的心情也是i–o–u——。这是个什么样的声音？这个声音是一个橄榄形。首先是长，有变化但是开口度不大，但是它又不是完全闭死的。又平又长但里边又有变化，这就是君子的心情。是谁让他感觉到i–o–u？是这个淑女。这是一个平静的但又是很复杂的声音。换句话说，自从见到这个姑娘，他的心情就是i–o–u。那就是说他没见到这个姑娘之前，见到别的姑娘都什么样？反正不是这样。只有见到这个姑娘，才i–o–u。世界安静了。这个就叫淑女。什么叫淑女啊？淑女是她来到你的世界，就让你的世界井然有条，一切各安其位。有的女孩来到你的世界，一切都乱了套。托尔斯泰的《安娜·卡列尼娜》里，一开场头一句话就说："幸福的家庭都彼此相似，不幸的家庭各有各的不幸。在奥勃隆斯基家里，一切都乱了套。"那就不叫淑女了。所以，iou 这个韵，既是思念的悠悠心态，也是对淑女的感觉。

"窈窕淑女"，什么叫"窈窕"啊？现在很多人都以为窈窕就是苗条，那是两回事。窈窕，你看这个字形，它的意思是心思细腻。我们今天叫细心。"淑"，贤惠；"女"，姑娘。所以窈窕淑女是一位又细心又贤惠的姑娘，她是君子的好配偶啊。所以这是君子和淑女的爱情。这位淑女，她长得好看吗？身材好吗？不知道，君子没看见。君子不在乎这个。君子在乎的是她的品德，所以君子对她的感觉是 i-o-u——，在思念她的时候，感觉到的也是 i-o-u——，平的长的变化丰富的内敛的感觉。

我们看第三章。换入声韵 eg，为什么？因为"求之不得"。他去向淑女求婚了。结果怎样？被拒绝了。我们今天叫表白失败，很痛苦。很痛苦是什么声音啊？就是这个声音，一个半截儿被堵住的 e。"悠哉悠哉"，四连平，这个夜晚太漫长了。辗、转、反，连续的三个上声，由此可知他在床上是怎么折腾了。侧，入声韵，好痛苦啊。

第四章转上声韵。这个音怎么读啊？是：哦？它是向上为主的。这是什么感觉啊？惊喜。是高兴的声音，但是里面有惊讶。为什么惊喜啊？刚才还处于失恋状态，这回是惊喜，为什么？因为姑娘又答应了。他第二次去求婚，这次姑娘答应了，所以叫"参差荇菜，左右采之"，"采"是什么意思啊？就是得到了。"窈窕淑女，琴瑟友之。"怎么姑娘就答应了呢？因为他预设了一个很好的环境。像今天有男孩摆个心形的蜡烛，弹个吉他，反正是有精心的设计。这次姑娘答应他了，所以他的心情，哦？哦？是这样的。

我们看第五章。又换韵了。这次是去声的 ào。这是个什么韵啊？ào，大张着嘴的声音。去声是明确的意思。ào，很明确，还是个开口韵。这是为什么？第一章和第二章是一见钟情。第三章是第一次表白，失败了。第四章是第二次表白，成功了。第五章呢？有人认为是结婚了，进行得好快啊。我总觉得不是，因为第四章和第五章很接近，只换了两个字，应该是同时发生的事情。是心情又变了。在求婚成功的时候，是什么事情会导致心情又变了？ào，这是为什么？

在求婚成功以后，马上要做一件事，这个世界上所有的男人都会这么做的。立刻就要做的那件事是什么？发誓！求婚成功了之后，一分钟之内必须做这件事，要不然这事就不好办了。肯定是这样的。“姑娘，嫁给我吧。”姑娘说：“好吧。”啊，好高兴，高兴完了赶紧发誓。山盟海誓。发誓的时候，可以用平声发誓吗？太不真诚了对不对？用上声发誓可以吗？细小亲密，那叫一个软绵绵。入声发誓可以吗？可以的。入声可以发誓。我们说一个入声发誓的诗：“上邪！我欲与君相知，长命无绝衰。”向苍天呼喊。呼喊完了，就开始发誓：“山无陵，江水为竭。冬雷震震，夏雨雪。天地合，乃敢与君绝。”都是入声韵，多狠啊！入声短促的音用来发誓，有决绝之意。用入声来发的誓是毒誓。你看《上邪》这首诗，你就知道肯定是出了问题，这么狠的诗！求婚不能发毒誓，太不吉利了！所以不能用入声，要用去声发誓。去声坚决明确，还要大张着嘴，ào。哪些字是ào韵？比如说照耀、报到、笑、跳，都是这种声音。大道，也是这种声音。所以“参差荇菜，左右芼之”，“芼之”是什么？“芼”就是捣烂了、煮熟了，生米做成熟饭，这事板上钉钉的意思。“窈窕淑女，钟鼓乐之”，我一定会让你快乐！这就是君子。明白了韵以后，这个诗就理解得比较深入。

《诗经》是什么？《诗经》是上古劳动人民的诗歌总集。这个说法其实不太准确。它是采上来的诗，经加工整理以后形成的一个诗集，这些诗很多还是来自贵族的。加工整理以后干什么呢？用于教化，这就是诗教。它是周朝用来教育贵族子弟的。我们今天的小学语文课本、中学语文课本，既是德育课本，也是社会与生活课本。第一首就是《关雎》。《关雎》是什么？用现在的话说就是古代青年男女的爱情歌曲。那不成了《小苹果》？《毛诗大序》说：“《关雎》，后妃之德也，风之始也，所以风天下而正夫妇也。故用之乡人焉，用之邦国焉。风，风也，教也；风以动之，教以化之。”它是要教化天下、匡正夫妇关系的，这么大的功效，所以要从诗教的角度考虑。

为什么把课本的第一首放这样一首诗？就是教育那些贵族的少年，告诉他们，人生的第一件大事就是找对象。为什么是找对象，而不是找工作呢？因为他们的工作是世袭的。对他们来说，在那个年纪，可能更重要的是找对象。找什么样的人呢？i-o-u——。这就是标准，要找这样的人，能让你的世界安静的人。找到以后呢？追求她，叫“寤寐思服”，日夜思念。但姑娘不喜欢你怎么办？这事很难办。这诗告诉你，继续追！想办法啊。这样的姑娘太难得了，怎么都要追到手的！那姑娘答应你以后呢？发誓永远让她幸福。这就是君子，这就是淑女。这就是诗教。《诗经》啊，它真的不是简单的抒情歌曲，它里边有很重大的教化意义。

以上我们用一首诗来说明押韵的意义。实际上每一首诗，韵都参与含意。无论是有意的还是无意的，古人在吟诗的时候，都是用声音创作和表达，自己和对方主要接触到的都是声音，不是文字。韵就在此参与了含意。

文读语音

现在我们来说文读语音。《论语》中说：

> 子所雅言，《诗》、《书》、执礼，皆雅言也。

孔子是鲁国人，平常是说鲁国话。但是读《诗经》的时候，读《尚书》的时候，做主持人的时候，他不说鲁国话而说雅言，即首都的话，也就是那时候的民族共同语，我们今天叫普通话。这就是读书的传统，我们叫文读。

什么是文读？就是汉语各地的方言，都包括两个系统：一个系统叫文读，一个系统叫白读。这叫文白异读。所以我们现在把粤语称为白话，就是因为粤语另有一套文话。文读，就是文人读书的话。所以我们看那些各种戏曲曲艺啊，文人说话和老百姓说话就是不一样。这就是文白异读。文读和白读的关系，我们可以用下图来表示。

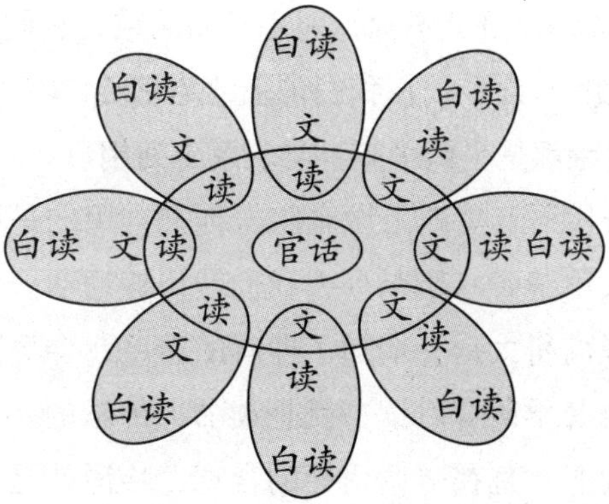

汉语文读与白读关系图

白读，就是汉语各个地方的方言，它们是不相通的。不相通的意思就是大部分互相听不懂。一个广东的农民跟一个山东的农民见了面，广东的农民说广东话，山东的农民说山东话，两人互相听不懂。汉语方言之丰富，相差之大，是世界上罕见的。

但是文读是相通的。一个广东的文人和一个山东的文人见了面，广东的文人说广东文话，山东的文人说山东文话，两个人互相听得懂。所以读书人见了面说读书音，互相听得懂。这有点像今天的地方普通话。广东的文人，比如康有为、梁启超到了北京去，组织全国的举子们上书的时候，没听说互相听不懂。这件事情非常重要，它是大一统的基础。大一统是儒家非常重要的一个观念，就是在我们华夏民族内部，我们的文化应该是基本一致的，有共同的生活理想。万物一体，同生共荣。所以我们要保持共同的文化基础，共同的语言和文字是非常重要的。天下的文人、知识分子、有文化的人，他们可以互相交流，就可以保持基本的思想统一，保证民族不分裂。我们中华民族，历史上一直是往里聚，从来没有往外分，这是非常重要的事情。

这样一来，历朝历代关于怎样读书，就是读书音的问题，就慢慢地形成了一个传统，我们叫“文读”传统。文读的传统，或者说文读的原则思想，大概说起来有三条。

第一条，主要使用当代民族共通语。这意思就是说，不可以用方言土语去读书。广东人从来不用白话读书的，北京人也不用北京土话读书。比如说，叶嘉莹先生是北京人，她家以前住西单的，是真正的老北京。比如《春晓》用北京土话一读，“春眠儿不觉晓儿”，嘴里都含着儿化音。叶先生一读，“春眠不觉晓”，不但没有儿化音，而且“不觉”两字又高又重，它们是入声字。这哪是北京土话，这是北京话的文读系统。我们采录的北京吟诵老人，如苏民、苏立康、刘征、张卫东等，读诗都是平低仄高，与北京土话相反。

还有，要使用当代语音。就是说唐朝人读书，用的是唐音，切韵系统。宋朝人用宋音，清朝人用清音。所以今天我们就用普通话。为什么不用上古音？因为跟当代的语音脱离得太远，增加了理解的难度，会导致丧失文化传承的第一目的。读书不是语音学研究。读书就是读书，传承的是文化，不是语音。语音和文化有关系，我们一直在强调语音的含意，吟诵就是建立在语音有意义的基础上，我们是最重视语音的一群人。但是，语音与文化的关系体现在最初造音之时，又体现在诗文陌生化之时，其他的时候基本上不体现。当语音的改变妨碍了文化的传承时，我们要考虑是否恢复古音。怎么恢复？如果语音的改变没有妨碍含意的表达，就没有必要用上古音。我们既反对简单地复古，例如古人怎么读，我们就一定要怎么读，这没有道理，不是说传承就要原汁原味来硬套；我们也反对完全不理传统，例如普通话口语白读是怎么读的就怎么读。我们要知其然，也要知其所以然，了解怎样传承才是有道理的，不是习惯就是对的，也不是流行就是对的。

我做吟诵这些年，经常有人跟我说，你得用古音吟诵啊。很多人说，他们的地方话就是古音。不是这么回事。吟诵既不是用古音，也不是用方言白话。吟诵主要是用当代民族共同语的文读音。什么是当代民族共同语的文读音？这是下一条要讲的。

第二条，如果用当代的语音去读书的时候产生了歧义，影响了含意的理解和表达，这个时候就要恢复古音。这叫破读。但不是恢复全部的古音，而是哪个部分出问题了，就恢复哪个部分的古音。

我们举个例子。比如说“远上寒山石径斜”，这个“斜”我们现在读 xié，但是按照叶韵应该是读 xiá。为什么要读 xiá？因为这首诗押的是麻韵，是ɑ这个韵。我们前面说过，每一个韵都有自己的含意。麻韵的含意是开放开朗，如果变成 ie，就换韵了，这个韵就不是开朗的意思了。因为这是韵字，拖得特别长，它需要你去回旋、体味这个声音的意义。然而你却把这个声音给改了，就影响了含意，产生了歧义。这个时候，就要恢复古音，因此我们读 xiá。可是唐朝没有 x 这个音。按照音韵学要恢复古音，它就不应该读 xiá。唐朝人就不会读 xiá，可能会读 ziá。那为什么我们不读 ziá？王力先生反对朱熹先生的叶韵，就是这个意思。但是读书不是音韵学，尽管朱熹先生的叶韵有某些问题，但是它的思路是对的。具体这句来说，为什么不用古音？因为这个 x 在这里面没有意义，有意义的是ɑ这个音。所以 x 就按照当代语音读。我们其实只恢复了一个韵腹，恢复了一个元音而已，这叫叶（协）韵，就是把韵腹、韵尾换成古代的那个韵，以使它读起来押韵就可以了。这是为了遵从第一条，尽量用当代语音让文化传承、普及，所以只恢复部分古音。

再比如说，我们主张普通话吟诵，入声字要读短。为什么仅仅读短？为什么不恢复它的塞音韵尾 b、d、g？因为要恢复那个太困难了。尤其对我们北方人来说，那简直就是学一门外语啊。有这必要吗？入声字韵尾的 b、d、g 当然是有含意的，但是它的含意区别比较小，基本上都是有力、聚合的含意。而最重要的是短促所造成的那个感觉，即快速或决绝。所以我们只要按普通话的语音去读，声母、韵母、声调都读普通话的音，然后读短就可以了。一旦读短，一定会自己加上一个喉塞音，这个含意基本就可以恢复了。如此一来，声母、韵母、声调我们都不管，我们只恢复了音长。这样最大限度地使用了当代民族共同语，就是普通话，而又能最大限度地恢复古音的含意。这就是文读的一个原则。

尽量用当代的语音，这样文化才能活着。这样虽然降低了学习的难度，但是学习的效果却没有减少多少。这是很重要的。如果增加了学习的难度，而学习的效果不明显的话，就得不偿失。我们一定要记得读书的目的是什么，是传承文化，尤其是传承文化的精神。文化的外在的，很多的典章文物制度可能都会改变，但是精神是不变的。所以我们在做国学教育的时候，一直提倡用中华文化精神做教育，而不仅仅是用经典、用知识、用技艺。

还有第三条。我们中国人做事，永远是刚柔相济有阴有阳。没有什么是百分之百的。如果恢复了古音，结果呢，歧义更大了，那还不如不恢复了。叶圣陶、吕叔湘、朱自清等先生在《开明文言读本》里也有这个意见，刚才讲的《关雎》就很明显。“参差荇菜，左右采之”中的“采”，“窈窕淑女，琴瑟友之”中的“友”，我们要给它们恢复古音，要追求 e 这种感觉，就应该读成“参差荇菜，左右 cě之。窈窕淑女，琴瑟 yě之”。这跟当代的语音差得太大。大到什么程度呢？大到当你那么读的时候，别人都不知道是什么意思。这种时候就很为难，到底是恢复还是不恢复呢？

实际上，在老先生那里两种处理方式都有。有人是恢复的，有人是不恢复的。这个时候就需要灵活处理，要做一个平衡。到底是恢复它好呢，还是算了，加一个注释，附带说明就行了，或者是取一个中间的音？反正这是个灰色地带，是有学术争议或者有不同的处理方式。每一个都可以讨论一番。像《关雎》这种情况，我个人是不读古音的。

永远要记得，读书是读书，做研究是做研究。我们读书不是要用古音读的，而是要用当代音读的。所以在今天，在普通话成为民族共同语后，读书是应该使用普通话的。但是可以使用地方普通话，古代就叫各地文读系统。实际上，地方普通话的存在是个客观事实，对不对？广东人说广东普通话，叫广普；山东人说的就是山东普通话，叫山普；北京人说的是北普。我们互相都听得懂啊。互相都听得懂就可以了。当然普通话也要有个标准的读法，大家也要尽量准确。这就像唱歌一样，当然有唱得很标准的，但是难道那些唱得不标准的，就不允许人家唱歌了吗？这没有关系的。我们中国人永远是抓大放小，抓大是大非，下面包容丰富多彩的具体方式。大方向是在那里的，目标很明确。

普通话吟诵的读音的标准，是在尽量不改变普通话读音的基础上，又要尽量地表达出古音的声韵含意，就是在这两者之间要做一个平衡。只要你不忘记自己的目标，你就知道现在该怎么做。这就是《大学》所说的："物有本末，事有终始。"你知道目标，就知道开始。"知所先后，则近道矣。"就算我们做得不完全对，也差不多是对的，不会错得太多。

在以上几条原则的基础上，我对普通话吟诵的文读有几条建议。

第一条，入声读短。入声字读短就可以了。声母、韵母、声调，按照普通话读就可以了。这样入声字的含意，大概就可以解决。

第二条，格律读准。就是在格律的位置上，在近体诗词的二、四、六这些偶位字上，在最后一个字上，要读准平仄。这个时候如果是有古代平声字今读仄声，或者古代仄声字今读平声的情况，要把它读回去，这样才能读出格律来。

平和仄对于格律是非常重要的。在中古音变到今天的过程中，有一些仄声字变平声，有一些平声字变仄声，但这样的字不太多。

仄声变平声这种情况，一般就是入声字。入声字在入派三声的时候，有些入声字变成了上声和去声，但仍然是仄声，如雪、月、乐；也有些变成了今天的平声字，像李白的"白"现在读平声，但以前读仄声，是入声字。这要特别注意。读的时候，只要坚持入声字都读短，就可以读出入声的感觉，在近体诗词里读重一点高一点就可以了。这样入派三声的仄变平的情况，就可以辨认出来。

仄声变平声而又不是入声字的非常少，常见的字就更少，大概只有两个字，一个是"思"，一个是"骑"。这两个字当读平声的时候，它的词性是动词；读仄声、去声的时候，词性是名词。所以"静夜思（sī）"是什么意思啊？就是在安静的夜里思考、思念，是作为动词。"静夜思（sì）"，即在安静的夜晚的思念，是作为名词。骑（qí），骑马，动词。骑（jì），读去声，一人一马叫一骑，是名词，“一骑红尘妃子笑”。这种情况常见就两个字，背过就可以了。

倒过来的情况，即原来是平声，现在变仄声了，这种情况也不太多，但有一些，常见的字列如下，大家需要背一下。

看 忘 漫 叹 跳 泡 望 醒 叟 场 论 俱 教（使）胜 禁 任（承受）

看，今天我们读四声，是仄声，但是在以前读一声。但是到了宋朝以后，有的时候也读四声，平去两读。两个音意思是一样的。比如柳永“执手相看泪眼”，这里的“看”就读平声，正好在第四个字偶位格律的位置上。“手”仄声，“看”平声，“眼”仄声，仄平仄，这是格律，必须要读出来，影响含意的。平长仄短，“看”字在这里是要拖长的，所以你能感觉到柳永和那位姑娘握了多久的手。但如果读四声，不拖长，就像握手相看的时间很短。

忘，以前读 wāng。“不思量，自难忘（wāng）”，这首词押平声韵，其他的韵字都是平声阳韵。

漫，读 mán，二声，阳平。“故园东望路漫漫”，这首诗是平声韵，这才押韵。

叹，读 tān；跳，读 tiāo；泡，读 pāo；望，读 wāng。“举头望明月”，望是平去两读，意思是一样的。

醒，读 xīng；叟，读 sōu，场，读 cháng。“醉卧沙场君莫笑”，格律是仄平仄。

论，读 lún，论语。“分明怨恨曲中论”，论，阳平。俱 jū，阴平。

教，读 jiāo，当“使”讲的时候，读 jiāo，“不教胡马度阴山”。胜、禁、任，这三个字当“承受”讲的时候，都读平声。“高处不胜寒”，胜读平声。

第三条，叶韵从宽。叶韵，刚才说过，读诗词文赋，押韵的地方要尽量让它押韵，这就叫叶韵，要改不押韵的韵，韵腹韵尾给改回去。但是有的时候改回去以后，读得太怪，我们就稍微放松一点，感觉到了就行了，这就是叶韵从宽。

比如说，“清明时节雨纷纷，路上行人欲断魂”，“纷”“魂”两字，今天不押韵了，古代是押韵的，都是文韵［ən］，那今天要不要把“魂”改读为 hén 呢？我个人建议不要了，因为两个音很接近，而改音之后会让人不知道是哪个字，差不多就行了。

第四条，古音从传。有些字是恢复古音的，当然是字音的一部分恢复古音。哪些字恢复，哪些字不恢复？比如《大学》说：“心宽体胖（pán）。”为什么不读胖（pàng）呢？一读 pàng，那就是肥胖的意思，就产生了歧义。所以古人就部分地恢复古音，读 pán 了。其实先秦的时候，这字也不读 pán，至少调值不对。但是我们就这么恢复一点，能够让两个音有区别，让人知道这是不同的意思就可以了。这种情况怎么处理？一般来说，我们根据传统来处理。传统上读心宽体胖（pán），我们就读心宽体胖（pán）。古人做过判断的，他们认为这个地方最好还是恢复一点古音，恢复哪个部分，古人已经考虑过了，所以就这么传下来读胖（pán）。但心、宽、体三个字，可从来没说读古音。其实“心”上古也不读 xīn，它是 m 韵尾的，不是 n 韵尾，但我们为什么现在读 xīn 呢？因为意思一样啊。只要含意一致，就可以按当代语音读。所以我们一般根据传统来读就可以了，哪些字读古音，哪些字读当代音，读古音的具体怎么读，古人都有意见。这就是古音从传。

古人的意见有没有问题，有没有争议？大部分情况下是可以直接用的，也有极少数有争议的。这个时候，就要根据前面所说的三个原则去判断应该采用哪个，或者自己拿个意见。

近体诗格律

下面我们来讲诗词格律。讲诗词格律之前，大家要对古诗文的文体，就是体裁，要有一个基本印象，也就是心里要有一个田字格。

汉诗文文体表

汉诗文	诗	文
古　体	四言诗（《风》《大雅》《小雅》《颂》） 楚辞体（骚体、九歌体、四言体） 乐府（乐府、拟乐府、新乐府） 五言古体 七言古体（歌行） 童谣体（三言四言） 其他（六言、三五七言）等	古经 古文 古赋
近　体	五言绝句 七言绝句 五言律诗 七言律诗 五言排律 七言排律 词 曲	骈文 骈赋 制艺

汉语古诗文可分为四大类。横向分为诗和文。诗和文是不一样的。什么是诗？什么是文？很多人觉得诗就是押韵的，文就是不押韵的。不是这样的。有的文也押韵。诗和文的分别并不在于押韵不押韵。下面我们再说。

纵向分为古体和近体，这是另外一种分法。什么是古体？什么是近体？有格律的叫近体，没有格律的叫古体。

格律是什么时候出现的？格律于隋唐之际出现，初唐武则天时期确立。在唐朝以前，所有的诗文都是古体诗文。唐朝以后，既有古体，也有近体。古体和近体的区别在于格律。

拿到一篇古诗文，首先要对号入座，要知道它是哪一类。有古体的诗，有古体的文；有近体的诗，有近体的文。这个分类很重要，因为这四类文体的吟诵规矩是不大一样的，而吟诵的规矩又与含意的理解密切相关。同样的句子，放在不同的文体里，含意是有差异的。

比如“白日依山尽”，如果这个句子是在古文里的，比如“乃徐步登山，至山顶，迎风西望，白日依山尽，怅然若失”，和它在古体诗里的，比如“徐步上山顶，暮寒浸衣襟。白日依山尽，对此独伤心”，或是在近体诗里的，比如“白日依山尽，黄河入海流，欲穷千里目，更上一层楼”，含意是一样的吗？我们现在的学术往往天然以为是一样的，不去考虑文体、声韵和读法的问题，研究的是文字，解释的是文字，教学的也是文字。这是不行的。三个文体里的含意是不一样的，因为读法不一样。所以要特别重视文体。现在的中小学语文也不重视文体，我们吟诵教学要求一定要分清文体。

那么古体的诗有哪一些？

古体的诗有四言诗，像《诗经》那样的。

有楚辞体，像《楚辞章句》那样的。楚辞体又分为三种：一种是像《离骚》那样的骚体诗，每句两小句，每句标准为六字，第一小句末尾有“兮”字；一种是《九歌》那样的九歌体，每句两小句，每句标准为五字，中间有“兮”字；一种是《橘颂》《天问》那样的四言体，每句两小句，每句标准为四字，第二小句末尾有“兮”字。

有乐府。乐府也分三种：第一种就是采集上来的民歌，经过乐工的整理加工的，这个就叫乐府，比如“江南可采莲”。第二种叫拟乐府，就是文人没有改乐府的题目，但是把内容给改了，重作了一首诗，这就叫拟乐府，比如李白的

《将进酒》就是乐府旧题，他改成那么长的一首诗。另外一种是新乐府。新乐府就是把题目、内容都给改了，整个就是自己做的，只是风格还是乐府的风格。白居易有“新乐府运动”，如《卖炭翁》就是新乐府。目前见到的最早的新乐府是曹操的。其后杜甫作了很多很好的新乐府，如《三吏》《三别》等。

还有五言古体诗，简称“五古”，如陶渊明的诗。还有七言古体诗，简称“七古”。七言古体诗大部分都是歌行。歌行，如歌之行，速度快、有节律。歌行基本上是七古。

此外，古体还有一些比较特殊的文体，如童谣体，主要是一些童谣和蒙学，以三言和四言为主。冯胜利教授在《汉语韵律学》里曾指出，三言是不稳定的结构，似乎总在追问第四个字，因此比较快速、比较活泼。

还有六言诗，自建安时期到明清都有创作，如孔融、萧统、王维等都是名家，如王维《辋川集》里的：

> 采菱渡头风急，杖策村西日斜。
> 杏树坛边渔父，桃花源里人家。

还有李白创造的三五七言：

> 秋风清，秋月明。
> 落叶聚还散，寒鸦栖复惊。
> 相思相见知何日，此时此夜难为情。

这些诗严格地说都属于古体诗，但是唐朝以后，所有的文人都受过严格的格律训练，古体诗也会下意识地遵循格律，因此这些古体诗有时单独拿出句子来，也是律句为多。读的时候，如果是律句，也可以按照格律去读，平长仄短，平低仄高，但是如果不按格律读，也是可以的。

以上是古体的诗。那么近体的诗有哪一些？

近体的诗有五绝、七绝、五律、七律、五排、七排。什么叫绝？绝就是两联四句，由两个对联构成，四句叫绝句。律诗，四联八句。比四联还多的叫排律。排律多少联都行。

另外还有词和曲。宋词元曲，这些都是近体的诗。

古体的文，有三种：一种是古经体，特点是虚字少，主要用于记录，如《尚书》《周易》《春秋》等。

一种叫古文，特点是虚字多，主要用于诵读，如《论语》《左传》一直到唐宋八大家古文，到明清小品文等。

一种叫古赋，它是一种没有格律的赋，比如司马相如作的赋。文和赋怎么区分？赋是用来描写的，凡是描写的就叫赋。除了描写目的的文章以外，剩下的通通叫文。不管是议论啊、抒情啊、叙事啊，这都叫文。

近体的文有三种。首先有骈文、骈赋。这是针对古文和古赋而言的。凡有格律的就称为“骈”，因为格律的特征之一是对仗，对仗是在对偶的基础上发展起来的，对偶就是“骈”。所以早期的骈文可能没有对仗，却肯定有对偶。格律的最大特征就是二分对称性，对偶这种方式是格律的基础。骈文骈赋，通常四个字和六个字的句子比较多，所以俗称“四六”。骈赋是用来描写的，比如《阿房宫赋》；骈文不是用来描写的，而是用来议论、抒情、记叙、说明的，比如《代徐敬业讨武曌檄》。古代的应用文，从圣旨诏书到民间书信，大多是骈文的，所以骈文的技艺很重要。

还有一个叫制艺。制艺是什么？俗称“八股文”。八股文是散体对仗，有格律的，是很独特的一种文体。因为殿试是皇帝出题，御制的技艺，所以叫制艺。这是近体的文。

遇到任何古诗文，先要对号入座，把它放到田字格。因为不同的文体有不同的吟诵规矩，所以要分好，知道诗和文的区别，知道古体和近体的区别。所以格律很重要。有格律的就是近体，没格律的就是古体。

现在我们就来讲格律。先讲诗律，即诗的格律。

诗的格律一共有四条，每一条都要符合才是近体，有一条不符合就是古体。

第一条，齐言。就是说这个诗，如果是五个字，那每句都应该是五个字；如果是七个字，那每一句都应该是七个字。整整齐齐，这就叫齐言。所以像“鹅鹅鹅，曲项向天歌”，这个肯定不是近体。这不合格律，不合格律就是古体。“君不见，黄河之水天上来”，这肯定也是古体，不会是近体。

第二条，只押平声韵，一韵到底不换韵。所以“春眠不觉晓，处处闻啼鸟”就是古体，因为它押的是上声韵。近体诗只能押平声韵的。

第三条，除了首尾联以外，一律对仗。什么是对仗？就是在对偶的基础上，二四六偶位字和最后一个字的平仄要相反。近体诗规定，第一联、最后一联可以对仗，也可以不对仗，但是中间的所有联都要对仗。所以对于绝句来说，绝句一共就两联，一个首联，一个尾联，它就可以两个都对仗，或两个都不对仗。两个都对仗，比如“两个黄鹂鸣翠柳，一行白鹭上青天。窗含西岭千秋雪，门泊东吴万里船”，全都对仗；全都不对仗，比如“清明时节雨纷纷，路上行人欲断魂。借问酒家何处有，牧童遥指杏花村”，全都不对仗，都可以。律诗是四联，所以第一联、第四联可以对仗，也可以不对仗，第二联和第三联必须对仗。排律的联就更多了。杜甫写过一百联的排律。排律特别见功夫，因为押韵的字不许重复。一百联，第一联和第一百联既可以对仗也可以不对仗，中间九十八联必须对仗。这很难，所以唐人干谒、温卷给当权人物递简历，多用排律，以显示自己的功力。

最后一条就是平仄格律。

什么是平仄格律？我们要详细地说。平仄格律也有四条。

我们以七律为例。什么叫七律？七律就是每句都是七个字，一共是四联八句。这八句是四个联。以此为例，我们来看平仄格律。七律明白了，别的就都明白了。

第一条，“一三五不论，二四六分明”。什么意思呢？就是每句诗的第一个字、第三个字、第五个字，是平还是仄不重要；第二个字、第四个字、第六个字，是平还是仄则非常重要。既然一三五不重要，我们就把它抹掉。这样就剩下四个字。

第二条，同句相间。一句之中，平和仄要间隔开。现在只剩二四六了，就是说二四六字的平仄要间隔开。假如第一句的第二个字是平声，我们以一个横来表示。那么第一句的第四个字就必须是仄声，我们用一个竖来表示。第一句的第六个字就必须是平声，构成平仄平。这样就叫同句相间。

第三条，同联相对。一联之中，平仄要相对。相对是什么意思？就是相反。所以第一句的第二个字是平声，第二句的第二个字就得是仄声，第二句的第四个字就得是平声，第二句的第六个字就得是仄声，构成仄平仄，这也符合同句相间的。

最后一条，叫邻联相粘。邻联，就是第二句和第三句，它们挨着，但不是同一联。它们的平仄要粘起来。什么是粘起来？就是一样的，一样的才能粘起来。所以第二句的第二个字是仄声，第三句的第二个字就也得是仄声，第四个字得是平声，第六个字就是仄声，构成仄平仄。和第二句是一样的，这样才能粘起来。

后面就以此类推了。那第四句呢？又要同联相对，所以是平仄平。第五句呢？又要邻联相粘，所以是平仄平。然后又要同联相对，仄平仄；又要邻联相粘，仄平仄。这样就构成了格律。

	二	四	六	七
一	平	仄	平	
二	仄	平	仄	
三	仄	平	仄	
四	平	仄	平	
五	平	仄	平	
六	仄	平	仄	
七	仄	平	仄	
八	平	仄	平	

这个图出来以后，甚至可以把格律的那几条都忘掉，就背这个图就行。看看这个格律，第一句的第二个字是平声，我们把这种情况叫平起，即平声起。平声起是以第二个字论，不是以第一个字论。所以这是一个平起七律的格律。

我们来一起把它念一遍。平起七律的这个格律是：

平仄平，仄平仄，仄平仄，平仄平，平仄平，仄平仄，仄平仄，平仄平。很简单，也很容易背。不要去背那个仄仄平平仄，平平仄仄平，平平平仄仄，仄仄仄平平，那是学者研究用的。作诗的时候是根据我说的这个来作的。“仄仄平平仄”这种说法也会告诉你，第一个字的这个仄，也可以是平。既然平仄都可以，那还记它干吗呢？所以就记我这个就好。这样简单，规律一目了然。这是我的导师裴斐先生教给我的。

我现在来考察一下大家，看看你们是不是掌握了这个二四六的平仄格律。刚才我们写的这个是平起七律的格律。我现在要大家马上说出仄起七律的格律。仄起，第一句的第二字如果是仄的话，它的格律是：

仄平仄，平仄平，平仄平，仄平仄，仄平仄，平仄平，平仄平，仄平仄。

明白吧，就是这么个规律。对了粘，粘了对，来回串。这就是格律，很简单。

一三五和二四六都说了，还剩下第七个字。第二句、第四句、第六句、第八句的第七个字都是韵字。押韵的字，是平声还是仄声啊？是平声，因为近体诗只能押平声韵，所以它们都是平声。那么按照规定，一三五七句的最后一个字得是仄声，这样就对称了。但是有一个例外，即第一句的最后一个字也可以是平声。如果它是平声，必须跟后面这四个韵字押韵。

	二	四	六	七
一	—	｜	—	+
二	｜	—	｜	—
三	｜	—	｜	｜
四	—	｜	—	—
五	—	｜	—	｜
六	｜	—	｜	—
七	｜	—	｜	｜
八	—	｜	—	—

现在我们来验证一下这个格律。先复习一下平仄的判断口诀：一二声平三四仄，入声归仄很奇特。普通话一声二声是平声，三声四声是仄声，入声字单独挑出来，也是仄声。这是大致的规律。要形成平仄对立的语感，这种语感对作诗很重要。

我们来背一首平起的七律。比如白居易的《钱塘湖春行》：

孤山寺北贾亭西　水面初平云脚低
几处早莺争暖树　谁家新燕啄春泥
乱花渐欲迷人眼　浅草才能没马蹄
最爱湖东行不足　绿杨阴里白沙堤

我们看二四六偶位字和尾字的平仄。“孤山寺北贾亭西”，山是平声还是仄声？山是一声，就是平声。“孤山寺北”，北就是仄声，在以前是入声字。“甲亭”，亭是平声。“西”，平声，既然是平声，那就跟后面押韵了。所以这句的格律是平仄平，最后一个字押韵。“水面初平云脚低”，面、平、脚是仄平仄，低是韵字。“几处早莺争暖树，谁家新燕啄春泥”，格律是仄平仄、平仄平，尾字分别是仄和平。“乱花渐欲迷人眼，浅草才能没马蹄”，格律是平仄平、仄平仄，尾字分别是仄和平。“最爱湖东行不足”，不和足这两个字都是入声字，格律是仄平仄。“绿杨阴里白沙堤”，格律是平仄平，完全符合上面所说的格律。

	—		|		—	—			|		—		|	—
孤	山	寺	北	贾	亭	西		水	面	初	平	云	脚	低
	|		—		|	|			—		|		—	—
几	处	早	莺	争	暖	树		谁	家	新	燕	啄	春	泥
	—		|		—	|			|		—		|	—
乱	花	渐	欲	迷	人	眼		浅	草	才	能	没	马	蹄
	|		—		|	|			—		|		—	—
最	爱	湖	东	行	不	足		绿	杨	阴	里	白	沙	堤

为什么我们的诗朗朗上口，因为它有一个内在的格律。读的时候，声音高低起伏、婉转迂回，所以这个诗才好听。

再来一首毛泽东的《长征》：

红军不怕远征难　万水千山只等闲
五岭逶迤腾细浪　乌蒙磅礴走泥丸
金沙水拍云崖暖　大渡桥横铁索寒
更喜岷山千里雪　三军过后尽开颜

“红军”，军是平声。“不怕”，怕是仄声。“远征难”，征、难都是平声。这句的格律是平仄平。“万水千山只等闲”，格律是仄平仄。“五岭逶迤腾细浪”，格律是仄平仄。“乌蒙磅礴”，礴普通话读 bó，是平声，但它应该是仄声啊，原来这个字是入声字。我们就读 bó，读短一点就行。“乌蒙磅礴走泥丸”，格律是平仄平。“金沙水拍”，拍以前读 pò，入声字，我们现在读 pāi，读得短一点。“金沙水拍云崖暖”，格律是平仄平。“大渡桥横铁索寒”，格律是仄平仄。“更喜岷山千里雪”，格律是仄平仄。“三军过后尽开颜”，格律是平仄平。这是标准的七律格律。

	—		|		—	—			|		—		|	—
红	军	不	怕	远	征	难		万	水	千	山	只	等	闲
	|		—		|	|			—		|		—	—
五	岭	逶	迤	腾	细	浪		乌	蒙	磅	礴	走	泥	丸

金 沙 水 拍 云 崖 暖　　大 渡 桥 横 铁 索 寒

更 喜 岷 山 千 里 雪　　三 军 过 后 尽 开 颜

我们把七律头两个字切掉，剩下的就是五律。平起还是仄起啊？仄起。背一首仄起五律，如杜甫的《春望》。

“国破山河在”，破是仄声，河是平声，在是仄声，格律是仄平。这首诗第一句仄声结尾，没有押韵。“城春草木深”，格律是平仄。“感时花溅泪”，格律是平仄。“恨别”，别是入声字，我们现在读短一点。“恨别鸟惊心”，格律是仄平。“烽火连三月”，格律是仄平。“家书抵万金”，格律是平仄。“白头搔更短”，格律是平仄。“浑欲不胜”，胜读平声。簪（zēn），要叶韵，这个韵是侵韵 em，现在 en 比较接近，这个感觉才对。读成 zān，含意就变了。这句格律是仄平，完全合律。

国 破 山 河 在　　城 春 草 木 深

感 时 花 溅 泪　　恨 别 鸟 惊 心

烽 火 连 三 月　　家 书 抵 万 金

白 头 搔 更 短　　浑 欲 不 胜 簪

再如杜甫的《春夜喜雨》，这首诗复杂点，我们试一下。

“好雨知时节”，节是入声字，所以它是仄声，这句的格律是仄平。“当春乃发生”，发也是入声，格律是平仄。“随风潜入夜”，格律是平仄。“润物细无声”，格律是仄平。“野径云俱黑”，俱读 jū，平声，黑是入声字，这句的格律是仄平。“江船火独明”，独是入声字，这句格律是平仄。“晓看红湿处”，看读平声，湿是入声字，这句格律是平仄。“花重锦官城”，格律是仄平。这首诗的读音问题比较多，但也是完全合律的。

	|		—	|			—		|	—
好	雨	知	时	节		当	春	乃	发	生
	—		|	|			|		—	—
随	风	潜	入	夜		润	物	细	无	声
	|		—	|				—	|	—
野	径	云	俱	黑		江	船	火	独	明
	—		|	|			|		—	—
晓	看	红	湿	处		花	重	锦	官	城

现在，我们把七律横着切开，剩下的这个部分是七绝。平起还是仄起？平起。背一首平起七绝，如李白《早发白帝城》。

“朝辞白帝彩云间”，格律是平仄平。“千里江陵一日还”，格律是仄平仄。“两岸猿声啼不住”，“不”是入声字，格律是仄平仄。“轻舟已过万重山”，格律是平仄平。

	—		|		—	—			|		—		|	—
朝	辞	白	帝	彩	云	间		千	里	江	陵	一	日	还
	|		—		|	|			—		|		—	—
两	岸	猿	声	啼	不	住		轻	舟	已	过	万	重	山

再来一首杜牧的《清明》。

“清明时节雨纷纷”，节是入声字，这句格律是平仄平。“路上行人欲断魂”，格律是仄平仄。“借问酒家何处有”，格律是仄平仄。“牧童遥指杏花村”，格律是平仄平。完全符合七绝的格律。

	—		|		—	—			|		—		|	—
清	明	时	节	雨	纷	纷		路	上	行	人	欲	断	魂
	|		—		|	|			—		|		—	—
借	问	酒	家	何	处	有		牧	童	遥	指	杏	花	村

我们把七绝头两个字切掉，剩下的是五绝。平起还是仄起啊？仄起。背一首仄起五绝，如王之涣《登鹳雀楼》。

“白日依山尽”，格律是仄平。“黄河入海流”，格律是平仄。“欲穷千里目”，格律是平仄。“更上一层楼”，格律是仄平。

	｜		—	｜		—		｜	—
白	日	依	山	尽	黄	河	入	海	流
	—		｜	｜		｜		—	—
欲	穷	千	里	目	更	上	一	层	楼

再来一首杜甫的《绝句》。

“迟日江山丽”，格律是仄平。“春风花草香”，格律是平仄。“泥融飞燕子”，格律是平仄。“沙暖睡鸳鸯”，格律是仄平。

	｜		—	｜		—		｜	—
迟	日	江	山	丽	春	风	花	草	香
	—		｜	｜		｜		—	—
泥	融	飞	燕	子	沙	暖	睡	鸳	鸯

好，现在掌握了吗？现在给你们任何的五律、七律、五绝、七绝，在上面画平仄符号，没有问题吧？基本就是这个规律。除此以外有特殊情况，我们过会再说。

现在说一下格律为什么是这样的。知其然还要知其所以然，要不然，原来是这么规定的，但我现在可以不这么念嘛。仅仅靠传统是难以约束人的，要讲道理。

近体格律，据说是初唐的沈佺期、宋之问确立的，但并不是谁规定的，这是中古汉语形成以后自然形成的。只能这么做，才好听。大家摸索了一百年，最后在沈、宋手里明确下来。所以这是中古汉语的特点所决定的。我们一条一条说。

先说“一三五不论，二四六分明”。

为什么是“一三五不论”，为什么不是“二四六不论”呢？因为我们的汉语是单音节的语言。单音节，即一个音节就是一个字，所以汉语就形成了双音节的韵律结构，就是我们比较喜欢双音节、双音节做一组。在古代的时候，词组多半是双音节。在现代汉语里，我们的词基本上也是双音节词。双音节的词，你可以感受一下，读的时候，是前面那个字读得重，还是后面那个字读得重。比如：鼠标、电脑、茶杯、毛巾、黑板、空调。形容词、动词也行，如鼓励、跳跃、随便、美好、优秀，等等。你仔细感受一下，当你说这些词的时候，是前面重还是后面重？这个事情在实验语音学界是有大量的实验证明的，结果基本上都是证明后面那个字重。这都不是感觉，而是通过语音声图分析，由电脑提取数据统计出来的。汉语是后重的语言。一三五字会跟着二四六字走，二四六字比较重，将决定这两个字的总体感觉。所以说“一三五不论，二四六分明”。只要二四六字的平仄相间了，总体感觉就对了。当然，如果一三五字跟二四六字的平仄一致，那是最好的，就会形成所谓“平平仄仄平平仄，仄仄平平仄仄平”这种情况。但是，这很难完全做到。有人统计过杜甫的诗。杜诗号称格律谨严，是近体诗的圣人。他一共留下了一千四百多首诗，其中，完全合乎格律，即每个字都合律，一三五字也跟二四六字一致的，就是一二三四五六七字都分明的诗，只有两首。所以，真正作诗的时候，还是一三五不论，二四六分明的。

为什么要同句相间、同联相对、邻联相粘？

我们汉语是经历过三个阶段的：上古汉语，中古汉语，近古汉语。仅以声调而论，上古汉语的声调的调值大概是这样的：

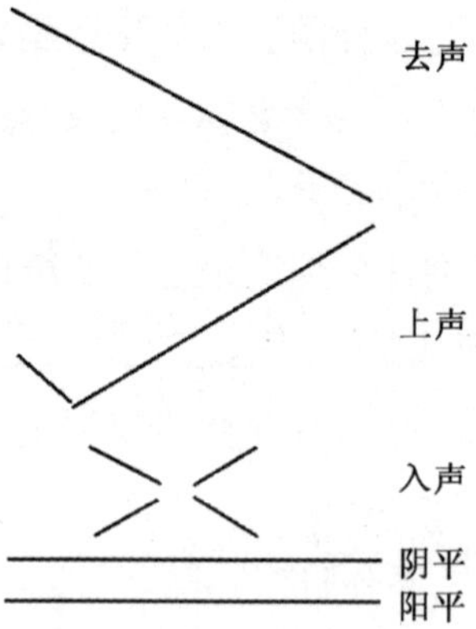

上古汉语四声调值关系图

按照调值来分，从低到高为平声、入声、上声、去声。平声最低，然后是入声，然后是上声，然后是去声。而中古音的调值关系变成了这样的：

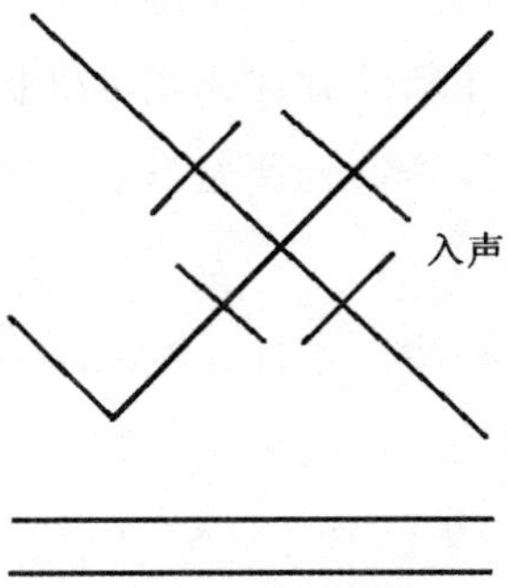

中古音四声调值关系图

平声仍然在下面，上、去、入的调值混在一起了。入声的方向不定，但是较短。

中古音，还记得吗？来自《切韵》。《切韵》的原则是九个人坐下来讨论出来的。可是南方人和北方人说话不一样。虽然都是从上古来的，是音高型排列，互不交叉，但是那是在方言内部。比如去声，也可能北方人说的是 54 调，南方人也许说的是 43 调，它的绝对高度不一样。《切韵》的语言系统是把南北方综合起来的，结果就造成了调型明确但调值不明确的情况。上声、去声、入声的调值就混在一块了，而平声还是比较低的，它独立在外，因此形成了平仄对立。

在唐朝以前，南朝时期，对于平上去入的调值的分别还是很清楚的，语感上也是比较清楚的，所以南朝只说四声，从来没有说过平仄。粤语是保留上古音比较多的一种方言，有九调，而且这九个调是有高度差异的，互相不交叉。

中古音就互相交叉了，交叉就分不清楚，你说一个高度到底是什么，哪个是去声，哪个是入声，凭高度是分不清的，只能凭调型区分。这一点对于语言来说也许没有什么，但对于音乐来说，意义就大了。因为原来的汉语音乐是按照调值的音高定旋律，现在没有办法继续这么做了，调值混淆了，你唱个 3，没有人知道它是上声、去声还是入声，原来上古音是很清楚的，3 就是入声。所以，唐人不得不寻求新的旋律产生机制。在此期间，唐人几乎不会唱歌了。唐代雅乐在初盛唐的时候，只有一部是清商乐，还是南朝的语音和唱法，其他十几部都是外国音乐，说明北方的语言和新的雅言无法歌唱了。经过了近一百年的摸索，才确立了格律，这不仅仅是诗词语言的问题。格律的本质是音乐，是为了吟诵或者说歌唱而产生的。燕乐才获得了新的生命，各种外国音乐终于有了新的词曲关系的规矩，有了新的旋律的产生机制，这就是依字行腔。不再按照声调的音高唱歌，而是按照声调的调型唱歌，平声平拖，上声向上，去声向下，入声顿住。

有了这个新的唱法，才有格律，才有近体诗，才有词和曲，乃至才有后来的戏曲和曲艺。这方面的具体论述，请见我写的《中华传统读书法——吟诵概论》的“四声对五音”部分。

中古音上去入调值混淆，但是平声还在下面，于是形成了平仄对立。平仄的对立是高度的对立，平声低，仄声高。好，我们来分析近体诗的情况。

要记住古人是吟诵着创作的，这些诗是口头创作的作品。汉诗是双音节韵律。第一句的第二个字是平声，意味着当你吟这个字的时候，声音高还是低啊？低。意味着你唱出来是低的。如果第四个字还是平声，那唱出来还是低的，这首歌就太难听了。所以第四个字就得高上去，因此就成了仄声。然后呢？第六个字呢？再上，那再高就受不了了，只能下来了，因此得用平声。这就构成了一句之中旋律的低高低，因而形成了平仄平的格律。这个格律的形成，完全是为了吟诵着好听，是一个音乐上的问题。

这句出来以后，是低高低的旋律线，那第二句呢？如果还是低高低就太难听了。因此，高低高，形成了仄平仄，这第一联就出来了。第一联出来以后，如果第二联和第一联一样也太难听。因此再换一下，构成高低高、低高低，两联的格律就出来了。第三联，又回去了，重复第一联，低高低。然后，高低高、高低高、低高低。这样完成了四联。

其实这又是不重复的，为什么？因为近体诗讲究起、承、转、合。这个律诗，如果第一联整体高，它的绝对高度高的话，一般来说，第三联整体高度低。如果第一联整体高度低，那第三联整体高度高。也就是说，没有一句是一样的。这就是我们古人对于声音的追求，就是这么精美。

因此，近体诗的吟咏，其旋律关系跟平仄格律是完全一致的。比如平起七律，其每句的旋律起伏一定是：

二	四	六	旋律
平	仄	平	低高低
仄	平	仄	高低高
仄	平	仄	高低高
平	仄	平	低高低
平	仄	平	低高低
仄	平	仄	高低高
仄	平	仄	高低高
平	仄	平	低高低

如平起七绝，吟咏起来，其旋律和节奏一定是这样：

二　　四　　六　　七

平——　仄　　平——　平——

仄　　平——　仄　　平——

仄　　平——　仄　　仄

平——　仄　　平——　平——

比如我们采录的南怀瑾先生吟咏的杜牧《清明》：

5 5 5 — — 6 2 3 5 2 1 6 5 6 6 — 5 —

清明哪　　　时节　雨纷哪　　　纷

2 1 6 5 6 6. 1 1 6 6 5 6 6 —

路上行人哪　　欲　断　　魂

2 1 6 6 6 — 1 6 6 6 1

借问酒家　　何　处有

6 6 6 1 1 — 2 1 2 1 6 5 6 5 5 5 —

牧童哪　　遥　指　杏　花　　村

其旋律线就是这样的。如是七律，则翻倍。如是五绝或五律，则截去前两字。如是仄起，则相反。

所以说，平仄格律是因为吟诵的旋律问题而形成的，不要小看这个问题，既然诗是吟的，要脍炙人口，当然好听不好听是第一位的。只有亲自吟诵作诗才能体会得到。现在大家都不吟诵，作诗只是用文字作，看文字的意思；认为格律只是个传统，或者以为就是语言上读起来平仄交替不重复，有美感。其实重复也有重复的美感。为什么不能重复？你无法解释这个问题。只有吟诵，揭示了旋律产生机制问题，才能很好地说明为什么格律是这个样子的，而唐人都觉得这样很好。永明体早就有了，当时被认为美得不得了，为什么唐人不继承，反而苦苦摸索，最后出来个近体诗？因为语言变了，永明体分四声作旋律，唐人分不清四声的高度，不能由此作旋律了。平仄格律既符合唐音的实际，又延续了曹植以来对对称性美感的追求，所以大家都觉得很好，就这么定下来了。除了吟诵，都无法彻底解释格律的必要性。

还有只押平声韵的问题。为什么近体诗只能押平声韵？看一看中古音的调值图就明白。因为韵字要拖长，而只有平声才能延长。上声延长，那得是男高音，一般人唱不上去。去声延长，那得是男低音，一般人唱不下去。入声本来就卡住了，还怎么延长？没法延长。所以就只能押平声韵。

那这样一来，大家就会问这么个问题：为什么古体诗可以押仄声韵呢？我们前面分析《关雎》，押平上去入韵都可以。古体诗为什么能押上去入的韵？

那是因为在上古，在唐朝以前，声调是音高型的，互相不交叉，所以只要唱出那个高度，别人就知道是哪个声调，这叫“四声对五音”。刚刚发现汉语有四声的时候，那些人就提出了这个理论：四声对五音。什么叫“四声对五音”呢？平声对应宫商，入声对应角，上声对应徵，去声对应羽。每个声调在不同的高度上。所以只要唱到这个高度上，别人就知道这是什么声调，不倒字。所以上声也可以拖长，只要唱的是 5，别人就知道是上声。去声也可以拖长，只要唱的是 6，别人就知道是去声。甚至我怀疑当时入声也是拖长的，只要唱 3。所以唐朝以前的诗，可以押上去入的韵。

中古音就不同了，唱一个 5，你说是什么声调？不知道啊，所以就必须按照它的调型去唱。往上唱的是上声，往下唱的是去声，顿住的是入声，这种方法叫依字行腔。前面说到的依字行腔的吟诵方法是唐朝才有的。因为语言变了，所以唱歌的方式就变了，因而新的格律就产生了，音乐也变了，谱子出现了。以前我们没有乐谱，唐朝以后才有乐谱，因为以前不需要乐谱。四声对五音，见字就唱，音高是明确的，音长，韵字拖长，或者有的雅乐可能是每字拖长，这也是明确的。音高音长两大要素都明确，乐谱就只能记点特色音，对于突出个性成分的中国音乐来说，必要性真的就接近于零了。

四声对五音很简单。你可以模拟《诗经》的唱法，模拟，不是百分之百的，只能是大概模拟一下。我们做过民族语的调研。像彝语，到现在也是音高型的。彝族跟汉族，关系非常密切。彝语到现在，它四个声调都是有固定高度的。彝族人唱歌也是这样高高低低地唱。所以这种方法可以用来大概模拟上古诗歌的旋律。比如说“关关雎鸠”，怎么唱？四个字都是阴平。中古音都是阴平，上古音也不知道是阴平还是阳平，大概跟中古音一致的可能性大一些。可以唱 1 1 1 1，也可以唱 2 2 2 2，也可以唱 1 1 2 2，但我主张还是先按照中古音的阴阳去唱，有问题再调。“在河之洲”呢？“在”是去声 6，“河”是阳平 1，“之洲”都是阴平 2 2，即旋律是 2 2 2 2，6 1 2 2。很有古味是吧。这个四声对五音，可以模拟上古诗歌的歌唱。我们做过一些这样的实验，还是不错的。尤其是《诗经》等上古诗歌，就这么对应出来之后，居然有主旋律！有基本的音乐风格，这个风格与诗意是吻合的。这是对我们模拟工作的可信性的最大支持。有兴趣的老师可以看我写的《中华传统读书法——吟诵概论》的“四声对五音”部分。后面也会谈到“四声对五音”的作曲法。

唐朝以后，也有古体诗。为什么呢？因为中国人尊古啊。祖先作古体诗，为什么我们就不能作？但唐朝以后的古体诗和唐朝以前的古体诗，吟诵起来是不一样的。唐朝以前的古体诗可以吟得很慢，比如《诗经》可以吟得很慢。唐朝以后的古体诗，不管是五古还是七古，都要快一些。这是赵元任先生的总结。

为什么？因为它押上去入的韵。上去入的韵，不能拖长，既不能顺着它的调型往上升或往下降，又不能平平拖长。平平拖长，就倒字了。比如“晓”，平拖之后听起来就成“肖”了。结果就是，上声韵、去声韵、入声韵都相对比较短，但是又得体现出它是韵字，是拖得最长的字，这样的话则前面的那些字就得更短。结果就造成一个现象，即古体诗吟得快，近体诗吟得慢。

古体诗中吟得最快的是什么？那就是字最多的七古。所以七古又有个外号，叫作歌行。什么叫歌行？如歌之行，就是像歌一样的进行曲。什么意思？均匀节律，当当当当，当当当当，这就叫歌行。歌行都是这样的，每句四拍，均匀节律，快速。我们采录到的老先生吟诵的歌行，也都是这样的。

以上说明了格律为什么是这个样子的。

下面给大家验证一下我所说的这些事。

一首平起七律，它吟诵起来的旋律，一定是低高低，高低高，高低高，低高低，低高低，高低高，高低高，低高低，这样转下来。然后第一联和第三联要有个对应，第一联整体高则第三联整体低，反之亦然。给大家验证一下。

周笃文先生是中华诗词学会的名誉会长，湖南人。他吟诵的于右任的《南山》，是一首平起的七律。他吟诵的时候，我们重点关注一下他这个旋律的高低起伏。[参见：周笃文吟于右任《南山》]

头一句是“南山云接北山云”，接是入声字，这句的格律是平仄平，所以唱起来“南山”是低的，“云接”又上去了，“北山云”又下来了，即低高低。那第二句呢？就是高低高。“变化无端”，“变化”高，“无端”低，“昔自”又上去了，“今”又下来了。第三句还是高低高，“为待雨来频怅望”。第四句就是低高低，“欲寻诗去一沉吟”。然后又是低高低，高低高，高低高，低高低。这样转着吟诵。这是我们关注的头一件事，旋律就是这样循环往复的。

然后再听第一联和第三联。听第一联，总体的高度是高的。再听第三联，听到了吗？是低的。这两联明显有一个高度的差异。这就叫起承转合，这里是转的。所以这个律诗吟诵起来，就像打一套太极拳一样，往复流转。所以吟诗是摇头晃脑的。这是南方的吟诵。

我们听个北方的。苏立康老师是原全国中学语文教学研究会的会长，是北京人，她的祖父是清朝的进士。她从小听惯了长辈们的吟诗，现在还记得。我们听一下地道的北京吟诵，这是杜甫的《登高》。[参见：苏立康吟（唐）杜甫《登高》]

一听就是北京味。北京话是平声高，仄声低，一声二声高，三声四声低。但是古代是反过来的，是平声低仄声高。你看苏立康老师的吟诵，她不用北京土话，也是平低仄高的。“风急”，“急”是入声字。“风急天高”，“风急”高，“天高”反而在下面。“猿啸”高，“哀”低。这是高低高的旋律，与京韵大鼓正好相反，但是旋律味道是一致的。所以第二句就是低高低。“渚清沙白”，“白”是入声字，高。“鸟飞回”，然后再下来。听了还是北京味，但其实已经不一样了。这是文读系统的。我们往下听。苏老师说，她祖父吟到最后一句，一定要叹口气，一定是“潦倒新亭，哎——，浊酒杯”。从小听惯了，所以她也这样。这就是吟诗啊。这是七律的吟诗，吟七律是最典范的吟诗。

近体诗吟诵

现在我们来讲近体诗的读法。近体诗要怎么读？当然要依字行腔、依义行调。这两条已经说过了，就不说了。除此之外，还需要什么呢？

第一条，入短韵长。入声字读短，韵字读长。

第二条，平低仄高。平声字读低，仄声字读高。

但是平低仄高，不是说所有的平声字都读低，所有的仄声字都读高。它说的是二四六字，即第二个字、第四个字、第六个字，还有韵字，平声的读低，仄声的读高，这叫平低仄高。那么一三五字呢？一三五字跟着二四六字走。比如说杜甫的诗“锦城丝管日纷纷”，“锦城”两个字，“城”是平声，“锦”呢？“锦”是仄声。那么“锦”这个字要读高还是读低呢？按说平声字读低，仄声字读高，它应该读高。不是的，它读低。为什么？因为后面这个第二个字是平声，它读低。一三五字会跟着二四六字的高低而定。因为它读得轻，后面这个字读得重，所以它会被后面这个字拉下来，因此“锦”也是读低的。所以这个平低仄高是以两个字为单位而言的。

然后是平长仄短。平长仄短，不是所有的平声都长，所有的仄声都短。平长仄短的意思是，入声字读得最短，韵字读得最长。然后二四六的平声字要读长，即第二个字、第四个字、第六个字，如果是平声字的话，就拖长。剩下所有的字读的长度都差不多。

> 近体诗的读法：
>
> 入短韵长　　平低仄高　　平长仄短：
>
> 长音：韵字、二四六的平声字。
>
> 短音：入声字。
>
> 中音：其余的字。

以前面的平起七律来说，韵字要读长。近体诗都是押平声韵的，韵字是拖得最长的。除此以外，二四六字，如果是平声字，就拖长；如果是仄声，不拖长。如果是一三五字，也不拖长。所以这首诗里，哪些字是拖长的？是第一句的第二个字、第六个字，然后呢？第二句是第四个字，第三句又是第四个字，第四句是第二个字、第六个字。二、六、四、四、二、六，构成这样的一个规律。二六四,四二六,二六四,四二六；平仄平，仄平仄，仄平仄，平仄平；低高低，高低高，高低高，低高低，都是这样的粘对规律，然后入声字读短。

为什么有这么一个规律？是谁规定的？不是谁规定的，天然如此。我们汉语诗歌是“长言之”，拖长是基本的特征。拖长就是七个字都要拖长的意思，一块拖。上古诗歌就是这样，但是到了中古汉语，事情发生了变化，要依字行腔了。于是，有的字拖得长，有的字拖不长了。首先入声拖不长，入声有塞音尾，已经堵在那了，所以拖不长。然后一三五字，因为不是重音所在，也没法拖长，一拖长它就成了重点了，就违背了汉语基本的语法特点。那就只剩下二四六字了。二四六字，仄声没法拖长。上声、去声怎么拖啊？一拖的话就成男高音男低音了。所以只有平声才能拖长。最终就形成了这个特点。所以这是汉语的规律造成的，自然如此。这样一来，近体诗的读法就是这么几点：依字行腔、依义行调、入短韵长、平低仄高、平长仄短。当然还要文读语音。

现在来介绍吟诵符号，就是今天我们所推广的横排的吟诵符号。平声有三个符号，都是横。一三五字的平声字，用短横。二四六字的平声字，用中横。韵字用长横，因为韵字拖得最长。仄声都用竖表示。入声用竖点，注意这不是感叹号。什么叫竖点呢？竖表示入声也是仄声，点表示它读得特别短，所以是竖点。标出来以后，符号的长度表示长短，上沿表示高低，一目了然。长短就看那符号有多长，高低就看上沿，符号的最上头在什么高度上，就能看出来。

诗的吟诵符号：

	一三五字	二四六字	韵字
平声：	—	——	———
仄声：	|		
入声：	!		

符号的长度表示长短，上沿表示高低。

我们举个例子，比如杜牧的《清明》。

第一个字“清”，应该标什么呢？短横，因为它是平声字，又在一三五的位置上，所以是短横。“明”，是二四六的平声字，是中横。“时”，还是平声字，一三五字的，所以是短横。“节”，入声字，是竖点。“雨”，是仄声字，是一竖。“纷”，是二四六的平声字，所以是中横。第二个“纷”，是韵字，所以是长横。符号的长度就表示读的长度。符号的上沿表示高低，所以这首诗中，读得最高的字是“节”，“时”会跟着“节”一块往上升一些。“雨”呢？会跟着“纷”低一些。这样整个的旋律线就出来了。

第二句。“路”，是仄声，所以标一竖。“上”，还是仄声，标一竖。“行”，是平声字，一三五字的，所以是短横。“人”，二四六的平声字，中横。“欲”，入声字，标竖点。“断”，是仄声、去声、第四声，仄声一竖。“魂”，韵字，长横。读得比较高的字是“路上”，en 结尾，要闭口。

再看第三句。“借”，是仄声，一竖。“问”，是仄声，一竖。“酒”，仄声，一竖。“家”，平声，二四六的，中横。“何”，平声，短横。“处”，仄声，一竖。“有”，仄声，一竖。这一句有一大堆的竖，怎么读啊？“借问酒家何处有”，两边要读得高，中间要读得低。

最后一句。“牧”，入声字，竖点。“童”，平声，二四六的，是中横。“遥”，平声，短横。“指”，仄声，一竖。“杏”，一竖。“花”，平声，二四六字，所以是中横。“村”，韵字，长横。读得最高音是哪个字？是“指”。牧童的“童”，杏花村的“花、村”，这三个字是拖长的。这就是《清明》的读法。

清　明

杜　牧

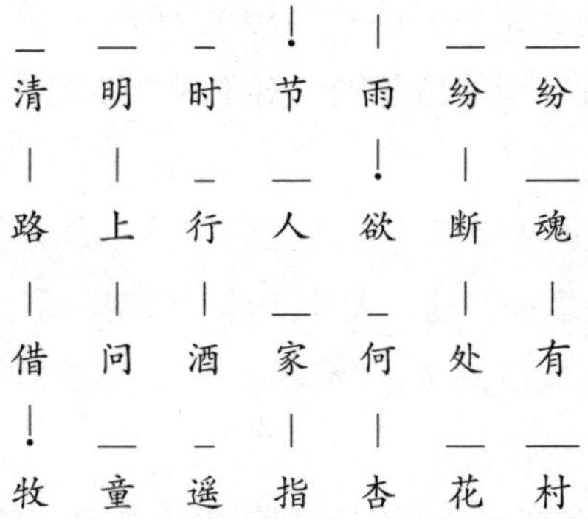

近体诗的声韵含意

下面我们来说平仄读法的含意。就是这样来读这首诗的话，这首诗的含意会受到什么样的影响呢？

平声之低长，这种声音，经常会给人延展的感觉，就好像一个东西铺展出去了。

仄声之高短，通常有强调的感觉，这是语言的通则。

入声之短促。入声也是仄声，也是高的，它也是表示强调。此外，入声还有痛苦、决绝、快速、轻灵这些含意，这是它的声调的特征。

现在我们知道了声韵的含意、读法的含意，就可以结合字义、意象、背景等，完整理解汉诗的文化精神。我们尝试做个完整的诗歌鉴赏，从声韵分析开始。

我们看这首《清明》，这首诗到底是什么意思？我们一句一句地来分析。

第一句，“清明时节雨纷纷”。这是什么意思呢？我们现在有翻译，翻译说：“清明节这一天啊，下着纷纷的雨。”如果是这个意思，就是字面的意思，那又何必作诗呢？所以现在有很多人认为作诗就是作秀，穷酸，不重视诗教，不承认诗教，认为诗是小道，玩玩的，等等。我觉得都是因为不懂得声韵，也不懂得诗教，知道的仅仅是字面意思的缘故。

我们把它正确地读出来吧。

“清明——”他不是简单地读“清明”，而是拖长了“明”字。

如果有人跟你说：“你看，今天是清明。”什么意思？就是今天是清明节，没别的。但如果他是这么跟你说的：“今天是清明——。”你还觉得他是说今天是清明节的意思吗？就有别的意思啦，对不对？要把诗歌当人话，不要以为是字典字的堆砌。

“清明——”有感觉吗？有什么感觉啊？感觉就是延展，就好像这个“清明”出去了是吧？放眼望去，这一大片都是“清明”啊。

另外，是不是有感慨的感觉？“清明——”，怎么样呢？“时节”！唉？这很奇怪是吧？

“清明时节”是什么意思？我们现在的翻译就是“清明节”，那为什么不叫

“清明”呢？“清明”不就是清明节的意思吗？这有点啰唆了。

纪晓岚是《四库全书》的主编，他曾开过一个玩笑。他说这首诗，不用七言，五言就可以。怎么五言就可以？你看，“清明时节雨纷纷”，“时节”两个字就多余，就叫“清明雨纷纷”完全可以。那“清明时节”不就是“清明”吗？我们现在就是这么理解的。

纪晓岚编了这么个笑话就是笑话我们这样的人的。

他还说“路上行人欲断魂”，说行人都在路上，不用说“路上”。“借问酒家何处有”，这个“酒家何处有”本身就是问句，不用“借问”了。“牧童遥指杏花村”，谁指都行，干吗非得牧童啊？所以这首七言诗就成了五言诗了：

清明雨纷纷
行人欲断魂
酒家何处有
遥指杏花村

那就成了一首烂诗，这诗就没意思了是吧？纪晓岚就是讽刺那些不懂诗的人。

“清明时节”就是清明节吗？不是的，“清明”两个字已经交代了这一天是清明节，为什么又说一个“时节”呢？

你看，这个“节”，它是这一句的最高音。仄声之高表示强调，它还是个入声字。它在强调今天是一个“节”。这个“节”是什么意思？

节，最早的意思就是指竹子的竹节。竹子长得快是吧？“噌噌噌”的，十几天就长上去了。但即使是长得这么快的竹子，它长到一定的时候，也要停下来，打一个节再长。这就叫“节”。所以“节”又引申为骨架，引申为关键的部分、重要的事情。

过“节”就是，不管你有多忙，请停下来，放下手中的事情，我们一起来做一件重要的事，这就叫“过节”。

我们现在对过节的印象就是放假、休息、娱乐、玩，是吧？这就叫“过节”。这是西方的狂欢节，不是我们中国人过节。中国人过节，是这一天有重要的事，我们要一起做件事。那么清明节这一天要做什么事？

对，扫墓，祭祖，上坟。听明白了吗？杜牧说：“清明——时节！”听到这个声音了吗？他在强调这一天是过节啊，意思就是说我应该去上坟了。他这么说是什么意思？就是我不能去上坟啊。为什么不能去上坟？因为他不在家乡。为什么不在家乡？做官啊。杜牧一直在做官，到处漂泊。“清明——时节！”四个字已经说清楚了。

我们山东人过年的时候，爱说一句话：“大过节的！”比如有两个人吵架，就会有人来劝架，说：“你们俩别吵了，大过节的！”意思就是过节是喜庆的事情，不能坏了气氛，不吉利。这么一大堆意思，一个字没说，只说一句“大过节的”就足够了，全明白了。

“清明——时节！”一句话，意思就清楚了，就是“我今天不能上坟祭祖”的意思。这是文人诗歌，是给自己和给像自己一样的文人读的，用的是文人的行话，其他的文人一读就明白，因为大家都是一样遭遇的人。可是我们不明白，我们没有这样的遭遇，就会误以为他说的是今天的大白话。所以，读文人诗，一定要明白声韵，明白意象，明白儒家，明白儒士的命运。

然后，“雨纷——纷——”，这一天还下着雨。“雨”这个意象是什么意思？这要看雨量。这次雨量怎样？大还是小？

现在这首诗画的插图，都是毛毛雨。我问过很多人，大家的印象都是毛毛雨。这么小的雨量，为什么呢？因为现在都读成“清明时节雨纷纷”，一字一拍。“纷纷”，又密又小的感觉，当然就是毛毛雨了。可是你按照吟诵的规矩读一下，还是这样的感觉吗？

“纷——纷——”首先是闭口音，n 要闭口，拖长韵字的时候，最终是拖长韵尾，要归韵于 n。我们现在的语文教学，在拼音读字的时候，是欧化的，比如ang，读的时候，一直大张着口，其实应该是先发a，再发 ng，所以最后是顶为后鼻音。an 就是先发a，再发 n，最后是闭口的前鼻音。所以“月落乌啼霜满天”，拖长“天”字的时候，最后是闭口的，要是开着口拖长，那就是开朗的感觉，不是这首诗的压抑的感觉了。《清明》这首诗也是这样，最后是闭口的韵。

不管如何，“纷”还是拖长的，第二个“纷”比第一个“纷”还长，它是韵字。“纷——纷————”，每个人都读一下，闭口收韵，就能感觉到这是什么样的雨了。这雨量可不小，可不是毛毛雨、舒舒服服的那种雨啊。所以这跟后面的“路上”不好走，要喝酒暖身等都是有关系的。

第二句，“路上行人欲断魂”。我们今天的读法大为不同。虽然停顿的地方有点像，但那是停顿，不是拖长，感觉不一样。另外高低不对。我们今天的读法是“路上行人欲断魂”，我们强调的是“行人”和“魂”。可是，原来的读法是“路上行人欲断魂”，完全相反啊。

什么叫“行人”呢？很多人以为“行人”就是走在路上的人。“路上行人欲断魂”，就是到了清明节这一天，出去一看，哎呀，走在大街上的人都像掉了魂儿一样。是这样吗？这也太夸张了。

行人，是一个意象，它是周朝的一个官职名，就是那个摇着木铎，一个村儿一个村儿去收集民歌、考察民意的那个人。后来，到了春秋战国时期，各国的说客也叫“行人”，所以《左传》叫“行人辞令”。再往后，凡是公职在身而出差的人叫“行人”。没有公职，自己出去探亲了，那不能叫“行人”，得是公职在身的人。比如，杜甫《兵车行》中说：“车辚辚，马萧萧，行人弓箭各在腰。”“行人”是什么人呢？是战士，是吧？军队的战士，他们已经是“公务员”了。说“耶娘妻子走相送，尘埃不见咸阳桥”，耶娘妻子小跑着跟着他们，那耶娘妻子不是也在路上走吗？他们怎么不“弓箭各在腰”呢？因为他们不是“行人”，他们没有公职在身。

这首诗里的“行人”是谁啊？杜牧自己，他在说自己啊。

“路上行人”，这个行人不一定赶路，也可以睡觉是吧？但是他这个行人还在赶路。“路上行人——”，你能感觉到他在走吗？一个“人”字拖得很长，他在走，他离开家乡越来越远了。

你看这几件事：这一天是清明，要去上坟啊，但他不能去上坟，他漂泊异乡，还下着雨，雨还不小，他还得赶路，这些因素加到一起，才出现这三个字：“欲断魂”。

什么叫“欲断魂”呢？就是他的魂要断了是吧？强调的是“断”，我的魂都要断了呀。“魂——”，听到那个“魂”的声音了吗？走了。

什么叫“魂”？这也是一个意象。我们今天叫鬼魂、灵魂、魂魄，有很多词，但是往往与各种非华夏文化的概念混在一起。要么就觉得游魂野鬼，到处都有，要么就认为这是迷信。这都不是华夏文化之“魂”。

什么叫“魂”？《说文解字》释为“阳气”。《左传·昭公七年》疏：“附形之灵为魄，附气之神为魂也。”就是人的精神、阳气。

中国古人认为人死了以后，肉体埋入土地，化为尘土，魄也就融入大地了。“魂”呢？灵魂去哪里了？回了家里，永远在家里。在家里的哪里？牌位那里。以前中国人每个家族都有一个祠堂，祠堂里供着祖先的牌位。家家户户都有祖先的牌位，我们中国人是世世代代与列祖列宗生活在一起的。祖先的牌位就是祖先的灵魂待的地方。他就在那里，永远在那里，永远陪伴着他的子子孙孙，并且永远保佑他的子子孙孙。我们中国人的灵魂是从来不害人的。你听说过哪个祖先下去惩罚他的子孙？都是保佑，保佑子孙绵延，永享天年，都是这样的。

我们中国人正统的文化当中的这个灵魂观念，和世界上很多民族都是不一样的。但是现在，因为很多的外来文化进来以后，都混在一块儿，翻译的时候都叫鬼魂。结果大家就乱了。其实中国人的灵魂观是非常干净的。至少在儒家这里，在正宗的文化这里，真的很干净的。华夏文化没有吸血鬼、僵尸、野鬼这些，那不是我们正宗的文化。凡是看到中国哪里有那些东西的说法，那就不是来自华夏文化的。当然，我们中华文化后来吸收了很多外来文化、本地的古老文化，丰富了很多，这是好事。但是，文化精神不可变，不可不知。“魂”不是迷信，它是中国人的生命观和文化传承的一种概念，不是外部的主宰人类命运的力量，不要把中国的灵魂观跟西方的混为一谈。

所以这一天，杜牧说，他的魂去哪了？回到了家乡，所以叫“欲断魂——”。“断”，跟身体断了，他的魂就好像离开了身体，回到了家乡，回到了祠堂，跟祖先们在一起了。这一天本是祭祖的日子，是跟祖先沟通的日子。

第三句，“借问酒家何处有”。看吟诵符号，一堆棍儿竖在这儿是吧？都是仄声，短音，说明这一句怎么样？读得很急迫，口气峻切。为什么着急？对啊，多想喝口酒啊，一来是借酒浇愁；二来，清明这一天下着雨，那得多冷啊是吧？多想喝口酒暖暖身子，一着急，所以才问一小孩。你说我们平常问路哪有问小孩的呀？可是他问了小孩，为什么？他头一个碰到的就是这个小孩，所以他就问了，着急呀，口气就是这样的。

最后这一句“牧童遥指杏花村”，我们今天读得最有问题。我们今天的读法是，“牧童遥指，杏！花！村！”这么一读，大家的眼光都去哪了？都去杏花村了，而且是开着杏花的村子，多美丽啊是吧？所以我看到有的书上说，作者写到最后，笔锋一转，心情变得开朗起来。希望在前，杏花村，好美丽啊。这事太奇怪了是吧？刚才都断了魂了，转眼儿又高兴了，这怎么可能呢？

读错了，原来不是那么读的。你看一下这句的长音在哪里。它的长音是“童”“花”“村”这三个字。“遥指”的“指”是不能停顿的，也不拖长。读起来应该是“牧童——遥指杏花——村——”，不是“牧童遥指”，指哪呢？“杏花村”。不是那样。而是，“牧童——”，牧童怎么样了呢？他“遥指杏花村”啊，对不对？口气应该是这样的。

这是怎么回事呢？比如说，我来到这个学校，一进来，碰到一位学生，我就问：“同学，你们学校有酒馆吗？我想喝酒。”同学回答我：“有啊有啊，火车站那儿有！”明白吧？我问“哪儿有酒喝”问的是哪儿？这里！当然是这里！问这个村子哪儿有酒喝。这个牧童可好，“遥指杏花村”。“遥指”是什么意思？很远的，在地平线那儿。这说明什么？说明这个村里没有酒馆，我连口酒都喝不上啊，这个痛苦就是这么的彻底。

所以这首诗的结构，起承转合，第三句好像找一点儿安慰，第四句呢？找不到。这样理解，这首诗的意境才是浑然的。

这里面的几个意象，刚才说了几个。再说“酒家”，什么叫“酒家”呀？现在到处都是“酒家”，就是宾至如归的意思，是吧？就是给那些游子、客人们开的，到这里就像到了家一样，所以有个“家”字。这个“家”字，和那个“魂”去的地方，它是有关系的，这个“家”字也拖长回味。

“牧童”是什么意思？“牧童”就是无忧无虑的人。生活中的牧童，也是有忧有虑的。但是诗词中的牧童，永远是无忧无虑的。这就叫意象。“草铺横野六七里，笛弄晚风三四声。归来饱饭黄昏后，不脱蓑衣卧月明。”“牧童骑黄牛，歌声振林樾。意欲捕鸣蝉，忽然闭口立。”这是小学语文中的牧童诗，都是无忧无虑的样子。这里与有忧有虑的作者正好形成对比。

“杏花”是什么意思？杏花是什么样的？白色的。先红后白，开了就白了，白了就落了。什么时候开？清明前后开。清明时节，有一些花开，而且很多都是白色的，像梨花、樱花、杏花。这些清明时节开的花，有一个共同的特点是什么？落得快。杏花也是这样一个意象。它的意思是易逝的青春，就有点儿像日本的樱花，所以叫“小楼一夜听春雨，深巷明朝卖杏花”“谷口春残黄鸟稀，辛夷花尽杏花飞”“燕子不归春事晚，一汀烟雨杏花寒”，等等。杏花，易逝的青春，所以它和整首诗的情绪是一致的。

我们现在来听一下老先生是怎么读的。

头一位，南怀瑾先生，他是浙江温州人。[**参见：南怀瑾吟（唐）杜牧《清明》**]

最后老先生怎么说的？“是这样念的。”我们问他小时候怎么读诗啊？他就说：“哎呀，现在这些人啊，连个《清明》都不会读啊！”我说：“那您读一下”，他读出来就是这样的。

“清明啊——”还要加个“啊”，拖得很长。“清明啊——时节！雨纷啊——纷——”。第一个“纷”也是拖长的。

“路上行人啊——欲！断！魂——。借问酒家——何处有？牧童啊——遥！指！杏花啊——村——。”

“牧童啊——”你这个小家伙呀，怎么这样啊，是吧？这首诗的意思就明白了。

第二位，陈少松教授，他是南京人。[**参见：陈少松吟（唐）杜牧《清明》**]

陈先生的读法跟南老的那个旋律就不一样了，但是读法的高低长短还是一样的。陈先生还做了一个动作，指得很远很远。这首诗的意思明白了是吧？这首诗的主题叫什么呢？“羁旅情愁”，游子思乡的情结。

在这个游子思乡情结的背后，是儒士的精神，是吧？他们济世安民的理想与背井离乡的现实之间痛苦地纠缠着。前面我们讲过，要明白古代的儒士是怎么做官的，他们付出了什么样的代价，这样才能理解这首诗。

杜牧这么想念他的家乡，这么想念他的亲人和祖先，他为什么不回去呢？他是没钱回去吗？他是为了挣钱不能回去吗？要知道儒士基本上都是富二代。他们在家乡，可以舒舒服服地做少爷。儒士这条路，却是充满艰辛，怀才不遇，四处漂泊，诀别父母，最后还要客死他乡。真正做大官还享福的有几个？他们身边到处都是这样的人，他们不知道吗？为什么他们还要前赴后继去入世求官？在《清明》这样的痛苦背后，是一种怎样的执着？以前文人们读这首诗的时候，一读就明白，因为他们都是这样的人，都有这样的经历，所以很多话就不用说了。这里面不仅仅是思乡的感情，还有深厚的儒士情怀，所以这是诗教，是文人作诗修养自己，教化他人，互相鼓励，互相安慰，这里面有深沉的人性关怀，有闪亮的人文精神。儒士是中华历史文化的脊梁。

说到这，我们就会想到，这首诗好像不是太适合很小的孩子读，他们怎么能理解呢，是吧？现在语文课选的那些诗，只要发现这个诗里面出现了小孩，就把它选进去，这是不行的。很多诗是文化内涵很深厚的诗，是文人情怀、老人情怀，不是儿童能明白的。

我们再举些例子，看看传统的吟诵是不是这样的。如李白的《赠汪伦》：

|	!	_	—	_	!	——	_	—	|	|	|	—	——
李	白	乘	舟	将	欲	行	忽	闻	岸	上	踏	歌	声
_	—	|	|	_	—	!	!	!	_	—	|	|	——
桃	花	潭	水	深	千	尺	不	及	汪	伦	送	我	情

平起还是仄起啊？仄起，“白”是入声字，所以是仄起。

第一句“李白乘舟将欲行”，需要拖长的字是哪个字？“舟”和“行”。“白”和“欲”是入声字，所以这一句怎么读啊？“李白乘舟——将欲行——”。

我们来看一下他是怎么说的，强调的是“李白”，他自己很重要，是吧？这就是李白，李白就是这样。“乘舟——”，可以感觉到舟正在缓缓离开。“将欲”，强调这一刻，是吧？

第二句，哪个字拖长？“闻”，还有呢？“歌”和“声”，“岸上”是高的。“忽闻——岸上踏歌——声——”，我们现在都念成“忽闻岸上踏歌声”，就是突然听到了岸上踏歌的声音。不是的，重点都错了。是“忽闻”，突然听到，听到什么呀？“岸上”踏歌声，不是水面的踏歌声，是来自“我”的背后的歌声，强调的是这个，是吧？

第三句“桃花潭水深千尺”。拖长的字是“花”和“千”这两个字。“尺”是入声字，“潭水”是高音，这句怎么读？我们现在都是这么读的：“桃花潭水深千尺”，这意思就变成了桃花潭这个水呀，它有一千尺这么深啊。别的潭就没那么深了。实际不是这个意思。他原来的读法是：“桃花——潭水深千——尺！”这是什么意思？

你们知道这个故事吗？这首诗是记载在一个县志里的，说李白有个粉丝，叫汪伦。汪伦好不容易找到了李白，就拉着他到自己家乡去。李白不想去，汪伦就骗他说，我们家有十里桃花，万家酒店。李白一听，这兴致就来了，就跟着去了。去了一看，潭名桃花，有十里；老万家开的酒店，就一家。李白就走了，是吧？

这首诗是说，“桃花——”平声之低长表示延展。十里之潭，很大。“潭水深千尺”，强调“潭水”。“尺”是入声字，是高音，表示强调。所以“潭水深千——尺！”，这么深呢，是吧？

“不及汪伦——送我情——”，最后还是把自己抬得很高。“我”，高音，和前面的“李白”相对应。李白的胸怀、性格就出来了，是吧？这诗是很独特的。

我们听一听老先生们是怎么读的吧。

第一位是河南大学的华锋教授，他是河南吟诵学会的会长。［参见：华锋吟（唐）李白《赠汪伦》］

他的父亲华钟彦先生，是辽宁沈阳人，他传下来的读法，是东北的读法。

“李白”高，“乘舟”低，“舟”很长是吧？后面的吟诵也都很符合规矩。

我们再听一位，山东王佩行先生胶东的读法。［参见：王佩行吟（唐）李白《赠汪伦》］

也是这样是吧？“李白”高，“乘舟”低，“舟”很长。高低长短，各地都是一样的，就是旋律不同。

下面是李商隐的《无题》，是七律。平起还是仄起啊？仄起。

_	|	_	——	|	!	——		!	——	_	|	|	——	——
来	是	空	言	去	绝	踪		月	斜	楼	上	五	更	钟
|	——	|	!	|	——	|		_	|	_	——	!	|	——
梦	为	远	别	啼	难	唤		书	被	催	成	墨	未	浓
!	|	|	——	_	|	|		|	——	_	!	|	——	——
蜡	照	半	笼	金	翡	翠		麝	熏	微	度	绣	芙	蓉
——	——	|	|	_	——	|		|	!	_	——	!	|	——
刘	郎	已	恨	蓬	山	远		更	隔	蓬	山	一	万	重

我们听一下传统的吟诵，这是湖南的侯孝琼先生吟诵的。［参见：侯孝琼吟（唐）李商隐《无题》］

既然是仄起，头一句的旋律是“高低高”，然后就是“低高低”。第一句拖长的字是“言”“踪”，第二句是“斜”“更”“钟”。这是侯先生在湖南传统吟诵调的基础上稍做调整的一个吟诵，除了“刘郎”的“郎”字没有拖长之外，完全符合吟诵规矩，迂回婉转，声情并茂。

我们再来分析两首诗，了解近体诗应该怎么读、怎么鉴赏，把整个的教学过程完整地来一遍。

先举一首仄起的诗——贺知章的《回乡偶书》。

拿到一首诗，第一步是干吗？判定文体问题，即到底是什么体裁。这首诗的文体是七绝，因为它合格律，有平仄格律，押平声韵。第一句第二字是仄声，所以是仄起七绝，这就是对它的文体的判断。

文体判断好了，就知道它的吟诵的规矩。依字行腔，依义行调，入短韵长，平低仄高，平长仄短，是吧？

好，第二步，就可以标吟诵符号。

“少”，是仄声，就是一竖。“小”，还是仄声，一竖。“离”，一三五的平声字，短横。“家”，二四六的平声，中横。“老”，仄声，一竖。“大”，一竖。“回”，长横，这个字在此地方念“huái”，韵字，灰韵，长横。这样一来，高低长短就都出来了。读法是“少小离家——老大回——”。

第二句，“乡”，一三五的平声，短横。“音”，二四六的平声，中横。“无”，还是平声，短横。“改”，仄声，一竖。“鬓”，仄声，一竖。“毛”，二四六的平声字，中横。“衰”，长横。读起来是“乡音——无改鬓毛——衰——”。

第三句，“儿”，一三五的平声，短横。“童”，二四六的平声，中横。“相”，还是平声，短横。“见”，仄声，一竖。“不”，入声字，竖点。“相”，二四六的平声，中横。“识”，入声字，竖点。读起来是“儿童——相见不！相——识！”。

下一句，“笑”，仄声，是一竖。“问”，一竖。“客”，入声字，竖点。“从”，二四六的平声，中横。“何”，短横。“处”，仄声，一竖。“来”，韵字，长横。读起来是“笑问客！从——何处来——”。

第三步，我们来看一看这些平仄读法的含意，感知一下它表达了什么样的情绪。

头一句“少小离家老大回”。我们现在的朗诵是“少小离家老大回”，强调的是“离家”和“回”，意思是“以前我离家了，现在我终于回来了”。可是原来强调的是“少小”和“老大”。

问一下大家：“少小”是多大？他为什么会离开家？考科举或者是做官。因考科举或者是做官而离开家的最小的年龄，可以在15岁左右，大一点的就是20岁。既然说“少小”，那就不到二十，大概十几岁就离开家了，从此就再也回不去了，是吧？前面说过这个事情。他回不去了，从此漂泊一生啊。为了治国平天下，为了尽自己的使命，这一辈子就这样放进去了，这就是儒士啊。

“老大”，老大是多大？古代的退休年龄是70岁。贺知章70岁都没退得了，皇帝不让回来，他实际上是85岁才回到家，这中间有多少年啊？15岁到85岁是70年。你才知道这个感慨之深，这叫作“少小离家老大回”。

贺知章还是幸运的，因为大多数的文人儒士都是客死他乡，他是衣锦还乡，那真的是很幸运了。但是他还是有这么多的感慨，强调的是这个时间之长。

第二句说“乡音无改鬓毛衰”。这一句强调的是什么？是“无改”。不是像我们今天说的“乡音无改鬓毛衰”，我的乡音没有改，但我的头发白了，好像是一个对比。这不是对比，它强调的是没改。为什么要强调这个？因为这是他跟家乡之间唯一的联系了，其他的都变了。“乡音——”，拖长的意思是延展，很多很多的乡音。“无改”，虽然我出去六十多年，可是我的乡音、我的家乡话一点没变。“鬓毛——衰——”，就是我的头发白了。拖长的意思，是很多很多的头发白得很厉害。

第三句，“儿童相见不相识”，这句很有意思。“儿童——”，拖这么长，有什么感觉？对，很多儿童，不是一个啊。怎么样呢？“相见不！相——识！”，强调的是“见”和“识”。为什么呢？

因为相见就应该相识啊。可是这里“相见”了，却“不相识！”“识”是入声字，把入声读出来，就能读到那种奇怪的感觉。他觉得很奇怪，这些孩子们居然不认识我？你说，小孩儿不认识你不是正常的吗？你七十年没回来了，人家小孩儿才什么时候生的啊，当然不认识你。可是，不对，不对，他为什么觉得小孩是应该认识他的呢？因为什么？

他前面是这么说的：“乡音——无改”，对不对？因为他的家乡话没变啊！小孩问他的是什么？小孩问的是：“老先生，你从哪儿来啊？”可是，我说的话就是你们村的话呀，难道你们听不出来吗？你怎么还会问我从哪来呢？我不就是从这个村子出去的吗？是，我们俩是不认识，但是，我说的话不是这村的话吗？可是，这么多小孩，没有一个认为我是这村的，大家都认为我来自遥远的地方，那是因为什么？因为我的乡音其实已经改了。其实改了啊，自己却不知道，还以为没有改。以为这是自己身上留下的唯一的家乡的东西，实际上却早已失去。这是一种失落、突然的无依无靠的感觉，茫然、惊愕、伤心，这就是感慨。怎么会这样呢？时间太久了，没有人跟我说家乡话，所以自己说的也不准了。这还是多年不得回家的感慨。

“笑问客从——何处来——”，问我从哪里来，强调的是“笑问”“何处”。“笑问”，是儿童的态度，这样的随意，这样的无忧无虑，与自己的沉痛形成对比。“何处”，我不就从你这儿来吗？怎么这么问我呢？就好像我已经不再是这里的人了，知道这种感觉吗？是啊是啊，这么多年来，魂牵梦萦啊，是吧？终于，是一个幸运的人回来了。结果怎样呢？认识的人全都不在了，而在的人，没有人把你再当成家乡的人了。这是什么感觉？

文人诗，经常就是表达这种济世安民之志与现实痛苦之间的矛盾纠缠，这其中有很大的人格力量，有敢于面对这样巨大的痛苦的勇气和执着，这就是我们要传下去的中华文化精神。我们教给孩子这首诗，就是要告诉他们，曾经有过这样的人，要向他们学习。这就是文化传承。有了这样的精神，有了这样的理想，还怕什么？在困难面前还会害怕？还会有什么心理问题、忧郁症？如果只把这首诗当成一个玩笑，那学这首诗又有什么意义呢？

这不是一首快乐的诗。现在经常把这首诗当成一首很欢快、很有趣的诗来读，放在小学低段的语文书里，给小孩子学。这怎么能行？这首诗感慨之深沉，那真不是那么小的儿童能理解的。

下面我们一起把这首诗正确地读一遍，感受一下贺知章留给我们的声音。

回乡偶书

贺知章

｜ ｜ _ — ｜ ｜ —
少 小 离 家 老 大 回

_ — _ ｜ ｜ — —
乡 音 无 改 鬓 毛 衰

_ — _ ｜ ! — !
儿 童 相 见 不 相 识

｜ ｜ ! — _ ｜ —
笑 问 客 从 何 处 来

“少小离家老大回”，“家”一定要读得低，平声要读低；“回”读 huái，才有这种灰韵的压抑的低沉的开阔感，这个感情才到位。

到此时此刻，我们前面所学的所有的知识终于汇聚起来。现在我们就可以吟出一首诗来了。

上面是这首诗的吟诵符号，这是吟诵的格律符号，或者叫格律谱。

然后我们把最早学的那个吟诵谱做出来。它是有不同的高度的，我们就先简单地画两个高度，把每个字的普通话声调画上去，并根据格律谱调整高度。“少小”两个字要高，“离家”要低，“家”字要长，所以这个字要把它画长。“老大”要高，“回”要低，而且要长。这样，我们就得到了吟诵谱。这就是最基本的吟诵谱，然后再根据自己的理解去调节长短高低。

格律诗的好处是什么？是它把长短高低大概已经定好了，然后自己再去做一些微调。古体诗没给定好，因此就比较麻烦。所以近体诗的吟诵比较简单，古人学习都是从近体诗开始的。

好，我们先平着唱一下，矿泉水调，普通话平调。然后再根据吟诵谱，把高度长短调整好唱出来。这就是吟诗。

这是最基本的吟法，然后接下来就是反复涵咏。

先把这个高低长短弄好，然后就是调整旋律，尽量去表达自己对这首诗的理解。

这是个什么过程呢？这就是读书，这就是学习的过程。吟诵不是唱歌，它是一个学习思考的过程，所以是古代的基本学习方法。

吟诵的时候，是在那思考，如贺知章当时是什么心情、什么语调呢？用读、用声音去体会，反复调整，直到满意为止。吟诵是中华传统文化的基本教学法，它比现在的只讲道理、只通过理解去教学要高明很多。这就是古代的上课。所以古代把上学叫读书，就是吟诵啊。

看到吟诵符号，差不多就应该能唱出来。

普通话、字典音是平高仄低，即平声高仄声低。一声五五调，二声三五调，在上面；三声二一四，四声五一调，仄声在下面。字典音是这样的。所以我们一读，永远都是“笑问客从何处来”，“从”“何”“来”这三个字高，这么读是字典音。其实普通话口语也不是一定平高仄低的。比如说“这是我的杯子”，“我”是二一四调，应该是低的；“杯”是五五调，应该是高的，是吧？但那是字典音，生活中完全可以说“这是我的杯子”对不对？“我的杯子”和“我的杯子”是两回事，都是对的，都是普通话。平高仄低、平低仄高都是普通话。

要把诗当人话，当人正常说出来的话，这样去体会其中的口气。“笑问客！从——何处来——”，是这么一句话。

这样你就能把它正常地唱出来。怎么说话就怎么唱歌。

接下来，还要决定整首诗的结构。我们的诗一般是起承转合的，这四句，哪句最高？第三句，因为是表达奇怪的感觉。哪句最低？最后一句？还有说第一句、第二句的吗？不太可能是吧？第二句稍微有一点儿骄傲是吧？“乡音无改”是吧？头一句最低，或者是最后一句最低，理解就不太一样，根据个人的理解来吟诵即可。

如果你觉得头一句最低，而第三句最高，第二句和第四句是在中间，那你就要照顾到这一点。现在来把整首诗吟诵出来。

“少小离家老大回”，稍微起来一点；“乡音无改鬓毛衰”；第三句最高，“儿童相见不相识”；再下来，“笑问客从何处来”。这个诗就吟起来了，就转起来了。然后就反复吟，直到自己满意为止。这就是学习的过程。

下面我们再来看一下苏轼的《春宵》。

先看一下文体，这是什么文体呀？七绝。平起还是仄起？平起七绝。

我们先标一下符号。“春”，短横。“宵”，二四六的平声，中横。“一刻值”三个字都是入声字。“千”是中横，“金”是长横。

第二句，“花”，短横。“有”，仄声，一竖。“清”，短横。“香”，中横。“月”，入声字，竖点。“有”，一竖。“阴”，韵字，长横。

第三句，“歌”，短横。“管”，一竖。“楼”，短横。“台”，中横。“声”，短横。“细细”都是仄声字，是一竖。

第四句，“秋”，短横。“千”，中横。“院”，一竖。“落”，是入声字。“夜”，是仄声字，一竖。“沉”，二四六的平声，中横。第二个“沉”是韵字，长横。

_	—	!	!	!	—	——
春	宵	一	刻	值	千	金
_	|	_	—	!	|	——
花	有	清	香	月	有	阴
_	|	_	—	_	|	|
歌	管	楼	台	声	细	细
_	—	|	!	|	—	——
秋	千	院	落	夜	沉	沉

好，我们看看这首诗是什么意思。

这首诗是一个什么样的韵呢？侵韵，今天我们读 in，古代是 im，是一个紧紧地闭住、很长的韵。每个韵有每个韵的性格的。侵韵的含意是闭合、深藏，是一个深深回味的韵。

头一句的读法是，“春宵——一！刻！值！千—金——”。“春宵——”，说明春宵怎么样？很长很长。“一！刻！值！”，三个入声字，很短很短，说明一刻是那么的短。春宵是那么的长，可是一刻是那么的短。如果没有吟诵，不知声韵，就不会感觉到这里面对比之强烈。“千—金——”，两个都是长音。千金怎么样？好多好多呀。所以，“春宵一刻值千金”。春宵一刻那么短就值那么多钱，那整个漫长的春宵值多少钱啊？太多太多了。所以，每天春睡不起，春困秋乏夏打盹，我们睡掉了多少钱啊是吧？就这个意思，不能睡啊！

第二句很有意思，说“花有清香——月有阴——”。我们今天的读法是“花有清香月有阴”，强调的是“清香”和“阴”。实际的读法强调“花有”和“月有”。这么读也是普通话，普通话的口语也可以是这样的。

普通话的口语也不是平高仄低的，而是有的时候平高，有的时候仄高，该怎么样就怎么样。我们现在形成了这个习惯，一读书就是平高仄低地读，那是因为我们每个字都按照字典音去读造成的。好的朗诵就不是这样的，是抑扬顿挫，有高有低的。实际上在口语中没有平高仄低，古人说话也不是平低仄高的，也是有时候高有时候低，自然而然的，是有语法重音的。

这句话如果按照现在的一般读法，读成“花有清香月有阴”，意思就是说花有清香，月有阴，这几乎就是一句废话。我们今天也是这么理解、这么解释的，但实际上不是这个意思，它的读法是“花有清香月有阴”。那这是什么意思啊？

首先，我们说说什么叫“花有清香”。这句话的意思应该是，这个花，毕竟还有清香，也就是它只剩下清香了。花首先应该有什么？有形状，有颜色，对不对？没有了。为什么没有了？凋零了？凋零了还会有清香？所以一定是开着的。开的花，为什么要说它还有清香？为什么没有了形状和颜色？因为古代没有电灯，古代的夜晚“伸手不见五指”。苏轼看不到那个花，只闻到有花香，他就知道那个花在哪里，所以叫“花有清香”。这花只剩下清香了，看不到它。怎么样？还是很好啊。

什么叫“月有阴”呢？苏轼不是有首词中说“人有悲欢离合，月有阴晴圆缺”吗？那什么叫“阴”呢？就是没有月亮。那一天没月亮，叫“月有阴”。就是月亮没了，这样的夜晚，特别的黑。

说“花有清香月有阴”，这是什么意思啊？我们平常有没有这么说话的时候？

我们平常有的时候，是这样排比着说话的。比如说，我来到顺德，说：“你们顺德啊，真是太好了。怎么好？山也好，水也好，人也好。”我的意思是说你们这儿的树不好吗？花不好吗？街道不好吗？有人这么质疑吗？没有。为什么？因为“山也好，水也好，人也好”，也就是一切皆美好。

所以“花有清香月有阴”的意思就是，万事万物皆美好。花，没有颜色，没有形状，就剩下香了，好啊。月亮，啥都没了，也好啊。什么都好啊，为什么？活着就好啊。你只要能感受到，那就好啊。“春宵一刻值千金”，你知道它为什么那么值钱吗？因为活着就好啊。这里面有禅意。苏轼是有禅意的人。

下一句，“歌管楼台声细细”。“歌管楼台——”，这个楼台怎么样？离我很远很远。“声细细”，两个高音，隐隐约约能听到有人在彻夜地歌舞。那个人为什么彻夜地歌舞？他不想睡觉，为什么？他也不想虚度光阴。

“秋千院落夜沉沉”。“秋千——”，秋千怎么样？一直一动不动地在那里，看得见吗？看不见。那他怎么知道有秋千？秋千又没有香，所以多半是他自己坐在秋千上，一直静静地坐在那里。

“院落”，“落”是入声字，什么意思？院子很小。我只有个很小的院子，不像人家有歌舞楼台。

"夜沉——沉——"，实际这首诗是怎么回事？就是苏轼晚上睡不着觉，来到院子里，坐在那儿，啥也看不见，就作了一首诗。人生啊，太美好了。

这就是儒士，这首诗和《登鹳雀楼》其实是一个主题，即人生苦短。儒士文人，他们的生命观认为人生是有始有终的，人生只有一次，所以儒士是特别珍爱生命、特别珍爱光阴的。

我们来听一下这首诗的读诵，也就是吟诵中的诵。[参见：徐健顺诵（宋）苏轼《春宵》]

再听普通话平调的吟咏，也就是吟诵中的吟。[参见：徐健顺吟（宋）苏轼《春宵》]

这是非常标准的普通话平调，就是把两个调交叉起来使用，这是最简单的唱法。再进一步，可以是三个调的交叉使用，这就是后面要说的上、中、下调。两个调就属于只有上调和下调。然后反复吟咏，慢慢就会拥有自己的吟诵调。

陈琴老师就有自己的普通话吟诵调，带着家乡湖南的味道。[参见：陈琴吟（宋）苏轼《春宵》]

我们再听一下不同的吟诵调。首先是我学的浙江的读法。[参见：徐健顺吟（宋）苏轼《春宵》，源于刘衍文先生吟诵调]

这是非常柔美又明媚的一个调子，用来体现这首诗的感觉非常合适。

我们再听一个，学的是浙江宁波的。[参见：程滨吟（宋）苏轼《春宵》，源于戴君仁先生吟诵调]

我们再听一下闽南语的吟诵。[参见：简明勇吟（宋）苏轼《春宵》闽南语吟诵调]

基本是符合吟诵规矩的。下一个是河南王文金先生的吟诵。[参见：王文金吟（宋）苏轼《春宵》河南吟诵调]

这个格律非常清楚是吧，这是七绝的吟诵。

律诗的吟诵比之绝句的吟诵，要更丰富婉转。律诗的吟诵方法跟绝句是一样的，需要注意的是第三联，这里往往是转折的地方，格律与第一联一样，所以绝对音高往往与第一联形成对比。第一联高则第三联低，第一联低则第三联高。第三联把握好了，整个律诗的吟诵就活了，不至于是两个绝句的感觉，而是一种整体的跌宕迂回、流转而下的感觉。律诗的吟诵是最典型的吟诗，因为律诗在唐朝以后是最典型的文人诗体。

我们听几首非常典范的律诗吟诵。首先是华钟彦先生和其夫人孙叔容合吟的杜甫的《登高》。华先生是古典文化研究名家，也是著名吟诵学家，孙夫人则是武术大师孙禄堂之孙女，执掌孙氏太极，两人共吟之《登高》，颇有气势，确是合璧。[参见：华钟彦、孙叔容吟（唐）杜甫《登高》]

大家要特别注意二老吟诵时的拖长和换气的地方。现在很多人都是以口语的语法来论诗词的，停顿点都是语法节奏点，其实不然。诗歌之妙处就在于与口语不同。关于这一点黄侃先生早有阐述。律诗的吟诵拖长之处按各句顺序分别为二、六,四,四,二、六,二、六,四,四,二、六等字，中间的三五七句句尾都是仄声短音，这样就造成了两句之间经常连读，而拖长的位置在句子中间的情况，这与词吟的过片偷声的情况相似，都是对连绵不断、回环往复的美感的追求。吟诗必得有这种绵长之感，方称为“吟”。二老的吟诵深得此诗之精气神。

再听一下刘征先生吟诵的杜甫的《咏怀古迹五首其三》。刘先生传的是桐城派贺孔才的诗词吟诵调。《咏怀古迹五首》其余四首，两首咏大文人宋玉、庾信，两首咏大政治家刘备、诸葛亮，中间这首咏的是王昭君。看起来很奇怪，其实是一脉相通的。身世之怨与家国之痛，古今皆然，只是压在一个弱女子身上，就显得格外有分量，所以这首诗也是最好的。如何把握这种“群山万壑赴荆门”的气势与明媚美女之间的度，就是吟好这首诗的关键。刘征先生是很自然地在采访谈话之间吟诵起来的，气度雍容，感情深沉。其吟诵调的调节非常到位。第三联的“春风”本应是低音，但他偏偏吟成全首的最高音，使得第三联与第一联相对高，悲怨之情于此高涨。“胡语”这里处理成全首最低音，倍感琵琶声之压抑，而这里是唐诗特格，本是高音。这些处理都非常适合这首诗，这首诗的吟诵也非常到位。[参见：刘征吟（唐）杜甫《咏怀古迹五首其三》]

读书是要动起来的，要摇头晃脑的。现在全国各地教吟诵的老师们，他们发明了很多动作。比如说用手比划平仄，这是合肥的薛瑞萍老师发明的，就是把这套平仄符号比画出来。平声是双手平展，短横就短点，长横就展开得充分，仄声是双手下划，入声就是双手在上面一点。[参见：薛瑞萍吟诵课《寄扬州韩绰判官》]

这套动作比较适用于小学。小孩子刚刚开始学的时候，可以用这个动作来分清平仄，而且他全身都动起来了。学习不仅仅是用眼、用口、用脑，而是要用全身去学的。

特殊的格律

以上讲的都是一般的格律，是典型的格律，此外还有特殊的格律，或者叫作格律的特例。

先说说格律的禁忌。

前面说了，近体诗是“一三五不论，二四六分明”，但是，有的时候，一三五也不能不论，这主要是指三平调和孤平的情况。

所谓三平调，是说一句诗最后三个字都是平声字，这是近体诗的大忌，是不能容忍的红线。所以当这句有韵字，第六个字又是平声字时，第五个字就必须得是仄声字。

为什么三平调不能容忍？会吟诵的就很清楚了。因为句尾的三连平，第六字、第七字都是长音，如果第五个字还是平声，三个字都是低低的，两个又是长的，就显得特别呆板。律诗讲究的是对称、变化、回环，所以不能容忍句尾三连平。

但是，古体诗可以，就是作法上允许。当然，大部分古体诗也会回避这种情况，因为太低平。不过，有的古体诗就追求这种效果，以表达特殊的情感。比如杜甫的《茅屋为秋风所破歌》：

安得广厦千万间
大庇天下寒士俱欢颜
风雨不动安如山

“俱欢颜”“安如山”都是三连平，要的就是这种安稳、从容、低沉、平平的感觉。再比如李白的《梦游天姥吟留别》：

且放白鹿青崖间
须行即骑访名山
安能摧眉折腰事权贵
使我不得开心颜

“青崖间”“开心颜”都是三连平，要的就是这种通畅、平展、低沉有力的感觉。

另外又有“孤平”。所谓“孤平”，也有不同的说法。最通行的说法，是在有韵字的句子中，如果除了韵字只有一个平声字，就叫“孤平”。“孤平”也是近体诗所尽力避免的，但不像三平调那么严格。

“孤平”被排斥的原因，也是吟诵着不好听，因为一句中除了第四字和韵字是长音的平声，其他的字都是高短音，中间缺少变化，平仄的对立太明显了。但是，“孤平”造成的不美感，比三平调要小，所以一部分人不是绝对排斥孤平，而关于孤平的说法又不统一，所以我个人也是认为初学者可以不用考虑孤平的禁忌。

三平调在句尾是被禁止的，但是在句中呢？在句中，格律上是允许的，也就是属于合律的，因为在句中的时候，三个平声字只有一个是拖长的，其余两个字是短音，所以总的时长不长，造成的低平的感觉不强烈，可以忍受。但是古人对于声音美的追求绝非今人所能想象，古人中有很多人仍然对这种情况不满意，他们对句中三连平也进行了调节，这就是一种特格，仍然算是合律的情况，即：

（仄仄）平平平仄仄，改为：（仄仄）平平仄平仄。

比如“移舟泊烟渚”“无为在歧路”“遥怜小儿女”“羌笛何须怨杨柳”“夜发清溪向三峡”等，都是这种情况。这种句子，倒数第二个字是平声，仍然读长音，这样保持了原来句子长短音的结构。

还有一种情况叫作拗体。拗体，顾名思义，就是不合律。不合律就应该是古体，为什么还要单列一个拗体呢？因为拗体，是除了个别的平仄格律没有遵守之外，其他的格律如押平声韵、对仗等都是遵守的，而这个别的不守平仄格律的地方，又是有特别的原因和含意的。一般说来，拗体诗都表达了一种不平之气，有古拙、瘦硬的风格。拗体诗的高手是杜甫和黄庭坚。拗体不是初学者没有合律的习作，而是熟手、高手的个性化作品，所以初学者不宜作拗体诗。

拗体又有“拗救”之说。所谓“拗救”，就是一个位置本应用平声字，结果用了仄声字，就要在后面的相关仄声位置用一个平声字，以达到平衡。反之亦然。但是，到底哪些位置可以救以及怎么救，并没有缜密的理论。此说比较晚起，为后人的总结理论，而且多涉一三五字，我觉得不一定准确，多有猜测之意。虽然这个平仄平衡的想法是合理的，拗了之后，尽快救一下，吟诵起来的感觉会好些，但是，拗救之说并没有解释拗体诗的特点，反而把拗体诗拉回了合律的诗。我更看重“拗”，不管之后救不救，“拗”才是意义所在。我觉得要明白拗体诗，还是要从吟诵解释。

下面我举两首拗体诗为例，说明拗体对于声韵含意的影响。

李白《黄鹤楼送孟浩然之广陵》首句：

| __ _ __ _ ! __

故 人 西 辞 黄 鹤 楼

这句本应是仄起，“人”处应该是仄声，此处却用平声，而且拗了没救，是彻底的拗体。为什么要这样呢？我们来设想，假如这一句是“故友西辞黄鹤楼”，那就完全合律了：

| | _ __ _ ! __

故 友 西 辞 黄 鹤 楼

结果是，第一个长音是“辞”。李白原作的第一个长音是“人”。“故友”是仄声高音，一种强调，强调那人是我的朋友；而“故人——”，这种低长音，好像长长的呼唤，好像恋恋不舍。让李白宁可出律也要这样呼唤的人，是他毕生最仰慕的当世诗人高士孟浩然。如果知道李白对孟浩然的感情，就可以理解为什么他要这样作诗了。而这句诗七个字，就有三次长音：“故人——西辞——黄鹤楼——”。其依依之情，一吟即知。

杜甫的《江畔独步寻花七绝句》之六的第三句：

_ | | | ! __ __

千 朵 万 朵 压 枝 低

第一个“朵”字拗了，应该是平声字，而且也是拗了没救，彻底的拗体。如果是“千株万朵压枝低”就合律了：

_ __ | | ! __ __

千 株 万 朵 压 枝 低

“株”字应该是长音，这样一来就是“千株—万朵压枝—低—”，而杜甫原作是“千朵万朵压枝—低—”，把“千朵万朵”集中到了一起，这样才显出花朵之茂盛，所谓“稠花乱蕊裹江滨”，花都把浣花溪裹起来了。为了显示花朵之集中、茂盛，格律谨严的杜甫也不惜破律而把“千朵万朵”挤到一起来说。《江畔独步寻花》这组诗出现多处这种拗，仔细分析，都是别有用意。大诗人都是用声音作诗的啊。

平长仄短、平低仄高，都是近体诗文的读法。所以要学吟诵一定要懂格律。平仄格律的产生，原为吟诵得好听。既有格律之后，声音的规定性又反过来表达意义，因为，每个文人在作诗时都吟诵，声音如果跟他想表达的情意不符，他就会修改，“新诗改罢自长吟”啊。

词的吟诵

诗律明白了，词律就很简单了。

首先是词句也是平仄相间的，这一点跟诗是一样的，所以就可以把词句当诗句来分析，基本没有问题。

词跟诗也有不同。词可以押仄韵，它可以押上去入的韵，而且上去韵往往通押。诗的韵是分平和仄；而词的韵是分平、上去、入三个部分，上去是在一起的。

这是为什么呢？这也是上古汉语向中古汉语转化造成的特殊现象。前面说过，《切韵》出来之后，汉语雅言的上去入调值相混，原来的音高型唱法失灵，一时之间唐人不会唱歌了，只有用南音唱清商，和用外国音乐唱新的雅言，后者基本上就是瞎唱，没规矩。后来逐渐摸索形成格律，把平仄对立作为基本的结构，把依字行腔作为基本的唱法，这才重新可以作曲歌唱，于是外国音乐被改造成了词乐。

词为什么可以押仄韵？词的押仄韵和唐以前的古诗不同，和唐以后的古体诗也不同。

唐以前的古诗押仄韵，是因为四声是音高型的，仄声唱在固定的音高上就能分清声调。唐以后的古体诗押仄韵，是因为他们加快了这些诗的吟诵速度，使得仄韵不太长，可以在有限的时长内通过音程走向辨别声调，而不太长的时长保证了可以歌唱，不至于太高或者太低。词是合律的，同时又押仄韵，这说明它是依字行腔的唱法，所以仄韵拖得不长才能押仄韵，可是词有很多是慢词长调，又说明韵是拖长的，所以只能用顿了拖这种方法。

上去通押，这在以前的古诗中是没有这个规矩的，偶尔有这种现象，要么是这位作者的古音的特殊性，要么是随意性造成的，极其罕见。因为韵是有含意的，声调也是有含意的。唐以后依字行腔，上声上扬，去声下降，通押的话音程方向相反，这怎么能是同一个调子呢？但是，顿了拖这种情况可以实现，因为第一声出来是声调的方向，但这一声时间很短，不太影响旋律框架，然后再拖，拖的旋律是情绪线，不再是声调走向，所以与声调无关了，上声或者去声都可以是这个情绪走向。这种情况可以对比后来的十三辙。十三辙就是声调通押的，戏曲都是如此，“苏三离了洪洞县，将身来在大街前”，都是四声通押。为什么不影响调子？因为最终的落音是一致的，就仍然是同一个调子。前提就是要么很短，要么就是顿了拖。顿了拖也是第一声的时长短。辨音靠的是第一声。这是中古音之后依字行腔的唱法自然派生出来的唱法，这种唱法把腔音发展成为变化无穷的音腔。欣赏音腔，是板腔体戏曲的群众基础，形成了戏曲的繁荣，这是好的一面。但这种唱法最终使汉语声调的含意减弱甚至消失，所以正宗的文人诗、文人吟诵，一般是不取这种方法的。

除了押韵的字以外，词中其他的字还是分平仄的，句内二四六平仄相间。粘对的情况很罕见了，因为词里的对联很少。

还要注意一字逗，就是一个字的句子，往往是一个小停顿，比如说“望长城内外”这五个字，如果我们来分析二四六，好像第二个字是“长”，第四个字是“内”，其实不是这样的。应该是这样分开的：“望、长城内外”，“望”叫一字逗，它这里要顿一下，第二个字是“城”，第四个字是“外”。像“对、潇潇暮雨洒江天”“正、单衣试酒”，等等，都是这种情况。这个要分清，如果这个字判断错误，后面的二四六就判断错误了，格律就会乱了。只有两字逗，如“人有、悲欢离合；月有、阴晴圆缺”。这是词的一个特殊情况。

词本来是唱的，但是词是怎么唱的呢？很多人都把词跟诗截然分开，觉得词是像歌一样唱的，而诗是念的。不是这样的。如果是这样的话，词为什么要有格律？而我们现在知道诗也是唱的。

最早的词，像敦煌曲子词，都是有格律的。有格律就意味着它是按照格律来唱的，否则格律毫无必要。格律完全是吟诵的需要。词本起于民间和燕乐，本不属于诗教的范围，为什么一定要守格律？因为词乐的旋律框架，也是按照近体诗的规矩来的，就是平长仄短、平低仄高。我们今天不知道具体词牌的具体旋律，但是，旋律框架是很清楚的。

词乐失传以后，到元朝不会唱了，文人就开始吟诵这些词。吟诵的旋律，每个地方都不一样，每个人都不一样，但是长短高低是一样的，只要长短高低一样，旋律框架就一样，原来那个词乐的一个大概的风貌就可以显示出来，那首词的声韵含意就可以大致明白。实际上即使在唐宋的时候，同一个词牌，我也不相信全国各地都是一样的旋律。想一想吧，那时候又没有录音机，又没有广播，怎么可能保持旋律一致？而且，我们在民歌采录上也证明了这一点，同一个小调，比如《茉莉花》，没有一个地方是一样的旋律，但是，大致的旋律框架还是相通的。这个旋律框架，对于理解词的含意还是非常重要的。吟诵，就是要把这个旋律框架表达出来。

词的吟诵规则，和近体诗是一样的，唯一的区别就是仄韵可以拖长。关于这一点，我也是犹豫了很长时间，因为我听到的这些老先生们对词的吟诵，这个仄韵，有的先生是短的，有的先生是长的。

按照近体诗吟诵的规则，仄韵是拖不了的，这就相当于古体诗了。但是词当初的确是唱的，十四五岁的小姑娘咿咿呀呀地唱，大部分还是比较婉转、比较柔媚的。所以我觉得，他们当时唱的时候，可能还是拖长的，那么拖长不就会倒字吗？但是歌妓的唱，不是那么在乎倒字的，所以从这点来说，我觉得仄韵可以拖长，但是我没有说必须拖长。就是你觉得这首词这个仄韵好像不适合拖长，那就不拖长；你要觉得可以拖长，就可以拖长。拖长的方式，最好是顿了拖。第一声把声调表达出来，再拖长。

词的吟诵符号，跟近体诗是一样的，唯独多了几个仄韵符号：

√	上声韵字
\	去声韵字
〈	上去通押韵字

词还有一个特点，如果把同一个词牌的词放到一起，尤其是同一个时期的，就会发现这些词风格很接近，情绪很接近，而且结构也很接近，为什么呢？因为它们的旋律很接近。同一个词牌，也就是它的句式的长短、格律是固定的，所以它的旋律框架就固定了，一旦旋律框架固定，唱的情绪变化就差不多固定了。这里不仅包括平长仄短、平低仄高这些句内关系，更包括句与句的关系，

也就是依义行调问题。在当时，同一词牌的句句关系也是基本固定的，这在词的格律上是体现不出来的。现在很多人按照格律填词，其实唐宋时期是按照旋律填词，这中间差别很大。按照旋律填词，是依义行调，不仅要考虑近体诗吟诵中的平长表示延展，仄高表示强调的关系，还要考虑句与句之间的关系，跟今天的作曲家作好曲、给作词家填词有点儿像。今天要想填词接近古人，只能先学会吟诵。只有吟诵，才会考虑这些格律之外的声韵含意。

我们举个例子，比如《长相思》。这个词牌是个小令，很短小，我们按照近体诗的吟诵规矩标上吟诵符号：

|	|	——	|	|	——	_	|	_	—	|	|	——	_	—	|	|	——
汴	水	流	泗	水	流	流	到	瓜	洲	古	渡	头	吴	山	点	点	愁
|	—	——	|	—	——	|	|	_	—	_	|	——	!	—	_	|	——
思	悠	悠	恨	悠	悠	恨	到	归	时	方	始	休	月	明	人	倚	楼

全词用尤韵，这个韵的含意是舒缓、绵长。上阕，“汴水流，泗水流”，强调的是“汴水”和“泗水”，这是代表所有的河流。“流到瓜洲——”，感觉流到瓜洲用了很长时间，很远。“古渡”是高音，强调是今古如此，一直都是这样。“吴山——”，吴山很多。“点点”是高音，强调山是一点一点的。从瓜洲向长江对岸看去，吴山如镇江的焦山，都是不高的山丘，一个一个互相不接，所以强调“点点”，仿佛在一个一个地数。“愁——”，愁很多。

下阕，“思悠悠——，恨悠悠——”，强调“思”和“恨”，这里“思”是名词，读去声。“恨到归时——”，感觉归时之长。“方始”，强调到那时才结束。“休——”，结束了。“月明——”，满月的夜晚很漫长，说明一夜未睡。“人倚”，强调这个动作，这种坚持的相思。“楼——”，这个动作持续了很久。

以上就是格律的声韵分析，跟近体诗是一样的，但是要关注词的一些独特的声韵含意，比如句句关系，即整体的旋律框架结构。

这首词，依义行调，可以看到，每句的关系都是递下的，一句比一句低。“汴水流，泗水流”，水都是从高往低流的，所以不会越唱越高。“流到瓜洲古渡头”，也是如此。“吴山点点愁”，情绪更低落了。下阕也是这样。“思悠悠，恨悠悠”，既然是悠悠，就是向下绵长的。“恨到归时方始休”，不会是向上高扬的调子，只能下收。“月明人倚楼”，一直倚在那里，所以仍然是下收的。这样根据这首词可以推断这个词牌的旋律框架大致是逐句下降的。

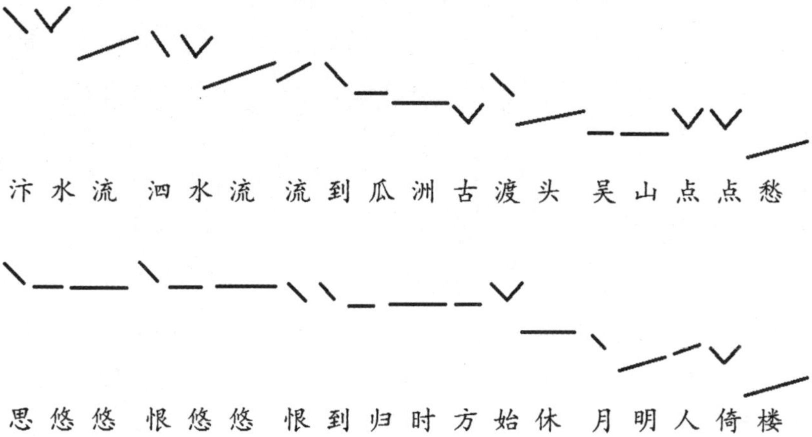

吟诵的时候，则除入短韵长、平长仄短、平低仄高、依字行腔、依义行调之外，还要照顾到旋律框架，这样才能比较贴切地表达出这首词的含意。［参见：徐健顺吟（唐）白居易《长相思》］

我们看其他的《长相思》词是否也是这样。如纳兰性德的《长相思》：

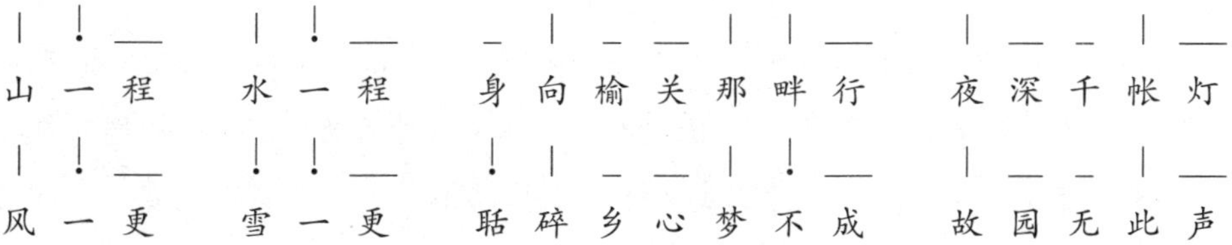

这首词押庚、蒸、青韵，词韵比诗韵要宽松，很多邻韵通押。这也说明宋代以后语音在变，已经与中古雅言有了一定距离。词韵的具体情况可以参考清朝戈载的《词林正韵》。像庚韵是一个大开口的韵，蒸韵是一个小开口的韵，明清以后通押，都读小开口，即今天的 eng。这首词要以 eng 的韵来分析，所以这是一个深入、幽远的韵。

“山一程，水一程”，“一”是入声字，有什么感觉？短促。好像什么呢？就像坐火车，看到那个车站，哗一闪而过，又过去一站。所以你一听这个声音就知道，他不愿意走，为什么？走得太快了。当他说走得太快了的时候，一定是他想慢下来，所以一听这个声音就知道他的情绪，一出口就明白了。

“身向榆关——”，“关”字长，说明“榆关”很远。“那畔”，高音表示强调，是那边，不是这边，还是陌生、遥远的意思。“行——”，走很远。

“夜深——”，说明夜很深了。“千帐”，强调，古代没电灯。什么叫“夜深”？就是伸手不见五指，但是这一次是皇帝出行啊。“千帐灯——”，好大一片的灯火啊，灯笼火把照耀如同白昼。这样的景象，并不是豪迈的感觉，而是静谧的感觉。这天纳兰性德怎么样？心情不好。

下阕。“风一更，雪一更”，这六个字一出来就知道他的心情是变得好一点了，还是变得更糟了？更糟了。为什么呢？因为多了一个入声字“雪”。上阕是“山一程，水一程”，下阕是“风一更，雪一更”，入声的顿挫象征着心情的继续低落，然后“聒碎”的“聒”也是入声字。“乡心——”，故乡很远了。“梦不成”，“不”也是入声字，强调“不成”，是种绝望。“故园——”，故园很远。“无此”，强调这个结论。“声——”，风雪之声一直在聒。

再看整个的旋律结构。“山一程，水一程”，情绪在下落，所以两句应该是前高后低。“身向榆关那畔行”，显然还是只能下沉。“夜深千帐灯”，几近沉静，还是下沉。“风一更，雪一更”，情绪还是下落。“聒碎乡心梦不成”，更下落。“故园无此声”，这是绝望的喃喃，只能是下沉旋律。所以整首词的旋律框架和白居易那首词是一样的，这就是同一个词牌。

我吟诵的时候，两首词并不是同一个旋律，因为内容不同，但是，旋律框架是一样的，都是一路下沉。[参见：徐健顺吟（清）纳兰性德《长相思》]

这两首词，虽然都是典型的文人所作，却都不是典型的文人之作。白居易词，所思之人居然南下江南，而不是北上长安，显然不是文人儒士之游子，而更像是商人重利轻别离，也许是白居易为歌妓所作，给歌妓用来唱曲的。纳兰词，只是思乡，没有感到有济世安民之志，其思乡与文人羁旅情愁是不太一样的。这也就是词的特色。当初苏轼以诗入词，即是把词拉入诗教，李清照极力反对。词本不是诗教一路，但是，这不意味着词没有价值。这两首词都情意深重，非常感人。

与此类似，《长相思》词牌的词基本都是一路下沉的情绪。比如：

重山　两重山　山远天高烟水寒　相思枫叶丹
菊花开　菊花残　塞雁高飞人未还　一帘风月闲（李煜）

花似伊　柳似伊　花柳青春人别离　低头双泪垂

长江东　长江西　两岸鸳鸯两处飞　相逢知几时（欧阳修）

风萧萧　雨骚骚　风雨萧骚梧叶飘　潇湘江畔楼
云迢迢　水遥遥　云水迢遥天尽头　相思心上秋（陈允平）

一声声　一更更　窗外芭蕉窗里灯　此时无限情
梦难成　恨难平　不道愁人不喜听　空阶滴到明（万俟咏）

昨日晴　今日阴　楼下飞花楼上云　阑干双泪痕
江南人　江北人　一样春风两样情　晚寒潮未平（朱敦儒）

花下愁　月下愁　花落月明人在楼　断肠春复秋
从他休　任他休　如今青鸾不自由　看看天尽头（张元幹）

这都说明，我们对词的理解、创作、吟诵，都要从声韵出发，充分考虑到音乐的特点，才能体会到词的含意。

下面再举一个例子，李煜的《虞美人》。

_ — _ ! _ — <　| | _ — <　| — ! | | — —　| ! ! — _ | ! — —
春花秋月何时了　往事知多少　小楼昨夜又东风　故国不堪回首月明中
_ — ! ! _ — <　| | _ — <　| — _ | | — —　! | ! — _ | ! — —
雕栏玉砌应犹在　只是朱颜改　问君能有几多愁　恰似一江春水向东流

“春花——”，春花很多，而且在地上。“秋月”高短，月亮只有一个，而且在天上。这句也是互文。“何时——”，很多年了。“了——”，没有结束。“往事”，强调“往事”。“知多——少——”，连续的两个长音，多和少，说明很多很多。

“小楼——”，这是又低又长的音，小楼一直都在这里，说明他没睡。“昨夜”，强调“昨夜”。“又东——风——”，“东”和“风”都是长音，说明这个风刮了很长时间，所以他昨夜一夜未睡。东风是什么季节啊？春天。“故国”，这是入声字，哽咽住了。“不堪——”，又是一个入声字，真是不堪啊。“回首月明—中——”，强调“回首”，这是不堪之所在。“明”“中”两个长音，和“东”“风”正好相对，刮了一夜的东风，照了一夜的月光。

“雕栏——”，雕栏很多。“玉砌！”两个入声字，这么决绝。我的雕栏是什么做的？玉砌的！宋朝王铚《默记》载：

江南大将获李后主宠姬者，见灯辄闭目云：“烟气！”易以蜡烛，亦闭目云：“烟气愈甚！”曰：“然则宫中未尝点烛耶？”云：“宫中本阁每至夜，则悬大宝珠，光照一室，如日中也。”观此，则李氏之豪侈可知矣。

尽管这是个段子，但是当时南唐的确是最富庶的地方。明清的紫禁城，雕栏都是汉白玉的，也就是石头的，南唐的居然是玉的，不管是不是夸张，反正就是很名贵的意思。“应犹——在！”拖长“犹”，就是一直一直的意思；强调“在”，就是强调没有失去，意思是这么好的东西，亡国了，成别人的了，可我不在乎！因为它们一直都在那里。那什么没有了呢？“只是”，强调答案。“朱颜——改——”，是青春没有了，这才是最心痛的地方。“在”，现在是去声，以前是上声，所以与“改”押韵。

“问君——”，很低很长，什么意思啊？问了很长时间，不断地在反思、在回味。“能有几多—愁——”，“多”和“愁”都是长音，好多好多的愁呀。“恰似！”“恰”是入声字，强调之意很明显。“一江——”，长江太大了。“春水”，强调是春水！为什么？流水的意象，来自《论语》“子在川上曰”，是青春流逝的意思，所以又特地强调“春”。“向东一流——”，一直流，一直在失去。

所以这首词的主题是人生苦短。这个主题在李煜后期词里也常见，但一直是与亡国之思纠缠在一起，没有压倒后者。在这首词里，人生苦短这一主题很明显地占据了主体位置。传说李煜之死与这首词有关，应该看出这首词与其他词的主旨差异。

这首词的旋律框架，第一句是低的，第二句是高的，第三句最低，第四句是高起低收。这个词牌大致如此，比如蒋捷的《虞美人》：

少年听雨歌楼上　红烛昏罗帐　壮年听雨客舟中　江阔云低断雁叫西风

而今听雨僧庐下　鬓已星星也　悲欢离合总无情　一任阶前点滴到天明

如果听传统的吟诵，像镇江的陈克刚先生的，是很标准的简捷的吟诵。[参见：陈克刚吟（五代）李煜《虞美人》]

另外，台湾的李勉先生据古谱打出来的调子也可以听听。这个调子显然受到小磨腔的影响，应该是明朝以后的江南调子，另外谱中当无音长标记，李先生在吟诵时自定板眼，可能不准。但除此之外，这个调子的旋律结构很好，风格苍凉，李先生自己用胡琴伴奏、打板，是很好的吟诵。[参见：李勉吟（五代）李煜《虞美人》]

这是一首婉约词。再看一首豪放的，辛弃疾的《破阵子》：

| | _ — | |　　| — _ ! _ —　　! ! | — _ | |

醉 里 挑 灯 看 剑　　梦 回 吹 角 连 营　　八 百 里 分 麾 下 炙

| ! _ — | | —　　_ — _ | —

五 十 弦 翻 塞 外 声　　沙 场 秋 点 兵

| ! ! — _ |　　_ — ! ! _ —　　| ! _ — _ | |

马 作 的 卢 飞 快　　弓 如 霹 雳 弦 惊　　了 却 君 王 天 下 事

_ ! _ — _ | —　　| — ! ! —

赢 得 生 前 身 后 名　　可 怜 白 发 生

第一句哪个字是长音？“灯”是长音。怎么读呢？“醉里”读得高，强调这个状态，而且很高亢。“挑灯——看剑！”“剑”又读得高，去声，很坚决的去声。什么叫“挑灯”？不是挑着灯笼，而是挑灯芯。古代点油灯，灯芯烧没了之后，得挑出来。挑灯芯这个动作，是一个很细致的动作，不可能挑一下，得拿着灯挑半天。所以，“挑灯——”，挑半天的意思，是长音。“看剑”为什么是个高短音？“看剑”是个什么样的动作？剑在什么地方？在鞘里。什么叫“看剑”，就是把剑从鞘里拔出来，咔！就这一下。他把灯挑亮，然后把剑拿过去，出鞘，咔！所以，“看剑！”是高短音。声音把动作表现得栩栩如生。

下一句哪个字是长音？“回”是长音。还有呢？“营”，它是韵字。“角”是入声字。所以这句读为：“梦回——吹角！连营——”。“梦回”为什么那么长？梦醒了嘛。梦醒了是慢慢醒来的，所以很长。“角”是入声字，放在这里，一顿，因为醒了之后才突然发觉，是被角声惊醒的。角声是什么？在军营中吹角代表什么？警报。哦哟！这下惊醒了，所以是个短音。再一听角声是什么样的？很长很长，在整个军营中回荡。所以，“连营——”。

下一句，哪个字是长音？“分”，只有这一个字是长音。“八百里”，是一头牛的名字。我们知道，好的马，叫作千里马，要日行千里，夜行八百。这头牛，一天也能跑八百里，所以这头牛是头好牛，很有名的牛，它的名字就叫八百里。这么好的一头牛怎么样？宰了吃。这就是打仗的决心，这叫破釜沉舟啊。“八”“百”两个字都是入声字，就强调这头牛有多有名、多好。“分——”，为什么那么长啊，得分半天哪。这头牛一人一份得分半天。怎么样呢？“麾下炙！”

连续两个去声，就这么坚决。后面这句哪个字是长音？“翻”和“声”。“五十弦”，“十”是入声字。“五十弦”是什么？李商隐有一首诗《锦瑟》中说：“锦瑟无端五十弦，一弦一柱思华年。”瑟是很宽的，比一张桌子宽多了。见过古琴吧，古琴几根弦哪？七根弦。那五十根弦得有多宽哪！所以瑟非常大，很宽，弹起来是怎么弹哪？这个字叫作“翻——”。这个长音，说明弹瑟的人上下翻飞弹了很久。这种声音是什么声音哪？“塞外声——”。“塞外！”又是两个去声。“声——”，好长的声音。“塞外声”是个什么声？这是个古代的固定意象，意思就是马上杀伐之声、战斗之声，像《十面埋伏》那样的。

沙场，“场”这个字念 cháng，阳平，前面讲过了。“沙场——”，这个长音表示沙场很大！“秋点”，强调秋天，为什么？因为古代打仗，一般在秋后。秋后才有充足的粮草。“兵——”，兵很多。沙场很大，兵很多，所以要分那么一头牛，所以要翻五十弦。

看它下阕，很有意思。第一句哪个字是长音？只有一个字，就是“卢”。“作”和“的”都是入声字。的卢，是一匹马的名字，谁骑的？刘备。刘备被人追杀，马跃檀溪。那匹马平常不怎么样，关键时刻还是能立功的。它为什么叫的卢马？因为那匹马跑起来的声音，是的卢、的卢、的卢……非常轻快。但是这匹马在这个地方，跑动的声音并不是的卢、的卢、的卢，它是怎么跑的？“马作！的！卢——”，“卢”为什么是长音？因为马蹄声连成一串了，说明这个马跑得非常快，所以是“飞快”！

下面这一句更好。这句哪个字是长音？“如”和“惊”。“如”为什么是长音？这个好像不好理解，要看后面。“霹雳”两个字都是入声字。“如”字拖长，感觉正配合拉弓的动作。古代的弓分硬弓和软弓，软弓用于近距离射杀，硬弓有的时候是好几个人一起才能拉开，用于远距离射杀。“弓如——”，好硬的弓啊，拉了半天才拉开。拉开之后怎么样呢？一松手，“霹雳！”两个入声字，这就是弓的声音如爆破一样，“弦惊——”，弦一直在振动。这句是一个拉弓放箭的动作，真是声音如神。

再看下一句，哪个字长音？“王”“前”“名”。入声字是“却”和“得”。“得”和“却”是在同一个位置上的，这是对称的。“了却！君王——天下事！”这件事很坚决，一定要做。然后“赢得！生前——身后名——”，这件事情充满无限的感慨。最后一句，“可怜——”，为什么那么长啊？好可怜啊。“白发”，两个字都是入声字，“白！发！”，表强调。“生——”，生了好多啊。

这首词，奇句尾字都是去声字，坚决明确；偶句尾字都是平声韵、庚韵、大开口的鼻音韵，雄壮而有感慨。慷慨苍凉，就是这首词的风格。好诗人，都是用声音作诗的。

吟诵的时候，只要把握住了声韵含意，无论用什么调子都可以。传统吟诵可以听陈少松先生的。［参见：陈少松吟（宋）辛弃疾《破阵子》］

普通话吟诵，可以听听我的录音。［参见：徐健顺吟（宋）辛弃疾《破阵子》］

词的吟诵，大致就是这样。另外，古人在唱词的时候，还有很多技巧。比如过片偷声，对于琢磨词乐旋律的人来说，还是值得关注的。

什么是过片偷声？词多分上下阕，上下阕的格律经常是一样的或者是近似的。这就使得两阕的旋律很容易一样，有点儿像现在流行歌曲的两段，旋律是重复的。可是古人对于声音的要求很高，他们不喜欢分段。中国人就是不喜欢分，更喜欢合。中国人的思维也是整体性思维。唱歌也是这样，明显的分段重复旋律，显得生硬、不好听。所以古人往往在下阕的头一句，其旋律跟着上阕的最后一句走，而不是重复上阕的第一句。这样给人的感觉好像还在上阕，不知不觉之间就过渡到了下阕，然后旋律再回归，这就叫过片偷声。这是非常有中国传统音乐特色的旋律结构方法。大家可以听听我吟诵的李煜的《乌夜啼》。［参见：徐健顺吟（五代）李煜《乌夜啼·林花谢了春红》］

曲的吟诵

下面说曲律。

词明白了，曲就更容易了。曲的句子内部也是平仄相间，同诗律。这跟词也是一样的。在格律方面，曲是平、上、去、入分开的，经常某位置只能用上或去，而不是用仄声。押韵方面，比词更为宽松，平仄都可以通押，这种情况后来就发展成了板腔戏曲的十三辙。在韵部上，也通押合并了很多。

曲也有一字逗，还有衬字。曲的衬字甚至有的时候比正字还多，比如关汉卿的《一枝花·不伏老》:“我是个蒸不烂、煮不熟、捶不匾、炒不爆、响珰珰一粒铜豌豆。”其实这句说的就是“一粒铜豌豆”五个字，中间加了那么一大堆衬字。

曲乐，今天有一些传下来，比如有一些在九宫大成，有一些在别的地方，有一些在民间，但是都经过改编，已经搞不清楚是不是元朝的那个曲乐了。而可以肯定的是，曲乐的大部分也已经失传。

今天，我们吟诵曲，还是按照格律来吟诵。按照格律来，就算旋律不一样，长短高低也是一样的，基本情绪也是一样的。曲的吟诵规则跟近体诗一样，也是仄韵可拖长。曲，像词一样，也是固定的格律，所以有固定的篇章旋律结构。

我们吟诵一下曲，但只能吟诵散曲，剧曲还有角色问题，而且是表演的，不适合吟诵，基本已经不属于文人诗歌。散曲，最好不要用《中原音韵》去分析，因为散曲主要还是继承了词的传统，用平水韵或词韵去分析更合适。剧曲比较适合用《中原音韵》也就是近古音系统分析。

我们吟诵一下马致远著名的《天净沙·秋思》:

_ — | | _ ——　| — _ | _ ——　| | _ — | |
枯 藤 老 树 昏 鸦　小 桥 流 水 人 家　古 道 西 风 瘦 马

! _ — |　| — _ | _ ——
夕 阳 西 下　断 肠 人 在 天 涯

我们分析一下。第一句，哪个字长?“藤”和“鸦”。第二句呢?“桥”和“家”。第三句呢?“风”和“马”，这两个是仄韵，可以拖长的。这三句看起来好像是排比，但其实不是。第三句的格律相反，长短位置就相反。

“枯藤——老树昏鸦——”,“鸦”字很长，因为乌鸦一直在叫;“枯藤”为什么拖长?因为枯藤很长。

“小桥——流水人家——”，为什么“小桥”是长的呢?这人顺着小桥流水一看，就看到了人家，那个人家是吸引他目光的。人家有个家啊。噢，在那，我呢?漂泊在外。所以他对那个家，那个小桥流水的风景，体会了半天。“古道西风——”，为什么“风”是长的呢?因为风一直在刮。对他来说，一直刮的西风，比那个古道更厉害。“古道”是强调苍凉。为什么一定要刮西风?秋天了。为什么秋天这么重要呢?秋天该回家了，所以，“瘦马”，强调旅途之艰难，回不去呀。

下一句，“夕阳——”，这是长音，这个夕阳，不是落下去的夕阳，而是慢慢地在那里，一直在看着它，一点一点地落下去的。

最后一句话，哪个字是长音？“肠”和“涯”。这句很多人都读成“断肠人，在天涯”。不是的。应该怎么读啊？“断肠——人在天涯”，意思不一样啊。前者是说你的肠先断了，然后去了天涯。但实际是说，断肠啊——为什么断肠啊？因为人在天涯。所以这是一首典型的羁旅情愁主题的诗歌，说的是文人的思乡。

这首散曲的“夕阳”一句是高点，按照近体的规矩就可以吟诵了。[参见：徐健顺吟（元）马致远《天净沙·秋思》]

再换一首。张可久《〔黄钟〕人月圆·春日湖上》。这首散曲不太有名，但是我很喜欢这个人，他是散曲到了后期，南方散曲的一个代表人物。

| — _ | _ — |　! | | _ —　! _ ! |
小 楼 还 被 青 山 碍　隔 断 楚 天 遥　昨 宵 入 梦

| — _ !　_ | _ —
那 人 如 玉　何 处 吹 箫

_ — _ |　_ — _ !　| | _ —　_ — _ |
门 前 朝 暮　无 情 秋 月　有 信 春 潮　看 看 憔 悴

_ — _ |　_ | _ —
飞 花 心 事　残 柳 眉 梢

黄钟是什么呢？要拿西方音乐学来说，这个就叫调性，就是我们说的主音。这首曲牌是黄钟主音。黄钟跟宫商角徵羽是什么关系呢？宫商角徵羽是一个基准线，在这个基准线上，比如说宫音为 do 的时候，那么有一个 do re mi fa so la si do，商音 2 为 do 的时候，又有一个 do re mi fa so la si do，这些音分别就叫作黄钟、大吕等。黄钟是以宫音为主音。

“人月圆”，是曲牌；“春日湖上”，是题目。

曲牌和词牌是从哪来的？一般就是最早的时候，作这个牌子词曲的人，其内容中有那么一句特别脍炙人口，就被人挑出来，成了他的牌子。

吟诵的时候，要按照近体的吟诵规矩来。“看看”，还是读平声。“看看憔悴”，就是眼看着慢慢地憔悴。那人呀，就像玉一样，强调。“何处吹箫——”，箫声很长。在哪里呢？强调的是“何处”。

飞花的“花”，很长，好多好多花啊，一直在飞。“残柳眉梢——”，看它的眉，慢慢地在枯黄，在凋落。是吧，非常美的。［参见：徐健顺吟（元）张可久《〔黄钟〕人月圆·春日湖上》］

如果想听散曲的传统吟诵，可以听听昆曲的感觉。昆曲虽然也是戏曲，但是最古老，还遵守一些文人吟诵的规矩，只是其中的水磨腔表演性比较强。

作　诗

我们现在有个现象，教语文的不会作诗，不会写小说，不会写文章，这个就跟教数学的不会做题一样。语文老师不会作诗，研究古代文学的人也不会作诗，更不要说吟诗了。“新诗改罢自长吟”，吟诵和作诗，是一定要会的，否则那些所谓的鉴赏、分析、理解，真的不知道在哪儿就会跑偏。

以前弗洛伊德有个“冰山理论”，用来说明意识和潜意识的关系。我这里也想说个冰山理论，用来说明如何学习传统文化的问题。

冰山，露出水面的只是一角，它的主体在水面之下，我们看不见。

对于传统文化来说，水面之上是什么？是看得见、摸得着的东西，比如文献、文物、名胜古迹、字画碑帖等。

现在比较多的人关注的是文献，做文献研究、文献解读。当文献研究与出土文物和传世文物的研究结合起来时，马上就是一片新天地。然而，对传统文化的了解到此还远远不够。

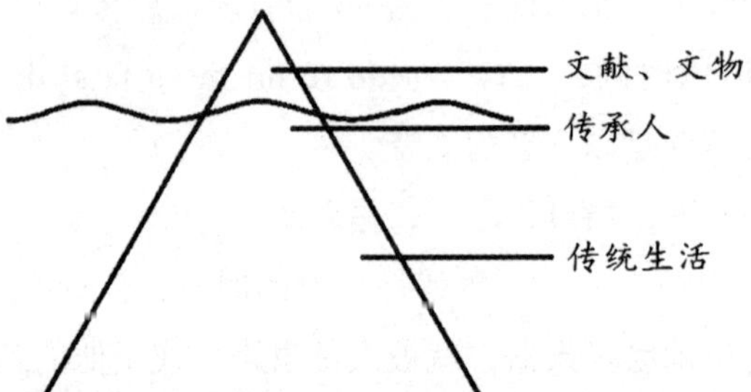

在冰山的水面上浮沉的，大多数是在水面下的，是传承人。子曰：“文献不

足故也，足，则吾能征之矣。”郑玄注：“献犹贤也，我不以礼成之者，以此二国之君文章、贤才不足故也。”朱熹《四书集注》：“文，典籍也；献，贤也。”我们的文化，一向是依靠文化典籍和懂得文化的人合作相传的。子曰：“书不尽言，言不尽意。”典籍所载，并非全部文化，必须要有人去解释、去实践、去传授，才能得其真谛，才能活起来。

有献无文，必须再造斯文，从孔子到伏生，传承人做过这样的事，文化还是得以延续发展了；有文无献，当代为中华历史上之首次局面。1995年，在全国政协八届三次会议上，赵朴初、张志公、叶至善、夏衍、冰心、曹禺、吴冷西、陈荒煤、启功九位委员的第016号提案《建立幼年古典学校的紧急呼吁》最后这样结尾：

> 仅就师资而言，目前能担负起古典学科教学工作的人已经不多了，而且多年逾花甲，甚至更老。现在采取行动，尚可集中一部分力量勉强对付，再过十年八年，恐怕这样的古典专科学校，想办也办不起来了。

现在不是十年八年过去了，而是二十多年过去了，九位老人早已不在。尚存人间的老先生不是年逾花甲，而是年已耄耋，且如凤毛麟角，所以经典诵读只能“小朋友跟我念”，这是我们这个时代的大悲哀。

我们一直坚持采录这些受过传统教育的老先生，深深体会到人传人的这种传承关系的重要。很多文献中的记载，文字都认识，可是不见活人，不见实景，是不能理解其真义的。误把古人的“读”理解为现代阅读、朗读，就是生动的一例。

现在老师们的学术传承，基本上都是西方一脉。我们的老师、老师的老师、老师的老师的老师，基本上都是新学堂出身的，所以在学习和传承传统文化的时候，请教老先生就特别重要。他们不仅教给我们活的知识，还言传身教给我们做人、做士的样子。他们是最后一批这样的老先生了，所学已经难全，所传尤为珍贵。我们应该多听听老先生们的话，不要只看文献。

可是，到这一步，还是不够。

在传统文化这座冰山最下面的，是巨大的基座，这个基座就是传统生活，完整的、活态的传统文化生活。而我们现在真正失去的，正是这个巨大的生活基座。

这个基座的价值是什么？举个例子。假如我们开个会，做个会议记录，或者写篇新闻报道，无论怎样详细，都不会写道：这个屋子里有电，所以麦克风会响；更不会写道：这个屋子有空气，所以大家没有憋死。为什么不写这些？因为这是当代人的常识，是我们的生活本身。我们写文章是给谁看的？给当代人看的。古人也是这样。谁会在文献中记载下生活常态和常识？几乎没有。但是，离开了这些生活常识，文献所记载的事将不可理解。而我们今天失去的，正是古代的生活本身。

比如说，现在很多人在推广《弟子规》。《弟子规》属于礼教的蒙学课本，本身没有什么太大问题。但是，古代的教育，即使是蒙馆教育，也不是只依靠课本的。《弟子规》说："父母呼，应勿缓。"可是在当时的生活中，不是只有这么一句话的内容的，而是关于怎么呼、怎么应、说什么、做什么、怎么变通等，都有详细的礼俗的。在它的背后，还有教育的年龄、次第和方法，还有家庭、宗族、乡里、社会的巨大的礼教环境，还有古代的家长的个人德性修养，还有与礼教相应的乐教、诗教，还有与修身守节这些阴德文化相应的济世安民、创新进取的阳德文化，在这些基础上，蒙师才对学生说一句："父母呼，应勿缓"，把这个礼俗理念化，让孩子们记住。现在我们在这个巨大背景消失的情况下，就让学生们背一句"父母呼，应勿缓"，然后去执行，那会出现多少问题呢？现在社会上对《弟子规》教育的质疑，恐怕都与此有关。复兴礼教，还是要从常礼做起；复兴传统文化，还是要从生活做起。我们应该做整体的文化体系。

再比如说，吟诗和唱歌，这是古人的生活常态。古代的农民可以即兴歌唱，古代的文人可以即兴吟诗。每天作诗，每天吟诗，这是文人的生活方式。今天，当我们失去这种生活方式的时候，我们真的能理解古诗文吗？今天所有的对吟诵的不重视、不相信，对声韵含意的否认，对诗教价值的漠视，我觉得统统都和不吟诵、不作诗、不吟诵着作诗有关。没有下过水游泳的人，无论如何也不会理解水的感觉，也就不会理解在水里游泳的时候，有多少事情是跟在陆地上行走不一样的。

所以，吟诵吧，作诗吧，让我们先做一个传统生活的人，再做一个传统文化的老师和学者。

会吟诵就会作诗。汉诗的结构、格律、作法，都体现在吟诵中，吟诗就会切身体会到这些，比之死记硬背要好多了。

你的学生会吟诵五绝了，就要让他作五绝；会吟诵七律了，就要让他作七律；会吟诵古文了，就作古文。古代就是这样的，读书总是落实在生活中，切己体察，切身体验，一边作一边读，一边读一边作，这个读才读得好，那个作才作得好。光读不作有什么用？上不了自己的身，成不了自己的能力，进不了自己的生活，等于白学。现在语文课讲究海量阅读，日常写作，可是指的是白话文。难道古诗文就不需要海量阅读、日常写作，就可以学好吗？

古代文人每天都作诗，每天随口吟诗，即兴创作，就像今天大家发微信一样普通，这是他们的生活方式。每天作诗修身养性，自己调节自己，自己鼓励自己，自己疏解自己，自己提升自己。这很难吗？不难。我们每年的吟诵中级班，为期四十天，要求学员们从第一天开始就每天作一首诗。我们都是限题目限文体的，第一首叫《咏柳》，还是我出的题目呢。你亲自作诗，才知道诗是怎么回事。而且作诗不难，只要学会了吟诵，作诗就很简单。你可以作得不好，但是不能不作。就像古琴，可以弹得很难听，但是不能不弹。吟诵可以吟得别人捂住耳朵，但是不能不吟。这是自己的事，也只有自己才知道自己从中如何受益。

作诗的顺序，是先作近体诗。近体诗最简单，你别看有格律，有格律意味着只要符合格律，作出来怎么看它都像首诗。要是古体诗，没格律了，自由了，你作出来全是顺口溜，怎么看都不像诗。所以说先作近体诗，再填词、作曲，再作古体诗，再作骈文，最后做古文，古文是最难的。

作近体诗之前，应该先作对联。作对联之前，要先学声韵蒙学。这实际上也意味着学习的顺序。学习诗词，要先学蒙学，对中华文化有个常识性的了解，同时建立押韵的感觉、节奏的感觉、音乐的感觉。这是第一个阶段。然后学习声韵蒙学，学习平水韵和对仗，开始对对子。然后学习近体格律，学习创作五绝、七绝、五律、七律。然后学习古体诗，尝试创作古体诗。这是第二个阶段。此前都是把声韵文体这些外在形式作为学习的主要目标的。第三阶段，在读经的基础上，在此前积累意象系统的基础上，把学习诗教作为主要目标，创作练习的重点放在主题、意象、结构、功用等方面，了解诗歌史，了解诗歌源流。第四个阶段，是诗和人、诗和史、诗和现实的结合阶段，了解大诗人，了解当代诗歌，学习创作出与自己的人生融合在一起的生命之诗。这样，诗歌就真正进入了自己的生活，参与了自己的人生，也就参与了历史。我们现在研发的“诗词”课程，就是按照这个顺序安排幼儿园、小学、初中和高中的诗词教学的。这是语文教学的一次突破，也可以说是回归传统的语文教学。

现在我们就作一首，现场创作。我们这么多人也不能每人一首，没那么长时间，我们就合起来作一首，联句。以前古人有联句的雅致，看过《红楼梦》吗？庐雪庵的时候，王熙凤去了，给大观园诗社的众姐妹们开了个头：“一夜北风紧”，一个一个就接下去了，“开门雪尚飘，入泥怜洁白，匝地惜琼瑶……”全是对仗的，韵都是对的。你觉得这是编的吗？不是，是真的，从小训练就很简单，就跟我们发短信一样的简单。习惯了，出口就是平仄相间的对仗。我们跟周笃文先生聚会的时候，大家就是联句，不管水平怎样，联下去没问题，作诗熟手都没有问题。

我们今天就算是联句吧，起个宽泛一点的题目。吴老师说马路边上那种树叫榕树，垂了好多叫气根的。我觉得这个树很有特点，我们北方没有这个，一看到这种树就知道到广州了。诗题就叫《咏广州路边榕树》，还是路边的，每天都泡在汽车尾气中，垂着气根的榕树。我们还要限定文体，第一首不要太难的文体，所以从近体诗开始，我们作一首五律吧，这样就能练习对仗。

现在开始。谁来想第一句？谁想到了就赶紧说，我们这是联句，第一个抢到了就是你的了，我们就得顺着你这个往下走了。有没有人想出第一句？好，赖老师不是教语文的，所以她就有勇气，她已经作出来了。

（学员）飘摇路边榕

平仄对吗？二四两字都是平声啊。新诗改罢自长吟，改是很正常的，首先把它说出来然后改。改哪个字？不是改“摇”就是改“边”，改一个。改“榕”也行的，改了“榕”就是唐诗特格，就是平平仄平仄，也可以。你们说改哪个？“边”啊？好，把“边”字改掉。改成什么呢？“畔”。很好，这就对了。

（学员）飘摇路畔榕

平起的五律，开头很好。不过很要命的是它把韵给我们定了。我们看看赖老师的韵是什么韵，到平水韵中去查找一下。榕树的“榕”，上平声二冬，这意味着后面所有押韵的字都在这里头了，只有在这里边找了。谁来想第二句啊？想出来就大胆说。

（学员）阅尽行人踪

很好。但是有个问题，“行人踪”是三连平，三连平不能在句尾，不能在结束的三个字，“行”这个字必须改成一个仄声字。

（学员）路

“路”，前面已经用过了这个字，近体诗最好不重复用字，除非是叠字。

（学员）旅

很好，这个就很好。

阅尽旅人踪

第一联出来了。接着第二联，第二联是对仗的。

（学员）夏日送清凉

好。下一句还没有，这句的问题是在哪？“日”仄声，“清”平声，“凉”呢？这个字应该是什么？应该是仄声，这是第三句，这儿不能用平声字。

（学员）夏日送清爽

你们改诗的水平现在很高。好。下面要对仗了。

（学员）增添城市容

“增添”对“夏日”对不上。要对偶，然后平仄相对，这一联要对仗。第一联和最后一联可以对仗可以不对仗，中间两联必须对仗。

（学员）冬天挡风寒

你这个“寒”字不押韵，“风”也不对，这儿要仄声。谁想好了这句？

（学员）冬天保绿容

可以的，格律是对的。“夏日送清爽，冬天保绿容。”

你知道为什么大家会笑吗？你自己也知道吧，因为到目前为止的这些字都是我们现代汉语中的字或者是词，“绿容”这两个字是你生造的。可不可以生造？可以的，但是要造得好，造得不好那就叫不着四六。不能硬造，不能用口语，不能用现代汉语，有很多很多的规矩。这个有点硬造，能不能想一个更好的词？想不出来也没关系，我们就放在这儿，可以往下走第三联，谁要是想出来我们再改。

起承转合，第三联要转了，要把话题转一个方向了，要不然就太死板了。如果你们学会了吟诵，如果你们把心中正想着那些话发出声来，那个就叫吟诗。“夏日送清——爽”，这个就是吟咏着创作，将来要这样。谁来说一下？

（学员）傲然风中立

好，哪一个字有问题啊？不是“然”，“然”是对的。“中”是不对的，这里应该是仄声，所以不能是“风中立”。

（学员）傲然风雨立

可以的。

（学员）冷眼看市容

“容”字重复了。

（学员）冷眼看苍生

别着急。

（学员）冷眼看戏浓

你这个不通，硬造的字，比“绿容”造得还厉害。看不懂，就成了象征主义。我们要用民族统一的意象，要么就不叫汉诗了，这是不行的。“傲然风雨立”，“冷眼”和“傲然”属于宽对吧，其实严对也对不上，“傲然”这是一个补语，“冷眼”可以当一个形容词。“风雨”要对什么？“云”对“雨”，“雪”对“风”，“晚照”对“晴空”，你看对得多好，所以一定要背过声律启蒙才不会这么憋。“风雨”对什么？有的是可对的。“风雨立”对什么？“风雨”是两个名词，联合词组，得对一个联合词组，而且第二个字是平声。

（学员）红尘

“红尘”是偏正词组。第二个字是要平声的。

（学员）世间

“世间”和“风雨”对不上，“风雨”是两个名词的联合词组，你也要对两个名词。

（学员）沙尘

“沙尘”还可以，沙尘暴的沙尘。沙尘什么？

（学员）冷眼沙尘浓

凑合。因为“风雨立”的意思是立于风雨之中，“沙尘浓”可不是浓于沙尘之中，是沙尘自己浓。所以这个对仗不是太严格，而且三连平。那还真不如“雾尘”，这还行，这联总算出来了。

冷眼雾尘浓

继续尾联。起承转合，要翻回去。

（学员）身处繁华境
心目……

“心目”平仄不对，前面是仄平，后面就是平仄，所以不能用“目”。

（学员）心往

“心往”什么意思？没有这个词。平仄还是不对。

（学员）心思青山松

“山”不对，五连平。“山”要仄声。还有“心思”和“心慕”不是一回事，“思”不是“慕”。“慕”是向往；“思”只是想着，它不一定向往，也许想着仇人呢。

（学员）万丈峰

“身处繁华境，心思万丈峰。”“思”字不好，意思不好。

（学员）念

“念”是仄声。“心存万丈峰”也不是太好，心里存着万丈峰并不是想要……

（学员）心登

这个说法有点怪。

（学员）心随

这好一点儿，也不是最好的。如果不是“峰”，而是刮风的风就好了，二冬没有刮风的风。“心随”的“随”和“绿容”都有点儿怪，但也还凑合，勉强过关。

这是我们吟诵班作的联句。第一次作诗，已经不错了。念一遍：

飘摇路畔榕
阅尽旅人踪
夏日送清爽
冬天保绿容
傲然风雨立
冷眼雾尘浓
身处繁华境
心随万丈峰

你们体会到作古代的这种旧诗跟作新诗不一样了吧？其中声韵有多重要。你不亲自作一遍，怎么能解释古诗的中心思想，它抒发了什么？你看你是怎么作的？因为你现在不熟，熟了就会应用自如。当然要说往前走，那还有很多事情：

1. 不是吟着作的。吟着作的时候，“飘摇——”这个长音里边有含意的，到这个地方肯定会拖很长很长。“路畔榕——”，“榕”字为什么要拖那么长？因为如果这个字不拖长，就是这个韵的声音与你的情绪不符，你就会觉得这个字不好，于是就会换掉。所以，要吟着来创作才明白。

2. 我们的句式结构。“飘摇路畔榕，阅尽旅人踪。夏日送清爽，冬天……”你看全都是二三结构的。其实古诗不是这样的，它最好是四句之中有变化的，不都是二三结构，它总得有个“二一二”，甚至有更多其他的结构，还有倒装，有省略，有各种东西，但是都要去练。

3. 没有用典。没有用典的古诗，基本上可以叫打油诗。现在有很多体，什么“老干体”“梨花体”……为什么？不用典。就是我们说的意象系统。这些知识从哪补啊？以前的孩子 6 岁时整个《声韵启蒙》都背得下来，他肚子里有多少货、多少词，知道多少典故啊，然后大量读诗。我们现在读诗太少，读文章也太少。你肚子里边背得了一千首，读过十万首就行了，还用教你作诗吗？就不用教了。作得好不好再说，起码作出来没问题。

所以，今天这个部分就是让大家体会一下什么叫作诗以及作诗是怎么回事。作完了反复地改，怎么用韵、怎么对仗，琢磨字对不对，还要求起承转合结构的变化，用典，意象系统，然后反复吟咏。走在广州的大街上看到榕树，吟诵一番，感觉我也要像榕树那样，这就是自我教育，这就是诗教。

所以，回去之后教孩子们吟诵，同时就教他们作诗，而且不要想你吟诵得比孩子好，你作诗作得比孩子好，只要鼓励他们作就行了，要一步一步来。一般古代私塾首先要对对子，知道平仄就行。你先讲汉语拼音，讲一二三四声，讲完了知道一二声是平声，三四声是仄声，知道对对子就行了。“天”对“地”，“雨”对“风”，两个一平一仄就开始对。先对一个字、两个字的，再对三个字的。孩子最喜欢对对子了。为什么呢？对对子对他们来说是一种游戏，语言的游戏，汉语是可以用来做游戏的。当他们对到五个字的时候诗就出来了，然后再讲典故，让他们背《声韵启蒙》，整个的意象系统就进去了。

然后就是鼓励大家作诗，学了吟诵一定要作诗。想一想我们中国叫作“诗歌的国度”？什么叫“诗歌的国度”？每一个文人都作诗，作诗就是他的日常生活，我们现在这么多文人没几个作诗的。每个文人都作诗，那样的一个国家叫文明古国，到了这样的国家里到处都能碰到君子，虽然也有伪君子，但是真君子比较多一些。今天大家凑到一块，不是说挣钱就是说娱乐、搓麻将，古人碰到一起要么就吟诗作对，要么就弹琴唱歌，要么就谈论大道，这是高雅。

要恢复这种高雅，要有一种可以操作的方式。我们现在教这些孩子“要高雅，要做高尚的人、高雅的人”，这样讲道理不行，要给他一种方式。吟诵，没什么成本，但是本身却非常高雅，有非常深厚的文化内涵，是非常好的方式。所以，教会孩子吟诵，教会孩子作诗，这是两件必须一起做的事情。

首都师范大学教材出版资助项目

普通话吟诵教程

下

徐健顺 著

广西师范大学出版社
·桂林·

第四讲　古体诗吟诵

古体诗的读法

近体诗会吟诵了，古体诗的吟诵规矩就很简单了，因为它是在近体诗吟诵规矩的基础上做减法。

古体诗的读法，没有了近体诗的平长仄短、平低仄高这两条。为什么呢？近体诗的平仄有规律地交替出现，才形成了平低仄高的吟诵习惯，只有平声能拖长，才形成了平长仄短。但在古体诗中，平仄出现没有规律，平低仄高就不是必要的了，只要根据诗意依义行调就可以啦。长短关系也不是那么明显，我们前面说了，唐朝以后的古体诗韵短了，整个诗读得快，读得快之后长短之间就差异不大了。

所以古体诗的读法基本上就是入短韵长、依字行腔、依义行调。标记符号的时候，古体诗标记只标记入声字和韵字，其他的字空着不标。空着的平读。平读就是平平常常地读，不用长短高低去读。

但是，古体诗中不同的文体还是有不同的特点，吟诵的时候也有不同的规矩。

古体诗最常见的有六种文体：四言诗、楚辞、乐府、五古、七古、童谣。拿到一首诗，首先要判断是古体还是近体，有格律的就是近体，没有格律的就是古体。古体诗还要判断它是哪一种诗体。

四言诗很好判断，它基本的句式是四个字一小句。

楚辞也很好判断，楚辞带“兮”字。

乐府首先要看它的题目，题目是汉乐府或者南朝乐府的题目，就是乐府。怎么知道是不是乐府的题目？简单办法是看宋朝郭茂倩的《乐府诗集》，老师们可以查题目的注释。其次还要看风格，就算题目不是乐府旧题，只要风格是乐府的风格，仍然是乐府，这就是所谓的“新乐府”。什么是乐府的风格？就是语言通俗，即很少使用来自经史子集的意象系统，且节奏明快，内容是关注民生疾苦的，就是新乐府，比如杜甫的“三吏”“三别”。

五古也很好判断，凡是五言诗，不是乐府，又没有格律的，就是五古。比如汉魏六朝的文人五言诗，还有唐朝以后的文人五言诗，比如李白的《月下独酌》。

七古也很好判断，凡是七言诗，没有格律的，就是七古。七古是从南朝的鲍照开始的，他的诗是拟乐府。七古和乐府、歌行的概念都有交叉。七言的乐府也属于七古。

歌行就是如歌之行，形容其速度快，这是唐朝以后的一个说法，判断的标准就是风格。一般说来，题目中会有体现，即出现歌、曲、谣、吟、引、行等字，如果又是唐朝以后的，就是歌行，比如《琵琶行》《长恨歌》。唐朝以前的，这种题目都属于乐府，不是歌行。唐朝以后才有歌行体，这与格律的形成有关，前文已述。另外还有一些歌行的题目是没有那些字的，比如李白《蜀道难》、张若虚《春江花月夜》等，这就要看风格，如果风格流畅，节奏明快，就是歌行。歌行有很多同时属于乐府，有很多同时属于七古。七古大部分是歌行，歌行大部分也是七古。

童谣体很好判断，它是童谣儿歌或者是蒙学教材。

不同的诗体，有不同的文体特点，吟诵时也有不同的规矩习惯。

四言诗，主要是《诗经》，还有一些别的诗，这种诗体的吟诵，节奏比较均匀，有钟鼓之音，就是轻重相应。《诗经》是礼乐文化，在当时，至少有一部分四言诗是歌唱的，歌唱的时候是每个字都拖长的，尽管韵字可能拖得更长。你可以想象一下那种感觉，雍容华贵，从容不迫。后面我会教大家《诗经》的吟诵。

楚辞起初是楚语的，后来就是楚国的雅言，再后来就成了全国的雅言。但它的旋律风格还是跟北方的《诗经》不同。南方应该是旋律型声调的发源地，它唱起来比较偏重依字行腔，一个字就可以有音程的起伏变化，而北方一个字几乎是平着唱的。所以当时的北方人听到楚国人唱歌，就觉得楚歌悲。楚人的歌为什么悲？楚人就不会高兴？一唱歌就悲？不是的，北方人的耳朵听不惯，听那种起伏跌宕的声音、曼声长吟的声音，总觉得很悲凉。其实楚人喜怒哀乐都有，都是曼声长吟的。楚辞的吟诵，“兮”字要拖长，虚字要读重或者拖长。三种不同的楚辞诗体也各有读法，我们后面详细说。

乐府的歌唱性强。乐府当初都是唱的，它有比较明确的乐音和节奏。乐府又分很多种，如横吹曲、鼓吹曲、郊庙祭祀、相和歌等，每一种都不一样。所以你要具备乐府的知识，拿到一首乐府诗要知道它的具体诗体，可以查郭茂倩的《乐府诗集》，然后再把那一类的情况和吟诵规矩搞清楚。

比如鼓吹曲，《将进酒》就属于鼓吹曲。鼓吹曲是什么？是军乐，军队用的。军乐的特点是什么？有节奏，雄壮。军队出征的时候，集合练兵的时候，奏那些军乐，必须是咚咚咚咚……这样的，所以鼓吹曲快速流畅、节奏均匀。现在我们很多人朗诵《将进酒》，都把节奏给读散了，就失去了那种军乐的感觉。后面我们举一些不同的乐府诗体的吟诵例子。

五古也是节奏均匀。五古是文人的典型诗体，最能体现文人的体征——沉稳、俭朴。它每句五个字，比较古朴，没有那么多的繁复的意象辞藻，很典雅，吟诵的时候也要沉稳、深情。

童谣体，蒙学就是童谣体，这种诗体是儿童吟诵的，所以节奏均匀、速度很快、旋律回环、活泼跳跃。下面我们专门来学习。

再补充一点，就是我们在各种诗体当中，有一种诗体是比较独特的，叫古绝。

古绝是什么？就是绝句。通常是五绝，但是它押仄声韵。除了这一点之外，都合格律。比如说《春晓》《江雪》《鹿柴》《寻隐者不遇》等都是。古绝这一类的诗，算是古体诗还是算近体诗？吟诵的时候按照什么规矩？这的确是个灰色地带。我个人的看法，古绝严格说来属于古体，按照古体诗入短韵长地去吟诵是没有问题的。但是很多古绝可能作者在创作的时候，是按照近体诗来吟诵的，平仄的长短高度是有意义的，比如“春眠——不觉晓”，“春眠——”就有睡了很久的感觉，这时候就可以按照近体诗的方式吟诵，所以主要先做声韵分析。

还有唐朝以后，格律体大行，所以很多人作古体诗的时候，也受到格律诗的影响。他作的古体诗也大都合格律，比如说《琵琶行》《长恨歌》，“春风桃李花开日，秋雨梧桐叶落时”，完全是律句。《圆圆曲》几乎全合律，这种诗到底是按近体吟诵还是古体吟诵？我的建议是首先按古体吟诵，然后在它的内部，看一下平长仄短是不是有意义的。如果有意义的话，你愿意平长仄短地吟诵也是可以的，但是你心中要知道它是属于古体的。比如说虽然有平长仄短，但也要吟得快一些。大家可以听听赵元任、刘衍文等老先生的吟诵是不是这样的。

蒙学吟诵

蒙学是最简单的文体，它是童谣体。蒙学的吟诵特点是什么样的？

第一，均匀节律。古诗文的很多文体是没有均匀节律的，是一个自由的节奏，尤其是近体诗，但是也有均匀节律，比如歌行体。

童谣为什么是均匀节律的？因为孩子 6 岁之前不能接受不均匀的节律，他的大脑没有发育到那个程度，神经还不发达的。小孩只对均匀节律有很强烈的反应，所以童谣体是均匀节律的。

第二，句内平调。我们搜集到的这些蒙学传统吟诵基本一句之内都是平调。句和句之间是有高低的，有上中下调，但一句之内基本上是平调的。

为什么是平调？因为 6 岁之前的孩子还在学说话，平调的字音发得最准确。你要是加上个调，整个的腔就跟着调走，很多时候孩子会把不住那个字音到底读什么。

所以传统蒙学的吟诵基本上是平调吟诵。矿泉水调就是普通话平调吟诵，足以应付蒙学了。我主张蒙学吟诵在声韵蒙学之前，完全使用普通话，不读入声字。

对于幼儿园的小朋友来说，我连入声字也不愿意教他，就按普通话，这样就可以了。入声字小学以后再学，这个问题不大。从小的时候说话就要准，每个字的声母、韵母、声调要读准确，所以我们不读入声字。不读入声字，对于一些蒙学，比如说《声律启蒙》就会有问题，入声字有时在格律的位置上，现在读平声了，那格律就不对了。在这种情况下，我主张换掉那个字。我们在中华书局出版的“中华经典吟诵”系列中，《声律启蒙》《笠翁对韵》都是幼教版，不合适的入声字都换掉了。青岛出版社出版的“经典吟诵”系列是针对中小学的，这两本书就用了原版，保留了入声字。

第三，配合舞蹈、故事、游戏，这个事情我们过会儿再说，你吟诵了以后就明白了。

第四，创造性和个性化的学习，这一点我们也在吟诵以后再说。

现在进入蒙学的吟诵。

蒙学的吟诵从哪儿开始呢？不是从《三字经》，而是从《百家姓》开始。为什么？因为《百家姓》有一个特点，它的字和字之间没有含意关系。赵钱孙李，赵跟钱什么关系啊？没关系，它就是一堆字凑在这儿了。

所以《百家姓》就不存在依义行调的问题。我们说依义行调，它没有义，所以就没有调，所以我就可以随便地揉它，体现各种乐感和节奏感。从它开始是最好的。这是我们中国很独特的一个东西。《百家姓》是个宝贝，对吟诵来说太重要了。

《百家姓》不是乱写的，你横着看看不出来，你要竖着看，我们看第二列、第四列、第六列、第八列：

赵钱孙李　周吴郑王
冯陈褚卫　蒋沈韩杨
朱秦尤许　何吕施张
孔曹严华　金魏陶姜
戚谢邹喻　柏水窦章
云苏潘葛　奚范彭郎

除了“吴”“谢”字之外，偶位字都是平仄对仄平。《百家姓》是大致有格律的。

有格律就有什么？有旋律，你就顺着来就行了，用普通话读就行，普通话平声高仄声低，没关系，因为它的高低也没意义。“赵钱”，自然是在上面。“孙李”，自然是下来了。这不就是旋律线嘛，高一低一低一高，这样循环。这也是很多蒙学的特点，吟诵的时候都是高低起伏回环的，这样可以让孩子们的嗓子一张一弛，不至于太累，唱起来也好听。

我们开始吟咏，吟咏四行，就到“金魏陶姜”。我们以八个字一行为单位，各用一个高度的平调，顺序是上中下上，开始。

赵钱孙李　周吴郑王（上调）
冯陈褚卫　蒋沈韩杨（中调）
朱秦尤许　何吕施张（下调）
孔曹严华　金魏陶姜（上调）

很好，大家的高度不一致，这就对了，每个人的嗓音不同，对自己的上中下调的选择就不同。吟诵的课堂就是这样的，这就对了。

我们换一个方式，刚才是上中下上，现在我们变成上中中下，开始。

赵钱孙李　周吴郑王（上调）
冯陈褚卫　蒋沈韩杨（中调）
朱秦尤许　何吕施张（中调）
孔曹严华　金魏陶姜（下调）

很好，这是八个字为一组，现在我们缩小单位，以四个字为一组，我的要求是上中中下，开始。

赵钱孙李（上调）　周吴郑王（中调）
冯陈褚卫（中调）　蒋沈韩杨（下调）
朱秦尤许（上调）　何吕施张（中调）
孔曹严华（中调）　金魏陶姜（下调）

好，我们再变换一个，上中下上，开始。

赵钱孙李（上调）　周吴郑王（中调）
冯陈褚卫（下调）　蒋沈韩杨（上调）
朱秦尤许（上调）　何吕施张（中调）
孔曹严华（下调）　金魏陶姜（上调）

现在会了吧？其实上中下调在里面可以很自由地转换的，怎么样都可以的，而且不一定有三个调，你可以 do、re、mi、fa、sol、la、si、do 都用上。这是在调的使用方面的方法。

再说节奏。我们现在的吟诵是一字一拍的，蒙学是均匀节律的，但不一定是一字一拍的，对吧？节奏是均匀的，字音不一定是均匀的。谁来想一下，还可以用什么节奏？

好，三一分，三个字在前面，一个字单独在后面，那就是：

还有别的节奏吗？一三分的，那就是：

还有没有？二二分的，那就是：

还有吗？想不出来了？四个字的节奏，有好多种，还可以把中间两个字放一起：

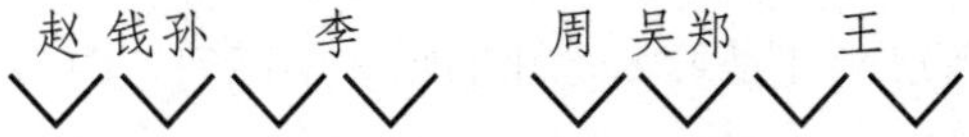

还有吗？还有，比如空拍的使用，看你想空几拍，比如空两拍：

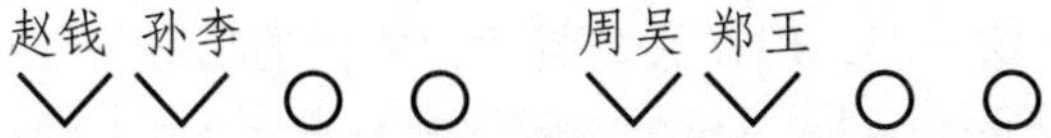

还有吗？还有，切分音。现在是四个完整的拍子，其实它都是两个半拍构成的，我们可以空半拍唱半拍。比如说我只唱后半拍，感觉就是：

这就成 RAP 了。我们也不用每个都这样，比如我只唱二四是切分音：

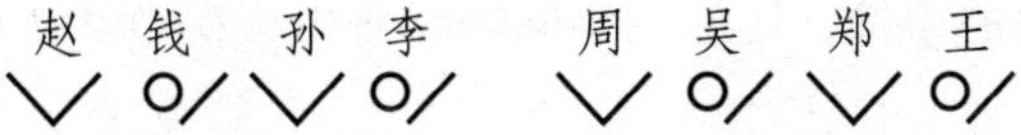

我只唱第四个字为切分音：

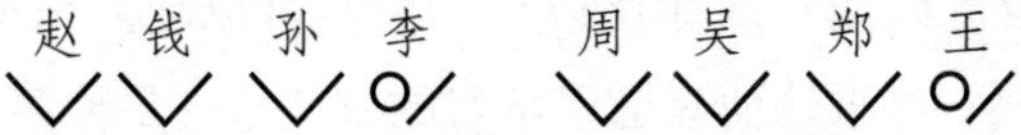

四个字的节奏有多少种变化？不止二十种吧？我们就算二十种，那么两个四字节奏的组合，有多少种？四百种。整个《百家姓》有多少种节奏变化？N 种。

大家可以看看北京崇文少年宫演出的《蒙学联吟》，其中《百家姓》就用到了两个四字节奏的组合。[参见：北京崇文少年宫吟诵团吟《蒙学联吟》《三字经》《百家姓》《声律启蒙》]

赵 钱 孙 李　周吴 郑 王

我们还可以唱一段、诵一段。吟诵嘛，可以吟一段诵一段。我先吟一段："赵钱孙李周吴郑王，冯陈褚卫蒋沈韩杨"；接着诵一段："朱秦尤许何吕施张，孔曹严华金魏陶姜"，可以吗？这样变化就更多了。崇文少年宫那个演出，就是在吟之后又使用了诵，而且诵又变了节奏。大家可以仔细听听。

三种方法结合在一起，上中下调的组合，不同节奏的组合，吟和诵的组合，《百家姓》有多少种变化？无穷无尽。你会《百家姓》了吧，每个人都会了吧，还用我教吗？还会再找我要录音吗？

我老碰着人跟我要录音：你有没有全套录音？这个不需要嘛，你自己也不需要。你需要记住自己刚才是怎么吟诵的吗？不需要，因为每次都是很自由的，唯一需要把握的是什么？平调，均匀节奏，每个字不倒字。"赵"就是"赵"，一定要往下唱，"钱"往上唱，不能唱倒了，其他的全都是自由的。

好了，明白了这一层，现在大家就明白古代的私塾是怎么教《百家姓》的了吧？是不是小朋友跟我唱"赵钱孙李，周吴郑王"，小孩也得跟着"赵钱孙李，周吴郑王"？一旦唱错了，我这四拍呢，我这是mi，你得跟我一样，是这样的吗？不是，老师自己也记不住怎么唱的，没必要。古代的私塾教《百家姓》，那是在蒙馆小孩三四岁的时候，一次最多也就教十六个字，少的时候也就教八个字。教他一次，这叫授书一次。先生说："我来读一遍，你读一遍。"没有哪个孩子会跟先生读得完全一样，也没有哪个先生会关注孩子读得一样不一样，先生只管重要的事情，比如倒字问题。先生读得当然每次也都差不多，但每次不完全一样，先生也记不住。

所以孩子慢慢就明白了什么叫读书，就是有变有不变。什么东西不变？字音不变。什么东西可以变？旋律可以变，节奏可以变。孩子上学的第一课教《百家姓》非常重要。这个让他知道了学习的方法，这是他第一次学习嘛。传授的学习方法是创造性学习。什么叫学习？学习就是自己作一首歌，自己来唱，每个孩子都唱得不一样。我们可以接龙，可以做游戏。我们看谁唱得好听，看谁背得熟。

还有舞蹈，很明显的有舞蹈，因为它有节奏，可以编各种舞蹈。

这种教学很快乐。所以古代的孩子爱读书。古代的教育也是分三六九等的，当然有不好的教育，但是主体肯定是好的，不好的我们文明怎么传下来，谁去传？孩子们都不爱读书，怎么可能传下来。

看一下《百家姓》就明白了，配合游戏，配合舞蹈，不同的节奏就有不同的动作，很多老师都会，还会编各种队形、各种游戏，就从这儿开始。

我做的这个崇文少年宫的吟诵，《百家姓》是用北京传统吟诵的节奏，北京的孩子就是这么读《百家姓》的。

一开始的时候，“赵钱孙李，周吴郑王”上调，“冯陈褚卫，蒋沈韩杨”中调，然后重复，到“戚谢邹喻，柏水窦章，云苏潘葛，奚范彭郎”，那本来应该是下调了，我的设计是上中、上中、中下，但是孩子们年纪太小，嗓子太尖下不去，后来我就妥协了，重复用上调和中调，结果就成了上中、上中、上中。

然后就进入诵的部分，唱一段再诵一段，“鲁韦昌马，苗凤花方”就是诵的，然后“费廉岑薛，雷贺倪汤”又换了一个节奏，这个节奏就是切分音的节奏。

我做的这个就是想告诉大家，蒙学的吟诵就是上中下调来回倒，想办法去把它们组合，形成不同的节奏，还可以唱一段诵一段。[**参见：北京小院少儿吟诵团吟宋代《百家姓》**]

下面再说一下《百家姓》的教学目标。如果教《百家姓》，就要知道为什么要教《百家姓》，为什么蒙学中要有个《百家姓》，它是干什么用的。不要当歌唱，也不要当成一个血统教育。这不是血统教育，也不是小孩子的娱乐，这是很严肃的教育。

为什么中国有《百家姓》?《百家姓》在蒙学中排名第二，我们经常说“三百千”，但现在《百家姓》对“三”和“千”来说，还有《弟子规》来说，又是最不受重视的。很少有学校去背《百家姓》，很多人反对学《百家姓》，为什么呢？说它没有意义，不像《三字经》《弟子规》有点意义，更不像“小白兔，白又白”有意义。说了学习了中国的姓氏知识，知道了哪些常见的姓，这好像有点意义，又好像没多大意义。所以要解释一下，《百家姓》是怎么回事。

现在很多人讲《百家姓》，是讲姓氏起源，然后讲这个姓的历史名人，一个姓一个姓地捋出来。这样讲不是把《百家姓》讲反了吗？

讲《百家姓》，要讲这个姓是怎么进入中华民族的，当初为什么要进入中华民族；然后，在漫长的历史过程中，这个姓氏的祖先，是怎样为了维护中华文化理想而献身、而奋斗；这个姓氏的祖先，是怎样与其他姓氏的人互帮互助、融合共生。这才是《百家姓》的教学目的。所以我呼吁正讲《百家姓》，反对反讲《百家姓》。我们做的蒙学课程，是正讲的。做教学，首先要知道教学目标是什么。

还有，有人是从形式上指责《百家姓》的，说《百家姓》没有意义。一堆姓拼在一起，背这个有什么意义呢？还不如背“小白兔，白又白，两只耳朵竖起来”，那还有意义呢。这个事情涉及一个记忆力教育的问题。我不是教育的专家，我可能说得不对，仅供参考。

《百家姓》是蒙学中最低段的内容之一，三四岁的孩子到底是喜欢背有意义的童谣，还是喜欢背没有意义的童谣？我的感觉是，对孩子来说是一样的，他背那个没有意义的东西像背有意义的东西一样来劲儿。

为什么呢？因为我们来到这个世界上，整个世界对我们来说就是一套乱码。小孩有一种神奇的能力，他可以把乱码变成有序的码，所以他慢慢才能理解世界。妈妈叫他的时候，他哪知道“宝宝”是什么意思，但是老叫他“宝宝”，他慢慢就明白了，就是把无序变有序，把乱码变成有序的码了，这是儿童的一种能力，而且很重要。

谁要是在成人的时候还有这种能力，谁就是天才。记得吗？我们上高中的时候，总有同学成绩特别好，然后就考上了北大、清华。那种人有一种能力，是什么？就是背圆周率、背电话号码、背什么乱七八糟的东西都行。

天才也是可以训练的。背乱码的能力，从《百家姓》就开始教。《百家姓》就是训练孩子记乱码，而且记那么多乱码，这个码还挺有意义的，你不觉得这是我们古人的一种很伟大的发明吗？很奇怪的，我们经常把儿童当成成人去对待。不应该是这样的，儿童需要训练延续这种记忆的能力。

所以《百家姓》实际在使用的时候，整行整行的是可以移动的，我不从“赵钱孙李”开始可以吗？我从“戚谢邹喻”开始可以吗？可以的，格律没问题的，换上去就行了。一行之中不要动它，因为它有格律，平仄对仄平，但是可以来回倒，只是增加了难度。你就把《百家姓》当成一个智力训练就行了。

而且，《百家姓》还是一个乐感和节奏感的训练，正因为它简单、均匀，所以适合训练幼儿。现在很多人说自己五音不全，其实不是真的不全，不过在幼儿时缺乏训练，现在有些心理障碍而已。你去幼儿园看，会发现他们在中班的时候就开始音乐基础训练，还有考级。幼儿就是应该在 4 岁左右进行乐感和节奏感的初步训练。古人也是很小就开始音乐训练的。私塾学馆的孩子，都要参加祭孔、祭祖等各种典礼，我们古代也有唱诗班那样的形式，小孩子很小就开始学习唱歌、乐器和仪式了。

《百家姓》讲完了，知道怎么吟诵了吧？知道怎么教了吧？每个人都可以回家录制一套《百家姓》的完整吟诵。

好，下面我们来说《三字经》的吟诵。

《三字经》和《百家姓》不同，《三字经》是有意义的，它的字跟字之间有联系。所以它就有依义行调的问题，它的吟诵就比《百家姓》要难。

我们用普通话平调吟诵一下前面一小段：

人之初　性本善
性相近　习相远
苟不教　性乃迁
教之道　贵以专

很好，这就是矿泉水调，平调吟诵的，但是吟诵要依义行调，要分上中下调的，一分上中下调就麻烦了。读没有问题，“人之初，性本善”谁都会读的，但是你一旦开始吟诵，就要思考，“人之初”和“性本善”哪句高啊？还是平的？问题是这影响含意。“性相近，习相远”哪句高？

如果“人之初”高，强调的是“初”，意思是：不是后来。如果“性本善”高，强调的是“善”，意思是：不是恶。如果“性相近”高，“习相远”低，你吟诵一下就会明白，它的意思是“虽然我们的习俗不同，但是我们的人性是接近的啊”。但如果倒过来，“性相近”低，“习相远”高，意思就是“虽然我们的人性接近，但是我们的习俗不一样啊”。可以说，含意正好相反。这表明读法有多重要啊！古代的私塾先生不容易当的，你别看他好像摇头晃脑随便那么一读，其实他是琢磨过的，或者说是代代相传，他的老师教他时也是琢磨过的。我们的汉字文本是世界上最简洁的文本，中间有大量的留白，所以叫“书不尽言，言不尽意”。我们的文化是靠书和人共同传下的。只有这样，文化才保持活力，才能代代更新。所以要特别重视读法问题，不要仅仅以文字去理解含意。传统吟诵的一大价值，就是这些吟诵调所包含的读法、理解，那还是大有道理的，千万不可轻视。

到底是应该“人之初”高还是“性本善”高，“性相近”高还是“习相远”高，取决于理解，理解不同就会选择不同的调。吟诵当中上中下调的选择，是有意义的，不能乱唱，要依义行调。

要想吟诵好《三字经》，就要理解《三字经》。每一个蒙学教材，都要知道它的教学目标、它的教学方法，还有它在整个蒙学教育中的位置。就像《百家姓》一样，你要了解它为什么产生，它的功能是什么，它是怎么教的。

下面说一说我所理解的《三字经》。为什么它是蒙学中唯一被誉为“经”的？《三字经》成于什么时代？它的作者叫什么名字？好像很多人都不知道。这个事应该知道。《三字经》的作者是王应麟。关于作者，虽然也有不同的说法，但是最可靠的记载还是王应麟。他是哪一朝的？南宋末的。《三字经》中的历史在宋以后都是各说各的，宋以前是统一的文字。王应麟是什么人？南宋的礼部尚书，也就是教育部部长。这人是个大儒，他今天留下来的著作，天文地理、农耕水利、诗词文赋、语言文字什么都有，学问很大。

他做礼部尚书，就掌管科举考试。科举考试负责什么？选拔年轻官吏。他还做过很多官职，德高望重。在他选拔的人才中，有两位非常有名。一位是文天祥，文天祥是他点的状元。当时有很多人反对，因为文天祥名气也不大，只是一个富家子弟。但是他读了那张试卷后，他跟皇帝说，此人忠肝如铁石，绝对是个忠臣，你一定要点他做状元。皇帝最后就听了他的话，点了文天祥做状元了。另一位叫陆秀夫，是他手下的进士。文天祥、陆秀夫，加上张世杰，号称“南宋三杰”，是南宋末期抗元最重要的三个人，其中两个都是他慧眼识英才选拔的。

后来的事我们都知道，元兵南下，攻下了临安，宋朝的皇室被俘虏。他们就立了一个小皇帝，从临安就退出了。退到宁波，又从宁波退到温州，在温州打了一仗，然后从温州退到福建，又从福建退到广东，最后一战在哪里打的？叫崖山大战。崖山在哪里？就在珠江入海口。

崖山大战，宋朝最后的军队都在那里，大概有将近 20 万，基本上是水军，其中还有很多宫女、家眷等。当时宋朝的造船术天下第一，船非常大，很结实。他们的总指挥张世杰，下令把所有的战船锁在一起，一字排开在海面上，中间就是最大的主舰，他竖了一根高高的桅杆，在桅杆上面，就把小皇帝放在那儿，为什么呢？为了让所有的宋军都看见，皇帝在那儿呢。皇帝是宋王朝的标志，大家一起拼命，就这意思。在皇帝的背后持剑站着的，就是陆秀夫，站在那儿保护皇帝。元兵这边呢，当时只有先头部队赶到，领军将军叫张弘范，只有3万人。很明显地利、人和应该是宋兵赢，但是天时不在宋朝这边。这个张弘范真的很厉害，他看到这个局势之后——他的船也不行，他的兵也不行，他就把他所有的兵集中起来，直冲主舰，根本不管周围宋军的进攻，一下子就冲过去，一下子就把主舰围起来。张世杰立即指挥宋军战船把元兵围了起来。结果就形成了元兵围着主舰，宋兵围着元兵，就是这么一个情况，这就看谁先打下来了。

结果还是张弘范先攻下来的。陆秀夫看见大势已去，马上就要俘虏皇帝了，陆秀夫就给小皇帝跪下说，我们宋朝好几个皇帝都被俘了，徽宗、钦宗，后来南宋的小皇帝也被俘了，他说你不能再被俘了，你要再被俘，我们脸往哪儿放？我们中国人脸往哪儿放？所以他就把小皇帝绑在自己身上，跳海自杀了。

陆秀夫背着皇帝跳海，从很高的桅杆上跳下，所有的人都看见了。皇帝一跳海，战斗就停止了，没有意义了，再打已经没有意义了。然后后宫的那些人，太后、宫女、太监就纷纷跳海，宋军官兵成批自杀。那一仗最后的统计，宋军死了有10万人，基本上是自杀的，崖山海面当时一片血红。今天生活在珠江三角洲的人，都应该知道这一战，记住这一战，为什么有那么多宋人宁可自杀。

宋朝没有了。整个王室都没有了。军队也没有了。张世杰后来带了一点人退到了越南。文天祥是在崖山大战的前夕被抓住了，元兵让他亲眼看着崖山大战，然后有了《过零丁洋》，就押他启程北上，零丁洋就在崖山附近。然后他被一路押解到大都，一路之上，所过之地，大家知道文丞相来了，就出去给他读祭文，一路之上都有人给他读祭文，一直到大都。他后来死在大都，因为他不屈嘛，怎么都不肯投降，就死在了大都。现在北京有“文天祥就义处”，在一所小学里。

文天祥、陆秀夫战死，宋朝灭亡了。但王应麟还活着，他当时回到老家宁波，元朝廷请他做官，他不去，他隐居，但是他做了一件事，是什么呢？他开了一间小小私塾，教几个儿童。又过了几年，有人从他的私塾里抄出来《三字经》。

现在明白了吗？《三字经》是什么时候的作品啊？元朝的。把这个《三字经》放到元朝的背景中，你就会发现很多值得深思的事情。

元朝是个什么朝代？这个朝代跟前面的辽、金不一样，那时的蒙古人不接受中华文化，所以元朝政府不跟汉族文人合作，也不接受汉族的文化。所以元朝的文人们没有官可做，只能做吏，做吏还不能做正吏，得做副吏。“九儒十丐”，儒士的地位在妓之下丐之上，是臭老九，所以大部分元朝的文人都是隐居的，没有用武之地。

你再往下想，既然是这样也就意味着什么呢？意味着在元朝读汉族书没有工作，读汉族的传统的东西找不到工作。文人的工作是什么？出去做官，不能出去做官就教学生，那读书没有官可做，你还会有学生吗？

在元朝，要想有官做，甚至要想有工作，就得穿蒙古衣，学蒙古话，给蒙古人送礼，元朝的吏治非常黑暗。

就是在这样的情况下，王应麟开了一个小私塾，开始教小孩儿，还作了本《三字经》，给孩子们读。他这么一个大儒，写了一个蒙学的东西，这是为什么？这个蒙学的东西太不一般了，所以它被尊称为“经”，唯一的蒙学中的“经”。我们要明白《三字经》是本什么书。

他说：“人之初，性本善”，这句话跟谁说的？对元朝的汉人的孩子说的。他跟这些孩子说，人开初的时候都是善的，蒙古人跟我们一样，他们杀了你们的父母，但是当他们出生的时候也是善的。“人之初，性本善”，大家都是一样的。“性相近，习相远”，哪个更重要？“性相近”重要，“习相远”不重要。“习相远”，他们穿蒙古袍子，吃涮羊肉，我们穿汉服，吃元宵，我们和蒙古人习俗不同，但是我们的人性是相近的。所以读的时候，“性相近”高，“习相远”低。那为什么蒙古兵变成了野兽一般，到处烧杀抢掠？其实那些蒙古兵中，很多也是汉人，投降了，一起跟着屠城，他们为什么变成这样？“苟不教，性乃迁”，因为什么？不教育嘛，因为没有受到教育，所以人性发生了改变。

那么要怎么教育呢？“教之道，贵以专”，对这句话的理解，我们现在很多人都联系后面的“昔孟母，择邻处。子不学，断机杼”，说学习的时候要专心一致，不能三心二意，不能三天打鱼两天晒网。

但是后面那句话是这个意思吗？“昔孟母，择邻处”，孟母为什么要择邻而居？她第一次住在丧仪师旁，第二次住在商贩旁，第三次住在屠户旁，都说非所宜居，最后住在儒士旁，才安顿下来，这是专心一致的意思吗？这是选择大道的意思啊！选择了大道，就要坚持下去，这才是“子不学，断机杼”的意思。所以王应麟是说，教育这件事，只能学我们中华的文化，不能学其他人的，就算是他们打下了天下，军事实力那么强，什么都比我们强，还压迫我们，我们还是要学我们的文化，为什么？学他们的文化就“性乃迁”了，所以还是得学我们的。

然后就是劝学。你看《三字经》的结构，从这儿开始往下，到“亲师友，习礼仪”，一直在劝学。

从“香九龄”开始，进入教育的具体内容。“首孝弟，次见闻，知某数，识某文。一而十，十而百，百而千，千而万”，读到这儿的时候，你们会不会觉得这个《三字经》有点太幼稚了，怎么教这些东西？“三才者，天地人。三光者，日月星。三纲者，君臣义，父子亲，夫妇顺”“曰春夏，曰秋冬，此四时，运不穷。曰南北，曰西东，此四方，应乎中”，是不是觉得太小儿科了？连十百千万、东西南北都要教，为什么要教这些？因为这是中华文化最核心的概念，他怕这些孩子忘掉，所以把中华文化的基本概念讲了一遍。

讲完之后是什么？他开始讲我们汉人有哪些典籍，永远不要忘记那是我们最宝贵的东西。

讲完了典籍之后，开始讲我们民族的历史，我们是怎么走过来的，我们有过怎样的昨天，就算是今天我们被人打败了，但也要记得我们的历史，记得我们的文化。

历史讲完了之后是什么？又是劝学，然后结束。这就是《三字经》的结构。

你去看一下其他蒙学，哪一个蒙学的书是这个结构？只有《三字经》是这样的，只有《三字经》那么集中地讲中国文化基本的概念。《千字文》也讲了一些，但是《千字文》还讲了点别的东西。另外，《千字文》讲的历史太零碎了。《三字经》有非常明确的民族观念在里头，这也就是古代的时候为什么大家尊称它为“经”的原因。朱翔非老师说，《三字经》是王应麟留给中华民族的精神遗嘱。他希望孩子们要永远记得中华文化，要传下去。

所以教《三字经》是要教做中国人，去做中国文化的传承，这是它的一个基本的教学目的。知道这个目的之后，再教《三字经》，就不一样了。

从王应麟开始教《三字经》，到元朝被推翻，只有六十年，也就是两三代人。两三代人就可以改变中国。永远要相信教育，重视教育，教育才是未来的根本。我觉得《三字经》对我们今天，尤其是做国学教育的人来说，是一个很大的激励。两代人足以改变中国了，只要你教得好。

《三字经》所教的儒家文化，是很正宗的、很好的。比如说“三纲者，君臣义，父子亲，夫妇顺”。现在“三纲”被说成“君为臣纲，父为子纲，夫为妻纲”。但是王应麟的解说则是：“君臣义”，君臣的关系是道义的关系，君使臣以礼，臣事君以忠，你这个君对臣不好，那个臣也可以对你不好的；“父子亲”，父子是讲亲的，孔孟甚至要易子而教，就是为了父子不相责，父子关系是亲人的关系；“夫妇顺”，夫妇是讲顺的，不是什么大男子主义。

《三字经》讲的道理很正，所以吟诵的时候要仔细琢磨。

“昔孟母，择邻处”，哪句要高啊？我觉得“孟母”高，为什么呢？孟母在古代的地位是很高的，所以说“孟母”的时候，要着重地说。所以“昔孟母，择邻处”，前高后低，或者就是平的也可以，但是不要把“择邻处”放到上面去。

“子不学，断机杼”，哪句高？我们比较一下。很多人都以为是要强调“断机杼”，这是理解有偏差。刚刚还说到“父子亲”，父子之间是什么关系？亲人。如果把“子不学”放得低，“断机杼”放得高，吟诵起来，感觉这是个愤怒的母亲。实际是什么？实际她是一位伤心的母亲。所以倒过来，前高后低。“子不学”，你知道“子不学”对她的打击有多大吗？孟子是孤儿，从小没有父亲，就是孟母养活他。孟母靠什么养活他？就靠织布。“断机杼”怎么织布？连自己的饭碗都没了，你知道她有多伤心。

“窦燕山，有义方”，哪个高？“有义方”高。为什么？“窦燕山”没有孟母那么有名，所以“有义方”很重要。“教五子，名俱扬”，哪个高？“名俱扬”高，因为人家都说了“名俱扬”了嘛，“扬”要上去。

下面依此类推，每句都要好好琢磨。你会发现，高低关系是循环往复的。

现在会吟诵《三字经》了吧？会教《三字经》了吧？《三字经》也是这样的，也有上中下调，也有节奏的变化，也可以唱一段、诵一段。

比如在我们教材的录音中，像“三才者，天地人”这样的地方，就可以吟与诵呼应，就可以做游戏了，教得很灵活。[**参见：成都泡桐树小学西区谢会兰老师班吟（宋）王应麟《三字经》**]

仔细琢磨，依义行调，调节奏，调速度，一会儿唱，一会儿念，《三字经》

就可以吟诵出来了。

《三字经》《百家姓》这两个讲完了，《弟子规》就简单了，咱们上来就可以吟诵了吧？

“弟子规，圣人训”，哪个高？当然是“圣人训”高了，抬出圣人来了。“首孝弟，次谨信”自然是“首孝弟”高。“泛爱众，而亲仁”自然是“而亲仁”高。“有余力，则学文”，学文这件事重要吗？不重要，所以“有余力”高。你看，这四句的高低顺序是低高、高低、低高、高低，跟《百家姓》是一样的，高低回环。

“父母呼，应勿缓”，应该“父母呼”高，还是“应勿缓”高啊？“父母呼”高，为什么？作为父母，首先要呼得清楚明确，人家才能回应得好；而对于孩子来说，他需要的是答应，而不是答应的声音高。“父母命，行勿懒”，也是同样的道理，前高后低。“父母教，须敬听”，变为前低后高，以示恭敬的态度。“父母责，须顺承”，这句前低后高，因为父母的责备是痛心的、是低的，而顺承是积极的态度。

下面就依此类推吧。[参见：成都泡桐树小学西区赖彩舲老师班吟（清）李毓秀《弟子规》]

教《弟子规》也要了解它的来源、它的目标、它的功能，就像《三字经》和《百家姓》一样。《弟子规》是干什么用的？《弟子规》是什么时代的作品？清朝。作者是谁？李毓秀。

《弟子规》属于古代的礼教。礼教最早的记录就是三礼：《周礼》《仪礼》《礼记》，然后向下传承。最主要的一支就是程朱这一支，以朱熹为代表。关于蒙学，关于礼教，朱熹有过专门的论述，如《小学》《蒙学》《家礼》《读书法》《朱子语类》，朱熹是特别重视孩子的教育的。

朱熹的《小学》《家礼》中的很多内容都来自“三礼”，他是从这儿传承过来的。李毓秀的《弟子规》里面的话，很多都来自《小学》《家礼》，是这么一个传承关系。

程朱这一支是中国儒家教育的主流，他们的观点就是：孩子怎么能够成为一个正人君子？要从生活习惯开始，从小要养成良好的生活习惯，包括自己的卫生习惯、待人接物的习惯、处理事情的习惯、怎么跟人打交道的习惯。习惯成自然，等到长大，他已经习惯做好人了，就改不了了。这是他们的一个教育理念，所以他们很重礼教，所以才有《弟子规》。

不过儒家还有别的分支，比如说陆王那一派，他们对儿童教育的观点就跟朱熹不完全一样，有的地方也可以说是相反。朱熹这一支是从外向内；陆王那支是从内向外，开发心性，致良知，那是相反的一条路。现在知道《弟子规》在古代教育中所处的位置了吧？

《弟子规》是蒙学早期的教材，我觉得小孩到七八岁以后，很多内容就不适用了，如果用于成人，则更要注意。

比如说，“父母命，行勿懒”，但是《孝经》当中不是有谏诤章吗？曾子说：“若夫慈爱恭敬，安亲扬名，则闻命矣”，这个我明白了，“敢问子从父之令，可谓孝乎？”问一下，儿子听老子的话，这个算不算孝？孔子是怎么回答的呢？孔子说：“是何言与！是何言与！”孔子为什么说两遍？我给你讲了半天孝，你怎么还提出这样的问题呢？“是何言与，是何言与”，说什么呢？“昔者天子有争臣七人，虽无道，不失其天下；诸侯有争臣五人，虽无道，不失其国；大夫有争臣三人，虽无道，不失其家；士有争友，则身不离于令名；父有争子，则身不陷于不义。故当不义，则子不可以不争于父，臣不可以不争于君。故当不义，则争之。从父之令，又焉得为孝乎！”

你父亲做事做错了，让你去做件坏事，你也去做啊？你要谏诤，要不然就把你的父亲陷于不仁不义之地，这是大不孝。那《弟子规》为什么说“父母命，行勿懒”？

因为是小孩嘛，三四岁的小孩，父母的话能有多大错误？让他去洗个手再来吃饭，也就这个，有什么不好的？再说就算是父母说错了，他也辨别不出来啊。所以就“父母命，行勿懒”吧。所以这一句用在成人身上就有问题了。我们古代的教育还是很细致的。

《弟子规》的作用是辅助礼教，不是礼教的全部。礼教要做的，是从常礼开始。礼教真的是中华文化的精髓之一，在今天的社会里尤为重要。

其他的蒙学也是这样吟诵，依此类推。

我听到有人唱《弟子规》《三字经》等，他是有旋律的。但我还是主张蒙学还是以句内平调为好，因为是在教小孩学说话。

蒙学可以配合舞蹈。我们现在一想到舞蹈，就觉得是踮着脚尖的那种，要么芭蕾舞，要么就民族舞。不是的，表达情感的动作都是舞蹈。我们以前有文人之舞，小孩子都是自发地舞蹈。

蒙学要配合故事，你要讲故事，例如什么叫“昔孟母，择邻处”？要配合故事来讲述。

蒙学可以做游戏，蒙学都是游戏。这种游戏怎么做呢？当然有这种诵读的游戏，比如说接龙、猜谜，但是它还可以有别的游戏。像《弟子规》，可以做角色扮演的游戏，小孩爱过家家，可以把过家家转变成他对于未来社会的人生角色和待人接物的这样一种训练、一种准备，这也是游戏，孩子们很喜欢玩的。

蒙学的吟诵，还是创造性和个性化的学习，不是现在的唱歌，它是自己作曲的。小孩从小有这个能力，并且他不知道作曲还是有限制的，如果那个时候能激发一下，那么孩子的一生都会形成这样的习惯。这事可以跟儿歌教学一起做，我们叫作“歌谣”课程。有兴趣的朋友也可以关注一下，这是教会小孩子自编自唱的课程。

这只是作曲，蒙学实际是一整套的学习方法，甚至是一整个的生活态度。

既然是创造性的学习，就是每个人有每个人的理解，每个人有每个人的背景。所以教育也要个性化，每个人的教育不一样，所以我们以前的教育是一对一的，没有上大课的。在一起的时候就叫集体活动，集体活动包括讨论、践行、游戏等。但是讲道理、教书，是一对一的。

很多老师说，现在不可能了，他一个人面对五六十个学生，做不到一对一，以前私塾不超过二十个学生。可我问你，就算你班上只有十名学生，你能一对一吗？还是不能。可见，并不是学生数量的问题，而是那种教学法没有掌握。今天，至少要考虑一对一教学的优势，是不是可以在某些时候使用，不要都是上大课。

我经常听老师们讨论，上课到底怎么上，一个班的学生肯定有学得好的，有学得不好的，有中等的，到底是照顾上面的，还是照顾中间或是下面？古代不用讨论，因为针对每个人的教学法都不一样。

所以吟诵教学一旦执行下去，它会改变整个的教学态度、整个的教学方法，不仅仅是吟诵本身，这实际上就是从精神上恢复到我们中国传统的教育模式。我们今天的教育模式是美国的、苏联的、德国的，反正国外的模式都有它的好处，但是我们中国有中国的东西，尤其是作为一个中国的老师，教的是中国的孩子，又教的是中国的文化，却不了解中国古代是怎么教的，教学内容和教学形式不配套，我觉得这是一个很大的缺陷。

诗经吟诵

下面说四言诗的吟诵，主要是《诗经》的吟诵。其他的四言诗也有一些，但主要是《诗经》。其他四言诗的吟诵方法大致是一样的，我们在后面涉及的时候会举一些例子。

《诗经》，现在说它是上古诗歌选集，这么说也不错，但是不够。它还是儒家经典，是最早的“六经”之一，所以它不仅仅是个文献，也不仅仅是个文学作品，它还是中华民族文化精神的教科书之一。

《诗经》的国风部分是从各地搜集的，其作者大部分是贵族，也有少数平民、农民。雅、颂的作者基本上都是贵族。搜集上来之后，经过乐官加工整理，变成雅乐乐歌，用于教化、仪式。到孔子手里，《诗经》更进一步被赋予了儒学思想内容，成为承载儒家思想的经典，形成了“诗教”。我们今天做国学教育，学习《诗经》，应该从“诗教”的角度进行。

既然是“诗教”，首先就是一种教育，是文化精神的传递，所以吟诵的时候，要把诗的含意表达清楚。《诗经》原来的旋律，其生成机制是“四声对五音”，关于这一点，我们在后面专门说。但是这种旋律机制在唐朝以后消失了，取而代之的是依字行腔、依义行调的机制。今天我们已经失去了上古汉语音高型声调的语感，已经习惯了依字行腔、依义行调的旋律，不适合再用“四声对五音”的方式进行吟诵和学习了，那种方式只能作为吟诵的一种参考，或者用于典礼和展演。日常的学习我还是主张用依字行腔、依义行调的方式，这样才能比较通畅地传达《诗经》的含意、情感和文化精神。

《诗经》主要是四言结构，也有别的。因为后来作为诗教、雅乐，所以不管它的内容是怎样的，风格都倾向于典雅雍容。

《诗经》当时的节奏，我们今天不是太清楚，我个人比较倾向于四个字都拖长，其中最后一个字是否比其他的字拖得更长，我也不是很肯定。先秦典籍中都是说“长言之”“永其声”，却没有说哪个字长言，哪个字不长言，看样子像是都要拖长的意思。不过，拖长也是有音高变化的，也不是说整首诗都是平平地拖长的，像现在祭孔雅乐那样。

故歌者上如抗，下如队，曲如折，止如槁木，倨中矩，句中钩，累累乎端如贯珠。故歌之为言也，长言之也。说之，故言之；言之不足，故长言之；长言之不足，故嗟叹之；嗟叹之不足，故不知手之舞之、足之蹈之也。

——《礼记·乐记》

如果韵字拖得比其他的字长，就很难是一个四拍节奏。韵字占两拍是正常的，可是前面的三个字不好分两拍，三连音也不太像中国风格。如果两字一拍，第三字一拍，第四字两拍，这个也很奇怪。拖长韵字就适合是个三拍节奏，即前三字各一拍，韵字三拍，我们用“四声对五音”作的《天保》就是这样的，感觉比较舒服。考虑到《诗经》有很多第三字是韵字的情况，说明乐官习惯于加最后一个字使诗句变整齐。第三字拖长而第四字不拖长，这种情况放在诗里很混乱，所以我感觉还是四个字都拖长的可能性比较大。但是这种唱法，和今天我们的音乐习惯很不一样，我还是建议只用于参考和展演，读书的时候，还是用今天的音乐习惯，依字行腔、依义行调去吟诵。

依字行腔大家都掌握了，依义行调就比较麻烦，这个要依靠对诗意的理解。对《诗经》的理解，涉及上古文化、上古音韵、作者、创作背景等多个方面，对于一般老师不太容易。我们需要有比较详细和全面的阐释。目前的《诗经》资料，包括各种注释、翻译、论述等，都存在三个问题：一是不够国学，里面西学的成分太多；二是不够全面，文字、音韵、诗歌、音乐、礼教、儒学各说各话；三是不够教育，如何把这些东西教给不同年龄的少年儿童，这些研究都没有给我们答案。

2016年首都师范大学周建设副校长给了我们一个项目，研发出适合当代教育的《诗经》音乐。我们邀请了各方面有深厚国学学养的专家：音乐学家谢嘉幸、周纯一，音韵学家冯蒸，礼学家彭林，古代诗歌学家赵敏俐、冷卫国，歌唱家吴碧霞、哈辉，还有我和杨懿兰老师负责吟诵，加上北京市几位音乐教研员，把《诗经》中十四首诗的文字、读音、音乐、舞蹈、礼仪、教学都给出了统一的意见，然后组织了北京市一些学校的“乐府社”进行了排练、展演，拍摄成了视频，制作了《诗经》音乐第一辑，面向学校推广。我们的工作肯定还有很多疏失，但是我想这不失为一条《诗经》教学的新路。我们的工作还在继续，有兴趣的老师可以联系我们。

下面我就从《诗经》的风、雅、颂中各选几首为例，说明如何吟诵的问题。

国风，主要是用来体察民风、民意的，其中有很多是华夏文化的精神追求的直接表达，也有一些是对各种社会不平和人生痛苦的呼喊感叹，总之都是用于教育的，这一点把握住就好。

先举一首，《诗经·卫风·木瓜》，现在已经成为吟诵教育界最著名的入手篇目了。

			!	—					—		<	~				<	~
投	我	以	木	瓜	报	之	以	琼	琚	匪	报	也	永	以	为	好	也
			!	—					—		<	~				<	~
投	我	以	木	桃	报	之	以	琼	瑶	匪	报	也	永	以	为	好	也
			!	✓					✓		<	~				<	~
投	我	以	木	李	报	之	以	琼	玖	匪	报	也	永	以	为	好	也

这首诗分三段，以前叫三章。首先要判断三段之间是什么关系。首先看什么？学吟诵的人要记住，在看字之前，先看音，那个字一定是符合那个音的，字往往是晦涩难明的，声音往往是很明确的，所以先要看声音。三段之间什么关系？先要看韵。看诗要先看韵。

这首诗，每段的后半部分是一样的，只有前半部分改了几个字。后半部分押韵的字是“报”和“好”；“也”不是韵字，而是语气词。“报”和“好”今天不是同一个声调，所以我用了仄韵通押的符号，但是，当初很可能是同声。“好”以声调区别意义可能是后来的事情，因为不能肯定，所以还是用了仄韵通押符号。

要看三段的关系，主要得看前面。第一段的韵是什么韵？声调是阴平。具体的音，有人说两个字都是 u 韵，有人说两个字都是ɑ韵。第二段押的韵是阳平的声调。上古的阴阳平现在也不是很清楚，但是中古的阴阳平应该大致还是来自上古。第三段押的是上声韵。在上古音中，上声比平声高，上古如果是“四声对五音”的话，第三段应该是比前两段更高结束。三段之间是递进关系。

这首诗体现的是“礼”。周礼的精神，有不同的层次，这首诗都表现出来了。

先看三段所送的东西。木瓜、木桃、木李，一个比一个小。琼琚、琼瑶、琼玖呢？一个比一个廉价。为什么呢？礼尚往来。你给我木瓜，我给你琼琚，即白色的美玉；你给我木桃，我给你琼瑶，白色的，但是已经不是玉，是像玉一样的石头；你给我木李，我给你琼玖，是黑色的像玉一样的石头。这就是礼乐文化的对等原则，你给我的越不好，我越给你好的，那你要给我好的怎么办呢？所以你给我的越来越小，我给你的也是越来越没那么值钱。

第二，取少予多。滴水之恩涌泉相报。木瓜、木桃、木李能值多少钱？琼琚、琼瑶、琼玖呢？那可是玉器时代，玉是最高礼器，地位相当于现在的钻石。用这两者之间价值的巨大差距来表达取少予多。

第三，就算是这样，那为什么不倒过来说呢？为什么不先说小的再说大的？这样不是互赠的越来越值钱吗？不是的，往多了说，是没有尽头的，好像两人在比礼物的贵重；往小了说，都送一个李子了，够小了。如果还有第四段，只能什么也不送了。如果你什么也送不了我了，我也就送不了你了，但是“匪报也，永以为好也”，不是因为这些礼物啊，而是我们俩感情好。这样才能突出后半部分。子曰：“礼云礼云，玉帛云乎哉？”礼啊礼啊，难道就是我送你块玉，你送我块帛吗？不是的，“人而不仁如礼何？”礼的背后是仁，是情义啊。

所以这首诗是这个意思。不管你给我什么，你给我一栋别墅我们是好朋友，你给我一个烤地瓜我们也是好朋友。但不能反过来说，你给我一个地瓜，我们是好朋友；你给我一栋别墅，我们也是好朋友。自然是越说越小，越小这个情意就越真。

三段说完了，三段的关系是递进关系，第三段尤其要加重或者升高。

现在我们就说一段，把一段搞定，那另两段就明白了。这一段分两句，两句之间是什么关系？就是哪一句读的时候要用力？就是调要高？是“投我以木瓜，报之以琼琚”这句高，还是“匪报也，永以为好也”高呀？当然是第二句高，第二句才是表达的重点，对不对？

我们再看，第一句分成两小句，哪一句高？是“投我以木瓜”要高，还是“报之以琼琚”高？什么是木瓜？不是广东的木瓜，而是北方树上结的瓜，很可能是现在说的酸木瓜。什么是琼琚？你可以理解为现在的钻石。这话怎么说？人家送你一个木瓜，你送人家一颗钻石，哪句高？第一句高，投我以木瓜，哪一句高哪句就是重音，琼琚不能高于木瓜。想一想，别人送礼你回礼的时候，话要怎么说？当然是把对方的礼物说的重了。

一个小句之内，“投我以木瓜”，哪个字高？当然是“投”和“木瓜”。“报之以琼琚”，当然是“报”和“琼琚”高。

后半部分，“匪报也，永以为好也”，哪句高？很难取舍，所以我的主张是一样高。“匪报也”三个字，哪个字是重点？想想平常怎么说话，应该是“报”高。“报”和“好”相对应的，如果是“匪”高，那么就没有可对应的了。“永以为好也”哪个字高？“永”和“好”。

这样，这首诗从大到小，我们逐次分析了音高关系，再加上入短韵长、依字行腔，就可以吟诵了，因为基本的旋律框架已经出来了。具体的调子每个人都可以不一样，但是基本的旋律框架结构是接近的，因为对这首诗的理解，大家也有一个大致的共识。下面我们用矿泉水调吟诵一下，就是普通话平调。

我们先画三条线，表示基本的音高。每个人的嗓音情况不一样，具体的绝对音高是可以不一样的，但是，无论你嗓音怎样，都可以分个上中下调。我们先把这高中低的三条音高线画出来。

我们以“投”字在中线开始，刚才说“投”是高的，所以“我”和“以”就要下来，“木瓜”再上去。我们不是说“投”和“木瓜”是重点嘛，所以就得是“投”和“木瓜”在中线上，“我”和“以”在下线上。“报之以琼琚”，“琼琚”不能像“木瓜”那样高，“琼琚”就在中线。后半部分整个要高，所以后半部分的主线应该是上线，“匪”字在中线的话，重音是“报”，“报”就应该在上线，“永”和“好”也要在上线，这样就有升高的感觉了。我们画出吟诵谱如下：

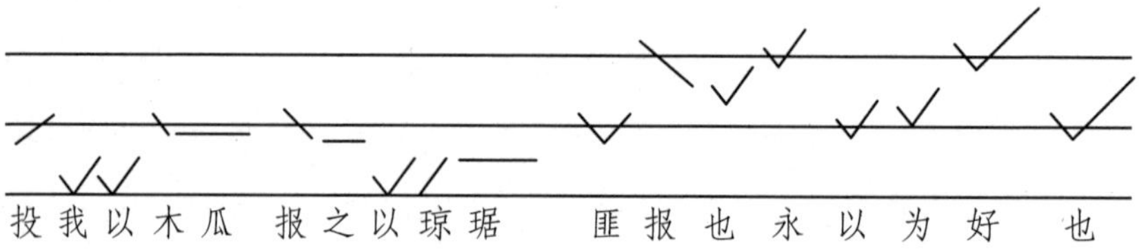

最初吟诵这首诗的是陈琴老师，她的调子就是矿泉水调，依字行腔、依义行调，把握得很好，调子自然就出来了，很好听。［参见：陈琴和学生吟《诗经·卫风·木瓜》］

后来，大家受陈琴老师调子的启发，依义行调，就出现了很多不同的《木瓜》吟诵，而且旋律、唱法也都做得更精致更准确了。大家可以看看我们在武汉百步亭社区举行的“百姓春节大典”上的吟诵，这是杨懿兰老师的调子，由王伊编曲伴奏，并组织社区的老年合唱团展演的。广州的吴军华老师是春节大典的总指导和执礼官，还给这首诗配了一套礼仪动作，我们也加进去了。我们可以借此体会一下礼乐文化。[**参见：武汉百步亭社区合唱团吟《诗经·卫风·木瓜》**]

通过《木瓜》的吟诵，大家要明白依义行调的方法，看吟诵谱就是最清楚的了。每个字都依字行腔，然后按照含意排列高低，遵守入短韵长，就自然会出来调子，然后再根据自己的理解和感觉去调整。

我们再说说《关雎》的吟诵。《关雎》的声韵我们分析过，哪个是入声字、哪个是韵、换韵的含意以及起承转合都明白了，我们就可以吟诵了。

我这个调子最早是受到吴军华老师的启发，他搞传统婚礼，在上面吟诵《桃夭》和《关雎》，我听到他那个调子很有感觉，就拿过来，根据我的理解和习惯改一改，就成了现在这个调子，现在教大家唱一下，主要是希望大家明白怎样依义行调。

“关关雎鸠”，一上来四个平声字，现在来看还是四个阴平，《关雎》这首乐歌起得很平，好像蓄势待发，很雍容。四个平声的字怎么唱啊？上古时“四声对五音”，唱出来是2222，也可能有一点调节。今天我们依字行腔，只要拖长，不感觉倒字，也是可以有调节的。这时候如果要变化，就要去分析它的含意和语音。这四个字虽然声调是一样的，但是声母不同。“关”是g，舌根音，古代叫牙音，和“雎鸠”的j是不一样的，古代是舌尖音的q。哪个高，哪个低啊？齿音高，舌根音低，所以你可以把它唱成1122。“淑”是入声字，而且这一句应该最高，所以这句上去，最后一句再下来。

“参差荇菜，左右流之。”“之”不要拖那么长，它不是押韵的字，“流”才是押韵的字，“流”字要长。这章也是第三句高。

第三章，“求之不得”，追求不到，所以要整体低下来。“悠哉悠哉”，四个平声字要拖长一些，体会到夜晚之漫长。“辗转反侧”，三个上声字也要婉转一下，体会到失眠之痛苦。

第四章，情绪变了，高度要回去，速度要加快。仍然是第三句最高。韵字要拖长出惊喜的感觉。

最后一章，要有力，因为是发誓。孔子说过：“师挚之始，《关雎》之乱，洋洋乎盈耳哉！”这说明《关雎》最后一句非常让人家眼花缭乱，就是众音皆起，所以好像应该是反复的，这两章也很像，所以我为了表现《关雎》之乱的这种神采、这种繁复，就反复一次，这次快一点、高一点，最后是高结。这与一般的中国音乐的低收特点不太一样，这也是《关雎》这首诗的独特风采。[参见：徐健顺吟《诗经·周南·关雎》]

再比如《蒹葭》，这首诗三段之间也是递进，韵由开口到闭口，感觉越来越迷离。一段之中，整体情绪下降，所以整体旋律框架是下降的，但是在“溯游从之”这句高起一下，但高多少看个人的理解。《蒹葭》好的吟诵很多，你喜欢哪个就可以学哪个，也可以改，也可以自创，但是，大体的旋律框架、重音所在、入短韵长都是有共识的。听这些典范吟诵的时候，注意一下这些事情，就会明白人家为什么这么吟诵，很快自己也能学会自主吟诵了。[参见：徐健顺、杨芬吟《诗经·秦风·蒹葭》] 最后推荐兰州小学生的这个吟诵，是陈琴老师的调子，朱畅思老师以吉他伴奏的。[参见：冶海璐吟《诗经·秦风·蒹葭》]

《诗经》的传统吟诵有很多非常优秀，值得反复体会和琢磨学习，只是里面涉及方言文读，又涉及老先生的乐感，所以有很多事情需要再做辨析、修复。这样的优秀吟诵太多了，在这里只能举其沧海一粟。[参见：陈少松吟《诗经·秦风·蒹葭》；萧善芗吟《诗经·魏风·伐檀》；文怀沙吟《诗经·王风·黍离》]

新涌现的普通话吟诵，《诗经》也有很多好的吟诵家、吟诵作品。大家除了可以关注我们的《诗经》音乐项目成果，还可以听听一些读书的清吟。[参见：文国锋吟《诗经·秦风·无衣》；魏俊梅汉吟堂吟诵团吟《诗经·秦风·无衣》]

国风的吟诵就举这些例子。大概的道理就是这样。

《小雅》和《大雅》是贵族士大夫的作品，《大雅》比较偏重的是朝堂之作，《小雅》则比较偏重的是个人抒情之作，因此《小雅》跟后世的文人诗关系比较密切。

一般说来，《小雅》的篇幅比《国风》要长，感情要更细腻复杂，正面的文化精神更突出，比较集中地表现了文人士大夫的心态，即济世安民与现实困难之间的矛盾，还有他们对文化理想的执着追求，因而艺术成就也更高。所以，学习《小雅》，对于理解后世的文人诗是非常重要的。

下面我们举几个例子，说一下《小雅》的吟诵。

《小雅》的第一篇，是《鹿鸣》。这是一首迎宾曲，非常适合在招待客人时引用。这首诗风格高贵，语言典丽，传达了周代的君子之风，今天也非常适合在各种仪式、宴会上吟诵。

我教大家的调子，也是陈琴老师最先吟诵的，后来经珠海的何丹妮老师修改传唱。2014 年我们在桂林参加央视节目时，请惠州的胡谭珠老师和王伊修订、伴奏，由陈芙格玥领唱，广西师范大学附属小学的学生们吟诵。[参见：陈芙格玥和广西师范附小学生吟《诗经·小雅·鹿鸣》]

呦呦鹿鸣，食野之苹。我有嘉宾，鼓瑟吹笙。
吹笙鼓簧，承筐是将。人之好我，示我周行。
呦呦鹿鸣，食野之蒿。我有嘉宾，德音孔昭。
视民不恌，君子是则是效。我有旨酒，嘉宾式燕以敖。
呦呦鹿鸣，食野之芩。我有嘉宾，鼓瑟鼓琴。
鼓瑟鼓琴，和乐且湛。我有旨酒，以燕乐嘉宾之心。

这首诗三段，开始都是“呦呦鹿鸣”。鹿在古代的意象中，不仅代表着高贵和美丽，还有一种品德：得食即呼，就是见到好吃的草，就呼唤同伴。这首诗后面都是说君子品德，不适宜太高，所以第一句鹿鸣之声应该是全诗的最高点，随后下降，辗转起伏，低收结束。

“呦呦鹿鸣，食野之苹”，是起兴，表示有重要的事啦，有好吃的啦。“我有嘉宾，鼓瑟吹笙”，嘉宾来了，要礼乐相迎。“吹笙鼓簧，承筐是将”，我向嘉宾呈献水果礼品。在周代什么叫“嘉宾”？现在我们用这个词，凡是身份重要的来宾就叫嘉宾。在这首诗里，为什么说他有“嘉宾”？因为他来到我的家里，向我展示他美好的德行。“人之好我，示我周行”，这就是对我最好的表示了。这也就是“嘉宾”这个词的来源。今天我们面对三千年前的周代礼乐文化，宁不汗颜！

第二段也是这个意思。“视民不恌”，“民”就是“人”，看这位嘉宾一点儿也不轻佻。“君子是则是效”，是君子的好榜样。“我有旨酒”，我把美酒拿出来。“嘉宾式燕以敖”，嘉宾并不是很庄重、很呆板的样子，而是很潇洒、很舒适、很自然的样子。

第三段也是这样，更进一步说到了主宾双方融融一堂的状态。三段都是在第三句那里（和乐且湛）起来一个小高峰，然后再低收的。“湛”，古人说同“耽”，但是这样不押韵，我估计即使含意是沉醉，读音也应该是押韵的，应该是 dem，其他的韵字都是侵韵 [əm]。

下面我们再吟诵一首《小雅 · 蓼莪》。这首诗是孝子之歌，“树欲静而风不止，子欲养而亲不待”，说的是这种思亲的悲哀。以前，包括现在在海外，华人每到清明节，都是要一起吟诵《蓼莪》的。这是整个中华民族对父母之恩的共同感怀。这首诗的艺术水平也非常高，只是我们隔了古汉语，读不懂了。只要读懂，会吟诵，就会感受到这首诗的巨大震撼力。

蓼蓼者莪　匪莪伊蒿　哀哀父母　生我劬劳
蓼蓼者莪　匪莪伊蔚　哀哀父母　生我劳瘁
瓶之罄矣　维罍之耻　鲜民之生　不如死之久矣
无父何怙　无母何恃　出则衔恤　入则靡至
父兮生我　母兮鞠我　拊我畜我　长我育我
顾我复我　出入腹我　欲报之德　昊天罔极
南山烈烈　飘风发发　民莫不穀　我独何害
南山律律　飘风弗弗　民莫不穀　我独不卒

这首诗分四大段，每大段分两小段。

“蓼蓼者莪”，什么叫“莪”？就是一种河边的芦苇。它长得很高很大很粗，也很有用，农家可以用它做很多事情。它的特点是长起来之后，从茎部又长了很多根，向下垂入地中，所以它有一个外号叫“抱娘蒿”，因为它生长起来以后还会有很多的根长回去抱住原来的根，所以“莪”这种植物经常被用来比喻孩子长大以后对父母很孝顺，而且自己又很成才，又能对家庭有所贡献的情况。这首诗的主人公是父母双亡了，这一天他走在河边突然看见了“莪”，“蓼蓼者莪”，就是“高大的莪啊”。“匪莪伊蒿”，但是走到面前一看，原来不是“莪”，是长得像“莪”的另外一种叫“蒿”的芦苇。“蒿”就是蒿草，蓬蒿。蒿这个东西除了烧火以外没什么用。所以看到这儿，这个人一下子就悲从中来，于是就有了这首诗。

“蓼蓼者莪，匪莪伊蒿”，原来不是莪而是蒿啊，就像我这样无用啊。“哀哀父母，生我劬劳”，可怜我的父母啊，养育我是多么的辛劳。“蓼蓼者莪，匪莪伊蔚”，原来不是莪啊，是没有用的蔚啊。“哀哀父母，生我劳瘁”，可怜我的父母啊，养育我是多么的辛苦啊。

“瓶之罄矣，维罍之耻。”这个瓶子是从哪里装水啊？是从水缸里装水，但是水缸里没有水啦，瓶子里还会有水吗？就没有了。“鲜民之生”，“民”就是“人”的意思，“鲜民之生”就是我这个人活着，“不如死之久矣”，还不如早早死了算了。

“无父何怙？无母何恃？”没有父母谁来保护我啊？“出则衔恤”，出去的时候，离开家的时候，心里面含着悲伤。“入则靡至”，回到家里的时候，打开门没有人啊，空空荡荡，只有他一个人，就好像回到的并不是家一样。

“父兮生我，母兮鞠我，拊我畜我，长我育我”，父亲啊，母亲啊，他们生我养我。什么叫“顾我复我”？不断地回头看我呀。做父母的有这个经验，不做父母的起码有做子女的经验，父母在屋子里走动的时候，走到哪儿都要回头看看孩子，这就叫“顾我复我”。“出入腹我”，“腹”同“复”，父母每一次离开家门的最后一眼，每一次进家门的第一眼，都是看我，所以父母的恩情哪里是养育之情这么简单，那种全身心的爱，怎么报答得了。“欲报之德，昊天罔极”，我想报答你们啊，但我到哪儿去报答你们啊，父母不在了，苍天啊！

“南山烈烈，飘风发发”，“发”念bō，站在高高的南山之上，大风吹来。“民莫不穀”，“民”就是“人”，别人；“穀”就是养育，别人都有养育他的父母。“我独何害”，我怎么就失去了呢？“南山律律，飘风弗弗”，“弗”还是读bō，站在高高的南山之上，大风吹来。“民莫不穀，我独不卒！”别人都有养育他的父母，我怎么就失去了呢？我为什么不死呢？痛彻心扉啊！

这首诗最显著的就是入声字的使用。从开始一直到“无母何恃”这儿，入声字非常少，几乎没有，就是一个“不”字。但是接下来“出则衔恤”，“出”“则”“恤”三个字都是入声字；“入则靡至”，“入”“则”是入声字。为什么到这儿突然变成这个样子了？一大堆的入声字意味着什么？哽咽，他说不出话来了，所以他说的就是入声字，只有入声字才能表达这个心情啊！“父兮生我，母兮鞠我。拊我畜我，长我育我。顾我复我，出入腹我。”一连串一口气说出来的是吧？但是到了最后，从“复我”开始出现入声字，前面几句都没有入声字，说到后面泣不成声，所以“出”“入”“腹”都是入声字，终于没有办法再说下去就停下了。“欲报之德”，“欲”“德”都是入声字。再看最后这几个字，“昊天罔”全是大张着嘴的开口字，就是长声高呼啊。最后是“极”，入声字结束，哽住。他这时的心情、表情你都能看得出来吧？

“南山烈烈”，两个入声字；“飘风发发”，两个入声字；“民莫不穀”，三个入声字；“我独何害”，入声韵；“南山律律”，两个入声字；“飘风弗弗”，两个入声字；“民莫不穀，我独不卒”，都是三个入声字，泣不成声。

你看，声韵读出来了，就感人至深，这些字就活起来了，吟诵就有这样的功用。

我看过很多《蓼莪》的演唱，很多都是在全诗唱完之后，把这八个“我”重新唱一遍，我觉得这是很有道理的，所以我吟诵的时候，也再重复一次，以“昊天罔极”结束。

我们来吟诵《蓼莪》，还是用普通话平调。

“蓼蓼者莪，匪莪伊蒿。哀哀父母，生我劬劳。”这段的旋律显然是一路下降，从看到莪的高大到失望，到想起父母，情绪在低落。“蓼蓼者莪，匪莪伊蔚。哀哀父母，生我劳瘁。”第二段结束要更低。

“瓶之罄矣，维罍之耻。”这是非常低落的地方。“鲜民之生，不如死之久矣。”这种悔恨之心，有一个起伏。

“无父何怙，无母何恃。”反问句，要高上去。“出则衔恤，入则靡至。”把这个入声字读出来，表达哽咽，旋律下来了。然后一口气读八个“我”：“父兮生我，母兮鞠我。拊我畜我，长我育我。顾我复我，出入腹我。”排比，速度会加快，旋律会上升，但是到“复我”这个地方又复哽咽，所以又下来了。“欲报之德，昊天罔极。”这是呼喊，所以旋律又要上去。

“南山烈烈，飘风发发。民莫不穀，我独何害。南山律律，飘风弗弗。民莫不穀，我独不卒。”这两段都是旋律一路向下，到泣不成声。

然后重复那两行：“父兮生我，母兮鞠我。拊我畜我，长我育我。顾我复我，出入腹我。欲报之德，昊天罔极。”加快速度，以呼喊结束。

这样去吟诵，这首诗的意思就可以尽情地表达出来了。这首诗很震撼，我轻易也不敢吟诵。这首诗声音的力量非常大，真是千古绝唱，非常优秀的诗歌。

我们再说一首《小雅·采薇》。

薇

图中就是薇，就是野豌豆苗，以前的一种野菜。伯夷叔齐不食周粟，采薇而死，吃的就是这个。

这首诗分六段，又按照前三段、中两段、后一段分为三个部分。

这首诗的作者，据考证大概是周宣王年代的一个战士。那个时候的战士跟今天的战士不同，今天的战士是全民征兵。以前不是的，只有贵族或者是族人，才有资格去打仗。家国宗族的社会结构，使得国家属于每个人。

诗经　小雅　采薇

采薇采薇　薇亦作止　曰归曰归　岁亦莫止
靡室靡家　猃狁之故　不遑启居　猃狁之故
采薇采薇　薇亦柔止　曰归曰归　心亦忧止
忧心烈烈　载饥载渴　我戍未定　靡使归聘
采薇采薇　薇亦刚止　曰归曰归　岁亦阳止
王事靡盬　不遑启处　忧心孔疚　我行不来

彼尔维何　维常之华　彼路斯何　君子之车
戎车既驾　四牡业业　岂敢定居　一月三捷
驾彼四牡　四牡骙骙　君子所依　小人所腓
四牡翼翼　象弭鱼服　岂不日戒　猃狁孔棘
昔我往矣　杨柳依依　今我来思　雨雪霏霏
行道迟迟　载渴载饥　我心伤悲　莫知我哀

“采薇采薇”，两字重复。“薇亦作止”，两个入声字在中间，所以读起来就是“薇亦！作！止”。“曰归曰归”，又是两字重复。“岁亦！莫！止”，又是两个入声字在中间。“靡室靡家”，又是入声字在中间。这样一开始就定格了这首诗的节奏，至少是头几段的节奏，是一个两拍式中间停顿的节奏。这个节奏很特殊，但是也能恰当地反映作者的压抑心情。

“薇”和“归”，是押韵的；“作”和“莫”是押韵的，“让”是语气助词，这是交错韵。第一句的吟诵是：“采薇——，采薇——”，中间就明显感觉有个顿挫了。“薇亦！作！止——”，“止”要长一点，中间也有个顿挫。“曰归——曰归——”，“岁亦！莫！止——”，都是中间有顿挫，这种感觉很到位。“靡室！靡家——”，这句是高点。“猃狁之故——”，这是仄声韵，也要拖长的。“不遑启居，猃狁之故”，旋律又降下来了。

这段说的是，我采豌豆苗啊，采豌豆苗，豌豆苗刚刚长出来。说回家啊，回家啊，到了岁末，我也回不了家。没有室啊没有家，那都是因为匈奴啊，都是为了打匈奴啊。没有地方停下来，没有地方定居啊。不能闲下来啊，那是因为匈奴啊。

第二段，“采薇采薇，薇亦柔止”，薇长高一点了。“曰归曰归，心亦忧止”，而我还是那样的忧愁。“忧心烈！烈！”，转入声韵，很痛苦。“载饥载渴！”，痛苦。这两句最高，情绪激烈。“我戍未定，靡使归聘”，这两个尾字是押韵的。旋律又下来，低收结束。第二段跟第一段很像，但情感不同，显得更加悲伤。

第三段，“采薇采薇，薇亦刚止”，薇已经长很大了。“曰归曰归，岁亦阳止”，还是回不了家。“王事靡盬”，国家的事没有头啊。“不遑启处”，不可能停下来。“忧心孔疚”，我的忧愁是那么的大。“我行不来”，还是回不去啊。情绪继续低落。

这是前三段。后三段变了。你突然发现，那个重叠的节奏没有了，突然变成了真正的四字句，说明情绪变了。“彼尔维何——”，那是什么啊？“维常之华——”，那是棠棣的花啊。棠棣花，就是兄弟的意思，因为它总是两朵一起开。他看到大路边有棠棣的花，就想起了兄弟，更加思乡了。所以这一段一开始，还是顺着前三段的思路，继续思乡，过渡一下。“彼路斯何——”，顺着花再向前看，那大路上停的是什么？“君子之车——”。现在想问一下大家，“君子之车”是什么感情？君子，不是孔子说的道德高尚的那种“君子”，这里是君子的本义，就是国君的儿子。在上古，领军打仗的人，往往就是国君的儿子。这位战士对君子什么感情？痛恨吗？讨厌吗？怨恨吗？不是，你要记得，这叫家国一体。看看是谁领着我们在打仗？国君的儿子。他回得了家吗？他也回不了。所以从这句开始，诗的情绪变了。

再往后看，“戎车既驾！”，看到战车，战车就开动了！情绪起来了。“四牡业！业！”，那四匹雄壮的公马，拉着这个战车，咣咣咣咣，非常有力。这是两个入声字，“业！业！”表示整齐有力的声音。“岂敢定居”，哪儿敢停下来啊？刚才说的是“不遑启处”，停不下来啊，为什么？打仗啊。这次说的是哪儿敢停下来啊，不敢停下来，为什么？“一！月！三——捷！”，一个月就打了三次胜仗。三个入声字，只有中间一个平声字，这话怎么说？只能是有节奏地说，拖长“三”字。整段旋律一直在上升，就是这么有劲。

再往下看，“驾彼四牡，四牡骙骙”，马那么高大，那么雄壮。“君子所依，小人所腓”，这里的“小人”不是贬义词，说的是他自己。他是步兵，战车就像是坦克，坦克在前面冲，步兵在后面跟着。以前也是这样的。要死谁先死啊？君子先死，他是冲在前头的。为什么古代的小说里，两军对垒，都是两位将军对决，谁赢了谁就赢了战争？因为这种事是有个影子的，就是上古的战争，的确是将军冲在最前面的，后来才改为将军在最后面。所以他说“君子所依，小人所腓”。这句话里是饱含感情的，旋律因此降下来。

然后，又换入声韵，这次的入声韵不是表示痛苦，而是表示发誓的决绝。“四牡翼！翼！”，四匹马非常明亮。“象弭鱼服”，马身上的盔甲非常鲜明。为什么老是说马呢？这四匹马，这辆战车，是整个军队的象征，所以就歌颂它，实际上是说自己军队的强大。“岂不！日！戒”，“不”“日”是入声字，“戒”是去声字，怎么能不每天都警惕呢？“猃狁——孔棘！”，匈奴的战况太紧急了，每天都要警戒。这是这首诗的最高潮，入声韵。从赞美自己的战马，到赞美自己的军队，一直到打仗，坚决去打，这是发誓。

这时候，他好像已经忘记了思乡，忘记了他的哀愁。然后，出现了这首诗最了不起的地方，也是最让后世传唱的地方——他又思乡了。就在这样的地方，突然转过来，突然跌下去。

这一次的思乡，与前面三段不同。前面三段是纯粹的思乡，就是想念家乡，想回去，太辛苦。但是，中间经历了同仇敌忾的决心之后，这次的思乡就变得深刻起来，这是要保家卫国的决心和漂泊四方的矛盾纠缠，为了家乡，他要把仗打下去，而越是打仗，他就越思乡，而越思乡，他就越要把仗打胜。这种纠缠正是这首诗的力量所在。这种心境，后来成为了儒士文人的常态，形成了“羁旅情愁”这一独特主题，这个主题的源头，可以说就是这首《采薇》。

所以这是名句，“昔我往矣——，杨柳依依——”。注意最后的这段，突然变成四个字押韵了，逐句用韵。逐句押韵，说明速度变慢。押的什么韵？i 韵，上古音叫微部。这个韵的含意是减弱、飘动。吟诵的时候，一定要把每句最后那个字的韵尾归于 i。“今我来思——，雨雪！霏霏——”，顿这一下太重要了，让人感觉得到那种痛苦。“霏霏”，不要像今天这样读，而要归到 i 韵上。“行道迟迟——”，这句是高点。“载渴！载饥——”，中间的停顿还是哽咽的感觉。“我心伤悲——，莫！知我哀——”，归到 i 韵，你就能体会到那种绵延不绝的久久的悲哀。这首诗最了不起的就是这一段，从思想到形式，都达到了极高的水准，可以说把诗歌的力量都体现出来了。[参见：徐健顺吟《诗经·小雅·采薇》]

这就是“小雅”的吟诵。只要按照吟诵规矩去读，《诗经》的每首诗都是绝唱，那是五百年间全国筛选出来的三百首诗啊，平均一年还不到一首，是汉诗的经典。赵敏俐老师说，在古代几乎没有人说唐诗宋词的水平比《诗经》高，都是说《诗经》是不可超越的高峰。如果你不知声音，不懂音韵，每首诗就都是天书，今天的人们就对《诗经》很陌生。但一旦跨越过去，就会发现《诗经》的巨大魅力，这对于传统文化教育也是非常重要的事情。

我们看一下“颂”。“颂”基本都是宗庙乐歌，用于各种祭祀和典礼。我们来吟一首《周颂》里的《丰年》。

诗经·周颂·丰年

丰年
多黍多稌　亦有高廪
万亿及秭　为酒为醴
烝畀祖妣　以洽百礼
降福孔皆

《丰年》这首诗很简单，字很少。它的韵是什么样子的呢？它是四个字押韵的，逐句用韵，押的是 ei 韵，上古音叫脂部。只有“稌”字不押韵。王力先生认为是“黍”和“稌”押韵，这样就出来一个“多稌”的两字句，也很奇怪。“丰年多黍多稌”，一开始六言句，然后都是四言，这也有点奇怪。在庄严的颂唱场合，好像节奏应该比较整齐。其他的颂诗也的确是那样的。所以，我觉得“丰年”是单独的一段。

《丰年》是一首什么样的诗啊？是在祭祀祖先的时候唱的一首歌。丰收了，祭祀祖先，祈求来年风调雨顺啊，所以这是一个祭拜仪式。祭拜仪式上是有执礼官的，孔子就经常做这个角色。“子所雅言，《诗》《书》执礼，皆雅言也。”他经常去执礼做主持人，那么“丰年”和“降福孔皆”这两句很可能是执礼官说的话。你能想象吗？执礼官站在上面，“丰年”就是我们进入丰年的祭拜礼，然后大家就开始唱：

“多黍多稌”，好多的庄稼呀。“亦有高廪”，我们又有高大的粮仓了，丰收了是吧？“万亿及秭”，“亿”就是一万个万，“秭”就是一万个亿，就是很多很多的意思。“为酒为醴”，所以有多余的粮食就可以酿酒，也可以造乳酪，造了这些东西干什么用啊？“烝畀祖妣”，献给我们的祖先，还有祖奶奶们，是吧？男性祖先，女性祖先，献给他们。“以洽百礼”，你看看我们的各种礼节、礼品，样样都非常的齐备，祖先怎么样？在天之灵感到非常满意，于是执礼官代替祖先说话了：“降福孔皆！”给所有的人降福。

所以首尾两句应该是诵的，中间是唱的。每个字拖长一些，风格肃穆一些，场面宏大一些，就可以大体感受到颂诗的氛围。大家可以看一下我们在中央电视台《中华长歌行》节目的展演。[**参见：北京大学生吟诵团吟《诗经·周颂·丰年》**]

我们可以通过吟诵去感受古代的这种祭祀礼乐，尽管我们的旋律可能跟当时不一样，但是我觉得基本的风貌应该是一样的。

《诗经》的吟诵就先说这么多。至于当时的旋律是怎样的，我们到后面“四声对五音”时再补充。

楚辞吟诵

楚辞是怎么吟诵的？楚辞是曼声长吟的，音程起伏比较大。

楚辞有三种。骚体诗是句式最长的，它的标准结构是：

<u>帝</u>　<u>高阳</u>　<u>之</u>　<u>苗裔</u>　<u>兮</u>　　<u>朕</u>　<u>皇考</u>　<u>曰</u>　<u>伯庸</u>

第一小句的第一个节奏单位通常只有一个字，有时也会是两个字，这是重音所在，要重读。第二个节奏单位通常是两个字，有时也会是一个字，通常平读。第三个节奏单位是虚字，通常要拖长。第四个节奏单位通常是两个字，平读。第五个节奏单位是“兮”字，要长读。第二小句的节奏单位与第一句一样，只是最后没有“兮”字，只有四个单位。

吟诵的时候，也是要依字行腔、依义行调。调子的旋律起伏要大，要根据诗意来决定高低。

我们看个录像，这是我吟诵的《离骚》开篇。这个调子源于文怀沙先生的调子。他的楚辞调子也是有上中下调，他的上调是1113333216，666535565，下调是33361235，53221656，还有个中调3555611，33221656，然后再根据诗意调整、组合变化。我们简单做点分析。[**参见：徐健顺吟（战国）屈原《离骚》**]

第一段，屈原主要在说自己的高贵血统，这给整首诗一个背景，这是屈原家国之思的基础。

帝高阳之苗裔兮　　朕皇考曰伯庸
摄提贞于孟陬兮　　惟庚寅吾以降
皇览揆余初度兮　　肇锡余以嘉名
名余曰正则兮　　字余曰灵均

第一句的两小句，前高后低，因为第一句是说祖先，第二句是说父亲。第二句的两小句是前低后高，这句是说自己是寅年寅月寅日寅时出生的，就像是天意。第三句和第四句都是前高后低，低收结束。

第二段，屈原主要说自己的理想。

纷吾既有此内美兮　　又重之以修能
扈江离与辟芷兮　　纫秋兰以为佩
汩余若将不及兮　　恐年岁之不吾与
朝搴阰之木兰兮　　夕揽洲之宿莽
日月忽其不淹兮　　春与秋其代序
惟草木之零落兮　　恐美人之迟暮
不抚壮而弃秽兮　　何不改乎此度
乘骐骥以驰骋兮　　来吾导夫先路

这段前半部分说自己的状况和修行，从开始的“内美”的自信，高点开始，逐渐下降，迂回婉转，最低点在“惟草木之零落兮，恐美人之迟暮”，然后在“何不改乎此度”反弹，大跳起来。最后一句高扬结束。

这是《离骚》，也就是骚体诗的一个大概的读法和风格，大家可以去体会它这种曼声长吟和非常大的起伏旋律。

楚辞的第二类是九歌体。九歌体的变化没有骚体那么多，两个分句的结构是一样的，基本是递进关系，或者是完整的一句话。它的基本结构是：

帝子　降　兮　北渚　　目　眇眇　兮　愁予

前一个分句的第一个节奏单位一般是一个字，有时也是两个字，但这个字通常不是重点，只是平读。第二个节奏单位一般是两个字，有时也是一个字，这是重读的，是整句的语法重点。第三个节奏单位是“兮”字，要拖长。第四个节奏单位是两个字，有时是三个字，重读。后一个分句的结构与前一个分句是一样的。

吟诵的时候，首先要注意每句之间的关系，再关注两个分句之间的关系。大家可以听一下钱仲联先生吟诵的《湘夫人》，注意上中下调的回环使用。[参见：钱仲联吟（战国）屈原《湘夫人》] 还可以听听昆曲的唱法，比如《玉簪记》的“琴挑”一折的九歌体唱法。

楚辞的第三种文体是四言的，吟诵的方法我们在“吟诵调”里一起讲。

乐府吟诵

乐府分为原初的乐府、文人拟乐府和新乐府，具体的分类在《乐府诗集》里有。乐府属于古体诗，吟诵除了要依字行腔、依义行调、入短韵长之外，不同的乐府种类还有一些不同的特点。原初的乐府基本都是合乐歌唱的，比如郊庙歌辞、燕射歌辞是宗庙朝堂所用，比较庄重，具有乐团演奏的性质；鼓吹曲辞和横吹曲辞本是军乐，比较雄壮；相和歌辞、清商曲辞基本是抒情歌曲；舞曲歌辞配舞；琴曲歌辞配琴。这些乐府歌诗，当初很多都是在宴会、仪式、娱乐时进行演唱的，很多都配以乐器伴奏、舞蹈，很多都有情节，类似音乐剧，所以还有角色扮演。拟乐府、新乐府，不管它的题目属于乐府的哪一类，基本上都是吟诵的，而不是演唱的。

汉代舞俑

汉乐府画像石

所以，乐府的吟诵，如果是拟乐府，就要考察原来这个题目所属种类和原歌辞内容，因为原歌辞往往决定了这个题目的思想倾向、情绪和风格。如果是新乐府，就和五古、七古差不多，需要考察这首诗的创作背景。如果是原初的乐府，则需要特别重视所属的种类，即这首乐府在当初演唱的时候的形态，比如伴奏的情况、歌唱的方式、舞蹈的情况、角色扮演的情况等。

下面举几个例子。

首先是汉乐府的《江南》。《江南》这首诗，看起来很简单，小学课本是作为学习的第一批古诗的。这么简单的一首诗，意思好像也很清楚。

但是这首诗真的这么简单吗？你不觉得这首诗有点奇怪吗？我们很少见到古诗有这个样子、这个结构的。

江 南 可 采 莲　　莲 叶 何 田 田　　鱼 戏 莲 叶 间

鱼 戏 莲 叶 东　　鱼 戏 莲 叶 西　　鱼 戏 莲 叶 南　　鱼 戏 莲 叶 北

先请大家看一段录像，这是薛瑞萍老师的一段教学录像，吟诵的是《江南》这首诗，我们看一下。［**参见：薛瑞萍学生吟汉代《江南》**］

前面是薛瑞萍老师领读了几遍，全班又一起吟诵了几遍，但当薛老师让几位同学单独吟诵时，大家看到发生了什么？第一个男孩他读错了，这首诗写在黑板上，他看着念，居然念错了顺序，第三句应该是“鱼戏莲叶南”，他读成了“鱼戏莲叶北”。为什么会发生这个错误？每一次犯错都是有道理的，我们往下看，又发生了什么？我们看到第二个小男孩他又读错了。第一个小男孩如果读错了还情有可原，可以说他精力不集中，偶然犯了错，可是当第一个男孩犯错的时候，大家都在笑他，第二个男孩也笑他了，可是轮到他自己读的时候他也读错了，这是为什么？

我每次看这段录像都非常感慨，我要是在现场的话，我就会跑过去拥抱这两个孩子，我觉得这两个孩子太了不起了，他们是天才。

孩子们犯的错误我们往往不会犯，所以我们也不知道他们为什么犯错误。再仔细看一下，如果把“北”挪到前面去，把“南”放到后面来，整首诗有什么变化？押韵了，对不对？这个诗前面的韵是什么？是莲、田、间。所以这两个孩子主动调整了这首诗，以使它押韵。所以他们还有押韵的天分，我们已经没有了；他们还有作诗的天分，我们也没有了，怎么没有的呢？很多就是被老师压抑下去了。所以我觉得这两个孩子很了不起，这说明我们的学生还是有救的。

但是很不幸，这首诗真的是“北”结束的，所以这个问题自古以来就引起很多人的疑惑，为什么是“北”结束呢？我听过多种不同的解释。第一种解释说抄错了，这是最简单的解释。但是这个诗是记载在《宋书·艺文志》当中，《宋书》是“二十四史”之一，这是正史，它记载了很多的汉乐府，但是只有这首抄错了，其他的都没抄错，而且是最后一个字抄错了，韵抄错了，这个可能性不大，而且没有其他证据。第二种说法，说这个是叶韵，“北”和“西”是叶韵，这有可能，但是证据不足。还有第三种解释，有一位宋光生先生说，“北”是主音，这是音乐学的问题了。但是这个解释有个问题，就是如果“莲”“田”“间”都是主音，那“南”也应该是主音啊？为什么不用“南”呢？还押韵。

所以，这三种解释都不能令人满意。

我有一个解释，从吟诵的角度去解释它，也许能解得通。为什么呢？我们要看它的文体，这首诗属于乐府的哪一类呢？相和歌。什么叫相和歌呢？《晋书·乐志》：“相和，汉旧歌也。丝竹更相和，执节者歌。”歌唱的方式从徒歌（清唱）、但歌（人声相和而无伴奏）而来，但歌是“一人唱，三人和”。所以相和歌，唱歌的人很可能不是一个人，而是一个人主唱，她执节，其他多个人伴唱，伴唱的方式是相和，不是今天的西方三度和弦的方式，而是有点像戏曲中男女对唱合唱的方式。

现在在公园里，常见到好多老头老太太在唱歌，大家一块儿唱。老外从旁边经过，好奇怪的：有老有少，有男有女，声音有高有低，干吗你们不分一分声部呢？所有人都一个高度，高的上不去，低的下不来，但所有人都一样的。我们管这叫大合唱，外国人说这哪儿叫合唱啊，这叫大齐唱。你回忆一下，各种电影电视剧中，老外开始唱歌，只要是两个人唱，他就分声部，如果两个人唱同样的，就觉得别扭。为什么？他们从小训练的，两个人就自然会分声部，有一个配合，三度和声，但中国人甭管多少人，自然就会找齐。

为什么？这是我们的民族性。这个叫“和”——四声，不是“和声”那个和，那是二声。这不是不好的东西，这就是我们民族的特色。“和”有什么不好啊？一个男的，一个女的，两个人唱同样的旋律，不好听吗？音色不同啊，还有，进一步说，两个人真的能唱得完全一样吗？不可能的。我们文化追求的是什么？就叫同中有异，这叫和而不同。正因为它努力地求一样，而实际又不一样，这个美就出来了，要的就是这个效果。我们体会到两个人的音色完全不同，但是唱同样的旋律，你是你来我是我，我们各有自己的个性特色，这就叫“和”。

现在我们回来看这首诗，如果你明白了什么叫相和歌，这首诗就能看明白了。我们来看看这首诗，跟她和的是几个人？四个人。而且我还知道这四个人的站位，那个主唱的人站哪儿？中间。那四个和的人呢？分站东南西北。

第一句“江南可采莲”，谁唱的？执节者唱的。第二句“莲叶何田田”，执节者唱的。第三句“鱼戏莲叶间”，还是执节者唱的。“鱼戏莲叶东”，谁唱的？东边的人唱的？不是，再想想，一人唱几人和？谁唱的？“鱼戏莲叶东”，中间的执节者和东边的那个人和的。那么“鱼戏莲叶西”呢？她和西边的人和的。“鱼戏莲叶南”，她和南边的人和的。“鱼戏莲叶北”，她和北边的人和的。

我们再看高低，“江南可采莲，莲叶何田田”，哪句高啊？第二句。就像我们判断《木瓜》那样，依义行调。“江南可采莲”，没有什么了不起，所以用“可”字，但是了不起的是，那荷叶是那么的多啊，层层叠叠一大片，所以“莲叶何田田”，用了“何”字，所以第二句高。

第三句是高还是低？低，很明显又该下来了，而且为后面这四句做准备。那为什么多出这么一句来呢？结构上好奇怪啊，是吧？你看看这个句式，你觉得它是干吗用的？让那四个人做准备用的。“鱼戏莲叶间”，你觉得应该是什么动作？到处都有鱼，它在莲叶间嬉戏，所以是个旋转动作，同时也是对那四个人的介绍。也许这时这四个人上场。这四个人怎么上啊？一定是有什么动作？像鱼一样地游上去的。

然后就是后面这四句了。为什么是“北”结束呢？东、西、南、北，这四个字是互相不押韵的，怎么唱顺序都不押韵。但是汉诗是押尾韵的，这几乎是汉诗唯一的统一特征。有人说《诗经》就有无韵诗。那是误把文字当诗歌了，其实我们看到的文献上的文字，只是诗歌的记录，并不是诗歌本身。诗歌本身是什么？是声音。当声音重复的时候，文字往往并不记录。无韵诗是每句重复，自己跟自己押韵。现在的诗歌也是这样。这首诗既然是“相和”，就是两个以上的人在相和，各唱一遍，也许一起唱，也许前后唱。如果是前后唱，就是唱两遍“鱼戏莲叶东”，那就是押韵了，不但是押韵，还是重复的。《诗经》中的无韵诗也是这个道理，那几首诗都是宗庙雅乐，是有合唱队的。这样，押韵的问题就解决了。

下面的问题就是，为什么以“北”结束？我想有两个理由。

第一，古代的礼仪，主人是面南背北的。表演结束的时候，需要面向主人，就像今天舞台表演结束的时候，需要面向观众一样。以“北”结束，是因为主唱者面向北方，和站在北边的人相和，也就是面向主人。更可能的是，每一句相和，都不止是主唱者和那个方向的人相和，而是所有的人都面向那个方向的人，因此最后这句所有的表演者都跟主唱一起面向北方，面向主人。

第二，这首诗，只有两个入声字，一个是“叶”，另外一个是“北”。如果“南”在最后，会拖很长，如果以“北”结束，就是连续两个入声字，顿住了、收住了，显得整齐。这个在戏曲中叫亮相，中国的戏曲是出来之后先亮相，然后才能开始表演，下场的时候也要亮个相，拉个架子再下台，为什么一定要两头有两个亮相呢？就是表示我不是我了。我一亮相，我就不再是我了，而是那个人物了。再亮一个相，表示我又回去了，我又不是那个人物了。我们的戏曲体系和西方的不一样。

四句之间高低关系是什么样的？东西南北，没什么意思上的差异，所以这四句的高低，取决于这四个字的字音的高低。东、西是阴平；南是阳平，比阴平要低；北是入声，平低仄高。所以这四句的旋律，是第一句第二句差不多，第三句低，第四句高，顿住结束。我现在吟诵的时候，是第三句高，因为普通话阳平上扬，符合语感。虽然和原来不太一样，但我觉得影响不大，反正本来就没有意思上的差异。[参见：徐健顺吟汉代《江南》]

现在可以吟诵了吧？

我们用矿泉水调就可以，旋律虽然跟汉朝不一样，但是基本的风貌差不多就行。第一句本来意思平平，而且要为第二句往上升做准备，所以最好低平，往下降点，然后整个向上跳。第二句要高，第三句呢？再下来。后面的四句，节奏速度比前面的明显要快。

不需要谱子，看到这些字，我们就知道原来大概是怎么唱的，可以恢复回去。这样一唱，这个汉乐府的风味就出来了。

吟诵的时候，文体特别重要。我经常说，同样的一句诗，在不同的文体里，含意有差异。比如说“白日依山尽”，如果是五绝，就是我们前面说的生命流逝之意；如果是五古，因为长短高低不同了，所以意思就变了，强调的重点变了；如果是古文又不一样了。如果是相和歌呢？想象一下，两个人一唱一和，白日依山尽——白日依山尽——，难道还是太阳落山的意思吗？

所以文体特别重要。我们研发的诗词课程，用的都是语文书上的诗词，但是编排、教学法不同。我们主张，小学先掌握文体、吟诵、格律，初中再进入诗歌史、主题、意象、结构的学习。现在的教育，太不重视文体了，还是用文字学习诗歌的那条老路。不，是新路。用声音学习诗歌才是老路。

古代文学研究，文体方面现在最好的一本书是褚斌杰先生的。他是北大教授，已经去世了。他有一本《中国古代文体概论》。这本书不厚，买一本放在手边，没事的时候去翻一翻，去对照一下，很有益处的。

在分析的时候，还要特别注意入声字。举一首为例，李延年的《北方有佳人》：

¦						¦			¦	¦			
北	方	有	佳	人		绝	世	而	独	立			
¦										¦			
一	顾	倾	人	城		再	顾	倾	人	国			
	¦						¦						¦
宁	不	知	倾	城	与	倾	国		佳	人	难	再	得

这首诗是入声韵，缉、职韵通押。入声韵的诗，往往不押韵的那句的尾字要拖长，与入声韵相应。而这首诗还有一个特点，是第一个字也是入声字，如果把“宁不”看作一个词组的话，六句中有四句是入声开始，这可不会是偶然凑巧，而是有意为之的。据《汉书·外戚传》：

> 孝武李夫人，本以倡进。初，夫人兄延年性知音，善歌舞，武帝爱之。每为新声变曲，闻者莫不感动。延年侍上起舞，歌曰：“北方有佳人，绝世而独立，一顾倾人城，再顾倾人国。宁不知倾城与倾国，佳人难再得！”上叹息曰：“善！世岂有此人乎？”平阳主因言延年有女弟，上乃召见之，实妙丽善舞。由是得幸，生一男，是为昌邑哀王。

李延年就是凭着这首歌打动汉武帝，使他的妹妹入宫得宠，可见这首歌有很大的感染力。这是一首感慨美人无缘的诗，如果只是一般地软绵绵地唱，如何能把遗憾之情表达充分？所以首字用入声，说明首字是顿挫的，开首是一个节奏点，也就是一板，入声韵处为一眼，这种节奏就非常鲜明，有击节悲叹的感觉。[参见：徐健顺吟（汉）李延年《北方有佳人》]

《长歌行》《短歌行》都属于相和歌辞，吟诵的时候都可以依义行调去分析

琢磨。大家可以听听我们作的普通话的合唱吟诵。[参见：中央民族大学紫竹诗社吟汉代《长歌行》]

《将进酒》属于鼓吹曲辞，我们在后面歌行里分析。《木兰辞》属于横吹曲辞，我们也在后面分析。

《西洲曲》属于杂曲歌辞，是南朝乐府的代表作。这是一个人的吟唱，婉转迂回，缠绵悱恻。其中的旋律高下、语气轻重、曲调回环，都是十分讲究的。大家可以听听姜家镳先生的吟诵，他是温州瑞安人。这个吟诵调非常好，是典型的江南感觉，而旋律起伏依义行调，也非常好。大家可以自己分析体会。[参见：姜家镳吟南朝《西洲曲》]

温州的陈胜武老师学习了姜先生的吟诵，他的传承也非常好。不知道有没有哪位女子也愿意修复歌唱它呢？[参见：陈胜武吟南朝《西洲曲》]

五古吟诵

五古是从汉代的文人诗开始的，一直延续至今。但其实，唐以前的五古和唐以后的不同。唐以前的，其实就是五言诗，里面有拟乐府，有永明体四声格律的，还有曹植、谢灵运那种讲究对偶、辞藻华丽的诗，还有古诗十九首、陶诗那样的典型的文人五言诗。吟诵的时候，要考察文体、考察背景，再依字行腔、依义行调。唐朝以后的五古，就是一种固定的文体，李白、杜甫都是五古的典范作者。这种文体比较平稳、古朴，但不是乐府，辞藻比较文雅，意蕴比较深沉，吟诵的时候，与古诗十九首那种典型文人诗很接近，调子回环往复、沉稳简朴，起伏不大，速度比较快。节奏则是每小句四拍，韵拖两拍，非韵尾字一拍，空一拍。

<u>齐有</u>　<u>倜傥</u>　<u>生＿＿</u>　<u>＿＿＿</u>　<u>鲁连</u>　<u>特高</u>　<u>妙＿＿＿＿</u>

举一首李白的《月下独酌》为例。

花　间　一　壶　酒　　独　酌　无　相　亲

举　杯　邀　明　月　　对　影　成　三　人

月 既 不 解 饮　　影 徒 随 我 身

暂 伴 月 将 影　　行 乐 须 及 春

我 歌 月 徘 徊　　我 舞 影 零 乱

醒 时 同 交 欢　　醉 后 各 分 散

永 结 无 情 游　　相 期 邈 云 汉

这首诗每句的两小句基本都是对偶的，两小句之间的关系基本都是前高后低，是因果、低落的递进关系。每句之间的关系，比较鲜明的是前半部分的平声韵转换为后半部分的去声韵，情绪从闭口平声的压抑、深微，转为开口去声的坚决、开阔，说明李白前面是多么地无奈，对月、影是多么地失望，后来喝起来，觉得还可以，于是越来越放开、兴奋，无奈的痛苦转为豪放的痛苦，醉意飘飘，至于无极。

大家可以听听周有光先生的吟诵。他是常州人，用的是常州文读和常州调，只是他年纪太大（采录时105岁），调有点不准了，但还是能听出常州调的味道。大家主要关注周先生上中下调的使用以及句和句的音高关系。[参见：周有光吟（唐）李白《月下独酌》]

普通话的吟诵只是读音采用普通话的文读系统，其他都是一样的。可以先用普通话平调进行练习［参见：徐健顺吟（唐）李白《月下独酌》］，之后要根据自己的语感、乐感和理解进行发挥。普通话吟诵也可以有不同的调子、不同的风格，但是对诗歌的思想和结构的理解是可以相通的。[参见：玉海吟（唐）李白《月下独酌》]

杜甫的《赠卫八处士》也是五古，我们在后面的“吟诵调”一讲中分析。

永明体到宫体诗，这一段其实是有一种四声格律的，具体请见我写的《吟诵——中华传统读书法》。这些诗的吟诵，最好是在“四声对五音”的基础上，再加上入短韵长以及轻重节奏来进行。好在这些诗和玄言诗今天都很少有人吟诵，我就不多讲了。

歌行吟诵

前面说过，歌行大部分是七古，七古大部分是歌行。我就直接讲歌行的吟诵了。关于歌行这种文体的认识请见我写的《中华传统读书法——吟诵概论》。这里只说个结论，就是歌行是唐朝以后才有的文体，如歌之行，其特点就是速度快，节奏均匀。七言的话，则是每小句四拍，韵字一拍，非韵尾字半拍，空半拍。

黄河　之水　天上　来　__　奔流　到海　不复　回__

五言也是每小句四拍，只是韵拖两拍，非韵尾字一拍，空一拍。

天地　有正　气__　____　杂然　赋流　形________

其余的事情，就是入短韵长、依字行腔、依义行调。我们以李白的《将进酒》为例来说明歌行体古诗是怎么吟诵的。把这个题目叫成“将（jiāng）进酒”或者叫“将（qiāng）进酒”，都说得通。

李白的这首诗，既是乐府又是歌行又是七古，也是杂言诗。《将进酒》的汉乐府古辞只有六个字：“将进酒，乘大白。”就是劝酒的意思。李白用这个题目，重作了一首诗。

怎么来吟诵这首诗啊？依字行腔这点我们都掌握了，入短韵长对我们来说也已经比较简单了，现在需要注意的就是把入声字挑出来读得短一点，然后把韵字读得长一点。普通话入声字的读法有两种：一种叫短读，一种叫顿挫。快速、高兴时短读，慢速、压抑时顿挫。然后就是依义行调，这是最难的一点。古体诗吟诵得好坏，关键往往就是依义行调。理解得对吟诵得就对，理解得好吟诵得就好。

第一句，“君不见，黄河之水天上来，奔流到海不复回”。首先要决定哪句高哪句低，是“黄河之水天上来”高呢，还是“奔流到海不复回”高？肯定是“黄河之水天上来”高，为什么？因为黄河是从天上往地上流，所以是这句高。

好了，现在再判断，“黄河”“之水”“天上”“来”四个部分，哪个部分应该最高？

这句话到底什么意思啊？说的是时间的流逝，青春的流逝。这句话来自《论语》：“子在川上曰：逝者如斯夫，不舍昼夜。”既然是青春流逝的意思，我们再回来看这句，哪个部分高？“黄河”。为什么不是“天上”？强调“天上”的话，是说这水简直太厉害了，这话的意思不就改了嘛。他想说的是连这么巨大的生命都不能够回头了，所以是“黄河之水天上来”，这是他的重点。

“奔流”“到海”“不复”“回”，哪个高？“不复”，其次是“海”。入声字是哪个？“不复”。韵字是“回”“来”，这是灰韵，应该读为ai，才有下沉、铺展、开阔之感，是个压抑又开阔的韵，属于太阴之象。

先用平调吟诵“黄河之水天上来，奔流到海不复回”，然后我们把“黄河”提到上面去，把“来”延长，然后把“不复”提到上面，把“回”延长。这就是依义行调，然后入短韵长、依字行腔，现在可以唱了吧？

然后再把这个文体的读法特征放进去，每句四拍，均匀节奏，这个诗的吟诵节奏就找到了。

下面以此类推，每一句都是这样，但是要好好分析句与句的关系。

这首诗从第一句的平声的灰韵转为第二句的“雪”“月”，转入声韵了，表达一种痛苦。“天生我材必有用，千金散尽还复来”，又回到灰韵了。到“岑夫子、丹丘生”又换韵了，换为闭口的“听”“醒”，“醒”是平声，这是庚、青韵。然后又换为“谑”“酌”的入声韵，最后变为悠长的尤韵结束。看到这个韵的变化，就应该知道整首诗的情绪是怎么起伏变化的。

头一句什么感觉啊？开阔、平展。第二句呢？痛苦。所以第二句和第一句不能一样，虽然这两句很像，但情绪不同。然后向后走，然后再打开，打开之后又变为深微。然后愤怒，入声。然后再转为忧愁，最后结束。

还有句和句之间的关系。头一句和第二句哪句高啊？第一句高，第二句低。第三句呢？“莫使金樽空对月”，低的。第四句呢？“天生我材必有用”，又上去了。第五句呢？“会须一饮三百杯”，高的。然后呼唤两位朋友，又是低的。然后“请君为我倾耳听”，低的。然后“钟鼓馔玉不足贵，但愿长醉不复醒”，向上走。“古来圣贤皆寂寞，惟有饮者留其名”，到高点，这是愤懑。然后换韵了，“陈王昔时宴平乐，斗酒十千恣欢谑”，要知道曹植为什么喝那么多酒啊？因为古来圣贤皆寂寞。“主人何为言少钱，径须沽取对君酌”，这正是李白破产的时候。唐玄宗给了他那么多钱，他一路地花，扔啊，愤怒啊，发泄啊，到那天正好没了。没了就卖东西，这是一种痛苦的发泄。然后再换韵，“五花马，千金裘，呼儿将出换美酒，与尔同销万古愁”，舒缓的尤韵，低收结束。很多人朗诵时，都是高扬结束，这是不对的。这个韵不能高扬，而且，李白作这首诗，不是为了发泄，不是抒情，而是自我的修身、自我的排解、自我的感慨，所以是低收结束。

这个高低起伏变化，就是文气的流动。就像打拳的时候，你知道这句往左走，那句往右走，这句该站起来，这句该蹲下去。整个事情弄明白了，才叫明白这首诗，不是只明白文字就行了。古人说，只明白了文字，终究是门外汉，就是终于站在门口了，但是还没有进来。为什么？因为没有上身。你的理解，没有进入你的心灵，化为你的血肉，成为你的素养。那只是表面的理解而已。文化的传承，需要的是上身，而不仅仅是学术理解，所以古人特别强调吟诵，强调创作，化入自身，化入自己的生活。

现在给大家看一下《将进酒》的吟诵，有几个不同的吟诵。

我们先看韩国人的吟诵。韩国的吟诵，他们也是从我们中国学过去的，代代相传一直到今天。这方面的情况，可以看看我们采录制作的纪录片《韩国吟诵采录纪行》。我们听一听他们是怎么吟诵《将进酒》的。

韩国人用的是韩国古代汉语普通话，基本上是可以听得懂的。我们看一下韩国祥明大学朴锡教授的吟诵。[参见：韩国朴锡吟（唐）李白《将进酒》]

这个吟诵非常好，能听出歌行那种一泻而下的气势以及里面的婉转迂回、起伏跌宕。它不是直直地下去的，有时候快有时候慢，有时候高有时候低，但仍然是倾泻而下，这就叫歌行。

朴教授的吟诵，基本上是一句四拍、均匀节奏的，只是快慢有变化。我们再听听我们中国的传统的吟诵。首先是温州永嘉的戴岩梁先生，他是章太炎先生的再传弟子，也 90 多岁了，这个调子是温州的调子。[参见：戴岩梁吟（唐）李白《将进酒》]

戴先生吟着吟着，自己就打起拍子来了。每句四拍，均匀节奏，这是一样的。他的高低起伏也几乎是跟朴教授一样的。

下一位是王伟勇教授，他是台湾成功大学中文系主任，这是闽南语的吟诵。[参见：王伟勇吟（唐）李白《将进酒》]

王教授的吟诵每句四拍，均匀节奏，而且入短韵长非常清楚，里面也是婉转迂回的变化，歌行体都是这样的。

下面听一下我的吟诵，普通话的。[参见：徐健顺吟（唐）李白《将进酒》]

这是普通话的，矿泉水调，调一调高低，入短韵长。其实也很简单，关键就是对这首诗含意的把握。我的老师裴斐先生是李白研究的专家，他曾经跟林庚先生有过学术论争。林先生认为李白是盛唐气象的代表，李诗充满青春朝气；裴先生认为李白是痛苦以豪放出之，李诗的批判性很强。对于《将进酒》，裴先生认为是李白刚离开长安时在河洛一带的作品，这与后来的李白多次入长安之说的判断也不同。我深知裴先生之所以这样判断的用心，他是一位遍尝人生悲苦的人，李白的价值不应该被浅化。我认同老师的判断，而且确认李白的儒士身份，而不是道士身份、自由战士身份或者浪漫主义艺术家身份。这首诗的主题就是文人儒士诗歌的怀才不遇、人生苦短，所以我吟诵时也努力体会李白的痛苦，不过功力所限，未及深入。

还有，各个民族都有自己的祝酒歌，我倒是觉得像曹操《短歌行》、李白《将进酒》这样的诗都可以作为汉族祝酒歌，适合大家一起唱，既有深刻的思想，又有积极的文化精神。

再给大家看一下学生的吟诵。我们看一下北京景山学校朱畅思老师的学生的吟诵，这是初二的学生。[参见：朱畅思与学生吟（唐）李白《将进酒》]

这个吟诵有速度的变化，非常好。学生们的精神风貌也很好。用吉他伴奏的吟诵，是朱老师的特色，用在歌行这种古体诗上，很增气势。

这些《将进酒》的吟诵，旋律都是不一样的，每个人都有自己的风格，都有自己的理解，但是又有统一的特征，即每句四拍，均匀节奏，入短韵长，依字行腔，都是这样。对于这首诗哪句高哪句低，哪句快哪句慢，哪句轻哪句重，这个事情其实大家的看法基本是一致的。当然也有一些地方有一些差异，但大的方向基本是一致的。这就是吟诵。我们普通话的吟诵向下发展下去也是这个样子，会是丰富多彩的，有成千上万个调子。

传统吟诵在歌行方面，有很多好听的调子，有很多典范的吟诵。在这里推荐几个。

刘衍文先生是浙江台州人，功底深厚，我们去采录的时候，他站起来就吟，他一口气吟诵了《圆圆曲》等好几首。后来再录，就没有那个条件了。这次录的《圆圆曲》尤其好，这首诗是合律的歌行，可以听到刘先生的平长仄短、平低仄高。但是，歌行仍然是歌行，速度很快，一气呵成，而其中又有变化，辗转腾挪，变化莫测，非常难得，大家一定要好好体会学习。[参见：刘衍文吟（清）吴伟业《圆圆曲》]

陆襄先生是上海人，家传吟诵，非常标准，而且他是老一辈的语文名师，在上海推广吟诵教学几十年，发明了“读之吟之唱之舞之”教学法，培养了一批优秀的老师如戴建荣等，他的吟诵也非常好。听他吟诵的《兵车行》，方知伤痛之深之切。[参见：陆襄吟（唐）杜甫《兵车行》]

华钟彦先生的《江上吟》，非常潇洒，又非常高亢，可以与他的《敕勒歌》一起听，的确是典范的东北吟诵。[参见：华钟彦吟（唐）李白《江上吟》；华钟彦吟北朝《敕勒歌》] 也可以听一下我模仿修复的情况。[参见：徐健顺吟北朝《敕勒歌》，源于华钟彦先生吟诵调]

魏嘉瓒先生是徐州人，他的歌行吟诵调得自无锡国专第一届毕业生常州人蒋庭曜先生。魏先生后来长期在苏州工作，做了大量的诗词和吟诵工作，并组织了苏州地区的吟诵采录，为保留下苏州吟诵做了很大的贡献。他吟诵的调子，五言和七言是同一个调子的变化，可以听听他的《木兰辞》和《长恨歌》。[参见：魏嘉瓒吟（唐）白居易《长恨歌》]

陈少松先生的歌行吟诵调得自钱仲联先生，这也是典型的苏州吟诵调。他给我们吟诵过李白的《把酒问月》。[参见：陈少松吟（唐）李白《把酒问月》] 我觉得这个调子非常好，它居然是四个调的，不是一般的上中下三个调的，所以我试着把它用在了《春江花月夜》的吟诵中。[参见：徐健顺吟（唐）张若虚《春江花月夜》]

后来，2014 年北京市教委主办了北京和台北的大学生交流活动，双方各有八所大学参加，主题就是吟诵，为期一周，中央民族大学、首都师范大学等学生吟诵了这首诗，由台湾成功大学学生古筝伴奏，湖北文理学院的穆兰老师指导舞蹈动作。[参见：首都大学生吟诵团吟（唐）张若虚《春江花月夜》]

吕君忾先生是广州分春馆的“带头大哥”，传承的是陈澧、朱庸斋的学问，是粤语吟诵的代表人物，也长期致力于粤语吟诵的传承。粤语、闽南语、客家话的吟诵，与其他地方的吟诵有一定的差异，这是由于他们的语言还有很多的音高型成分的缘故。研究粤语吟诵，会得到很多有意思的结论。吕先生的吟诵一向为我所拜服，听他吟诵的《将进酒》，方知什么是飘逸潇洒的李白，而其中又如河

水辗转莫测、奔腾而下，令人神往。［参见：吕君忾吟（唐）李白《将进酒》］

最后推荐一下陈岳吟诵的四川文读系统的《蜀道难》。他的吟诵得之于流沙河先生。陈岳在成都电视台主持少儿节目，长期身体力行推广传统文化，跟我们一起艰难前行，令人钦佩！他的朗诵功底给他的吟诵插上了翅膀，我相信这个吟诵对我们理解原汁原味的《蜀道难》提供了很好的样本。［参见：陈岳吟（唐）李白《蜀道难》］

四声对五音

“四声对五音”，是从南朝到唐朝出现的一种词曲关系理论，现有多种文献记载。我认为它反映了隋唐以前的汉语音乐旋律产生机制。这个理论可以解释为什么上古没有乐谱，为什么唐朝出现词乐以及一系列的古代音韵学、音乐学、诗歌学问题。我还找到了后世的文献佐证、语言和音乐佐证。“四声对五音”理论还可以解释为什么我们教普通话吟诵，普通话吟诵为什么是这个样子的，普通话吟诵和古代吟诵到底是什么关系。这方面的具体论述，请见我写的《中华传统读书法——吟诵概论》。在此，仅就结论做一点说明。

汉语在隋唐《切韵》系统应用之前，是音高型声调语言，四声以平、入、上、去的顺序从低向高依次排列，声调的调值互相不交叉。这样的语言在歌唱时，是按照调值定音高的，然后再做微调，所以古人能见字就唱，诗歌也不需要对音高和音长做记录。

了解了上古音乐的旋律产生机制，对于当代中国音乐的复兴是非常重要的事情。

百年以来，中国音乐尤其是汉族音乐，引进了大量的西方音乐，一方面丰富了自己，另一方面也迷失了自己。汉族的雅乐也几乎荡然无存，成为世界上罕见的没有雅乐的民族。这些情况在民族复兴的今天亟待改变。“四声对五音”理论对于我们模拟《诗经》及上古诗歌雅乐，创造中国新音乐都会起到重要的作用。

我们是从今年武汉的“春节大典”中首次使用“四声对五音”模拟《诗经》音乐的，当时创作了《诗经·小雅·天保》（节选）的吟唱，由百步亭社区的老年合唱团演唱，结果引起了广泛的反响。其后我们在“炎帝大典”中尝试了《卿云歌》(节选)。后附两首诗歌的乐谱。下面简单解释一下我们的做法。

天 保 定 尔　以 莫 不 兴

如 山 如 阜　如 冈 如 陵

如 川 之 方 至　以 莫 不 增

如 月 之 恒　如 日 之 升

如 南 山 之 寿　不 骞 不 崩

如 松 柏 之 茂　无 不 尔 或 承

《诗经·小雅·天保》是周人对尊长的祝福歌。《毛诗正义》:“言下报上也。谓臣下作诗,歌君之美。”原作六章,“万寿无疆”之语源出于此。其中第三、六两章,连用九个比喻,来祝福尊长长寿、兴旺,并“无不尔或承”,子子孙孙,都出于祖先的传承,典丽华美。后有成语“三多九如”,“三多”即多福多寿多子,“九如”即此九项比喻。这在古代中国是对老人最隆重的祝福。

如果只取三、六两章,细观细思,虽原发于臣对君,但现在也完全可以用于子孙对长辈。“福如东海、寿比南山”早已成为普通百姓对老人的祝福语。原作也有晚辈对长辈祝福的意思。因此,我们作了这首《天保》的歌曲,希望它成为未来中国人的生日歌。现在我们中国人过生日,唱的多是英文歌,只有一句歌词,就是“生日快乐”,好像过完了生日就不快乐,好像也说不出别的祝福似的。其实我们中国自古就有生日祝福的歌,那叫祝寿。《天保》就是祝福长辈老人的歌。那是三千年前的歌,现在听来还是令人心潮澎湃,念起父母养育之恩,不觉肃然而立,悄然泪下。

为了能恢复一点周朝上古的感觉,我们这次用了“四声对五音”的古法作曲。作曲人是我的学生王伊。我们采用的是徐景安和元兢的说法,即:

阳平——宫 1

阴平——商 2

入声——角 3

上声——徵 5

去声——羽 6

这样先每个字对出它的乐音音高来。这里附带说明，古音阴阳是很不好说的，其实同一个字，在不同时代不同地区，其阴阳是不一样的。我们现在也无法确认周代是阴平还是阳平，只能按照中古汉语来确定。有时也宽松一些，即平声对宫商，不明确对哪个。这是需要以后改进的。

然后我们还做了两个调整：一是八度相应，即对于个别字进行八度调整，主要是上声字。因为现代汉语上声字读得很低，而古音则高，现在听起来有点别扭，所以有的上声字下调八度。八度相应也是汉族古老的唱法和伴奏法。另外就是做了腔音来表达现代汉语的声调调型，比如二声阳平，就做了上行音程，或者西方音乐叫作倚音的处理，这是吟诵的规矩：依字行腔。这样作出来的旋律，就相对比较符合现代人的语感了。不过，这次没有用整体浮动的方法，是一个遗憾。另外，节奏是三拍的，原因在前面已经分析过。很多人都觉得汉语歌曲是四拍的，但那是后世的五言、七言的情况，如果五言、七言是四拍的，四言也许是三拍的。

这样，一首歌就作出来了，很简单。我想很多老师明白了这个道理之后，都可以用“四声对五音”的方法来作曲。所以唐朝之前都没有乐谱。不过，“四声对五音”方法只适用于南朝以前的作品，而且是在你特别想追求古代感觉的时候。对于纯粹的读书，我觉得还是最好不用。读书是现在人的事，是自己的事，还是依字行腔，依义行调为好，也就是现在的吟诵方法。

诗经·小雅·天保（节选）

2 5 6 5 5 - - 5 5 3 3 1 2 - -

天保定 尔 以莫 不 兴

^{6}1 2 ^{6}1 1 6 6 - ^{6}1 2 ^{6}1 ^{6}1 - -

如山如阜 如冈如陵

^{6}1 2 2 2 1 6 6 - 5 5 3 3 1 2 - -

如川之方 至 以莫 不 增

^{6}1 3 2 1 6 6 - ^{6}1 5 3 2 2 - -

如月之恒 如 日之升

^{6}1 1 2 2 1 6 6 - 3 2 5 3 2 - -

如南山之寿 不骞不 崩

^{6}1 2 3 2 2 1 6 6 - 1 3 5 - - 3 6 6 1 1 -

如松柏之 茂 无不尔 或 承

我们用“四声对五音”方法作的《天保》，是“春节大典”的一个雅乐节目。“春节大典”是有感于中国人聚居方式改变，而春节只是吃喝玩乐团圆祝福，没有传统文化，没有雅文化，而做的一次小心尝试。“春节大典”按古礼在元月元日举行，内容为祭祖、敬贤、尊老、爱幼，重申规约，祝福百姓，时间为20分钟。然后再进行团拜、庙会、娱乐等活动。这次“春节大典”由吴军华老师策划，首先在武汉百步亭社区举行，拍成教学录像，提供给所有愿意做此典礼的社区、单位等。“春节大典”上有雅乐和吟诵四首，《天保》为其一，其余三首为《礼记·大同》《诗经·周颂·丰年》《诗经·卫风·木瓜》。吟诵者全部来自百步亭社区的中老年人合唱团。

这不是广场舞，也不是一般的歌舞晚会，这是“礼”。“礼”的感觉是怎样的？只有参加了的人才知道。那些参与了吟诵、礼乐、舞蹈的老人们，他们的体会很深。中国人，从来都是以礼治国的。

在此向大家隆重推介两章《天保》。希望大家在春节团圆的时候，在向老人们祝福的时候，在今后给长辈过生日的时候，能够唱这首歌。让中国人重新唱起中国传统的生日礼歌。［参见：武汉百步亭社区吟诵团吟《诗经·小雅·天保》，四声对五音编曲法）

后来，我们又做了一些“四声对五音”的尝试，也有别的老师在做。这种方法很简单，很易推广。更为重要的是，我们发现，用这种方法作曲，作出来的曲子是有主旋律的。这可以说是“四声对五音”理论的一个强有力的实践证据。因为按照“四声对五音”作曲，本来旋律应该是乱的，因为不知道下一个会碰上哪个声调的字。如果作诗的人仅是从字面上创作，就不会考虑到声调，因此旋律一定是乱的。可是，我们作出来的曲，却是有主旋律的，或者说有旋律框架、有风格的。这是为什么呢？

这时候，我才深刻理解了《诗经》等古诗为什么是回环往复的结构，为什么有时只换一两个字以及为什么押尾韵，即乐句结束于主音，因为这就是旋律框架的保证。这不是文字的事情，不是简单地说是朗朗上口的，而是有确凿的音乐学道理的。

比如《卿云歌》，这是文献记载中最早的一首汉诗，由舜帝和群臣即兴创作，歌颂了民族的兴旺和舜的功德，也是历代宗庙礼乐的常用曲。我和王伊尝试用“四声对五音”编曲吟诵，发现旋律非常完整。

下面写出《卿云歌》中每个字对应的正音，倚音就不写了，大家听一下就明白依字行腔的情况。八度的调整我直接写上去了。平声在宫商之间有所调整，但尽量不调。

卿　云　歌

6 2 6 2　2 6 6 2

卿云烂兮　糺缦缦兮

3 3 2 1　$\underset{\cdot}{6}$ 3 $\underset{\cdot}{6}$ 1

日月光华　旦复旦兮

1 1 $\underset{\cdot}{5}$ 2　6 2 2 2

明明上天　烂然星陈

3 3 2 1　1 1 3 1

日月光华　弘于一人

3 3 $\underset{\cdot}{5}$ 1　2 1 $\underset{\cdot}{5}$ 1

日月有常　星辰有行

$\underset{\cdot}{6}$ 1 1 2　$\underset{\cdot}{6}$ $\underset{\cdot}{6}$ $\underset{\cdot}{5}$ 1

四时从经　万姓允诚

1 $\underset{\cdot}{5}$ 1 3　$\underset{\cdot}{6}$ 2 2 1

於予论乐　配天之灵

2 1 1 $\underset{\cdot}{6}$　3 3 2 1

迁于贤圣　莫不咸听

$2\ 2\ \underset{\cdot}{5}\ 2 \quad 2\ 2\ \underset{\cdot}{5}\ 2$

鼛乎鼓之　轩乎舞之

$2\ 1\ \underset{\cdot}{5}\ 3 \quad 2\ 1\ \underset{\cdot}{6}\ 1$

菁华已竭　褰裳去之

在这里可以明显地听到旋律框架以及各段之间的旋律演进，与文字的内容也十分相配。这大概就是上古歌诗的真实面貌。[参见：徐健顺吟《卿云歌》，四声对五音编曲法）

大家可以用"四声对五音"的方法给《诗经》简单地作曲编曲，你可能会惊讶地发现，旋律与内容是基本吻合的。这些旋律的构拟，有利于我们对《诗经》和南北朝以前的诗的吟诵，使我们对那些诗原初的风格更加了解。

吟诵泛读

现在中小学古诗文教学有个很大的问题，就是重精读不重泛读。语文课本就是一本精读课本，它后面没有列出泛读的书目。现在有些老师在提倡儿童的海量阅读，这是对的，但是仅限于白话文、儿童文学、外国文学，却不做古诗文的海读，这也很奇怪。要说因为古诗文是生活中用不着的，那外国文学、儿童文学更用不着，有几个学生长大后从事文学创作？况且古诗文不仅仅是文学，它是整个的传统文化的载体。

古诗文更需要系统的、大量的阅读。在这方面，王财贵教授等提倡的"老实大量读经"有很大的影响。这些活动让中国的孩子们又一次重新拿起了经典。经典应该怎样读？二十年的实践和研究，还是给我们提供了很多经验和教训。

现在教育不重视泛读古诗文，也就是不重视系统地学习古诗文。现在的人，先不说他背过的，他看见过的古诗文能有几百篇就不错了。说李白是什么样？他就知道"床前明月光""朝辞白帝彩云间""日照香炉生紫烟"，就是那么几首。古文，《论语》看过一两段，《左传》看过一两段，还看过《岳阳楼记》《出师表》等那么几篇。他永远是点点点点，连不成片，而且他对那本书或者是对那种文化缺乏整体的认识，继而他对那首诗文本身也不会有深入的理解。

泛读就是不要求背过，只要求看过。它的标准是什么？看过有印象，就像雁过留声那样。什么叫有印象？就是第二次又看到这首诗的时候，脑中浮现好像在哪见过的画面，这就叫作泛读有结果了。不需要更多的结果，只要第二次看到有印象就行了，不需要背过。要想达到第二次看的时候，能够意识到见过这首诗，那么第一次读的时候，一定是对这首诗有所琢磨，但是又是泛读的，这不叫过目不忘，而叫过目有印象。这个效果好像很容易达到，其实不是，我看很多学生就是哇哇读完就完了，读十遍也跟没读一样，有口无心，没有印象，这就是读的方法有问题。

古代泛读的方法，就是吟诵。吟诵的功用之一，就是用来泛读的，它特别适合泛读，我们后面讲到模进对称的时候大家就会明白，为什么它是适合用来泛读的。虽然它也是可以用来精读的，但是它整套的方法更适合泛读，大量地读。也就是说，用吟诵的方式能够达到读一遍有印象。所以说，吟诵的基本功能是泛读，我们现在要重视泛读。孩子的记忆力很强，他感兴趣的东西会自己去背的，你不用要求他背那么多，绝大多数篇目只要泛读就行了。

古人泛读的量是非常大的。蒙学体系、十三经，这是必读的。十三经，64万字正文，连带注释，数百万字，都要背的。前四史，这是必读的，泛读。先秦诸子、基本佛经、道藏，这是泛读的。《文选》，是必读的。唐诗宋词、名家古文，都是要成本读的，就是按照文集去读。其他学问，如天文地理、医卜数术、兵农历律、小说戏曲，也都要涉猎。合起来，一个童生在15岁之前，背过的蒙学经典、诗词文赋一般在百万字以上，泛读量在几千万字以上。

什么是泛读？就是遵守吟诵的规矩去快速地读，尽量顺畅地读下去。比如说碰到一个不认识的字怎么办？跳过去就是，我有时候就读成“什么”，有的时候就读半边，做个白字先生，这没关系啊，因为我现在是要读下去，要认字那就好好查字典对不对？现在是读的时候，绝大部分的字认识就可以了，偶尔不认识的字，大概猜个八九不离十就可以了，尽量顺畅地读下去，不要停，回头读完了再去查字典。

读的时候，就是吟诵的时候，要根据对诗体和句意的理解做一个初步的调整。这个要求听起来好像很高，其实是能做到的。一秒钟的时间看这首诗，一秒钟的时间把文体判断出来，一秒钟的时间对一句话做判断，决定用上调、中调还是下调。这件事很难吗？不难的。你们平常读报纸怎么读的？白话文怎么读的？拿过来就读。拿过来就读的时候，你读不出来抑扬顿挫吗？读得出来吧。那古诗文也读得出来，一样的呀。只是要有方法，就是吟诵，只有通过吟诵才做得到古诗文即兴读还有抑扬顿挫这一点。

语言学上有一种眼动研究，还有眼动实验室。什么叫眼动？就是拿一篇文章来读，当读出声的时候是一个字一个字按照顺序地读的，但是你的眼睛呢？你看这篇文章的时候，眼睛是按顺序看的吗？先看第一个字，再看第二个字，再看第三个，是这样吗？不是的，人从来不是这么看的，人从来都是一下就扫到后面去了，这就叫眼动。眼动的规律，是语言学一个很重要的研究。阅读的时候，一个人的眼动如果合理，他读的效率就高，所以我呼吁关注眼动研究。为什么有人读书快有人读书慢呢？阅读也是有学问的。

从小要养成习惯，学会能够快速读书，但是又能够抓住主要意思的本领。这个本领就是打眼一看，先对它有个基本印象，然后再一个字一个字地读，这样效率才能高。

读的时候，用普通话平调，即矿泉水调读。为什么我主张用矿泉水调读，而不是主张用别的调读？那些调都有调，有旋律，你要在调的基础上再去调腔。矿泉水调是平调。在你一秒钟就要读出来的时候，如果你还有一个调，就要考虑怎么依字行腔，这个难度很高，除非是你自己的调，用别人的调很难。但在你还没调的时候，你出口就能出来的调一定是平调，不是吗？这个调是本能，每个人都会的，所以我主张用普通话平调。不是说我否定或者不提倡用自己的调，用自己的调当然很好，但那是第二步的事，尤其是教学生泛读的时候，学生还没调呢，就用平调，平调是出口就可以的，每个人都会的。

吟诵至少有上中下三个调，这是有道理的，为什么会有三个调呢？两个调不够丰富，四个调太复杂，用一用就明白了。三个调在人的音域之中，能够唱到高音和低音之间，因此三个调最合理。如果是四个调，就可能有两个调混淆。但是不是说不可以有四个调？当然不是，有十个调都行，但三个调是必需的。然后你还可以更高，也可以更低，还可以找到一个中间的音。那是进一步的事情，但你至少要有三个调，这样就可以把细节的一些东西表达出来。

至少以句为单位使用上中下调，就是一个句子是一个高度的调子。还可以以半个句为单位，或以一个字为单位，单位越小，那么琢磨得越深，把握得越准。但是第一次读，一秒钟看完就直接读的时候，以句为单位是没有问题的，每个人都做得到的。以半句为单位，以字为单位，以词为单位，则是比较难的，不能保证百分之百做得到。所以叫至少以句为单位，这个意思就是说，不要以一首诗为单位，即所有的句子都是一个高度的调，这就叫没思考，这样读肯定没效果。一定要至少以句为单位，分出上中下调，然后在这个基础上，尽量做到以更细的单位读。哪一句有感觉了，如“床前明月光”，对这个“明”字有感觉了就上去，没感觉的时候就平着读，但是句和句之间，一定要考虑一下它们的关系，哪句是上调哪句是下调。这是古人读书奥秘的一个关键之处，比如唐文治先生说：

> 最宜注意者，在顿挫之间。盖初学读文往往口中吟哦，而心不知其所之者。唯于段落顿挫之际，急将放心收敛，则我之神气始能渐于文章会合，且一顿一挫之后，必有一提或一推，细加玩味，则起承转合之法，不烦言而解矣。
>
> 至于首尾段落之处，其声皆须有宏大远到之致。或如波澜之潆洄，或如异军之突起，能神明于此，则其几于大成也不远矣。

这个要做训练，慢慢来就可以的，应该问题也不大。然后争取更多的调，也就是说三个以上的调，并且在一句之中一一使用不同的平调组合。

我觉得以前我教的吟诵，忽略了泛读。我本来以为唱完“床前明月光”后每个人都会泛读，后来才发现不是这么回事。泛读是很关键的，会了这个，后面就谈得上。就算后面的全都不会，就会这个，我觉得你也已经有一半都过了，也很好了，一定要掌握这个。拿到一首诗、一篇文，上来就吟诵，一开始就唱，而且能唱出上中下调来，有了这个本事，就有泛读，又能够保证泛读的效果。

读诵对，才能吟咏好，我是一直强调这个的，所以我讲课也是先讲读诵，读对读好才能吟得好。不是说不可以上来就吟，现在大部分的老师是让学生先读诵后吟咏，但是也有的老师让学生拿到就吟。古代经常也是这样的，见诗就吟了，他不读诵的。这并不是意味着他没有读诵，他心里面有读诵的声音，他的基础仍然是读对，遵守平长仄短等规矩。

下面我们就专门练一练泛读。你们应该让学生每天都要练习，如果每天有半小时吟诵的时间，要拿出一半的时间来做泛读，另外一半的时间做精读是可以的，但是我觉得至少要保证有一半的时间来做泛读。而且我主张是整本读，比如李白，不要读《李白诗选》，也不要读《唐诗三百首》，就读《李太白全集》；学杜甫，读《读杜心解》或者《杜诗详注》，一读就是一整套。或者读分体的《唐诗别裁》《古诗源》《乐府诗集》也行，要读就读整套。读整套的时候百分之九十的诗都不是很有名、不是很好的诗。但要的就是这个，只有读了那百分之九十的平庸的诗，你才会对中国的诗有个整体的了解，才对这个人或者这个诗体有一个整体的了解。这是培养孩子的基础素养，很重要。没有这个，只读读顶尖的诗，于是就学到了最好的诗，但会作优秀的诗，那是空中楼阁，不可能的。所以不要怕读不好的诗，当然你要尽量挑好的诗人，例如李白、杜甫、苏轼、陆游，但是要读全集。我就是这样主张的。

今天，我们做一个示范，我们读杜甫的全集。原来我们中级班读的是《李太白全集》，每天有半个小时的读书时间，读了一个月，《李太白全集》就读完了。那每年上学有十个月，那你就可以读十个李白啊，六年就可以读六十个李白啊，你看这个阅读量可以有多大！

这次我们读杜甫。为什么这次选杜甫呢？李白的诗，是按照文体和内容分类来排的，所以一开始读李白，一上来全是赋，赋读完了进入诗，一上来全是古体诗。《古风五十九首》，文体是一样的。杜甫则不同，杜甫的诗都是按时间来排的。杜甫这个人比较细致，自己的诗是哪一天作的，他都按照顺序排好了，所以传到他的孙子那儿也是那样的，等到出版了也是那样的。所以杜甫的诗，文体都是交叉着来的。对我们泛读来说，交叉着来得好，这样可以锻炼我们判断文体的能力。

泛读要求一秒钟判断文体。文体怎么去判断？首先是分近体和古体，看有没有格律。格律就是，第一，整整齐齐的，五言就是五言，七言就是七言；第二，押平声韵；第三，中间所有的联要对仗；第四，要平仄格律。到了平仄格律已经是最后一步了，很多诗是不需要到这一步的，一上来一看不整齐，或者不押平声韵，就已经排除出近体诗了。对于近体诗的细分，这个很好判断，只要看字数多少就行了，如五绝、七绝、五律、七律、五排、七排，很容易判断。

古体诗中四言诗很容易判断，楚辞体也很容易判断，乐府要看它的题目，是乐府或者拟乐府。新乐府会麻烦一点，它与五言古体诗容易混淆。七言古体诗也好判断。最麻烦的就是五古和乐府，但五古和乐府的读法基本是一样的，所以不妨碍读，你可能读到一半才明白这首诗到底是五古还是新乐府。

接下来就是，每一句到底是该用上调、下调还是中调，这需要你迅速地做出判断。小孩刚开始读的时候可以慢一点，甚至反复再读几遍也是可以的，慢慢训练，这个能力大家要有。

好，做好准备了吧？对文体的判断，要求一秒钟得出来，然后我们再读。杜甫诗集，《游龙门奉先寺》，什么文体？五律？为什么是五律？一看字数，整整齐齐的；再看它的韵，平声韵吗？不是平声韵，是仄韵，所以不是五律。但是他的写法的确是有对仗，就是中间两联对仗。这就类似于古绝那种情况，是古体诗，但是因为作者从小训练对对子，习惯了，他就把格律的东西用进去了，这种现象唐朝以后很常见的。唐朝以后的古体诗，有格律的比没格律的还多，但总体上还是古体诗。这种诗怎么读呢？像这样的情况，要不要平长仄短？我的主张就是可以读出来，也可以不读出来。你发现对含意有影响的，就读出来。只有读的时候才知道要不要拖长，要不要按平长仄短去读。这种事比较难判断，很多人都对这个问题感到困惑。

那我们开始读，用普通话平调吟咏。《游龙门奉先寺》怎么吟？

已从招提游　更宿招提境
阴壑生虚籁　月林散清影
天阙象纬逼　云卧衣裳冷
欲觉闻晨钟　令人发深省

听出问题了吗？你们的问题在哪儿？没有上中下调，平着下来的。我们要分上中下调。我们先练习一下，以一行为一个单位，来一遍“上中下上”。

已从招提游　更宿招提境（上调）
阴壑生虚籁　月林散清影（中调）
天阙象纬逼　云卧衣裳冷（下调）
欲觉闻晨钟　令人发深省（上调）

好，现在我们改成五个字，以半句为单位，来一遍“上中中下”。

已从招提游（上调）　更宿招提境（中调）
阴壑生虚籁（中调）　月林散清影（下调）
天阙象纬逼（上调）　云卧衣裳冷（中调）
欲觉闻晨钟（中调）　令人发深省（下调）

你们的音域太窄，上中下调离得太近。离得太近的坏处是什么？很难表达感情，因为差了两度，从“来”降到“哆”，读不出抑扬顿挫，感情无法表达充分。所以你们要练习把音域打开，上调要高，下调要低。

有的老师有了上中下调以后，就来回倒，每次都是上中下上中下上中下，要么更简单，就是上下上下这样重复，这又成了小和尚念经有口无心了，吟诵就成了新的催眠曲。我们说吟诵要有上中下调，是说每读一句都要思考，应该用哪个调。前面引唐文治先生的话，说每句读到句尾，都要“急将放心收敛”，就是这个意思。

比如说“阴壑生虚籁”，你觉得该用上调还是下调？你不觉得很阴冷吗？是不是要用下调，或者至少也是中调？“月林散清影”这个就不好说了，有人可能觉得这个还是冷的，可能就读低了。但我觉得可以这样理解：啊，这个月亮太明亮了。那我就读上面去了。你一秒钟看到这个马上就可以决定用什么调。理解不同，用调就不同。不过必须先理解再用调，绝不是用调去套。

好，我们来按照自己第一眼的理解，把这首诗用上中下调的组合吟诵一遍。

读的时候不一定非要上中中下，你觉得这句该怎么读就怎么读。不过一读，你就可能觉得自己用的调不对了，那就回头再读一遍，这就是一个学习和思考的过程。以前都是一对一的教学，老师可以通过你的吟诵了解你对这首诗的理解情况。

下面你们小声读，我大声读，这样你们能稍微听见我怎么读的。等你们读熟了，就大声读。那我们开始第二首，《望岳》，是什么文体？古体，因为押仄韵。它也是有格律的，中间两联对仗，但是它仍然是古体。

望　岳

岱宗夫如何　齐鲁青未了
造化钟神秀　阴阳割昏晓
荡胸生层云　决眦入归鸟
会当凌绝顶　一览众山小

好，下一首是《登兖州城楼》，它的文体是五律。

登兖州城楼

东郡趋庭日　南楼纵目初
浮云连海岱　平野入青徐
孤嶂秦碑在　荒城鲁殿馀
从来多古意　临眺独踌躇

很好，你们的调跟我有的时候不一样，没有关系，只要分出来上中下调，还有平长仄短、平低仄高就行。但是有一点，用这个调吟诵的时候，近体诗最后的那个韵字要尽量地放到下面去。另外，碰到入声字，就读短它。还有，初学的时候，我还是主张要把右手举起来，比划一下声调，这样自己心里有点数，但不是说一直都这样，你如果觉得熟了，就可以不比划了。还有，要摇头晃脑地读，不要跟个机器人似的，一动不动地读，你的身体不动，你的声音怎么发得出来？这不是要你画圈，你该怎么样就怎么样。你的手一起来，身体和头自然会跟着动的。来，再来一首《题张氏隐居二首》。第一首是什么？七律。很好，有很多老师一眼就可以判断了。我们先读这首七律。

题张氏隐居二首其一

春山无伴独相求　伐木丁丁山更幽
涧道馀寒历冰雪　石门斜日到林丘
不贪夜识金银气　远害朝看麋鹿游
乘兴杳然迷出处　对君疑是泛虚舟

听着有点感觉了吧？第二首是什么？五律。为什么是五律？整整齐齐的，一看韵，平声韵，再看中间两联，对仗的。就这么简单。

题张氏隐居二首其二

之子时相见　邀人晚兴留
霁潭鳣发发　春草鹿呦呦
杜酒偏劳劝　张梨不外求
前村山路险　归醉每无愁

《刘九法曹郑瑕邱石门宴集》这首诗是五律。

刘九法曹郑瑕邱石门宴集

秋水清无底　萧然净客心
掾曹乘逸兴　鞍马到荒林
能吏逢联璧　华筵直一金
晚来横吹好　泓下亦龙吟

《与任城许主簿游南池》这首诗中间不是太对仗，这个时候怎么办？就要去分析它的平仄。分析平仄就需要时间了，不是一秒钟了。这首诗差不多是个五律，按五律读。

与任城许主簿游南池

秋水通沟洫　城隅进小船
晚凉看洗马　森木乱鸣蝉
菱熟经时雨　蒲荒八月天
晨朝降白露　遥忆旧青毡

很好。下面就这样，你们大声读，我小声读，我觉得你们有错误了，就指出来。你们回去后也这样带学生泛读。学生们要是读得没什么问题，你就让他们一直读下去；要是他们的上中下调跟你的理解不一样，一般来说不要管它，除非你觉得这个问题太严重了，完全理解得不对，要不就是读错了，平长仄短等规矩错了，就让他们停下来，指正一下，别的时候就让他们一直读下去。这就是泛读。

对雨书怀走邀许十一簿公

东岳云峰起　溶溶满太虚
震雷翻幕燕

停，不对。这诗是什么诗？诗体是什么？五律。所以要平长仄短。“东岳云峰起”哪个字长？“峰”。“溶溶满太虚”呢？“溶”长。“震雷翻幕燕”呢？“雷”长。“骤雨落河鱼”呢？“河”长。

所以这首诗不能一字一拍地读，一字一拍那是古体诗，而这是近体诗，所以是：

东岳云峰——起　溶溶——满太虚
震雷——翻幕燕　骤雨落河——鱼
座对贤人——酒　门听——长者车
相邀——愧泥泞　骑马到阶——除

现在明白了？要读对，首先要遵守吟诵的规则，入短韵长，近体诗就要平长仄短。来，下一首《巳上人茅斋》。

巳上人茅斋

巳公茅屋下　可以赋新诗
枕簟入林僻

好，停。读这首诗有这么困难吗？这首诗是什么体？五律。你看，整整齐齐的，押的什么韵？平声韵。中间两联对仗吗？对仗，所以是五律。五律要怎么读？入短韵长、平长仄短、平低仄高，所以：

巳公茅屋下　可以赋新诗
枕簟入林僻　茶瓜留客迟
江莲摇白羽　天棘蔓青丝
空忝许询辈　难酬支遁词

“询”字长。“忝”，仄声字，这字念三声。我们读的这几首，都是杜甫 20 多岁的时候作的诗，你是不是发现这里边有很多的词不知道什么意思？这就是泛读的作用，读多了慢慢就知道了。“支遁”是什么？不知道。读多了，经常出现“支遁”，出现七八回之后你就明白了：它是一个人的名字。“空忝许询辈”，你们个个都是像许询那样的大才子、大学者，意思是我是滥竽充数。“难酬支遁词”，你们都是支遁，个个能舞文弄墨、能言善辩，我不行，我跟你们对不上。这是谦虚，是吧？什么叫上人？读多了就明白了，就是一种对和尚的称呼。“骑马到阶除”，“阶除”是什么意思？台阶。什么叫许十一？人名，他排行第十一。他们家生那么多孩子？不是，是大排行，唐朝都是大排行，就是一个大宗族，从曾祖父开始往下排，到你这一辈你排老几。杜甫排第几？杜甫排第二，所以叫杜二甫。这位姓许的，他排第十一，所以叫许十一。“簿公”，“簿”应该是主簿，是他的官职，“公”是对他的尊称。

再往回看。“掾曹”是什么？猜一下。刚才我们读的时候可能光顾着调了，等你把这种调运用自如的时候，就要把注意力回到诗本身上去。“掾曹”是什么？这不是官的名字，而是小官的意思。“杜酒”是什么？杜康。所以“张梨”是什么？不知道是什么？但是你知道“杜酒”是什么，你就能猜出张梨是什么。“杜酒”就是杜康他们家的酒，所以“张梨”自然也是张家有名的梨。慢慢就明白了，要多读。

下一首，《房兵曹胡马》，是什么体？五律。你发现了吗？我们读了这么多首，主要是什么？五律。这说明什么？杜甫年轻的时候爱作五律。你如果把整个的杜诗全体读下来，慢慢就会发现一个现象，杜甫年轻的时候作了很多的五律，到了中年的时候，大部分是五古，到了老年的时候，大部分是七律。诗体跟人的心境也是有关系的。来，我们读这个。

房兵曹胡马

胡马大宛名　锋棱瘦骨成
竹批双耳峻　风入四蹄轻
所向无空阔　真堪托死生
骁腾有如此　万里可横行

这首诗很有名，是首好诗。什么叫“房兵曹”？猜一下。姓房的兵曹。“兵曹”是个官名。

刚才有的老师变成读诵了，没有调了，要有上中下调。我们往下读，《画鹰》，这是什么？五律。

画　鹰

素练风霜起，苍鹰画作殊。
㧐身思狡兔，侧目似愁胡。
绦镟光堪擿，轩楹势可呼。
何当击凡鸟，毛血洒平芜。

这首读得好，很像当年私塾的读书方式了，当年的私塾里就是这样，只不过不是大家一起读的。老先生读，像鲁迅说他的先生读书，就是这个样子的。每个人上身要动起来，你们现在是坐着，站着读就更好了，全身都要动起来，就是所谓的摇头晃脑，其实是读出韵律，必须如此。要把这种感觉读出来。你看长长短短、短短长长，自然就摇出来了。

《过宋员外之问旧庄》，这是什么？五律。自己选择上中下调，不要听着别人读了个上调，自己就跟上去了，要坚持读自己的，我们不要求整齐。

过宋员外之问旧庄

宋公旧池馆　零落首阳阿
枉道祇从入　吟诗许更过

淹留问耆老　寂寞向山河
更识将军树　悲风日暮多

很好，已经很好了，现在唯一的一点问题就是很多老师还是上下上下这样的，这种人居多，所以就显出来。当然也已经有很多老师不是这样了。你看，像“宋公旧池馆，零落首阳阿”这一句好像是低一点好一点。“枉道祇从入，吟诗许更过”，两句都可以低，中下或者中中。往下，这一句也不该高。你问老者那么凶，这合适吗？不合适。“淹留问耆老，寂寞向山河”，都应该比较低。这就是这首诗的情绪。这句有劲了，“更识将军树”，然后又下来了。所以现在我们要求很高，既然你对于上中下调掌握得比较熟，那么现在把注意力放到词上去，判断一下该用上还是中或是下。这个感觉要马上跟上去，不要读成上下上下的。

《夜宴左氏庄》，这是什么？还是五律。

夜宴左氏庄

林风纤月落　衣露净琴张
暗水流花径　春星带草堂
检书烧烛短　看剑引杯长
诗罢闻吴咏　扁舟意不忘

在这里，“忘”读平声、一声。“不思量，自难忘。”下面这首诗诗题比较长，这是什么文体？这就是五言排律。它这个诗题，实际是几句话，所以要像古文那样读。

临邑舍弟书至苦雨黄河泛溢堤防之患簿领所忧寄此诗用宽其意

二仪积风雨　百谷漏波涛
闻道洪河坼　遥连沧海高
职思忧悄悄

停。人家都说了“悄悄”，你们还唱那么高干什么？低一点，“职思忧悄悄”。“郡国诉嗷嗷”，这句该上去，是不是？就是这样，重新来。

职司忧悄悄　郡国诉嗷嗷
舍弟卑栖邑　防川领簿曹

尺书前日至　版筑不时操
难假鼋鼍力　空瞻乌鹊毛
燕南吹畎亩　济上没蓬蒿
螺蚌满近郭　蛟螭乘九皋
徐关深水府　碣石小秋毫
白屋留孤树

这个“孤”字长，“屋”是入声字，但你们刚才读得也太长了。你们有的时候还是会受到朗诵的影响，五个字就第二个字顿一顿。“碣石小秋——毫”，不是“碣石、小秋毫”。

白屋留孤树　青天矢万艘
吾衰同泛梗　利涉想蟠桃
赖依天涯钓　犹能掣巨鳌

你们现在三个调读出来两个调，中间还有一个调，这样才变化丰富。比如说“吾衰同泛梗”，这一句很明显应该是下调；“利涉想蟠桃”，中调；“赖依天涯钓”，上调；“犹能掣巨鳌”，中调。这才像吟诵，下中上中。

下一首诗题目也很长，但是诗很短。来，我们不再问到底是什么文体了，现在我们就进到了真正的泛读了，上来就开始了，我看你们行不行。

天宝初南曹小司寇舅于我太夫人堂下累土为山一匮盈尺以代彼朽木承诸焚香瓷瓯瓯甚安矣旁植慈竹盖兹数峰嵚岑婵娟宛有尘外数致乃不知兴之所至而作是诗

一匮功盈尺　三峰意出群
望中疑在野　幽处欲生云
慈竹春阴覆　香炉晓势分
惟南将献寿　佳气日氛氲

还是两个问题：第一，不要老是上下上下；第二，还有个中调。“惟南将献寿，佳气日氛氲”，还可以中调。只有上下调，太枯燥。读着读着你就难受了，要有中间的那个调，那个调很重要的。像你们这样上下上下地重复，实际上等于没有吟诵，跟平读是一样的效果。

我们别老读五律、五排，找点别的读。《赠李白》，这是什么？七绝。

赠李白

秋来相顾尚飘蓬　未就丹砂愧葛洪

痛饮狂歌空度日　飞扬跋扈为谁雄

这首读得很好，不仅读得很对，还有中调，很好。我再找一首。《饮中八仙歌》是什么？歌行。它的题目叫什么？叫歌。凡是题目叫歌、吟、行、引、曲、谣、辞等的，它只有两个可能：第一，它是乐府；第二，它是歌行。也可能两者都是。歌行要怎么读呢？有均匀节奏，每句四拍，入短韵长。

饮中八仙歌

知章骑马似乘船　眼花落井水底眠

汝阳三斗始朝天　道逢麴车口流涎

恨不移封向酒泉

停停停，没看明白。什么叫《饮中八仙歌》？杜甫刚到长安，就听说，在他到长安之前，朝廷中当官的有八个人结成了酒友。这八个人中，有老人，有青年人，他们经常都喝得烂醉。杜甫就作了一首《饮中八仙歌》，把八个人每个人都吟咏一下。知章是谁？贺知章。说他的有几句？两句。“汝阳”说的是汝阳王，汝阳王有几句？三句。“左相”，唐朝的宰相分左相和右相，右相权力大，左相没什么权力，这位左相有三句。“宗之”，是人名。“苏晋”几句？给了他两句。李白给得最多，四句。杜甫心中也有偶像，李白就是他的偶像。张旭，三句。焦遂，两句。所以这里有两句的，有三句的，有四句的。你们刚才读这个三句的时候，把两句读成一组了，其实这三句是一段的，要把这个段落感读出来。好，重新开始。

饮中八仙歌

知章骑马似乘船　眼花落井水底眠

汝阳三斗始朝天　道逢麴车口流涎　恨不移封向酒泉

左相日兴费万钱　饮如长鲸吸百川　衔杯乐圣称世贤

宗之潇洒美少年　举觞白眼望青天　皎如玉树临风前

苏晋长斋绣佛前　醉中往往爱逃禅

李白一斗诗百篇　长安市上酒家眠　天子呼来不上船　自称臣是酒中仙
张旭三杯草圣传　脱帽露顶王公前　挥毫落纸如云烟
焦遂五斗方卓然　高谈雄辩惊四筵

好，读得不错。回去再读得熟一点的时候，可以把两句或者三句整体读得更好一点。好，下面这个是什么？看一眼。是什么？歌行。一眼就看出来了。叫什么什么“行”的，不是乐府就是歌行。一看七言的，就是歌行。来，《今夕行》。

今夕行

今夕何夕岁云徂　更长烛明不可孤
咸阳客舍一事无　相与博塞为欢娱
冯陵大叫呼五白　袒跣不肯成枭卢
英雄有时亦如此　邂逅岂即非良图
君莫笑　刘毅从来布衣愿　家无儋石输百万

好，有些入声字要注意，“夕”“客”“一”“白”是入声字。像“君莫笑”这种句子基本上属于衬句，读的时候要快一点，马上要接上去。这种三字句都是接得很快的。还有刚才读得太慢了，应该是一气呵成，这才有歌行的意思。

来读下面这一首五言古体诗。虽然有很多对仗，但是也有很多不对仗。“残杯与冷炙，到处潜悲辛”，不对仗。“朝扣富儿门，暮随肥马尘”，对仗。所以这种就是受到格律诗影响的五言古体诗。我们读一下五古，五古是均匀节奏、典雅简朴，读起来的速度比歌行要慢一些，比近体诗要快一些，在中间。

奉赠韦左丞丈二十二韵

纨绔不饿死　儒冠多误身　丈人试静听　贱子请具陈
甫昔少年日　早充观国宾　读书破万卷　下笔如有神
赋料扬雄敌　诗看子建亲　李邕求识面　王翰愿卜邻
自谓颇挺出　立登要路津　致君尧舜上　再使风俗淳
此意竟萧条　行歌非隐沦

停一下，你们读的时候，每句的最后一个字都拖长，这是不对的。你们要看它押不押韵，“条”不押韵，就不要拖长。虽然是个平声字，也不要拖长，只有韵字是拖长的。

此意竟萧条　行歌非隐沦　骑驴十三载　旅食京华春
朝扣富儿门　暮随肥马尘　残杯与冷炙　到处潜悲辛
主上顷见征　欻然欲求伸　青冥却垂翅　蹭蹬无纵鳞
甚愧丈人厚　甚知丈人真　每于百僚上　猥诵佳句新
窃效贡公喜　难甘原宪贫　焉能心怏怏　只是走踆踆
今欲东入海　即将西去秦　尚怜终南山　回首清渭滨
常拟报一饭　况怀辞大臣　白鸥没浩荡　万里谁能驯

好，这首诗大家读了一遍，知道是说什么意思吗？怀才不遇，然后要怎么样？你读完了一遍要有印象。你们可能现在脑子都在弄旋律，旋律这件事慢慢地会变成一个本能，张嘴就来，这时你要把注意力放到词上去。这首诗说了什么？说了“我”小时候多么多么厉害，本来马上有大官做的，结果“朝扣富儿门，暮随肥马尘。残杯与冷炙，到处潜悲辛”。你看我过的什么日子，所以我将怎么样？“今欲东入海，即将西去秦”，我走了。“白鸥没浩荡，万里谁能驯？”谁能管得了我。你读过一遍就要有这个印象，这个才叫读了。

第五讲　吟诵调

模进对称

传统的吟诵，往往都是由几个高低不同的旋律框架组合来使用。我把这些吟咏时的旋律框架，叫作“调”。“调”又分上调、中调、下调，一般下调是一个由下升回上调的调，我又叫它“勾连调”。调最少的情况，只有两个，即上、下调；最多的，有四个调，即上调、中调、下调、钩连调。在我目前搜集的吟诵调中，没有超过四个以上“调”的。其中，以三个调的情况为最多，即上、中、下调。这也是个很有意思的现象。汉诗都是偶数句的，但是吟诵调却一般都是三个调的，这也是我们先人聪慧之所在。两个调或四个调，旋律发展就死了，只能循环往复地使用。三个调却不同，可以123123123，也可以121231123223这样任意组合来用。而吟咏是通过这些不同的组合关系，来表达诗文的思想气韵结构的。固定的旋律组合，怎能表达不同的诗文的内部结构?

这些上中下调之间的关系，主要是“模进”和“对称”。这是音乐学的术语。什么叫“模进对称”呢?

“依字行腔”主要讲的是什么？字音怎么唱。“依义行调”主要讲的是句子，一句之间怎么去决定调是往上升还是往下降。“模进对称”说的是篇，句和句之间的关系，就是乐句和乐句之间的旋律关系。一句旋律跟下一句旋律之间是什么关系呢？有两种关系：一种关系叫模进，另一种关系叫对称。西方音乐学能讲出很多种关系，比如变奏、伸展等，但汉诗文吟诵主要就是这两种。

什么叫模进？什么叫对称呢?

所谓模进，就是旋律整体向上或者向下推进。所谓对称，就是把旋律翻转。

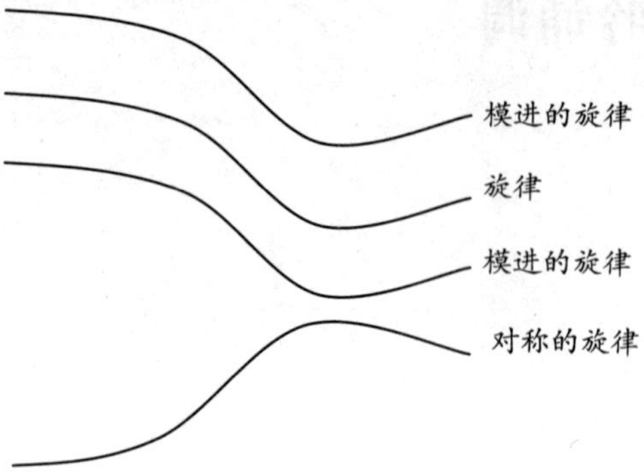

古体诗的句和句之间的旋律关系主要是模进的，近体诗则主要是对称的。我们要讲清这个，先要了解中国音乐的生成过程。

> 诗言志，歌永言，声依永，律和声。
>
> 情动于中而形于言，言之不足，故嗟叹之，嗟叹之不足，故咏歌之，咏歌之不足，不知手之舞之足之蹈之也。

“嗟叹之不足，故咏歌之”，那是怎么样把没有旋律、没有乐音的一句话变成有旋律、有乐音的一句话的呢？我们就把这个小过程放大，看看它是怎么样做的，它的内部有哪些步骤。现在我们主要说说从诗怎么变成歌的？这个音乐性是怎么加上去的？

怎么样把一首诗唱出来？有两条路。第一条路就是今天我们所知道的作曲。这条路，很多人都以为是唯一的一条可以把诗变成歌的路。我们现在有人作了一首诗，想把它变成一首歌，找作曲家啊，好像这是唯一的一条路是吧？其实不是的，我们现在都会吟诵了对吧？吟诵显然就是另外一条路。

吟诵的速度我们已有所了解。一首诗从拿到手里到能够把它有旋律有曲调地吟咏出来，需要多长时间？答案不一样，有说两分钟、三分钟，但是我们还做过一个实验不是三分钟的，是多长时间的？泛读的时候是多长时间？一秒钟。

三分钟作曲，我们作的《静夜思》已经比作曲家强多了。作曲家作曲，平均需要多长时间？一般需要几个小时，当然也有作得快的，几分钟作出来的，也有作得慢的，作了好几年的是吧？但是我们吟诵几分钟就出来，是不是比他们强啊？而且一样美丽动听，还符合规矩，更符合诗意。

但是几分钟是不符合古人泛读的要求的，古人的要求是一秒钟。为什么一秒钟呢？因为吟诵是用来读书的，读书这件事，你就只有一秒钟时间准备，立刻就得开始读。我们平常读书读报纸，实际就是一秒钟读出来的。吟诵是一秒钟就能唱出来的，是不是这样？一秒钟怎么能唱得出来？

我们实际是分了两步走。分了两步走不是更慢吗？不是的。中国人的哲学认为分两步走比一步走要快，两条腿比一条腿走得快。怎么走呢？

基本调与吟诵调

第一步，我有一个名称叫“基本调”，先有个基本调然后再到歌。什么叫基本调呢？

首先要知道什么叫“调”。我们在依字行腔、依义行调那里已经讲过了，汉语传统歌曲的旋律，是由每个字的声调决定的“腔”和字与字之间的关系的“调”叠加而构成的。以后还会讲到，“腔”除了反映声调的“正腔”以外，还有“头腔”和“尾腔”，“尾腔”还可以发展成“花腔”。

“调”则主要是字与字的关系，即高低、长短、轻重、缓急的关系。“调”不是旋律。现在吟诵界有个现象，经常说某某调某某调，然后大家一起套调，这里所谓的“调”就是一个旋律了，套调就是套一个旋律，那就不是我所说的吟诵调了。

“调”不是完整的旋律，它通常只是在某些节奏点上的固定音高，甚至音高也不固定，只是音程或升降趋势是固定的。京剧有西皮、二黄、四平、高拨子等调子。比如西皮，就是在句子固定的节奏点上，有相对固定音高的一个框架，中间可以随意填充很多乐音，加上节奏的不同即快板慢板等，实际上每一个西皮唱段的旋律都是不一样的。这就是“调”发展到极致的样子。民歌的各种调，比如“茉莉花调”“采莲调”“荷包调”“卖布调”等，也都是这个样子，没有一个人唱的旋律是一样的。

另外，一个调经常会有相对固定的句子尾腔，也会成为这个调的特征。比如唐文治先生读文的调子，即我们经常说的“唐调”，经常有一个615的句尾腔。但是，我们采录的他的学生的吟诵，并不是都用这个尾腔，朱东润先生是216，钱仲联先生是61615，萧善芗先生是653，都不一样。所以，“唐调”只是唐文治先生的调子，其学生只是“唐调”传人，到他们手里，各是各的调，朱东润先生的应称“朱调”，钱仲联先生的应称“钱调”，萧善芗先生的应称“萧调”。他们传的学生，又是各自的调子。每个人都应该有自己的调子，而且，一个人的调子也是可以改变的。这才是吟诵。

我一向反对套调，也不赞成用某某调去推广吟诵。吟诵是个人的感悟理解，每个人的语感和乐感也不一样，怎么能用别人的调子呢？这与吟诵的初衷相违背。我们在《我爱吟诵》等书中，都是标明“源于某某先生吟诵调”，不是说我们自己就是那个调。吟诵是读书的方法，是法不是调。吟诵不应该通过某某调去传播，也没有哪个调就比别的调更高明。什么调都可以吟出优秀的吟诵，关键看理解，看气象。吟诵的人啊，一定要记得用自己的调去吟诵。

可不可以用别人的调吟诵？可以。第一，用于初学模仿，谁都要经过模仿的阶段，但是，不要止步于此，更不可以此相号召。第二，用于品味思考别人的理解。听传统吟诵，最大的价值就是老先生们传达了他们对这首诗文的理解，每个细节都值得品味，所以学他们学得惟妙惟肖是有必要的，但是，同样不能止步于此，也不可以此相号召，更不能随便举一反三，千篇一律去套调。每首诗都不一样，怎可能旋律都一样？

你要说老先生也套调啊，第一，你没仔细听，只要依字行腔，字一变，旋律就变，就不是套调。你听到的感觉是近似的，那是因为在节奏点上有固定音高，不是旋律都一样。第二，即使老先生真的套了调，就是旋律都没变，那也只能说明老先生此时没有用心，可能是泛读，而且是心不在焉地泛读，肯定不是精读。如果老先生只会套调式地泛读，就说明他没有学到。要知道现在我们采录的老先生，受到的传统教育都已经残缺，大部分相当于小学没毕业。不是老先生的就一定是对的，现在的学生还分三六九等呢，要学好不要学坏。什么是好？什么是坏？这需要学术研究，需要多方面的比较，需要学理上说得通。我们现在总结的吟诵的方法、规矩和优劣标准，都不是仅仅听老先生吟诵就得来的。这里有多方面的综合的学术研究。也许我的研究结果不对，这个可以商榷，但是，照搬式传承是肯定不行的。

我们采录的上千位的老先生，他们每个人都有自己的调子，这些调子从哪儿来的呢？从老师那儿来的。如果是一整套调子，这套调子就包括仄起五绝、平起五绝、仄起五律、平起五律、仄起七绝、平起七绝、仄起七律、平起七律、仄起五排、平起五排、仄起七排、平起七排、词（各词牌不同）、曲（各曲牌不同）、五古、四言、乐府、楚辞、骈文、古文、八股文一整套，这是按文体分的。就这么一套调从老师那儿继承下来，一种文体就是一个调子。有的先生还把这些调子编成口诀，比如宁波的戴君仁先生，我们有他的录音，后来他教给了叶嘉莹先生。戴君仁先生曾亲自示范过这个调，直接用“平仄”两字把格律吟出来。［参见：戴君仁吟仄起五律格律）

3 3 3 1 1 2 0
仄仄 平平 仄

6 5 6 7 6 6 5 5
平 平 仄 仄 平

3 5 6 1 7 6
平 平 平 仄 仄

1. 2 7 6 6765 5
仄 仄 仄 平 平

这就是一个调。有的人想，现在什么都可以往里套了吧？什么“白日依山尽，黄河入海流”“细草微风岸，危樯独夜舟”“迟日江山丽，春风花草香”都可以这样唱。不是的。这个应看成是戴先生用“平仄”二字吟诵的五律，如果不是这两个字，旋律就会调整，比如“仄”字如果是个入声字，就会更短；“平”字如果是个阴平的字，调值就会有变化。所以这个旋律不是调，戴先生的调是格律节奏点上的字，一般情况下，都会在这个乐音音高上作为音程的主音，但这个音程滑向哪里，滑多久，就要看是什么字了。另外，还有 6765 这个尾腔，也是一个特征。这个就叫基本调。

以前每一个读书人都会从老师那儿继承一整套的基本调，并在此基础上加上自己的语感、乐感，形成自己的一整套基本调，但很遗憾的是，我们采录到的老先生大部分没有一整套的基本调，为什么呢？因为大部分老先生私塾没有读完。私塾要结业的话，要能够去参加科举考试，最起码也要读个 12 年到 15 年，但是我们采录的老先生大部分是 19 世纪二三十年代出生的，他们有的人就读了一两年私塾，有的甚至一年都不到，读过十年以上的更是寥寥无几。所以他们的调子不完整，老师没教完，好多人只会近体不会古体，只会诗不会词，有的是只会七绝不会五绝，有的只会仄起七绝不会平起七绝，什么样的都有，我们采的调子很难完整。

我们采录的目标是一整套调子。比如说，广州的吟诵调，我需要一整套。广州的吟诵调每个地方都不一样，越秀的跟番禺的肯定还是有差异的，但是都是广州的，总体上还是比较接近的。广州的这些调子都差不多，我就得让它成为一个系统。仄起五绝有，平起五绝有，仄起五律有，平起五律有，等等，全都有，我才觉得我把这个地区的吟诵调整个地保存下来了，但是现在我们采录过的很多地区，它的基本调系统还不完整，好几位先生凑，还没凑起来，如果最终也没凑起来，那就是凑不起来了。所以你不要以为这个地方采录到一位老先生，这个地方的读书方法就传承下去了，不是这样的。现在有一整套调子——就是什么都会吟诵的这种老先生，也不是没有，但已经很少了，我们每次碰到一位这样的老先生那就是如获至宝，太珍贵了。起码要读五年以上的私塾，才会有整套的基本调。

基本调是按文体分的，但不是一个文体一个调子，几个调呢？比如说仄起五绝几个调？最少两个调，一个阴调，一个阳调，所以我叫它阴阳调。一个阴调，一个阳调，就是说一个是比较阴柔一些的，一个是比较阳刚一些的。每种文体最少两个调。我们碰到的最多调的一位，是北京姓窦的老先生，当时 90 多岁了，他说老师教给他的时候，每一个文体五个调，像仄起五绝五个，平起五绝五个，所以五绝就十个调了，而且他说这十个调各有名称，是老师说的，什么萧淡、自然、雄壮等，就是风格的名称。这是我见到的调最多的一个，一般就是两个调。

比如说陈少松先生，我们听过他的《清明》[参见：陈少松吟（唐）杜牧《清明》]，但是同样是平起七绝，《早发白帝城》就不是这样的[参见：陈少松吟（唐）李白《早发白帝城》]：

《清明》

3 2 1 — — 2 3 5 5 5 3 5 5 2 2 —

清 明 时 节 雨 纷 纷

2 3 5 5 3 2 — — 2 3 5 3 2 2 3 2 1 1 —

路 上 行 人 欲 断 魂

6 1 2 3 6 1 6 5 — 6 0 1 1 6 1 2 3 2 0

借 问 酒 家 何处 有

3 2 1 — 6 1 2 3 1 6 5 6 6 — 6 1 5 — —

牧 童 遥 指 杏花 村

《早发白帝城》

1 1 1 — 3 2 3 5 3 3 2 1 1 1 — — —

朝辞 白 帝 彩云 间

3 3 5 3 2 3 5 1 1 1 6 1 6 5. 6 1 1 2 1 5 6 5 6

千里 江 陵 一日 还

0 5 6 1 1 2 1 6 6 5 3 2 — — — 5 5 1 6 5 6 0

两岸 猿声 啼不 住

6 5 3 — 5 3 5 1 6 1 6 5 5 — 2 3 2 1 1 — — —

轻 舟 已 过 万 重 山

陈先生吟的所有的平起七绝，都是这两个调。这就是阴调和阳调。《清明》是阴调，《早发白帝城》是阳调。陈先生所吟近体诗、词，也都是每个诗体两个调。

这就是基本调的一个状况，明白了这个之后就明白古人是怎么读书的。当他有了这一套调子以后，当他拿到一首诗，第一秒钟干什么？判断文体。一秒钟一眼看过去，基本上文体就要判断出来。还要干什么？判定阴阳。这首诗是阴柔的还是阳刚的呢？就是要决定选哪个调，调定了就可以开口唱了，怎么唱呢？“依字行腔”“依义行调”。固有的调是这样的，但是每首诗的字都不一样，要根据这个字的字音尤其是字调去调整基本调的旋律，这是一个本能，我们一直在练这个，永不倒字。然后，还要根据诗意，临时对基本调做微调。

同样是仄起五绝的吟诵，“迟日江山丽”和“细草微风岸”怎么能一样呢？对不对？“迟”是平声，“细”是仄声，“日”是入声，“草”是上声，这个“迟日”跟“细草”不一样，所以这个调子在这个地方，要用腔音去调整。“迟”要怎么读呢？往上一挑。“细”怎么读呢？往下一沉。“迟日江山丽”和“细草微风岸”你听着是一个调，其实不是，每个字都调过了，这就是依字行腔。这件事情需要多长时间？零秒。这是本能嘛。你说话说那个字，怎么能说倒字呢？要正心，正过心来，唱歌就是说话，就是表达情意，不是作秀，所以怎么能倒字呢？开口就是人话，开口自然依字行腔，所以不需要准备时间。按照这个调子来唱这个字，一出口，立刻就是调过了。按我们普通话，一声平着唱，二声往上扬一扬，三声拐一拐，四声往下压一压，于是就成了歌，吟咏出来了。整个的过程只要一秒钟，这就是泛读。

有的时候我听小学老师说："我们的学生现在诵读可好了，每天都读十首诗。"每天读十首诗，真是不知道说什么好。十首诗，五分钟就读完了。泛读是大量地读啊，一天得上百首地读下去，这个叫泛读。读了这么多首，其中总有我觉得不错的，于我心有戚戚焉，特别喜欢的。特别喜欢的会怎么样？会回过头来反复读。如果你反复读它，每一次吟诵它，结果怎么样？你就会离开你的基本调一点儿。每次读都是这样，为什么呢？因为你考虑它的含意，你第一次泛读，拿到就开始读了，显然对它的意义理解不深，只是对它的文体有个判断，知道个大概。读一遍的时候感觉就是留了一点印象。经过不断地再读，对它的含意的理解越来越深，调就越来越离得远了。这种过程叫依义行调。第一次读的时候很难依义行调，反复读才可以。经过反复读，每一次读对于它的意义把握都要深一层，于是你的调就离基本调越来越远，这个调也越读越变，最后变成什么样？变成只适合这首诗，再也不能去套别的诗了，这个时候这个调子叫什么呢？就叫吟诵调。

基本调是对某种文体而言的个人的调，吟诵调是对某篇诗文而言的个人的调。什么是调？前面已说过，调不是旋律，只是旋律框架。

一个先生有多少吟诵调？我们采录了这么多人，据我们的经验，少的时候一个先生可能只有几个吟诵调。我们怎么知道的呢？我们采录的过程是这样的：首先是访问，访问很多关于个人信息和传统教育的事情，比如在哪儿出生的，父母什么情况，家庭怎么样，跟谁学的，这个老师什么情况，怎么学的，怎么上的学，等等。等到开始吟诵的时候，我们先请先生随意地吟诵他想吟诵的东西，这个时候他吟诵的一定是他特别拿手的，这个时候的都是吟诵调。等到他没的可吟诵了，我们准备了一整套的、按照文体分类的作品选给他，看看哪个文体还没有，比如说仄起五律他还没有吟过，我们就把仄起五律那本递给他："先生，请您在里面再选一首。"他就翻开："那我读这首吧。"这个时候是什么？就是基本调，因为是泛读的，不是他反复琢磨的，所以很容易分清。

只有几个吟诵调的，说明这位先生平时读书基本都是泛读，并不热衷于吟诵。有的先生甚至多到几百个吟诵调的，实在采不完，最后人家自己录了，整体打一个包给我，也有这样的。有人特别爱吟诗，特别爱琢磨，特别爱创造，比如福州的陈侣白、陈炳铮两位先生，他们是兄弟，都爱吟诵，也都作吟诵曲。仅就吟诵来说，他们每人都有几百个以上的吟诵调。这种情况，很少很少；只有一两个吟诵调的，也很少很少。大部分先生，一般来说都有十几个或者几十个吟诵调，这是很正常的。

吟诵调是最珍贵的。当然基本调也很珍贵，如果有成套的基本调在，就表示这个地方的读书方法保留下来了。吟诵调更珍贵，因为吟诵调是一词一曲的，它跟今天我们的流行歌曲的创作是一样的。他这首曲子只对应这首词啊，换一首诗这个调就不合适了，它就是对应这一首的，是经过人家反复琢磨，甚至是好几代人反复琢磨过的，饱含着先人对这首诗的理解，所以非常珍贵。所以我们特别重视吟诵调，吟诵调总的说起来也不是太多。

所以传统吟诵的采录非常重要。如果说让我们自己来创作，发动作曲家来作，这不是说不可能，我们自己也在创作，不断地创作，但是我们创作的速度怎么能赶得上几千年来这么多人的积累？赶不上的。而且我们认识的深度比不上古人，所以传统的吟诵调非常重要。比如戴学忱先生吟诵的那个《静夜思》，有多少作曲家能作得出来啊？不行的。所以采录非常重要，保留下这些音乐作品也非常重要，这是真正中华文人音乐的宝库啊，丢了就再也没有了，再造也找不到根。

古人都是非常强调反复吟咏的。读书有泛读，有精读。什么叫精读？精读就是反复地读，琢磨每一个字的意思、每句话的意思。有大声读，有小声读。曾国藩说拿到任何东西，先大声读一遍，体会它的气势结构；再小声读一遍，体会它的细节。这个叫读书之法。基本调就是泛读的调，吟诵调就是精读的调。

再往下发展就是舞，是吧？这么下来的感情再抒发就可以动起来了，吟诵一直是有动作的嘛。吟诵是全身心的，学习也是全身心的，知识的传递是全信息的，动作、表情、声音、体态什么都有。

好，看下面这张图：文人音乐的生成过程。由感情而语言而诗歌。基本调从哪里来？从老师那儿来。老师的从哪儿来？从老师的老师那儿来。那关键还是有个问题对不对？这个基本调是怎么出来的呢？为什么每个地方的调不一样呢？这个方法叫“模进对称”，它是用来形成基本调的。基本调是通过这样的方式而形成，然后用这样的基本调，依字行腔去吟诵。对于那些特别有感觉的，反复吟诵、依义行调而形成吟诵调，这就是整个的文人音乐的生成过程。

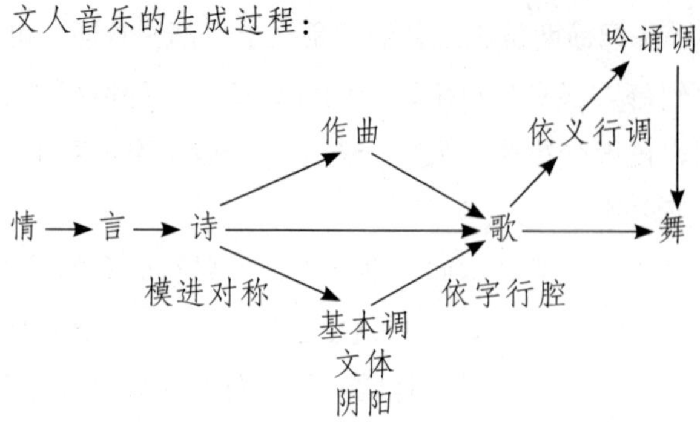

汉族音乐的绝妙

一直有人指责吟诵，说吟诵就是千篇一律，一个调子，所有的诗都一个调子，不像唱歌，所以吟诵没价值。这种人他没吟诵过，他一吟诵就会明白。首先是没有一首诗的吟诵旋律是一样的，它的调可能是一样的，曲则肯定是不一样的，因为它依字行腔。不依字行腔的就是套调，那不是吟诵。

有人还可能说，虽然每首的旋律都不一样，但实际它的调是一样的，或者调也是基本差不多的，这不仍然说明吟诵在音乐上没有多大价值吗？

是，对一个人来说，吟诵的基本调的确是差不多的，但是那个差不多的调比你作曲的调强，为什么呢？因为这个调是根据文体和阴阳来的，它不是乱来的，它的长短高低是对的。它只要是对的，就能把声音的长短高低、轻重缓急的含意表达出来，不是这样吗？而现在作的曲许多是乱来的，该长的音短，该低的音高，就算多么精彩，也是错的。吟诵虽然是一个基本调，但是只要一读，这篇诗文声音含意的百分之六七十已经表达出来了，大方向是对的。细节的东西没有表达出来怎么办呢？反复吟咏，依义行调，最后形成吟诵调。这是我们中国音乐的方式，而且不仅仅是吟诵的方式，所有的音乐都是这样的。唱歌也是这样的，民歌是有基本调的。比如《绣荷包》，每次唱都不一样，它就那么大概的调，词也可以变，曲也可以变，那个调差不多，如此而已。这对于固定词、固定旋律的作曲，不是更高明、更自由、更真实的境界吗？一个地区的调子很接近，但到另外一个地区调子又变了，所有的民歌都是这样的。唱戏不也是这样吗？唱账、叫卖也是这样。你们听过相声《卖布头》吗？学那个卖布头的唱的一大套，就一个调啊，他即兴填上不同的词，这就是我们中国人以前唱歌的方式，我们用这种方式张嘴就可以唱歌。

所以我们为什么要用现代的方式唱歌？我觉得这是很奇怪的事情。为什么我们要作曲？也是很奇怪的事情。我们明明有那么好的自己的音乐，可是，现在我敢说没有几个中国人听过真正的中国音乐了。真正的传统的中国音乐在哪里？雅乐，基本没有了。文人音乐，基本没有了。雅乐和文人音乐以前的录音也基本没有了。只剩下俗乐，所以很多人以为中国音乐就是俗乐，就是民歌、戏曲、曲艺、诵经、叫卖等。但是，即使是这些俗乐，又在哪里呢？我们今天听到的，都不是当初的样子了。要想听，得和采录吟诵一样，去偏僻的山野，找耄耋老人。我们有几个人听过那些原生态的音乐呢？

所以现在大部分人印象中的民乐，都是有架子鼓的，有五线谱的，有和声有指挥，而且是器乐曲的。我在山西太原的时候，在一个饭馆吃饭，服务员非要给我唱山西民歌，我说好吧。于是他们搬进来一架电子琴，打起节拍。我说能不能不用电子琴？于是他们搬走电子琴，大家站成一排，有节奏地拍着巴掌代替电子琴打节拍：人说山西好风光……我真不知道该说什么好。

因为很多人没有听过真正的汉族音乐，所以造出了很多西方式的民乐。当然，这也是一条路，也挺好听的，但是，毕竟不是我们原来的东西。原来的汉族音乐，很好听的，首先要知道原来的样子。

汉族音乐的魅力，与西方音乐不同。西方语言没有声调，所以旋律天然具有相对独立的含意，需要作曲，器乐曲发达。汉语是旋律型声调语言，汉族音乐的魅力首先在于词以及词曲关系。汉诗的水平和力量太强大了。旋律与之配合天衣无缝、相得益彰，使人心旌摇曳，不能自已，这份彻心的感动，是不会汉语的人无法体会到的。严格地说，汉族没有单纯的器乐曲，我们的旋律总是与语言和诗歌结合。汉族音乐用不着向西方音乐靠拢，我们需要的是体会自己音乐的魅力，培养会欣赏自己音乐的耳朵。吟诵，正是汉族音乐复兴的基础。

而且我所说的中国音乐的好处还没说完。还有，我们前面说我们读书要一秒钟读出来，唱歌也要一秒钟就唱出来，所以要有基本调。但是如果这个基本调很复杂，比如这个基本调就是贝多芬的《第九交响曲》，这谁背得过是吧？它必须很简单。基本调有多简单？我也有个词形容它，叫“一句”旋律，基本调简单到就只一句。民歌、戏曲、说唱、曲艺、吟诵还有和尚念经都一样，其实一个调就是一句旋律。他把这句旋律往上推一推，往下压一压，就叫模进，翻过来就叫对称，它就形成了这个调子。

所以记住一个调其实只需要记住一句旋律，这一句旋律就可以翻成这个调，这个调就可以翻成千千万万的歌曲，这是汉族音乐的原理。京剧又叫西皮二黄是吧？为什么叫西皮二黄？因为它主要就是西皮和二黄这两个调。西皮和二黄就是两个基本调。西皮这个基本调有多少旋律啊？其实就那么一句，翻一下再翻一下，还会抻开。抻开就是在第一个乐音和第二个乐音之间加了好几个音，这就是板腔体。基本调就这么一句，所以听京剧的人一听，这个是西皮，这个是二黄，他能听出来，为什么？就那句旋律，只要这个旋律听出来就行了。

你可能说这个太不丰富了，这跟我们今天的意识、观念完全是相反的。我们今天的观念叫创新，什么东西都要不同，我作一首歌怎么能跟你作的那首歌一样呢？一样的话就侵权了。我们要有原创性，强调的是这个。这是西方的概念。什么叫原创性？你所有的东西都是祖宗留下来的，不是这样吗？你所有的知识都是传承下来的，你只是在那个基础上加了一点点你的东西，哪有什么原创啊？我们吟诵不承认原创，永远不要说是自己作曲的。我们只是编曲、度曲而已。

对于唱歌，我们是听到新的旋律心有所感，还是听到旧的旋律心有所感？都有的，但是我们现在太忽略旧的旋律了，所以我才强调这一点。为什么我们古代的东西，如戏曲、曲艺都是一句旋律呢？淘汰出来的。开始也有很多，后来发现就这么一声，就这么一嗓子出去，所有下面人都说“啊”，都有感觉，就这个调子，这一批人听着有感觉，其他调子听着感觉不那么强，所以就不断淘汰，最后只剩下那么几个调特别有感觉的，这几个调就组成了一个曲目，一个剧种，或者是一种唱法，或者是一套民歌调子。

比如广东人听粤剧的时候，对那个旋律就很有感觉，但是北方人听到那个旋律就不是那么有感觉，对不对？山东人听到吕剧或者梆子、柳腔、茂腔有感觉。北京人一听到京韵大鼓、单弦，那个旋律对应他的语言，所以能打动他。所以一句旋律就够了。通过这一句旋律，经过不断变化，就出来了无数的旋律。所以京剧没有任何一句唱词的旋律是完全一样的。

这就是我们音乐的一个形成方式。这个方式以前被认为太落后，远远不如创造一个原创的。但那种原创式的西方音乐毁了中国音乐，让大家不再会唱歌，谈恋爱的时候不再唱歌，唱歌不再是我们的生活方式，仅仅是作秀方式了。我们原来的音乐多丰富，每个人都可以唱，随时即兴可唱，与歌词紧密结合，感动心灵，而且，在此基础之上，我们也可以创造出美丽动听的旋律，典范的音乐作品，真实的、生活中的、说人话的、感发人心的作品——这不就是艺术的最高境界吗？就算是最好的表演艺术也只是二流艺术，生活艺术才是一流的艺术。

现在很多人都以为汉族音乐没有西方音乐水平高，其实是不知道汉族音乐的绝妙之处。西方音乐的绝妙之处，主要在于旋律、节奏和和声、混音，而汉族音乐的绝妙之处，首先在于词。汉语汉文“书不尽言，言不尽意”，其中有巨大的含意空间，加上厚重的意象系统，高远的文化精神，使得汉诗文的含意之丰富复杂、细腻深广，远非直抒胸臆的西方诗文所能及。而音乐，放大了这个含意，更加丰富了这个含意，汉语的诗文和音乐的结合，可以达到无限的思绪、无穷的想象、无尽的情怀，使人沉迷其中无法自拔，使人陶醉其中流连忘返。这种音乐的绝妙感觉，是不懂汉语、不懂汉诗的西方人所难以想象、难以体会的。关键是，我们现在的中国人也往往不会体会了，所以汉诗文成了枯燥无趣的代名词。吟诵，可以让我们重回美境，重温绝唱。

愿更多的人听到汉族传统音乐，愿我们为汉族传统音乐而骄傲。

我曾去中国戏曲学院参加过一场名为“戏曲与中华传统文化”的研讨会，会上都是戏曲界的学者、艺术家，在我前面发言的几位都是做传统音乐的采录、传承的，很辛苦、很虔诚，所做的工作是把传统的戏曲保留或者记录下来。主持人串场说：在现代社会，戏曲的衰亡是必然的，但是我们还是要努力，为它晚一点衰亡而尽力，并把它的面貌传之后世。轮到我发言时，我上来就问：在座诸位，有没有人认为戏曲会复兴，回到梅兰芳那个时代的辉煌？没有人回应。我说，我笃信，一定会！戏曲会在未来复兴，比梅兰芳那个时代还要红火有人气！为什么？因为我们推广吟诵，让孩子们人人会唱歌，会用方言即兴唱歌，戏曲就回来了！不但回来，而且向前走，产生新的剧种。我不要它是非物质文化遗产，我要它活着，活得活蹦乱跳，活在中国人的生活方式里。会后很多人找我，了解吟诵情况，称呼我为“笃信先生”。这次会议，是中国戏曲学院的老师请我去参加的，在戏曲学院，已经有一批老师在传播吟诵，培养根基，这就是戏曲的希望。

上中下调

古体模进为主，近体对称为主。

我们学了戴学忱先生吟诵的李白的《静夜思》，是古体的，那它就应该是模进的。它是吟诵调，是从基本调改过来的，已经改得很个性化了，但是它的那个基本调的模样还是在的。

听一下这个吟诵，这四句的旋律之间有关系吗？[**参见：戴学忱和清华附小学生吟（唐）李白《静夜思》**]

6　i　6　i　6　6　—　^{6}i　5　0　6.　5　6　5　^{2}3　^{2}3　^{2}3　^{2}3
床　前　　　　　　　明　月　　光

3　5　3　0　2　1　6　1　6　5　6　—　—　—
疑　是　　　　　地　上　　　　　霜

6　1　2　6　5　5　6　5　^{5}3　0　0
举　头　　望　　明　　　月

5　3　5　3　3　2　1　—　6　5　6　—　—　—
低　头　　　　　　思　　故　　乡

好像很难听出来，但是把它缩短，把吟诵调的那些独特的东西给它抽走，去读它的基本音，那就是：

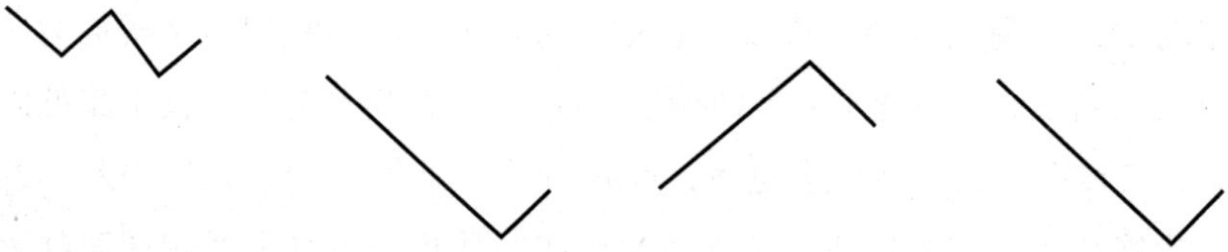

i 6 i 5 6　　5 3 1 5 6　　6 1 6 5 3　　5 3 1 5 6
床前明月光　疑是地上霜　举头望明月　低头思故乡

第二句和第四句是一样的调；第三句是对称的、反向的；而第一句，前半部分与第二句构成四度关系，后半部分与第二句构成八度关系，所以第一句与第二句应看成是模进关系。整首吟诵，以模进为主，而第三句是勾连调，即从下调转向上调的一个过程调。这首诗的调的组合是上中下中。

一般的上中下调之间的关系都是这样的。上调和中调之间模进的关系比较明确，百分之百的模进也不太好，所以也会有微调。中调和下调的模进关系要差一些，因为下调要向上挑，去搭那个上调去，所以下调往往跟上调、中调要差异大一些。

上中下调的使用也不是循环的，它每一句用什么调是有规矩的，是琢磨过的。所以越精致的吟诵调，其模进或对称的关系可能越模糊，因为依义行调，调整得太多了。泛读则一定是古体模进，近体对称。所以我们现在自己吟诵，也不是一定要古体模进、近体对称的，我们提倡和追求依义行调，每句调子都可以不同。但是，作为读书的手段，一定要知道泛读，一定要会泛读，所以还是要从掌握模进对称开始。

下面就来练一练模进，亲自吟诵一下，体会一下。我们以《春晓》为例教大家一个传统吟诵调，这个吟诵调是谁的呢？叶嘉莹先生的，传自浙江宁波的戴君仁先生。如果你吟的是一个传统的调子，一定要说明那是谁的调子，这个就叫传承。我们现在是传自叶嘉莹先生。

335 32 3 32 3 — | 3 35 3 232 1. 7 |（上调）
春眠 不觉晓 处处 闻啼 鸟

661 65 6 65 6 — | 2. 3 7 676 5 — |（中调）
夜来 风雨 声 花 落 知多 少

3 3 5 6 65 6 — | 2. 3 7 676 5 — |（下调）
夜来 风 雨 声 花落 知多 少

第一句上调，第二句中调，第三句下调。上调与中调之间，前半句是四度关系，完整的模进；后半句基本是三度关系，最后回到四度，是接近完整的模进。两个调的旋律框架形状是非常接近的。中调与下调之间，前半句的前半，是四度模进关系，其后是完全一样的，它勾连回了中调。所以这三个调之间，主要是模进关系。

现在我们用这个调子来吟诵另外一首诗。这个《春晓》的调子对叶先生来说也许是个吟诵调，但对我们来说就是个基本调。任何吟诵调拿过来对我们来说都是基本调，因为没经过我们琢磨，那是人家琢磨出来的，对我们来说，初次拿过来的，不就是个基本调吗？我们还要在前人的基础上再去琢磨才会变成自己的吟诵调。所以我们现在的这个过程，就相当于以前的学生从私塾老先生那儿接受了一个调子，于是用它来读另外的诗的过程。我们现在重新经历这个过程，用这个调子来吟诵杜甫的《赠卫八处士》。

人生不相见　动如参与商
今夕复何夕　共此灯烛光
少壮能几时

停。你们第一句用的什么调？上调。这个调有固定的开始调。一般的这些基本调都有固定的开始调。叶先生的这个调固定从上调开始，但比如“唐调”就固定从下调开始，是不一样的。这个调一般要从上调开始的，所以第一句你们的选择是对的。第二句呢？你们选择的是中调，这个也是对的，为什么呢？它的中调跟上调模进的关系太密切，所以这个调基本说来，中调总是跟着上调走的。但是中调完了之后，到第三句我看你们就岔开了，有人选了上调，有人选了下调，对吧？都可以的，它既可以是上调，也可以是下调。如果它是上调，第四句是什么？中调，中调要跟着上调走。如果它是下调呢？第四句可以是上调，还可以是下调，还可以是中调，你看有这么多选择。如果第四句是中调，第五句呢？可以是上调也可以是下调。如果第四句是上调呢？第五句就是中调。如果第四句是下调呢？第五句可能是上调，也可以是下调。你看，它的选择越来越多，所以开始吟诵的时候也要选择上中下调，这个上中下调不是循环着用的，它是需要我们去选的。

怎么选上中下调？就是在传统的吟诵中，上中下调的安排，规律何在？你看，在这么一大堆可能性的组合中，首先得抓那个关键的东西吧，那关键的东西是什么呢？在上中下调中，哪个调是最关键的呢？上调。因为上调就是第一句的旋律。那现在有个问题：唱歌时，什么时候第一句的旋律会再次出现，这就决定了我们什么时候使用上调，对吧？那么唱歌的时候什么情况下第一句的旋律会再次出现？对，第一句的旋律将在第二段的第一句再次出现，就是这样简单。

所以上调的再次出现意味着什么？意味着分段。所以知道怎么安排调了吧？在分段的地方安排上调。

下面的问题就是怎么分段。诗也好，文章也好，要分段的话，靠什么？语文课一直教我们怎么分段，说是靠意义。靠什么意义啊？实际上说的是字义。

我们现在学了吟诵，就要变聪明一点，知道字义之外，还有音义。当然字义可以分段，音义也可以分段，但是要记得，人是可以撒谎的，字也是可以撒谎的，何况是诗这种讲究言外之意的艺术。而声音很难掩饰，所以不要一开始就从字上去分段，而是要去找声音，先从声音分段。

对一首诗来说，最重要的是什么？韵，所以分段的标记首先就是韵的改变，叫作换韵。换韵就分段。古体诗是可以换韵的。古体诗的换韵一般都是在不同的声调之间换，为什么？情绪转换大啊，情绪转换大才需要换韵。只有少数是在同声调之间转换，但一般也是在开闭口音之间转换，对比比较强烈。很少有庚韵转青韵的，那没有多大意义。所以看到换韵，就知道分段了。

但是很不幸，这首诗没换韵，一韵到底。对于这种诗怎么办？它也会留下声音的标记，因为它情绪变了，它一定会有声音标记的，它没留下韵的标记，它就留下了别的标记，我们来找一找这个诗中的声音的标记。就是当你读到那儿，觉得这个声音有点特别，有点不一样，那么这个地方就是声音的标记了。

这首诗中，有一些句子挨在一起，它们出现了同一个字，比如说“重上君子堂”的下面是“昔别君未婚”，你们不觉得读到这个位置又出现了同一个字，有重复的感觉吗？这个声音很特殊啊。再往下还有什么？“问我来何方”和“问答乃未已”，又出现了同一个字。还有“一举累十觞”和“十觞亦不醉”，一头一尾出现了同样的字。当两句话挨在一起，头尾出现了同样的字叫作什么？“顶真”。同样的位置上出现了同一个字，叫“回环”，顶真和回环是古诗的两种修辞方法，经常使用。

好，当顶真和回环出现的时候，就是当两句在一起有一个声音是重复的时候，那么这意味着这两句是属于同一段的，还是属于不同段的？仔细想一想。

我来说一个顶真的童谣，就是薛瑞萍老师称赞说是中国最好的那个童谣：

唐僧骑马咚那个咚
后面跟着个孙悟空
孙悟空　跑得快
后面跟着个猪八戒
猪八戒　鼻子长
后面跟着个沙和尚
沙和尚　挑着箩

后面跟着个老妖婆
老妖婆　真正坏
要吃唐僧和八戒
唐僧八戒真糊涂
是人是妖分不出
分不出　上了当
多亏孙悟空眼睛亮
眼睛亮　冒金光
高高举起金箍棒
金箍棒　有力量
妖魔鬼怪消灭光

这首童谣从头到尾都是用的顶真，想一想，顶真意味着同一段还是不同段啊？不同段。顶真就意味着分段了。为什么顶真就是分段呢？这个问题要倒着问：为什么分段要顶真啊？因为中国人不喜欢“断”，中国人最讨厌的就是“断”“分”之类的。所以真要断的时候，就喜欢掩饰一下，让人感觉不出断来。

在宋词的演唱中有一种技巧，叫“过片偷声”。“片”是什么？就是阕。宋词不是一般两阕吗？两阕的格律是一样的，旋律也就应该是一样的。但是实际演唱时并不是这样的。过片就是从上阕过到下阕的时候，下阕第一句的旋律应该和上阕第一句的旋律是一样的，但是实际演唱中歌者经常会把这句的旋律跟着上阕最后一句的旋律继续发展，到第二句才回到原来的旋律上。这是什么意思？就是不让你听出来它分段了，你以为它没分段还在接着唱着，实际上它已经偷偷分段了，又偷偷回去了，偷偷地过渡到下一阕去了，连起来了。

所以中国人喜欢连不喜欢断，分段了怎么办啊？重复一下让它连起来。我们的民歌、古诗，有很多很多的顶真和回环，就是为了让它连成一个整体。

现在让我们重新看看《赠卫八处士》，这首诗在哪儿分段？首先是所有顶真的地方分段。我们再来看诗意，看它字面的意思是不是这样的。“昔别君未婚，儿女忽成行。怡然敬父执，问我来何方”，这两句说的是什么？主题是儿女。“问答乃未已，儿女罗酒浆。夜雨翦春韭，新炊间黄粱。主称会面难，一举累十觞”，这三句都在说什么？主题是吃饭。再看最后两句，“十觞亦不醉，感子故意长。明日隔山岳，世事两茫茫”，这两句说的什么？主题是分别。所以字义自然是符合的。

我们看分出来的段，不是两句的就是三句的。前面还有五句，所以一定还有一个分段，在哪里呢？这里没有顶真，好像没有声音的标记。

你看一下“少壮能几时，鬓发各已苍”和“访旧半为鬼，惊呼热中肠”，它是处于同一段还是属于不同段？有没有标记？属于同一段。为什么属于同一段？因为这里有一个“几”，有一个“半”，互相呼应。凡呼应了就属于同一段了。“少壮能几时”？答案是“访旧半为鬼”。

“人生不相见，动如参与商。今夕复何夕，共此灯烛光。”这是第一段。这段说的是什么？说的是想不到我们又见面了。然后“少壮能几时，鬓发各已苍。访旧半为鬼，惊呼热中肠。焉知二十载，重上君子堂”，这三句说的是时间太久了，所以用了“几”“半”“二十”来说明。分段就完成了。

以后记得从声音分段，分完了拿字义去验证一下。所以泛读的时候拿到诗一读，马上就可以分出上中下调，为什么？从声音上就分了段了。所以我们古代从来不讲分段，因为用不着，一吟诵，上中下调自然就分段了，这还用讲吗？老师就这么吟的，学生就这么学的，段落自然就在其中。其他的气韵、文意，也都在其中。

（第一段）人生不相见　动如参与商（上）　今夕复何夕　共此灯烛光（中）

（第二段）少壮能几时　鬓发各已苍（上）　访旧半为鬼　惊呼热衷肠（中）　焉知二十载　重上君子堂（下）

（第三段）昔别君未婚　儿女忽成行（上）　怡然敬父执　问我来何方（中）

（第四段）问答乃未已　驱儿罗酒浆（上）　夜雨剪春韭　新炊间黄粱（中）　主称会面难　一举累十觞（下）

（第五段）十觞亦不醉　感子故意长（上）　明日隔山岳　世事两茫茫（中）

我们把这个诗按上中下调来吟诵，它自然就是：上中，上中下，上中，上中下，上中。

在吟诵调的使用上，它也是对称而回环的。这就是这首诗内在的气韵流动，吟诵把它揭示出来了。

我们按照这个顺序，重新吟诵一下这首诗，体会一下五古的感觉，体会一下这首诗究竟在说什么。

3 3 5 3 2 3 3 2 3 — | 3 3 5 3 2 3 2 1 . 7 |
人生 不相见 动如参与 商

6 6 1 6 5 6 6 5 6 — | 2 3 5 7 6 7 6 5 — |
今夕 复何夕 共此灯烛 光

3 3 5 3 2 3 3 2 3 — | 3 3 5 3 2 3 2 1 . 7 |
少壮 能几时 鬓发各已 苍

6 6 1 6 5 6 6 5 6 — | 2. 3 7 6 7 6 5 — |
访旧 半为鬼 惊呼热衷 肠

3 3 5 6 6 5 6 — | 2 3 5 7 6 7 6 5 — |
焉知二十载 重上君子 堂

3 3 5 3 2 3 3 2 3 — | 3 3 5 3 2 3 2 1 . 7 |
昔别 君未婚 儿女忽成 行

6 6 1 6 5 6 6 5 6 — | 2 3 5 7 6 7 6 5 — |
怡然 敬父执 问我来何 方

3 3 5 3 2 3 3 2 3 — | 3 3 5 3 2 3 2 1 . 7 |
问答 乃未已 驱儿罗酒 浆

6 6 1 6 5 6 6 5 6 — | 2. 3 7 6 7 6 5 — |
夜雨 剪春韭 新炊间黄 粱

3 3 5 6 6 5 6 — | 2. 3 7 6 7 6 5 — |
主称会面难 一举累十 觞

3 3 5 3 2 3 3 2 3 — | 3 3 5 3 2 3 2 1 . 7 |
十觞 亦不醉 感子故意 长

6 6 1 6 5 6 6 5 6 — | 2. 3 7 6 7 6 5 — |
明日 隔山岳 世事两茫 茫

这只是个大致的谱子，实际上吟诵的时候会有很多细节的处理、腔音的运用。

感觉怎么样？这首诗怎么样？太好了！这诗作得太好了是吧？只有吟诵了你才能知道。这首诗，在杜甫的诗中不算是最有名的。我原来也不是很重视这首诗，直到有一天，听到了叶嘉莹先生的吟诵，太震动了！叶先生是个女子，声音很细、沙哑、颤颤巍巍，有的时候还跑调，就这样的声音，唱出来能好听吗？很好听，很感人。她一吟诵我就明白这首诗是什么意思了，不吟诵没印象。这首诗太好了，没有一个字是假话，全是真的，都是大白话，但是那个感情的深挚，那种起伏跌宕越转越深，难以自已。只有吟诵才能感受到。

我们来听一下叶先生的原音，看看叶先生是怎么吟诵的？我这里有叶先生好几次吟诵的录音录像，从20世纪80年代的到现在的我都有，她每次都有点小变化，但是每次都差不多。[**参见：叶嘉莹吟（唐）杜甫《赠卫八处士》1980年代录音**]

我再给你们看2009年的录像，这次她读错了一个地方。什么地方读错了呢？“问答乃未已”。她以前吟诵的时候，吟诵到这儿都是上调，这一次她是下调，因为前面是上调和中调，可能她一时疏忽吟成下调了。这句要是成了下调，下一句怎么办？用什么调？用中调，用上调，那就破坏分段了，所以叶先生下一句还是下调。再下一句呢？还是下调。连续三个下调，到了“十觞亦不醉”这儿才开始变成上调。这说明什么？说明她坚持她的分段，所以这个疏忽恰恰能够反证出上中下调和分段之间的关系。

叶先生所有的这些表现全是本能，她不是从理性判断的，当时也反应不过来，但是她从心里头就觉得，这几句不能上去，上去就不对，感觉不对，所以她就始终一直压着它，压在下头，到了“十觞亦不醉”才翻上去。你们着重听一下叶先生的这次吟诵。[**参见：叶嘉莹吟（唐）杜甫《赠卫八处士》**]

感觉怎么样？这就是传统吟诵。很多人听过叶先生的吟诵，都是潸然泪下的。什么叫好的吟诵？不在于嗓子好，也不在于曲调好，而在于感人。怎么才能感人呢？你对这首诗理解得对，你把它的声音表达出来了就会感人。

我们换一个，现在用这个调来吟诵《木兰辞》。

这首诗是换韵的，所以很容易看出分段。看一下哪儿换的韵？

从开始直到“昨夜见军帖”这儿换的韵，所以前面是第一段。这一段，“唧”“织”“息”“忆”都是入声韵，很压抑。一开场，“唧唧复唧唧”，连续五个入声字，你见过这样的诗吗？像现在这样朗诵，合适吗？那是极度的压抑，每个字都是顿挫的，仿佛能听到那越来越慢的机杼声，终于停了下来。吟诵的时候，要每字顿挫。“木兰当户织”，“木”也是入声字，一开场六个入声字。“织”，入声韵。这是什么样的场景啊？只这一句，就足以落下泪来。第二句，“不”还是入声字；“息”，入声韵。

这四句都应该用中下调。你想想啊，木兰在那儿织布，织着织着没声了，就听见在那儿叹息。于是你就过去问她，你怎么问？用上调，那是质问。得躬下身子问：木兰啊，怎么啦？木兰怎么回答呢？她先叹口气：唉，没什么，就是那个……是这样吧？所以第四句用什么？还得用下调。下一句“昨夜见军帖”，这才开始说事，才能用上调，所以到这儿才换韵。

“兵”“名”“兄”“征”都是一个韵的，庚韵。前面说过，这个韵原来的开口度比较大，接近ang，是一个雄壮的韵，所以到此木兰已经下定决心，那种刚强勇敢表现了出来。“昨夜见军帖，可汗大点兵，军书十二卷，卷卷有爷名”，这两句是上调和中调。然后呢？“阿爷无大儿”，用下调。如果是用上调，好像很高兴没有哥哥的意思，这不对，所以这句是遗憾、悲伤，是下调。下一句“愿为市鞍马，从此替爷征”才是上调，这是勇气勃发的时候。

再往下，“东市买骏马”一直到“但闻黄河流水鸣溅溅”，都是一先的韵。先韵有遥远低收之意，比之庚韵要收敛一些，但总的情调还是开阔的，基本的用调方式应该是上中上中上中。下一句“旦辞黄河去，暮至黑山头，不闻爷娘唤女声，但闻燕山胡骑鸣啾啾”，这句换了尤韵，舒缓的意思，心情变了，因为黄河就像边界，一过了黄河，就感觉出了国，心情立刻变得忧伤了。用调应该是中下。这两句文字上看起来很像，其实是两段，因为情绪变了。这是用回环掩盖分段。

下面一段用的是微韵。微韵有飘动、稀薄的意思，正合适于漂泊征战的感觉。用调应该是上中下。

再下面，从“归来见天子，天子坐明堂”一直到“不知木兰是女郎”，都是用阳韵，这是最为开朗昂扬的一个韵，因为心情好了嘛。这里面有几个起伏，大概每两三句一个起伏，也就是上中下调的一个循环，一个小段落。

最后一段，换支韵，这个韵是齐齿音，最为细腻，也正合诗意，细心才能分辨。用调适合用上中或上下。

唧唧复唧唧　木兰当户织　不闻机杼声　唯闻女叹息　问女何所思　问女何所忆　女亦无所思　女亦无所忆

昨夜见军帖　可汗大点兵　军书十二卷　卷卷有爷名　阿爷无大儿　木兰无长兄　愿为市鞍马　从此替爷征

东市买骏马　西市买鞍鞯　南市买辔头　北市买长鞭　旦辞爷娘去　暮宿黄河边　不闻爷娘唤女声　但闻黄河流水鸣溅溅

旦辞黄河去　暮至黑山头　不闻爷娘唤女声　但闻燕山胡骑鸣啾啾

万里赴戎机　关山度若飞　朔气传金柝　寒光照铁衣　将军百战死　壮士十年归

归来见天子　天子坐明堂　策勋十二转　赏赐百千强　可汗问所欲　木兰不用尚书郎　愿驰千里足　送儿还故乡　爷娘闻女来　出郭相扶将　阿姊闻妹来　当户理红妆　小弟闻姊来　磨刀霍霍向猪羊　开我东阁门　坐我西阁床　脱我战时袍　着我旧时裳　当窗理云鬓　对镜贴花黄　出门看火伴　火伴皆惊忙　同行十二年　不知木兰是女郎

雄兔脚扑朔　雌兔眼迷离　双兔傍地走　安能辨我是雄雌

现在该考验大家是不是真的会吟诵了，因为基本的东西都讲过了。怎么来考验一个人是不是真的会吟诵呢？我们判断一个人是不是真的学会了，有一个标准的，就是采录的时候，面对老先生，没有听过他吟诵，不知道他什么调子，但是老先生一开始吟诵，两三句以后，就可以跟上去，就是跟着他一块儿吟诵。

为什么？不过就是上中下调嘛，你听第一句就记住：这个调是这样的。第二句，马上跟第一句比一比，是模进的还是对称的？第三句，上中下调都出来了。第四句就可以跟上了。就算你用的调跟他不一样，他用上调你用了下调，但是他一出口，你就应该知道他是上中下的哪一个调。所以你后面就跟得上了，没有什么玄机，一切都是有规律的，掌握那个规律就行。

我们来试一试。有没有信心？给大家听一个新的吟诵调，没听过的，不是叶先生的，是另外一位先生的，他叫魏嘉瓒。这位先生，原来是苏州市的文化局副局长，他是江苏徐州人。他说他这个调子是从“唐调”来的，但是这调子的确有徐州的味。

这个调是从中调开始的，它的结构跟叶先生那个调不一样，是中和上都可以是分段的开始。我的要求是，从“女亦无所思”开始，最晚也要从“东市买

骏马”开始，跟上去一起吟诵。我们开始。[参见：魏嘉瓒吟北朝《木兰辞》]

你看，没有问题的，大家都做得到，只要明白他的规律就行了，很简单。

这个录音是我们在魏先生家里录的，在这之前他还吟诵了《长恨歌》，但吟诵完了之后他自己不满意，为什么不满意呢？他是泛读的，拿过来就开始吟诵，泛读完了他又不满意，因为他想弄一个吟诵调，明白吧？他不想弄个基本调，所以他就看这个《木兰辞》，看了一会儿，琢磨过了，依义行调调整过了，然后再来读，就好多了。但也不是百分之百的，比如说“问女何所思”一句我觉得应该是下调。“当窗理云鬓，对镜贴花黄”，这个应该是属于前一段的，应该是下调，但是他唱成了下一段的开始了。但是基本上是非常好的，这个吟诵已经成为吟诵界的一个名作，经典作品。

我给你们看两场《木兰辞》的演出，这两场演出也不是白看的，是有事儿要说的。

第一个是两位美国人唱的，他们是北京语言大学的两位留学生，我教了他们两个半小时，然后他们就演出了。这两位留学生学汉语的时间，从零基础开始算是三年。学了三年的汉语，两个半小时教他《木兰辞》，我们看一下演出的效果怎么样。[参见：（美）任盛福、天宇吟北朝《木兰辞》，源于魏嘉瓒先生吟诵调]

我们现在的对外汉语教学，根本不教古诗词，也不怎么教中华传统文化，就教口语，实际上培养了一些会说汉语但说得不怎么利索，又不了解中国文化的外国人。所以我们现在在做一种探索，渗透文化的语言教学，每一次教汉字，每一次教汉语，每一节课每一分钟，都是在文化氛围内进行的。他理解了文化才能理解汉语。这一整套课程，包括画写汉字，即同源字串教学，还有吟唱汉语，即吟诵教学，还有经典故事、影像历史、情景对话等。有兴趣的老师可以关注我们的教学资料。你看，学了三年汉语的外国人，整套的《木兰辞》可以这样吟诵下来，没问题，很溜的。

这是第一个启示，吟诵对对外汉语教学的一个启示。第二个录像，是 2012 年京台办主办的两岸大学生交流活动的一场演出，当时两岸各有八所大学参加，主题就是吟诵。其中一场演出中，我们组织首都师范大学、北京交通大学的学生表演了《木兰辞》。这次表演用的是魏先生的调子，为示尊重传承，没有做修改，但是这个《木兰辞》的演法有点特殊。《木兰辞》属于横吹曲辞，即在马上吹奏的军乐，是军队用于鼓舞士气的歌曲，所以它是一口气唱下来的。这个演出实际上是我设计的一个表演的方式，就是有几个人在读书，读这个《木兰辞》，属于旁白，然后另外几个人在分角色扮演，谁的词就谁来吟诵。这就是乐府式的小音乐剧。当时帮我们排练这个剧的是湖北文理学院的穆兰老师，所以我管这样一种演出形式叫“木兰剧”。大家记得，以后这种有人在读书，有人在表演的方式，我们吟诵界管它叫“木兰剧”。现在已经有很多“木兰剧”了，连《论语》都给编了一些“木兰剧”。我给大家看一看“木兰剧”的首演，参与演出的都是大学生，全都不是音乐舞蹈专业的，你们看一下效果怎么样。［参见：首都大学吟诵团吟北朝《木兰辞》，源于魏嘉瓒先生吟诵调）

我们还可以用这个调子把《赠卫八处士》再吟诵一遍。也可以用叶先生的调子把《木兰辞》吟诵一遍。

感觉怎么样呢？大概是差不多的。当然有差异，不同的调子吟同一首诗，感觉有差异，但是只要遵守同样的长短高低、同样的上中下调的结构去读，其实读出来的感觉还是很接近的。

最后要提醒大家一下，当我们这么读的时候，套着调子往上读的时候，这个时候就不是依义行调了，而要记得依字行腔，用腔音去调，改那个旋律都可以。入声字要读短。依义行调是下一步的事。

阴调与阳调

我们讲了上中下调以及怎么样去安排上中下调。下面我们来说怎么分辨阴调和阳调以及阴阳调的运用。

前面说过，基本调是按文体分的，每一个文体又有至少两个调，就是阴调和阳调。再往下分，那就是阴调又分阴阳，有太阴调和少阴调；阳调也分阴阳，有太阳调和少阳调。这就是所谓的太极生两仪，两仪分四象，四象变八卦，一直分下去，就是细致研究各种情况之间的关系。一切还得从阴阳调开始。

阴调和阳调是怎么一回事呢？阴调和阳调其实是一个调。我们说所有的基本调其实就是一句旋律，而阴阳调也是一个调，这就是中国式的思维，一生二，二生三，三就生万物了，任何东西都是演变出来的。实际上任何东西最初都是一个东西。一个东西怎么分成阴阳的？就是变化出来的。吟诵基本调的变化也很简单，就是这么三个变化：一个是高度，一个是节奏，一个是旋律。高度变了，节奏变了，旋律变了，这个调的感觉就会变。

高度怎么分阴阳呢？高的就是阳，低的就是阴。上调就是阳，中调就是阴。如果中调是阳，下调就是阴。

节奏怎么分阴阳呢？节奏慢的就是阴调，节奏快的就是阳调。

比如说王洛宾有一首歌叫《半个月亮》，一唱起来就是“半个月亮爬上来，咿呀啦，爬上来”，很轻柔很慢是吧？但是当初他刚采集到这首歌的时候不是这样的，这个歌是个快节奏的。他把一个快节奏的东西变成慢节奏的，变成了一首温柔的抒情歌曲。比如说“我们都有一个家，名字叫中国”，这个节奏也很快是吧？我们给它抻慢了：“我～们～都～有～一～个～家～”，立刻就阴柔了，变得感慨了。

大家有没有印象，就是电影电视剧都会有个主题音乐，主题歌、主题曲就那么一个旋律，但是哪儿都有，高兴的时候也用，悲伤的时候也用。高兴的时候怎么用啊？节奏快一点。悲伤的时候呢？节奏慢一点，不是这样吗？

对于旋律来说，阴阳就是起伏。把一个平缓的旋律变得起伏，它就从阴调变成阳调；把一个起伏的旋律变得平缓，它就从阳调变为阴调。比如说《半个月亮》：

$\underline{3\ \ 4}\ \ 5\ \ 5\ \ 4\ \ \underline{5\ \ 4}\ \ \underline{3\ \ 2}\ \ 3$

半个　月 亮 爬 上　　来

基本上就是345这么几个音，比较窄比较平，这个就是阴调。我给它改了，加大起伏：

$\underline{3\ \ 4}\ \ 5\ \ \dot{1}\ \ 7\ \ \underline{6\ \ 5}\ \ \underline{3\ \ 2}\ \ 3$

半个　月 亮 爬 上　　来

就是把中间挑上去，感觉就变了，比较开朗昂扬了，这个就是阳调了。不过，原来的那种温柔也失去了。

同样一个旋律，给它加快点、起伏点，就变阳调了；慢一点、平缓点，就变阴调了。阴阳是一个东西，偏这边就阳了，偏那边就阴了。

还有，阴阳调是相对而言的。我起这个名字容易让人有个误解，觉得基本调就是两个，一个阴一个阳。不是的，否则上中下三个调怎么办？四个调怎么办？其实阴阳调是相对而言的。这个调对某个调来说是个阴调，对另一个调来说就是阳调，是个相对的关系。

还有，阴阳调是可以以句为单位的。一首诗比如说绝句只有四句，头一句凄凄惨惨，就用一个阴调；结果到第二句转了，突然之间变阳刚了，那这一句就用阳调。不是全篇都要用一个调的，它是可以随时变的。当然大部分的诗全篇是统一风格的，所以曾国藩说古文有四象，可以说出哪篇文章是哪种气象。但是，它的内部还是有阴阳变化的，吟诵的时候是灵活的，可以交叉着用。

下面举几个例子。先举传统吟诵的例子，再举我自己的例子。为什么举传统吟诵的例子呢？就是证明我所言不虚，不是我自己发明的这个方法，老先生就是这样做的。为什么要举我自己的例子呢？老先生的吟诵是老先生的，他有自己的方言文读，也有他自己的理解，我有的时候解释不清楚。我说自己的事说得比较清楚，所以举两个我自己的普通话吟诵的例子。

好，我们先说老先生的例子。

这位老先生叫钱绍武。钱绍武先生现在是清华美院的教授，原来是中央美院的教授，他是我国雕塑界的泰斗，徐悲鸿先生的关门弟子，也90岁了，江苏无锡人，他读过9年私塾。他的父亲当年是北京大学英语系教授，一个北大英语系的教授，不让他的孩子去上新学堂，却让他读了9年的私塾，为什么啊？因为那个时候留学欧美的那些人，他们都知道中国文化的宝贵。真正那些激进派，那些要全盘西化打倒中国文化的，基本上都是留日的，要么就是哪儿都没去过的。真正去过西方看过的，反而是保留国粹派。这样你就很容易理解为什么一个北大英语系教授不让他的孩子进新学堂，先读私塾去，9年以后才出来去读新学堂。那时相当于初中毕业了，但是钱绍武没读过初中，他去考徐悲鸿的美专。但是那个学校要求必须初中毕业，他没初中文凭，他就画了一个初中文凭，蒙混过关。到现在可能中央美院也不知道他的文凭是画的。老先生是很有意思的人，也很开朗，他是著名的书法家、画家、雕塑家，而且他雕的是西洋雕塑，大理石的、青铜的。为什么他有那么大的成就？因为他有根基啊。

钱绍武先生是随意吟诵的，吟诵什么都可以的。我们到他家去，他家里挂了很多字，他全部都能吟诵而且很好听。今天给大家先看他的一个吟诵，《枯树赋》。[参见：钱绍武吟（北朝）庾信《枯树赋》，先生吟诵时个别字未依照原文]

我们把这个谱子写出来看一下：

2 2 1 2 2 | 2 5 3 5 5 |

昔我 移 柳 依依 汉 南

5 i i 6 | 6 6 i 5 5 |

今 看 摇 落 凄怆 江 潭

5 i 5 2 2 | 2 3 5 1 1 | 6 i 6 6 — |

树犹 如 此 人何 以 堪

上中下调很清楚吧？这个吟诵的顺序是下上中。

同样是四言诗，钱先生还吟诵过《短歌行》。[参见：钱绍武吟（三国）曹操《短歌行》]

我们也把它的谱子写出来：

5 5 3 i i | 6 6 i 5 5 |

对酒 当 歌 人生 几 何

5 i 5 2 2 | 3 5 3 1 1 |

譬如 朝 露 去日 苦 多

6 6 2 2 | 2 5 3 5 5 |

慨 当 以 慷 忧思 难 忘

5 5 3 i 6 i6 6 | 6 6 i 5 5 |

何以 解 忧 惟有 杜 康

2 2 1 2 2 | 3 3 5 1 1 |

青青 子 衿 悠悠 我 心

6 6 2 2 | 2 5 3 5 5 |

但 为 君 故 沉吟 至 今

仔细看一看《短歌行》的这个调。第一句，53ii6i55，是《枯树赋》里的哪个调？上调，就是第二句的5ii66i55。两句后半部分是完全一样的，前面呢？原来是5ii6，现在变成了53ii。一个平缓的调子变成了一个起伏的调子，阴调就变了阳调。

再看《短歌行》的第二句，5i223511，是《枯树赋》里的哪个调？中调。《枯树赋》钱老一共吟诵了三遍，前两遍中调与《短歌行》的旋律框架完全一样，只是“何”字用上升腔音，“日”字用下降腔音而已。但是节奏变快了，所以还是由阴调变成了阳调。《枯树赋》的第三遍，中调的前半部分为 5622，更为平缓。

《短歌行》第三句，66222355，就是《枯树赋》里的下调，后半部分是完全一样的，前面原来是 2122，现在变成了 6622。一个平稳的调子变起伏，也是从阴调变成了阳调。

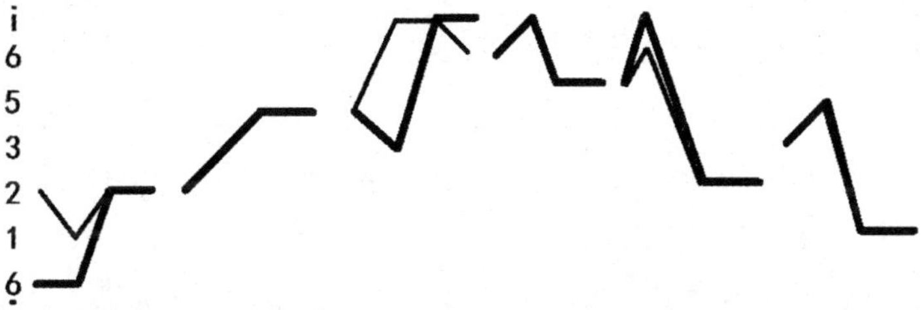

在上图中，细线是《枯树赋》的调子，粗线是《短歌行》的调子，可以看出基本上是一样的，只是《短歌行》的调子，前半句都有一个地方的起伏更大。这样一来，《枯树赋》的调子对于《短歌行》来说，就是整体都是阴调，《短歌行》是阳调。阴阳调的关系很明显。这与诗意相符。《枯树赋》是悲伤的，《短歌行》是慷慨的。这就是依义行调，没有一样的调子。

那么《短歌行》具体怎么吟诵呢？图中粗线的，就是它的基本调，然后依字行腔改一遍，就可以出口吟诵、泛读。依义行调改很多遍，就会形成吟诵调。钱绍武先生的这个吟诵就是吟诵调，它不是直接拿基本调套上去的，而是每一句都琢磨过的，这就叫吟诵调。我们分析一下钱绍武先生的吟诵。

“对酒当歌”，“对酒”两个字是开口音还是闭口音？闭口音。“当歌”两个字呢？开口音。“歌”是歌韵，古代是ɑ略靠后这个音，开口度比今天要大。再看这首诗的最后一句“天下归心”，“天下”是开口音还是闭口音？开口音。“归心”呢？闭口音。“心”古代是 m 韵尾的，闭得比今天还要紧。这首诗是对称的。所以这首诗的吟诵，要抓两个字：第一个字是“对酒当歌”的“当”字，因为它是第一个开口音；还有一个是“天下归心”的“下”字，它是最后一个开口音。“对酒当歌”要“当”地开出去。“对酒”两个字还没什么，中国的诗很少一开始就推上去的，都是慢慢起的。两个字以后就推上去，这个已经很快了，所以“对酒”两个字，情绪是比较含蓄的，“当歌”两个字一定要“当”地开出去。

“人生几何？譬如朝露，去日苦多。”收回来了，“去日”的“日”字是入声字，在这儿要顿一下，而且往回收，音量减小，音调往下降。“慨当以慷”四个字中有三个字都是开口音。“忧思难忘”，“忘”读平声 wāng，由a韵转ang 韵，很慷慨，所以调子是从下面往上反弹。

下一句钱先生的处理很有特点，他把那个“忧”字拖得很长，“何以解忧——”，为什么拖那么长？对，在思考，“何以解忧”是个问句，在问自己呢。人终究要死，你说这件事情怎么办？怎么才能解开这件事？问自己啊，想半天啊，所以“何以解忧——”拖很长。有答案吗？没答案，只能喝酒，所以“惟有杜康”是一个短音句。一长一短的对立非常的好，这个就叫依义行调，对调进行调整，不是拿调子往上套的。

再往下，从“青青子衿”到“鼓瑟吹笙”这两段连续换韵，都是鼻音韵，非常抒情，向外一荡，主题从自己变成了别人。当你想到别人的时候，你自己就会开朗一点，所以这两行比较轻快一些，而且越来越高兴，所以越来越快。

然后又一转，他又想起来自己活不了多长时间这事，这叫乐极生悲啊。所以接下来这一段他押的是入声韵，其他的地方全都是押的平声韵，只有这段是入声韵，“月”“掇”“绝”，所以说明什么？说明这段是曹操最痛苦，也是整首诗沉到最底层的时候，情绪最低落的时候，最绝望的时候。“明明如月，何时可掇？忧从中来——”，为什么这个“来”字又拖那么长啊？还是在思考吗？不是，这次不是在思考，而是忧愁，忧愁不断地袭来，看着月亮，这个忧愁简直是永远没有尽头，所以“忧从中来——，不可断绝！”有两个入声字“不”“绝”，在此顿住，能感受到那种痛苦。

然后又向外一荡，又开始说朋友。前面说的是眼前的朋友，这次说的是远方的朋友。说到远方的朋友，他的心就开始打开，“越陌度阡，枉用相存。契阔谈宴，心念旧恩”，“契阔”两个入声字一定要读准，顿挫一下，“契！阔！”，让人感觉到真的是分别好久好久了。

然后开始向上升是吧？“月明星稀，乌鹊南飞，绕树三匝，何枝可依？”是一个问句，由上转下，“匝”“鹊”“月”是入声字，这些地方要把准。

然后进入到最后的收尾，他的雄心壮志起来了。你看这几个字的读音，“山”“厌”“高”“海”“深”都是开口音，中间用入声字顿开，这是什么样的表情？你能看到曹操的表情吗？再看这四个字，“周”，尤韵，缓慢而悠长；“公”，东韵，中正宏大，这个音就叫“周公”，这个形象多么高尚。然后呢？“吐哺”，两个爆破音（“哺”的声母原是浊音 b，是爆破音），这种坚决就显示出来了。

“天下”，大张着嘴。然后呢？这么大的天下怎么样呢？“归心”，两个闭口音。“心”的韵尾原是 m。这个就叫席卷宇内之心，完全表达出来了，音韵非常好。整首诗起伏跌宕、婉转迂回、细致入微而又慷慨悲壮。这样的吟诵，就把诗的含意和气象传达出来了，是非常典范的吟诵。

来，我们来一起吟诵一下这首诗，细节我都说了，如果想吟诵得好最好站起来，为什么呢？《三国演义》怎么说？赤壁之战的时候曹操喝醉了酒，酾酒临江，横槊赋诗。你先体会一下这个感觉。罗贯中也是会吟诵的，古人一读到这首诗都能读出来这种气势。古人又说曹诗如幽燕老将，气韵沉雄。什么是沉雄？体会一下喝醉了酒，手里横拿着一个沉甸甸的大铁棍子的感觉，然后我们再吟诵。

现在我们知道了阴阳调的转换是怎么一回事，以及有了基本调，要怎样依字行腔、依义行调。

下面讲一个我自己的吟诵，我自己的东西讲得清楚点，我们来说一下《橘颂》。

我吟诵的《橘颂》的基本调很简单，它只有两个调，即上调和下调。

上调：3231 6656

下调：1645 1112

这个调的来源是昆曲，昆曲中唱楚辞就有一个调子，比如《玉簪记》中“琴挑”一折，有九歌体的琴歌：323212 6656，161445 1112。朱家溍先生曾以此调吟诵《湘夫人》。我只是给它缩减成四个字的旋律而已，没有其他变动。这就成了《橘颂》的基本调。现在你需要做什么呢？依字行腔改一遍，然后依义行调反复吟咏去改它。

“后皇嘉树”，基本调是 3231。“后”对应 3，可是“后”是四声，怎么办？要用腔音。如果不想改这个旋律框架，不改这个调，就要用腔音。要么就改调，要么就改腔。最小的改动就是改腔，用腔音往下唱，“后”就唱成了 32。“皇”呢？唱成 12。“嘉”就唱 3。我这里还加了一个尾腔。“树”呢？“树”的情况是这样的：如果这个字音短，从 3 到 1 这个过程就已经表示了这个字是去声，我们前面讲过单连顺断拖开的方法，这就属于“单”的情况。它就不需要有腔音，它是一个乐音就可以了。但是如果想拖长“树”字，拖长就会变平声，为了避免它变平声，就要加一个腔音，“树”就要唱成 31 或者 21。

“橘徕服兮”，基本调是 6656。“橘”怎么唱？ 56。后面几个字也是这样，二声就往上滑一下，四声就往下滑一下。

“受命不迁”，基本调是 1645。怎么唱？“受”加一个腔音，“命”不需要，为什么呢？因为从 1 到 6 的过程就说明它是一个去声，而它又不可能是长音，它是在中间的字，所以不需要腔音。“迁”，拖长 5。

“生南国兮”，基本调是 1112。“南”“国”两字各加腔音。

好，第一句明白了，后面就好办了。

“深固难徙”怎么唱？ 3231。“固”不需要腔音，从 3 到 2 的过程就说明它是一个去声了。“难”也不需要腔音，从 2 到 3 的过程就说明它是二声了。“徙”怎么办？三声，还得拐上去是吧？所以唱成 12。

“更壹志兮，绿叶素荣，纷其可喜兮。”腔音的事就依此类推，不说了。最后一句多出一个字，楚辞经常是字数不固定的，但是节奏固定，字数多就得挤一挤，字数少了就得抻一抻。“纷其”这两个字是虚字，应该算一组，就挤一挤一拍。

“曾枝剡棘，圆果抟兮。”“曾”这个字念 céng。“青黄杂糅”，“黄”“杂”“糅”每一个字都得有往上的腔音。

“文章烂兮”，这个地方有个问题，是什么呢？什么叫“文章烂兮”？就是说这棵树“曾枝剡棘”，枝繁叶茂；“圆果抟兮”，结满了圆圆的果实；“青黄杂糅”，这棵树五彩缤纷。“文章烂兮”是说它的花纹和图案是那么的绚烂，所以这句话非常有劲，但是基本调到这里是 1112，是最低的平调。这个调子整体来说虽然是个阳调，但是这一句是个阴调。在这里，应该把它改成一个阳调。我们说阴阳调可以是以句为单位的，所以我们在这里要依义行调，改阴调为阳调。一个平缓的调子要改得起伏，其实有很多种改法，每个人都不一样的。我的改法是改成 5112，这样就成了起伏的调子，而落音还是原来的，旋律框架没有变，就是基本调没有变。这样“文章烂兮”的感觉就出来了，这就叫依义行调。前面的那些是依字行腔。

这个明白，后面就都明白了吧？“精色内白，类任道兮。纷缊宜修，姱而不丑兮。”到“姱而不丑兮”用哪个调？1112 还是 5112？用后者。为什么？它有个“而”字表示转折，所以不能用平调。

后面的情况也都是这样，不用一一解释了。后面我还有几个地方稍微改了一点调，像“苏世独立”的“独”，本身是二声，在这里又是强调，所以基本调的 5312，正好处于最低点 1，不合适，就改为 35。“闭心自慎”，基本调是 3231，“闭”比“心”高，普通话语感上有点问题，我就改为 2321，等等。[参见：**徐健顺与北大附小及汨罗学生吟（战国）屈原《橘颂》**] 下面这个乐谱中的连音，实际上是腔音，并不是西方音乐中均匀的连音，但是我还没有表示腔音的符号，大家先这么看着，心里明白就行了。

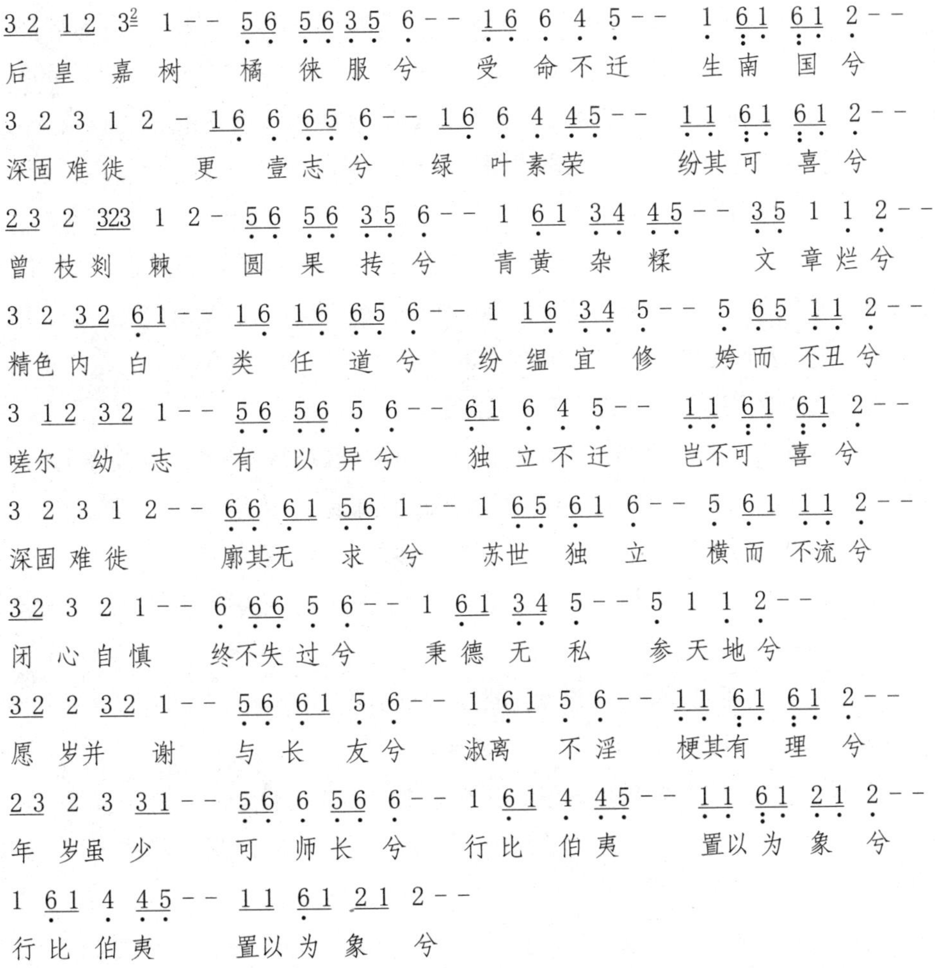

我还用这个调子吟诵过《子衿》。首先就是为什么要选这个调来吟诵《子衿》呢？这有个选调的问题。其实四言诗的调子有很多，比如说唐文治先生的、钱绍武先生的，普通话的，我也可以创调。为什么要选这个调，没有选那些？选调也是有讲究的。

“青青子衿，悠悠我心。”这两句哪一句高？哪句说的时候应该说得重，唱的时候应该唱得高？如果是我们现在的流行歌曲，重点都是第二句吧？

“青青的你的衣领啊，悠悠的我的心哪”，她的心是最重要的是吧？古人不是这样的，“青青的你的衣领，悠悠的我的心”，倒过来的，这才叫淑女。所以是第一句高。

再看第二句，“纵我不往，子宁不嗣音？”就算我不去，你怎么不给我个信儿呢？这两句哪句高？还是第一句高，为什么？先说自己的错，再说对方，这就是淑女。所以四句旋律线应该是一路向下的。再看这个调子，3231 6656 1645 1112，一路向下，非常合适。这就是选调，选调也不是乱选的，也是依义行调。即使不用这个调，自己度曲也得是下行旋律的。

那好了，我们来唱《子衿》。

“青青子衿”，基本调是 3231，“子”是最低的三声，这里却最高，倒字了。怎么办？两个改法。第一个改法是依字行腔，用腔音改。腔音怎么改？“子”唱 323。但是，这个改法，听着好像在强调“子”字，实际上该强调的是“青”，所以这个改法对于这句话来说，不是最好的选择。

第二个改法，就是改调。改调的话，三声的调就要往下改，我改成 1。这样，“青青子衿”就成了 3212。3212 对于 3231 来说，更为平缓、更低，所以是阴调，更符合这首诗的意境，《子衿》比《橘颂》要阴柔。

现在很多人套调，好像调是神圣的，不能改一样。不是的，可以改的，没问题。

“悠悠我心”还用 6656。“纵我不往”还用 1645。“子宁不嗣音”用哪个？是阳调的 5112，还是阴调的 1112 ？应该用阴调。

再看第二段，第二段和第一段有什么区别？不要先看字义，要先看音。首先看什么？看它的韵。第一段的韵是什么？侵韵，以前是 m 尾，紧紧闭合。第二段的韵是什么？现在看不出来，一个是“思”，一个是“来”，不押韵。上古的时候它们都是 e 韵，所以它们是押韵的。e 和 im 有什么区别？im 是闭口音，

e是半开口音。这说明什么？说明这个姑娘在城头上等了半个小时以后她着急了。她刚到城头上来的时候是im，过了半个小时之后，她张开嘴了，她着急了，但是还不是特别着急。你要把握这个情绪的变化，然后才能吟诵明白。

“青青子佩，悠悠我思。纵我不往”，依字行腔去调整。“子宁不来”用阴调还是阳调？用阳调。因为她有起伏了，她情绪激烈起来了，用阳调表示这个差异。“子宁不来”，5112。这样两段之间的情绪差异就出来了。

我们再看第三段，第三段很不相同了。首先，四字句改三字句了。三字句有什么特点？汉语是单音节结构的，所以很容易形成双音节的韵律，偶位结构非常稳当。三字句叫不平衡结构，所以童谣、蒙学都是三个字的，为什么？速度快啊，说“人之初”，“初”什么呀？别人都在等你第四个字呢？结果你说“性本善”。“善”什么呀？“性相近”……他有个期待的心理，总是期待着你，所以就当当当当地说下去了。

所以第三段改成三字结构，说明她更着急了。而且，换了入声韵。头两段入声字只有一个，就是“不”。这段入声字有“达”“阙”“一日不”，有这么多入声字，这个叫什么？哽咽得说不出话了。这个姑娘真着急了。她真着急了，这个调子就不大对头了吧？第一句的调子我们现在是一个平滑的调子，现在要重新改为阳调起伏的调子。有很多改法，我这个人比较懒，所以我改的也比较懒，就改成了3232。第二句也得改成一个起伏的调子，我就给改成了6161。“一日不见”这句改成1616，只是加点腔音。“如三月兮”，用原来起伏的阳调5112。这样就把这首诗整个的声韵表达出来了，还没有破坏基本调的旋律框架。

大家可以听一下录音，这是中央电视台的节目，我和杨芬一起录的。后面还有一首是《诗经·王风·采葛》。这个《采葛》跟《子衿》有一句词是一样的，就放在一起了，一块儿听一下。这个就是相和。[参见：徐健顺、杨芬吟《诗经·郑风·子衿》《诗经·王风·采葛》]

3 2 1 2 - - 6 6 5 6 - - 21 61 4 45 - - 61 1 1 21 2 - -
青青子衿 悠悠我心 纵我不往 子宁不嗣音

3 2 1 32 - - 6 6 5 6 - - 21 61 4 45 - - 35 16 1 12 - -
青青子佩 悠悠我思 纵我不往 子宁不来

23 2 23 2 - - 16 61 16 1 - - 1 65 61 6 - - 5 1 1 2 - -
挑兮达兮 在城阙兮 一日不见 如三月兮

选用吟诵基本调

以前一个文人跟着老师学一整套的基本调，结合自己的语感和乐感就形成了自己的基本调，但是今天我们基本没有这个传承机会了。我没有老先生教，你们也没有老先生教，我们都不是传人。我是通过采录然后做研究，这种西方式的方式来学习的，你们也是通过短期培训这种西方式的方式来学习的。我们没有传统的传承途径，这是我们的劣势，但是我们也有那么一点点优势，那就是我们的资料和视野比古人开阔多了。我们得尽量弥补自己的劣势，尽量发挥自己的优势。所以我们的吟诵方法，不仅仅是老先生是这样，还得经过学术考证和实践验证。在吟诵调方面也一样。我们手里有一大堆的基本调，不是十套百套，而是上万套，而且我们还了解这些基本调构建出来的方法，我们自己也可以构建。

所以，对于我们来说，选择基本调的方式和古人就不一样了。古人是对于一种文体来说，只有一套基本调。我们不是，在吟诵资料库里，一种文体可能有几百种几千种基本调。对于普通人来说，会几种不同的基本调也是很容易的事情。这样一来，就有一个选择的问题。怎么选？

我教吟诵以后，常有老师给我打电话或写信，说马上就得上一个公开课，或者马上得搞一个演出，要吟诵一首诗，结果一查吟诵教材里没有，吟诵资料里也没有，要我帮录一下。我经常接到这种请求，对此我真的不知道说什么好。我录也就是录个基本调，对不对？如果要想让我的吟诵是一个很好的调子，也就是达到吟诵调的水平，第一，要给我足够多的时间琢磨；第二，我还得喜欢这首诗，我得对它有感觉。你拿来就让我吟，我吟的肯定是基本调。基本调还用我吟诵吗？你也可以啊，况且你手里有那么多基本调，选一个嘛。所以给你们的资料是按文体分的，仄起七绝、平起七绝、仄起五律、平起五律……你一打开，里边有很多调子，你听一听哪个调子符合这首诗的意思，你就用它，依字行腔来一遍，这就是基本调的吟诵了。我会你也会。如果要达到吟诵调，得依义行调去琢磨调整。你不一定行，我也不一定行。吟诵是个方法，要学会这个方法。

所有的吟诵都是从基本调开始的。自己的吟诵就不要说了，自然是从自己的基本调开始，反复琢磨修改，最后成为吟诵调的，大部分最终也没有成为吟诵调。如果你用的是别人的调子，不管是谁的什么样的调子，对你来说，都是基本调，因为那不是你自己琢磨出来的。它所包含的语感、乐感、理解、情感，都是人家的。要想变成自己的，就得仔细琢磨体会，这个过程就一定会有自己的语感、乐感、理解和情感参与，最后会或多或少地改变那个旋律，成为自己的吟诵调。

我们说，学老先生的吟诵要学得惟妙惟肖，意思是说要认真体会，实际上你不可能学成为老先生那样，首先你年纪就不符合。有人学老先生，连颤颤巍巍也学，不晓得老先生那是无奈，他年轻的时候也不颤颤巍巍的。这还是说学老先生的吟诵本身，不是吟诵调。学他的调，就是说用他的调吟诵别的诗，更不可能像他一样了。这时候，老先生的调，对另外一首诗来说，就是基本调。套调不是吟诵，不套调就要依字行腔、依义行调，还是会改那个调。

所以说，用什么调去吟诵，就是一个选择基本调的问题，不要妄想选了一个调就完成了吟诵。不过，选择基本调也是一件重要的事情。

如何选择吟诵的基本调？目前吟诵的基本调有四个来源：

第一，传统吟诵。

第二，别人的普通话吟诵。

第三，非吟诵的其他音乐。

第四，自己的吟诵。

选择了以后，还有一个怎样运用的问题。我们把选择和运用基本调放在一起，分别来说说这四种情况。

第一种情况，选择传统吟诵作为基本调。

这里我说的是用老先生的吟诵旋律吟诵另外一首诗的情况。

第一步，选调。根据要吟诵的诗的格调、情绪、结构、含意，选择合适的调。前面我刚刚讲过了为什么选昆曲调为《子衿》的基本调。再如，我选了高文先生的《清平调》吟诵为《题临安邸》的基本调，为什么呢？因为我觉得《题临安邸》虽是悲愤之作，但开阔大气。高文先生的《清平调》吟诵符合这个特点，而李白这首诗反而是明媚的，与这个调子不太相符。当然这是高先生的基本调，应该来自昆曲，他吟很多诗都是这调，但是我们可以有更开阔的视野、更多的选择。[参见：高文吟（唐）李白《清平调》三首其一] 因此我琢磨了

《题临安邸》的诗意和结构，对这个吟诵基本调做了一些微调，成为了《题临安邸》的吟诵调。[参见：徐健顺吟（宋）林升《题临安邸》，源于高文先生吟诵调]

这件事情不难，相信很多老师都能做到，但难在手中的调不多。不是我们给的调不够多，我们给大家免费提供的吟诵资料超过100G，其中的吟诵调，吟诵集锦中传统的超过100个，普通话的展演超过50个，陈琴、朱畅思等老师的超过200个，我的超过150个，还有很多其他的。《我爱吟诵》《经典吟诵》等教材里更多。“语文吟诵”项目就有上千个吟诵调。加起来肯定超过2000个吟诵调。这么多调子，应该是选择起来眼花缭乱才是，可是很多老师还是感到吟诵调太少，那不是因为我们提供的调子少，而是因为没有消化成为自己的，就是拿在手里的不多。

要把别人的吟诵变成自己掌握的吟诵基本调，是需要反复记忆和琢磨的。对于传统吟诵来说，尤为重要的是修复工作，这一点对于很多老师来说的确有些难度。

第二步，修复。老先生的吟诵，很多不在调上，或者因为气力不足而不到位、拖不长，或者颤颤巍巍，还有一些不符合吟诵规矩的情况，这些都需要修复。不要说老先生的吟诵，就是年轻人的，也很多是荒腔走板的。假如采录了那些人的歌唱，想知道作曲家当初作出来是什么样子，也得修复。

吟诵的修复工作最早是戴学忱先生提出的，我觉得很有意义。但是修复也不能过分，不能放弃吟诵规矩，也不能过分表演化。以前有“吟诵曲”的说法，台湾有“吟唱”的说法，其中很多都放弃了吟诵规矩。作为一种音乐形式当然是可以的，但那就不是吟诵了，不在我们的讨论范围之内。

吟诵修复的标准现在也没有。我做了一些修复工作，就是所谓的“学吟”。学吟的时候，我会根据吟诵规矩、音准等做一些调整工作。前面给大家举过一些例子，像我学吟华钟彦先生的《敕勒歌》等。

很多人都说老先生的吟诵不好听。你想一想，如果吟诵旋律本身不好听，他会一直记忆到八九十岁吗？一定是很好听的，只是在他的心里好听，唱出来不一定好听，他又不是歌唱家，而且年纪这么大，当然很难唱好听了。但是，吟诵调都是好听的，就看你怎么修复它。以前很多前辈先生做过此事，像戴学忱、侯孝琼、陈炳铮、李明、吕君忾、盘石、秦德祥、姜嘉锵、李元华等。

我希望将来有更多有音乐才能的老师投身于传统吟诵的修复工作中，翻唱录制一批优秀的吟诵，把传统吟诵的魅力展现出来。这可是我们民族音乐的一大宝库。这里面旋律的丰富、动人，一点儿也不比民歌差，而且还是文人音乐，而且还是未经音乐界开发的，你说有多大的价值！我希望能把吟诵的采录工作继续再做几年，遍及全国，采录人数到达 2000 人以上，可能也就到头了，届时吟诵调可能在 10000 个以上，足以支撑文人读书调这一音乐宝库了。

修复吟诵调还有一个难点，就是方言。你得基本明白老先生的方言文读系统，才能明白他为什么这么唱，也才能开展修复工作。这么修复完之后，还是一个传统的方言文读的调，要想在今天的普通话吟诵中应用，还得转化成普通话的。普通话的声韵调和方言不同，依字行腔就会失去很多方言的韵味，但是也会获得普通话的韵味。

现在做传统吟诵修复的人太少了。现在我们的吟诵资料库初具规模了，我希望有一批人来做这个工作，把传统吟诵修复，成为方言版和普通话版，广为传播，一定会产生很多脍炙人口的经典之作。老师们手里也就会有很多不同的基本调，吟诵的时候就方便多了。

第三步：改调。依字行腔改一遍，依义行调再改一遍。这是运用的问题。不是选择了基本调就结束了，吟诵是得琢磨的，所以读书是个学习的过程。选择了基本调，下一步就得用它把诗吟诵出来。要吟诵出来，就得依字行腔、依义行调。

我们举个例子。比如说陈少松先生吟诵的《清明》[参见：陈少松吟（唐）杜牧《清明》]，第一句的旋律是：

3 2　6 1　1　2　3 5 0　5 5　3 5　5 2　2　–

清　明　　时 节　雨纷　　纷

陈先生用的什么话？南京官话。南京属于下江官话区，和镇江、扬州一带的话差不多。为什么“清”是下降音程，“明”是上升音程？因为在南京官话中，“清”是阴平，31 调，“明”是阳平，13 调，人家叫“庆明”。后面的两个“纷”都是下降音程也是这个道理，所以陈先生没有倒字。

但是用普通话就倒字了，得改过来，改成：

3　6 1　1　2　3 5 0　3 5　5　2　–

清　明　　时 节　雨　纷　纷

这是最不伤害原来的调的改法，实际上没有改调，改的是腔。但是其中“明”字因为下得太深，像是三声，最好是把“清”降下来，或者把“明”提上去，比如：

1　6̣ 1　1　2　3 5 0　3 5　5　2　-
清　明　　　时　节　　雨　　纷　纷

这时已经跟陈先生的原调有差距了。这就叫依字行腔改一遍。改完以后，依义行调再改一遍。陈先生的理解和你的一样吗？不一样。按照你个人的理解再改一遍。改完以后才叫作学了陈先生的调子了。其实也很不一样了。

如果你还想用这个调子吟诵别的诗，那更要依字行腔改一遍，依义行调改一遍了。后者更重要，因为每首诗都不一样，就算是泛读，也要依字行腔改一遍，所以套调是不行的。

老先生的调子，有的真的是非常好，不仅仅是代代相传，而且这里面有他们的学养，调子也非常好听。但是关键是你学这些吟诵调的目的是什么。如果你的目的就是学会那么一个旋律然后拿它去套，我觉得这没有什么意义，还不如用《让我们荡起双桨》去套更好听呢。这么吟诵，不还是小和尚念经，有口无心吗？吟诵是一个学习的过程，不是现在学校里朗读一遍，就知道大概说了什么内容，吟诵是一次琢磨体会的过程，是通过安排高低长短去体会诗意文气的过程，不是泛泛看看。如果吟诵时还是来回循环套调，就跟平读是一个效果了，就跟读法与作品毫无关系。而且还不如平读，平读还不用学，这种吟诵还得花时间学。

学老先生的吟诵，是为学他在吟这首诗的时候，他是怎么理解这首诗的，哪字高哪字低哪字长哪字短，这个风格这个气度这个韵味这个含意，学的是这个。

我一开始不是教大家学会听歌嘛，听歌的时候，少把注意力放到那些个花哨的形式上。那些花哨的形式，第一，你学不来；第二，你学来了也没什么好处，因为那不是你的。你的东西是从心里自然生发出来的。所以要学那些吟诵的义气流转，就是他是怎么理解这首诗的。

你看这首诗，陈先生吟诵得多好啊，他是怎么理解的？“清明时节雨纷纷”，为什么“清明”两字下沉了？“雨”字为什么那么高？“纷纷”为什么紧紧地闭着嘴？他是怎么理解杜牧的心情的？怎么理解雨的样子？学到这些以后，用到自己的调上去，这才是真正的传承。当然，你要做陈先生的传承人，也非常好，那得学习南京官话，学习陈先生的为人、学问，加上学习他对这些诗的理解，然后融入自己的语感、乐感和理解，方为传人。不然，你就只传承他的文化精神，包括一些吟诵的技巧也是可以的。但是，只是套调，是说不上传承的。

陈少松先生有一个歌行的调子，传自钱仲联先生。这个调子有四个调，这在吟诵调中是很特殊的。我叫它上调、中调、下调、钩连调。后三调的后半句旋律几乎是一样的，上、中、下调的旋律音高依次降低，钩连调升回第一调的高度。比如他吟诵李白的《把酒问月》[参见：陈少松吟（唐）李白《把酒问月》]：

6 5 6 5 6 5 6. 5 1̇ 1̇ 6 5 3 3 2 3 — —
青天有月来几时　我今停杯一问　之

1̇ 6 6 5 1 2 3. 2 1 2 3 5 2 2 1 6̣ — —
人攀明月不可得　月行却与人相　随

2 1 3 5 3 1 2. 3 1 2 3 5 2 1 6̣ 1 — —
皎如飞镜临丹阙　绿烟灭尽清辉　发

5 1̇ 6 6 5 3 5 5 2 2. 3 1 1 2 3 5 2 1 6̣ 1 — —
但见宵从　海上来　宁知　晓向云间　没

我觉得这个调子很温软，有苏州味儿，又有一种青春的跳动感觉，因此就想到了《春江花月夜》。我用这个调子去吟诵《春江花月夜》，比如第一句，如果套调，就是：

6 5 6 5 6 5 6. 5 1̇ 1̇ 6 5 3 3 2 3 — —
春江潮水连海平　海上明月共潮　生

这里按普通话，有两个倒字："海"和"潮"，所以先依字行腔改一遍，把"海上"改为 51̇6，"潮"改为 35。然后，依义行调再改一遍。《把酒问月》是比较豪放的风格，《春江花月夜》是比较柔媚的风格，而且《把酒问月》首句突兀而起，要的是气势；《春江花月夜》首句是遥遥而来，要的是铺垫。所以我放慢了速度，强度也是由弱变强，前几字先顿着来，有由点而连成线的感觉，再把"潮"字摇曳了一下，而这些技巧都是陈先生所用过的，只是不是在这里，就是说仍然符合这个调子的特点。

6 0 5 0 6 0 5 0 6 5 6 5 6. 5 5 i 6 6 5 3 3 5 3 2 3 — —

春 江 潮 水 连海平 海上 明月共潮 生

下面的道理都是一样的，就不一一解释了。[参见：徐健顺吟（唐）张若虚《春江花月夜》，源于陈少松先生吟诵调] 后来中央民族大学学生在京台大学生交流活动中展演了这个节目，是台湾成功大学学生古筝伴奏的。[参见：中央民族大学紫竹诗社吟（唐）张若虚《春江花月夜》]

由此我们就可以知道吟诵教学要怎么做。因为我们现在的老师都是面对一大群学生，叫共学，不是像以前是个别教学，个别教学就好调整。吟诵是适合原来传统的个别教学的形式的。那怎么办呢？

面对一大群学生吟诵肯定得有个调，不管是普通话平调，还是别人的调、陈少松先生的调，抑或唐调，肯定得附着在调上来教大家。那么一教，大家一唱，班上五十个学生就有五十个调子，肯定是这样的。不可能有一个学生头一遍学，学得就一模一样，比录音还准确。不可能的，肯定是每个孩子都不一样的。

然后怎么办？这个才是教学的关键。我们现在的音乐教学，就是要把所有的孩子给捋整齐了。唱得慢的，快点；唱得快的，慢点；唱得高的，低点；唱得低的，高点。最后所有孩子都唱得一样，这教学就成功了。这对吟诵来说恰恰是失败的。

吟诵是什么？一吟诵，所有孩子都不一样。作为老师心里要有数，关键是看你自己啊。你要把孩子们不一样的地方分为三种：

第一种，是需要纠正的，不能这个样。

第二种，是需要鼓励的。

第三种，不要管他，不要理他。

有的差异是需要纠正的。第一种，他规矩不对。入短韵长，入声字没读短，韵字没读长；没有做到平长仄短，这些是你要纠正的。或者是理解不对的，把“清明时节雨纷纷”唱得太高兴了，情绪不对，这都要纠正。

有一些差异是要鼓励的。比如这个孩子唱得更好听，这要鼓励的嘛。

更多的是不要管他。比如说这个孩子的旋律和陈先生的不一样，小孩就是小孩嘛，要小孩吟一个《清明》，他怎么可能跟陈少松先生吟得一样。这是各人的特点，不要管他。

通过这样一轮点拨之后，这些孩子的吟诵将怎样？更不一样了。那就让他这样吧，这就是吟诵教学。这里面的重点是第一种，即点拨，但是我们现在往往是管得太多，结果反而坏了。

现在还有些老师讨论创调的问题：几年级的孩子才可以开始创自己的吟诵调呢？我的看法是，根本就没有创调这个问题。人一张嘴说话就是创调。

创调不是像作曲家拍着脑袋：我现在要开始创一个调啊。不是这样的，吟诵调不是刻意的创作，而是从心里头自然生发出来的。当你教孩子“清明时节雨纷纷”，这个小孩一唱，他就是和你教的不一样，这就是创调了。你只需要纠正那个创调中不对的地方，鼓励他好的地方，剩下的不要管他就可以了。于是他就这么创下去了。这就是调的传承。实际上以前老先生们教学的时候就是这样的。

比如说，我们采录的比较完整的吟诵调的系统“唐调”。“唐调”是唐文治先生的调子。他的老师是吴汝纶先生，他从吴汝纶先生那儿学的吟诵法。他又传给他的学生。现在我们有唐先生的录音，也有吴汝纶先生的传人的录音，也有唐先生很多学生的录音，还有像陈少松先生，是第三代的录音，我们也有，第四代的我们也有。我们把这些录音放一块儿，没有一个是一样的。唐文治先生的学生，有的跟他差异很大，我们根本听不出来那是“唐调”的感觉，可见唐先生当年也没有非要学生跟他一样的旋律。有时我们问一下这是为什么，老先生说唐先生是这样吟诵的呀。我们说录音不是这样的呀。老先生说我记得我听到的是这样的呀。如今唐先生留下的是他 80 多岁时录的几张唱片，焉知他 50 岁时的调子也是这样的呢？所以哪有什么准调啊，没有的。只是一个地区的比较接近，一个人的自己跟自己就更接近，如此而已。传承的是规矩，传承的是理解，传承的是精神。

下面说第二种情况，选择别人的普通话吟诵作为基本调。道理跟第一种用传统吟诵是一样的，只是一般可以省略修复这道工序，选调、改调还是一样的。

改调这个事，其实是天然的。谁也不会学得那么像，这就已经开始改调了。至于改得好不好，另当别论。倒是像我这样经常自创调，还去教别人的人应该随时自我提醒，不要鼓励别人像唱歌一样学自己的旋律，而要鼓励大家唱自己的调。

第三种情况，是选择非吟诵的旋律。

什么样的旋律呢？这个世界上所有的旋律全都是可以用的，不管是我们中国的，还是外国的；是现代的，还是古代的；不管是民歌还是交响乐，或是曲艺，都可以，只要是旋律都可以用。只不过你要用的话，第一，要符合吟诵的规矩，要依字行腔、依义行调改一遍；第二，要符合这首诗的意境，还要用腔音。改完了以后就面目全非了，所以根本不用担心那些不是吟诵的旋律会怎样，也不用担心知识产权，吟诵没什么知识产权问题。改来改去，已经不一样了。所以我也用了一些非吟诵的旋律来源，比如流行歌曲、民歌、戏曲、曲艺之类的，我也做了一些这样的例子。用流行歌曲，周杰伦的我用过，罗大佑的我用过，徐小凤的我用过，反正用了很多，没关系。至于外国音乐，我现在还没用过，以后碰到合适的也可以用一下。但是前人用过啊。李叔同就用美国歌曲的旋律作了《送别》，还作了些别的。那些歌曲实际上用的是吟诵的编曲法，或者叫填词法，平低仄高、依字行腔。从学堂乐歌，直到20世纪50年代的歌曲，基本上还是依字行腔、依义行调的，后来新一代学西方音乐出身的职业作曲家起来了，汉族音乐才被大面积破坏。

举一个例子，这个例子是我用流行歌曲的旋律，当然现在已经不流行了，这是我们那个时代的流行歌曲，罗大佑的《弹唱词》。顺带说一下，我一直认为现代歌曲才是新时代的汉诗代表，不是所谓自由诗。我希望在传统文化、传统音乐的基础上，大家去创造新的流行歌曲。这就是“乐府社”正在做的事。罗大佑是20世纪中国最优秀的诗人。《弹唱词》并不是他的代表作，但是旋律简单，适合转化成吟诵。大家听一小段。[**参见：罗大佑唱《弹唱词》**]

弹唱词　　罗大佑

5. 6 1̇ 6 1̇ - - 1̇ 6 5. 6 1̇ 1̇ 6 5 - - 5 3
手 指 勾 一 勾　　两 人 心 在 此

2. 3 5 3 5 - - 3 2 6̣. 1 3 3 2 2 - - -
眼 神 兜 一 兜　　可 爱 的 样 子

5. 6 1̇ 6 1̇ - - 1̇ 6 5. 6 1̇ 1̇ 6 5 - - 5 3
转 身 掉 头 去　　谁 的 俏 身 影

2. 3 5 3 5 - - 3 2 6. 1 3 3 2 2 - - -

别 时 多 珍 重 别 后 见 真 情

3. 2 1 - 3 3 5 3 0 3 3 1 2 2 1 1 - - -

嘿 呦 哼 嘿 呦 天 地 的 真 情

这首歌的调子，就是56i6i，第一句是这个旋律的重复，落音差四度。第二句是第一句的模退，就是降下来的模进。后两句又重复前两句的旋律，所以这就是一句旋律的情况，非常适合转化为吟诵基本调。

我用它来吟诵《古朗月行》，因为都是五言，而且这个调的感觉比较天真淳朴，很像《古朗月行》的开头，所以就拿过来用了。

《古朗月行》的第一句有六个入声字，“不识月”“作白玉”都是入声字，李白用以表达儿时的活泼天真，所以唱的时候要有跳跃感。如果是套调，就成了：

5. 6 i 6 i - - i 6 5. 6 i i 6 5 - - 5 3

小 时 不 识 月 呼 作 白 玉 盘

2. 3 5 3 5 - - 3 2 6. 1 3 3 2 2 - - -

又 疑 瑶 台 镜 飞 在 青 云 端

对于普通话吟诵，“识”“台”“在”“云”都倒字了，得改过来。另外，还要表达出入声字的顿挫感，于是就变成了：

5. 6 i 0 i 0 i 0 0 0 0 5. 6 6 i 0 i 6 0 3 5 5 - 5 3

小 时 不 识 月 呼 作 白 玉 盘

2. 3 3 5 3 5 6 5 - - 5 3 2. 3 5 5 6 5 - - -

又 疑 瑶 台 镜 飞 在 青 云 端

下一句做了更大的调整：

i. i 6 i 6 6 i 0 0 0 0 5. 6 6 i 6 i 3 5 5 - 5 3

仙 人 垂 两 足 桂 树 何 团 团

至此，敬爱的罗老师的调子已经面目全非，没有必要维持了。于是依字行腔、依义行调地进行下去就行了：

5. 6 1 2 23 - - - 2. 3 6 12 1 - - -
白 兔捣药成 问 言与谁 餐

后面也依此类推。后来，这个吟诵由杭州的一个三口之家和绿城育华小学的师生们一起展演过。[参见：杭州绿城育华小学等吟（唐）李白《古朗月行》]

第四种情况，就是自己的吟诵调。我们教吟诵，主要教的是方法，用的调子是普通话的平调，在不同高度的平调之间进行协调。

平调最能凸显出吟诵的规矩。有旋律的调，很多人就分不清楚了，比如分不清一个字的高低是因为这个调就是这样呢，还是因为这个字的含意就应该高呢？平调就看得很清楚，所以我的经验是用平调来练规矩，先把规矩搞明白，然后给大家很多不同的吟诵调，你随便用哪个都行。你不用也行，平调足以吟诵得很好，而且所有的有旋律的调，都可以看成是从平调发展来的。明白了普通话平调的道理，也就明白了方言文读传统吟诵调的道理，学会用方言唱歌，用方言文读吟诵，也就知道如何传承传统吟诵调，而不是照猫画虎，传统吟诵才能活起来。

我总觉得，所谓会吟诵，就一定是会用自己的调吟诵。自己的调不是什么成型的或者好听的旋律，而是自己的语感、乐感和理解的调，就是出口即兴的调，不要管好听不好听，自己得按照自己的理解去说话呀。失去了这一点，吟诵就失去了大部分意义，不再是学习的方法了。

怎样用普通话平调吟诵，怎样发展出高低起伏的旋律，这些在前面“唱自己的歌”以及各讲里都说过了，在此就不赘述了。

很多老师来问：我要开始教学生了，我这是几年级的学生，我应该教什么调，从哪个调入手开始？对这个问题我一直都回答他们说：忘掉调吧。

我经常这么说，我也不知道他们明白了没有。因为这个吟诵调真的不是那么回事啊。我真的很担心因为太重视吟诵调而使吟诵变成了唱歌，全班的同学唱一个调。当全班同学唱一个调的时候，我觉得基本上就不能算是吟诵了，它偏离了吟诵本来的精神，就是唱自己的歌。中华传统文化毕竟要靠传统教育方法才能真正得到传承。吟诵教学法告诉我们一对一教学的重要性，告诉我们感性教学的重要性，传统文化就在这里展现。只是为了激发学生的兴趣，快乐学习，加强记忆而吟诵，那学的还是西方文化。

任何吟诵调都可以把一首诗吟诵得很好，也可以把这首诗吟诵得很坏。它跟调没有什么关系。虽然我们的调全国各地是不一样的，但是对这首诗的理解差不多是到位的，对这个吟诵的规矩是掌握的，结果不同的吟诵调吟诵出来的其实也还是很接近的。所以这个吟诵调其实是不那么重要的。

不管你用什么调子，包括矿泉水调，选择完吟诵调，就依字行腔、依义行调就可以了，这就是整个的吟诵创作过程。

吟诵的创作可以突破模进对称。模进对称是对传统吟诵调的总结，是说的一般情况，现在用于泛读，基本调，旋律简单，很方便。但是到了吟诵调那里，完全是依义行调就可以打开了。最终创作的吟诵调并不是一定要模进对称的，当然也可以模进对称。我们现在新创作的很多普通话吟诵调没有模进对称，只要紧紧扣住吟诵的规矩和诗意就可以了。

腔音唱法

吟诵的方法我总结为“始终九法”：

> 始：声韵含意；
>
> 九法：依字行腔、依义行调、入短韵长、平长仄短、平低仄高、模进对称、虚实重长、文读语音、腔音唱法；
>
> 终：神韵气象。

这里面有一个“腔音唱法”，一般在初级培训班是不讲的。它虽是唱法问题，其实还是很重要的。学会了腔音唱法，吟诵起来起码听着像吟诵，不然的话，听着还是像唱歌。当然它还有其他的作用。

“腔音”是音乐界的一个术语，有人叫它“音腔”，有人叫它“腔音”，外国人又叫它“拴不住的音”，都是指东方声调语言民族歌唱时的独特发音方式，汉族唱法为其代表。与之相对，西方式的唱法发音，我就叫它“直音”。这些概念名词对不对，都可以讨论。目前我先这么用着，来教吟诵。

汉族的歌唱发音方式以腔音为主，西方的歌唱发音方式以直音为主。

什么叫直音？一般来说，它突然出现，突然结束，在发音过程中，它的强度和高度是不变的。典型的西洋乐器，比如说钢琴，弹起来有力度差异，但是琴键按下去了，强度高度都不能再变了，而音与音之间是蹦的，从这儿蹦到那儿，中间没有连接的过程。钢琴的声音可以慢慢消失，但唱歌的时候很少会跟着钢琴声音一起变弱，往往是突然消失的，变成了另外一个乐音。有这种特征的就是直音。理论上可以把直音定义为音高、音强、音质都稳定的音。我们现在唱流行歌曲，包括唱民歌，都是西方唱法，即直音唱法。现在已经很难听到腔音唱法了。很多人可能从来没有听到过传统的汉族音乐。

比如“朋友一生一起走”，这个“朋”字是突然蹦出来的，“朋”字还没结束，“友”字就蹦出来了，下一个字也是这样。这个就叫直音。

我们汉族的唱法叫“腔音”。腔音是什么呢？就是音高、音强、音质、音长都在变化的音。可以说是声音的四个元素全都是变的，而且一直在变。你可以感觉到这里有浓厚的中国文化特点，中国的东西都是相通的。

如果用图来表示，直音就是一个矩形，腔音则是橄榄形。宽度表示音强，单位是分贝；长度表示音长，时间是秒；高度表示音高，单位是赫兹；音质无法用形状表达，就是这个字的字音。腔音是逐渐产生，逐渐消失，第一个音消失以后才出现第二个音，一个音接一个音地唱。

如果我们来唱“朋友一生一起走”，“朋”消失了，“友”才出现，这是我们中国人唱歌的方式。我们现在觉得很可笑是吧，其实可笑的是我们，这是我们本来应该的方式。汉语是旋律型声调语言，干吗要唱直音呢？这很怪的。

现在我听到练声的，视唱练耳的，唱音阶，都是直音唱。但实际上，我听过印度人唱，还有我们很多少数民族，他们不是直音唱的，音全都是飘着的，实际上就是腔音。很难想象梅兰芳唱音阶也跟我们音乐课似的，1——啊——2——啊——这么直着嗓子唱。

汉族音乐以腔音为主，也不是百分之百的腔音，我们也可以用直音。这就跟连和断的问题是一样的。以连为主，以断为辅，断要断得有道理。连的让他唱一个断很容易，老是断的，他唱不了连。唱腔音的你让他唱个直音，这是很简单的事。你让梅兰芳唱一个 do、re、mi，他会唱不出来吗？你让流行歌星唱一个梅兰芳的试试，很难的。

所以我们要学腔音，这是我们自己的唱法。

腔音唱法又分为橄榄音形、吐气发声、摇曳生姿三个方面。

先说橄榄音形，就是说腔音的基本形状好像一个橄榄，所以很多人叫它

“橄榄音”，也有其他的叫法，叫“枣核音”“纺锤音”等。

什么是橄榄音？汉语的语音，有声母，有韵头，有韵腹，有韵尾，这是完整的一个音。发音的时候，韵腹，也就是汉语拼音标记声调的位置，它的音量最大，它也是整个韵母中开口度最大的元音，然后以它为中心，向前后分别逐渐减小音量，这种音就叫橄榄音。比如说，“床前明月光”的“光”，它在以前传统的唱法中，一个字母一个字母地唱，分为g、u、a、ng四个部分，a的音量最大，gu和ng音量小，渐起淡出，结束于ng，也就是最后拖长的是ng，而不是像现在我们经常唱的时候那样结束音是ang。

根据韵腹前后音的音长对比，橄榄音又可分为前橄榄音、中橄榄音和后橄榄音。

中橄榄音，是前后均衡的音，比如“光”，以a为中心，前后的音长是差不多的。

前橄榄音，就是开头起得快，结尾收得慢。

后橄榄音，就是开头起得慢，结尾收得快。

我们以戴学忱先生吟诵的“床前明月光”一句为例，来重新听一下，判断一下哪个字是什么橄榄形的音。“床”是什么？后橄榄音。“前”，前橄榄音。“明”，后橄榄音。“月”，很短，中橄榄音，它是入声字。“光”，前橄榄音。

画出来，就是吟诵的声乐谱，也就是唱法谱。

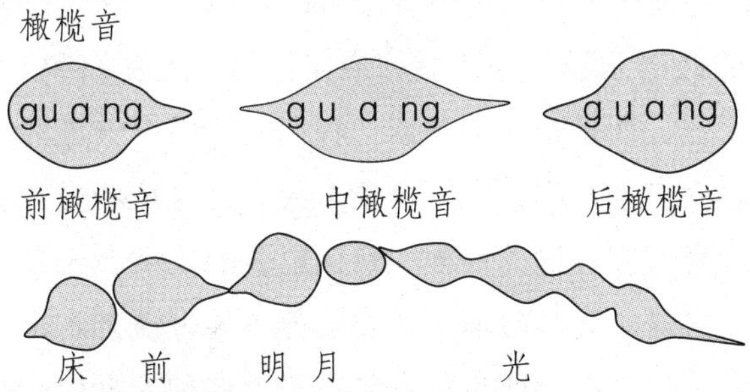

音强的变化，一般是橄榄形，但像这个“光”字，其实不是一个橄榄形。前中后橄榄音，是音长的变化。腔音还有音高的变化，也是始终在变化。还有音质的变化，就是从一个音变到另一个音组成整个字音的过程，这个过程也是始终在进行的，并不是像直音那样一出口就全部发完，然后固定不动的。

前面说到初学吟诵的时候可以举起右手比划声调，现在要学会不仅是比划声调，还要比划出音量。手掌张开，就是大声唱；捏合，就是小声唱；捏死就是不唱了。手扬起的高度就代表音高，这就成了指挥的动作。如果吟诵也需要有一个指挥的话，这就是指挥的右手的动作。左手呢，谁唱指谁，一起唱，就张开。我们现在指挥都学西方那一套，那用于指挥西方式音乐是可以的，指挥我们自己的则不合适。

我们传统的音乐，如戏曲、曲艺、民歌，都是腔音唱法，橄榄形音。这种唱法透出了中国的味道，也体现了中国人情感的细腻。

为什么要有腔音？因为人的情感是很细腻的，在说一句话的过程中，情感也是在变化的。王洛宾说“在那遥远的地方”，当说到“地”这个字的时候，他陶醉了。实际上每个字的过程也都有情感变化，尤其是在诗这种“长言之”的作品中。所以腔音是用于表达感情的。以前的中国人，用腔音唱歌，表达着丰富细腻的情感，而且温柔敦厚，动人心神。现在都是用直音唱歌，情感只能靠旋律和嗓音，所以不得不加上夸张的表情动作，越唱越急，越唱越粗。

要复兴汉族音乐，就必须从作好诗和唱好腔音开始。

学习腔音，可以通过模仿和学习传统戏曲、曲艺、民歌实现，尤其是戏曲和曲艺目前还有一些传统唱法的传承，民歌已经很难听到了。跟着唱唱昆曲、越剧、京剧、评弹、花鼓等，都可以学到腔音唱法。另外，吟诵还有一个学习腔音的正途，就是古琴。

古琴的原理，是模仿人声。听琴音，可以知道古代的人是怎么唱歌的。古琴也是古代文人的必备乐器，是读书的最佳伴侣。人琴相和，故称琴为知音。古琴不是伴奏的乐器，而是相和的乐器。我们的吟诵中级班都安排了古琴吟诵课，从零基础到学会自弹自唱，大概需要十天。这也是老先生的弹法，并非我们自创。现在我们有古琴吟诵的课程，希望更多的人学会古琴吟诵，这对于吟诵的正宗发展大有意义。古琴吟诵不是要培养古琴表演艺术家，只是要培养读书的方法，希望老师们在教学时也能左琴右书。这种人琴相和并没有多难，只要你想读书，就没有那么高的要求。我的古琴很烂，但还是录了点音，只是为了鼓励大家。[参见：徐健顺琴咏（晋）陶潜《归去来兮辞》] 要想了解古琴吟诵的更多情况，请关注我们的琴咏教育资源。

学过“四声对五音”就会明白，依字行腔这种方法在唐朝以后才成为汉族歌曲旋律产生的主流方法。大概有一百年的时间，由于雅言的变化，唐朝文人一直在寻找新的唱歌方式。唐朝雅乐十三部，其中十二部都是外国的，只有一部清商乐是用南朝雅言的。直到近体诗格律确立，这才意味着用中古雅言语音的依字行腔的唱法确立了。于是十三部乐都可以用汉语唱了，燕乐大兴，曲子词发展起来了。词还是有格律的，所以唱法上应该与近体诗相近。“旗亭画壁”等故事也说明了当时唱诗的风气。但是随着依字行腔方法的发展，听者对于腔音的关注越来越多，腔音本身所表达的含意也越来越多，终于在元明“水磨腔”出现之后，正式成为相对独立的情感表达方式。中国的腔音有意义，正如西方的旋律有意义一样，都是民族音乐特征性的地方，具有非常重要的地位。现在很多学音乐的人，都天然地认为旋律天然地有意义，而不知那只是西方音乐的特征。在汉族和很多东方民族这里，是腔音有意义。独立的旋律的意义，几乎不存在。旋律必须和语言结合在一起，才有意义。这正是前面所说的汉族音乐的绝妙之处。不知此，不能谓知乐。

为什么现在的年轻人不喜欢听戏？有一个很重要的原因，是他们不懂得欣赏腔音。他们听着戏曲的节奏太慢，不知道那拖长的地方，正是情感所在。你听一个演员唱了一个字，比如“袅晴丝”的“袅”差不多延长了五秒，在这五秒之中，她的情感已经变化了好几次了，你要从她的腔音中听出来，体会到她的复杂心情，知道她大概在想什么，跟着她的思绪一起跌宕起伏。以前的票友，听戏的时候，微闭着眼睛，晃着脑袋，手里打着拍子，跟着演员一起哼，那种陶醉啊，是为什么？因为他在欣赏腔音，欣赏腔音中传达的情感变化。现在的年轻人只能欣赏直音了，所以听不懂唱腔了，当然就无法喜欢戏曲了。复兴汉语，复兴吟诵，复兴腔音，戏曲的辉煌还会回来。

知道了这个意思，我们就再讲一点概念：头腔、正腔、尾腔和花腔。这些在音乐界也是有不同的名词的，这是我选用的名词。

什么叫正腔？就是腔音中表达字的声调的那个部分。

什么叫头腔？就是在正腔前面的那个部分。

什么叫尾腔？就是在正腔后面的那个部分。

头腔和尾腔有个特点，就是音量一定是比正腔小。如果音量比正腔大，就会造成误以为头腔和尾腔表达声调，造成倒字。

头腔要么没有，要么比较短，它也表达情感，通常表示这个人在说这个字之前的心理状态，长了就让人找不到这个字的声调，等半天不知道这是个什么字，影响理解了。

尾腔也有没有的时候，也有短的时候，但是，也有很多很长的情况，如所谓的曲牌体、板腔体。后世戏曲欣赏腔音的主流方式，主要是指欣赏尾腔。歌唱的一般情况是第一声就把正腔唱出来，让大家知道是什么字，然后拖长，表达唱这个字时复杂变化的情感。所以尾腔往往承担着表达情感的重担。尾腔又分两种：一种是句尾腔，一种是字尾腔。句尾腔，就是一句的尾腔，像“唐调”的 6i5，只要一出现，就知道这一句要结束了，这种就叫句尾腔。句尾腔也就成为很多唱腔、小调、地方音乐的旋律特征。

什么叫花腔？花腔就是特别长的尾腔，变化很丰富的尾腔。戴先生这个“明月光”的“光”，还不算花腔，这是尾腔。吟诵中很少有花腔的。吟诵毕竟是读书，不是表演，所以用腔音一般只限于正腔，很少会用花腔。用正腔表达字调，很清楚，然后用字尾腔来表达感情的细节，用句尾腔来形成独特的吟诵风味，或者说这一个地区的人的独特的吟诵风味。花腔很少用，吟诵就是这样的。

现在我们再来体会一下戴学忱先生吟诵的《静夜思》，一个字一个字地琢磨。

“床”，只有正腔，没有尾腔。“前”有尾腔，这个尾腔是要表达含意的，它除了“前”的意思以外，还有一些情绪和感情存在。

“明”没有尾腔，“月”没有尾腔，“光”有句尾腔，“疑是”没有尾腔，“地上”有尾腔，“霜”没有尾腔，“头”有尾腔，“望”没有尾腔，“明”有尾腔，“月”没有尾腔，“低”没有尾腔，“头”有尾腔，“思故乡”是句尾腔。要是听不懂，可以用另外一种形式来做比较。比如“举头望明月”一句，“举”没有尾腔，你可以用一个有尾腔的相比较。“头”有一个向上挑的尾腔，你可以去掉它试试有什么感觉上的变化，或者改成一个向下沉的尾腔试试。由此你就能感受到李白的头是多么的沉重，他好不容易抬起头来，最后一下子变成昂头的样子。“明”的尾腔向下拐了一下，有一种怨恨、伤心之感。“月”没有尾腔，有哽咽之感。这种独特的对唱法的处理，体现了吟诵者对这首诗的理解，需要我们好好体会。

唱民歌也是这样的。还是以郭兰英唱《一条大河》为例。“一条”，没有尾腔。“大”字有一个尾腔。“河”先唱正腔，然后拖长。拖的结果是什么？倒字，“河”成了“喝”了，怎么办呢？再挑一次。第二次再挑一下，这个尾腔表示这是个二声的字。

所以真正会唱民歌的，你不管给他什么谱子，你就是给他一首外国歌，他都能给你唱成中国歌，他每个字都依字行腔，用腔音唱。

下面说腔音唱法第二个层面的事情：吐气发声。

传统文化的东西都是相通的。吟诵也是练气的，日本诗吟到现在主要还是用来练气健身。反过来说，吟诵也是用气来吟诵的，不是今天的通俗唱法或者扯着嗓子喊。没有气就很难发出腔音。腔音就是对所发出声音的控制，高低长短轻重收放自如，如果没有气，发音歌唱就像扔麻袋一样，把声音扔出去就不管了，那就不可能唱出腔音。

其实每个人都能控制自己的声音，比如说话的时候就是在控制，但是唱歌的时候，很多人就不会控制了。为什么呢？因为不自然了。

控制声音并不是死死地抓住声音，恰恰相反，控制声音就是自然放松，该怎样就怎样，随心所欲。当眼前没有对象的时候，一个人的时候，你的状态就是最放松的，那时候，谁都会控制自己的声音，想说什么就说什么，想怎么说就怎么说。为什么一唱歌就不会控制声音了？因为你觉得有人在看你，你紧张，你满脑子都是自己的形象怎么样，结果就失去了自我。有人不仅是唱歌时紧张，说话时也紧张，只要在人前说话，就不知道应该怎么说。有人甚至已经养成了假着嗓子说话的习惯，说话总是带着那么一种腔调，好像在表演。遇到这种人，我总是为他们感到惋惜。

辛意云先生曾说：吟诵也是情感教育。吟诵可以让孩子们学会真实地表达情感、正确地表达情感、优雅地表达情感。首先是真实。现在的孩子们都不敢表达情感，现实的训练都是让他们给自己做一个壳藏起来。辛先生的说法当时令我震撼。他的经历也令我震撼于教育可以是什么样子的。辛先生所说，就是指孩子们可以通过吟诵放开自我，勇于真实地表达，反过来，还可以治疗说话不自然的问题、心理不自然的问题。读书本来就是修心的过程。

所以要练习唱歌的时候能够控制声音，也就是练习放松。放松这件事，绝不是身体的事情，而是心灵的事情。练习放松，对人生大有益处。放松不是北京瘫，而是通透灵敏，随时做出反应。所以练习唱歌放松的时候，最好能关注到自己的心灵、心理、心态，可能更有效果。

很多老师都有咽炎，嗓子是哑的。这是因为面对大班教学，得嚷嚷。古代的老师是一对一教学，没这问题。但是面对大班教学，也不是一定会得咽炎。

我经常连续讲课十几天，每天十个小时以上不停地说话，还吟诵唱歌，也没哑嗓子。关键在方法。这个方法是什么？就是尽量不用嗓子。

怎么做到尽量不用嗓子？有多种方法。第一重要的就是放松。教唱歌的、教养护嗓子的、教吐气发声的，都会教放松。放松也有很多种方法。我们经常请著名歌唱家孙鹏祥教授来教自然发声法，他也是先教放松。打“嘟”，咳嗽找位置，自然站姿，咬筷子等，所有的这些目的都是为了让你忘掉在唱歌。一觉得在唱歌，就来了：我唱得好听吗？我这个姿势好看吗？这不行的，这就唱不好歌了。忘掉自己才能自由地表达，真诚地表达。你的心是什么样的，你自然声音出来就是什么样的，怎么说话就怎么唱歌，唱歌就是说人话，你就能够像说话的时候一样控制唱歌的声音大小、高矮、收放。

所以就让他放松下巴，放松喉头，放松肩膀，放松两腿，什么都放松，忘掉自己。有人教狗甩头、倒气等，都是在教放松。这些方法都很好，就看对你起不起作用。

我有一个相对简单的放松方法，也不见得对谁都合适。这个方法得自著名歌唱家姜嘉锵先生，他也是让我第一次接触到吟诵的人，也是热情支持吟诵的大德之人，他的艺术修养和态度，永远都是我学习的榜样。是姜先生教给我放松之法和腹式呼吸之法。

这个放松的方法就是：叹气。

人在叹气的时候，是最放松的。叹气使得全身都放松下来，而且叹气还是腹式呼吸。

我教唱歌的放松方式，就是叹口气，叹出声音来，然后尝试把叹出的声音变成歌唱。这样就体验到了放松地歌唱的感觉。然后保持这种感觉，尽量去变化声音，控制声音，直到身体可以随意舞动而声音还是自然放松的。这样就可以吟诵了。

吟诵是胸式呼吸和腹式呼吸并用的，该胸式就胸式，该腹式就腹式。北京大学中文系语音与乐律实验室曾经用呼吸带对屠岸先生和林东海先生的吟诵做过胸式呼吸和腹式呼吸的测试，并做了声图分析，最后的结论是：两者交叉并用。

什么是胸式呼吸，什么是腹式呼吸？

有一个简单的判断办法，就是你唱一个长音，一直唱到没气了为止，然后感受一下你的腰带是松了还是紧了，也就是你的腹部是收进去了还是鼓出来了。

腰带紧了的，就是腹式呼吸；腰带松了的，就是胸式呼吸。

哪一种呼吸方式更养生？腹式。为什么？因为吸进的氧气更多，身体也更放松。吟诵是两种方式都会用到，但是绝大多数人不会腹式呼吸，所以学习的重点在腹式呼吸。姜先生说，要练到不仅是唱歌的时候腹式呼吸，平常呼吸也要腹式呼吸，这样才养生。

怎么样练腹式呼吸？很简单，还是叹气。大大地叹一口气，叹出声来，就会感觉到小腹向外鼓。人在叹气的时候一定是腹式的，为什么呢？叹气需要吸进大量的氧气，需要放松，所以它一定是腹式的。

然后在叹气的时候开始吟诵，或者唱歌，或者呼喊，都可以。这时，嗓子是放松的，这就是腹式呼吸的唱法了。胸式呼吸的唱法，嗓子也要放松，只是比较细腻。练完腹式再练胸式，就知道怎样保持嗓子的放松状态。

腹式呼吸和胸式呼吸唱出来的效果不同。腹式呼吸唱出来的声音，音量大，震动感强，传得远。老先生们说，当面听唐文治先生吟诵时，能感觉到震动。以前说谭鑫培唱戏的时候，从长安剧院外面走，能看到屋瓦在震动。

所以吟诵时怎样用两种方式？当你要发一个很雄壮的声音的时候，就用腹式；如果要发很细腻的声音、很温柔的声音，就用胸式。你两个都要会用，吟诵才会好，你的腔音才会好。

最后说说吟诵的体态，就是摇曳生姿，以前叫“摇头晃脑”“摇头摆尾”。现在“摇头晃脑”已经成了一个贬义词。今天，我们要给“摇头晃脑”平平反。汉语的腔音唱法，必须摇头晃脑。

现在很多人让小孩子表演古人读书，摇头晃脑，就这么一圈一圈地摇，晕死了，还怎么可能读书。大家一定要知道那是以前为了丑化吟诵而发明的动作，不要反以为荣。实际上没有人那么摇的，儿童是横摇，成人是自由地摇曳，不是这么转圈。你看我吟诵了这么长时间，什么时候那么摇过。

摇的目的是什么呢？就是控制腔音。摇的原理是什么？一个人发音的器腔，上边是口腔跟鼻腔，然后是气管，下面是肺，声带是在气管这个地方的，所以整个器腔的中间是振动器。

我们以前特别重视器腔的上半部分，如牙齿、舌头、鼻腔、嘴唇，它们控制着气流，它们的动作改变着器腔形状，从而改变气流的振动频率和它的图形即音质，所以就发出了不同的声音。

但是下边的这个部分，它对前面的那个声音也是有影响的，这就是声学的原理。一个共鸣腔在振动器前面的部分对声波有影响，后边也有影响的。摇就是利用后面的这个影响去控制腔音。

很多音要摇着发，因为它是腔音，它是柔和的、旋转的，所以它适合摇。没有人唱歌不动的，一动不动地唱，一定唱得不好听，而且一定很累。每个人唱歌都是动的，各有各的动法。西方的歌是重音语言的歌，所以西方人唱歌是有轻重拍的，他的动作跟他的声音是完全吻合的。但是腔音的语言不适合这类动作。

所以我们是摇的，因为汉语是旋律型声调语言，是有抑扬顿挫的声调起伏的，不摇就很累，比如我们唱“床前明月光”，我现在一动不动地唱，完全靠喉头声带来调节声音，这样不但会很累，而且嗓子一下子就破了。不要这样，我的嗓子要是放松的，我声带都是放松的——那怎么控制声音？我的气腔一动，声音就变了，身体一动，声音就变了。所以是用身体的摇动和各种动作来调节声音。

现在很多人吟诵起来都一动不动，很奇怪。吟诵一定要用腔音，要摇曳生姿，才有味道，才有真情。很多女老师不敢摇，觉得难看。你回去看看梅兰芳，见过那些旦角是怎么唱戏的吗？梅兰芳一直在动，无时无刻不在动，而且动得很漂亮，是那种中国传统的淑女之舞，我没法教你们，但是你们可以去看。

摇怎么来调节声音？前后的摇，对于声音的音量有影响，向前的时候整个人的气腔是弯曲的，所以它的音量大不了。所以说悄悄话都得往前，没有往后仰的，因为向后的时候，气腔打开、通畅，声音大，所以在大街上喊人都往后。

所以当你摇起来的时候，前面声音小，后面声音大，就可以用以调节音量。

左右的摇，是一种节奏的重复回环。上下的起伏，通常与音高有关。加上各种动作、手势，吟诵的体态就是摇曳多姿的了。它是用来辅助吟诵、表达腔音的，是吟诵中不可或缺的部分。

吟诵近体诗的时候，平低仄高，平仄相间，旋律是对称的，身体自然会这样转起来，因为你唱一个向上的音，头自然会向上；唱向下的音，头自然向下。结合起来就会形成一种不均匀地摇，所以摇是吟诵体态的特征。但吟诵的摇动是不均匀的，是该摇就摇，该怎么摇就怎么摇，该不摇就不摇，而且每个人都是不一样的。

那怎么样教小朋友们摇呢？对，答案就是不要教，只需要强调一下他们是自由的。当他坐在椅子上的时候，他的上身是自由的，他的胳膊、他的头是自由的，他想怎么动就怎么动，他站着的时候连他的腿都是自由的。只要告诉他，他自然会动起来，他要唱出那个韵味，自然会摇起来，不要管他。每个人有每个人的身体特点，每个人有每个人的条件，每个人的摇都不一样。等他摇起来了，你发现哪里不对，哪里不好看，再帮助他进行调节也来得及。

用橄榄音，丹田气，摇头晃脑，放松身心，是为腔音。这一切都是为了能够真实、真诚地表达自己。因为真实的自己，是复杂多变的，是细腻敏感的，是随心所欲的。如果腔音也成了表演，那就是本末倒置了。这也就是为什么学腔音可以从学戏曲开始，但是决不能学成戏曲那样的原因。

现在给大家提供的传统吟诵，很少有腔音好的。为什么呢？因为他们年纪太大，有时也比较随意。但是传统吟诵也有腔音非常好的，比如北京的张卫东先生、湖北的侯孝琼先生。大家可以听一下侯先生 60 多岁时的录音。这首吟诵是劳在鸣先生谱的曲，应该算是创作的吟诵曲，但侯先生用吟诵的规矩唱出来，还是算吟诵的。[参见：侯孝琼吟（五代）李煜《破阵子》]

这首《破阵子》，后来我跟侯先生请教过。我一吟第一句“四十年来家国”，她就给我打住了。她说你这个不对。我说哪儿不对。她说“家”不对。她的吟法，“四十年来”这几个字全是腔音，每个字都在变化的，只有这个“家”不是，“家”是直的；“国”是入声字，那么短，可也是变化的。我吟的时候，“家”也是变化的，侯先生就说这个不对。她说这个“家”一定要直直地唱。

我没问她为什么要直直地唱，我估计问也问不出来，这种事真的是只可意会，不可言传的。为什么“家”要直着唱？你把它飘着唱试一试，然后再直着唱试一试，你自己体会一下。“四十年来家国”六个字，哪个字是它感情最深的？家。所以，在吟诵里，多用腔音，但直音也可以用，但是要用得有道理，正常的情况下都应该是腔音。

西方音乐经常说“倚音”“装饰音”，“倚音”“装饰音”也是明确的，但腔音是不明确的，没法用谱记，所以叫“拴不住的音”。

我一直在尝试用腔音吟诵，但是一直吟得不太好。希望大家多学习，有更多的好的吟诵出来。[参见：徐健顺吟（宋）李清照《一剪梅》]

第六讲　古文吟诵

虚实重长

前面讲的基本是诗的吟诵，现在开始讲文的吟诵。为什么把文放在后面呢？因为诗比文简单，文比较复杂，比较高阶，也是古代文献的主体。我们得从简单往复杂走。诗的吟诵基础打牢了，到了文这个部分就好解决了，很多问题就好说了。

文也分古体和近体。古体的文和近体的文是怎样区别的？有格律的就是近体的文，没格律的就是古体的文。很简单，跟诗一样。

我们现在的语文课把古代的文统统叫古文，古代不是这样的，没格律的才叫古文。韩愈有“古文运动”，因为大家都不写古文了，所以才有“古文运动”。那么有格律的叫什么？叫骈文。也就是说韩愈那个时代大家都写骈文，不写古文。为什么不写古文？

两个原因：第一，骈文就是应用文。自从有了骈文，绝大部分的应用文都用骈文，所以一个文人从小就学骈文，不会骈文怎么办呀？大量的时间都是写骈文的，所以他对古文就会有所忽视。第二，骈文好写，古文不好写。我们今天觉得不是这样，古文好写，骈文不好写，那是因为你不掌握格律。掌握了格律，就像近体诗、古体诗，作一首近体诗很容易，作一首古体诗不容易。古体诗不合律，那是不是说随便作一首就是古体诗了？不是，那是顺口溜。近体诗作得再差，只要合律，作出来也像个近体诗的样。古体诗要是不会作，作出来就是顺口溜。顺口溜不能算是诗。

同样，古文如果不会写，写出来的那个就不叫古文，而叫口语。今天我们把什么都叫“文”，有论文、散文、说明文、应用文、文章、文案等，这些在古代都不能算“文”，因为“文”就是美丽的意思，“文”要有文采，还要有文气。“文”不是口语，在古代就不是口语，在先秦时代也不是口语。北京外国语大学的孟昭连教授曾有系列论文论证此事。所以古文不容易写，不是把说的话记下来整理一下就行的。

而骈文就不同，只要懂得格律，就算写得再烂，写出来也像个骈文的样子，所以那些人都爱写骈文，因为骈文好写。现在当然不同了，现在我们都不练骈文了，也不读骈文了。

近体文还有一类就是八股文。八股文其实是外号，它正式的名称叫“制艺”。八股文和骈文有什么区别呢？骈文是四六句，有个外号就叫“四六”，一般都是由四字句和六字句构成。八股文是散体的，但是也讲究格律，讲究对仗。所以八股文很难写，古代就考八股文，一篇八股文就知道你的水平了。

这是文，还有赋。赋也分古体和近体。古体的赋叫古赋，比如说司马相如写的那些赋，就是古赋。近体的赋叫律赋，有的时候叫骈赋。赋和文有什么区别呢？赋是描写性的、铺排的，比如说《电脑赋》，就把电脑的上边下边前边后边左边右边，它的历史、它的色彩、它的故事等说一大堆，反正就是描写性的，这就是赋。文就不是这样，文比较多的是叙事和说理，当然，抒情也可以，这就是文和赋的区别。

吟诵的时候很简单，古体的文和赋像古体诗那样吟诵，近体的文和赋像近体诗那样吟诵。因为大家现在都会吟诵诗歌了，这个就没有问题了，只是把吟诵的方法放到文上就可以了。

但是文也有特殊的东西，这个特殊的东西主要是在古文的范畴内。骈文骈赋的读法和近体诗基本是一样的，没有太多可讲的。八股文应该算是古文和骈文的结合。但是古文就不同了，古文有独特的读法。

古文的读法分两个层次：一个叫“字读法”，另一个叫“句读法”。

我们先说“字读法”，就是每个字要怎么读的读法。这个读法，我有个口诀，叫作“字分实、虚、入，音分短、重、长”。这个怎么说呢？就是拿到一篇古文，首先把字分为三类：

实　字

平读：一般都是。

重读：逻辑重音、语法重音。

长读：特别重要。

虚　字

平读：之（的）、于等。

重读：一般都是。

长读：特别重要。

入声字：短读。

一类是入声字，把它挑出来，所有的入声字都是短读的或者顿挫的，这跟诗是一样的。古文里的入声字短读为多，因为文不像诗那样是长言之，而是比较快。

剩下的字把它分为实字和虚字。当然，入声字也分实字和虚字，但是入声字不管是实字还是虚字都是短读的，所以从读法上来说，归为入声字这一类就可以了。剩下的实字和虚字分成两类。

分的方式是按字分，不按词分。西方语言学喜欢按词分，单位是 word。我们中国是按字分的。为什么按字分不按词分？因为有些词是两个字，比如“然则”，其中一个是入声字另一个不是入声字，该怎么读？它没有统一的读法，所以按字分。实字就是有实际意义的字，虚字是没有实际意义的字，就是“之乎者也矣焉哉其若故者”等。

实字的读法一般是平读，虚字的读法一般是重读。这是古文的基本读法。

这样我们就会发现，虚字比实字读得要重。为什么？我们今天读文章的时候往往是相反的，往往是实字读得重，虚字读得轻，不太在意虚字。可是古人说虚字是文之魂也，那是古文的灵魂哪。大家可以看看叶圣陶、朱自清、吕叔湘的《开明文言读本》是怎么说的。

为什么虚字对于古文更重要呢？我们想一下，流传到今天的最古老的汉文是哪些？以《论语》分界，在《论语》之前有什么？有甲骨卜辞，有金文，有《周易》，有《尚书》，有《春秋》，还有《老子》，大概是六种。它们有一个共同的特征：虚字很少，大概不到百分之十，甚至不到百分之五。从《论语》开始，虚字突然增加，大概百分之二十到二十五。从《论语》以后一直到清朝，古文这个系统，虚字的比例大概维持在百分之二十几，就是差不多一篇文章五分之一到四分之一的字都是虚字。可是在《论语》之前虚字很少。这说明一件事情：《论语》做了一次文体的改革。

编《论语》的那帮人，如曾子、子贡，他们编《论语》的时候，等于创造了一种新文体，这种文体大量加入虚字。比如《论语》的头一章，“子曰：学而时习之，不亦说乎？”这句话如果在《尚书》里，大概就这么写，“子曰：学、时习，不亦说？”“而”“之”“于”三个字就没了。

《论语》为什么要加这些虚字？去掉这些虚字和加上这些虚字有什么区别呢？区别就是口气，尤其是孔子说话的口气。为什么孔子的弟子这么重视孔子说话的口气呢？有口气和没口气有什么区别呢？这个事情太重要了。

比如说“学而时习之，不亦说乎”，如果没有了“乎”字，成了“不亦说”，就是一个判断句，说的是一个道理。但是加了“乎”字，就成了感叹句，说的是一种感受。我们做教育的都知道，给学生讲大道理，他可能一辈子也不明白。所谓不明白，不是说不明白那个意思。串讲大意，很多学生也做得到，但是，真的明白，是知行合一。没有上身，没有内化，没有做到，还是不明白。《论语》讲的都是大道理，经都是讲大道理的。学习《论语》，不是为了背过它，也不是为了能串讲大意，而是为了能落实到自己的生命态度里。看看孔子对学习的态度是什么样的？没有“乎”字，就是孔子的理性判断，有了“乎”字，就是孔子的生命体验。他是在感慨啊，没有打算教训谁，他是自己在自言自语，自己发感慨，所以你能从这个虚字中听到孔子的口气，他当时的无限喜悦，这才是最重要的。

我再举个例子，“子曰：巧言令色，鲜矣仁。”这个“鲜矣仁”到底是多大的比例呢？我出个选择题，孔子认为“巧言令色”的人中“仁”人的比例是：

A　0

B　0.1%

C　1%

D　10%

正确答案是——A，0。为什么？这是个感叹句。当一个男生向女生表白：“我喜欢你，你能做我女朋友吗？”女生说：“哎呀，我觉得我们俩不太可能啊。”男生说：“那我们就用那很小的可能性开始吧！”虽然表达了决心，但是他没有听明白女生的话啊，女生是拒绝的意思，没有商量的余地的。连话都听不明白，怎么恋爱？如果孔子说：巧言令色，鲜仁。那就是还有微乎其微的比例。《爱莲说》里有“菊之爱，陶后鲜有闻”，是说陶渊明之后没有一个人喜欢菊花吗？当然不是，是很少有人喜欢菊花。但是，“鲜矣仁”，就是在感慨没有仁啊，他的注意力都在没有仁的这个部分，而不是那微乎其微的可能性。如果他关注了微乎其微的可能，那也就不会这么感慨了。

前面一章有这么一段：“有子曰，其为人也孝弟，而好犯上者，鲜矣。”这个也是感叹，也是说孝悌的人是不会犯上的意思。下面说：“不好犯上，而好作乱者，未之有也。”不可能是说，孝悌的人犯上还是有一定的比例的，而犯上的人作乱是没有的，这不合逻辑。所以这两句是互文，“鲜矣”就是“未之有也”的意思。

所以你看，如果不重视“矣”这个语气词，仅从字面上理解，就会把儒家思想理解不完整，留了那么一点缝儿，好像巧言令色也不是不可以的，不孝悌也不是不可以的，这就麻烦了。这也是所谓义理精微之处的一种，不吟诵是不能明白的。

而且，《论语》是语录体，就是记载孔子的言行的，目的是给后世的孔门弟子学习，所以它也要传达一个孔子的整体形象，孔子的音容笑貌，孔子的语气神态，这样才有一个相对完整的孔子形象，以供弟子们学习。可能就是出于这样的考虑，《论语》使用了大量的虚字。

我觉得《论语》中任何一句如果真的明白了，真的能落实到人生中，那都是太好了太好了，对人生的改善作用都很大。但是像我们这种愚钝之人，我觉得很可能这辈子也做不到其中的几句，但是我们马上能感受到的是孔子的人生态度，他待人接物的态度，他说话的口气，他做人的这种姿态。道理不明白，但这个态度是可以了解的。你就先学那个态度就好了，这就叫熏陶，这就叫文化，叫文化人。

用美丽的外在的生活形式去改变一个人的性格，改变他的习惯、心理，而不仅仅是用大道理让他从逻辑上认清。教育是一个感化的过程，所以《论语》的编者编了那么多的虚字进去。你可能会说：那就是当时孔子说的话啊，只是忠实记录而已啊。不是的。很多反对今天创作古诗文的人的理由也是这个：今天我们都说现代汉语了，为什么还要作古诗文？好像古代的人说的是古代汉语，所以就作古诗文似的。其实不是的，唐人生活中并不说古文的话，也有“古文运动”，司马迁生活中也不说古文的话，也用古文作《史记》。那么孔子呢?《论语》总是孔子说的口语的真实记录了吧。不是的，孔子在生活中也不说古文的话。孟昭连教授有系列论文论证古文的语气词并不是当时的口语，我在《中华传统读书法——吟诵概论》中有引用，大家可以参看。古文也好，诗词也好，都只是一种文体，与口语不同，所以古代可以作，今天也可以作。

《论语》是孔门弟子在孔子去世以后，集体讨论出来的。如果孔子说的每句话他们都记得很清楚，这件工作也就容易很多。可是，那些话，是孔子在几十年之间零散地说的，谁能记得那么准？这其中的语气词、虚词，真的是孔子当时说的吗？恐怕不好说。大家一起讨论的内容，应该也包括怎样才能把老师的意思表达明白，所以加了很多虚字，其中有几个是从《论语》才开始出现的，也许就是他们的发明。

为什么孔门这么重视孔子说话的口气语态？因为孔子说的很多道理，都要借助语气才能明白。所以《论语》是诵读用的、学习用的，不像《尚书》《周易》是资料的性质。

这种学习的方法，是儒家的真谛所在，即重视外在形式，甚至看起来像是比内在内容更重要，这也就是“文”。

在孔子的时代，当时大的学术流派有两派，除了儒家，还有一支是墨家。儒墨两家都是读经的，他们原来是同源的，都读“六经”。但是，儒和墨的读法不同。墨子曾经公开批评过孔子，墨子的弟子也批评过孔子，其中的重要一点就是批评孔子太花哨，外在的形式太过分。比如墨子说过：

> 子墨子谓公孟子曰：“丧礼，君与父母、妻、后子死，三年丧服；伯父、叔父、兄弟，期；族人五月；姑、姊、舅、甥皆有数月之丧。或以不丧之间，诵《诗》三百，弦《诗》三百，歌《诗》三百，舞《诗》三百。若用子之言，则君子何日以听治？庶人何日以从事？”

墨子说我们墨家也读经，我们读《关雎》，“关关雎鸠，在河之洲。窈窕淑女，君子好逑。参差荇菜，左右流之”，一会儿就背完了。儒家的人背，太麻烦了，先读诵一遍，还要入短韵长。然后弹琴弹一遍。然后再唱一遍，再跳一遍。这样半个钟头过去了。所以说：君子何日以听治，庶人何日以从事？要这样的话，那些当官的什么时候上班呀？老百姓什么时候干活呀？这就是墨家对儒家的批评。

但是到今天，墨家已经几乎消失了。墨家的很多成分已经融入儒家里面，比如“一粥一饭当思来之不易”，最早就是墨家的精神。墨家尚质，儒家尚文。孔子说过“文质彬彬，然后君子”，文和质，即外在的形式和内在的本质，儒家是并重的。其实，儒家更重文，所以儒士又叫“文人”，儒家又有“文化”。墨家尚质尚俭，比如说穿衣服，墨子的弟子像晏婴，都做国相了，几十年就那么几身衣服一直到下葬，这就是墨家。晏婴就曾经批评孔子“盛服”，穿衣服特别讲究。可是我们今天传承下来的叫中华传统文化，可没有中华传统质化。为什么？质化不了人。如果是墨家传下来，我们今天喝茶，有很多种，有红茶，还有白茶，还有黑茶，墨家说喝什么茶呀，摘片树叶嚼嚼就完了。盖房子要那么漂亮的飞檐干什么呀，挖个洞住就完了。你看我们汉服多么的精美，墨家觉得披个麻袋片就可以了。这就是墨家。那就没有文化了。儒家是尚文的。

读书也一样。读书，到底是读书里的那个道理呢，还是读它的形式？儒家认为：都要。道理是不能没有的，没有道理，方向就没了，一定要有道理。但是一定记得，教育不能光靠讲道理啊，更起作用的还是外在形式的熏陶。所以儒家重六艺，重琴棋书画，包括《论语》里大量的虚字。至此，古文这种文体才确立，它是一种讲究文采的、贯穿着儒家思想为主的中华文化精神的散文文体。

《论语》因为是语录体，学习用的，所以大量使用虚字，但《论语》以后，古文就顺着这条路走了，基本都是这样，因为大家发现这样很好，不仅语录体需要虚字，其他的文章如果大量用虚字，也可以更好地抒情达意，这样就用成了“古文”这种文体。但是也有例外。例外的就是用《尚书》那种文体，我叫它“古经体”。比如佛经在开始翻译的时候用的都是古经体，就很少有虚字，可能这是因为尊重佛经是经典吧。后来这个传统就传下来了。今天我们的汉译佛经基本上很少有虚字。佛经的读法也从来都不是儒家的吟诵，它叫梵呗，是另一套读法。

古文重视语气，重视文气流转，所以虚字重要，虚字重读、实字平读是基本的读法。

古汉语中哪些是虚字？

现在多不说虚字了，而说虚词。虚词有哪些？有不同的说法。一种说是除了名词、动词、形容词的，都是虚词。一种说是除了名词、动词、形容词、副词、代词、数量词的，都是虚词，也就是助词、介词、连词、语气词。一个范围大，一个范围小，关键是副词和代词的归属。

虚字不是虚词。虚字是从诵读的角度来说的，虽然跟虚词有密切的关系，但是毕竟不是虚词。虚字不是词性问题，而是诵读时的轻重问题。在古代，清朝袁仁林的《虚字说》是在总结前人研究的基础上比较全面的一本著作。在里面，虚字介于以上两种虚词之间，也就是：名词、动词、形容词一定不是虚字，助词、介词、连词、语气词一定是虚字，而副词和代词，就一部分是虚字一部分不是虚字。副词和代词怎么判断是不是虚字？标准就是“语助”，古代虚字又叫“语助”，即主要作用是助益语气的，就是虚字，否则就是实字。

为了方便大家吟诵古文，我主要在袁仁林《虚字说》的基础上，参考古今多种著作，以常见虚字为目标，略有增删，分出入声字，排序、分项、注释，做了一个简单的《吟诵虚字表》，供大家参考。[参见：附录《吟诵虚字表》]

实字有没有重读的？有，那就是句子的语法重音、逻辑重音。该强调什么自然就重读了。

虚字有没有平读的？也有。首先是衍字，就是这个字只是为了说话时拖长一点时间以舒缓口气，它的这个时间的存在就已经达到了它的价值，不需要再强调，所以衍字往往是平读的，比如当“的”讲的“之”字和表示位置的“于”字。当“的”讲的“之”字，包括现代汉语的“的”字，究竟是什么意思？是表示归属吗？类似英语的“’s”？“先王之道斯为美”，改为“先王道斯为美”，就失去了这个意思吗？也没有。所以“之”“的”的主要作用是舒缓口气，延长词的时长，以赢得回味的时间，加强表达的语气，所以它是通过自己的时长来实现价值的，一般不用再重读。

那么，两个以上的重读字碰到一起怎么办呢？就要比较一下。中国人什么都是灵活的，没有什么是百分之百的。比较比较，哪一个不是那么重要，它就会退回平读。如果都很重要，那就都重读。不但都很重要，还有更加重要的，那就长读。

长读就是特别重要。长读一般的习惯，首先就是语气词一般会长读。另外就是句末的重读音，就是这个句子的最后那个字，如果它是个重读音的话，它经常会长读。

以上就是古文的字的读法系统。

古文的吟诵符号只有三种：入声符号是竖点，跟诗一样的；曲线符号是长读音；一个圆点是重读音；什么符号都没有就是平读。所以只有四种读法：平读、长读、重读、短读。

在实际读的时候，到底哪个字怎么读，其中有的是明确的，比如入声字一定读短，有的是大家意见基本一致的，比如句末语气词一般长读，但是也有些是与个人理解有关的。正因为如此，所以如何读，也就反映了如何理解，所以吟诵才能作为教学手段，利用读法把教师的理解传达下去，利用节奏和旋律让理解留在学生心中。当然也可以用读的声音反馈、交流。

所以我标记的读法符号，只是参考。这里面有我个人的理解，甚至是那时那刻的理解。后来理解变了，读法就可能变。不过，其中明确的读法是不会变的，而正是这些读法，可以增加学生的理解，深化学生的感受。

经的读法

我们以《论语》第一篇“学而”为例。

论语　学而

	丨	丨	～		丨	～	丨	丨	丨	～
子	曰	学	而	时	习	之	不	亦	说	乎
	·		·	·		丨	丨	丨	～	
有	朋	自	远	方	来	不	亦	乐	乎	
	丨	·	～	丨	·	丨	丨	·	·	～
人	不	知	而	不	愠	不	亦	君	子	乎

我们来分析一下。第一章，头一句“子曰”，“曰”是入声字要读短。为什么《论语》里都是“子曰”呢？为什么就没有“子云”呢？“云”和“曰”在最早的时候是差不多的意思，后来才略有分工。其他的经书里会有“子云”这样的说法，《论语》里都是“子曰”，为什么？我觉得很重要的一个原因就是“曰”

是入声字。“曰”和“云”的读音，王力、郭锡良构拟为［ɣǐwăt］、［ɣǐwən］[①]，郑张尚芳构拟为［G^{w}ad］、［Gun］[②]，两者的读音非常接近，“曰”大开口，“云”小开口，“曰”短“云”长。“曰”的本义有神谕之意。前人说过，为什么《论语》都是“子曰”，那是因为郑重其事的意思：孔子说话了，要注意听。子是“曰”的，别人也就都跟着“曰”，所以整部《论语》全是“曰”。

所以，“子曰”一定要“子”长“曰”短这样读。

下面，“学”和“习”都是入声字。学习是很用力的事情。

“不”和“亦”也是入声字，“不亦”，两个短音，这口气多硬啊。

“说”是入声字，“乐”是入声字。我们今天说“祝你生日快乐”，为什么叫快乐不叫慢乐呢？因为我们中国人历来就认为乐是快的。所以跟乐有关的字是入声字，短读音。

我们再说虚字。第一句有三个虚字“而”“之”“乎”，我都给标了长读音。其实，“之”和“乎”一定是长读的，“而”其实重读也可以，这要看个人的理解。因为重读和长读之间有的时候不是那么绝对的。但我觉得“而”还是要长读更好，因为我觉得这个字非常重要。如果没有这个“而”字，就成了“学、时习”，这个意思的差异就很大了。

有什么差异呢？比如说“我今天出去上街啦，我买了土豆和白菜”，你干了几件事啊？一件事。如果说“我今天上街了，我买了土豆，然后我又买了白菜”，你干了几件事啊？两件事。

“学”“时习”，这是几件事啊？一件事。“学而时习”，这是两件事。“而”的第一个作用是告诉我们，学和习是两件事。

第二，先学后习。“学而时习”，这不说得很清楚吗？先学后习。其实这个牵扯到儒家一个非常重要的命题，就是知行问题。现代有一个著名的教育学家叫陶行知，原来他叫陶知行，后来改名叫陶行知，因为他觉得得先行才能知啊。王阳明说“知行合一”，知就是行，行就是知，没行就是没知。孙中山说“知难行易”，用不着知得很清楚就可以行了。而孔子说“学而时习之”，你看，观点很明确，是吧？

---

① 郭锡良《汉字古音手册》，商务印书馆，2010年8月版，第71页、392页。

② 郑张尚芳《上古音系》，上海教育出版社，2003年12月版，第547页、548页。

还有一条，就是学了一定要去习，学的目的就是去习。如果没有这个“而”字，这些意思就消失了。所以我觉得在这里“而”字很重要，要长读。

“之”这个字也要强调，没有“之”，这句话就成了“学而时习，不亦说乎”，现在有的人就是这么理解的。教育小孩：得好好学习啊，为什么？孔夫子说过的，学习是很重要的，学习很快乐的，是吧？

其实孔夫子没这么说过呀，孔子说的是“学而时习之”。“之”是什么？学习的内容，这是个代词。孔子学的是什么？圣贤大道。孔子说：“学，然后经常去习这个圣贤大道，那是何等的快乐。”但不是学什么都快乐啊，学做坏事就不快乐。学那些没用的东西就很枯燥。什么是“学”？历代注家都以“学儒”为“学”。所以，圣人说的是学习大道很快乐，这就有道理了是吧？

“不亦说乎”，如果没有“乎”，就剩三个字，还都是入声字，“不亦说”，说得好厉害啊。加一个“乎”字，“不亦说”三个字又高又短，“乎”字又低又长，“乎——”，看到吧，气泄出来了。“不亦说乎”是什么意思啊？就是很陶醉的样子。孔子的口气就出来了。

“有朋自远方来”，没有入声字，也没有虚字，都是实字，要看语法重音、逻辑重音在哪儿。是“朋”和“远方”。

“人不知而不愠”，“不知”和“不愠”是两件事。如果连着读太快，好像这是些很简单的事一样，其实是非常难做到的一件事。人生啊，别人不理解你，这是人生的大苦恼之一呀。“人不知而不愠”，不生气，“不亦君子乎”，所以“君子”一定是强调的，这是实字的逻辑重音。

整篇文字，一共三小句，每一句又分两小句，我们看前面这个半句：“学而时习之”“人不知而不愠”都是既有入声字又有虚字的，读起来是长长短短、短短长长。中间这一句既没入声字，也没虚字，读起来就很平稳，是不是正好是它的文意？

看后半句：“不亦说乎”和“不亦乐乎”都是三个入声字加一个虚字，但是最后“不亦君子乎”这儿少了一个入声字，加了两个重读音，所以前两句是快乐的意思，“不亦君子乎”则是骄傲的意思。这个气度就起来了。它的快乐在“不愠”。

这一章很短，如果把这些虚字去掉，就成了《尚书》，就是把这件事记下来，把这个道理记下来，但是没有文气。有了虚字就有了文气。文气就是起伏跌宕，辗转腾挪，变幻莫测，最后一收。读一篇文章好像打了一套拳，而其中的这些高低长短、轻重缓急、辗转回环，正是文章的精微细致之处，是文意的深切所在。不体会到文气，就没有真地理解这篇文章。好的文章，文气是顺的，是活的，读着滋养人。不好的文章，读起来气不顺。《论语》的第一章，读起来就是顺的，是活的，有收有放，起伏回环，整个的文气是非常好的。今天所谓的平读、朗读，就把文气读没了或者读假了。

北宋的理学家程颐说过，《论语》怎么读？读到子贡等诸弟子发问，就好像自己问，就像你自己在说这句话一样。读到孔子的回答，就像当面聆听，就像孔子在你的面前，听到孔子说话。当面聆听，和阅读文字有什么不同？就是音容笑貌、语气神态如在眼前。这样才是读《论语》的样子。

《论语》就是为了让大家读的时候能够读出孔子的活人来，才加了那么多的虚字，所以我们不可辜负前辈的这种良苦用心。

　　|　　· · ～ · ·　～　· ·　· ～　|　· ·

有子曰　其为人也孝弟　而好犯上者　鲜矣　不好犯上

～　| ·　· ～ · ～　·　· · ～ ·　· · ～ ·

而好作乱者　未之有也　君子务本　本立而道生　孝弟也者

·　· ～ · ～

其为仁之本与

“其为人也孝弟”，为什么要有个“也”字？“其为人孝弟”不就行了吗？加个“也”字，拖长了“为人”的时长，是给人思考的时间，“为人怎么样呢？”于是说出“孝弟”，这是强调。“而好犯上者鲜矣”，“鲜”实字重读音，“矣”虚字长读音。这两个字连在一起一读，这个口气就出来了，“很少的啦——”。

“不好犯上而好作乱者，未之有也”，“之”是长读音，“有”是重读音，“也”是长读音。这个“之”字这么一拖，又是一个强调，一个心里的期待，所以把“有”字再放出来，然后再拖长。

“君子务本，本立而道生”，这一句只有个“而”字比较长，“立”是个入声字，其余的“君子务本”没有虚字。他为什么不说“君子务本者”或“君子务本也”？为什么没有那些虚字呢？这个就叫“口气峻切”。说到这个地方很严肃，没有“嗯、啊、这、是”等字。

“孝弟也者”，这是感叹，“也”拖长了时间，给人回味“孝弟”。“其为人之本与”，“之”拖长，让你有一个期待，然后把“本”放在这里，很重要，然后再拖长，这就是突出“本”字。

| | · ～ ～

子曰 巧言令色 鲜矣仁

前言已分析过，再补充一下“巧言令色”，“色”是入声字，所以它不是一字一拍地说“巧、言、令、色”，而是说“巧–言–令–色！”，你听出那个口气了吗？听出那种不屑了吗？后面这三个字，“鲜”重读音，“矣”长读音，“人”长读音。长长的感叹，厌恶的口气毕现。

| · | · · · ～ | · ～ · ～

曾子曰 吾日三省吾身 为人谋而不忠乎 与朋友交而

| · ～ · | | ～

不信乎 传不习乎

“吾日三省吾身”，“日”是入声字，所以这个地方要顿挫一下。曾子的意思是说什么啊？他说我每天都三省我自己，那么在这一句话中他最重视的是哪个词？你们学了吟诵，要知道先从声音入手。“吾日三省吾身”，六个字哪个字是最重要的？“日”。“日”是入声字，五个字只有它是入声字，一读起来“吾日三省吾身”，翻译成现代汉语就是“我每天都三省我自己”。在孔门弟子当中，“三省吾身”这件事情很难做到吗？颜渊做不到吗？子贡做不到吗？还是子路做不到？大家都能做到，但是大家做不到的是：几十年每天都三省吾身，这点只有曾子能做到，所以贵在坚持啊！

“为人谋而不忠乎”，“而”是长读音；“与朋友交而不信乎，传不习乎？”曾子每天三省自己，在三省之中他最重视哪一个？最后那个。为什么？前面两句都是一个长读音“而”加一个入声字，再加一个字，然后加一个长读音的“乎”，“为人谋而不忠乎，与朋友交而不信乎”，只有后面这一句去掉了“而”，就是去掉了一个长读音，而“习”是一个入声字，它加上了一个短读音，成了一个“传不习乎”。很明显能听到最后这一句他口气的峻切，说到“传”的时候他整个人的心情很急切。曾子在三省之中最重视“传”。我们今天所习得的儒学谁传下来的？曾子传下来的。人都说孔子最好的弟子是颜渊不是曾子，但最后传下孔子之学的是曾子。为什么？因为他就是这么个人啊，他每天回去都要反思一下自己“为人谋而不忠乎，与朋友交而不信乎”，但是最重要的是“传不习乎”，他特别重视老师交给的东西，最后就是他传下来的。他传给子思，子思再下传，传给孟子。

｜　　· ·　　｜　　· · ～ ·　　｜ · ～ · ·　　· ～ ～

子 曰　道 千 乘 之 国　敬 事 而 信　节 用 而 爱 人　使 民 以 时

能听出什么？前面三句全都是有长有短，“使民以时”四个字，没有入声字，所以它很温柔，不像前三句那么严肃。

｜　　｜ ｜ ·　｜ ｜ ·　· ～ ·　· · ·　～　·

子 曰　弟 子　入 则 孝　出 则 弟　谨 而 信　泛 爱 众　而 亲 仁

·　｜　｜ ～ ｜ ～

行 有 余 力　则 以 学 文

这章是《弟子规》的源头。“入”“则”两个字都是入声字，“出”“则”两个字也是入声字，所以一开始读的时候速度很快。“弟子入则孝，出则弟，谨而信”，“而”就是长读音。“泛爱众，而亲仁”，感觉怎么样？越读越慢，从最紧要的事情到向上发展的事情，越来越放松。“行有余力，则以学文”，“则”和“学”都是入声字。

｜　｜　｜ ｜　· ·

子 夏 曰　贤 贤 易 色　事 父 母　能 竭 其 力　事 君　能 致 其 身

· · ·　· ～　·　｜ · ｜　｜　～ ｜ ～

与 朋 友 交　言 而 有 信　虽 曰 未 学　吾 必 谓 之 学 矣

“事父母能竭其力”和“事君能致其身”，声音上有什么区别？“竭”和“力”都是入声字，“能致其身”没有一个是入声字。联系前面的“入则孝，出则弟”，明白了吧？“事父母”和“事君”这两件事同等重要吗？不是的。什么更重要？“事父母”更重要。

| | · | | · | | | · · · · |

子曰　君子不重则不威　学则不固　主忠信　无友不如

· · | | · ·

己者　过则勿惮改

这一句很多入声字，虚字只有一个“则”，也是入声字。这么多入声字说明什么？孔子生气啦。孔子这个人平常说话很舒缓的，但是“君子不重则不威，学则不固”这句，读到那个口气了吧？“主忠信，无友不如己者，过则勿惮改”，后面这三句有人说不是这里的，不清楚，但是他的口气也是同样地峻切。

| · · | · ～

曾子曰　慎终　追远　民德归厚矣

“厚”是重读音，“矣”是长读音，这个意思就出来了。

| · · · · ～ | · · ～

子禽问于子贡曰　夫子至于是邦也　必闻其政　求之与

· · ～ | · · · · · | · · ～ · ～ ～

抑与之与　子贡曰　夫子温良恭俭让以得之　夫子之求之也

· · ～ · ～ · ～ ～

其诸异乎人之求之与

这一章很有意思。子禽问于子贡曰：“夫子至于是邦也，必闻其政，求之与，抑与之与？”子禽一共说了四句话，三句都是虚字结尾，“也”“于”“与”，而且除了结尾的虚字还有其他的虚字“于”“抑”。这句话本来就是“夫子至是邦”，他加了一个“于”，就是衍字了，已经舒缓了口气，又加了一个“也”字。“求之与”，这个“之”字也是衍字。这句话完全可以说成“夫子至是邦，必闻其政，求抑与？”意思就说完了，剩下的全都是虚字。但请注意，“必闻其政”四个字没有衍字，而且“必”是个入声字。再读一下这四句话，你会感受到子禽口气很舒缓，但是在关键的那个问题上可是毫不含糊。

再看子贡，子贡的回答很有意思，“子贡曰：夫子温、良、恭、俭、让以得之。”你听到这句话什么感觉？你如果坐在子贡的对面，子贡这么跟你说话，你的感觉怎么样？不太舒服吧？这句话也不符合这个意思啊。什么叫“温、良、恭、俭、让”啊？子禽问子贡，小师弟问大师哥一个问题，问的时候态度怎么样？好恭谨啊，他那么多的虚字是舒缓语气是吧？那子贡回答的时候，应该礼尚往来才对，而且说的是“温、良、恭、俭、让”，所以按理应该这么说：“夫子者，温也，良也，恭也，俭也，让也，是以得之。”这跟对方的态度才配得上，跟说的内容也配得上。所以，子贡怎么样了？生气了。为什么子贡会生气？子贡也是个天才啊，子禽问他的时候态度很恭谨，但是那句关键的话却没有虚字，“必闻其政”，子贡听出来了，子禽对孔子有所怀疑。子贡这个人，他处在先进弟子和后进弟子的中间，所以后进弟子经常见不着老师就问他。子贡这个人特别维护孔子的形象，《论语》当中，谁要敢说孔子坏话，子贡就勃然大怒，所以他从子禽的口气中听出了对孔子的怀疑，所以子贡就生气了，说话就很硬。再看下面这一句，“夫子之求之也，其诸异乎人之求之与？”你不觉得太啰唆了吗？这虚字加得也太多了吧？“之”是虚字，“之也”“其”“诸”“乎”，再有“之”，后边还有“之与”，一多半是虚字，为什么？子贡后悔了。子禽他可能并不是真的怀疑孔子，他就是真的很诚恳地问一个问题，子贡快口快语堵了他一下之后，自己也觉得不太像师兄的样，赶紧往回找找场面，所以他特别多说了一些虚字以平衡口气。

读到这样的篇章就会很感动，这就是孔门弟子。你可以看到他们之间的关系是多么的真诚，又是多么的彬彬有礼，真的很让人感动。子贡、曾子这些人都直接参与了《论语》的编写工作，所以这些记录是绝对没有问题的，这些都经过了他们的审查，绝对是表达出了当时的含意的。

　　　| 　　· 　　　· 　　| 　　　　· 　· 　· 　· 　·
　子曰　父在　观其志　父没　观其行　三年无改于父之道
　·～
可谓孝矣

这章前半部分口气比较硬，就是判断比较明确坚决的意思。后半部分口气比较软，有“于”“之”“矣”三个虚字，这是感慨，言下之意就是符合条件的不多。

　　　　| 　· 　· 　· 　· 　· 　· 　· 　· 　· · 　～
　有子曰　礼之用　和为贵　先王之道　斯为美　小大由之
　| · 　　· ～ · 　| 　· | ～ 　| | 　· ～
有所不行　知和而和　不以礼节之　亦不可行也

这一章的重读音多，长音只在后面才出现，而且表示的是否定的意思。整句话都显得比较严肃。

¦ · · · ¦～ · · · · ～

有子曰　信近于义　言可复也　恭近于礼　远耻辱也

· ¦ ¦ · ¦ · ～

因不失其亲　亦可宗也

这章是排比，排比一定是表达一种整体之上的另外的意思。这章的意思是不要离本，所以前半句都是判断句，没有长音，后半句都是结论，用长音表示肯定。“不”“失”两个字都是入声字，都要读短，两个字合起来占一拍。“亦”这个入声字，在这里表示“都可以”，意思是只要不离本，都可以。

¦ ¦ · · · · · ～ · · ·

子曰　君子食无求饱　居无求安　敏于事而慎于言　就有

· ～ · ～ · ¦ ～ ～

道而正焉　可谓好学也已

“学”是入声字，这里要顿挫一下。“而”是长读音，“正”是重读音，“焉”又是长读音，这样就能把意思读出来。

¦ · ～ · · ～ · ～ ～ ¦ · ～ · ¦ ·

子贡曰　贫而无谄　富而无骄　何如　子曰　可也　未若贫

～ ¦ · ～ · · · ～ ¦ ～ ～

而乐　富而好礼者也　子贡曰　诗云　如切如磋　如琢如磨

· ～ · ～ ¦ · ～ · · · ～ ～ · · ～ · ·

其斯之谓与　子曰　赐也　始可与言诗已矣　告诸往而知来者

“贫而无谄”，要把“而”字长读，这样才能把“贫”和“无谄”读成两件事，两件本来相反的事，这句话的意义才出来。什么叫“贫而无谄，富而无骄”呢？就是孟子说的“富贵不能淫，贫贱不能移，威武不能屈”，孟子说这种人才是大丈夫，做到这一点很了不起。子贡当时刚刚入孔门，年纪很小，只有十几岁，还是个少年。他见到孔子就说，我做到这一点怎样？“何如——？”这口气多好啊，舒缓的长音，表示恭敬。再看孔子的回答：“子曰：可也。”这“可也”

是什么意思？是肯定他还是否定他？还是其他什么意思？如果打分的话，“可也”打多少分？为什么要有个“也”字啊？如果没有这个“也”字，多少分？至少八十分。“可也”，就只有六十分了。为什么呢？这就是说话的口气啊。孔子很犹豫，子贡新入门，后生可畏，很喜欢他，很想鼓励他，但是孔子觉得这个境界不够，所以很犹豫，“可也”就是这样子，然后赶紧“未若”，一个重读音一个短读音，赶紧纠正道：“贫而乐，富而好礼者也。”“者也”，一个重读音，一个长读音，强调是这样的人，这口气就出来了。

子贡曰：“《诗》云，‘如切如磋，如琢如磨’，其斯之谓与？”“其”“之”“与”都是虚字，表示舒缓，态度非常恭敬。子曰：“赐也——”这个“也”是什么意思？还是犹豫的意思吗？不是了，而是惊喜赞叹，惊喜到什么程度？惊喜到忘了回答子贡的问题了，光顾着表扬他了。同一个“也”字要读不同的调子才行。“始可与言《诗》已矣”，连续两个语气词，表示长长的感叹。所以这一段如果读对了，这个师徒之间的对话就栩栩如生了，就好像程颐说的亲耳听到、亲眼见到，音容笑貌如在眼前，语气毕现，心意洞明。

！　！　·～！·　·！　·～
子曰　不患人之不己知　患不知人也

最后这个“人”是个重读音，“也”是个长读音。所以，不是读成“患、不知人也”，而是读成“患、不知——人也——”，这口气就对了。

我们用《论语》第一篇做一个范文例子，后面都是一样的。如果按照这种方式去读《论语》，每个人的口气、神态都能读出来，还会读出很多字面之后的东西，这就叫“《论》《孟》只剩读着，便自意足”，吟诵能够得其意。“若以语言解着，意便不足。”这是程颐说的，即从字面去解释，反而会失去很多内涵。

比如说第二篇的第一章，“子曰：为政以德，譬如北辰”，没有虚字，口气很坚决。“居其所”，平缓一点了。“而众星拱之”，“而”“之”都是长音，这种姿态之坦然、悠然就读出来了。

再比如说“子曰：吾十有五而志于学”，“学”是入声字；“三十而立”，“立”是入声字；“四十而不惑”，“不惑”，两个入声字；“五十而知天命”，“天命”是一个平声加一个去声；“六十而耳顺”，“耳顺”是一个上声加一个去声；“七十而从心所欲，不逾矩”，“逾矩”是一个平声加一个上声。读的感觉是什么样？越来越慢，一句比一句慢，最后非常的舒缓，就是非常的悠闲自得，从心所欲。读的时候，生命的状态变化就出来了，这就是感性的体会。就这样，你能读出很多很多东西。用正确的方法去读，才能把文章的全部意思读出来。所以古人特别重视读，就是吟诵。［参见：徐健顺诵《论语·学而第一》］

吟诵要先诵后吟。前面所说的虚实重长的读法明白了，下面就是依字行腔、依义行调的问题了，诵和吟都如此。现在就可以吟了。

先平调吟一遍，比如就以“学而时习之”五个字为例，可以唱在任何一个音高上。我来唱音阶，你们来唱“学而时习之”。哆——学而时习之；咪——学而时习之；咪——学而时习之；嗦——学而时习之；啦——学而时习之。好了，你们来选每个字的高度。比如说，我觉得“学”和“习”在这句话里很重要，“时”比它们还重要，那么就是：

　　　时
学　　习
　而　　之

如果觉得“学”和“习”最重要，“时”没那么重要，那就是：

学　　习
　而时　之

如果觉得“之”很重要，学习的内容很重要，“而”也很重要，就是学和习的这个过程的递进很重要，那就是：

　而　　之
学　时习

不同的吟咏表达的是不同的意思。古代的私塾先生教学，他不是只教了那五个字，他在五个字之外还教了很多。学生私底下对每个字也都要琢磨的，这才能吟得好。吟诵是个学习的过程。［参见：徐健顺吟《论语·学而第一》］

我们采录到的儒经的吟诵，有一个共同的特点，就是调子比较简单。甚至有的先生说，经根本就不能吟，只能诵。当然吟经的也不少，但是吟得简单。像“唐调”读文有四个调子，读经只有两个。经和一般的文还是不一样的，旋律不会变化太大，为什么呢？像读《论语》，如果旋律跳动太大，感觉孔子像表演明星了，这不好，毕竟是经。

此外，节奏、风格也都以平稳为主。我吟的《论语》，您能听到我大概是以句为单位安排高低的，而不是以字为单位，但是个别的字要强调，我会稍微重一些，但是总的来说是以句子为单位比较合适。

《大学》："大学之道，在明明德，在亲民，在止于至善。"以句为单位，你要是觉得"至善"这句很重要，就要强调它，但是不要太花哨。[参见：徐健顺诵《大学》；徐健顺吟《大学》]

儒经都是古体的，所以吟诵旋律是模进的，但是很多经典都有对偶的句子。遇到对偶，要稍微注意一下节奏的均匀和旋律的对称。比如《周易·系辞》，如果是平调读"天尊地卑，乾坤定矣；卑高以陈，贵贱位矣；动静有常，刚柔断矣。方以类聚，物以群分，吉凶生矣"，就失去了很多含意。应该分出上中下调，比如说"天尊地卑，乾坤定矣"，前高后低；"卑高以陈，贵贱位矣；动静有常，刚柔断矣"，两句也是前高后低；"方以类聚，物以群分，吉凶生矣"，前低后高，因为《周易》就是讲吉凶的。依字行腔、依义行调，就是这样的。[参见：徐健顺吟《周易系辞选》]

十三经的情况也不尽相同。《诗经》是诗歌，按照诗的吟诵方法读。《周易·爻辞》《春秋》《尚书》《周礼》《仪礼》《尔雅》都是古经体，最好只读诵，不吟咏，因为它们是记录性质的文献，不是为了读，不是读本。其他的都是古文，适宜按照古文的方法吟诵。

文的读法

文赋的读法，近体的按照近体诗规矩；古体的按照古文的规矩；骈文四六的按照《诗经》、楚辞的规矩；骈散相间的则骈文按骈文，散文按古文。

文的吟诵调跟诗一样，有四个来源：传统的吟诵调，普通话的吟诵调，世界上其他的旋律，还有自创的旋律，都可以的。我们要学会矿泉水调的吟咏，因为矿泉水调是现在全中国人都能掌握的普通话的一个基础的吟法，然后从矿泉水调出发再去变化，或者再接受其他的吟诵调就会方便很多。而且矿泉水调的吟咏和别的调的吟咏规则、方式、结构都是一样的，所以我们从这儿开始。

文的矿泉水调的吟咏，像诗一样，也是至少有上中下三个调，至少以句为单位，力求以字为单位。第一句话的意思是说，你最少要有三个调，但是越多越好。第二句的意思是说，至少以句为单位，但是要是能以半句为单位、以字为单位那就更好。上中下三个调，以句为单位，基本上也就是个基本调，但是等到能够有更多的调和以字为单位的时候，就是吟诵调了。

先说古文的读法，跟古文体的经是一样的，只是可以有更多的变化。

现在我们举个例子，周敦颐的《爱莲说》。

水陆草木之花，可爱者甚蕃。晋陶渊明独爱菊。自李唐来，世人甚爱牡丹。

予独爱莲之出淤泥而不染，濯清涟而不妖，中通外直，不蔓不枝，香远益清，亭亭净植，可远观而不可亵玩焉。

予谓菊，花之隐逸者也；牡丹，花之富贵者也；莲，花之君子者也。噫！菊之爱，陶后鲜有闻；莲之爱，同予者何人？牡丹之爱，宜乎众矣。

我们现在已经知道怎么读了，字分实虚入，音分短重长。那么一整篇应该怎么办呢？我们先以一句为例，“水陆草木之花”，“陆”和“木”都是入声字，要读短。当“的”讲的“之”，是平读的。这六个字中哪个字是逻辑重音、语法重音？是“花”。因为整篇文章都是说“花”，所以“花”是重读的，但是这个“花”是这句的最后一个字，所以它一般会长读，所以这句正确的读法是：

!			!		～
水	陆	草	木	之	花

第二句，“可爱者甚蕃”，“者”是虚字，所以它是重读的；“甚”也是虚字，是重读的；“蕃”是实字的重音，这是一个逻辑重音；“可爱”两个字，要是觉得“爱”比较重要也可以重读。这五个字的读法，“爱者甚蕃”四个字都是重读的，重读的都凑一块儿了，那就要考虑一下，是否哪个重读相对没有那么重要，就退回平读，或者有的字比别的字更重要，就加强为长读，这样把字的读法区别开，才有层次感。这四个字相比，还是“者”比较次要，所以它退回平读；“蕃”是句末重读字，可以加强为长读。

· · ～

可爱者甚蕃

“晋陶渊明独爱菊”，“独”和“菊”是入声字。“晋陶渊明”这四个字，哪个字是重点呢？是“晋”还是“陶渊明”呢？是“晋”。为什么呢？他后面又说“唐”，又说现在，很明显他的关注点在时间轴上，所以“晋”是个重读音或长读音。“独爱菊”，“独”和“菊”是短音，“爱”是重音，所以这句的读法，把陶渊明那个不合时宜、不合流俗的那种别扭劲传达出来了。

再往下，一样的道理。“自李唐来，世人甚爱牡丹”，“甚”是重音，“牡丹”是重音；“丹”在句末，可以升为长读音。

“予独爱莲之出淤泥而不染，濯清涟而不妖”，“独”是入声字，“之”是连词，引起下文这一大段，所以应该是长音。“出”是入声字，“不”是入声字，“而”是重音，还有一些实字的重音。“出淤泥而不染，濯清涟而不妖”，这两句是对称的，“出”和“濯”都是入声字，都是“而”加一个入声字“不”，这两句的节奏，长短配合起来非常美，意境就出来了。

“中通外直”，“直”是入声字。“不蔓不枝”，两个“不”是入声字。“香远益清”，“益”是入声字。“亭亭净植”，“植”是入声字。每句都有入声字，把这几个入声字把住、立住，莲的品格就立起来了，有硬气的感觉。

“可远观”，到这里是描述结束，“观”得是长音，然后是转折。“而”也是长音。“不”，短音。“亵玩焉”，“亵玩”是实字重读音，“焉”是长音。

这一整段读下来，读对了就能把气读出来，感觉到每一句的抑扬顿挫。这就像打一套拳下来一样，这种快慢，这种长短，高低起伏，气韵流转，就全都读出来了。

再看下面这一段。“予谓菊”，“菊”是入声字，读出来感觉很强调。“之”是连词，所以它是长音。“者”是重读音，“也”是长读音。三句都是这样。然后，“噫”，长读，语气词，感叹的意思。“菊之爱”，强调“菊”。“陶后鲜有闻”，强调“鲜”。“莲之爱，同予者何人”，“者何人”都是重读音。“牡丹之爱”，强调“牡丹”，“爱”也是重读音，在句末，因此长读。“宜乎众矣”，“宜”“众”是实字重读音，“乎”“矣”是虚字长读音。

水陆草木之花　可爱者甚蕃　晋陶渊明独爱菊
自李唐来　世人甚爱牡丹
予独爱莲之出淤泥而不染　濯清涟而不妖　中
通外直　不蔓不枝　香远益清　亭亭净植　可远观
而不可亵玩焉
予谓菊　花之隐逸者也　牡丹　花之富贵者也
莲　花之君子者也　噫　菊之爱　陶后鲜有闻　莲
之爱同予者何人　牡丹之爱　宜乎众矣。

看一看这三段在声音上的区别，一读就明白：第一、三段慢，入声字少，长读音多；中间这一段长读音少，入声字多。所以以缓急而论，第一段是中等语速，第二段是快速，第三段是慢速，很明显分为三段。

读文赋有一点要记住，遇散体则慢，遇排比则快，这一点好像与诗相反。这篇文章不长，但是文气变化非常典范。缓急的关系就是气的一部分。

以上我们说了这篇文章读法的长短和快慢，现在说高低。高低长短，还有轻重缓急，这八项把住了，就把它读出来了。那么高低怎么定？像诗一样，依义行调。“水陆草木之花”，应该强调哪个字？花。“可爱者甚蕃”，强调哪个字？“爱”“甚”。

每个字、每句话都可以唱在不同的音高上，强调的字选高音的，句子根据含意，交叉使用不同高度，就可以唱出来。我们对诗是怎么分析的，对文也是怎么分析，这样高低就出来了，把它们结合到一起就可以吟咏了。

爱莲说

周敦颐

宫 i　水陆草木之花　可爱者甚蕃　晋陶渊明独爱菊

羽 6　水陆草木之花　可爱者甚蕃　晋陶渊明独爱菊

徵 5　水陆草木之花　可爱者甚蕃　晋陶渊明独爱菊

角 3　水陆草木之花　可爱者甚蕃　晋陶渊明独爱菊

商 2　水陆草木之花　可爱者甚蕃　晋陶渊明独爱菊

宫 1　水陆草木之花　可爱者甚蕃　晋陶渊明独爱菊

每句都是这样的，这样就形成了整个的吟诵。每个人的高度选择都是不一样的，但是只要高低长短相对关系对了就行，道理明白了就行。你选的跟我选的不一样，所以我们俩吟的不一样，那就对了，一样就不对了。

大家可以看一段录像，现在要像一个内行一样地看，感受一下长短高低、轻重缓急是怎么选的，还有整篇的气韵，就是缓急高低。[参见：徐健顺吟（宋）周敦颐《爱莲说》]

做到这一点并不难，回去好好练泛读，拿着就读，反复读，反复琢磨，反复修改，这就是学习的过程，不是非得模仿别人才叫学习，学习更重要的是自己琢磨，自省自修。

下面介绍骈文的读法。

骈文俗称“四六”，主要是四言句和六言句，其中，四言句主要来源于《诗经》的句式，六言句主要来源于楚辞的骚体的句式。后来经丰富发展，又受到近体格律的影响，六言的句式也出现了很多变化。四言句和六言句都趋于平仄相间的格律。同时，五七言近体律句也进入了骈文。骈文中还可能杂有少量散体句式。读骈文，就要分析每句的句式属于哪种情况，属于哪种文体的句式，就按哪种文体的读法去读。

《陋室铭》是骈散相间的，即骈文中夹杂着一点散文。这个怎么读呢？古体的按古体的读，近体的按近体的读，骚体的按骚体的读，就这么简单。古体的，上中下调模进着去读；近体的，对称平长仄短去读。

山不在高，有仙则名。水不在深，有龙则灵。斯是陋室，惟吾德馨。苔痕上阶绿，草色入帘青。谈笑有鸿儒，往来无白丁。可以调素琴，阅金经。无丝竹之乱耳，无案牍之劳形。南阳诸葛庐，西蜀子云亭。孔子云：“何陋之有？”

这篇文押的是九青的韵。前三句四言句式，按照四言诗的读法，不过这毕竟是骈文，也要像古文一样注意逻辑重音。“不”“则”“室”“德”是入声字，“名”“灵”“馨”是韵字，要拖长。然后依义行调，分上中下调去吟诵。这个不是经了，可以尽量读得比较开，旋律的单位尽量小一点。“山不在高”，是“山”高还是“高”高？“山”高。“有仙则名”，“仙”是强调的。“水不在深，有龙则灵”，也是强调“水”和“龙”。“斯是陋室，惟吾德馨”，哪句高？“惟吾德馨”高，就是一个自傲的刘禹锡，这个时候自傲也是对的。如果倒过来，“斯是陋室”高，那就是一个淡然的刘禹锡，看你的理解了。我是读“陋室”高。

下面是两联律句，基本就是五律的中间两联，是不是？就按五律读。其中只有“儒”是平声，因为这是骈文，毕竟不是五律，这个“儒”字不是韵字，不可拖长。前面这一联高还是后面这一联高？第一联说的都是地面的事，第二联显得很高兴，所以第二联高。这就简单了。剩下的就是平长仄短、平低仄高。“丁”是韵字，要压下来。“可以调素琴，阅金经”，看起来好像是古体，其实是近体，“可以”两个字是衬字，是散体的，“调素琴”格律是仄平，“阅金经”格律是平平，那么“琴”和“经”是押韵的，“素”和“金”是平仄对称的，两句又对仗，所以它是近体，“阅”是入声字要读短，“琴”“金”“经”三个字要读长。

下面这一句是非常典型的骈文句子，六字句，这个句式主要来自楚辞骚体。“帝高阳之苗裔兮”，去掉“兮”字就是这个结构。前面是一个字为单位，然后又两个字，然后加一个虚字，又两个字。“无丝竹之乱耳”，再加一个“兮”字就是典型的楚辞了。这种六字句怎么读呢？按照骚体的读法读。第一个字一个单位，重读。随后的两个字一个单位，平读。中间一个虚字，这个虚字不是重读的就是长读的。然后又两个字，重读。还要注意“竹”和“牍”都是入声字，对称的。

“南阳诸葛庐，西蜀子云亭”，这是律句，只是最后一字都是平声，按照律句读就行，“庐”字不要拖长。这两句应该高还是低啊？应该高，因为在说古人的典范。最后一句是古体的，散体句式，所以按照古文的读法读。“何陋之有”四个字要怎么读？长短上很明显，“何”是重读音，“之”是重读音，“有”也是重读音，要是觉得“陋”很重要，那“陋”也是重读音。四个重读音，就互相比较，调一下。都重要，就把其中一个或几个字加强为长读。那么“何”和

“之”要稍微长一点；“有”在句末，也应该长一些；要觉得“陋”很重要，也可以把它读长，把别的字重读。要注意到它是上声结尾的，上声有什么含意？两个方向，一个是细小亲密，一个是高呼猛烈，所以又到了该决定刘禹锡是个狂士还是一个君子的时候了。如果是君子，这个上声是个正常的上声，细小亲密，那么“何陋之有”向下走。但是如果是强调向上的趋势，前面比较缩短，那么“有”成为高呼猛烈的感觉，上去了，刘禹锡就是个狂士。两个读法都可以的，看你怎么理解。[参见：徐健顺吟（唐）刘禹锡《陋室铭》]

陋室铭

刘禹锡

山不在高，有仙则名。水不在深，有龙则灵。斯是陋室，惟吾德馨。

苔痕上阶绿，草色入帘青。谈笑有鸿儒，往来无白丁。可以调素琴，阅金经。

无丝竹之乱耳，无案牍之劳形。南阳诸葛庐，西蜀子云亭。

孔子云：“何陋之有？”

文气与古文四象

现在来说古文读法的第二个层次：句读法，就是字和字之间的关系、句和句之间的关系、段和段之间的关系，古人称之为“气”，是为“文气”。

什么是“气”啊？“气”就是流转的、动态的一种关系。文以气为主，气为文之魂，现在我们说到一个很重要的概念。

还记得我们画过一个田字格吧？汉诗文是分为诗和文、古体和近体。我们已经知道古体和近体的区别是格律。那么诗和文的分别在哪里？不是押韵，很多文也押韵的，是什么呢？是表达含意的方式。

什么是诗？就是句子的陌生化。把诗的每一句抽出来，生活中没有这么说话的。比如说“床前明月光，疑是地上霜”，首先，它是押着韵的，生活中没有人押着韵说话。它每句都五个字，生活中没有人五个字五个字地说话。诗的每句都跟生活语言的状态不一样，所以这个话一出来，大家就会琢磨它和生活语言不一样的地方，于是就意识到它是诗了。“诗，以声为用者也”，诗歌是声音的艺术。

文，就不同。文，每一句抽出来，都是生活里的话。“子曰：学而时习之”，这不是生活中的口语吗？那文何以称为“文”呢？“文”这个字是什么意思？美丽的花纹，美丽的外表。它被称为“文”，就是因为它非常美丽。可是它每一句话都是口语，怎么美丽呢？那是因为它的句和句的关系不是口语，也就是说，生活中人们说话的时候没有那么注意文气的，所以说出话来都不像打拳，是说到哪儿算哪儿。

可是文就不同，文一出口，就像《论语》的开篇那样，“子曰：学而时习之，不亦说乎？有朋自远方来，不亦乐乎？人不知而不愠，不亦君子乎？”其中的抑扬顿挫、辗转起伏，是不是像打一套拳，变幻而流畅？

文就是这样，它有文气。如果你读古文读不出文气来，而是把它当大白话读，就白读这些文章了。所以叫文以气为主，气为文之魂。

清代桐城派，为三千年古文传统之继承者，姚鼐说：

> 诗、古文，各要从声音证入，不知声音，总为门外汉耳。(《与陈硕甫书》)

刘大櫆说：

> 神气者，文之最精处也；音节者，文之稍粗处也；字句者，文之最粗处也。然予谓论文而至于字句，则文之能事尽矣。神气不可见，于音节见之；音节无可准，以字句准之。(《论文偶记》)

这即是说，文章的神气，全在声音，而声音要从字句看出来，譬如见到虚字，就知重读、长读；见到入声，就知短读；见到问字，则句调上扬；见到叹字，则句调下沉，等等。由此而读，则文之神气毕现。

> 烂熟后，我之神气即古人之神气，古人之音节都在我喉吻间，合我喉吻者，便是与古人神气音节相似处，久之自然铿锵发金石声。(《论文偶记》)

这样去读，把古人的音节都读出来，自然得到古人的神气。

姚鼐则说：

> 凡文之体类十三，而所以为文者八，曰神、理、气、味、格、律、声、色。神理气味者，文之精也；格律声色者，文之粗也。然苟舍其粗，则精者亦胡以寓焉！(《古文辞类纂·序目》)

神理气味，是从格律声色来体会的。所以他又说："文章之精妙，不出字句声色之间""深读久为，自有悟入。"(《与石甫侄孙》)

方东树则说："夫学者欲学古之文，必先在精诵。""沉潜反复，讽玩之深且久，暗通其气于运思置词迎距措置之会，然后其自为之以成其辞也。"(《书惜抱先生墓志铭后》)

曾国藩说："文章之雄奇，其精处在行气，其粗处全在造字选句。"(《咸丰十四年正月初四日家训》)

文气是文与口语的区别所在，所以吟诵的最高境界是得气，即能够抓到这个文章的气。知道它哪句话是上来，哪句话下去，哪句话舒缓，哪句话急迫，你才真的明白这篇文章，才真的是情通古人，懂得作者的心。否则这篇文章学了半天就跟没学差不多。

诗亦如是，其实，诗也有文气。只不过诗有很多外在的形式，你就算不了解文气，这些外在的形式已经提示了很多，因而比较容易掌握。

古文就不同，古代的学习顺序，古文是最后学的，因为古文是最难掌握的，为什么？因为它的规矩最少，如天马行空，神龙乍现，因此很不一样。

创作亦如是。懂得读文的时候读出文气来，写文章才会有气。没有气，在古代就不能叫"文章"，因为不美。我们现在写文章、作文，从小学生作文一直到作家写小说，很少有人谈文气的问题。写文章，追求的都是要把事情说明白，这就不错啦。把事情说明白，这在以前不能叫文人哪。文盲完全不懂文的，但是他也能说明白道理的。现在就是把事情说明白，把辞藻用得漂亮，就会这个，但是没有气。古代的文章有文气，才能传之久远，才能脍炙人口。

“文气”之说，可于“古文四象”之论中探求。太极（道）生两仪（阴阳），两仪生四象（太阳、少阳、少阴、太阴）。

在南宋，谢枋得有本书叫《文章轨范》，这是一个大学者给小学生编的课本。《文章轨范》把文章分为两类：一类叫放胆文，一类叫小心文。

什么是放胆文？像李白的《春夜宴桃李园序》，就是放胆文；什么是小心文？像韩愈的《师说》，就是小心文。

小学生学文章，是先学放胆文还是先学小心文？《文章轨范》的编辑顺序是先学放胆文，先把心胸打开，然后再收束。这两类文章就是阳刚与阴柔。谢枋得把文章分为阴阳两种。

明朝王阳明有“九声四气歌法”，什么叫四气？四气就是春夏秋冬。他把诗分春夏秋冬四种结构，就是四种风格。春夏秋冬四种风格，跟放胆文与小心文是什么关系？这就叫太极生两仪、两仪生四象。阴与阳，再各分阴阳，即太阴和少阴、太阳和少阳，这就像春夏秋冬。

到了清朝的桐城派，它是我们古代正宗的古文学派，桐城派一直在追求“因声求气”，什么叫“因声求气”？就是无论读文章还是作文章，都要通过声音去抓到那个文气，这个才是关键。

桐城派到了曾国藩这里，为之一振。曾国藩写过一本书叫《古文四象》。什么叫“古文四象”？就是曾国藩把历朝历代的好文章集合起来，给它分四类：太阳、少阳、太阴、少阴，等于比谢枋得再进一步。谢枋得只分了两类，他现在分四类，阴阳之中再分阴阳，然后又分别标记这四类文章该怎么读。这本书太重要了，可惜没有传下来。曾国藩的四大弟子之一吴汝纶是个大学问家，他有一天晚上无意中看到曾国藩在写这本书，就把目录抄下来了。他只来得及抄目录，文章怎么读没来得及抄，而且曾先生也没有写完。后来，曾国藩去世以后，这本书就找不到了，直到今天还找不到，所以，我们只有吴汝纶抄录的目录。

后来，在日本，吴汝纶碰到了唐文治。他们俩其实待在一块儿就只有两天，吴汝纶把桐城派读文法传给了唐文治，告诉了他“古文四象”的道理。唐文治就把《古文四象》这本书写出来了，又叫《读文四十四法》。我们看看唐先生说的话：

曾文正编《古文四象》，分太阳气势、太阴识度、少阳趣味、少阴情韵四种。余因之分读法有急读、缓读、极急读、极缓读、平读五种。

他从《古文四象》化出了五种读法，再从这五种读法化为四十四种读法。

大抵气势文，急读、极急读，而其音高；识度文，缓读、极缓读，而其音低；趣味情韵文，平读，而其音平。然情韵文亦有愈唱愈高者，未可拘泥。

什么叫气势文？就是太阳文，非常阳刚昂扬的文章，要高读急读。什么叫太阴文？就是文章很沉稳、很压抑，但是气度很大，要低读缓读。少阳和少阴，就是处在中间的这两类，要平读。少阳这一类文章比较有趣味，也比较活泼；少阴则比较抒情，比较有情韵。这两类其中还能千变万化。这就是唐文治传承的桐城派读文法。

他说“最宜注意者在顿挫之间”，他说的顿挫之间，不仅仅指入声字，更多指的是句子和句子之间的关系。“盖初学读文，往往口中吟哦而心不知其所之者”，就是瞎哼哼，就是拿一调往上一套，这样不行的。“唯于段落顿挫之际，急将放心收敛，则我之神气始能渐于文章会合。”怎么才能把文章读好？要特别关注这一句吟诵完了之后，下一句要吟诵的时候，要稍微停一下，赶紧关注一下，下一句是应该高还是低，快还是慢，变还是不变。你要关注这个。你要是关注到了这个，就表示要抓到文气了。所以文气就是句和句的关系以及这种关系的结构和流动，也就是我们从一开始学吟诵所教给大家的依义行调。

“且一顿一挫之后，必有一提或一推”，文章就是这样，上去了，它一定还是要下来的，下来了呢，它一定要上去的；快了呢，它一定得慢；慢了呢，它一定还是要快的，这就叫作“大曰逝，逝曰远，远曰反”。老子早就说过，大道的运行就是这样。“细加玩味，则起承转合之法，不烦言而解矣。”读那些好文章看人家那个气是怎么运行的，哪句上去，哪句下来，仔细琢磨，慢慢你就明白了。

“至于首尾段落之处”，就是段和段的关系，“其声皆须有宏大远到之致”，一段的结束一定是一个很远的声音，但很远的声音也不一定是高声，也可以是低声。“或如波澜之潆洄，或如异军之突起”，就是可能往上也可能往下，“能神明于此，则其几于大成也不远矣”，把这些事情都搞明白了，你基本上就算是个文人了，也就明白什么叫“文”了。此时此刻方站在“文”的门口，窥见其堂奥，体会其神妙。

所以文气是什么？文气就是句与句的关系、段与段的关系。从文章的整体风格，分阴阳、四象开始，到句和句的关系，也分阴阳。比如说，太阳气势的文章，也不是每一段都是太阳。每一段是四象的哪一种？也可以分一分的。所以，文气，说到底，就是句和句的关系、段和段的关系。这种关系，古人分为阴阳、四象，分四类后论述相互的关系，就要具体很多，但是，其实还可以继续细分下去，可以分到无穷。

中国人的思维永远是这样的，这种思维方式叫作八卦。我们中国的文明从哪里开始呢？伏羲画八卦。中华文明的确立，是从有了《周易》开始的。阴阳合起来是道，道分阴阳，互相协调、运转。阴阳分四象，四象分八卦，八卦分为六十四卦，世界就是这样的，人生就是这样的，这就是中国的思维方式。

文章也是这样，所以，句句关系、字字关系始终贯穿，都是阴阳谐合，互生互补，而又变化万端，这就叫作气。我们前面讲的那么多依义行调的事情，其实也是阴阳的思维。读文章要到这个境界才行。

排比快，散体慢；虚字少快，虚字多慢；句子短快，句子长慢。强调高，感叹低；情绪好高，情绪差低；读快高，读慢低。

吟诵须有气，养身养心，当你这样去读文章的时候，那就不仅仅是读文章的问题了，那叫养生。

吟诵不仅仅是养身的问题，还得养心，培养人生态度，培养品格，这才是读书的终极目的，也叫作修身。读书学习是为了修身，不是为了找份好工作。

我们举一个例子来看一下文气，看一下戴逸先生的吟诵。

戴逸先生是江苏常熟人。我们中国的传统，历朝历代都要给前朝编史，二十五史最后一史叫《清史》，《清史》就是戴逸先生主编的。戴逸先生是跟司马迁、欧阳修他们齐名的第二十五史主编。

戴逸先生的旧学修养非常好，也是最早支持我们吟诵工作的老专家之一。我们曾多次采录戴先生。他出席了我们最早的吟诵学术会议，发表了重要的意见，并当场吟诵，后来他还指点了我们多条采录线索。

我们这次到他家拜访的时候，我问道：“二十四史都是古文，为什么《清史》是白话文呢？”他一听激动了，回屋拿出他的一大沓信来给我们看，他写的信都是竖行繁体毛笔字，都是骈文。这就是他的功力。可是，后辈们不行啊，现在的历史系教授们没有那个功底，怎么写古文？他很无奈。

戴逸先生也是唐文治先生的弟子，是上海交大的毕业生。我们看一下这次的录像，他吟诵的是苏轼的《前赤壁赋》。[参见：戴逸吟宋苏轼《前赤壁赋》]

我们来体会一下老先生们是怎么体现文气的。你听到其中的高低、长短和快慢、起伏变化了吗？这绝对不是平读，绝对不是有口无心地瞎哼哼。

“壬戌之秋，七月既望，苏子与客泛舟游于赤壁之下。”这一句，哪个地方应该最高？赤壁。因为这个地方有巨大的历史内涵，而且整篇文章都围绕于此，所以这是整句的高点。论阴阳，这就是这一句的太阳之处。

那么这一句的太阴之处在哪里？壬戌之秋。起得低，逐渐爬高，至尾再下来。所以“七月既望”是少阴，“苏子与客泛舟”是少阳。如此而已，其实就是我们前面说的依义行调的分析。

好，我们向后听。

我现在问大家，为什么读了一半，戴逸先生停下来了？

听得出来，戴先生的气跟不上了。当时我们去采录的时候，86岁的戴逸先生刚刚出院，身体很虚弱。

我还要问大家，他既然知道自己的心脏很虚弱，那他为什么不读得慢点呢？

对，那个地方是排比，见到排比要读快，这个气势在这儿呢。但他心脏受不了啊，为什么不能慢一点？他不，他一定得这么读，为什么？

习惯了，从小练的，还记得看的那张清朝学馆的照片吗？你看这小孩，读文章多有气啊。从小练惯了的，读书，就是这样的。

冯其庸先生也是唐文治先生的弟子，还有北师大的刘家和先生，他们都是旧学出身。我听说有一次他们俩见了面，互相问：“最近身体怎么样啊？还读《孟子》吗？”“我不读了，你还读《孟子》吗？”“我也不读了。”俩人相对一笑。

为什么《孟子》不读了呢？《孟子》读起来那个气得足啊。年老气衰，读不了了。读不了了能不能慢慢读啊？不行，要读就得像个样子，读不出那个气来，还读它干吗呢？

所以，戴逸先生就是这样的，他还是坚持，一口气快速读下来。读完这篇文章，他就直接累倒在沙发上。这个就叫读文章，这个才叫读书。我们接触这些老先生以后才知道什么叫读书。这就是老一辈传给我们的方法，还有精神。

我们要尊重这个传统，读书，要读出文气来。读诗也要读出文气来，读文章也要读出文气来，然后作文、作诗也要作出气来，这才是中华文化的精神。

现在我们推出了“文气谱”，在吟诵六线谱的基础上，用圆圈的密集度表示快慢，高度表示高低，画成龙的形状，以示文气的流转。首先在“语文吟诵”中提供给老师们做参考。

咏　雪《世说新语》

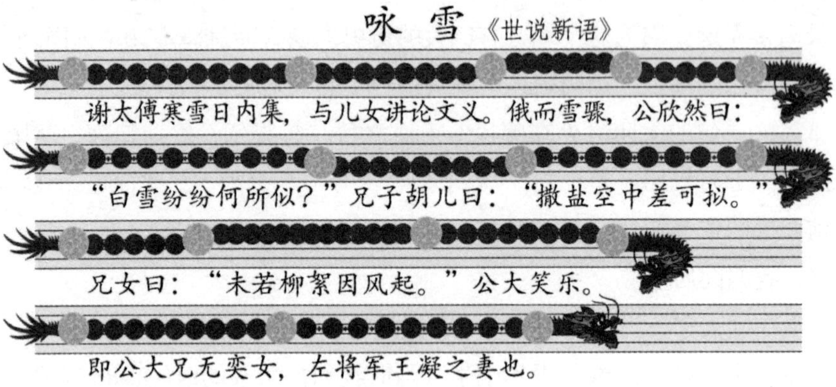

“唐调”吟诵

“文以气为主”，这句话是曹丕在《典论·论文》里面说的，那时候的人就知道“气”的重要性了。

我们前面讲了很多吟诵的方法，如依字行腔、依义行调、模进对称、入短韵长等，但我们说的都是局部、细节，每个字要怎么唱，每句话要怎么唱，哪句高，不是整篇的事。实际上，我们中国的东西都是这样，细节上当然有规矩的，但是细节永远不要妨碍整体，我们要讲整体观。

一个字，按照吟诵的规矩，也许这个字在这句话中应该是重读的，但你轻读了，也不一定错。也许从整个文章的气势考虑，这句要读得快，来不及重读，就轻读了。这个字要服从整体的需要，它就是该轻读。

我们中国的道理不是那么死板的，以大局为重，变通维新，从来都是这样的。吟诵的最高境界是声韵气象，最重要的就是别把那篇文章或者诗给读散了。不能因字失句、因句失篇，整篇要气如游龙。

什么叫游龙？中国人为什么欣赏龙？龙的好处是连着的，中国人喜欢“连”，不喜欢断，所以中国人欣赏龙，长长的，神龙见首不见尾。你就看见一点点，其实连在一起很长很长，迂回婉转、起伏跌宕，最重要的是这个东西。看一条龙不要看它的嘴、它的爪，要看整个的形状，这是最重要的。要从中体会作者的精神气质、心境和表情，这才是最核心的东西，而不是他说的那个道理。

《爱莲说》说“出淤泥而不染”，当然这个道理很重要了，对于做君子很重要。但是更重要的是这一篇的气韵流动，就是他做人的态度。他的生命是怎样一天一天度过的，他生命的状态就在这篇文章之中。那种柔中有刚、刚中带柔，然后向前一环一环地推进，从中看到生命的顽强才是最重要的，比文章的道理和内容还要重要，这就叫文章的魂。

不仅文章是这样，诗也是这样。读杜甫的诗要读出沉郁顿挫，沉郁顿挫比那首诗说的内容还重要。创作亦如是，要把那个气势创作出来。我们现在写作文，白话文也一样，没几个老师重视整篇的气韵，都是看分段、中心思想、逻辑这些。那不叫文章，那是教科书。

什么是“气”？其实也不难解释，中国的东西不是那么玄妙的，玄之又玄就是因为没懂。

“气”在文章来说也很简单，就是字和字的关系、句和句的关系。所以读文章和诗的时候，还要把注意力放在这个地方，不要只是放在一个字是否读准了，这个调是不是平长仄短、平低仄高上。这个当然很重要，这是最基础的规则，但是最高的境界是把这些东西忘掉，让它成为自己的本能，并且可以违反。没有哪条吟诵的规则是不能违反、神圣不可侵犯的。哪一条规则都可以违反，只要真的是有道理的。

倒字可以违反吗？倒字也可以违反的，如果倒得有道理。比如说“床”，应该往上，是二声，那“床”能不能往下？也是可以的。比如想表现出来这个人一下子整个生命状态跌落了，就像跌入万丈悬崖一样，这时往下念，别人是会体会到的。只要有道理就可以，没有哪条规则不能违反。

整体的感觉最重要。以前的中国人不难理解，因为他从小的教育、所有的东西都是以整体为主的。比如说《弟子规》《周礼》等。进退洒扫之道，见了老人要赶紧上前问安。老人正在跟别人说话，那怎么办？就要在旁边等着，这就叫顾全大局。古人从小所有的做法都是顾全大局的，平常吃饭的礼节、看书、出去玩、唱歌、跳舞、穿衣服，都要顾全大局，以整体为主。所以他很容易形成这样的世界观。但对今天的我们有点难，因为我们被西方的“分”的思想影响了，分科、分析、分类，所以缺乏整体感。

那吟诵的整体感怎么形成？我们现在也没什么特别好的办法，这是一个很深层的事，不是那么容易做到。我们现在宣传“唐调”。在吟诵调中，“唐调”在这个方面做得特别好，特别注重整体，所以我们着重推“唐调”。

2009 年第一届吟诵周的时候，我们办了六场演出，只有“唐调”做了一个专场。

“唐调”属于桐城派读书法的一支，桐城派是古文派，桐城派读书法是古代吟诵尤其是古文吟诵的代表之一。

“唐调”之所以叫“唐调”，是因为唐文治先生的发扬光大。但“唐调”不是唐先生自己发明的，他是有传承的，他是跟吴汝纶学的。

在日本的时候，唐先生见到了吴汝纶先生，唐先生给他吟诵了一番，吴汝纶先生说你这就是不懂读文，然后授之以桐城派读文法。吴汝纶是曾国藩的四大弟子之一，也是很著名的经学家。

吴汝纶是跟曾国藩学的，曾国藩是跟梅曾亮学的。在北京做官的时候，梅曾亮先生授之以桐城派读文法。梅曾亮是姚鼐的四大弟子之一，姚鼐是跟刘大櫆学的，刘大櫆是跟方苞学的，方苞是桐城派的创派始祖。桐城派上承明代唐宋派，他们的主张是近似的。唐宋派总结了“唐宋八大家”之说，他们上承“唐宋八大家”。

韩愈和欧阳修领导了唐宋的“古文运动”。为什么会有“古文运动”？

第一，大家不写古文了。

第二，就算是写古文，读古文的方法也不对。

所以他们发起了“古文运动”，他们有一套独特的作文和读文的方法，这是一脉传承的。他们的方法是上承先秦，所以这是一脉统绪下来的。你今天听到的“唐调”当然有唐文治先生个人的色彩，但是这里面有变异，也有传承。“唐调”是儒家正宗的吟文调之一，也是诵经调之一。

每个宗教都有诵经调，佛教的叫梵呗，道教的叫唱诵，基督教有唱诗班。

儒家也有诵经调，“唐调”就是一种诵经调，可以用于诵经，也可以用于读

唐文治先生

其他的古文。

那么诵经的时候和读古文的时候有什么区别？区别就是诵经的时候，调子相对简单。陈以鸿先生说唐调有四种变化，读经的时候只有两种变化，读经更庄重一些。

现在要介绍一下唐文治先生。现在很多人不知道他了，当年他可是名满天下。学问上他可以跟章太炎先生齐名，教育上跟陶行知先生齐名，是个大人物。唐文治先生是清朝末年的教育部、商务部副部长，江苏太仓人，18 岁中举，28 岁中进士，很有才华。后来他母亲去世了，他回家丁忧三年，再往后就没有做官了，开始办教育。首先是上海交大，他是上海交大和西安交大的缔造者。上海交大是盛宣怀创立的，但是真正把上海交大做起来的是唐文治，他做了十四年校长。现在上海交大最重要的那几个系就是他创立的。他确定了上海交大的方向和整个办学方针，就像蔡元培缔造了北大一样。西安交大也是他创立的。

后来他双目失明。他们家有这个遗传，每一代的男性到了一定年纪就会失明，但是他曾孙没有这个问题了，现在解决了，就是视网膜脱落的问题。唐文治先生失明以后，就辞去了上海交大的校长职务，去无锡准备养老。当无锡的人听说他来了，父老乡亲都出动去求他，让他一定要出来办学。他被打动了，以双目失明之身办了一所学校，叫无锡国专，办了三十年，一直到解放后并入了苏州大学。

唐先生办无锡国专，和王应麟作《三字经》一样，都是把儒士的忍辱负重、济世安民、鞠躬尽瘁死而后已的精神发挥到了极致。无锡国专缺少经费、师资，都是唐先生和全体教师拼力支撑，再加上全国国学界的人士，尤其是唐先生在上海交大的毕业生们倾心支持。抗日战争时期，唐先生带领无锡国专师生辗转流离，途中仍然坚持上课。

无锡国专在中国现代文化史上是个什么地位？现在去无锡的人几乎不知道了。无锡本地人也很多不知道有无锡国专。无锡国专原来就在学前街，无锡最繁华的街道。无锡国专原来的校舍被拆了，现在成了一个中学，盖了一个大高楼，只有它的大礼堂还残存在那个地方。

无锡国专三十年，它是一个读经、解经、做国学教育的学校。它的地位是什么？我们现在说到大学的时候都是说北大、清华。北大、清华是中国大学的代表，但是它们是以向西方学习起家的。我们中国大学的真正代表是无锡国专。

当时有两个国学院，北方是清华大学国学院，南方就是无锡国专，号称是南北鼎立，但其实清华大学国学院只存在了四年，而无锡国专存在了三十年。

要是没有无锡国专这批人，我们今天的国学还要差一步。我们所知道的很多重要的国学家都是出自无锡国专的，比如说唐兰、王蘧常、钱仲联、朱东润。《中国历代文学作品选》是中文系学生的必读书，那套书就是朱东润先生编的。冯其庸、姚奠中、钱伟长也是无锡国专的。范敬宜，原来《人民日报》主编，现在去世了，也是无锡国专的。钱绍武先生上的是无锡国专的附小。

无锡国专大部分的学生都会“唐调”，因为唐文治校长给他们上课的时候都是这样吟诵的。1934 年、1948 年，唐先生两次灌制吟诵唱片，发行海内外，“唐调”从此名扬天下。

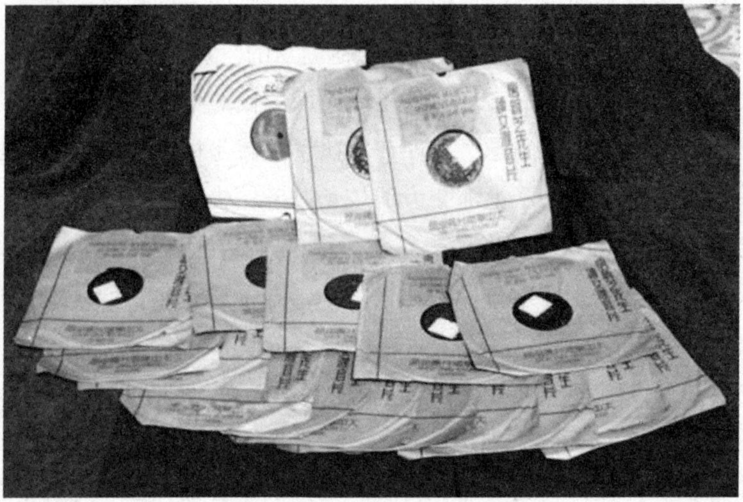

1948 年唐文治先生灌制的吟诵唱片

现在我们来说“唐调”是什么样子。“唐调”这种优先重视整篇气韵的调子在所有的吟诵调中很独特，它只有两个调。我们前面讲的是至少三个，调越多越好，越多就越丰富，它是越少越好，大道至简。它只有两个调，不但是两个调，而且这两个调是以平调为主。多么值得深思！我们现在教普通话吟诵，也用平调教，就是矿泉水调，为什么？因为平调最容易听出高低长短关系。

“唐调”的两个调分别是：

下调 55555616

上调 22223216

两个调之间的关系是模进的。所以它是读古文的，不是读骈文的，读骈文不能用“唐调”。

两个调，都是在句尾处高起来，哪个字高由你自己决定，这是它的基本调。上下调循环起来，这样就是最核心的“唐调”。

它有个尾腔：615。在唐文治先生的唱片中，只有 615，没有 61615。但是陈少松先生有。问他是从哪来的，他说是钱仲联先生教的，钱仲联先生说是唐文治先生教的，这就说不清楚了。因为我们现在手里只有唐先生 80 多岁时录的唱片。

尾腔也可以直接是 5。那么，从 5，到 615，到 61615，又可以分为三种情况，越长越抒情，越短越肯定。

它还有个高音 5。我在唐文治先生的唱片中没听到高音 5，但是他好几个学生都说有，而且他们自己吟诵时也有，比如范敬宜先生学“唐调”吟诵的《岳阳楼记》里就有。所以这个事就又不好说了，那也可能是有的。

5，有的时候是两个音，55。可以用在哪里呢？它可以用在上调的任何地方。如果它形成了一个调，“唐调”就有上中下三个调了，但它不是一个单独的调，只是一个单独的音，比如说用在上调的开始，53216；用在中间，222353216；用在后面，2223215216，都可以，你觉得哪个字重，该推上去，就用 5。这些是我体会和研究出来的，我管它叫基本“唐调”。

基本“唐调”就是我通过打谱、研究，最后得出来的结论。我只能教最基础、最核心的“唐调”，因为真的“唐调”读起来是变化万端的，但是我往往读不了那么好。“唐调”是吴语地区的，是用吴音读的。它跟吴语的文读读音有关系，我不会吴语文读，很多地方搞不清楚读音是要上去或者下来，还是调子要上去或者下来。我教不了大家真正的、完整的、活生生的“唐调”，只能教大家一个基本“唐调”，然后你们自己再求变化。

我教给大家一套口诀，就是一段话，我们用基本的“唐调”把《论语》开篇吟下来，但是真正吟诵的时候，《论语》的开篇不是这样吟的，只是用它来记“唐调”变化的。真正要吟的时候，要加腔音以避免倒字，如“学”不是 5，而是 ^{3}5。另外还要根据这三句话的意思和你此时此刻的理解去吟。

5̣ 5̣ 5̣ 6̣ 1 6̣ 6̣ － 2 2 1 6̣ 6̣ －
学 而 时 习 之 不 亦 说 乎

第一句是最简单的下调和上调。

5̣ 5̣ 5̣ 5̣ 6̣ 1 6̣ 6̣ － 2 3 2 2321 1 －
有 朋 自 远 方 来 不 亦 乐 乎

第二句是比较长有变化的下调和上调，结束的时候也可以结束于 2321 6̣ 。

2 2 3 2 2 2321 1 2 3 5 － 2 － 2321 1 － 6̣ 1 5̣ －
人 不 知 而 不 愠 不 亦 君 子 乎

第三句是从上调起，回到下调结束，最后使用了尾腔。记住这个吟诵，可以帮助记忆“唐调”的调子。［**参见：徐健顺吟《论语》，源于唐文治先生吟诵调**）

“唐调”的原则如下：

第一，从下调起始。“唐调”一定是从下调开始的，不能从上调开始。结尾的时候一般也结束于下调。这也是中国音乐的基本特点，也是中国诗词、文赋的基本特点：低起低收。

第二，上下调可以交叉使用。“唐调”可以整个调完整地用，也可以半调用，就是用一半，5555、2222、2233、3322、2211、5̣5̣6̣6̣ 都可以。还可以交叉而用，一半下调，一半上调，比如说 55221、223216̣、552216̣ 都可以，这就是它的变化。

第三，一字一拍、均匀节奏。“唐调”是一字一拍的，节奏的变化比较少。因为它觉得节奏的变化妨碍了整个气韵的表达。如果你注重每一个字节奏的长短，就可能破坏了整篇的气，所以它把节奏相对均匀了，以一字一拍为主，入声字读半拍，重要的字可以拖长，比如说尾字、语气词、虚字可以拖长，但主体、大部分的字是一字一拍的。速度是可以变化的，但节奏仍是均匀的。节奏以均匀为主，读者和听者就会把注意力放在句和句的关系上，而相对比较忽略字和字的关系，以突出整体的文气变化。这一点跟诗歌吟诵的重点，尤其是近体诗吟诵以字字关系为重点，是很不一样的。再次强调：诗歌是句子陌生化，古文是句句关系陌生化。

第四，注重文气、养成气象。按说“唐调”是最枯燥的，就像小和尚念经，但其实“唐调”是最能表现气势的。越是平的、均匀的调，你就越会把所有的注意力都放在句和句的关系上，因为句和句之间不是平的。“唐调”是尤其注重句句关系，即文气的流动。“唐调”经常是像大海的浪潮一样，从下调开始。听“唐调”，就能很容易听出文章的文气流动，所以它是学习古文的好方法。尾腔是一定要遵守的，这是它的风格特色所在。

第五，气沉丹田、声震四野。“唐调”基本是腹式呼吸的，吟诵时低沉有力，气势如虹。

这是基本“唐调”，并不是真正的完整版“唐调”。我只能教你们基本“唐调”，你们要学真正的“唐调”就要绕过我、超越我，去跟老先生学。或者是我给你们的资料里，有大量老先生读的“唐调”，你们跟它学，学“唐调”的变化，还要了解吴语文读系统的语音。

“唐调”的来源，前面说了，其读法是来自吴汝纶先生的，来自桐城派读文法。其旋律，即调子，是吴语地区的通行调。以前我们都以为是唐先生老家太仓的调子，太仓也的确有这样的调子，但是后来看到赵元任先生的常州调记谱，发现很多相似之处，于是悟到是吴语地区大致如此，各地又有差异，各人又有差异而已。如曾国藩先生是湖南人，自然不是此调。吴汝纶先生是安徽人，也自然不是此调。吴先生的传人，徐州的李成蹊先生的吟诵调就大异。所以学“唐调”，更重要的是学桐城派读文法，或者说是古文吟诵法。

我们所做的基本“唐调”吟诵，给大家看几个范例。

第一是《孝经·开宗明义章》，是中央电视台“中华长歌行”节目拍的，北京电视台儿童节目主持人李文文领读、大学生们吟诵的。其调子，李文文读的前半段来自陈少松先生，大学生们读的后半段是我指导的。陈少松先生指导的前半段，是真正的“唐调”，富于变化。我指导的后半段，是基本“唐调”，变化不足，不过，我努力进行了腔音调整，以保证依字行腔。所以可以明显听出来丰富变化的“唐调”和基本“唐调”的区别。［参见：首都大学生吟诵团吟《孝经·开宗明义章》］

第二是《礼记·礼运篇》，这是在武汉百步亭社区春节大典上的录像，是由社区的老年合唱团展演的。这篇和上篇，都是我对于基本“唐调”的运用的心得，其中每一句如何变化、如何安排，都希望大家仔细体会。我的理解和你们的不一定一样，我的也不一定对，但是要学会这种按照吟诵调去编曲的能力。

第一句，“大道之行也”，自然是从下调开始，那么要把 55555616 的 616 这个起伏安排在哪个字上呢？我安排在了“行也”两字上，两字在句尾，“行”是二声，而且是句子的逻辑重点所在，因为下一段说的是“大道之隐”，所以用在最高音上合适。“也”是三声，正适合下降音程，只是在尾部稍微加点腔音。

5 5 5 6 1 6 ^5 6 -
大 道 之 行 也，

“天下为公”，这是对情况的结论性判断，又是我们的文化理想，得用上调。“下”是四声，得用下降音程。“为”是二声，得用上升音程。“公”是一声，得用平的音程。但是“唐调”的尾腔怎么办呢？就用在“公”的尾腔上，这样不妨碍对“公”的声调的判断。

2 3^2 ^1 2 2 3 2 1 -
天 下 为 公，

“选贤举能，讲信修睦”，这一句应该是上调，是回到下调的上调，即回到 6 的上调，不是像上句一样待在 1 上的上调，这是因为下一句是“故”，说明前面的句子是一个部分，后面是另起的部分。吟诵的时候，同样要注意依字行腔，多利用“唐调”本身的起伏音程，不行就用腔音，不要倒字。

2 2 3 2 2 3 0 2 3 2 1 6 0
选 贤 举 能， 讲 信 修 睦，

“故人不独亲其亲，不独子其子”，用下调、上调回到下调，形成一个小循环，两个上升音程用“其”“独”两个二声的字。

5 5 5 5 5 6 1 6 6 - 2 2 3 2 2 3 2 1 6 0
故 人 不 独 亲 其 亲， 不 独 子 其 子。

“使老有所终，壮有所用，幼有所长，鳏寡孤独废疾者，皆有所养，男有分，女有归”，这句的“使”引领下文，一直到“女有归”，这种字一般都要长读，或者是顿一下，突出它，引起读者的注意。这句是全段最有光彩的地方之一，尤其是“皆有所养”，不抛弃任何人，这就是人类之所以称为“类”的人性所在，所以我把最高音 5 定在“皆”字，并拖长，突出它。

5 0 ^{3}5 ^{3}5 6 1 6 6 2 2 3 2 1 6 ^{1}6
使 老 有 所 终，壮 有 所 用，

2 ^{2}3 2 2 3 2 1 - - 2 2 3 ^{2}3 2 ^{2}3 2 3 2 1 0
幼 有 所 长， 鳏 寡 孤 独 废 疾 者

2 3 5 5 - - - ^{1}2 ^{1}2 2 3 2 1 - -
皆 有 所 养，

^{3}5 ^{3}5 6 1 6 0 2 3 3 - 2 2 3 2 1 - - -
男 有 分， 女 有 归。

“货，恶其弃于地也，不必藏于己；力，恶其不出于身也，不必为己”，这两句对称而言，正好使用两次下、上调的组合，第一次回到下调，第二次待在上调拖长，这样就把递进的意思表达了出来。

5 0 5 5 5 5 6 1 6 6 0 2 3 ^{1}2 ^{1}2 1 6 0
货， 恶 其 弃 于 地 也， 不 必 藏 于 己；

5 0 5 5 5 5 5 6 1 6 6 0 2 3 2 2 3 2 1 - -
力， 恶 其 不 出 于 身 也， 不 必 为 己。

“是故，谋闭而不兴，盗窃乱贼而不作”，这句用下调、上调的一个循环，回到 6，以为下句再从下调开始做准备。

5 5 0 ^{3}5 5 5 6 1 6 6 0 2 2 2 ^{2}3 ^{1}2 ^{1}2 1 6 0
是 故， 谋 闭 而 不 兴， 盗 窃 乱 贼 而 不 作，

“故外户而不闭，是谓大同”，这句还是一个下调、上调的过程，但是结束于 1，再加长尾腔。最高音是“大”，并根据“大”的四声声调走向，设计下降音程相对应。

5 5 5 5 6 1 6 6 0 2 3 - - 5 - 3 - 2 3 2 1 - -

故 外 户 而 不 闭， 是 谓 大 同

6 1 6 1 1 - 5 - - -

“唐调”的道理就是这样，回去自己练，多听多练就可以了。[参见：武汉百步亭社区吟诵团吟《礼记·礼运篇》]

最后给你们看一看传统“唐调”的高妙境界。刚才说的是我们的吟诵，那不是最高境界，真正的“唐调”读起来是宛如游龙、翩如惊鸿、变化万端。

我们先听听唐文治先生的录音。唐文治先生在 1948 年录制的吟诵唱片，是胶木唱片，由上海大中华唱片公司正式出版发行。现在流传下来的，据我们所知的有三套，但是很可惜，时间久远，损坏严重，噪音非常大。我们申请了国家语委的项目，2017 年对唱片进行修复，重新出版。

现在请大家听一下其中还相对清晰的篇目，这是欧阳修的《丰乐亭记》。如果要学“唐调”，还是应该从唐文治先生的录音学起，仔细体会其中文气变化的表达。[参见：唐文治吟（宋）欧阳修《丰乐亭记》]

唐文治先生的吟诵，有几篇我记了谱，还有唐文治先生唱片的具体情况，都请见《吟诵——中华传统读书法》。

“唐调”的高妙境界我们再看几个，一个是陈少松先生的《前出师表》。这个是在第一届“中华吟诵周·唐调儒风”专场开场的时候，先放的一个小片子。片中介绍了一下唐文治先生的生平，然后是唐文治先生 1948 年唱的《前出师表》录音，然后陈少松先生接着读下去。[参见：陈少松吟（三国）诸葛亮《前出师表》]

听完这样的吟诵，能够感受到诸葛亮的忠义之气。陈先生把这篇文章的起伏变化读得太好了，听后真是催人泪下。陈先生的吟诵，情深意切，气韵流转，把吟诵之柔美和深广发挥得淋漓尽致，确是当代吟诵大家。大家还可以听听他吟诵的《项脊轩志》，学此文时，若能模仿学习陈先生的吟诵，对于此文的言中深意，定会有难忘的体会。[参见：陈少松吟（明）归有光《项脊轩志》]

陈少松先生是南京师范大学的教授，70 多岁了。他是“唐调”的二代弟子，他是跟钱仲联先生学的。钱仲联先生是唐文治先生的弟子，是无锡国专的第一届学生，也是老师，他是著名的文史专家。

那么“唐调”的第一代弟子是什么样的？给大家看一个第一代弟子的。这是陈以鸿先生吟诵的《前出师表》。陈以鸿先生是上海交大毕业了以后，又去无锡国专读，他是唐文治先生两个学校的毕业生。他本人是翻译家，也是理工科的专家，文史方面也非常好，吟诵也非常好。他的“唐调”非常正宗。这是在上海杨浦区教师进修学校和上海交大联合举行第一届“唐调”研讨会的时候，大家都吟诵完了以后，请陈先生也来一段。整个研讨会上，所有人表演“唐调”的时候，都是用麦克风的。陈先生不用麦克风，但是全场都听得见，这就叫气沉丹田，声震四野。那年陈以鸿先生 91 岁了，我们看一下这一段。[参见：陈以鸿吟（三国）诸葛亮《前出师表》]

陈以鸿先生的吟诵与陈少松先生的吟诵真可谓是一阴一阳，大家可以对照来学习。

此外，再推荐两位唐先生的第一代弟子的吟诵，这两位的共同特点是尾腔落在 6 上，而不是 5 上，在西方音乐来说，这是大调与小调的区别。唐先生是大调，他们是小调了，非常有意思，值得好好琢磨。

一个是著名学者朱东润先生吟诵的《张中丞传后叙》，这是复旦大学在 20 世纪 80 年代为朱先生贺寿时录制的。[参见：朱东润吟（唐）韩愈《张中丞传后叙》]

还有一个是萧善芗先生吟诵的《前赤壁赋》，这也是在第一届“唐调”研讨会上的录像。萧先生的丈夫是无锡国专的老师，对“唐调”非常熟悉。萧先生后来长期从事中学教学工作，其弟子如彭世强老师也是以吟诵教学见长的特级教师。萧先生对“唐调”的搜集流传非常热心，并倾心相授，是让我们非常敬佩的老先生。[参见：萧善芗吟（宋）苏轼《前赤壁赋》]

“唐调”一般指唐文治先生的吟文调，但是唐先生也有吟诗调留下来，在唱片中，有四言诗、楚辞、近体诗和两首词的录音。这些调子的基础是太仓调，也有唐先生自己的特点。广义的“唐调”也包括这些调子。有兴趣的老师可以听听这些录音，包括陈以鸿、萧善芗、陈少松等先生学吟和发展的“唐调”的吟诗调。

学习“唐调”的目的，我以为最重要的并不是学会用“唐调”惟妙惟肖地模仿前辈吟诵，而是从中感悟文气，然后用自己的调子吟诵，把文气化入自己的吟诵。

吟诵教学建议

最后，我简单说一下对吟诵教学的十条建议。

我不教中小学，对于中小学的吟诵教学，我是外行，所以我只简单地说几条建议，不一定对，姑且听来。

从我这角度来说，我觉得中小学的吟诵教学有几条需要注意的地方：

第一，吟诵教学是一种以声音为主要手段、诉诸感性为主要目标的教学方法。不要把它最后搞成了理性的，吟诵最后也变成了数学，不要这样。我们已经对口传心授、感性教学这种中华传统的教学方式太陌生了，可是实际上它只离开了中国的课堂不到一百年，而此前传承了几千年。中华文化，必须用中华的教学方法才能真正得到传承。希望大家通过吟诵，体悟到中华文化独特的学习方式，坚持这种方式，让这种方式的巨大力量发挥出来，它是比西方教学方法高明太多的教学方法。

第二，吟诵教学的目的是让学生通过声音深入理解并切身感受诗文的含意，并受到我国传统文化精神的滋润，这才是目的。不是背过它，也不是画对符号，也不是唱得好听，是要从中得到那些诗文背后的中华文化精神。

第三，吟诵教学是教师点拨、学生自学的反复的一个反馈过程。吟诵教学一定是以自学为主的，这才叫读书，就是要给学生充分的时间在那儿琢磨，怎么读才好呢？然后你去点拨他就可以了，而不是我来唱首歌，你们都跟我学，要学得一样，这就不对了。

第四，吟诵教学是以个别教学为主、共学研讨为辅的教学模式。一旦开始吟诵教学，你就会发现，共学的模式是有问题的，为什么？因为每个孩子唱的都不一样，你要是这么打耳朵一听，没有办法指导大家，你得下去一个一个地听，这样才能够指导，而且指导的时候不仅仅是吟诵得对不对、好不好的问题，而是关注在吟诵的背后的文化精神和那个孩子的精神状态、他的心灵。你要通过吟诵去调节他的性情。每个人的性情都是不一样的，每个人碰到的问题都是不一样的，所以，吟诵教学适合个别教学。也不是不可以大家一起，共学研讨也可以，但这个是为辅的。不仅仅吟诵是这样，整个的古代中国文化的教育都是以个别教学为主的。中华教育的传统就是一对一教学，中华文化如果不是一对一教学，是不可能真正传下去的，因为中华文化的本质就是相信每个人都是不一样的。道是变来变去的。西方文化相信这个世界有固定不变的规律，所以上课都是统一上，有统一的教材、统一的考试。我们中国人认为世界是变的，在每个人那儿都不一样的，孔子上课对每个人的回答也都不一样。

如果进行国学教育，那就不可能有统一教材。我们做的教材是教学的素材，有很多，老师要根据每个学生的情况从这些素材里选择不同的组合给他，还要不断地调整，这才是中华文化的教育。

从吟诵开始，你一做进去，就会发现，我们的教法是需要改革的，这是很重要的事情。

第五，吟诵教学包括古诗文吟诵和白话诗文吟诵。不要把白话诗文的吟诵割裂出去，不要只做古诗文吟诵，因为吟诵需要落实到生活中。古人从来都是这样的，学经典就要做八股文，八股文是什么？代圣贤立言。实际上就是你自己写部经试试，当然你也写不出来，但是努力写啊，就这意思。读古诗就要作诗，读古文就要作文，不管什么都要落实到你的生活里。你的喜怒哀乐，你的每件事情，都把它变成诗文，落实到生活里，这个学习才是有用的。我们现在学吟诵，学了这些古诗文就是读读读，就读古诗文，这跟自己的生活没有关系。要使孩子做到能将每天的生活，用诗文表达出来，能够唱出来，能够吟诵出来，这样才好。所以，吟诵教学是包括白话诗文吟诵的。这也是赵元任、朱自清、叶圣陶等前辈的明确主张。大家可以参看《中华传统读书法——吟诵概论》里"语文与吟诵的渊源"一章。

第六，吟诵教学包括普通话吟诵和传统方言文读吟诵。我希望每个孩子、每个学校、每个老师都能学会两种吟诵，第一是普通话吟诵，第二是本地的母语的方言文读系统的传统吟诵，这样你的吟诵才有根，才有营养。

第七，吟诵教学最终要落实到创作上。不管学什么都要创作。你教幼儿园的小孩读《三字经》就是读啊，那不叫教学，教学是一个完整的系统，教《三字经》就要讲故事，要唱歌，要跳舞，做游戏，还有落实到生活中。而且既然学了《三字经》，你就要编三个字儿的歌谣，小孩子也会跟着编，从模仿到开始创作，很自然地。所以，古诗文的教学一定要落实到创作上。

我们现在的语文课，就是对白话诗文使劲地作文，对古诗文就光读不练，这不对，也不合逻辑。

第八，学会吟诵是吟诵教学的基础，但不是吟诵教学的终点。吟诵教学是用吟诵去教学，这是什么意思？就是教吟诵，进行吟诵教学，开始肯定是让这些学生学会吟诵的，所以很多老师都关注怎么才能让这些学生学会吟诵，那当然是很对的，但我的经验是，一般最多两年，这些学生都会了，吟诵其实不是很复杂的事情。下面的问题是：如何用吟诵来读书？如何让它成为孩子的读书习惯？只要拿起书来就吟诵，形成习惯，并且能够通过这种方式从读书中汲取营养，达到读书的目的，这个才是最重要的。

第九，吟诵教学是中华传统文化教育的一种实践，其理念、模式、方法、细节都不可违背中华传统文化教育的目标。那么，中华传统文化教育的目标是什么呢？是成人，就是把儿童教育成一个好人。所有的教育的方方面面全都是为这个目标而设置的，不可以违背它。

比如说，这孩子学吟诵没学好，你就骂他、打他，虽然目的是为了他好，但实际上却违背了你的目标，违背了那个精神，这是不行的。我们要注意方方面面，甚至包括每一个细节，是不是对于我们的终极目标有所偏离。

第十，吟诵的推广要以点带面、层层推进。现在吟诵工作已经进入了教育部的“十三五”规划，我们也在努力推动吟诵回归语文，我们的愿望就是吟诵成为中国人的常识，成为汉诗文教学的基本教学法之一。所以吟诵是要走向普及的。但是普及是个过程，我的经验是如果吟诵在推广的时候是一刀切的，往往效果不好。应该把普及做简单，而依靠骨干教师去做深入。骨干教师很有热情，他们做出成绩，周围的老师看见了，他就会跟上。好多老师他有很多顾虑啊，这也是很正常的。先让胆儿大的先去干，就这样，干出来别人跟，慢慢互相促进，这事就起来了。

所以我们研发的“我爱吟诵”“语文吟诵”等资源，都是分普及版和拓展版的。我们不要求老师们一上来就学吟诵，只要从听吟诵开始就行。只要在上课领读的时候，给学生们听到了吟诵，就已经是一个开端。后面的事，自然会发生，不必担心。

结　语

为诗正名　为文正义

这个题目是互文，意思是为“诗”和“文”正“名”和“义”。

为什么起这么个题目？因为多年以来，“诗”和“文”的概念已经混乱了，很多人都把汉诗文和西方文学混为一谈。很多汉诗文的赏析文章和课程在社会上流传，在课堂上教授，甚至在国学圈风行，但实际上似是而非，南辕北辙。现在传统文化教育兴起，拨乱反正，正当此时。

我对古诗文的看法，和我对吟诵的看法一样，都是自己初学的感悟，一己之见，难免一叶障目，但为教学所需，暂时提供给大家，希望有所助益，同时也是与大家交流研讨，恳请指正。

为了后面的讨论需要，我们先把名词概念界定一下。在本书中，“诗”和“文”专指中国古代文人的汉诗文，这也是古汉语的习惯；“诗歌”“文章”“文学”这些概念，则泛指世界上自古至今所有民族的诗文。

下面开始，抽丝剥茧，追寻真相。

一、定义

什么是诗歌？不是汉诗，而是全世界的诗歌，它的定义是什么？我们语文书里的诗歌，有中国的、外国的、古代的、现代的，通通叫诗歌。到底什么是诗歌呢？拿到一篇文字或者一段语言，你怎么知道它就是诗歌？诗歌跟其他的语言、文字形式有什么区别？

以前央视有个诗歌节目，制片人访问了很多诗人和诗歌专家，见面的第一个问题就是“什么是诗歌”。制片人说，问到最后，他也没弄明白什么是诗歌。为什么弄不清楚呢？因为那些诗人和专家对诗歌的定义都不一样，他无所适从了。我说，这个问题没弄清楚，是不能做节目的，你得有个自己的定义。实际上，在文艺学上，对于诗歌是有公认的定义的。那什么是诗歌呢？

有人说，诗歌就是有韵律的文字。

首先，诗歌不一定是文字。很多民族到今天都没有文字，比如我国的苗族，比如非洲的很多部落，但是人家的诗歌很多，而且照样代代相传。

其次，什么是韵律？有人说，就是押韵、平仄，但您说的是汉诗，全世界的诗歌都押韵吗？当然不是。平仄就更不用说了。那么对于全世界的诗歌来说，什么是韵律？

有人说，韵律分很多种。那么，有穷尽吗？定义不是罗列，定义是一种统一的特征。

全世界各民族的诗歌，有统一的特征吗？凭什么到一个民族，就知道这些是诗，那些不是？

有人说，诗歌是一种抒情言志的文学体裁。

这个答案比较学术，但是定义必须是充分必要条件，一一对应的，也就是反过来说也成立的。抒情言志的文学体裁就是诗吗？小说不抒情吗？散文不言志吗？所以这是诗歌的性质，不是定义。诗歌也不一定抒情言志。

有人说，诗歌是表达强烈的情感的，有抒情的特征。但是也有哲理诗啊。这个特征不全面，不是定义。

有人说，诗歌在语言上比较凝练。这也不是定义。有的散文也凝练，有的诗不凝练。

有人说，诗歌要有一定的节奏感，表达上应该具有一种意境美。什么叫节奏感呢？要知道世界上的语言是很不一样的，很多语言的诗歌没有均匀节律，非均匀的节奏有很多很多种，没有节奏的诗歌也有很多。

我们的思路要清楚，定义需要正反都说得通，所以首先要反过来问，是不是有节奏的都是诗？是不是有意境的都是诗？凝练的一定是诗吗？不一定，报纸标题也很凝练。跳跃的也不一定都是诗。还有，诗一定要凝练吗？一定要跳跃吗？一定要有节奏吗？一定要有意境吗？所以这些都不是定义。

有人说，诗歌是一门语言的艺术。反过来，语言的艺术一定是诗歌吗？

有人说，诗歌集中反映社会的生活。但集中反映社会生活的不一定是诗。

有人说，诗是以行为单位的。那没有文字就没有诗吗？没有文字以前有行吗？

我们列出了诗歌的很多特点，但是都不全面，就是说，诗歌可能是这样的，或者一部分是这样的，但不是全部是这样的，也不是说是这样的就一定是诗歌。我们要寻找诗歌共同的特点，把上面那些特点的共同性抽出来，就接近诗歌的定义了。

全世界所有民族，古往今来，是凭什么判断什么是诗的？

诗是有定义的，叫“非日常生活语言”。落脚在语言，诗是语言，不是文字。语言的历史有二十万年，文字的历史一万年不到。很多民族到今天都没有文字，所以诗首先是语言的艺术。

什么叫艺术？就是生活的陌生化。生活是对真和善的追求，艺术是对真和善的超越，是对美的追求，所以是与日常生活不同的方式。与生活陌生化的动作叫舞蹈，与生活陌生化的图像叫美术，与生活陌生化的活动影像叫电影，与生活陌生化的语言叫诗歌。

由于我们文学理论教育的落后，现在还有很多人在说艺术是对现实生活的反映，这是苏联早期的理论，已经一百年了，连他们自己早都不用了。艺术可以反映生活，但艺术的目的不是反映生活，也没有能力反映生活，真正能反映生活的是新闻、纪录片、统计、大数据等。艺术的目的是通过与生活陌生化的方式，表达人们对人性的追求。

比如小说是生活情节、人物、思想、场景的陌生化。我们举最贴近现实的流派之一——批判现实主义为例。比如《简·爱》，我们读这部小说，真正关注和感动的是什么呢？简·爱是个孤儿——这没有多少意义，孤儿有的是，我们不会因为她是孤儿就受多大的感动。她从小生活在孤儿院——这也没有多少意义。她在孤儿院里居然敢反抗不公正待遇——这一点就有意义了，因为生活中这样的孤儿很少见。她后来做了家庭教师——这没有多少意义。她爱上了这家的主人——这也没有多少意义。这家主人有一位妻子——这也很常见。简·爱在可以结婚而且两人相爱的情况下，为了名分而离开了罗切斯特，结果差点在荒原上饿死——这就是小说的亮点所在了，因为这太不容易了，这是简·爱人性的表现，是艺术所要带给人们的价值。后来，罗切斯特的疯妻子死了，庄园被烧了，而简·爱反而继承了一笔遗产成了富婆，结果，她又回到了已经残疾的罗切斯特身边——这就是小说的意义所在，因为这更难做到。“匪报也，永以为好也”，人性是超越现实功利的追求。这篇小说的意义，全在于简·爱与一般的女子不一样的地方。

这个陌生化理论，是一百年前由俄罗斯的什克洛夫斯基等人创立的，对当代文学理论发生了深远的影响。我对陌生化理论有个心得，就是生活的陌生化应该分为两个层次。第一个层次是作者对艺术世界的基本情况的假定，我称之为“世界状态假定”，比如探案片里总有案件和罪犯，喜剧片里总有可笑的人，《哈利波特》有个奇幻的世界，《喧哗与骚动》有个心理复杂的世界。这些假定，不可能与现实生活完全一致，即使是超现实主义也不行，因为现实生活太复杂了，连科学也反映不过来，何况艺术？这些假定，离生活越远，就越有意义，其本身就有意义。但是，对于作品来说，这仅仅是意义的基础。作品的意义主要在于作品对于世界状态假定的陌生化，即在这样假定的世界里，这个人、这件事、这种东西也是罕见的。比如在《西游记》的世界里，敢大闹天宫的人也很罕见；在《哈利波特》的世界里，能打败伏地魔的人也很难得。这是读者或者观众会特别关注、特别去体会的地方，也是作品的艺术价值所在：告诉我们，什么是人性，什么是人应该过的日子。

五律的格律与生活语言不同，这就是它的世界状态假定。只要合乎五律的格律，就可以称之为“五律”，或者“诗歌”(但不一定是“诗”，后文再说)。在这样的世界里，像《旅夜书怀》这样的诗，又增加了一些这首诗独特的世界状态假定，如荒野、深夜等。但是，即使在这样的世界中，这首诗所带给我们的体验仍然是很独特的，指引我们去体会真正的人性，这就是这首诗的意义所在。

现在我们回到这个问题：为什么说诗歌是“非日常生活语言”，即日常生活语言的陌生化？

日常生活语言包括什么？包括口语，还有书面语，比如报纸语言、论文语言等，还有各种场合的语言，比如外交语言、演讲语言、隐语、行话等，都是生活语言。

什么是非日常生活语言？就是这个语言一出来，大家立刻意识到：生活中没有这样说的。比如说《静夜思》，一说出来，听者起码立刻就意识到两点：第一，它是押韵的。生活中没有人押着韵说话。第二，它每句都是五个字。生活中没有人说话每句都是五个字。所以，它一定是诗歌。

只要是非生活语言，就一定是诗歌吗？是的。这就是我们对诗歌的定义。一句普通的生活语言，如“我迟到了”，怎样变成诗歌？最简单的方式，就是重复：

我迟到了
我迟到了
我迟到了
我迟到了

没有人再会认为它的意思是“我迟到了”，大家都开始琢磨它的深意，因为生活中很少有人这样重复地说话。

只要听到生活中不这样说话的，就会被认为是诗歌。即使是超现实主义，如布勒东的“精美的尸体”语言游戏，即在中国被称为“主谓状”的语言拼接游戏，也会被认为是诗歌。布勒东的很多诗就是这样写成的，表达的是对世界和人生的不确定性、非理性的认知和不平。

诗歌，就是在语言这个层面上的陌生化。每首诗歌的意义，都产生于其语言对于其诗体这个语言陌生化之上的陌生化。

弄清了全世界所有民族的诗歌是什么，下面就要问：“诗”是什么？即汉诗文传统中所谓的“诗”又是指什么？

“诗”当然属于“诗歌”，因此“诗”也是语言的陌生化。那么，“诗”有没有自己的独特性？汉诗和其他民族的诗歌有没有区别？

如果查英汉词典，里面会说，“诗”就是 poetry。我们的英汉词典，从来只说中英两个词汇的共同点，而不说它们的差异。这就叫翻译吗？这是科学吗？我曾说，谁要是能说出这些中英词汇之间的区别，谁才是好的英语老师。这个词典早晚一定要改。由于这个词典的作用，由于百年以来我们对西方文论的推崇，很多语文老师都说不清课本里的汉诗和外国诗的区别，所以讲汉诗和外国诗一样，讲古诗和现代诗也一样。

poetry 和诗是一样的吗？我们今天就主要说这个问题，从方方面面来做剖析。从这个点开始，我们可以逐渐揭开汉诗文的真相。

二、本义

先说“诗”的本义。“诗”()这个字的声符是“寺”，另一种写法声符就是“之”。“寺”的声符也是“之”。“之”(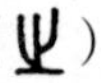)是足迹的意思，也就是走向、目标的意思。“言”的目标，就是发言的目标，即言为心声。《尚书》说：“诗言志。”《传》：“心之所之谓之志。心有所之，必形于言，故曰‘诗言志’。”因此，“诗”的本义是“言志”。

《尚书》的流传过程很复杂，所以“诗言志”这句话是周朝以前留下来的，还是周朝以后改的也说不清楚，那么我们再说《诗经》。《诗经》本来的名字就是“诗”，后来被奉为经典才叫《诗经》。从字源来说，“诗”的声符是“寺”()，意为“手之所之”。“寸”()是手的印迹，手的印迹和足的印迹合在一起，还是走向、目标的意思，即心志所在。因此“诗”的本义是“言志”仍然成立。“寺”这个字因为有目标坚定的含意，所以又引申为有法度的意思，后又引申为政府机关。政府机关所发出的声音，即有法度、有目标的声音，叫作“诗”。在周代有一种官职叫“行人”，他会摇着木铎走村串落，访察民情，也让老百姓提供诗，然后他将这些诗记录下来，上交朝廷。乐官将之筛选、整理，是为《诗》。

从以上两个方面来考察，可以看出，在“诗”的本义中，言志和教化的功能很明显。

诗歌，“poetry”，这个词来自古希腊，本义是史诗，是指描述历史的有节奏的歌。《荷马史诗》就是典型的 poetry。与“诗”相比，它的叙事功能明显，更指向哲理思考。“诗歌”和“诗”在源头上就是不一样的。

后来一样了吗？也没有。

三、作者

诗的作者是什么人？大家都脱口而出：诗人！我要问一下：诗人是什么人？

有人说：劳动人民。诗一定是劳动人民作的吗？最早的诗是《诗经》，书上说，《诗经》是上古劳动人民的诗歌选集。且不说“诗歌选集”这个说法妥不妥当，只说“劳动人民”。《诗经》里有多少首是劳动人民作的？非常少。绝大多数是贵族的作品。

有人说：诗是文人作的。那么你要想想：文人是不是一定会作诗？还有，文人是什么人？是有知识文化的人吗？唐玄奘和六祖慧能算不算文人？他们作不作诗？

文人是什么人？文的反义词是什么？是“质”。孔子说：“质胜文则野，文胜质则史，文质彬彬，然后君子。”看起来孔子是文质并重的，实际上他更偏重文。“郁郁乎文哉，吾从周。”儒家尚文而墨家尚质，儒家更重视外在形式，重视礼乐，因此儒士又被称为“文人”。“文人”是儒士的代称，而不是指有文化的人。

难道除了儒士，其他人就不作诗了吗？除了儒士，还有和尚也作诗，比如寒山，道士也作诗，但严格来说那不是诗，只是用了诗的格律形式作的偈子。诗不是说只要有这个形式就行了。诗的定义中包括它的思想内容，思想内容不符合诗教的也不能叫作诗。有些劳动人民也创作诗歌，但一般不能叫“诗”，只能叫作歌、曲、词、谣等，除非他作的诗符合儒家诗教。曲子词最早叫作“词”，不叫“诗”，就是因为它不符合诗教。后来苏轼以诗为词，也就是把诗教精神引入词，词才成为诗的一种。李清照反对苏轼的做法，也是缘于此，但她自己的词后来也走上了这条路。元曲的道理也是一样。

现在老有人说，汉诗的体裁总是起于民间，然后被文人利用，成为案头之作，然后就失去了活力。这么说是不妥当的。永明体、近体诗都不是起于民间，而是文人创造出来的诗体。很多民间体裁最终也没有进入文人诗的范围。文人诗的发展，有一条主线，就是诗教。从民间汲取营养是一直都在发生的事，但不是诗的主线。

从时间上说，孔子是第一个儒士，孔子之前不能说有真正意义上的儒士，虽然中华文化精神在代代相传。《诗经》的整理工作的确是在孔子之前做的，但是《诗经》最后是经过孔子之手的。不管他有没有删过《诗经》，但《诗经》是从孔子手里传下去的，是经过他同意的。以前未进入《诗经》系统的诗歌称为“歌谣”，经过孔子之手的诗歌才叫“诗”。所以在很长一段时间内，文人作的诗歌也不敢称诗。屈原他们作的叫作“辞”，贾谊他们作的叫作“赋”。再往后，继承了孔子这种思想、有诗教精神的才叫诗，因此儒士作的才叫诗。如果这个儒士，作诗的那时那刻不是儒士的身份，那么作的也不叫诗。比如欧阳修是北宋大儒，但也作过“泪眼问花花不语，乱红飞过秋千去”那样的词，那是专门给歌妓演唱作的，不能叫诗，只能叫词。不是儒士作的诗歌也不是诗，比如明朝的冯梦龙编了一套书叫《挂枝儿》，里面都是民歌，也不能叫诗。

poetry 的作者是什么人？poet，就是诗人。这里的“诗人”又是什么人？首先是指以诗歌为职业的人，比如荷马。儒士可不是以作诗为职业的。其次，poet 指的是诗歌的作者。这说明一个问题，那就是 poetry 的作者可以是任何人，只要作了 poetry 就是 poet，没有限制。

这一点辨别非常重要。有人看见中国古代的诗话里也在说“诗人”如何如何，就把他混同于拜伦、雪莱这些人，动不动就诗人李白怎样怎样，这首诗表达了诗人的什么什么，不晓得诗话是给儒士看的，他们都身在其中，是在儒士这个前提下说“诗人”的。所谓“诗人”即诗教之人，非浪漫之人也。所以首先要把李白看作一名儒士，再论其他。不要把李白这些人当职业诗人看待，不要混同于西方的诗人。

四、创作数量

猜一猜，一位 poet 一生一般可以创作多少首诗歌？

A. 几百首　B. 几千首　C. 几万首　D. 十万首以上

如果一天作一首，创作五十年，差不多两万首。看起来这很简单，实际上很困难。一来诗人一般只在年轻时有灵感，年纪大了就不作诗了。二来作诗是思考人生，是很痛苦的事情，不是信手拈来就可以的。所以答案是数千首以上。证据何在？找那些高产的，比如说泰戈尔，一生留下多少首诗？几千首。一般的也就是几百首。当然也有写长诗的。关键有这么个问题：poet 有没有可能写了诗但是没有放到诗集里？估计一下比例是多少？其实不算高。诗歌是写下来的，大部分都会放进诗集里。那么一位诗人一生所作的诗，最多的大概就是几千首，能上万首的就很少了。

一位儒士一生一般可以作多少首诗？答案是几万首以上。为什么可以是西方诗人的十倍以上？一来作诗不是浪漫，不依靠灵感，作诗是儒士的每日功课，是他的生活方式，所以儒士都是从小作到老的，往往诗是越老作得越好。二来作诗一般不难，不那么痛苦，作诗是修身养性，体会生命，所以信手拈来，口占一绝，都是很常见的事情。

几万首的数量有证据吗？有的。历史上有两个人留下了超过十万首诗，其中一位就是乾隆。当然有人说那些诗不是乾隆自己作的。他的确有这种毛病，自己作诗让下面的人给他改改，但是，诗还是要自己作的。

十万首是什么概念？就是每天作诗六首，连续五十年。这可能吗？完全可能。

首先说创作五十年。古代文人都是什么时候开始创作的呢？杜甫："七龄思即壮，开口咏凤凰。"杜甫是 7 岁开始作诗。李白："十五观奇书，作赋凌相如。"他是在 15 岁之前就开始作诗的。他们到死前还在作诗。李白享年 62 岁，杜甫 58 岁，都不算大，他们的创作年限都超过了五十年。

其次说每天作诗六首。《红楼梦》第一回有这样的一段，甄士隐去看贾雨村，这一天是中秋节，贾雨村一会儿的工夫就作了两诗一联：

> （贾雨村）今又正值中秋，不免对月有怀，因而口占五言一律云：
>
> 未卜三生愿，频添一段愁。
> 闷来时敛额，行去几回眸。
> 自顾风前影，谁堪月下俦？
> 蟾光如有意，先上玉人头。
>
> 雨村吟罢，因又思及平生抱负，苦未逢时，乃又搔首对天长叹，复高吟一联云：
>
> 玉在椟中求善价，钗于奁内待时飞。
>
> ……雨村此时已有七八分酒意，狂兴不禁，乃对月寓怀，口占一绝云：
>
> 时逢三五便团圆，满把清光护玉栏。
> 天上一轮才捧出，人间万姓仰头看。

一个晚上三首，那么一天六首不算多吧？就算不能每天作六首，又活不到 60 岁，那么少算一些，一个文人一生也可以作诗数万首。

五、流传

可是古人留下来的诗集一般只有几百首，多则几千首，剩下的都哪儿去了？《李太白全集》一千首出头，杜甫的诗集有一千四百四十四首，陆游是一万首左右，可王之涣只有六首留下来。如果一个儒生一生正常要作几万首以上，那么那些诗是怎样散失的？

第一，在流传过程中丢了。王之涣、郑虔、张若虚这些人不是没有诗集，而是没有流传下来。

第二，自己烧了。集者，辑也，就是经过编辑，不管是自己的编辑还是后人的编辑。没有经过编辑的只能叫“稿”。陆游的诗留下得多，就叫“稿”。没有进入“集”的那些“稿”哪儿去了？自己烧了。文人有死前焚稿的传统。

在《红楼梦》高鹗续书里，有一个著名的情节叫“黛玉焚稿”。黛玉为什么焚稿？很多人以为是黛玉恨宝玉抛弃了自己，如果是这样，林黛玉就是一泼妇。黛玉是这样的吗？这就是以现代人之心度古人之情了。黛玉焚稿，是因为她知道自己命不长久了，那一回她三次这样表示。死前，要整理文稿，一部分结集交给儿子传下去，一部分焚烧掉，这是文人的传统。

为什么要把诗烧掉？因为诗是私密的，首先是作给自己的。我的硕士导师裴斐先生，当年教我们作诗，他也作一首。作完了，我们轮流读自己的诗，轮到他，他念了诗的第一联，后面的说不能告诉我们，是他的个人隐私。这才是诗。诗是文人修身养性的活动，是首先作给自己的。其次作给特定的人，就是文人之间的唱和酬答。焚稿主要是，第一悔其少作，第二是有隐私，结集的都是可以公开见人的，所以我们看到留下来的诗集里，唱和酬答的主题特别多。真正心里的那点东西，很少告诉世人的。

第三，是最主要的原因，直接飘散在空气中了。

古人作诗，是先吟后写。鲁迅有首诗：

> 惯于长夜过春时，挈妇将雏鬓有丝。
> 梦里依稀慈母泪，城头变幻大王旗。
> 忍看朋辈成新鬼，怒向刀丛觅小诗。
> 吟罢低眉无写处，月光如水照缁衣。

鲁迅作诗是先吟，把整首诗创作完成，再找笔和纸记录下来。记录的过程叫“写”，创作的过程叫“吟”或“作”。

《红楼梦》里，宝玉说：“今日持螯赏桂，亦不可无诗，我已吟成，谁还敢作呢？”没有吟成敢写吗？这是古人的传统。但吟完之后如果没写，就飘散在空气中。贾雨村在中秋节晚上作了三首诗，《红楼梦》里有没有说喝完了酒，贾雨村回到屋里找到纸笔记录下来？没有，这三首诗就飘散在空气中。《红楼梦》里面先吟后写的描写，我统计有八次；记录了只是吟就没说写，直接飘散了的，无数处，大家可以想想比如《葬花吟》；记录了上来就写的，一处也没有。

唐诗是吟出来的。“吟”这个字在全唐诗里面的使用频率排在第二十位，和安全的“安”、宫殿的“宫”相仿，出现频率很高。李白：“吟诗作赋北窗里”，吟就是作，作就是吟，互文。古代文论，从《尚书》开始，到《文心雕龙》，到历代诗话，说到创作的时候，都是在说口头，没有牵扯到文字创作的。这是一个很重要的认识：汉诗文是口头作品。有人说李白是上来就写的，但李白写的时候心里没有声音吗？是声音在前面还是笔在前面？笔在前面的是超现实主义，下意识写作，20 世纪才出现。一定是先有声音。绝大部分的诗吟而未写，直接飘散在空气中。

关于创作数量的判断，实际上涉及我们对诗的形态的理解。飘散的比例有多少？肯定不会是一比一，也不会是一比二，至少应该是一比十，甚至更多。古人作诗，就跟今天发微信差不多，都是随口的事儿。

吟诵着创作后，有的觉得不错的，就会写下来，但写下来的极少，大多数直接飘散。写下来的东西又会流散一些，剩下的临死前烧掉一些，结集交给儿子，或者出版，或者传下去。流传的时候又会流散一些，最后留给我们的就是这些。大诗人如李白、杜甫留下来的诗肯定不到他们这一辈子作的诗的百分之一甚至千分之一，所以就读了那几首诗，就敢说李白或者杜甫是什么人，也有点不太靠谱。

六、状态

poet 创作 poem 的状态，首先是面向公众的。从莎士比亚，到弥尔顿，到普希金，到泰戈尔的诗歌，是什么流传状态？是歌唱的，或者朗诵的。

在《荷马史诗》中，奥德赛流浪途中，就是对人演唱自己的诗歌。《巴黎圣母院》一开场，诗人甘果瓦正在组织圣剧演出，演出的形式就是朗诵自己的诗歌，面对公众的朗诵。

儒士作诗，首先是面对自己。杜甫说：“新诗改罢自长吟。”与此相反，中国的小说是面向公众的，是从茶馆里说书发展起来的，而西方的 novel 是自己一个人坐在壁炉边，捧着书跟书中人物做静静的交流。小说是公开的，novel 是私密的。而 poem 是公开的，诗是私密的，是自我修身和同道互励的。

文人诗主要是作给自己的，基本没有第二个人知道。当时杜甫作了那么多好诗，他也没有想到会成为现在中小学必背古诗，有几亿人在背。他当时只是作给自己的。他在夔州给所有人作诗，古人、今人、活人、死人，就像赫索格给所有人写信一样，他没有想给谁看，他只以为他一死，这些诗就被她老婆当纸钱烧了。所以不要把古代文人的心态，混同于现在的诗人的心态，好像写诗就是为了发表，而发表就是要给所有的人看，给陌生的人看，就像歌星在台上唱给所有不认识的人听一样。古人赠朋友互相激励，还是两个人的事，跟别人没有什么关系。王勃《送杜少府之任蜀川》，就是送给杜少府的诗，没有打算给我们这些人看。诗有私密性，而 poem 基本是公开的。

七、性质

诗歌是语言的艺术。什么是艺术？就是对人性自由的追求，反思社会人生。追求美好的东西就会讨厌不好的东西。

诗是教化，是修养自己、教化他人，是为诗教。

我们现在表述文人诗，经常说李白的《行路难》抒发了他的什么感情，表达了他的什么追求，这么说也不是没有道理，但是没说到点子上。所有说的这些最终都是为了修身养性，为了自我安慰和自我提升。

八、思想

poem 是个人思想的表达，而诗首先是儒家思想的表达。诗能不能够表达自己个人的思想？可以的，但它是第二位的，而在 poem 是第一位的。

诗首先是儒家思想的表达，何以见得？

首先主题基本固定。文人诗的主题就那么多，比如怀才不遇、伤春悲秋、人生苦短、咏物言志、征夫思妇等。这些主题都体现了儒家思想，是儒士人生处境的产物。当今的现代诗主题很丰富，很难总结，但是古代就这些。其余的就不能叫作诗了，叫歌、谣，不在儒家的传统之内。

其次，形式基本固定。诗有四言、骚体、五律、七律等，说起来很多，但是不过也就那么些而已。我能不能自己造一个新的文体？不行。现代诗，谁都可以随时造一个诗体，尽管能传开的不多。但是古代，新作一种文体是几乎不可能的。诗体的演进，都不是个人所为。

再次，意象是固定的。比如松树代表坚强，为什么？因为孔子说："岁寒，然后知松柏之后凋也。"但是松树皮挺厚的，我能不能用松树表达别的意思？比如我要送你一首诗，开头说："君似一棵松。"听着挺好的，但是我后面说："脸皮厚过钟。"这个可以吗？不可以。松树不能有别的意思，它就是代表坚强的意思。这是为什么？因为经典里有这样的表述。

意象的含意是固定的，东风代表春天，西风代表秋天，南风代表夏天，北风代表冬天。我们这里今天是春天，可是刮北风，作诗的时候还得说东风。你说北风，人家就以为是冬天了。古人作诗，讲究无一字无来处，意象都要来自经史子集的名篇名句。这样，诗才可以在文人间流传，才可以互相理解、互相唱和。

汉诗有个庞大丰富的意象系统，而且是集体性质的，属于全体文人，大家都明白。意象使得汉诗极其凝练而含蓄，意蕴丰富至于无穷。后来传到欧洲，他们的诗那时都是直抒胸臆，一看惊呼奇迹，于是学习这种含蓄的表达方式，可是欧洲没有这样丰富的意象系统，怎么办？波德莱尔只能用自己个人的意象，就是除了他懂谁也不懂的意象，于是，朦胧诗诞生了。后来还有文学理论，论证这是为了给读者留下想象空间。其后"象征主义三剑客"之一的马拉美收了个中国学生李金发，催生了戴望舒等一代现代诗人，传承至今，就是今天的现代诗，经常看不懂，因为他用的是个人意象。

还有，诗的格律是固定的，结构也是固定的，起承转合。风格也是固定的，司空图总结为二十四诗品。

你说，作一首诗，主题是定的，文体是定的，格律是定的，意象也是定的，还有多大发挥空间？很小。所以儒家思想的表达是第一位的，诗教是第一位的，个人是第二位的。

对于我们今天的年轻人来说，这样的诗太不自由了，太束缚了。从这个角度说也的确是这样，所以儒士在作诗之外还作别的，作歌、作词、作谣、作曲。不要以为文人只作诗。诗是有特别的用处的，因此有这些约束是可以理解的。

更重要的是，这些对于诗并不是束缚，恰恰相反是动力。诗是儒家思想与个人生活情感的结合，是用儒家思想教育自己的过程。正因为有强大的儒家思想为依托，诗的意蕴才超越了文人个体生命的局限，止于天地至善。关于这一点，我将在后面的诗词主题中详细说明。

九、形式

poem 产生于印欧语系，是重音节奏语言。诗产生于汉语，是旋律型声调语言。我们的语言有声调没重音，他们的语言有重音没声调，正好相反。所以两者的形式怎么可能一样？

汉诗是押尾韵的。世界上所有的诗都是押韵的吗？不是，大多数诗歌都不押韵，押韵的是少数。英语的诗大概只有一半押尾韵，法语的诗大部分都不押韵，它们押重音、押节奏。日语和韩语诗歌基本都不押韵，它们是节奏型诗歌，押音节数。蒙古语诗歌往往是押声母，苗族诗歌押声调，满族的诗歌倒是押韵，但是不押尾韵而押腰韵。汉诗是押尾韵的，不一样。

诗是吟诵的，poetry 是 read 的。这正是我们这本书、这门吟诵课的主要内容。

这中间有多大的差异？了解吟诵的朋友都会说：太大了。

汉语是唯一把起源时的音义保留下来的语言，虽然也变了很多，但是传承为主，变化为辅。音义成为汉诗含意非常重要的组成部分。从韵的选择，到入声字的使用，到字音读法的长短高低、轻重缓急，到文气起伏、阴阳有致，腔音的使用变化万端，这些无不传达着声音的意义。

若问：声音的意义在诗的含意中占了多大的比重？问题不是这么提的，因为声音的意义和我们现在关注的字面的意义不是一个层次。诗的含意是从字义开始的，但是声音的意义改变和提升了字义，意象的意义也同样在改变和提升字义，互相作用，产生了诗的言外之意，而言外之意才是诗的意义所在。

关于声音的意义，我只举一句为例。“床前明月光”，字义就是床前的明月照射下的月光。现在的古代文学再高深的论述，也只能止步于“床前一片明月的月光”。但是，这句的读法却可以使诗意改变和提升。这句的“月”是入声字，应该顿挫读，而且读得比较高，这样就可以感受到李白对这个“月”的一种复杂的心情，肯定是负面的情绪。“光”字要拖长，几乎是前面四个字的总时长，由此突出了阳韵的感觉，也就是ang 的开阔向上的感觉，这样就可以感受到李白这首诗开阔的境界，感觉到世界之大和李白的孤独，还有后文故乡的遥远。声音把这句的字义，由简单的一片月光，带向了孤独的情绪。这就是言外之意。方苞说："不知声音，总为门外汉耳。"就是总算摸到门了，到底也没进来的人。

我这样说，叫作声韵分析，还是学问而已。诗的体会是亲自吟诵才会知道的。很多声韵的感觉，是语言无法表述的。要想了解这方面的知识，就请学习吟诵。不亲自吟诵，永远也不会知道汉诗有多么美妙。古人对于声韵之美的追求，是多么执着、多么深入。徜徉在声韵之美的海洋里，才能知道古人是多么细腻，中华民族曾经是多么温柔细致的一群人。静心倾听对方的声音，体会对方的每毫秒的心绪变化，那是一种怎样的境界。仁者爱人，爱的基础是了解，你知道古人是怎样去了解一个人的吗？

更不要说唱、音乐、乐器、大曲。人人皆可有话就唱，见字就唱。汉诗皆可唱，即兴唱。旋律曲调成千上万，随心所欲，美丽动听。

细腻复杂的语言加上细腻复杂的音乐，产生了情思无限的诗。汉诗的魅力首先不在文字，不在旋律，而在于词曲配合这种复合型的声音。意象系统和主题体系极大拓展了这种声音的意蕴，最后归于儒家生命观的浩瀚无垠。这种艺术的魅力，远非西方诗歌能比。这是良心话。

关于吟诵，关于声音，关于意象，关于汉诗的含意层次，在这里就不赘述了。请走进吟诵。

十、文

"文"是什么？广义的文，是指所有的诗词文赋，合称叫"文"。《文心雕龙》《文选》都是这个意思。狭义的"文"指的是古文、骈文、八股文这些，也就是把诗排除出去。

"诗"和"文"有什么不同？不在于押韵不押韵，很多文也押韵的。诗是非日常生活语言，拿一句出来，生活中没有人这么说话。文是非日常生活篇章，也就是说，文里拿出一句，生活中也这么说，但是句和句的关系，生活中很少有这样的。比如"学而时习之"，那时的生活中也这么说。但是句和句的关系不是生活常见。我们读《论语》，吟诵起来，有文气起伏跌宕、辗转回环，生活中没有人这么说话。

文者，文也。"文"的本义是美丽的花纹，所以它是美丽的形式的意思。没有美丽的形式的，不能叫"文"。今天我们的什么论文、文章等，都不能叫

"文"。今天的很多散文也不能叫"文"，为什么？没有文气。只是辞藻美丽，意思浪漫，不能叫"文"。

所以为什么桐城派那么重视文气？因为这是"文"的命脉。读一篇文，字都认识了，道理都知道了，还能背了，可是仍然是"门外汉耳"。为什么？因为没有掌握文气。如果不知道这篇文什么时候气上去了，什么时候气下来了，什么时候气在潜藏，什么时候气在蒸腾，那这篇文你还是没懂。

怎样才能掌握"文气"？桐城派说：因声求气，只能吟诵。文的吟诵有方法、有规矩。字分实虚入，音分短重长，按此去寻，可知文气。

读出文气，才能理解；读出文气，才有气象养成。好的文读起来很畅快，坏的文叫气为之塞。读书至此，方知其乐，其乐不在书的内容，而在读本身啊。

文是美丽的，但美丽的不一定是文。文还有一个规定性，就是"文以载道"。同诗一样，文也是教化，也是儒家思想的表达。没有这一点，也不能称之为"文"。

明白了"文"，自然会发现，它与西方文学中的散文、文章等，有多么大的差异。

十一、儒士

既然古诗文的作者主要是儒士，我们就需要了解儒士。他们是一群什么样的人？

儒士是古代社会的特殊群体，今天我们的普及教育不是培养儒士，今天的社会精英也需要站在更广阔的高度上面对世界，但是，我们仍然需要学习和继承儒士的精神，因为儒士的精神是中华文化精神的核心部分。

现在对文人儒士的普遍印象，用几个关键词来表述就是：

做官、享福、浪漫、固执、酸……总之就是：名利。

我问学生：古代儒士为什么要读书？他们说：为了参加科举。参加科举为了什么？为了做官。做官为了什么？赚钱。也有的说是为了光宗耀祖……总之还是：名利。

我们有必要把儒士的真实情况告诉学生。儒士是一个群体，一个阶层，数量众多，代代相传。在这个群体中，能做大官享大福的人少之又少，绝大多数儒士都是沉沦下僚，甚至更惨。关键是，他们基本都是富二代，可以在家乡好好地做少爷，为什么还要前赴后继地做儒士？

儒士，严格地说是孔子创造出来的一个群体，尽管也有文化精神上的继承。孔子作《春秋》，把道统从政统中分离出来，明确告诉世人：有位者可能无德，有德者可能无位。孔子就是《皇帝的新衣》里的那个小男孩。从此，追求道与德的中国人，就再也不害怕任何势力了，他们只听“道”的话，“富贵不能淫，贫贱不能移，威武不能屈”。中国人从此可以挺胸抬头地做人，堂堂正正地保持自己的人格。所以“孔子不出，如万古长夜”，其意在此。

孔子开了中国的第一所儒家意义的学校，做了中国的第一位儒家意义的老师。他广收弟子，教给他们两样本领：德性和才艺。才艺中，又以治国安邦为主体目标。儒士等于是西方的教士和政治家、经济家、军事家、教育家的合体。经过几百年的传承，儒士壮大到了几万人以上，终于在西汉武帝之时登上了政治舞台，从此成为支撑中国命运的主要力量。儒士是中华文明的脊梁。

儒士的使命，就是四个字：济世安民。

儒士的人生，就是四件事：学道、传道、行道和殉道。学道是从小的学习。从他进入学馆，向孔子礼拜这一刻，他就成为了孔门弟子，就是一名儒士的后备生。他等于许下了诺言，要学儒学道，将来去做儒士。传道也是儒士的毕生事业，要传给弟子，要教化百姓，不管是当官还是不当官，是做绅士还是私塾先生，反正是要传道的。行道，就是把所学的这些去应用，要治国安民，要经世致用。殉道就是最终死在道上，献出一生。

儒士的命运，从小到老，第一条就是读书立志，要济世安民。如果读书是为了找份好工作，那叫student，以前叫学徒，就是个手艺人，混碗饭吃。这个古代不叫“学生”，“学生”是指学儒的后生，要济世安民的，哪怕没有本事没有条件济世安民，也要修身齐家。“学生”一般是在8岁左右进学馆，正式学儒。毕业的时候，大概15岁。然后一般来说还要去上大学，就是府学、太学、国子监，毕业时大约是20岁。然后行万里路，做幕僚，交游，然后考科举，还要实习，再进入仕途，就差不多30岁了，这时候正式做济世安民的事情。

第二条命运，叫少小离家，诀别父母。贺知章有一首诗，我们都很熟：“少小离家老大回。”什么叫“少小离家”？就是一名儒士离开家乡的年龄一般来说是十几岁，当然也有二十几岁离开的，不会再晚了。离开家的那一刻，不管是上府学、县学、国子监，还是参加乡试或者会试，反正是离开家，可能就是跟父母的最后一面。从那一刻开始，再也见不到父母了，这是很多儒士的命运。为什么？从此你就踏入科举或者是仕途。科举要不断地上学考试，直到考上。仕途就是做官，到处流动。在古代，做官是不能在故乡做的，而且要频繁调动，因此可能再也见不到父母了。当然也有可能回家探亲，也有可能父母生病了回家照顾，但是，更多的情况是父母去世时，才回家守丧三年。古代交通不便，信息也不畅，不像现代，知道父母病重，赶回家里，也不一定赶得上。“岳母刺字”的事情有人说不是真的，是杜撰的，不管怎样，这件事情能够打动那么多人，就是因为那些事情是真实地一遍又一遍地在生活中发生的。儒士在离开家的那一刻，心里是怀着诀别的准备的。实际上岳飞那次离家就是再也没有回去过。李白离开家乡江油后，也至死没有回去。贺知章说“老大回”，他是85岁才回去的，中间七十年没有回过家啊。这就是儒士的命运，即所谓忠孝不能两全。

第三条，抛妻弃子，背井离乡。古代的官是流官，来回调动，交通又不方便，所以绝大多数儒士都是把妻子孩子寄托在故乡或者是哪个地方，很少带在身边。如果没做上官，只是幕僚，那更不能主宰自己的命运了，求官的时候更是如此，所以儒士实际上很难跟自己的妻子孩子生活在一起。

第四条，怀才不遇，沉沦下僚。抛妻弃子、背井离乡就能实现理想抱负吗？非也。对于绝大多数人来说，怀才不遇才是他们的命中注定。关于古代的科举考试，大家要有个基本的认识。在明清时，童生考秀才的比例大约是几百比一，秀才考举人比例也是几百比一，到举人以上，比例才降下来，比我们今天考大学难多了。古代大多数儒士是当不了官的，只能去做吏或者幕僚，或者是回家教书等，能做官的很少。怀才不遇是很自然的事情了。

第五条，夙兴夜寐，鞠躬尽瘁。儒士的工作是非常繁忙的，他们也是尽心尽力的，鞠躬尽瘁，死而后已。忙到什么程度？19世纪有个外国使节，回国后写了一本书，记录他在中国的见闻。其中说到他的一位中国朋友，是一位京官，他算了一下他的工作时间，每天大约是十三个小时，有时仅能睡三个小时。在他离开中国的时候，得知这位官员死了，是累死的。当然，我们也看到有闲散的官，懒惰的官，不理政务的官，但是要看大多数，大多数儒士，无论做官员还是幕僚，都是比较辛苦的，而薪水是比较少的。对于大多数儒士来说，仅能糊口养家而已。

最后一条，功业成空，客死他乡。能够实现济世安民理想的人有几个？实在不多。客死他乡更是大多数文人的归宿，因为古代的退休年龄是 70 岁。杜甫说：人生七十古来稀。所以大多数人会死在任上。“少小离家老大回”，一句话里有多少感慨。贺知章是幸运的，总算是回去了。大多数人都是客死他乡。

这就是儒士的命运。你看一看，你还愿意做儒士吗？

儒士也有升官发财的，但是极少。这些做儒士的人，大多数都是富二代，甚至是贵二代。也有穷人的孩子，但不多，虽然古代的官吏系统也是向下层开放的，但是实际上，下层培养出来能进上层的人很少。儒士大多数是富贵人家的孩子。他们如果不做儒士，在家做少爷，可能一辈子都很安逸，活得很舒服。在他们的现实生活中，在他们读的史书里，他们都可以看到很多怀才不遇的儒士，甚至惨死的儒士。他们并不是对自己的命运一无所知，但是，还是有那么多人愿意做儒士，愿意去走这条路，这是为什么？

人往高处走，水往低处流。人，总是想做“人”的。人格、尊严、高贵，这是人生最难得、最有价值的东西。儒士是中国人中品格最高的一群人，他们是中华文明的脊梁，是道统的主体，是人性的象征。不愿意做低品位的人，这是人天生的动力，“人之初，性本善”就是这样。做一个高品位的人，虽然很艰苦，但是人生只有一次，为什么不做高贵的人，过精彩的一辈子？济世安民，这是多么大的志气，多么大的人生价值！中国的文化高度就是这么带起来的。

今天，中小学的普及教育不培养儒士，但是我们要学习儒士的精神，要让孩子们也学习儒士精神，因为它是中华文化精神的核心。今天做传统文化教育，到底为了什么？很多人说，为了孩子一生的幸福。怎样才是一生的幸福？健康、快乐、平安、富足，这些当然很好，但是这些目标比较低，比较没有力量。如此立志，恐怕不能面对人生的坎坎坷坷，也很难得到幸福快乐。立志，就是要立大志，最起码也要立齐家的志，为整个家庭和整个家族带去幸福。如果能立济世安民之志，那还有什么得失不能超越，还有什么艰难险阻不能面对？

我们教古诗文，教的就是中华文化精神，要把这个传达给孩子才叫教了古诗文。学了《静夜思》，如果没有明白李白的济世安民之志，明白正是为了济世安民他才离别家乡，备受煎熬，从而体会到他的志向之坚决、之痛苦、之伟大，那么这首诗就基本上算白学了，单纯的思乡又有多少意义呢？

所以要理解古诗文，一定要学习儒学。

十二、诗教

诗和文，都有一个必要条件，就是合乎诗教。

诗教之名，源起于周朝时用《诗经》教育贵族子弟。《礼记·经解》：

> 孔子曰：入其国，其教可知也。其为人也，温柔敦厚，《诗》教也。……其为人也，温柔敦厚而不愚，则深于《诗》者也。

在《论语》中，孔子对《诗经》的评价，也总是与教化有关：

> 子曰：不学《诗》，无以言。
>
> 子曰：小子何莫学夫《诗》？《诗》可以兴、可以观、可以群、可以怨，迩之事父，远之事君，多识于鸟兽草木之名。
>
> 子曰：《诗》三百，一言以蔽之，曰：思无邪。

《诗经》既然是贵族子弟的课本，当他们长大了，自然也就用这个课本的内容互相交流，也就是行话，类似于后世的意象系统。这在当时叫作“赋《诗》言志”，引用一段《诗经》，或诵读，或歌唱，或让乐队演唱，以表达自己的心意，如：

> 申包胥如秦乞师……立依于庭墙而哭，日夜不绝声，勺饮不入口七日。秦哀公为之赋《无衣》。九顿首而坐，秦师乃出。（《左传·定公四年》）

由教育贵族，再到贵族教化百姓，《诗经》就起到了教化整个社会的作用。

> 故正得失，动天地，感鬼神，莫近于《诗》。先王以是经夫妇，成孝敬，厚人伦，美教化，移风俗。（《毛诗大序》）

为什么《诗经》可以教化社会？这要看看《诗经》的内容。

《诗经》三百零五篇，大部分是贵族士大夫的作品，包括贵族妇女的作品。这些作品，基本都体现着贵族们对德性的追求，对家国的忠诚，有后世所谓“济世安民”的胸怀。《大雅》和《颂》的部分多为宗庙祭祀之歌，体现着对祖先的敬仰和民族文化的传承意识。《小雅》多是士大夫情怀，忧国忧民、思乡怀归，或是对君子的赞美和怀念。《国风》的情况要复杂一些，但是大部分跟《小雅》的情怀是一致的，只有少量作品是妇女或者下层人民的作品，本是单纯的情歌，或者表达了下层人民的感情，如对压迫者的愤怒，对生活艰辛的感叹以及劳役征战的痛苦等。这些作品，被用来作为体察民情，或者体味人生之用，称为“美刺”。即使是这样的作品，也是“思无邪”，表达的是真实的情感。《诗经》总体的追求是温柔敦厚的人生态度。“温柔敦厚而不愚”，不是单纯的温柔，而是在“无邪”的基础上，在真实的基础上，追求大道与德性，勇敢地坚持和斗争，体现的是伟大的人格力量。因此，学习《诗经》，可以得到这样的教育，养成这样的人格。

在秦汉很长一段时间里，“诗”这个词就专指《诗经》。其他的诗歌只能称为辞、赋、歌、谣等。谁也不敢妄称自己作的叫“诗”。《诗经》是经典，是无法超越的。

有人说那是因为《诗经》是经典，并不是说《诗经》的水平是最高的。唐诗宋词，难道不比《诗经》的水平高吗？

这个还真不好说。至少没看到古人有这样的整体性评价。我吟诵《诗经》的体会，是《诗经》太绝了。五百年，选了三百首，个个是精品。只是我们现在，一来不懂上古音韵，二来不懂上古音乐，三来不懂周代文化，所以体会不到而已。若能穿过这三道门，就知道《诗经》有多好。我在吟诵教程里讲解并吟诵了《关雎》《木瓜》《子衿》《鹿鸣》《天保》《采薇》《丰年》等不多的几首，以我浅薄的学识，已经对之五体投地，若能深入，更不知会带我至何等境界。

应该是在魏晋以后，“诗”这个词才被广泛使用，泛指像《诗经》一样的诗歌，包括秦汉的作品。此后，“诗”即指文人诗。后世文人继承《诗经》传统，以儒家教化目的来创作诗歌、学习诗歌、使用诗歌、欣赏诗歌、教育自己、教育民众，故亦称为“诗”。

诗教传统，大概包括四个方面：儒家主题、经典意象、教化功能、美丽形式。

儒家主题，是指“诗”的主题一定是体现着儒家思想和儒士心态的。经典意象，是指“诗”的基本元素——意象，一定是来自儒家的经史子集。教化功能，是指“诗”的功能，一定是修养自己，教化他人。首先是用儒家思想修养自己，所以李白的诗抒发的并不是李白真实完整的想法，而是李白在用儒家思想修养自己，教化自己。其次是文人之间的互相鼓励、互相安慰。最后是“诗”的“美刺”功能，直接对社会产生教化作用。美丽形式，是指“诗”的形式一定是美丽的、中庸的、细腻的、深远的。“诗”是声音的作品，声音一定要好听，方能起到教化的作用。声音还要细腻，方能知人，方能润人。“诗”要有言外之意。诗的意象、结构、文气、意境都要美丽而深远。所谓格律也者，不过是为了达到这些要求而摸索出来的捷径而已。

以上四条，并为“诗教”。有一条不合，即非“诗教”。不入“诗教”的诗歌，不能称之为“诗”，只能称之为词、曲、歌、谣等，或者统称叫“诗歌”，但最好不要称之为“诗”，这样，“诗”的特点才能彰显出来，才能发挥作用，这对于传统文化教育是非常重要的事情。

十三、主题

在对儒士这个群体和诗教传统有所了解之后，我们可以谈谈汉诗文的主题了。

主题，语文界对这个概念很陌生。现在语文课流行“群文阅读”，我看了很多这样的观摩课，一节课讲四首诗，都是描绘春天的诗。语文课本很多也是这样编的。“古诗二首”，把李绅的《悯农》和李白的《秋浦歌》“炉火照天地”放在一起，说都是“劳动诗”。这叫题材，不是主题。对于“诗”来说，题材没有那么重要，题材只是材料而已，关键是看做什么菜出来。同样的题材，可以作不同的主题。同一个主题，可以用很多题材来表达。用题材来归纳诗，抓不到诗的文化精神，讲的是表层。希望老师们以后多重视“主题”。文人诗的“主题”是相对有限和固定的，从这个角度入手，鉴赏诗更深入、更真切，也更容易抓到文化精神。

“诗”的主题，首先来源于《诗经》。《诗经》中的主题，基本上都在后世诗作中得到了继承。这些主题，前面说了，都归结为追求德性的中华文化精神。

“诗”的主题，其次来源于《楚辞章句》，尤其是屈原和宋玉的作品。屈原和宋玉，有个很重要的特点，就是个人的生活、心境、品格比较突出。他们也是首先主动署名的作者。

后世“诗”的作者与《诗经》有一点不同，就是基本都是儒士。只有儒士才继承了《诗经》的创作传统和文化精神。民歌的作者历代都有，但是历代民歌的主题和文化追求，与《诗经》里的经过乐官加工，又经过儒家阐释的民歌有很大的差异。总之，要理解后世“诗”的作者主要是儒士。

“诗”的主题的第三个来源是汉乐府。汉乐府与《诗经》的主题基本相当，因此汉乐府对“诗”的影响更多地体现在题材上，就是乐府旧题及其内容为后世文人所模拟和发展。

“诗”的主题的第四个来源是两汉文人诗。这些作品从儒士的心境出发，发展出了一些新的主题，当然是在“诗教”的范围之内。后世文人“诗”的主题的主体至此基本完成。此后，曹植和魏晋文人、陶潜和南朝文人又有增补完善，至唐而大成。

由以上可以看出，“诗”有两个最重要的支点：一个是诗教，一个是儒士。

诗的主题，就是基于儒士生活的诗教传统的体现。儒士的使命是济世安民；诗教的传统是修养自己，教化他人。当然，儒士也有普通人的家庭和家族责任，有普通人的爱恨情愁，有孤独离别，有生死大关。儒家正是应用自然大道，不通过神神鬼鬼，而能把人引向光明通透的文化。虽然修道的过程也有挣扎，也有无解，也有感慨，也有痛苦。儒士的痛苦，往往来源于修道行道，或者修道行道加深了儒士的痛苦。而反过来，这种痛苦也正彰显着大道的力量，体现着儒士的执着和勇敢，显示着做儒士所付出的代价。这是一种双向的纠缠，一种互动的力量。我们要从诗中汲取的，正是这种文化精神和人格力量。

诗的价值，就在于诗的主题和内容中所体现的济世安民的人生追求、独立高洁的人格气节与人生苦短的生命感叹、人情乡愁的痛苦煎熬的矛盾和统一，在于其中彰显的追求天道人德的中华文化精神的伟大力量。

诗的主题分析，要从文人生活和儒士心态出发，理解他们济世安民的人生追求，体会他们积极入世的人生态度，最终归结为中华文化精神。

下面我们梳理一下“诗”的主题。

第一个主题是“人生苦短”。这是文人诗最常见的一个主题，可以说在大部分的诗里都有渗透。这个主题还有一个发展主题，叫“及时行乐”。一首诗可能是“人生苦短”的独立主题，也可能是两个主题的联合。

“人生苦短”这个主题发源于《离骚》，确立于《古诗十九首》。“人生不满百，常怀千岁忧。”“春眠不觉晓，处处闻啼鸟。”“白日依山尽，黄河入海流。”“君不见黄河之水天上来，奔流到海不复回。”“对酒当歌，人生几何？”这都是“人生苦短”的主题。

怎么理解“人生苦短”的主题？这是一个消极的主题吗？不是的。在这个主题的背后，有儒士的一种人生观，后来影响到整个的中华民族，甚至影响到汉文化圈。

中华文化的世界观，是道法自然，是非神非鬼的自然主义。首先是儒士，然后是整个中华民族，然后整个汉文化圈都受到了影响，使他们拥有这样一种共同的人生观，那就是：人生只有一次，死了就是死了。

除了汉文化的人之外，世界上其他的民族，基本上都对人生持有始无终甚至无始无终的看法。就是人死了以后还活着。比如基督教，就是认为人死了以后上天堂或者下地狱，那其实还是活着。佛教讲六道轮回，人死了以后变猪变蚂蚁，反正还是活着。民间的巫术，人死了之后变鬼，鬼只是披着头发拖着舌头，但是还是有感觉、有感情、有理性啊，所以其实还是活着。很多人过不了生死大关，信了这些，就放心了，能够平静地面对死亡。儒士认为人死了就是死了。所以儒士的人生最短，这就叫“人生苦短”。

这是一种悲哀吗？也许。不然怎么有那么多诗感叹人生之短。但是，他感叹，却没有改信别的，他还在坚持。你看出来了吗？儒士大概是世界上最有勇气的人，敢于面对惨淡、短暂的人生。闭上眼，沧海桑田，但是他敢于相信，敢于就这么活着。很多人过不了生死大关，需要宗教去解脱，可是儒士不需要鬼神，不需要下辈子，他就敢于过这样的人生，你不觉得很佩服吗？儒家的本事就在这里。儒家不需要那些虚无缥缈的东西去吓唬人，去哄人，实实在在，实话实说，就可以让人做好人，就可以让人有尊严有人格，坦然，坦荡地活着，就可以让社会很美好，这不是很了不起吗？

非神非鬼，意义重大。虽然儒家与宗教、巫术一样，都是在治理人间，但是，儒家说的道理实在、真实，看得见摸得着，就在身边，所以当他说错了的时候，也比较容易看出来，比较容易纠正，不至于迷途太远。宗教因为说的是虚无的东西，靠的是心诚则灵，即使说错了，也很难证明，很难看出来，所以一旦误入歧途，就易成大祸。看看历史，看看世界，不言自明。

人生苦短，那么人生的意义何在？只有一次的人生，就等于没有。“是非成败转头空，青山依旧在，几度夕阳红。”你所珍爱的、奋斗的所有的一切，都将随着你的死亡而远逝，而消失，所以一次就等于没有。那么人生的意义又何在？儒家，或者说中华民族，早就解决了这个问题，答案就在于：传承。人生有死，祖传不止。人生的意义，在于把你的人生的成果传下去，包括传基因、传血脉、传学问、传文化、传所有你拥有的有价值的东西。所以中国人最重视传承，最尊崇祖先，最慈爱后代。中国人活着的意义，就在于此。“不孝有三，无后为大”，真不是诡辞；“立身行道，扬名于后世，以显父母”，真不是虚荣，这是我们中国人活着的意义。今日数典忘祖者，岂不汗颜！

儒士知人生苦短，所以儒士也是最珍爱生命的人，每一分每一秒都不愿意浪费。如苏轼的《春宵》，他不愿把美好的人生睡过去。儒士对花花草草、风雪雷雨都特别敏感，他能随时感受到时间在一分一秒地过去。他感叹，但感叹又有什么用？只有珍惜人生。所以儒士不愿意浑浑噩噩，一定要活得有滋有味，像个人样，也就是要活出人的尊严。

忽然想起钱理群教授。他那篇《精致的绝对的利己主义者》的演讲，我把它编进了山东省中小学《中华优秀传统文化》教材。他说，北大现在正在培养精致的、绝对的利己主义者。他们的所作所为，绝对只为了一个目标，就是利己。他们很圆滑，会利用体制的一切空子，向上钻、向里扒。你挑不出他们的任何毛病，因为他们守规矩、利用规矩，所以他们是精致的利己主义者。我加一句评语：这不仅仅是北大的现象，也不仅仅是学生的现象，而是我们大中小学，从校长到教师到学生的通病。我们的大学，早已不是“明明德”的地方了。中小学也一样。钱教授退休后，被一所中学聘去讲课。该中学贴出告示：你们不是一直梦想上北大吗？现在不用上北大，就能听到北大的课了，而且还是名教授的课。结果，原以为爆满的课堂，冷冷清清。问学生原因，学生们纷纷回答：他讲得挺好，但是高考不考啊！我再加一句评语：钱教授还是不死心啊。

所以这也不是大学的通病，是整个中国教育界的通病，是整个中国的通病。我们培养平庸的人，并以此为正当。我在此不想批判社会、批判教育了，我只想对学生说：人生苦短啊！人活着，就得活出个人样，要做一个有尊严的人，感受做人的乐趣。做人的乐趣，首先就在于有尊严，有人格，有爱包围。

所以“人生苦短”，它是积极的主题。它提醒着儒士，要过有尊严的人生。所以当看到“人生寄一世，奄忽若飙尘”那样的句子，不要以为他绝望了、颓废了，你要明白，他的意思是说，他一定要过有价值的、不后悔的人生！

现在也就能理解“及时行乐”的主题了。比如李白的《将进酒》。我有一次开会，碰到一个语文教研员说吟诵可以，但是不可以吟诵《将进酒》，因为很颓废，不能教给学生这样的东西。这位老师心是好的，可惜理解不到位。《将进酒》不是李白喝得烂醉，恰恰相反，他清醒得很，他是在展现自己不屈的人格！魏晋的时候，司马昭之心路人皆知，可是他们偏偏要讲忠孝，举着礼教的牌子欺骗世人。阮籍、嵇康等人就“越名教而任自然”，倡导及时行乐。其实那是一种更深层的对礼教的坚持，一种不合作，一种对名利官场、对政治黑暗、对庸俗人生的对抗。鲁迅有篇演讲叫《魏晋风度及文章与药及酒之关系》，大家可以看看。

什么是“及时行乐”？你有没有见过一个“及时行乐”的作品是说他要去偷去抢、去杀人、去放火？还是去残害忠良、压榨百姓？没有！“及时行乐”从来都不是那个。“及时行乐”说的是：我不同流合污！我要清白！“质本洁来还洁去，强于污淖陷渠沟。”所有的“及时行乐”主题都是这样，《归去来兮辞》《古诗十九首》和李白的《将进酒》都是这样。“及时行乐”在儒士那里跟怀才不遇有关，是没有办法实现抱负，没有办法治国安民的时候，退而求其次，至少活得像个人样，做我喜欢的事，做我觉得应该做的事，不听任何人的。儒有上不臣天子，下不事诸侯的传统。这就是人格。这跟今天的打电脑游戏和吸毒不是一回事。你要看“及时行乐”是向人性走还是向动物性走。“及时行乐”是积极的主题，背后有强大的人格力量。

现在高考语文有道必考题，就是诗歌鉴赏，一般占二十五分左右，经常难倒一大片。考题一般是出语文书上没见过的诗，多数考生无从下手，少数考生就来一通西方文论。这是语文考试中与作文并列的丢分最多的题。其实教学生诗歌鉴赏很简单，首先就是要从主题入手，只要明白主题，所有的同主题的诗都是相似的，因为他们的处境是一样的，他们的思想是一致的。先分析主题，再分析音韵格律，结合时代和个人背景，这事就差不多了。没有主题分析，事情就会变得很散漫，无从下手。

下面给大家举点主题分析的例子。我不选诗，让你们来选一首，每个主题分析一首。先来“人生苦短”主题的。

好，曹操的《短歌行》。

首先要理解曹操是儒士。你可能会说：他不是，他是霸主，是君王。对，但作这首诗时，他是儒士。他的非儒的各种身份、想法，不能通过“诗”去表达。那不合适。古人是明白这一点的。

从这个角度去看。“对酒当歌，人生几何？”这个意思是说享乐的日子太短了。“譬如朝露，去日苦多”，不是享乐的日子太短了，而是人生太短了，所以“慨当以慷，忧思难忘。何以解忧？唯有杜康”。怎么解决？没法解决。但是，“青青子衿，悠悠我心，但为君故，沉吟至今。呦呦鹿鸣，食野之苹，我有嘉宾，鼓瑟吹笙”，在不可避免的短暂的人生里，还有故人，还有乐趣。“明明如月，何时可掇？忧从中来，不可断绝！”但是人生苦短还是不可避免啊。“越陌度阡，枉用相存，契阔谈宴，心念旧恩”，所以在不可避免的短暂的人生里，故人是多么地珍贵，我们是一起度过这短暂人生的朋友。“月明星稀，乌鹊南飞，绕树三匝，无枝可依。山不厌高，海不厌深，周公吐哺，天下归心”，如果朋友有什么困难，就来找我吧，我们一起来度过这短暂的人生。人生就这么短，要活得快活，喝酒、唱歌，让我们一起享受。这就是“及时行乐”，但是这首诗最后又用“周公吐哺”的典故，也是为了求快，来不及，赶紧去接纳人才。人生苦短啊。“周公吐哺”的典故本义有志在天下之意，所以“人生苦短”最终归结为济世安民。只有济世安民的人生，才是最有意义的人生。

“人生苦短”要记得是积极的主题，是特别有勇气的，一定会落在建功立业、济世安民，至少也会落在坚持雅操、任性自然上，绝对不是一个颓废的主题。

第二个主题是“伤春悲秋”。“伤春”和“悲秋”其实是两个主题。

先说“伤春”。“伤春”的主题源于《诗经》“有女怀春”的那些女性诗，但是这个主题后来并入了“乐府民歌”的主题，文人诗的“伤春”主题是男性的伤春情怀，也是由《古诗十九首》确立的。“伤彼蕙兰花，含英扬光辉。过时而不采，将随秋草萎。”这仍然是女性怀春，但是人生苦短之意已经压过了相思怀人之意。“四顾何茫茫，东风摇百草。所遇无故物，焉得不速老”就是正式的男性伤春情怀了。

春天有“三春”：初春、仲春和暮春，三春皆伤春，无一例外。我们现在受西方诗歌的影响，尤其是小学教学，经常讲古代歌颂春天的诗。没有这种诗。我们的传统是伤春，有歌颂春天的吗？《咏柳》也是伤春的主题。“不知细叶谁裁出”，“出”是入声字，是突然一下子就出来的意思。“二月春风似剪刀”，剪刀工作最简单，就是咔嚓一下，太快了。春天来得太快了。你能理解一位 80 多岁的老人见到春天突然又来临了的感受吗？人生苦短啊。《春日》也不是歌颂春天的。“胜日寻芳泗水滨”，朱熹是南宋人，泗水在山东，属于金朝，他一生也没有去过泗水啊，那为什么说“寻芳泗水滨”？因为泗水在曲阜，孔子之学又被称作“洙泗之学”，因此“泗水”是个意象，指的是孔子之学。“无边光景一时新”，说的是读孔子的书，突然开悟了。“等闲识得东风面，万紫千红总是春。”这时候，再观照世界、人生、历史、学问，无不开朗明白，处处是鲜花啊。这说的是读书之感，属于“求学悟道”这个主题。

在民歌中，有很多歌颂春天的诗歌，但是在文人诗中，“伤春”才是主题。“春”这个意象就是青春的意思，花开就会花落，所以见到花开不是感到高兴，而是觉得它会落的，所以《红楼梦》里只要发生一件好事，肯定要配一件坏事。见到青春美丽，只会伤心，为什么？人生苦短，美人会迟暮。杜甫的《江畔独步寻花七绝句》，是在花开最繁盛的时候去赏花的，但是从头至尾都是忧伤，最后说“不是爱花即欲死，只恐花尽老相催”。

伤春的主题，就会回到“人生苦短”，所有“人生苦短”主题的分析都可以用上。

伤春的同时也就是爱春、惜春。“才始送春归，又送君归去。若到江南赶上春，千万和春住。”这些诗的主题也要归于“人生苦短”。

一般来说，儒士不会歌颂春天，除非是从另外一个主题切入，那是另外一回事了。

“悲秋”这个主题，又可以分为两种。

第一种来自宋玉的《九辩》：“悲哉！秋之为气也。萧瑟兮，草木摇落而变衰。”秋天是萧瑟的。华夏是农业民族，按说秋天是收获的季节，但是对儒士来说，那不是他的主题系列，因为没有哪个经典这样表述。《诗经》里有《丰年》，但是没有歌颂收获，那是祭祀的诗。宋玉留下了这个萧瑟的主题，“无边落木萧萧下”“摇落深知宋玉悲”，都是杜甫在秋天的诗，都是这个主题。《九辩》这首诗很长，主题实际上是怀才不遇，所以“悲秋”这个主题的第一个指向，是从萧瑟指向怀才不遇。“摇落深知宋玉悲，风流儒雅亦吾师。怅望千秋一洒泪，萧条异代不同时。”还是怀才不遇的主题。

“悲秋”的第二个主题指向思乡怀归。《诗经》里有很多思乡怀归的诗篇。为什么秋天会思乡？这个跟农业民族有关。我的导师赵敏俐教授在年轻时有篇论文，专门论述过这个主题。华夏文明是农业文明，意味着男人平常要到地里去干活。上古时候，田地离他们家一般有多远？现在的村庄都大大膨胀了，但是情形还依稀看得出来。田离得远的，男人晚上回不了家，得在地里搭窝棚；离得近的中午回不了家，农妇要做饭送到田间地头。秋天很重要，因为秋天是男人回家的日子，秋收以后，一家团圆。所以凡是诗一涉及秋天，一大半都是涉及思乡，一小半涉及怀才不遇。“枯藤老树昏鸦，小桥流水人家，古道西风瘦马，夕阳西下，断肠人在天涯。”很明显是思乡，但是“古道”“瘦马”两个意象，又依稀有怀才不遇的影子。

“怀才不遇”和“思乡怀归”两个主题是什么意思？我们下面来说。

第三个主题是“怀才不遇”。这个主题好像大家很熟悉。很多课本、教参上都会提到该诗抒发了作者抱负不得实现的苦闷等，但是，这么说并没有把事情说清楚。说奸者当道，作者不能施展自己的抱负，这么一说让人觉得作者好自私，只关注自己的名利，这样的怀才不遇之叹又有什么意义呢？

怀才不遇最大的价值在于他到底想干什么，他的抱负是济世安民，不是给自己捞好处。怀才不遇绝不是个人的自怨自艾，它是所有儒士共同的悲哀，是大道之沦丧，是命运之不公，所以可以在儒士之间互相理解，取得共鸣。

李白的《行路难》是一个典型。这组诗共三首，语文课上学的是第一首。“长风破浪会有时，直挂云帆济沧海。”这句的意思是说，怀才不遇，我就要走了。“弃世隐居”往往是“怀才不遇”主题的引申。第二首也是以“行路难，归去来”为结。第三首结尾“且乐生前一杯酒，何须身后千载名”，归于“及时行乐”。由此可以看出，“弃世隐居”并不是真的万事不关心了，而是表达一种高洁自保、洁身自好、坚持雅操、不同流合污的决心。

“行路难，行路难，多歧路，今安在？”怀才不遇主题的诗，关键是要解释清楚作者的抱负是什么。“羞逐长安社中儿，赤鸡白雉赌梨栗。”“昭王白骨萦蔓草，谁人更扫黄金台？”要理解儒士的理想。《行路难》表达了李白怎样的痛苦？在说这个之前要跟学生说清楚李白的理想是什么。他是要做宰相，“使寰区大定，海县清一”，之后什么也不要，功成身退。他是这个理想下的怀才不遇，是这样的一种痛苦。他要实现自己的抱负，是为国为民，不是为了升官，也不是为了发财。把这一点讲清楚了，才能理解“怀才不遇”的痛苦。这种痛苦，来自于他们想济世安民的理想，如果不是这个理想，如果他们只是追求个人名利，那么也就没有什么怀才不遇的痛苦了。因为有这个理想，所以必然会怀才不遇，必然要遭遇这样的痛苦，而他没有放弃，没有同流合污，他要坚持，不行的话也是要远走高飞，不合作，不屈服，这就是理想的力量。要从这种理想与现实痛苦的纠缠中，感受到儒士们伟大的人格力量。

第四个主题是“羁旅情愁”。因为儒士总是漂泊四方，所以叫“羁旅”。我们今天也会去旅游，或者出差，也会有思乡之情，也会有漂泊之感。比如说北漂，这个群体就很庞大，还有上海的海漂、广州的广漂……读诗的时候，就很容易把这种现代的我们的情感带进去，从我们的角度理解这个主题，那就差得远了。

因为儒士漂泊，不是为了自己，不是为了挣钱，不是为了生存，也不是为了出名。他们是要济世安民，要求道传道，是有这样一个大理想的。现在的我们，已经不习惯有理想了，很难想象有理想的人是个什么样的心境。

漂泊，是为了实现理想必须要经历的。这种痛苦的背后，是对理想的执着追求。这种理想，又不是个人的理想，而是实现大道的人类理想。追求理想的困难，却是个人在承担。追求这个理想，是他自己愿意的，正因为是他自愿的，所以才更痛苦。要体会到这种纠缠背后的人格力量。

所以羁旅情愁的诗，一定要从反方向去说，不要简单地顺着诗句去想。比如“独在异乡为异客，每逢佳节倍思亲”，不要顺着他去讲：想家了是吧，他很想念他的兄弟……这样永远也不能体会到王维的心思。要反向去想，这首诗的背景是他不回去，所有才有这种痛苦。他为什么不回去？往反向去说。为什么诗里不把背景说清楚呢？因为他用不着说，这是常识。这些诗是作给自己的，要不就是给另外一位儒士，命运都是一样的人，“同是宦游人”，大家都明白，都用不着说。这就是我说的冰山下的东西，就是当时的生活本身，现在最忽略的部分。这个部分弄错了，对上面部分的理解就会出问题。

“羁旅情愁”的主题的确立是从《诗经》开始的。《小雅》里的《采薇》就非常典型。看《采薇》的三个部分，从一开始的单纯的思乡，到“我愿意去打仗”“我坚决要去打仗”，再回到思乡，这个主题的层次非常清楚。如果只是单纯的思乡，那就是个人的事情。这首诗的思乡，是因爱乡而离乡，因离乡而思乡，因思乡而坚持不回乡，因而更加思乡的一种反复的纠缠。这种纠缠，使得思乡之情的深沉和痛苦都格外强烈，具体分析可见我在《采薇》吟诵中的讲解。

“羁旅情愁”主题的诗，都要这样去讲。

第五个主题是“咏物言志”。现在老是说山水诗、田园诗、边塞诗等，那都是题材，我这里说的是主题。山水田园诗里既有人生苦短也有伤春悲秋，既有怀才不遇也有羁旅情愁，还有咏物言志，不要只根据表面分类。

咏物不一定是静物，山水、田园、风景都是物。咏物言志，状景怀情，我们熟悉的很多山水、田园、风景诗，实际上都是言志的诗。

咏物的诗，只要是咏一类事物的，咏静物的，比如咏梅、雪、松、石、笔、壶、瀑布、山峰、动物、植物、艺术品等，这是一般意义上大家认为的咏物诗，那么基本上都是言志的。

什么志？儒士之志。那是什么志？基础是做人的志，做一个堂堂正正的人的志，所以文人爱咏梅、兰、竹、菊“四君子”等，都是说做人的品格。比如我们熟悉的王冕咏的墨梅、于谦咏的石灰等。遇到这种诗，不要简简单单说做人的品格，而是要联系儒家思想，联系儒士的特点去说。儒士的特点是什么？记住三句话，就可以知道儒士是一群什么人。

第一句出自《论语》，是孔子说的话：

> 君子食无求饱，居无求安。

当然这后面还有话。但就这一句，已经足够吓人。想一想我们自己吧，还在想着怎么赚钱，想着自己的个人价值，给儒士提鞋都不配。他们是一群什么样的人？

第二句出自《孟子》，是孟子说的话：

> 穷则独善其身，达则兼济天下。

儒士是只要有可能，就一定要济世安民的，这一点一定要知道。所有的儒士，不管他表面上怎样豁达，这个志向都是忘不了的，因为这是誓言，是使命。

第三句出自《礼记》，也是孔子说的：

> 儒有上不臣天子，下不事诸侯。

儒士追求的是大道，自孔子出，道统与政统分开，儒士就代表了一群只相信真理，可以面对任何势力挺胸抬头做人的人。不仅不事天子诸侯，也不事怪力乱神。

掌握了这些，就可以读那些咏物诗了。如王安石的《梅》：

墙角数枝梅　凌寒独自开
遥知不是雪　为有暗香来

梅花傲霜雪而独立，这个品格我们是都知道的。为什么有“香”呢？“香”就是好的、有益的、造福于人的，并不是孤僻、自大、自以为是、自私自利的意思，因此“雪”与“梅花”对立，梅花因此而可以喻君子、儒士。王安石以此自励，要做梅花那样的人，所以是言志的。其志不仅仅在坚强，更在于造福于人，而且还是不求名利，是为“暗香”，这样才是君子。这首诗的入声字用得很棒，每一个都用到位了，特别突出了梅花倔强的性格。尤其是“雪”字一顿，与后面的悠长形成了情绪的对比。灰韵也选得好，压抑而开阔，与“暗香”吻合。

我们经常说的状景诗基本上也属于广义的咏物诗。歌咏景色而言儒士之志，这种诗也很多，比如柳宗元的《江雪》、王维的《竹里馆》、李白的《渡荆门送别》等。

但是这种状景诗，更多的是抒发儒士济世安民情怀的另一方面——任性自然。任性自然与入世行道并不是矛盾的，实际上是一回事。道法自然，入世行道的目的，本来就是使天下为公，使天地自然各安其位，所以自己先得任性自然，赞美自然。自己既已任性自然，就应该让天地万物都任性自然，不然自己的这份任性自然还是自私自利啊。这就是儒家的逻辑。

状景诗的主题多是任性自然，这个传统是由魏晋时期确立起来的。阮籍、谢灵运、陶潜、谢朓等都做出了贡献。其后，唐宋时期的山水田园诗，多循此道。而任性自然，又归于儒士人格的追求。这种人格的追求，又与其济世安民的使命有关。把这些看穿，就读懂了。

先说赞美自然的，比如杜甫的《绝句》：

迟日江山丽　春风花草香
泥融飞燕子　沙暖睡鸳鸯

这是干吗呢？描述了一个画面，是搞科学研究吗？不是。那是干什么呢？感受生命的可爱。这样一说，很多人就会跟朱自清的《春》之类的文章联系起来，说赞美春天、赞美生命等。这么说也不是不对，但是没有说完。儒家的基本世界观是万物一体，同生共荣。物我一体，所以格物可以致知，由此可以修身养性，最终达到治国平天下的境界。《中庸》第二十二章：

> 唯天下至诚，为能尽其性；能尽其性，则能尽人之性；能尽人之性，则能尽物之性；能尽物之性，则可以赞天地之化育；可以赞天地之化育，则可以与天地参矣。

朱熹注：

> 天下至诚，谓圣人之德之实，天下莫能加也。尽其性者德无不实，故无人欲之私，而天命之在我者，察之由之，巨细精粗，无毫发之不尽也。人物之性，亦我之性，但以所赋形气不同而有异耳。能尽之者，谓知之无不明而处之无不当也。赞，犹助也。与天地参，谓与天地并立为三也。此自诚而明者之事也。

要从这个角度来理解历代文人欣赏自然的态度，参赞天地之化育。杜甫面对春景，他可以有很多的描述角度、描述方法，为什么呈现出来的是这样的画面？说描述的是“丽”，但整个画面所提示的都是安详。太阳是“迟”的，好像不动了；花草是“香”的，好像四面笼罩；燕子虽然飞得很快，但是嘴里的泥是软软的；沙滩是暖的，鸳鸯是睡着的。而“江山”两字，提示他观照的不是这样几个小角落，而是整个的天地。要说作者喜欢的是春天，那就是简单的儿童心理了，其实作者欣赏的是万物遵循天道时的安详。“草不谢荣于春风，木不怨落于秋天。谁挥鞭策驱四运？万物兴歇皆自然。”春天就应该是美丽的，所以欣赏它的美丽。若能感受并理解春天的美丽，也就能感受并理解四季的交替。人能感知大道，方能遵循大道。这就是儒士修身所追求的境界。

“两个黄鹂鸣翠柳，一行白鹭上青天，窗含西岭千秋雪，门泊东吴万里船。”就是说我住的地方太好了、太美了，这自然，这万物，如此和谐，人融于其中，天人合一，要做一个这样的人。所以还是言志，只不过不是说济世安民之志，而是说天人合一之志，这两个志本就是一个志。这样我们常说的写景的诗就有意义了。

第六个主题是“避世隐居”。这个主题与咏物言志、及时行乐都有关系。儒士的人生终极目标是治国平天下，至少也要修身齐家，独善一身。但是，独善一身总是心有不甘，所以一般情况下，避世隐居会跟全身远害、厌恶官场或者怀才不遇有关系。比如陶渊明的《归园田居》、鲍照的《拟行路难》等。

我们看李白的《独坐敬亭山》：

众鸟高飞尽　孤云独去闲
相看两不厌　只有敬亭山

“鸟”这个意象一向是自由的意思。“高飞”一向有飞黄腾达的意思。“云”这个意象，有一种意思是游子。“孤云”则指隐士。这两句说尽文人，进取的和归隐的，都各自离去。后两句表面看是对山的赞美，实际上是对前面两种人的蔑视。只有天地自然知我之心，欣赏我，同情我。这是任性自然的追求，也可以说，这里面有李白的大志，所以他瞧不起飞黄腾达和归隐弃世两种人，他的目标一向是大济天下功成身退，与上述两种人都不同。

至于李白的《梦游天姥吟留别》：“别君去兮何时还？且放白鹿青崖间，须行即骑访名山。安能摧眉折腰事权贵，使我不得开心颜！”就是避世隐居背后的清高人格和不合作态度的典型表现。

也有的诗是真心欣赏、赞美隐居或者农民的生活，比如陆游的《游山西村》、杜甫的《客至》、孟浩然的《过故人庄》等。这种诗，也要考虑到作者的儒士身份，他不是单纯地赞美农村生活，而是对隐居生活的向往或赞美，“王孙自可留”。隐居生活，一方面是对任性自然的人生的追求，另一方面也是对功利世俗的反抗和不合作。

再看，辛弃疾的《西江月·夜行黄沙道中》：

明月别枝惊鹊　清风半夜鸣蝉　稻花香里说丰年　听取蛙声一片
七八个星天外　两三点雨山前　旧时茅店社林边　路转溪桥忽见

这首词看起来是描绘农村的美景，其实作者是在赶路，是心里羡慕这种农村的生活。最后提到“旧时茅店”，他还记得住在这里的感觉。

“咏古伤怀”也是一个很重要的主题。咏古诗是从西晋左思的《咏古》开始，慢慢确立起来的。前面说过，中国人对历史、对传承是十分重视的，所以经常做历史的反思，见到文物古迹都会无限感慨。

咏古诗一定会说功业成空，“旧时王谢堂前燕，飞入寻常百姓家”。功业成空这件事，其实就是说人生苦短。“大江东去，浪淘尽，千古风流人物。”千古风流人物都被淘尽了，何况我呢？所以说“多情应笑我”“人生如梦”，还是说人生苦短。这个主题该怎么去理解呢？

所谓的功业成空，也就是济世安民之功业成空的意思，儒士没有别的功业。济世安民之功业之所以会成空，就是因为人生有限。如果古人做了那么多济世安民的事，最终都成空了，那么何况我所做的这些事，不也会成空吗？这种忧虑，就是觉得自己的努力，在将来是不是有意义，这种忧虑的指向也是反向的。如果一切功业都会成空，那就不做呗，但他的潜台词是：我就是要去做，意义在于过程。因为他正在全身心做这件事情，所以他忧虑，他害怕他正在做的事情也会这样。这是儒士很大的悲哀。功业建起来，下一代人还指不定怎么样呢，而且他也看不到了。但是这些伤怀，人生苦短带来的历史感，都是积极的，不做就不会说这句话。

第八个主题是“刺时叹世”。这个主题来自《诗经》“刺”的传统。诗一直是可以用来直接批判现实的。“新乐府运动”的诗，就是直接批判现实，它是有传统根源的。我们以前对这类诗分析得很透彻，我就不多说了。但是批判现实和刺时叹世有一点区别：批判现实的意思是想推翻现实；刺时叹世不是想推翻现实，而是想回到原来的正道上，哪个地方不对就需要去调整。

叹世的诗，想改变现实的心要弱一些，更多的是感叹，而且常与怀才不遇、全身远害联系在一起，这类诗在元朝、清朝比较多。比如马致远《折桂令·叹世》：

> 东篱半世蹉跎　竹里游亭　小宇婆娑　有个池塘　醒时渔笛　醉后渔歌
> 严子陵他应笑我　孟光台我待学他　笑我如何　倒大江湖　也避风波

这里的“也避风波”，不是心甘情愿避世的意思。凡是这种说法，都是反讽，都是对世道的不满。叹世的主题，一定也隐含着“刺”的传统。

第九个主题是“美颂教化”。这个主题来自《诗经》“美”的传统。《诗经》里有很多赞美君子、圣贤的诗，这些诗都起到教化的作用。后世也延续了这个传统。美颂之人、之事、之物，最终一定要归结于符合大道的德性。

如李白的《赠孟浩然》：

> 吾爱孟夫子　风流天下闻

红颜弃轩冕　白首卧松云
醉月频中圣　迷花不事君
高山安可仰　徒此揖清芬

这是对人的赞美，也是对道的赞美，还有对盛世的赞美。这样的诗历代也有很多。

第十个主题是“唱和酬答”。这个主题的确立是跟《古诗十九首》同时代的苏李诗有关。苏李诗经过考证，现在基本认为不是苏武跟李陵作的，而是太学生作的。“唱和酬答”这个主题是儒士赠给儒士的诗，要永远记得这个事情。儒士赠给儒士的诗，主要的内容是什么？就是互相安慰，互相鼓励。《送元二使安西》怎么说的？“劝君更尽一杯酒，西出阳关无故人”，是鼓励他，你去吧。“无为在歧路，儿女共沾巾”也是这样。杜甫送给李白的那些诗，李白送给杜甫的诗，都是这样。“今日听君歌一曲，暂凭杯酒长精神”，都是互相鼓励。现在语文课上经常说这是表达朋友之情，不要这么解释，怎么是朋友之情呢？儒士与儒士是朋友吗？不是朋友，是同道。同道跟朋友有什么不同啊？同道是一起去追求道的，是做好了殉道的准备的，因此他们之间的关系，就不同于一般的朋友的关系。所以这个“唱和酬答”的诗，都要回到济世安民，要说清楚这两人都是要干济世安民的事，这个主题就解释清楚了。

唱和酬答，不是简单地对付一下，大家都是有使命的人，可以看到这个群体的力量，多么令人敬佩。

第十一个主题是“征夫思妇”。这两个都是代言体，就不是自己的事，是用别人的口吻说的。从哪来的？首先是《诗经》，但是《诗经》里征夫思妇的诗不是代言体，而是真的，然后汉乐府也有征夫思妇的诗，也是真的，但是后来的文人就开始拟作。

为什么要代言征夫？征夫基本都跟刺时有关，反映征夫的艰苦艰难，把它展示出来，寄托自己对社会、对政治的观点和感叹。征夫诗基本都是乐府体。边塞诗当中的相当一部分都是征夫主题。“一夜征人尽望乡”“将军白发征夫泪”，都是这个主题。

思妇这个题材更多，思妇也是代言体。代言征夫比较好理解，代言思妇，作者几乎都是男性，为什么要代言思妇？

我们先从这个现象说起：诗的主题中，爱情不是一个独立的主题。文人诗中很少有爱情诗。在世界各民族的诗歌中，爱情是第一主题，在数量上是最多的，今天我们的流行歌曲也是这样，十首有九首是说爱情的。人恋爱的时候肾上腺素上升，会做出很多浪漫的事，诗就会很多，这是很正常的事。但是为什么在中国的文人诗里没有这个主题？难道说儒士给老婆作首情诗不可以吗？还真是不可以。为什么不可以？没有这主题呀。当然，有例外，死了以后可以有。悼亡诗《诗经》里就有，是西晋的潘岳确立的主题，后世有很多给亡妇的悼亡诗。那生前不能赠诗吗？能，但是死前要烧掉，那是隐私，不会编进自己的诗集里去。李商隐有多首《无题》，很有名，叶嘉莹先生说不是爱情诗，是怀才不遇的主题。就算是爱情诗，李商隐把它作得那么隐晦，还叫作《无题》，就说明他心中有愧，这诗不该进他的诗集。

为什么不能作情诗？因为儒士的身份。杜甫给他老婆作诗："今夜鄜州月，闺中只独看"，这是相思的诗，他想他的老婆，他想她一定也在想念他，但下一句"遥怜小儿女，未解忆长安"就变了，从爱情变亲情了，这就是正宗的诗。后面两联又是说想老婆，但是，主题再也回不去了，变成羁旅情愁了。因为他负担的是家国，他是济世安民的人。也许有人要说这太不近人情了，儒士也是人啊。在"诗"的面前，他就是儒士，不是丈夫，他换了身份就可以作别的。他完全可以给老婆创作情诗，但是，那个不能叫"诗"，得叫歌、曲、谣、辞。比如欧阳修，他是什么人呀？搞政治改革的，一名大儒，可他没事也到青楼去，作首"泪眼问花花不语"之类的，送给歌妓唱曲用。这是可以的，没有禁止的，何况是给老婆作情诗。但是，作"诗"的时候，他的身份就是儒士，他面对的最少也是整个家庭，"遥怜小儿女，未解忆长安"，那一定是这样的。这一点也凸显出了"诗"与诗歌的不同。

下面我们说思妇诗。思妇诗是谁确立的？最早是《诗经》，《诗经》里面思妇诗太多了。"伯兮朅兮，邦之桀兮。伯也执殳，为王前驱。自伯之东，首如飞蓬。岂无膏沐？谁适为容？""愿言思伯，甘心首疾"就是相思。《诗经》里的思妇诗的作者是谁？就是思妇，女人。但后来思妇诗的作者是男人，这是怎么转变的？

《诗经》的思妇诗，是为了让贵族子弟知道女人是怎么想的。这些贵族子弟将来负担着家国，要知道大臣怎么想的，老百姓怎么想的，农民怎么想的，女人怎么想的。他们为国为民，出去打仗，治理国家去了，知道老婆多痛苦吗？要知道，要体谅，所以《诗经》里放了很多思妇诗。它还要告诉做官的人，派了那么多战士去打仗，知道他们的老婆在家有多痛苦吗？这是体察民意，了解人生，是一种教育，即诗教。

后来秦汉有乐府部门，专门搜集民歌，跟周朝一样作《诗经》，这就是汉乐府。所以汉乐府里还是有很多思妇诗，而且这些诗都是女人作的，像《饮马长城窟行》，还有体察民意的意思。汉朝开始出现拟乐府，拟乐府就是文人觉得唱的乐府诗跟自己的生活无关，就保持乐府的题目，很可能还用了原来的调子，但是另外作词。乐府当中有思妇诗，他们就也模拟了思妇诗作出来。“行行重行行，与君生别离”，这是《古诗十九首》的第一首，就是一首思妇诗。曹植作过思妇诗，曹丕也作过思妇诗，后面就越来越多了。

现在说一下为什么会有思妇诗。如果就是为了延续体察民意的传统，那么应该是搜集女人作的思妇诗，可是男人代她们作，这是什么意思？

大家要仔细读一下那些代言体的思妇诗。“门前迟行迹，一一生绿苔。苔深不能扫，落叶秋风早。八月蝴蝶来，双飞西园草。感此伤妾心，坐愁红颜老。”我不知道女性朋友读了之后是什么感受，我的感觉是，这些男人简直是太了解女人了，那种细腻，那种痛苦，那种相思的细节，相思的微妙心思，简直是比女人还了解女人。世界上只有中国的男人是这样的。

思妇这个主题是十分了不起的主题。儒士的诗里没有情诗，但是他一直就是在用自己的心去体会对方的痛苦。思妇诗全都是怨恨男人的，怨恨的是谁呀？就是他自己。自己替老婆作一首诗，怨恨自己。你不觉得这种男人很了不起吗？

《古诗十九首》之《冉冉孤生竹》：

冉冉孤生竹　结根泰山阿
与君为新婚　兔丝附女萝
兔丝生有时　夫妇会有宜
千里远结婚　悠悠隔山陂
思君令人老　轩车来何迟
伤彼蕙兰花　含英扬光辉
过时而不采　将随秋草萎
君亮执高节　贱妾亦何为

“兔丝附女萝”，要知道这是从男人口中说出的话。自己承认让自己的老婆无法依靠，这是多么大的悲哀！“君亮执高节，贱妾亦何为”，这个老婆在这么痛苦的情况下，仍然承受了下来，以使丈夫能够“执高节”，做一名合格的儒士，这是多么珍贵的品格。这一切都是男人在体会，在心伤。

他一直在体会“我做这件事情，就是济世安民，我给家人带来了多大的不幸”。他作的诗，基本上都在诉说忧愁，都在说人生之短、漂泊之苦、怀才不遇、功业成空，家里人为此多么怨恨我，他们过得多么的不幸。正面的事也不是不说，咏物言志是正面的，但说得少，说反面的多。一个人说反面多的时候，他就是在很认真地说这件事。雄赳赳，气昂昂，每天都信心满满的，这件事就不好说了。他不断地说“我做的这个事有多么艰难，多么痛苦，多么没有意义，它会遭遇什么样的未来”，在这种情况下他还去干，所以就带来更多的痛苦，更多的痛苦促使他更要去做，就是这种纠缠，这就是诗教的力量，就是文人诗的力量。这种悲剧的情结，这种痛苦的感觉，正是人格力量所在。所以你看到思妇诗，要这么去体会，这样去跟学生们讲清楚。尤其是女老师，应该讲得更清楚。

第十二个主题叫“求学悟道”。文人也会用诗文来表达自己求学悟道的感受，像朱熹的《观书有感》《春日》等就是这样。

这个主题是从哪儿开始的？是从玄言诗开始的。玄言诗是汉末以后兴起的对道家玄学的思辨之诗。玄言诗基本上都作得不好，但至少是开始这种诗了，包括谢灵运的很多所谓山水诗，其实也是玄言诗。

游仙诗也大概属于这个主题。游仙诗是西晋的郭璞确立的。游仙的诗、礼佛的诗，这种诗怎样去理解呢？很简单，儒士游仙礼佛的时候还是儒士，这一点一定要清楚。有一个说法，几十年前就流行，叫“外儒内道”“外儒内佛”。说李白是外儒内道，表面看是个儒士，其实骨子里是个道士。苏轼外儒内佛，骨子里其实是个佛家，这些论调都是不对的。实际情况是反过来的。要这样说的话，这些人都是伪君子，表面上打着这些旗号做官，实际是个和尚，是个道士。不是这么回事，儒士就是儒士。儒士从三四岁就开始上蒙馆，从小就开始学这些济世安民的事，以后想让他变成一个和尚或者道士，其实是挺难的事。即使是做了和尚和道士，像李白是正式的道士，那又怎样？他还是要去济世安民。如果一个儒士最终真的是去了道那边或者佛那边的话，也不是没有，他就不再是儒士了，他作的诗不再是诗，就变成了偈子，变成了道歌，已经不是儒士的诗。所以儒士作的游仙礼佛的诗，还是要把它最终拉回到济世安民的意义上才可以。

郭璞的游仙诗你们可能不熟悉，但李白的《梦游天姥吟留别》应该很熟悉。游仙诗和及时行乐是一样的，就是高洁自保，“安能摧眉折腰事权贵，使我不得开心颜”。游仙礼佛都是一样，都是怀才不遇，又不肯同流合污而作的诗。这是郭璞为什么要去游仙的原因。他有空贪点污多好，为什么要做神仙？什么都放下了，跟做佛一样，所以不跟他们做坏事了，这还是儒家。所以游仙礼佛也在儒士的主题里。

当然，求学悟道，更多的还是悟的儒家的道。如明朝王阳明的诗《碧霞池夜坐》：

一雨秋凉入夜新　池边孤月倍精神
潜鱼水底传心诀　栖鸟枝头说道真
莫谓天机非嗜欲　须知万物是吾身
无端礼乐纷纷议　谁与青天扫宿尘

《秋声》：

秋来万木发天声　点瑟回琴日夜清
绝调回随流水远　余音细入晚云轻
洗心真已空千古　倾耳谁能辩九成
徒使清风传律吕　人间瓦缶正雷鸣

《林汝桓以二诗寄次韵为别》：

断云微日半晴阴　何处高梧有凤鸣
星汉浮槎先入梦　海天波浪不须惊
鲁郊已自非常典　膰肉宁为脱冕行
试向沧浪歌一曲　未云不是九韶声

尧舜人人学可齐　昔贤斯语岂无稽
君今一日真千里　我亦当年苦旧迷
万理由来吾具足　六经原只是阶梯

山中仅有闲风月　何日扁舟更越溪

《月夜》二首，与诸生歌于天泉桥：

万里中秋月正晴　四山云霭忽然生
须臾浊雾随风散　依旧青天此月明
肯信良知原不昧　从他外物岂能撄
老夫今夜狂歌发　化作钧天满太清

处处中秋此月明　不知何处亦群英
须怜绝学经千载　莫负男儿过一生
影响尚疑朱仲晦　支离羞作郑康成
铿然舍瑟春风里　点也虽狂得我情

这类诗现在语文课很少接触，以后应该多读一些。

总而言之，你要是明白儒士是什么样的人，就都明白了他们的诗；明白了儒家思想，就明白了儒士是干什么的；明白了中华文化精神，就明白了儒家思想。

第十三个主题是“乐府民歌”。文人有拟乐府的传统。如果作的拟乐府是征夫主题，那么就进了征夫诗；如果是思妇主题，那么就进了思妇诗。有的什么都不是，就是跟民歌学的一些主题，比如很多人作过的《采莲曲》《竹枝词》，还有各种情歌、农事歌等。模仿民歌说的都是百姓生活的事，这主题是干吗的？这个主题主要是两个作用：一是体察民意；二是习作，就是文人经常拿乐府民歌来练手。比如李白的《横江词》：

人道横江好　侬道横江恶
一风三日吹倒山　白浪高于瓦官阁

这是用当地方言拟作的民歌。这首诗的主题，首先是民歌的主题，就是描述横江之险恶，但李白作这首诗的目的，还是在于体察民情和习作。

第十四个主题是“礼乐应制”，就是作诗用于郊庙祭祀、仪式典礼等，这也是诗教的传统。同时，应制，就是皇帝出题，大家作诗，还有各种应用性的场合都是要作诗的。这些诗的目的，就是更直接的教化。其中，雅乐的用诗尤为重要。这些诗在古代的礼乐文化和礼俗生活中占据着重要的位置。比如祭孔仪式时的赞诗，如明朝《泮宫礼乐疏》中记载的明代祭孔三献礼之初献礼诗《安和之曲》：

大哉圣师　实天生德
作乐以崇　时祀无斁
清酤唯馨　嘉牲孔硕
荐羞神明　庶几昭格

这些诗一般都有前朝的样章，但是本朝也会组织人修改重作。这些诗一般用四言的形式比较多，有隆重之感。

除了这些主要的主题，还有一些小的主题，比如亲情、回忆等，但是一般也都可以划到这十四个大主题里面去。

我们分析诗要把主题归类，要抓住根本性的东西，然后再去说具体的。要搞清楚这个事情，然后才可以避免解释成现代人的一般的情感。

很多诗都是混合的主题，几个主题在一起。比如李商隐的《锦瑟》，里面有怀才不遇，有人生苦短，还有求学悟道。杜甫的《赠花卿》，是唱和酬答，是直接赠给对方的。丝管是雅乐，锦城是唐朝的蛮荒之地，所以在这个地方有雅乐太好了，是鼓励。这里当然也有杜甫自己的言志。

现在把十四个主题总结如下：

人生苦短　及时行乐
伤春怀人　悲秋思归
怀才不遇　不平而鸣
羁旅情愁　思乡怀归
咏物言志　状景怀情
避世隐居　任性自然
咏古伤怀　功业成空
刺时叹世　全身远害
美颂教化　德行天下
唱和酬答　同道互励
征夫行役　思妇怀人
求学悟道　哲思玄言

乐府民歌　体察民情

礼乐应制　实用典常

十四、文以载道

狭义的“文”，即骈文、古文、八股文等，它们的主题有跟“诗”重合的部分，如王粲《登楼赋》之怀才不遇、羁旅情愁，陶渊明《归去来兮辞》之避世隐居、任性自然，周敦颐《爱莲说》之咏物言志、刺时叹世，等等。但“文”还有别的用途，主要是生活应用的功能，所以“文”还有其他的主题。这些主题的功用分类跟今天的应用文很相似，比如说理、叙事、说明等。赋的主要功用是铺陈描写事物，以从中感悟道理。制艺（八股文）的主要功用是“代圣贤立言”，以自己的心解圣人的经。骈文几乎用于所有的应用文，从圣旨到家书都有。

但是，只要是“文”，就与今天的所谓散文、应用文有所不同，不仅仅在于辞藻和格式上，更主要的在于思想内容上，即“文以载道”。“文以载道”之“文”还不是狭义的“文”，而是广义的“文”，即我们今天所说的“诗词文赋”。

周敦颐《周子通书·文辞》：

> 文，所以载道也。轮辕饰而人弗庸，徒饰也；况虚车乎！
>
> 文辞，艺也；道德，实也……美则爱，爱则传焉。贤者得以学而至之，是为教。故曰：言之不文，行之不远。……然不贤者，虽父兄临之，师保勉之，不学也。强之，不从也。……不知务道德而第以文辞为能者，艺焉而已。

“文”和“艺”不同。我们今天常常两者并举，称为“文艺”。古人是分得很清楚的。其实“艺”也是指向大道的，不指向大道的连“艺”都不是，只能是娱乐、休闲。不过，“文”和“艺”还是不同，“文以载道”，而“艺以怡情”，其中“文”跟“道”的关系更近一些。

古诗文教学，应该从传统的“语文”教育走向国学教育。不是国学教育的古诗文教育，我感觉是不可能做好的，因为古诗文本来就是儒士修身和实践之用。仅仅把它当成语言、文字和写作训练，是做不好的，也浪费资源。古诗文，正是“立德树人”教育的优质资源，要发挥它的功用，首先需要我们重新认识古诗文。

重新认识“诗”和“文”，需要我们加强了解四种知识：

第一，儒学，主要是诗教，包括儒士这个群体的基本情况。

第二，小学，主要是文字学、音韵学、训诂和吟诵。

第三，文学，主要是文体知识、格律知识、意象知识。

第四，史学，主要是古人的生活常识。

为诗正名，为文正义，其意在此。我也是站在门口窥探之人，得之皮毛，与大家分享，请大家指正，更是鼓励自己继续学习、修正，与诸君共勉！

后　记

我从 14 年前开始做吟诵采录，9 年前开始做吟诵推广，7 年前开始写吟诵教程，今日始告一段落。最终呈现给大家的是两本书，一本是偏理论研究的《中华传统读书法——吟诵概论》，一本是偏教学的《普通话吟诵教程》。其实教学也谈不上，只是个人心得，期待抛砖引玉，能够为后人超越。

7 年期间，首先要感谢的是我的导师赵敏俐教授。他是我的学术、工作和人生的支持力量，是整个吟诵工作得以开展的坚实后盾。对于我的学术声誉，他比我自己还要重视。师恩难报，唯有不断前行，光大师门。

我要特别感谢中宣部王世明副部长，他不仅是我国学的导师，也是吟诵工作的总指导和推动力量。

还要感谢“亲近母语”，感谢徐冬梅老师耐心等待了 7 年，其间帮我组织了第二届“中华吟诵周”，两次改版《我爱吟诵》，还做了大量的吟诵宣传培训工作。感谢杨爱萍老师、刘美文老师和编辑们细致辛勤的工作。

还要感谢老先生们，感谢他们教给我的吟诵和文化精神。感谢所有在教学第一线开展吟诵教育的老师们，是他们的成果和鼓励，让我修偏纠错，给我信心温暖。感谢吟诵志愿者团队，感谢我的朋友们，感谢我的学生们，感谢我的家人们，感谢所有支持我的人。

愿吟诵复兴，古诗文复兴，中华文化复兴！

徐健顺

2018 年 1 月 1 日

附　录

更多吟诵教学资源请关注中华吟诵网

书中所列吟诵音视频及附录资源请扫码

古　风

徐健顺

大汉多文人　中亦有死吏
投笔从戎时　不问埋骨地
剑岂闲腰间　书本成道义
四面皆胡兵　大旗赫然示
长安起谣言　天山漫云气
三十六行人　铁甲寒光炽
沙漠满河星　乡歌随梦至
狂风万里来　散作千古思